Handbuch für den Strafvollzug

Textsammlung

mit Gesetzen, Verordnungen und Verwaltungsvorschriften für die Bediensteten des Justizvollzugs

Herausgegeben vom
Bund der Strafvollzugsbediensteten Deutschlands e.V.
(BSBD)

Zusammengestellt und bearbeitet von Franz Hellstern,
BSBD-Bundesleitung

WALHALLA

Berlin · Bonn · Regensburg

Zitiervorschlag:
Handbuch für den Strafvollzug,
Berlin, Bonn, Regensburg 1995

Stand: Januar 1995

Produktion: Walhalla Fachverlag, 93042 Regensburg
Printed in Germany
ISBN 3-8029-1655-7

Vorwort

Das „Handbuch für den Strafvollzug“ hilft in allen Fragen des beruflichen Alltags weiter: Hier finden die Bediensteten des Justizvollzugs die wichtigsten Gesetze, Verordnungen und Verwaltungsvorschriften – zum Strafvollzug wie zum Dienstrecht.

Die kompakte inhaltliche Zusammenstellung und klare Gliederung erleichtern das schnelle Nachschlagen. Besonders hilfreich ist der ebenfalls enthaltene Wortlaut des Strafvollzugsgesetzes (StVollzG), der Untersuchungshaftvollzugsordnung (UVollzO) und der Vollzugsgeschäftsordnung (VGO) einschließlich dazugehörigen Stichwortverzeichnissen.

Wir hoffen sehr, daß es uns mit dieser Textsammlung gelungen ist, ein an den Bedürfnissen der Praxis wie Ausbildung orientiertes Arbeitsmittel zu schaffen, das auf breite Zustimmung stößt.

Januar 1995

Franz Hellstern
BSBD-Bundesleitung

Inhaltsübersicht

FACHTEIL STRAFVOLLZUG

DIENSTRECHT

Fachteil Strafvollzug

Grundsätze

Überarbeitete europäische Fassung der Mindestgrundsätze für die Behandlung der Gefangenen

Die Grundsätze haben zum Ziel:

a) Mindestgrundsätze für alle Bereiche des Strafvollzugs aufzustellen, die für menschenwürdige Bedingungen und eine förderliche Behandlung in zeitgemäßen, fortschrittlichen Systemen wesentlich sind;

b) die Vollzugsverwaltungen zur Entwicklung von Leitlinien und Praktiken anzuregen, die auf das Ziel eines zeitgemäßen Vollzugs und auf Gerechtigkeit ausgerichtet sind;

c) beim Vollzugspersonal eine Berufsauffassung zu fördern, die den wichtigen sozialen und moralischen Anforderungen ihrer Arbeit gerecht wird, und Bedingungen zu schaffen, unter denen sie das Beste für die Gesellschaft, für die ihnen anvertrauten Gefangenen und für ihre eigene berufliche Zufriedenheit leisten können;

d) realistische Grundlagen zu liefern, nach denen die Vollzugsverwaltungen und die Kontrollorgane beurteilen können, was erreicht wurde und wie weitere Fortschritte erzielt werden können.

Betont wird, daß die Grundsätze kein Mustersystem darstellen und daß tatsächlich schon viele europäische Vollzugsverwaltungen über die in den Grundsätzen festgelegten Maßstäbe hinausgehen und andere sich darum bemühen. Wenn bei der Anwendung der Grundsätze Schwierigkeiten oder praktische Probleme auftreten, verfügt der Europarat über die Möglichkeiten und die Sachkenntnis, um Rat zu erteilen und dabei auch auf die Erfahrungen der Vollzugsverwaltungen der Mitgliedstaaten zurückzugreifen.

In diesen Grundsätzen wird erneut das Schwergewicht auf das Gebot der Menschenwürde, der Verpflichtung der Vollzugsverwaltungen zu menschlicher und förderlicher Behandlung, der Bedeutung des Berufsbildes des Vollzugspersonals und einer wirksamen, modernen Verwaltung gelegt. Diese Grundsätze sollen dazu dienen, den auf allen Ebenen der Vollzugsverwaltung Tätigen Hinweise, Ansporn und Leitlinien zu geben.

Die Erläuterungen zu den Grundsätzen sollen das Verständnis, die Bereitschaft und die Beweglichkeit sicherstellen, die notwendig sind, um die größtmögliche Anwendung über den Grundstandard hinaus zu erreichen.[1])

---

[1]) Anm.: Die Erläuterungen sind nicht in die deutsche Sprache übersetzt und auch nicht in diese Textausgabe aufgenommen worden.

Grundprinzipien

1. Der Freiheitsentzug hat unter materiellen und sittlichen Bedingungen zu erfolgen, welche die Achtung der Menschenwürde gewährleisten und mit den nachstehenden Grundsätzen im Einklang stehen.

2. Die Grundsätze sind unparteiisch anzuwenden. Rasse, Farbe, Geschlecht, Sprache, Religion, politische oder sonstige Überzeugung, nationale und soziale Herkunft, Geburt, wirtschaftliche oder sonstige Stellung dürfen nicht zu diskriminierender Behandlung führen. Glaubensbekenntnis und sittliche Anschauung der Gruppe, denen ein Gefangener angehört, sind zu achten.

3. Ziel der Behandlung der Gefangenen ist es, ihre Gesundheit und Selbstachtung zu erhalten und, soweit es die Vollzugsdauer erlaubt, ihr Verantwortungsbewußtsein zu entwickeln und sie zu befähigen, sich nach der Entlassung wieder in die Gesellschaft einzugliedern, ein gesetzestreues Leben zu führen und ihren Lebensunterhalt zu bestreiten.

4. Die Vollzugsanstalten und -einrichtungen sind regelmäßig durch geeignete und erfahrene, von einer zuständigen Behörde ernannte Kontrollbeauftragte zu überprüfen. Ihre Aufgabe besteht insbesondere darin, darüber zu wachen, ob und wieweit die Anstalten nach den geltenden Gesetzen und Vorschriften, den Vollzugszielen und den Anforderungen dieser Grundsätze geführt werden.

5. Der Schutz der persönlichen Rechte der Gefangenen, unter besonderer Berücksichtigung der Rechtmäßigkeit des Freiheitsentzugs, ist durch Kontrollmaßnahmen zu sichern. Diese sind nach den innerstaatlichen Vorschriften von einer Justizbehörde oder einer anderen zum Besuch der Gefangenen befugten und nicht der Vollzugsverwaltung angehörenden Stelle durchzuführen.

6. 1. Diese Grundsätze sind dem Vollzugspersonal in den Landessprachen zugänglich zu machen.
2. Sie sind auch den Gefangenen in diesen Sprachen und, soweit angemessen und durchführbar, in anderen Sprachen zugänglich zu machen.

Führung der Vollzugseinrichtungen

7. 1. Niemand darf ohne gültige Einweisungsverfügung in eine Anstalt aufgenommen werden.
2. Die wesentlichen Einzelheiten der Verfügung und der Aufnahme sind unverzüglich zu erfassen.

8. Überall, wo sich Personen in Haft befinden, sind über jeden aufgenommenen Gefangenen die folgenden Angaben vollständig und sicher festzuhalten:
a) Angaben zur Personen;
b) Gründe der Einweisung und einweisende Behörde;
c) Tag und Stunde der Aufnahme und der Entlassung.

9. Die Aufnahme der Gefangenen erfolgt in Übereinstimmung mit den Grundprinzipien, wobei den Gefangenen zu helfen ist, ihre dringendsten persönlichen Probleme zu lösen.

10. 1. Nach der Aufnahme ist für jeden zu einer Freiheitsstrafe von hinreichender Dauer verurteilten Gefangenen so bald wie möglich ein Bericht über die persönlichen Verhältnisse und ein die Wiedereingliederung fördernder Vollzugsplan zu erstellen und dem Direktor zur Kenntnis oder Genehmigung vorzulegen.

2. Diese Unterlagen haben stets auch den Bericht eines Arztes und des für den jeweiligen Gefangenen unmittelbar zuständigen Personals zu umfassen.

3. Berichte und Angaben über Gefangene sind unter gebührender Beachtung ihrer Vertraulichkeit gesondert zu erfassen und regelmäßig auf den neuesten Stand zu bringen und nur befugten Personen zugänglich zu machen.

11. 1. Bei der Zuweisung von Gefangenen in verschiedene Anstalten oder Vollzugsformen sind zu berücksichtigen: der Stand des gerichtlichen Verfahrens und die rechtliche Stellung (Untersuchungsgefangener oder verurteilter Gefangener, Erst- oder Rückfalltäter, kurze oder lange Freiheitsstrafe), die besonderen Erfordernisse ihrer Behandlung, medizinische Erfordernisse, Geschlecht und Alter.

2. Männer und Frauen sind grundsätzlich getrennt unterzubringen, jedoch können sie an bestimmten Behandlungsprogrammen gemeinsam teilnehmen.

3. Untersuchungsgefangene sind grundsätzlich von verurteilten Gefangenen zu trennen, es sei denn, sie stimmen einer gemeinsamen Unterbringung oder der Teilnahme an gemeinsamen für sie nützlichen Tätigkeiten zu.

4. Junge Gefangene sind so unterzubringen, daß sie soweit wie möglich vor schädlichen Einflüssen geschützt und die besonderen, ihrem Alter gemäßen Bedürfnisse berücksichtigt werden.

12. Mit der Zuweisung der Gefangenen oder der Änderung dieser Zuweisung wird bezweckt:

a) diejenigen Gefangenen, für die es aufgrund ihrer Vorstrafen oder ihrer Persönlichkeit voraussichtlich besser ist oder die einen schlechten Einfluß ausüben, von anderen Gefangenen zu trennen; und

b) Gefangene so unterzubringen, daß Behandlung und Wiedereingliederung unter Berücksichtigung der Verwaltungs- und Sicherheitserfordernisse erleichtert werden.

13. Soweit wie möglich sind besondere Anstalten oder besondere Anstaltsabteilungen zur Erleichterung der Behandlung in verschiedenen Vollzugsformen oder beim Vollzug an verschiedenen Kategorien von Gefangenen zu benutzen.

14. 1. In der Regel sind Gefangene bei Nacht in Einzelhafträumen unterzubringen, es sei denn, die gemeinschaftliche Unterbringung mit anderen Gefangenen wird sinnvoller gehalten.

2. Bei gemeinschaftlichen Unterbringungen sind die Räume mit Gefangenen zu belegen, die sich dazu eignen. In der Nacht werden sie überwacht, wobei der Eigenart der Anstalt Rechnung getragen wird.

15. Alle für Gefangene, insbesondere für deren nächtliche Unterbringung vorgesehene Räume haben den Erfordernissen der Gesundheit und der Hygiene zu entsprechen; dabei sind die klimatischen Verhältnisse und insbesondere die verfügbare Luftmenge, eine ausreichende Bodenfläche, Beleuchtung, Heizung und Belüftung zu berücksichtigen.

16. In allen Räumen, in welchen Gefangene leben oder arbeiten,

a) müssen die Fenster groß genug sein, damit die Gefangenen unter normalen Voraussetzungen bei Tageslicht unter anderem lesen und arbeiten können. Sie müssen so eingerichtet sein, daß frische Luft einströmen kann, es sei denn, eine entsprechende Klimaanlage ist vorhanden. Im übrigen sollen die Fenster, unter gebührender Berücksichtigung der Sicherheitserfordernisse, in ihrer Größe, Lage und Konstruktion möglichst normal aussehen;

b) muß das künstliche Licht den anerkannten technischen Normen entsprechen.

17. Die sanitären Einrichtungen und deren Zugang müssen so beschaffen sein, daß jeder Gefangene seine natürlichen Bedürfnisse rechtzeitig und unter sauberen und annehmbaren Bedingungen verrichten kann.

18. Ausreichende Bade- und Duscheinrichtungen sind vorzusehen, damit jeder Gefangene die Möglichkeit erhält und von ihm verlangt werden kann, bei einer dem Klima entsprechenden Temperatur zu baden oder zu duschen, und zwar so häufig, wie dies nach der Jahreszeit und geographischen Lage zur allgemeinen Hygiene nötig ist, jedoch wenigstens einmal in der Woche. Wenn immer es möglich ist, soll den Gefangenen der freie Zugang zu jedem angemessenen Zeitpunkt gewährt werden.

19. Alle Teile einer Anstalt müssen jederzeit ordentlich instandgehalten werden und sauber sein.

20. Von Gefangenen ist persönliche Reinlichkeit zu fordern; zu diesem Zweck sind ihnen Wasser und die für die Gesundheit und Reinlichkeit erforderlichen Toilettenartikel zur Verfügung zu stellen.

21. Aus Hygienegründen und damit die Gefangenen sich ein gutes Äußeres bewahren und sich ihre Selbstachtung erhalten können, sind Möglichkeiten für eine ordentliche Haar- und Bartpflege vorzusehen; die Männer müssen sich regelmäßig rasieren können.

22. 1. Gefangene, die nicht ihre eigene Kleidung tragen dürfen, sind mit Kleidung auszustatten, die dem Klima angepaßt und der Gesundheit förderlich ist. Diese Kleidung darf in keiner Weise herabsetzend oder erniedrigend sein.

2. Alle Kleidungsstücke müssen sauber sein und in ordentlichem Zustand gehalten werden. Die Leibwäsche ist so oft zu wechseln und zu waschen, wie es die Gesundheitspflege erfordert.

3. Wenn Gefangene die Erlaubnis erhalten, die Anstalt zu verlassen, ist ihnen zu gestatten, ihre eigene oder eine andere unauffällige Kleidung zu tragen.

23. Bei der Aufnahme von Gefangenen in eine Anstalt ist auf angemessene Weise dafür zu sorgen, daß die eigene Kleidung in gutem und gebrauchsfähigem Zustand aufbewahrt wird.

24. Jedem Gefangenen ist ein eigenes Bett mit angemessenem, eigenem Bettzeug zur Verfügung zu stellen, das in gutem Zustand zu halten und oft genug zu wechseln ist, um den Erfordernissen der Sauberkeit zu genügen.

25. 1. Die Verwaltung hat die Gefangenen nach den von den Gesundheitsbehörden aufgestellten Grundsätzen zu den üblichen Zeiten mit Verpflegung zu versorgen, die angemessen zubereitet und ausgegeben wird und in Qualität und Menge den Anforderungen der Ernährungslehre und modernen Hygiene, außerdem dem Alter, dem Gesundheitszustand und der Art der Gefangenenarbeit entspricht und soweit wie möglich religiösen und kulturellen Geboten Rechnung trägt.

2. Jedem Gefangenen muß Trinkwasser zur Verfügung stehen.

26. 1. Jede Anstalt muß mindestens über die Dienste eines praktischen Arztes verfügen. Der ärztliche Dienst soll in enger Zusammenarbeit mit den öffentlichen Gesundheitsdiensten der Gemeinde oder des Staates ausgestattet werden. Er umfaßt einen psychiatrischen Dienst für die Diagnose und in geeigneten Fällen für die Behandlung geistig abnormer Zustände.

2. Kranke Gefangene, die fachärztlicher Behandlung bedürfen, sind in darauf spezialisierte Vollzugsanstalten oder in öffentliche Krankenhäuser einzuliefern. Sind in Vollzugsanstalten Einrichtungen für stationäre Behandlung vorhanden, müssen Ausstattung, Instrumente und Arzneimittel für die ärztliche Versorgung und Behandlung kranker Gefangener geeignet sein. Entsprechend ausgebildetes Personal muß vorhanden sein.

3. Die Versorgung durch einen Zahnarzt ist jedem Gefangenen zu gewährleisten.

27. Die Gefangenen dürfen keinen Experimenten unterzogen werden, die sie körperlich oder seelisch schädigen könnten.

28. 1. Soweit wie möglich sind Vorkehrungen zu treffen, daß Entbindungen in einem Krankenhaus außerhalb der Anstalt stattfinden können. Fehlen solche Möglichkeiten, müssen in den Vollzugsanstalten das erforderliche Personal und die geeigneten Einrichtungen für die Entbindung vorhanden und die Pflege nach der Geburt gewährleistet sein. Wird ein Kind in einer Vollzugsanstalt geboren, darf dieser Umstand in der Geburtsurkunde nicht erwähnt werden.

2. Wenn Kinder in der Anstalt bei ihren Müttern bleiben dürfen, ist für eine mit ausgebildetem Personal ausgestattete Kinderkrippe zu sorgen, wo die Kinder während der Zeit untergebracht werden, in der sie nicht von ihren Müttern versorgt werden.

29. Der Arzt hat jeden Gefangenen so bald wie möglich nach der Aufnahme und später nach Bedarf zu untersuchen, insbesondere zu dem Zweck, körperliche oder geistige Krankheiten festzustellen und alle notwendigen Maßnahmen zu ergreifen, Gefangene, die ansteckender Krankheiten verdächtig sind, abzusondern, körperliche oder geistige Mängel, die einer Wiedereingliederung nach der Entlassung hinderlich sein können, zu erkennen und die Tauglichkeit eines jeden Gefangenen für die Arbeit festzustellen.

30. 1. Dem Arzt obliegt die Sorge für die körperliche und geistige Gesundheit der Gefangenen. Er hat nach den in Krankenhäusern geltenden Grundsätzen und in den dort üblichen Zeitabständen nach allen kranken Gefangenen zu sehen, ferner nach allen jenen, die eine Krankheit oder Verletzung melden, sowie nach jenen Gefangenen, auf die seine besondere Aufmerksamkeit gelenkt wird.

2. Der Arzt hat dem Anstaltsleiter zu berichten, wenn davon auszugehen ist, daß die körperliche oder geistige Gesundheit eines Gefangenen durch die Fortsetzung der Haft oder durch irgend einen Haftumstand beeinträchtigt worden ist oder werden wird.

31. 1. DerArzt oder die zuständige Behörde hat regelmäßig Prüfungen vorzunehmen und den Anstaltsleiter in folgender Hinsicht zu beraten:

a) Menge, Qualität, Zubereitung und Ausgabe von Verpflegung und Wasser;

b) Hygiene und Sauberkeit der Anstalt und der Gefangenen;

c) sanitäre Einrichtungen, Heizung, Beleuchtung und Belüftung der Anstalt;

d) Eignung und Sauberkeit von Bekleidung und Bettzeug der Gefangenen.

2. Der Anstaltsleiter hat die vom Arzt nach den Grundsätzen 30. 2. und 31. 1. erstatteten Berichte und Vorschläge zu prüfen; ist er mit den Empfehlungen einverstanden, unternimmt er unverzüglich Schritte, sie in die Tat umzusetzen. Liegen die Empfehlungen außerhalb der Zuständigkeit des Anstaltsleiters oder stimmen sie nicht mit seiner Auffassung überein, so hat er seinen eigenen Bericht und die Empfehlung des Arztes unverzüglich seiner vorgesetzten Behörde vorzulegen.

32. Der ärztliche Dienst in der Anstalt muß bestrebt sein, alle körperlichen oder geistigen Erkrankungen oder Mängel, die der Wiedereingliederung eines Gefangenen nach der Entlassung hinderlich sein können, festzustellen und zu behandeln. Zu diesem Zweck müssen für den Gefangenen alle notwendigen ärztlichen, chirurgischen und psychiatrischen Einrichtungen, einschließlich jener außerhalb der Anstalt, zur Verfügung stehen.

33. Disziplin und Ordnung sind im Interesse einer sicheren Verwahrung, eines geordneten Gemeinschaftslebens und der in der Anstalt verfolgten Behandlungsziele aufrecht zu erhalten.

34. 1. Kein Gefangener darf im Anstaltsbetrieb eine Stellung einnehmen, mit der eine Disziplinargewalt verbunden ist.

2. Dieser Grundsatz darf jedoch Regelungen nicht beeinträchtigen, wonach bestimmte Tätigkeiten oder Verantwortlichkeiten auf sozialem, erzieherischem oder sportlichem Gebiet Gefangenen unter Aufsicht anvertraut werden, die zur Teilnahme an Behandlungsprogrammen in Gruppen eingeteilt sind.

35. Folgende Bereiche sind gesetzlich oder durch Verwaltungsvorschriften der zuständigen Stelle zu regeln:

a) Verhalten, das einen Disziplinarverstoß darstellt;

b) Art und Dauer der zulässigen Disziplinarstrafen;

c) die für Disziplinarstrafen zuständige Stelle;

d) Beschwerdeinstanz und Beschwerdeverfahren.

36. 1. Gefangene dürfen nur in Übereinstimmung mit den Bestimmungen eines solchen Gesetzes oder einer solchen Vorschrift und nie zweimal wegen derselben Handlung bestraft werden.

2. Berichte über eine Verfehlung sind sofort der zuständigen Stelle zuzuleiten, die unverzüglich darüber zu entscheiden hat.

3. Kein Gefangener darf bestraft werden, ohne vorher über die ihm zur Last gelegte Verfehlung unterrichtet worden zu sein und geeignete Gelegenheit gehabt zu haben, etwas zu seiner Verteidigung vorzubringen.

4. Soweit notwendig und durchführbar, ist den Gefangenen zu gestatten, sich mit Hilfe eines Dolmetschers zu verteidigen.

37. Kollektivstrafen, Körperstrafen, Dunkelarrest sowie alle grausamen, unmenschlichen oder erniedrigenden Strafen sind als Bestrafung für disziplinäre Verfehlungen uneingeschränkt verboten.

38. 1. Disziplinararrest und andere Strafen, die eine nachteilige Wirkung auf den körperlichen oder geistigen Gesundheitszustand des Gefangenen haben könnten, dürfen nur verhängt werden, wenn der Arzt nach Untersuchung schriftlich bestätigt hat, daß der Gefangene in der Lage ist, sie zu ertragen.

2. Auf keinen Fall darf eine solche Bestrafung gegen den Grundsatz 37 verstoßen oder davon abweichen.

3. Der Arzt hat Gefangene, an denen solche Strafen vollzogen werden, täglich zu besuchen und den Anstaltsleiter zu beraten, wenn die

Beendigung oder Abänderung der Strafe aus Gründen der körperlichen oder geistigen Gesundheit für notwendig erachtet wird.

39. Die Verwendung von Ketten und Eisen ist verboten. Handfesseln, Zwangsjacken und andere körperliche Zwangsmittel dürfen niemals zur Bestrafung angewendet werden. Sie dürfen nur unter folgenden Umständen Verwendung finden:

a) falls erforderlich, als Sicherungsmaßnahme gegen Entweichungen während eines Transports; doch müssen sie entfernt werden, wenn der Gefangene vor einer Gerichts- oder Verwaltungsbehörde erscheint, es sei denn, diese Behörde entscheidet anders;

b) aus medizinischen Gründen auf Anweisung und unter Aufsicht des Arztes;

c) auf Anordnung des Anstaltsleiters, wenn andere Sicherungsmaßnahmen versagen, um einen Gefangenen von einer Verletzung seiner selbst oder anderer oder von einer schweren Sachbeschädigung abzuhalten; in solchen Fällen hat der Anstaltsleiter sofort den Anstaltsarzt zu Rate zu ziehen und der vorgesetzten Verwaltungsbehörde zu berichten.

40. Art und Verwendung der nach dem vorerwähnten Grundsatz zulässigen Zwangsmittel sind durch Gesetz oder Verordnung zu regeln. Diese Zwangsmittel dürfen nicht länger als unbedingt notwendig eingesetzt werden.

41. 1. Jedem Gefangenen ist bei der Aufnahme eine schriftliche Information über die für Gefangene der jeweiligen Kategorie geltenden Vollzugsvorschriften zur Verfügung zu stellen, ebenso über die Disziplinarordnung der Anstalt, über den vorgeschriebenen Weg, Auskunft zu erhalten und Beschwerden vorzubringen sowie über alles Notwendige, um die Rechte und Pflichten von Gefangenen verstehen und sich an das Anstaltsleben anpassen zu können.

2. Ist ein Gefangener nicht in der Lage, die schriftliche Information zu verstehen, ist ihm diese mündlich zu erläutern.

42. 1. Jeder Gefangene muß an jedem Tag Gelegenheit zu Anträgen oder Beschwerden an den Anstaltsleiter oder an den mit seiner Vertretung beauftragten Beamten haben.

2. Jeder Gefangene muß die Möglichkeit haben, ohne Beisein des Anstaltsleiters oder anderer Mitglieder des Personals mit einem Kontrollbeauftragten oder jedem anderen zum Besuch der Anstalt Befugten zu sprechen oder Anträge und Beschwerden vorzubringen. Rechtsmittel gegen förmliche Entscheidungen können jedoch auf das dafür vorgesehene Verfahren beschränkt bleiben.

3. Jedem Gefangenen ist zu gestatten, Anträge oder Beschwerden in verschlossenem Umschlag an die zentrale Vollzugsverwaltung, an Gerichte oder andere zuständige Behörden zu richten.

4. Alle an eine Vollzugsbehörde gerichteten oder weitergeleiteten Anträge oder Beschwerden müssen umgehend von dieser Behörde bearbeitet und ohne unangemessene Verzögerung beantwortet werden.

43. 1. Den Gefangenen ist zu gestatten, mit ihren Familien und, vorbehaltlich der Erfordernisse der Behandlung, Sicherheit und Ordnung, mit Personen und Vertretern von außenstehenden Organisationen zu verkehren und so oft wie möglich Besuche von ihnen zu empfangen.

2. Um die Kontakte mit der Außenwelt zu fördern, sind Formen des Hafturlaubs vorzusehen, die den Behandlungszielen nach Teil IV dieser Grundsätze entsprechen.

44. 1. Gefangene ausländischer Staatsangehörigkeit sollen unverzüglich über ihr Recht informiert werden, mit den diplomatischen oder konsularischen Vertretern ihres Staates Verbindung aufzunehmen; hierzu sollen ihnen angemessene Möglichkeiten eingeräumt werden. Die Vollzugsverwaltung soll mit diesen Vertretern im Interesse der ausländischen Gefangenen, die möglicherweise einer besonderen Unterstützung bedürfen, in vollem Umfang zusammenarbeiten.

2. Gefangenen, die Staaten ohne diplomatische oder konsularische Vertretung in dem betreffenden Land angehören sowie Flüchtlingen oder Staatenlosen ist in ähnlicher Weise Gelegenheit zu geben, mit dem diplomatischen Vertreter des Staates, der mit der Wahrnehmung ihrer Interessen beauftragt ist, oder mit einer nationalen oder internationalen Stelle, deren Aufgabe es ist, die Interessen solcher Personen wahrzunehmen, in Verbindung zu treten.

45. Den Gefangenen ist zu gestatten, sich regelmäßig durch das Lesen von Zeitungen, Zeitschriften oder sonstigen Veröffentlichungen, durch Rundfunk- oder Fernsehübertragung, Vorträge oder ähnliche Mittel, die von der Verwaltung genehmigt oder geprüft sind, über die Tagesereignisse zu unterrichten. Es sollen besondere Vorkehrungen getroffen werden, um den Bedürfnissen von Ausländern mit sprachlichen Schwierigkeiten zu entsprechen.

46. Soweit praktisch durchführbar, ist jedem Gefangenen zu gestatten, den Bedürfnissen seines religiösen, geistlichen und sittlichen Lebens durch Besuch der Gottesdienste oder Zusammenkünfte in der Anstalt und durch den Besitz aller erforderlichen Bücher und sonstiger Literatur zu entsprechen.

47. 1. Wenn sich in der Anstalt eine ausreichende Anzahl von Gefangenen derselben Religionsgemeinschaft befindet, ist ein anerkannter Vertreter dieser Religionsgemeinschaft zu bestellen oder zuzulassen. Wenn die Zahl der Gefangenen es rechtfertigt und die Umstände es gestatten, soll er hauptamtlich bestellt werden.

2. Dem nach Absatz 1 bestellten oder zugelassenen Vertreter einer Religionsgemeinschaft ist zu gestatten, regelmäßig Gottesdienste und Veranstaltungen durchzuführen und zu geeigneten Zeiten seelsorgerische Einzelbesuche bei den Gefangenen seiner Religionsgemeinschaft zu machen.

3. Es darf keinem Gefangenen verweigert werden, sich an einen anerkannten Vertreter einer Religionsgemeinschaft zu wenden. Hat

ein Gefangener Einwände gegen den Besuch eines solchen Vertreters, steht es ihm frei, den Besuch abzulehnen.

48. 1. Geld, Wertsachen und andere Gegenstände, die Gefangenen gehören und die sie nach der Anstaltsordnung nicht behalten dürfen, werden bei ihrer Aufnahme in die Anstalt in sichere Verwahrung genommen. Ein Verzeichnis über diese Gegenstände ist vom Gefangenen schriftlich zu bestätigen. Es ist Vorsorge zu treffen, diese Gegenstände in gutem Zustand zu erhalten. Wird es für notwendig erachtet, Gegenstände zu vernichten, ist dies schriftlich festzuhalten und dem Gefangenen mitzuteilen.

2. Bei der Entlassung des Gefangenen sind diese Gegenstände und das Geld zurückzugeben, soweit nicht mit Genehmigung Geld abgehoben wurde, Gegenstände aus der Anstalt verschickt wurden, oder es für notwendig gehalten wurde, einen Gegenstand zu vernichten. Der Gefangene hat eine Empfangsbescheinigung über das Geld und die Gegenstände, die ihm ausgehändigt worden sind, zu unterzeichnen.

3. Soweit wie möglich sind Geld oder Gegenstände, die für Gefangene von außerhalb entgegengenommen werden, nach denselben Vorschriften zu behandeln, sofern sie nicht für die Verwendung während der Haft vorgesehen und zugelassen sind.

4. Über die Verwendung der von Gefangenen eingebrachten Arzneimittel entscheidet der Arzt.

49. 1. Bei Tod, ernstlicher Erkrankung oder Verletzung eines Gefangenen oder Verlegung in eine Anstalt zur Behandlung von Geisteskrankheiten oder Anomalien hat der Anstaltsleiter sofort den Ehegatten oder den nächsten Angehörigen und auf jeden Fall eine andere Person, die der Gefangene früher angegeben hat, zu benachrichtigen.

2. Ein Gefangener ist sofort vom Tod oder einer ernsten Erkrankung eines nahen Verwandten zu verständigen. In diesen Fällen soll er, wenn es die Umstände gestatten, die Erlaubnis erhalten, bewacht oder unbewacht den erkrankten Verwandten zu besuchen oder den Toten zu sehen.

3. Alle Gefangenen haben das Recht, ihre Familie sofort über die Haft oder die Verlegung in eine andere Anstalt zu unterrichten.

50. 1. Werden Gefangene in eine Anstalt oder aus einer Anstalt verlegt, sind sie so wenig wie möglich den Blicken der Öffentlichkeit auszusetzen. Geeignete Maßnahmen sind zu treffen, um sie vor jeder Beleidigung, Neugier und Zurschaustellung zu schützen.

2. Der Transport von Gefangenen in Beförderungsmitteln mit unzureichender Lüftung oder Beleuchtung oder auf eine Weise, die sie unnötigen körperlichen Qualen aussetzen würde, ist verboten.

3. Der Transport der Gefangenen geschieht auf Kosten der Verwaltung und nach den geltenden Vorschriften.

51. Angesichts der grundlegenden Bedeutung, die dem Anstaltspersonal im Hinblick auf eine sachgemäße Leitung der Anstalten sowie im Hinblick auf die im Bereich der Organisation und der Behandlung der Gefangenen verfolgten Ziele zukommt, haben die Vollzugsverwaltungen der Einhaltung der für das Personal geltenden Vorschriften besonderen Vorrang einzuräumen.

52. Das Anstaltspersonal ist durch Ausbildung, Aussprachen und einen positiven Führungsstil ständig zu ermutigen, nach mehr Menschlichkeit, höherer Leistung und größerem Pflichtbewußtsein zu streben.

53. Die Vollzugsverwaltung hat es als wichtige Aufgabe anzusehen, die Öffentlichkeit über die Rolle des Strafvollzugs und die Arbeit des Personals zu informieren, um ihr Verständnis für den vom Vollzug im Interesse der Gesellschaft geleisteten Beitrag zu fördern.

54. 1. Die Vollzugsverwaltung hat bei der Einstellung und der künftigen Verwendung des Personals eine sorgfältige Auswahl zu treffen. Der Rechtschaffenheit, der Menschlichkeit, den beruflichen Fähigkeiten und der persönlichen Eignung des Personals für seine Aufgaben wird ein besonderer Stellenwert eingeräumt.

2. Das Personal ist in aller Regel fest anzustellen; es ist ihm die Rechtsstellung von Berufsbeamten mit Anspruch auf Sicherheit des Arbeitsplatzes zu gewähren, wobei dies allein von guter Führung, guter Leistung, guter körperlicher und geistiger Gesundheit und einem angemessenen Bildungsstand abhängig gemacht werden darf. Die Entlohnung ist so anzusetzen, daß geeignete Männer und Frauen auf Dauer gewonnen werden können. Die Anstellungs- und Beschäftigungsbedingungen müssen mit Rücksicht auf die anspruchsvolle Art der Arbeit vorteilhaft sein.

3. Wenn Teilzeitkräfte beschäftigt werden müssen, sollen diese Kriterien, soweit angemessen, Anwendung finden.

55. 1. Bei Antritt des Dienstes oder nach einer angemessenen Zeit praktischer Erfahrung hat das Personal einen Ausbildungskurs über seine allgemeinen und besonderen Pflichten zu erhalten und theoretische und praktische Prüfungen abzulegen, soweit dies nicht aufgrund seiner beruflichen Qualifikation unnötig ist.

2. Während des beruflichen Werdegangs hat das Personal seine Kenntnisse und beruflichen Fähigkeiten durch den Besuch von Fortbildungskursen zu erhalten und zu erweitern. Diese werden in geeigneten Zeitabständen von der Verwaltung veranstaltet.

3. Es sollen Vorkehrungen getroffen werden, um dem Personal eine umfassendere Erfahrung und Ausbildung zu vermitteln und dadurch die beruflichen Fähigkeiten zu verbessern.

4. Die Ausbildung des gesamten Personals soll auch die Unterrichtung über die Erfordernisse und die Anwendung der Europäischen Strafvollzugsgrundsätze und der Europäischen Menschenrechtskonvention umfassen.

56. Vom Personal wird erwartet, daß es sich jederzeit so verhält und seine Pflichten so wahrnimmt, daß es die Gefangenen durch sein Beispiel günstig beeinflußt und deren Achtung genießt.

57. 1. Zum Personal muß soweit wie möglich eine ausreichende Zahl von Fachkräften wie Psychiater, Psychologen, Sozialarbeiter, Lehrer, Werkmeister und Sportlehrer gehören.

2. Diese und andere Fachkräfte sind in aller Regel fest anzustellen. Bei Bedarf sind jedoch auch teilzeitbeschäftigte und ehrenamtlich tätige Mitarbeiter nicht auszuschließen, wenn deren Einsatz zweckmäßig ist.

58. 1. Die Vollzugsverwaltung gewährleistet, daß jede Anstalt jederzeit unter der umfassenden Aufsicht des Anstaltsleiters, seines Stellvertreters oder eines anderen hierzu Befugten steht.

2. Der Anstaltsleiter soll für seine Aufgabe durch Charakter, Eignung für die Verwaltung, entsprechende Berufsausbildung und Erfahrung befähigt sein.

3. Der Anstaltsleiter ist hauptberuflich einzustellen und muß entsprechend den Anordnungen der Vollzugsverwaltung jederzeit erreichbar und verfügbar sein.

4. Hat ein Anstaltsleiter zwei oder mehrere Vollzugsanstalten zu leiten, muß jede in kurzen Abständen besucht werden. Jede dieser Anstalten muß unter der Aufsicht eines verantwortlichen Beamten stehen.

59. Die Verwaltung hat zur Erleichterung des Informationsaustausches zwischen den verschiedenen Kategorien des Anstaltspersonals Organisationsformen und Führungssysteme einzuführen, welche die Zusammenarbeit der verschiedenen Dienste, insbesondere im Hinblick auf die Behandlung der Gefangenen und ihre Wiedereingliederung in die Gesellschaft, sicherstellen.

60. 1. Der Anstaltsleiter, sein Stellvertreter und die Mehrheit des übrigen Anstaltspersonals müssen die Sprache der Mehrzahl der Gefangenen oder eine Sprache, die von der Mehrzahl verstanden wird, sprechen können.

2. Wenn erforderlich und möglich, sind die Dienste eines Dolmetschers in Anspruch zu nehmen.

61. 1. Es ist jederzeit sicherzustellen, daß ein zugelassener praktischer Arzt in dringenden Fällen ohne Verzögerung Hilfe leisten kann.

2. In Anstalten, die nicht über einen oder mehrere hauptamtliche Ärzte verfügen, muß ein teilzeitbeschäftigter Arzt oder ein befugter Vertreter eines Gesundheitsdienstes regelmäßig Besuche machen.

62. Die Anstellung von Personal beiderlei Geschlechts in Anstalten oder Anstaltsabteilungen, in denen Gefangene des jeweils anderen Geschlechts untergebracht sind, ist zu fördern.

63. 1. Anstaltspersonal darf gegen Gefangene keine Gewalt anwenden, außer im Fall der Notwehr oder bei Fluchtversuch oder aktivem oder passivem körperlichen Widerstand gegen eine auf Gesetz oder Verwaltungsvorschrift beruhende Anordnung. Beamte, die Gewalt anwenden, müssen diese auf das unbedingt notwendige Maß beschränken und dem Anstaltsleiter sofort über den Vorfall berichten.

2. Das Vollzugspersonal hat soweit erforderlich eine besondere Ausbildung zu erhalten, um es in die Lage zu versetzen, gewalttätige Gefangene in Schranken zu halten.

3. Nur in besonderen Fällen soll das Personal, das bei seinen dienstlichen Obliegenheiten in unmittelbare Berührung mit Gefangenen kommt, bewaffnet sein. Das Personal soll unter keinen Umständen mit Waffen ausgerüstet werden, ohne zuvor im Waffengebrauch gründlich ausgebildet worden zu sein.

Behandlungsziele und Vollzugsformen

64. Die Freiheitsstrafe ist allein durch den Entzug der Freiheit eine Strafe an sich. Deshalb dürfen die Haftbedingungen und Vollzugsformen die damit zwangsläufig verbundenen Leiden nicht verstärken, es sei denn, die Aufrechterhaltung der Disziplin oder eine gerechtfertigte Absonderung erfordern dies.

65. Es ist alles daran zu setzen, daß der Vollzug so gestaltet und durchgeführt wird, daß

a) sichergestellt ist, daß die Lebensbedingungen mit der Menschenwürde vereinbar und mit den allgemein anerkannten Normen der Gesellschaft vergleichbar sind;

b) die schädlichen Wirkungen des Vollzugs und die Unterschiede zwischen dem Leben im Vollzug und in Freiheit, welche die Selbstachtung oder die Eigenverantwortung der Gefangenen beeinträchtigen können, auf ein Mindestmaß herabgesetzt werden;

c) diejenigen Beziehungen der Gefangenen zu Verwandten und zur Außenwelt aufrechterhalten und verstärkt werden, die den echten Interessen der Gefangenen und ihrer Familien förderlich sind;

d) den Gefangenen die Möglichkeit geboten wird, ihre Kenntnisse und Fähigkeiten zu entwickeln und dadurch ihre Aussichten auf Wiedereingliederung in die Gesellschaft nach ihrer Entlassung zu verbessern.

66. Zur Erreichung dieser Ziele sollen alle bessernden, erzieherischen, sittlichen, seelsorgerischen und sonstigen Mittel, die geeignet und verfügbar sind, aufgeboten und entsprechend den Erfordernissen einer individuellen Behandlung der Gefangenen genutzt werden. Daher soll der Vollzug folgendes vorsehen:

a) seelsorgerische Unterstützung und Betreuung, die Möglichkeit zu geeigneter Arbeit, Berufsberatung und Berufsausbildung, zu Bildung, körperlicher Ertüchtigung, zur Entwicklung von Fähigkeiten für das Leben in der Gesellschaft, Lebensberatung, Gruppenarbeit sowie Freizeitbeschäftigung;

b) Vorkehrungen, um diese Tätigkeiten soweit wie möglich zu organisieren, daß die Kontakte zur Außenwelt und die von ihr gebotenen Möglichkeiten erweitert werden, um die Wiedereingliederung der Gefangenen in die Gesellschaft nach der Entlassung zu erleichtern;

c) Verfahren zur Aufstellung und Überprüfung individueller Behandlungs- und Ausbildungsprogramme für Gefangene nach ausführlichen Beratungen unter dem zuständigen Personal und mit den betroffenen Gefangenen, die darin soweit wie möglich einbezogen werden sollen;

d) Kommunikationsformen und einen Führungsstil, die angemessene und positive Beziehungen zwischen dem Personal und den Gefangenen begünstigen, wodurch die Erfolgsaussichten für wirksame und unterstützende Vollzugsformen und Behandlungsprogramme verbessert werden.

67. 1. Da die Erfüllung dieser Grundsätze eine Individualisierung der Behandlung und somit ein flexibles System der Aufteilung der Gefangenen erfordert, sollen die Gefangenen in verschiedenen Anstalten oder Abteilungen untergebracht werden, in denen jedem die geeignete Behandlung und Ausbildung zuteil werden kann.

2. Art, Größe, Organisation und Belegungsfähigkeit dieser Anstalten oder Abteilungen sollen im wesentlichen durch die Art der vorgesehenen Behandlung bestimmt werden.

3. Die Gefangenen sind so unterzubringen, daß dem Erfordernis der Sicherheit und Kontrolle gebührend Rechnung getragen wird; diese Maßnahmen sollen jedoch auf das mit der öffentlichen Sicherheit zu vereinbarende Mindestmaß beschränkt sein und die besonderen Bedürfnisse der Gefangenen berücksichtigen. Es sollen Anstrengungen unternommen werden, die Gefangenen in offenen Anstalten unterzubringen oder ihnen umfassende Kontaktmöglichkeiten mit der Außenwelt zu bieten. Bei Ausländern sind die Beziehungen zu ihren Landsleuten außerhalb der Anstalten als besonders wichtig anzusehen.

68. So bald wie möglich nach der Aufnahme und nach einer Persönlichkeitserforschung eines jeden Gefangenen mit einer Strafe von entsprechender Dauer ist für ihn in einer geeigneten Anstalt ein Vollzugsplan aufzustellen, der seinen individuellen Bedürfnissen, Fähigkeiten und Neigungen und insbesondere der Nähe zu seinen Angehörigen Rechnung trägt.

69. 1. Im Vollzug ist den Gefangenen Gelegenheit zu geben, an Veranstaltungen der Anstalt teilzunehmen, die geeignet sind, ihr Verantwortungsbewußtsein und Selbstvertrauen zu entwickeln und das eigene Interesse an ihrer Behandlung zu fördern.

2. Es soll angestrebt werden, Methoden zur Förderung der Mitarbeit und der Beteiligung der Gefangenen an ihrer Behandlung zu

entwickeln. Daher sind die Gefangenen zu ermutigen, innerhalb der im Grundsatz 34 gesetzten Grenzen in bestimmten Tätigkeitsbereichen der Anstalt Verantwortung zu übernehmen.

70. 1. Die Vorbereitung der Gefangenen auf ihre Entlassung soll so bald wie möglich nach ihrer Aufnahme in einer Vollzugsanstalt beginnen. Daher soll mit der Behandlung der Gefangenen nicht ihr Ausschluß aus der Gesellschaft, sondern ihre weitere Zugehörigkeit zu ihr betont werden. Im Sozialbereich tätige Organisationen und Sozialarbeiter sollen daher nach Möglichkeit herangezogen werden, um das Anstaltspersonal bei der Aufgabe der Wiedereingliederung der Gefangenen in die Gesellschaft zu unterstützen, insbesondere bei der Aufrechterhaltung und Verbesserung der Beziehungen zu ihren Familien, zu anderen Personen und zu Sozialhilfeorganisationen. Soweit dies mit den Gesetzen und dem Strafurteil vereinbar ist, sollen Schritte unternommen werden, um die zivilrechtlichen Belange der Gefangenen, ihre Rechte aus der Sozialversicherung und andere Sozialleistungen sicherzustellen.

2. Die Behandlungsprogramme sollen die Möglichkeit des Hafturlaubs vorsehen, der in größtmöglichem Umfang aus medizinischen, erzieherischen, beruflichen, familiären und anderen sozialen Gründen gewährt werden soll.

3. Ausländer sollen nicht allein wegen ihrer Staatsangehörigkeit vom Hafturlaub ausgeschlossen werden. Ferner soll ihnen die gemeinsame Teilnahme an Veranstaltungen ermöglicht werden, um ihr Gefühl der Isolation zu mildern.

71. 1. Gefangenenarbeit soll als positives Element der Behandlung, Ausbildung und Anstaltsführung angesehen werden.

2. Strafgefangene können entsprechend ihrer vom Anstaltsarzt festgestellten körperlichen und geistigen Eignung zur Arbeit verpflichtet werden.

3. Es ist für genügend nützliche Arbeit oder, falls angezeigt, für andere sinnvolle Tätigkeiten zu sorgen, um die Gefangenen für die Dauer eines normalen Arbeitstages zu beschäftigen.

4. Die Arbeit muß soweit wie möglich so beschaffen sein, daß sie die Fähigkeit der Gefangenen, nach der Entlassung ihren normalen Unterhalt zu verdienen, erhält oder steigert.

5. Ausbildung in nützlichen Berufen ist für Gefangene vorzusehen, die daraus Nutzen ziehen können, insbesondere für junge Gefangene.

6. Innerhalb der Grenzen der Auswahl eines geeigneten Berufs und der Erfordernisse der Anstaltsverwaltung und Disziplin müssen die Gefangenen die Art der Tätigkeit, die sie verrichten wollen, wählen können.

72. 1. Die Organisation und die Methoden der Arbeit in den Anstalten müssen soweit wie möglich denen von ähnlicher Arbeit in der Gesellschaft gleichen, um die Gefangenen auf die Bedingungen des normalen Berufslebens vorzubereiten. Diese Arbeit soll daher zeitgemäßen Arbeitsnormen und Arbeitsverfahren entsprechen und so organisiert sein, daß sie modernen Methoden der Betriebsführung und modernen Produktionsverfahren entspricht.

2. Die Erzielung eines finanziellen Gewinns aus den Arbeitsbetrieben kann für die Hebung des Leistungsniveaus und für die Steigerung der Qualität und der Bedeutung der Ausbildung wertvoll sein; die Interessen der Gefangenen und ihrer Behandlung dürfen jedoch diesem Zweck nicht untergeordnet werden.

73. Arbeit für Gefangene ist von der Vollzugsverwaltung vorzusehen:

a) entweder in ihren eigenen Räumlichkeiten, Werkstätten oder landwirtschaftlichen Betrieben oder

b) in Zusammenarbeit mit Privatunternehmen innerhalb und außerhalb der Vollzugsanstalt; in diesem Fall haben die Unternehmer, für welche die Arbeit erbracht wird, die üblichen Löhne zu zahlen, wobei die Leistung der Gefangenen zu berücksichtigen ist.

74. 1. Die Sicherheits- und Gesundheitsvorkehrungen für Gefangene müssen jenen gleichen, die für Arbeitnehmer außerhalb der Anstalt gelten.

2. Es sind Vorkehrungen zu treffen, Gefangene bei Arbeitsunfall und Berufskrankheit zu entschädigen, wobei die Bedingungen nicht ungünstiger sein dürfen als diejenigen, die Arbeitnehmern außerhalb der Anstalt nach dem Gesetz zustehen.

75. 1. Die Höchstzahl der täglichen und wöchentlichen Arbeitsstunden der Gefangenen ist nach den örtlichen Bestimmungen oder Gewohnheiten für die Beschäftigung von Arbeitnehmern in Freiheit festzusetzen.

2. Gefangene sollen zumindest einen Ruhetag in der Woche haben; es soll ihnen auch genügend Zeit für ihre Weiterbildung und für andere Tätigkeiten, die als Teil der Behandlung und Ausbildung für ihre Wiedereingliederung in die Gesellschaft erforderlich sind, zur Verfügung stehen.

76. 1. Die Gefangenenarbeit ist gerecht zu vergüten.

2. Den Gefangenen ist zu gestatten, wenigstens einen Teil ihres Verdienstes für zugelassene und zur eigenen Verwendung bestimmte Gegenstände auszugeben sowie einen Teil ihren Familien zukommen zu lassen oder für andere erlaubte Zwecke zu verwenden.

3. Es kann auch vorgesehen werden, daß ein Teil dieses Verdienstes von der Verwaltung als Rücklage behandelt wird, die den Gefangenen bei ihrer Entlassung auszuhändigen ist.

77. In den Anstalten ist ein umfassendes Bildungsprogramm anzubieten, um allen Gefangenen Gelegenheit zu geben, zumindest einigen ihrer individuellen Bedürfnisse und Bestrebungen nachzukommen. Mit diesen Programmen soll bezweckt werden, die Aussichten auf eine erfolgreiche Wiedereingliederung in die Gesellschaft, die

Einstellung und Haltung der Gefangenen und ihre Selbstachtung zu verbessern.

78. Die Teilnahme an Bildungsmaßnahmen im Vollzug soll denselben Status haben wie Arbeit und mit der gleichen Grundvergütung bezahlt werden, sofern sie innerhalb der regelmäßigen Arbeitszeit stattfindet und Teil eines genehmigten individuellen Behandlungsprogramms ist.

79. Besondere Beachtung sollen die Vollzugsverwaltungen der Weiterbildung junger Gefangener und Gefangener ausländischer Herkunft oder mit besonderen kulturellen oder ethnischen Bedürfnissen beimessen.

80. Für Gefangene mit besonderen Problemen wie Analphabeten oder solche, die nicht rechnen können, sollen besondere Förderprogramme angeboten werden.

81. Soweit durchführbar ist die Weiterbildung für Gefangene

a) in das Bildungssystem des Landes einzubinden, damit die Gefangenen nach der Entlassung ihre Weiterbildung ohne Schwierigkeiten fortsetzen können:

b) in Bildungseinrichtungen außerhalb der Anstalt vorzusehen.

82. Jede Anstalt hat eine Bücherei einzurichten, die allen Gefangenen zur Verfügung steht und über eine genügende Auswahl an Unterhaltungsliteratur und Sachbüchern verfügt; die Gefangenen sind zu ermutigen, davon ausgiebig Gebrauch zu machen. Soweit wie möglich soll die Anstaltsbücherei in Zusammenarbeit mit allgemeinen Büchereien geführt werden.

83. Der Vollzug hat der Bedeutung sinnvoll gestalteter körperlicher Ertüchtigung, ausreichender Bewegung und Erholung für die körperliche und geistige Gesundheit Rechnung zu tragen.

84. Im Rahmen der Behandlung und Ausbildung soll daher ein sinnvoll gestaltetes Programm für Sport und sonstige Erholung vorgesehen werden. Zu diesem Zweck sollen Raum, Einrichtungen und Geräte zur Verfügung gestellt werden.

85. Die Vollzugsverwaltungen sollen darauf achten, daß die Gefangenen, die an diesen Programmen teilnehmen, körperlich dazu in der Lage sind. Für Gefangene, die heilgymnastischer Behandlung bedürfen, sollen unter ärztlicher Anleitung besondere Vorkehrungen dafür getroffen werden.

86. Gefangenen, die nicht im Freien arbeiten oder in einer offenen Anstalt untergebracht sind, ist, wenn es die Witterung zuläßt, täglich mindestens eine Stunde Spaziergang oder geeignete Bewegung im Freien, möglichst geschützt vor Unbilden der Witterung, zu gestatten.

87. Für alle Gefangenen sollen Vorkehrungen getroffen werden, die dazu bestimmt sind, ihnen nach der Entlassung bei der Rückkehr in die Gesellschaft, in die Familie und an den Arbeitsplatz zu helfen. Dazu sollen besondere Maßnahmen und Kurse vorgesehen werden.

88. Gefangenen mit längeren Freiheitsstrafen soll eine schrittweise Rückkehr in die Gesellschaft ermöglicht werden. Dieses Ziel kann insbesondere durch einen Entlassungsvollzug erreicht werden, der in derselben Anstalt oder in einer anderen geeigneten Anstalt durchgeführt wird, oder durch bedingte Entlassung mit irgendeiner Aufsicht in Verbindung mit wirksamer sozialer Unterstützung.

89. 1. Die Vollzugsverwaltungen sollen eng mit den sozialen Diensten und Einrichtungen zusammenarbeiten, die entlassenen Gefangenen bei der Wiedereingliederung in die Gesellschaft helfen, insbesondere in bezug auf Familie und Arbeitsplatz.

2. Es ist dafür zu sorgen, daß entlassene Gefangene, soweit notwendig, mit den geeigneten Papieren und Ausweisen versehen sind und daß sie bei der Wohnungs- und Arbeitssuche unterstützt werden. Sie sollen auch mit den notwendigen Mitteln für den Unterhalt in der ersten Zeit und mit ausreichender, dem Klima und der Jahreszeit entsprechender Kleidung versehen sein und die nötigen Mittel haben, um ihren Zielort zu erreichen.

3. Den zugelassenen Vertretern der sozialen Einrichtungen oder Dienste soll der notwendige Zugang zur Anstalt und zu den Gefangenen gewährt werden, damit sie zur Vorbereitung der Entlassung und zur Nachbetreuung der Gefangenen beitragen können.

Ergänzende Grundsätze für besondere Gefangenenkategorien

90. Die Vollzugsverwaltungen sollen sich von den Bestimmungen der Grundsätze in ihrer Gesamtheit leiten lassen, soweit sie in der Praxis auf die besonderen Gefangenenkategorien anwendbar sind; darüber hinaus sind die folgenden ergänzenden Grundsätze vorgesehen.

91. Unbeschadet der gesetzlichen Vorschriften zum Schutz der persönlichen Freiheit und der Verfahrensvorschriften für Untersuchungsgefangene sind diesen Gefangenen, die bis zu ihrer Verurteilung als unschuldig gelten, die Vorteile zu gewähren, welche sich aus dem Grundsatz 90 ergeben, und Beschränkungen nur insoweit aufzuerlegen, als diese für das Strafverfahren und die Sicherheit der Anstalt erforderlich sind.

92. 1. Untersuchungsgefangenen ist zu gestatten, ihre Familien sofort von ihrer Verhaftung zu benachrichtigen; ferner sind ihnen alle angemessenen Möglichkeiten einzuräumen, mit ihren Familien in Verbindung zu treten, sowie mit Freunden und anderen Personen, mit denen sie aufgrund eines berechtigten Interesses Kontakt aufnehmen wollen.

2. Es ist ihnen auch zu gestatten. Besuche von diesen Personen unter menschenwürdigen Bedingungen zu empfangen; die Besuche dürfen nur insoweit eingeschränkt und überwacht werden, als es im Interesse der Rechtspflege und der Sicherheit und Ordnung in der Anstalt erforderlich ist.

3. Wenn ein Untersuchungsgefangener keine dieser Personen benachrichtigen will, soll die Vollzugsverwaltung dies nicht von sich aus tun, sofern nicht überwiegende Gründe, etwa in bezug auf Alter, Geisteszustand oder eine sonstige Unfähigkeit des Gefangenen, vorliegen.

93. Untersuchungsgefangene sind berechtigt, sogleich nach ihrer Verhaftung einen Rechtsbeistand zu wählen oder die Bestellung eines Pflichtverteidigers zu beantragen, wo dies vorgesehen ist; im Zusammenhang mit ihrer Verteidigung dürfen sie Besuche von ihrem Rechtsbeistand empfangen und vertrauliche Mitteilungen vorbereiten, ihm übergeben und von ihm entgegennehmen. Auf Wunsch ist ihnen zu diesem Zweck alles Erforderliche zur Verfügung zu stellen. Insbesondere ist ihnen die kostenlose Hilfe eines Dolmetschers für alle wichtigen Kontakte mit der Verwaltung und für ihre Verteidigung zu gewähren. Unterredungen zwischen den Gefangenen und ihrem Rechtsbeistand dürfen von einem Polizei- oder Vollzugsbeamten beobachtet, aber weder direkt noch indirekt abgehört werden. Die Untersuchungsgefangenen sind nach den Bestimmungen des Grundsatzes 11.3 unterzubringen.

94. Untersuchungsgefangenen ist die Möglichkeit der Einzelunterbringung zu geben, es sei denn, die Umstände lassen dies als nicht angezeigt erscheinen.

95. 1. Untersuchungsgefangenen ist Gelegenheit zu geben, ihre eigene Kleidung zu tragen, wenn sie sauber und geeignet ist.

2. Gefangene, die von dieser Möglichkeit keinen Gebrauch machen, sind mit geeigneter Kleidung zu versorgen.

3. Wenn Untersuchungsgefangene keine eigene geeignete Kleidung besitzen, sind sie mit gut erhaltener Zivilkleidung auszustatten, die sie vor Gericht und bei genehmigten Ausführungen tragen können.

96. Untersuchungsgefangenen ist, wo immer möglich, Gelegenheit zur Arbeit zu geben, doch sind sie nicht zur Arbeit verpflichtet. Diejenigen, die arbeiten, sind wie andere Gefangene zu bezahlen. Wenn die Möglichkeit zur Weiterbildung oder zur Berufsausbildung besteht, sind die Untersuchungsgefangenen zur Teilnahme daran zu ermuntern.

97. Untersuchungsgefangenen ist zu gestatten, auf eigene Kosten oder auf Kosten Dritter Bücher, Zeitungen, Schreibmaterial und andere der Beschäftigung dienende Mittel zu beschaffen, soweit es mit den Interessen der Rechtspflege und der Sicherheit und Ordnung der Anstalt vereinbar ist.

98. Untersuchungsgefangenen ist auf begründeten Antrag Gelegenheit zu geben, sich von ihrem eigenen Arzt oder Zahnarzt besuchen und behandeln zu lassen. Die Ablehnung des Antrags soll begründet werden. Anfallende Kosten gehen nicht zu Lasten der Vollzugsverwaltung.

99. In Ländern, in denen das Gesetz eine Haft aufgrund der Entscheidung eines Gerichts im Rahmen eines nichtstrafrechtlichen Verfahrens zuläßt, dürfen solche Gefangene keiner größeren Beschränkung oder Strenge unterworfen werden, als zur Gewährleistung von Sicherheit und Ordnung notwendig ist. Sie dürfen nicht schlechter als Untersuchungsgefangene behandelt, jedoch zur Arbeit verpflichtet werden.

100. 1. Personen, bei denen eine Geisteskrankheit festgestellt wird, sollen nicht in Anstalten des Strafvollzugs untergebracht werden. Es ist dafür zu sorgen, daß sie so rasch wie möglich in geeignete Einrichtungen für Geisteskranke verlegt werden.

2. Besondere Anstalten oder Abteilungen unter ärztlicher Leitung sollen für die Beobachtung und Behandlung von Gefangenen zur Verfügung stehen, die schwer unter anderen seelischen Störungen oder Anomalien leiden.

3. Der ärztliche oder psychiatrische Dienst der Vollzugsanstalten hat für die psychiatrische Behandlung aller Gefangenen, die einer solchen Behandlung bedürfen, zu sorgen.

4. Durch Vereinbarung mit den zuständigen Stellen soll sichergestellt werden, daß erforderlichenfalls die psychiatrische Behandlung nach der Entlassung fortgeführt und eine sozialpsychiatrische Nachbetreuung gewährt werden kann.

Strafvollzugsgesetz (StVollzG)

vom 16. März 1976 (BGBl. I S. 581, 2088; 1977 I S. 436)

zuletzt geändert durch
Gesetz vom 17. Dezember 1990 (BGBl. I S. 2847)

mit
bundeseinheitlichen Verwaltungsvorschriften
zum Strafvollzugsgesetz
(VVStVollzG)

Gemäß Artikel 8 in Verbindung mit Anlage I Kapitel III Sachgebiet C Abschnitt III Nr. 5 des Einigungsvertrages (BGBl. II S. 885, 889) gilt das Gesetz mit Wirkung vom 3. Oktober 1990 in den Ländern Brandenburg, Mecklenburg-Vorpommern, Sachsen, Sachsen-Anhalt und Thüringen sowie in dem Teil des Landes Berlin, in dem es bisher nicht galt, mit folgenden Maßgaben:

a) Bei § 43 ist bis zur Geltung einer einheitlichen Bemessungsgrundlage für alle Gefangenen die für die bisherigen Länder der Bundesrepublik Deutschland geltende Bemessungsgrundlage anzuwenden.

b) § 156 Abs. 1 ist bis zum Inkrafttreten beamtenrechtlicher Regelungen in dem in Artikel 3 des Vertrages genannten Gebiet nicht anzuwenden.

Inhaltsübersicht

Rechtsverordnungen

auf Grund des § 48:

Verordnung über die Vergütungsstufen des Arbeitsentgelts und der Ausbildungsbeihilfe nach dem Strafvollzugsgesetz – Strafvollzugsvergütungsordnung (StVollzVergO) v. 11. 1. 1977 (BGBl. I S. 57)

Gesetz über den Vollzug der Freiheitsstrafe und der freiheitsentziehenden Maßregeln der Besserung und Sicherung (StVollzG)

Erster Abschnitt
Anwendungsbereich

§ 1

Dieses Gesetz regelt den Vollzug der Freiheitsstrafe in Justizvollzugsanstalten und der freiheitsentziehenden Maßregeln der Besserung und Sicherung.

Zweiter Abschnitt
Vollzug der Freiheitsstrafe

Erster Titel
Grundsätze

§ 2 Aufgaben des Vollzuges

Im Vollzug der Freiheitsstrafe soll der Gefangene fähig werden, künftig in sozialer Verantwortung ein Leben ohne Straftaten zu führen (Vollzugsziel). Der Vollzug der Freiheitsstrafe dient auch dem Schutz der Allgemeinheit vor weiteren Straftaten.

§ 3 Gestaltung des Vollzuges

(1) Das Leben im Vollzug soll den allgemeinen Lebensverhältnissen soweit als möglich angeglichen werden.

(2) Schädlichen Folgen des Freiheitsentzuges ist entgegenzuwirken.

(3) Der Vollzug ist darauf auszurichten, daß er dem Gefangenen hilft, sich in das Leben in Freiheit einzugliedern.

§ 4 Stellung des Gefangenen

(1) Der Gefangene wirkt an der Gestaltung seiner Behandlung und an der Erreichung des Vollzugszieles mit. Seine Bereitschaft hierzu ist zu wecken und zu fördern.

(2) Der Gefangene unterliegt den in diesem Gesetz vorgesehenen Beschränkungen seiner Freiheit. Soweit das Gesetz eine besondere Regelung nicht enthält, dürfen ihm nur Beschränkungen auferlegt werden, die zur Aufrechterhaltung der Sicherheit oder zur Abwendung einer schwerwiegenden Störung der Ordnung der Anstalt unerläßlich sind.

Zweiter Titel
Planung des Vollzuges

§ 5 Aufnahmeverfahren

(1) Beim Aufnahmeverfahren dürfen andere Gefangene nicht zugegen sein.

(2) Der Gefangene wird über seine Rechte und Pflichten unterrichtet.

(3) Nach der Aufnahme wird der Gefangene alsbald ärztlich untersucht und dem Leiter der Anstalt oder der Aufnahmeabteilung vorgestellt.

Zu Abs. 1: Die Trennung im Aufnahmeverfahren sollte bis zum 31. 12. 1985 durch besonderes Bundesgesetz in Kraft gesetzt werden; vgl. § 198 Abs. 3, 4.

VV zu § 5:

1 Durch die ärztliche Untersuchung soll der Gesundheitszustand des Gefangenen einschließlich der Körpergröße, des Körpergewichts und des Zustands des Gebisses festgestellt werden; insbesondere ist zu prüfen, ob der Gefangene vollzugstauglich, ob er ärztlicher Behandlung bedürftig, ob er seines Zustandes wegen anderen gefährlich, ob und in welchem Umfang er arbeitsfähig und zur Teilnahme am Sport tauglich ist und ob gesundheitliche Bedenken gegen die Einzelunterbringung bestehen. Das Ergebnis der Untersuchung ist schriftlich niederzulegen.

2 Bis zum Inkrafttreten des § 5 Abs. 1 gilt folgendes:
Während des Aufnahmeverfahrens sollen andere Gefangene nicht zugegen sein.

§ 6 Behandlungsuntersuchung. Beteiligung des Gefangenen

(1) Nach dem Aufnahmeverfahren wird damit begonnen, die Persönlichkeit und die Lebensverhältnisse des Gefangenen zu erforschen. Hiervon kann abgesehen werden, wenn dies mit Rücksicht auf die Vollzugsdauer nicht geboten erscheint.

(2) Die Untersuchung erstreckt sich auf die Umstände, deren Kenntnis für eine planvolle Behandlung des Gefangenen im Vollzuge und für die Eingliederung nach seiner Entlassung notwendig ist.

(3) Die Planung der Behandlung wird mit dem Gefangenen erörtert.

VV zu § 6:

Bei einer Vollzugsdauer bis zu einem Jahr ist eine Behandlungsuntersuchung in der Regel nicht geboten.

§ 7 Vollzugsplan

(1) Auf Grund der Behandlungsuntersuchung (§ 6) wird ein Vollzugsplan erstellt.

(2) Der Vollzugsplan enthält Angaben mindestens über folgende Behandlungsmaßnahmen:

1. die Unterbringung im geschlossenen oder offenen Vollzug,
2. die Verlegung in eine sozialtherapeutische Anstalt,
3. die Zuweisung zu Wohngruppen und Behandlungsgruppen,
4. den Arbeitseinsatz sowie Maßnahmen der beruflichen Ausbildung, Fortbildung oder Umschulung,
5. die Teilnahme an Veranstaltungen der Weiterbildung,
6. besondere Hilfs- und Behandlungsmaßnahmen,
7. Lockerungen des Vollzuges und
8. notwendige Maßnahmen zur Vorbereitung der Entlassung.

(3) Der Vollzugsplan ist mit der Entwicklung des Gefangenen und weiteren Ergebnissen der Persönlichkeitserforschung in Einklang zu halten. Hierfür sind im Vollzugsplan angemessene Fristen vorzusehen.

§ 8 Verlegung, Überstellung

(1) Der Gefangene kann abweichend vom Vollstreckungsplan in eine andere für den Vollzug der Freiheitsstrafe zuständige Anstalt verlegt werden,

1. wenn die Behandlung des Gefangenen oder seine Eingliederung nach der Entlassung hierdurch gefördert wird oder
2. wenn dies aus Gründen der Vollzugsorganisation oder aus anderen wichtigen Gründen erforderlich ist.

(2) Der Gefangene darf aus wichtigem Grund in eine andere Vollzugsanstalt überstellt werden.

VV zu § 8:

1 (1) Wichtige Gründe für eine Überstellung sind namentlich

a) Besuchszusammenführung, wenn ein Besuch in der zuständigen Anstalt nicht oder nur mit erheblichen Schwierigkeiten möglich ist;

b) Ausführung und Ausgang am Ort oder in Ortsnähe einer anderen Anstalt;

c) Vorführung und Ausantwortung am Ort oder in Ortsnähe einer anderen Anstalt;

d) Begutachtung und ärztliche Untersuchungen.

(2) Überstellungen sind nur im Einvernehmen mit der aufnehmenden Anstalt zulässig. Dies gilt nicht bei Vorführungen und Ausantwortungen.

2 Auf begründeten Antrag darf der Gefangene einer Polizeibehörde befristet ausgeantwortet werden.

§ 9 Verlegung in eine sozialtherapeutische Anstalt

(1) Ein Gefangener kann mit seiner Zustimmung in eine sozialtherapeutische Anstalt verlegt werden, wenn die besonderen therapeutischen Mittel und sozialen Hilfen dieser Anstalt zu seiner Resozialisierung angezeigt sind. Er kann wieder zurückverlegt werden, wenn mit diesen Mitteln und Hilfen dort voraussichtlich kein Erfolg erzielt werden kann. Die §§ 8 und 85 bleiben unberührt.

(2) Die Verlegung bedarf der Zustimmung des Leiters der sozialtherapeutischen Anstalt.

§ 10 Offener und geschlossener Vollzug

(1) Ein Gefangener soll mit seiner Zustimmung in einer Anstalt oder Abteilung des offenen Vollzuges untergebracht werden, wenn er den besonderen Anforderungen des offenen Vollzuges genügt und namentlich nicht zu befürchten ist, daß er sich dem Vollzug der Freiheitsstrafe entziehen oder die Möglichkeiten des offenen Vollzuges zu Straftaten mißbrauchen werde.

(2) Im übrigen sind die Gefangenen im geschlossenen Vollzug unterzubringen. Ein Gefangener kann auch dann im geschlossenen Vollzug untergebracht oder dorthin zurückverlegt werden, wenn dies zu seiner Behandlung notwendig ist.

VV zu § 10

1 (1) Vom offenen Vollzug ausgeschlossen sind Gefangene,

a) gegen die während des laufenden Freiheitsentzuges eine Strafe vollzogen wurde oder zu vollziehen ist, welche gemäß § 74a GVG von der Strafkammer oder gemäß § 120 GVG vom Oberlandesgericht im ersten Rechtszug verhängt worden ist,

b) gegen die Untersuchungs-, Auslieferungs- oder Abschiebungshaft angeordnet ist,

c) gegen die eine vollziehbare Ausweisungsverfügung für den Geltungsbereich des Strafvollzugsgesetzes besteht und die aus der Haft abgeschoben werden sollen,

d) gegen die eine freiheitsentziehende Maßregel der Besserung und Sicherung oder eine sonstige Unterbringung gerichtlich angeordnet und noch nicht vollzogen ist.

(2) In den Fällen des Absatzes 1 Buchst. a), c) und d) sind Ausnahmen mit Zustimmung der Aufsichtsbehörde zulässig. In den Fällen des Buchst. a) ist die Vollstreckungsbehörde, des Buchst. d) das zuständige Gericht zu hören, in den Fällen des Buchst. c) bedürfen Ausnahmen des Benehmens mit der zuständigen Ausländerbehörde.

2 (1) Für die Unterbringung im offenen Vollzug ungeeignet sind in der Regel namentlich Gefangene,

a) die erheblich suchtgefährdet sind,
b) die während des laufenden Freiheitsentzuges entwichen sind, eine Flucht versucht, einen Ausbruch unternommen oder sich an einer Gefangenenmeuterei beteiligt haben,
c) die aus dem letzten Urlaub oder Ausgang nicht freiwillig zurückgekehrt sind oder bei denen zureichende tatsächliche Anhaltspunkte dafür gegeben sind, daß sie während des letzten Urlaubs oder Ausgangs eine strafbare Handlung begangen haben,
d) gegen die ein Ausweisungs-, Auslieferungs-, Ermittlungs- oder Strafverfahren anhängig ist,
e) bei denen zu befürchten ist, daß sie einen negativen Einfluß ausüben werden, insbesondere die Erreichung des Vollzugszieles bei anderen Gefangenen gefährden würden.

(2) Ausnahmen von Abs. 1 können zugelassen werden, wenn besondere Umstände vorliegen; die Gründe hierfür sind aktenkundig zu machen. In den Fällen des Buchst. d) ist die zuständige Behörde zu hören.

(3) Bei Gefangenen, gegen die während des laufenden Freiheitsentzuges eine Strafe wegen grober Gewalttätigkeiten gegen Personen, wegen einer Straftat gegen die sexuelle Selbstbestimmung oder wegen Handels mit Stoffen oder des Einbringens dieser Stoffe im Sinne des Gesetzes über den Verkehr mit Betäubungsmitteln vollzogen wurde oder zu vollziehen ist oder die im Vollzug in den begründeten Verdacht des Handels mit diesen Stoffen gekommen sind, bedarf die Frage, ob eine Unterbringung im offenen Vollzug zu verantworten ist, besonders gründlicher Prüfung. Dies gilt auch für Gefangene, über die Erkenntnisse vorliegen, daß sie der organisierten Kriminalität zuzurechnen sind.

3 (1) Ein Gefangener, der sich im offenen Vollzug befindet, ist in den geschlossenen Vollzug zurückzuverlegen, wenn
a) er seine Zustimmung zur Unterbringung im offenen Vollzug zurücknimmt,
b) er sich für den offenen Vollzug als nicht geeignet erweist,
c) Umstände bekannt werden, die nach Nr. 1 einer Unterbringung im offenen Vollzug entgegengestanden hätten.

(2) Dem Gefangenen ist Gelegenheit zur Äußerung zu geben. Die Gründe für die Verlegung sind aktenkundig zu machen und dem Gefangenen bekanntzugeben.

(3) Die Verlegung in den geschlossenen Vollzug schließt eine erneute Unterbringung im offenen Vollzug nicht aus.

4 (1) Über die Verlegung in den offenen Vollzug sowie die (Rück-)Verlegung in den geschlossenen Vollzug entscheidet die von der Landesjustizverwaltung bestimmte Stelle.

(2) Die Entscheidung über die Unterbringung eines zu lebenslanger Freiheitsstrafe verurteilten Gefangenen ist in einer Konferenz nach § 159 StVollzG vorzubereiten. Über die Konferenz ist eine Niederschrift zu fertigen; gutachtliche Äußerungen sind aktenkundig zu machen. Die Unterbringung bedarf der Zustimmung der Aufsichtsbehörde.

§ 11 Lockerungen des Vollzuges

(1) Als Lockerung des Vollzuges kann namentlich angeordnet werden, daß der Gefangene
1. außerhalb der Anstalt regelmäßig einer Beschäftigung unter Aufsicht (Außenbeschäftigung) oder ohne Aufsicht eines Vollzugsbediensteten (Freigang) nachgehen darf oder

2. für eine bestimmte Tageszeit die Anstalt unter Aufsicht (Ausführungen) oder ohne Aufsicht eines Vollzugsbediensteten (Ausgang) verlassen darf.

(2) Diese Lockerungen dürfen mit Zustimmung des Gefangenen angeordnet werden, wenn nicht zu befürchten ist, daß der Gefangene sich dem Vollzug der Freiheitsstrafe entziehen oder die Lockerungen des Vollzuges zu Straftaten mißbrauchen werde.

VV zu § 11

1 Lockerungen des Vollzuges werden nur zum Aufenthalt innerhalb des Geltungsbereichs des Strafvollzugsgesetzes gewährt.

2 Bei der Außenbeschäftigung wird der Gefangene entweder ständig und unmittelbar oder ständig oder in unregelmäßigen Zeitabständen durch einen Vollzugsbediensteten beaufsichtigt.

3 (1) Freigang kann auch in der Weise angeordnet werden, daß ein Dritter schriftlich verpflichtet wird, die Anstalt unverzüglich zu benachrichtigen, wenn der Gefangene an der Beschäftigungsstelle nicht rechtzeitig erscheint, sich ohne Erlaubnis entfernt oder sonst ein besonderer Anlaß (z. B. Erkrankung, Trunkenheit) hierzu besteht.

(2) Die Anstalt überprüft das Verhalten des Gefangenen während des Freiganges in unregelmäßigen Abständen.

4 (1) Der Anstaltsleiter überträgt die Ausführung des Gefangenen besonders geeigneten Bediensteten.

(2) Vor der Außenbeschäftigung und der Ausführung erteilt er den Bediensteten die nach Lage des Falles erforderlichen Weisungen.

5 (1) Die Entscheidung über Lockerungen im Vollzug der lebenslangen Freiheitsstrafe ist in einer Konferenz nach § 159 vorzubereiten. Über die Konferenz ist eine Niederschrift zu fertigen; gutachtliche Äußerungen sind aktenkundig zu machen. Lockerungen sind in diesen Fällen in der Regel nur unter den Voraussetzungen des § 13 Abs. 3 zulässig. Sie bedürfen der Zustimmung der Aufsichtsbehörde.

(2) Absatz 1 gilt nicht für die Ausführung und die Außenbeschäftigung unter ständiger und unmittelbarer Aufsicht.

6 (1) Außenbeschäftigung, Freigang und Ausgang sind ausgeschlossen bei Gefangenen,

a) gegen die während des laufenden Freiheitsentzuges eine Strafe vollzogen wurde oder zu vollziehen ist, welche gemäß § 74a GVG von der Strafkammer oder gemäß § 120 GVG vom Oberlandesgericht im ersten Rechtszug verhängt worden ist,

b) gegen die Untersuchungs-, Auslieferungs-, oder Abschiebungshaft angeordnet ist,

c) gegen die eine vollziehbare Ausweisungsverfügung für den Geltungsbereich des Strafvollzugsgesetzes besteht und die aus der Haft abgeschoben werden sollen,

d) gegen die eine freiheitsentziehende Maßregel der Besserung und Sicherung oder eine sonstige Unterbringung gerichtlich angeordnet und noch nicht vollzogen ist.

(2) In den Fällen des Absatzes 1 Buchst. a), c) und d) sind Ausnahmen mit Zustimmung der Aufsichtsbehörde zulässig. In den Fällen des

Buchst. a) ist die Vollstreckungsbehörde, des Buchst. d) das zuständige Gericht zu hören, in den Fällen des Buchst. c) bedürfen Ausnahmen des Benehmens mit der zuständigen Ausländerbehörde.

7 (1) Außenbeschäftigung, Freigang und Ausgang sind nur zulässig, wenn der Gefangene für diese Maßnahme geeignet ist, insbesondere ein Mißbrauch nicht zu befürchten ist. Bei der Entscheidung ist zu berücksichtigen, ob der Gefangene durch sein Verhalten im Vollzug die Bereitschaft gezeigt hat, an der Erreichung des Vollzugszieles mitzuwirken.

(2) Ungeeignet für eine Lockerung nach Absatz 1 sind in der Regel namentlich Gefangene,

a) die erheblich suchtgefährdet sind,

b) die während des laufenden Freiheitsentzuges entwichen sind, eine Flucht versucht, einen Ausbruch unternommen oder sich an einer Gefangenenmeuterei beteiligt haben,

c) die aus dem letzten Urlaub oder Ausgang nicht freiwillig zurückgekehrt sind oder bei denen zureichende tatsächliche Anhaltspunkte dafür gegeben sind, daß sie während ihres letzten Urlaubs oder Ausgangs eine strafbare Handlung begangen haben,

d) gegen die ein Ausweisungs-, Auslieferungs-, Ermittlungs- oder Strafverfahren anhängig ist,

e) bei denen zu befürchten ist, daß sie einen negativen Einfluß ausüben, insbesondere die Erreichung des Vollzugszieles bei anderen Gefangenen gefährden würden.

(3) Ausnahmen von Absatz 2 können zugelassen werden, wenn besondere Umstände vorliegen; die Gründe hierfür sind aktenkundig zu machen. In den Fällen des Buchstabens d) ist die zuständige Behörde zu hören.

(4) Bei Gefangenen, gegen die während des laufenden Freiheitsentzuges eine Strafe wegen grober Gewalttätigkeiten gegen Personen, wegen einer Straftat gegen die sexuelle Selbstbestimmung oder wegen Handels mit Stoffen oder des Einbringens dieser Stoffe im Sinne des Gesetzes über den Verkehr mit Betäubungsmitteln vollzogen wurde oder zu vollziehen ist oder die im Vollzug in den begründeten Verdacht des Handels mit diesen Stoffen gekommen sind, bedarf die Frage, ob eine Lockerung des Vollzuges zu verantworten ist, besonders gründlicher Prüfung. Dies gilt auch für Gefangene, über die Erkenntnisse vorliegen, daß sie der organisierten Kriminalität zuzurechnen sind.

§ 12 Ausführung aus besonderen Gründen

Ein Gefangener darf auch ohne seine Zustimmung ausgeführt werden, wenn dies aus besonderen Gründen notwendig ist.

VV zu § 12:

Die Verwaltungsvorschriften der Nr. 3 zu § 11 und die Verwaltungsvorschriften zu § 35 sind zu beachten.

§ 13 Urlaub aus der Haft

(1) Ein Gefangener kann bis zu einundzwanzig Kalendertagen in einem Jahr aus der Haft beurlaubt werden. § 11 Abs. 2 gilt entsprechend.

(2) Der Urlaub soll in der Regel erst gewährt werden, wenn der Gefangene sich mindestens sechs Monate im Strafvollzug befunden hat.

(3) Ein zu lebenslanger Freiheitsstrafe verurteilter Gefangener kann beurlaubt werden, wenn er sich einschließlich einer vorhergehenden Untersuchungshaft oder einer anderen Freiheitsentziehung zehn Jahre im Vollzug befunden hat oder wenn er in den offenen Vollzug überwiesen ist.

(4) Gefangenen, die sich für den offenen Vollzug eignen, aus besonderen Gründen aber in einer geschlossenen Anstalt untergebracht sind, kann nach den für den offenen Vollzug geltenden Vorschriften Urlaub erteilt werden.

(5) Durch den Urlaub wird die Strafvollstreckung nicht unterbrochen.

VV zu § 13

1 Urlaub wird nur an einen Ort innerhalb des Geltungsbereichs des StVollzG gewährt.

2 Der Urlaub kann aufgeteilt werden. Urlaubstage sind alle Kalendertage, auf die sich der Urlaub erstreckt; der Tag, an dem der Gefangene den Urlaub antritt, wird nicht mitgerechnet.

(2) Urlaubsjahr ist das Vollstreckungsjahr. Der Urlaub ist nicht in das nächste Jahr übertragbar. Dies gilt nicht, wenn der Urlaub aus Gründen, die die Vollzugsbehörde zu vertreten hat, nicht rechtzeitig gewährt werden kann.

(3) Auf jeden angefangenen Kalendermonat der voraussichtlichen Vollzugsdauer entfallen im Rahmen der Höchstdauer (§ 13 Abs. 1 StVollzG) in der Regel nicht mehr als zwei Tage Urlaub.

(4) Zeiten, in denen der Gefangene die Voraussetzungen für eine Beurlaubung noch nicht erfüllt (§ 13 Abs. 2 StVollzG), können bei der Berechnung des Urlaubs berücksichtigt werden. Für Zeiten, in denen der Gefangene für eine Beurlaubung nicht geeignet ist, soll ihm Urlaub in der Regel nicht gewährt werden.

3 (1) Vom Urlaub ausgeschlossen sind Gefangene,

a) gegen die während des laufenden Freiheitsentzuges eine Strafe vollzogen wurde oder zu vollziehen ist, welche gemäß § 74a GVG von der Strafkammer oder gemäß § 120 GVG vom Oberlandesgericht im ersten Rechtszug verhängt worden ist,

b) gegen die Untersuchungs-, Auslieferungs- oder Abschiebungshaft angeordnet ist,

c) gegen die eine vollziehbare Ausweisungsverfügung für den Geltungsbereich des Strafvollzugsgesetzes besteht und die aus der Haft abgeschoben werden sollen,

d) gegen die eine freiheitsentziehende Maßregel der Besserung und Sicherung oder eine sonstige Unterbringung gerichtlich angeordnet und noch nicht vollzogen ist.

(2) In den Fällen des Absatzes 1 Buchst. a), c) und d) sind Ausnahmen mit Zustimmung der Aufsichtsbehörde zulässig. In den Fällen des

Buchst. a) ist die Vollstreckungsbehörde, des Buchst. d) das zuständige Gericht zu hören, in den Fällen des Buchst. c) bedürfen Ausnahmen des Benehmens mit der zuständigen Ausländerbehörde.

4 (1) Urlaub darf nur gewährt werden, wenn der Gefangene für diese Maßnahme geeignet, insbesondere ein Mißbrauch nicht zu befürchten ist. Bei der Entscheidung ist zu berücksichtigen, ob der Gefangene durch sein Verhalten im Vollzug die Bereitschaft gezeigt hat, an der Erreichung des Vollzugszieles mitzuwirken.

(2) Ungeeignet sind in der Regel namentlich Gefangene,

a) die sich im geschlossenen Vollzug befinden und gegen die bis zum voraussichtlichen Entlassungszeitpunkt noch mehr als achtzehn Monate Freiheitsstrafe zu vollziehen sind,
b) die erheblich suchtgefährdet sind,
c) die während des laufenden Freiheitsentzuges entwichen sind, eine Flucht versucht, einen Ausbruch unternommen oder sich an einer Gefangenenmeuterei beteiligt haben,
d) die aus dem letzten Urlaub oder Ausgang nicht freiwillig zurückgekehrt sind oder bei denen zureichende tatsächliche Anhaltspunkte dafür gegeben sind, daß sie während des letzten Urlaubs oder Ausgangs eine strafbare Handlung begangen haben,
e) gegen die ein Ausweisungs-, Auslieferungs-, Ermittlungs- oder Strafverfahren anhängig ist.

(3) Ausnahmen von Absatz 2 können zugelassen werden, wenn besondere Umstände vorliegen; die Gründe hierfür sind aktenkundig zu machen. In den Fällen des Buchst. e) ist die zuständige Behörde zu hören.

(4) Bei Gefangenen, gegen die während des laufenden Freiheitsentzuges eine Strafe wegen grober Gewalttätigkeiten gegen Personen, wegen einer Straftat gegen die sexuelle Selbstbestimmung oder wegen Handels mit Stoffen oder des Einbringens dieser Stoffe im Sinne des Gesetzes über den Verkehr mit Betäubungsmitteln vollzogen wurde oder zu vollziehen ist oder die im Vollzug in den begründeten Verdacht des Handels mit diesen Stoffen gekommen sind, bedarf die Frage, ob eine Beurlaubung zu verantworten ist, besonders gründlicher Prüfung. Dies gilt auch für Gefangene, über die Erkenntnisse vorliegen, daß sie der organisierten Kriminalität zuzurechnen sind.

5 (1) Der Gefangene darf in der Regel nicht in eine soziale Umgebung oder zu Personen beurlaubt werden, von denen aufgrund tatsächlicher Anhaltspunkte zu befürchten ist, daß sie seiner Eingliederung entgegenwirken.

(2) Der Gefangene hat seine Urlaubsanschrift anzugeben.

6 (1) Der Gefangene tritt den Urlaub in eigener Kleidung an.

(2) Reisekosten, Lebensunterhalt und andere Aufwendungen während des Urlaubs hat der Gefangene aus Mitteln des Haus- oder Eigengeldes zu tragen. Nr. 2 Abs. 1 zu § 51 gilt entsprechend. Soweit die eigenen Mittel des Gefangenen nicht ausreichen, kann eine Beihilfe für die Urlaubszeit aus staatlichen Mitteln gewährt werden.

(3) Für Art und Umfang einer Beihilfe für die Urlaubszeit gilt § 75 StVollzG entsprechend.

7 (1) Urlaub wird nur auf Antrag gewährt. Der Antrag soll einen Monat vor Urlaubsbeginn schriftlich gestellt werden.

(2) Die Gründe für die Ablehnung des Antrags sind aktenkundig zu machen und dem Gefangenen bekanntzugeben.

(3) Die Entscheidung über die Beurlaubung eines zu lebenslanger Freiheitsstrafe verurteilten Gefangenen ist in einer Konferenz nach § 159 vorzubereiten, wenn die Voraussetzungen für eine Urlaubsgewährung nach § 13 Abs. 3 vorliegen. Über die Konferenz ist eine Niederschrift zu fertigen; gutachtliche Äußerungen sind aktenkundig zu machen. Die Beurlaubung bedarf der Zustimmung der Aufsichtsbehörde.

8 (1) Der beurlaubte Gefangene erhält einen Urlaubsschein. In dem Urlaubsschein sind Weisungen, soweit erforderlich, aufzuführen.

(2) Vor Antritt des Urlaubs ist der Gefangene namentlich über die Voraussetzungen des Widerrufs und der Rücknahme des Urlaubs sowie die Bedeutung der ihm erteilten Weisungen zu belehren.

§ 14 Weisungen, Aufhebung von Lockerungen und Urlaub

(1) Der Anstaltsleiter kann dem Gefangenen für Lockerungen und Urlaub Weisungen erteilen.

(2) Er kann Lockerungen und Urlaub widerrufen, wenn

1. er aufgrund nachträglich eingetretener Umstände berechtigt wäre, die Maßnahmen zu versagen,
2. der Gefangene die Maßnahmen mißbraucht oder
3. der Gefangene Weisungen nicht nachkommt.

Er kann Lockerungen und Urlaub mit Wirkung für die Zukunft zurücknehmen, wenn die Voraussetzungen für ihre Bewilligung nicht vorgelegen haben.

VV zu § 14

1 (1) Für Lockerungen und Urlaub werden die nach den Umständen des Einzelfalles erforderlichen Weisungen erteilt.

(2) Der Gefangene kann namentlich angewiesen werden,

a) Anordnungen zu befolgen, die sich auf Aufenthalt oder bestimmte Verrichtungen außerhalb der Anstalt beziehen,

b) sich zu festgesetzten Zeiten bei einer bestimmten Stelle oder Person zu melden,

c) mit bestimmten Personen oder mit Personen einer bestimmten Gruppe, die ihm Gelegenheit oder Anreiz zu weiteren Straftaten bieten können, nicht zu verkehren,

d) bestimmte Gegenstände, die ihm Gelegenheit oder Anreiz zu weiteren Straftaten bieten können, nicht zu besitzen, bei sich zu führen, zu benutzen oder verwahren zu lassen,

e) alkoholische oder andere berauschende Getränke und Stoffe sowie bestimmte Lokale oder Bezirke zu meiden.

2 (1) Für das Vorliegen der in § 14 Abs. 2 StVollzG genannten Voraussetzungen müssen zureichende tatsächliche Anhaltspunkte gegeben sein.

(2) Widerruf und Rücknahme werden wirksam, wenn die Entscheidung dem Gefangenen mündlich, fernmündlich oder schriftlich bekanntgemacht oder unter der Urlaubsanschrift zugegangen ist. Dem Gefangenen

ist Gelegenheit zur Äußerung zu geben. Ist dies vor der Entscheidung über den Widerruf oder die Rücknahme nicht möglich oder untunlich, so ist die Anhörung nach Wegfall des Hindernisses unverzüglich nachzuholen.

(3) Die Gründe für den Widerruf und die Rücknahme sind aktenkundig zu machen und dem Gefangenen auf Verlangen bekanntzugeben.

(4) Fahndungsmaßnahmen können bereits vor der Wirksamkeit des Widerrufs oder der Rücknahme eingeleitet und durchgeführt werden.

§ 15 Entlassungsvorbereitung

(1) Um die Entlassung vorzubereiten, soll der Vollzug gelockert werden (§ 11).

(2) Der Gefangene kann in eine offene Anstalt oder Abteilung (§ 10) verlegt werden, wenn dies der Vorbereitung der Entlassung dient.

(3) Innerhalb von drei Monaten vor der Entlassung kann zu deren Vorbereitung Sonderurlaub bis zu einer Woche gewährt werden. § 11 Abs. 2, § 13 Abs. 5 und § 14 gelten entsprechend.

(4) Freigängern (§ 11 Abs. 1 Nr. 1) kann innerhalb von neun Monaten vor der Entlassung Sonderurlaub bis zu sechs Tagen im Monat gewährt werden. § 11 Abs. 2, § 13 Abs. 5 und § 14 gelten entsprechend. Absatz 3 Satz 1 findet keine Anwendung.

VV zu § 15

(1) Die Entlassungsvorbereitungen sind auf den Zeitpunkt der voraussichtlichen Entlassung in die Freiheit abzustellen.

(2) Sonderurlaub im Sinne des § 15 Abs. 3 kann auch im Wiederholungsfall nur bis zu einer Gesamtdauer von einer Woche gewährt werden. Dies gilt auch, wenn die Entlassung zu einem anderen Zeitpunkt erfolgt als bei der Bewilligung des Urlaubs angenommen wurde.

(3) Sonderurlaub nach § 15 Abs. 4 StVollzG kann auch einem Gefangenen gewährt werden, der zum Freigang zugelassen ist, ohne ihn auszuüben.

§ 16 Entlassungszeitpunkt

(1) Der Gefangene soll am letzten Tag seiner Strafzeit möglichst frühzeitig, jedenfalls noch am Vormittag entlassen werden.

(2) Fällt das Strafende auf einen Sonnabend oder Sonntag, einen gesetzlichen Feiertag, den ersten Werktag nach Ostern oder Pfingsten oder in die Zeit vom 22. Dezember bis zum 2. Januar, so kann der Gefangene an dem diesem Tag oder Zeitraum vorhergehenden Werktag entlassen werden, wenn dies nach der Länge der Strafzeit vertretbar ist und fürsorgerische Gründe nicht entgegenstehen.

(3) Der Entlassungszeitpunkt kann bis zu zwei Tagen vorverlegt werden, wenn dringende Gründe dafür vorliegen, daß der Gefangene zu seiner Eingliederung hierauf angewiesen ist.

VV zu § 16

(1) § 16 gilt auch, wenn

a) der Gefangene aufgrund einer gerichtlichen Entscheidung oder aufgrund einer Gnadenmaßnahme vorzeitig zu entlassen ist,

b) eine Strafe oder Ersatzfreiheitsstrafe infolge der Vorverlegung des Entlassungszeitpunkts überhaupt nicht vollzogen wird.

(2) Soweit es auf die Länge der Strafzeit ankommt, ist die Vorverlegung der Entlassung vertretbar, wenn sich der Gefangene zum Zeitpunkt der beabsichtigten Entlassung wenigstens einen Monat ununterbrochen im Vollzug befindet.

Dritter Titel
Unterbringung und Ernährung des Gefangenen

§ 17 Unterbringung während der Arbeit und Freizeit

(1) Die Gefangenen arbeiten gemeinsam. Dasselbe gilt für Berufsausbildung, berufliche Fortbildung, Umschulung sowie arbeitstherapeutische und sonstige Beschäftigung während der Arbeitszeit.

(2) Während der Freizeit können die Gefangenen sich in der Gemeinschaft mit den anderen aufhalten. Für die Teilnahme an gemeinschaftlichen Veranstaltungen kann der Anstaltsleiter mit Rücksicht auf die räumlichen, personellen und organisatorischen Verhältnisse der Anstalt besondere Regelungen treffen.

(3) Die gemeinschaftliche Unterbringung während der Arbeitszeit und Freizeit kann eingeschränkt werden,

1. wenn ein schädlicher Einfluß auf andere Gefangene zu befürchten ist,
2. wenn der Gefangene nach § 6 untersucht wird, aber nicht länger als zwei Monate,
3. wenn es die Sicherheit oder Ordnung der Anstalt erfordert oder
4. wenn der Gefangene zustimmt.

Für Anstalten, mit deren Errichtung vor dem 1. Januar 1977 begonnen wurde, kann abweichend von § 17 die gemeinschaftliche Unterbringung während der Arbeitszeit und Freizeit auch eingeschränkt werden, wenn und solange die räumlichen, personellen und organisatorischen Verhältnisse der Anstalt dies erfordern; die gemeinschaftliche Unterbringung während der Arbeitszeit jedoch nur bis zum Ablauf des 31. Dezember 1988; vgl. § 201 Nr. 2.

§ 18 Unterbringung während der Ruhezeit

(1) Gefangene werden während der Ruhezeit allein in ihren Hafträumen untergebracht. Eine gemeinsame Unterbringung ist zulässig, sofern ein Gefangener hilfsbedürftig ist oder eine Gefahr für Leben oder Gesundheit eines Gefangenen besteht.

(2) Im offenen Vollzug dürfen Gefangene mit ihrer Zustimmung während der Ruhezeit gemeinsam untergebracht werden, wenn eine schädliche Beeinflussung nicht zu befürchten ist. Im geschlossenen Vollzug ist eine gemeinschaftliche Unterbringung zur Ruhezeit außer in den Fällen des Absatzes 1 nur vorübergehend und aus zwingenden Gründen zulässig.

Für Anstalten, mit deren Errichtung vor dem 1. Januar 1977 begonnen wurde, dürfen abweichend von § 18 Gefangene während der Ruhezeit auch gemeinsam untergebracht werden, solange die räumlichen Verhältnisse der Anstalt dies erfordern. Eine gemeinschaftliche Unterbringung von mehr als acht Personen ist nur bis zum Ablauf des 31. Dezember 1985 zulässig; vgl. § 201 Nr. 4.

§ 19 Ausstattung des Haftraumes durch den Gefangenen und sein persönlicher Besitz

(1) Der Gefangene darf seinen Haftraum in angemessenem Umfang mit eigenen Sachen ausstatten. Lichtbilder nahestehender Personen und Erinnerungsstücke von persönlichem Wert werden ihm belassen.

(2) Vorkehrungen und Gegenstände, die die Übersichtlichkeit des Haftraumes behindern oder in anderer Weise Sicherheit oder Ordnung der Anstalt gefährden, können ausgeschlossen werden.

§ 20 Kleidung

(1) Der Gefangene trägt Anstaltskleidung. Für die Freizeit erhält er eine besondere Oberbekleidung.

(2) Der Anstaltsleiter gestattet dem Gefangenen, bei einer Ausführung eigene Kleidung zu tragen, wenn zu erwarten ist, daß er nicht entweichen wird. Er kann dies auch sonst gestatten, sofern der Gefangene für Reinigung, Instandsetzung und regelmäßigen Wechsel auf eigene Kosten sorgt.

§ 21 Anstaltsverpflegung

Zusammensetzung und Nährwert der Anstaltsverpflegung werden ärztlich überwacht. Auf ärztliche Anordnung wird besondere Verpflegung gewährt. Dem Gefangenen ist zu ermöglichen, Speisevorschriften seiner Religionsgemeinschaft zu befolgen.

VV zu § 21

1 (1) Der Gefangene erhält Anstaltsverpflegung, soweit nichts anderes bestimmt ist. Die Verpflegung ist für alle Gefangenen gleich, wenn nicht der Anstaltsarzt aus gesundheitlichen Gründen anderes verordnet hat oder mit Rücksicht auf religiöse Speisegebote eine andere Verpflegung angebracht ist.

(2) Die Anstaltsverpflegung soll eine vollwertige Ernährung der Gefangenen nach den Erkenntnissen der modernen Ernährungslehre gewährleisten.

(3) Unterliegt ein Gefangener religiösen Speisegeboten, sollen auf seinen Antrag Bestandteile der Anstaltsverpflegung, die er nicht verzehren darf, gegen andere Nahrungsmittel ausgetauscht werden.

2 Während der hohen Glaubensfeste anderer als christlicher Religionsgemeinschaften, bei denen besondere Speisegebote zu beachten sind, können die betreffenden Gefangenen auf ihren Antrag und auf ihre Kosten auch von Glaubensgenossen verpflegt werden, sofern wichtige Belange des Vollzuges nicht entgegenstehen.

§ 22 Einkauf

(1) Der Gefangene kann sich von seinem Hausgeld (§ 47) oder von seinem Taschengeld (§ 46) aus einem von der Anstalt vermittelten Angebot Nahrungs- und Genußmittel sowie Mittel zur Körperpflege kaufen. Die Anstalt soll für ein Angebot sorgen, das auf Wünsche und Bedürfnisse der Gefangenen Rücksicht nimmt.

(2) Gegenstände, die die Sicherheit oder Ordnung der Anstalt gefährden, können vom Einkauf ausgeschlossen werden. Auf ärztliche Anordnung kann dem Gefangenen der Einkauf einzelner Nahrungs- und Genußmittel ganz oder teilweise untersagt werden, wenn zu befürchten ist, daß sie seine Gesundheit ernsthaft gefährden. In Krankenhäusern und Krankenabteilungen kann der Einkauf einzelner Nahrungs- und Genußmittel auf ärztliche Anordnung allgemein untersagt oder eingeschränkt werden.

(3) Verfügt der Gefangene ohne eigenes Verschulden nicht über Haus- oder Taschengeld, wird ihm gestattet, in angemessenem Umfang vom Eigengeld einzukaufen.

VV zu § 22

1 (1) Die Bemessung des Betrages für den Einkauf nach § 22 Abs. 3 StVollzG richtet sich nach den Umständen des Einzelfalles. Dabei sind insbesondere die Höhe des dem Gefangenen bisher zur Verfügung stehenden Hausgeldes, die Höhe des noch anzusparenden Überbrückungsgeldes, besondere persönliche Bedürfnisse (z. B. wegen Krankheit oder Behinderung) und der Wert der beim Zugang belassenen oder ihm von Dritten zugewendeten Nahrungs- und Genußmittel zu berücksichtigen.

(2) Können hinreichende Feststellungen nach Absatz 1 nicht getroffen werden, so wird dem Gefangenen gestattet, im Monat einen Betrag bis zum 6fachen, nach sechs Monaten bis zum 10fachen Tagessatz der Eckvergütung (§ 43 Abs. 1) aus seinem Eigengeld zu verwenden.

(3) Der Einkauf alkoholhaltiger Getränke ist nicht gestattet. Ausnahmen können von der Aufsichtsbehörde für einzelne Anstalten und Abteilungen sowie für bestimmte Gruppen von Gefangenen zugelassen werden.

2 (1) Für den Einkauf sonstiger Gegenstände, deren Besitz in der Anstalt gestattet ist, kann der Gefangene sein Hausgeld, sein Taschengeld und sein Eigengeld verwenden. Der Einkauf aus seinem Eigengeld kann der Höhe nach beschränkt werden.

(2) § 83 Abs. 2 Satz 3 StVollzG bleibt unberührt.

Vierter Titel
Besuche, Schriftwechsel sowie Urlaub, Ausgang und Ausführung aus besonderem Anlaß

§ 23 Grundsatz

Der Gefangene hat das Recht, mit Personen außerhalb der Anstalt im Rahmen der Vorschriften dieses Gesetzes zu verkehren. Der Verkehr mit Personen außerhalb der Anstalt ist zu fördern.

§ 24 Recht auf Besuch

(1) Der Gefangene darf regelmäßig Besuch empfangen. Die Gesamtdauer beträgt mindestens eine Stunde im Monat. Das Weitere regelt die Hausordnung.

(2) Besuche sollen darüber hinaus zugelassen werden, wenn sie die Behandlung oder Eingliederung des Gefangenen fördern oder persönlichen, rechtlichen oder geschäftlichen Angelegenheiten dienen, die nicht vom Gefangenen schriftlich erledigt, durch Dritte wahrgenommen oder bis zur Entlassung des Gefangenen aufgeschoben werden können.

(3) Aus Gründen der Sicherheit kann ein Besuch davon abhängig gemacht werden, daß sich der Besucher durchsuchen läßt.

VV zu § 24

1 Ein Besuch findet nicht statt, wenn ihn der Gefangene ablehnt.

2 (1) Jeder Besucher muß sich über seine Person ausweisen. Hiervon kann abgesehen werden, wenn der Besucher bereits bekannt ist.

(2) Der Besuch kann davon abhängig gemacht werden, daß der Besucher für die Dauer des Besuches seinen Ausweis bei der Anstalt hinterlegt.

3 Der Besucher wird in geeigneter Weise unterrichtet, wie er sich bei dem Besuch zu verhalten hat.

4 Vor dem Besuch eines kranken Gefangenen, der in einer Krankenabteilung oder in einem Anstaltskrankenhaus untergebracht ist, ist der Arzt zu hören. Ärztliche Bedenken gegen einen Besuch sind dem Besucher mitzuteilen. Besuche im Krankenraum bedürfen der Zustimmung des Arztes.

5 Für den Besuchsverkehr eines Gefangenen, der eine ausländische Staatsangehörigkeit besitzt, mit der diplomatischen oder konsularischen Vertretung des Heimatstaates gelten die Richtlinien für den Verkehr mit dem Ausland in strafrechtlichen Angelegenheiten (Nr. 184 RiVASt).

§ 25 Besuchsverbot

Der Anstaltsleiter kann Besuche untersagen,

1. wenn die Sicherheit oder Ordnung der Anstalt gefährdet würde,
2. bei Besuchern, die nicht Angehörige des Gefangenen im Sinne des Strafgesetzbuches sind, wenn zu befürchten ist, daß sie einen

schädlichen Einfluß auf den Gefangenen haben oder seine Eingliederung behindern würden.

§ 26 Besuche von Verteidigern, Rechtsanwälten und Notaren

Besuche von Verteidigern sowie von Rechtsanwälten oder Notaren in einer den Gefangenen betreffenden Rechtssache sind zu gestatten. § 24 Abs. 3 gilt entsprechend. Eine inhaltliche Überprüfung der vom Verteidiger mitgeführten Schriftstücke und sonstigen Unterlagen ist nicht zulässig. § 29 Abs. 1 Satz 2 und 3 bleibt unberührt.

VV zu § 26

(1) Der Verteidiger muß sich als solcher gegenüber der Anstalt durch die Vollmacht des Gefangenen oder die Bestellungsanordnung des Gerichts ausweisen. Rechtsanwälte und Notare haben nachzuweisen, daß sie den Gefangenen in einer ihn betreffenden Rechtssache besuchen wollen.

(2) Rechtsanwälte, Notare, Rechtsbeistände und Rechtsreferendare haben ihre Eigenschaft auf Verlangen nachzuweisen.

§ 27 Überwachung der Besuche

(1) Die Besuche dürfen aus Gründen der Behandlung oder der Sicherheit oder Ordnung der Anstalt überwacht werden. Die Unterhaltung ist nur dann zu überwachen, wenn es aus diesen Gründen geboten ist.

(2) Ein Besuch darf abgebrochen werden, wenn Besucher oder Gefangene gegen die Vorschriften dieses Gesetzes oder die auf Grund dieses Gesetzes getroffenen Anordnungen trotz Abmahnung verstoßen. Die Abmahnung unterbleibt, wenn es unerläßlich ist, den Besuch sofort abzubrechen.

(3) Besuche von Verteidigern werden nicht überwacht.

(4) Gegenstände dürfen beim Besuch nur mit Erlaubnis übergeben werden. Dies gilt nicht für die bei dem Besuch des Verteidigers übergebenen Schriftstücke und sonstigen Unterlagen sowie für die bei dem Besuch eines Rechtsanwalts oder Notars zur Erledigung einer den Gefangenen betreffenden Rechtssache übergebenen Schriftstücke und sonstigen Unterlagen; bei dem Besuch eines Rechtsanwalts oder Notars kann die Übergabe aus Gründen der Sicherheit oder Ordnung der Anstalt von der Erlaubnis abhängig gemacht werden. § 29 Abs. 1 Satz 2 und 3 bleibt unberührt.

§ 28 Recht auf Schriftwechsel

(1) Der Gefangene hat das Recht, unbeschränkt Schreiben abzusenden und zu empfangen.

(2) Der Anstaltsleiter kann den Schriftwechsel mit bestimmten Personen untersagen,

1. wenn die Sicherheit oder Ordnung der Anstalt gefährdet würde,

2. bei Personen, die nicht Angehörige des Gefangenen im Sinne des Strafgesetzbuches sind, wenn zu befürchten ist, daß der Schriftwechsel einen schädlichen Einfluß auf den Gefangenen haben oder seine Eingliederung behindern würde.

VV zu § 28

1 Für den Schriftverkehr eines Gefangenen der eine ausländische Staatsangehörigkeit besitzt, mit der diplomatischen oder konsularischen Vertretung des Heimatstaates gelten die Richtlinien für den Verkehr mit dem Ausland in strafrechtlichen Angelegenheiten (Nr. 183 RiVASt).

2 Die Kosten des Schriftverkehrs trägt der Gefangene. Kann der Gefangene sie nicht aufbringen, kann die Anstalt sie in begründeten Fällen in angemessenem Umfang übernehmen.

§ 29 Überwachung des Schriftwechsels

(1) Der Schriftwechsel des Gefangenen mit seinem Verteidiger wird nicht überwacht. Liegt dem Vollzug der Freiheitsstrafe eine Straftat nach § 129a des Strafgesetzbuches zugrunde, gelten § 148 Abs. 2, § 148a der Strafprozeßordnung entsprechend; dies gilt nicht, wenn der Gefangene sich in einer Einrichtung des offenen Vollzuges befindet oder wenn ihm Lockerungen des Vollzuges gemäß § 11 Abs. 1 Nr. 1 oder 2 zweiter Halbsatz oder Urlaub gemäß § 13 oder § 15 Abs. 3 gewährt worden sind und ein Grund, der den Anstaltsleiter nach § 14 Abs. 2 zum Widerruf oder zur Zurücknahme von Lockerungen und Urlaub ermächtigt, nicht vorliegt. Satz 2 gilt auch, wenn gegen einen Strafgefangenen im Anschluß an die dem Vollzug der Freiheitsstrafe zugrundeliegende Verurteilung eine Freiheitsstrafe wegen einer Straftat nach § 129a des Strafgesetzbuches zu vollstrecken ist.

(2) Nicht überwacht werden ferner Schreiben des Gefangenen an Volksvertretungen des Bundes und der Länder sowie an deren Mitglieder, soweit die Schreiben an die Anschriften dieser Volksvertretungen gerichtet sind und den Absender zutreffend angeben, sowie an die Europäische Kommission für Menschenrechte.

(3) Der übrige Schriftwechsel darf aus Gründen der Behandlung oder der Sicherheit oder Ordnung der Anstalt überwacht werden.

VV zu § 29

1 (1) Der Verteidiger muß sich als solcher gegenüber der Anstalt durch die Vollmacht des Gefangenen oder die Bestellungsanordnung des Gerichts ausweisen. Verteidigerpost muß deutlich sichtbar gekennzeichnet sein.

(2) Als Verteidigerpost gekennzeichnete eingehende Schreiben von Personen, bei denen die Verteidigereigenschaft nicht nachgewiesen ist, werden in der Regel ungeöffnet an den Absender zurückgesandt mit dem Hinweis, daß der Nachweis der Verteidigereigenschaft fehlt. Mit Einverständnis des Gefangenen kann das Schreiben geöffnet und nach Überprüfung ausgehändigt werden.

2 (1) Soweit der Schriftwechsel überwacht werden darf, bestimmt der Anstaltsleiter Art und Umfang der Überwachung. Er darf mit der Über-

wachung einzelne andere Bedienstete beauftragen. Schreiben in fremder Sprache werden, soweit nötig, übersetzt.

(2) Soweit der Schriftwechsel überwacht wird, hat der Gefangene seine Schreiben in offenem Umschlag in der Anstalt abzugeben.

(3) Der überwachende Bedienstete darf in den Schreiben weder Randbemerkungen anbringen noch Stellen durchstreichen oder unkenntlich machen. Ein Sichtvermerk ist zulässig.

3 Die Kosten für die Übersetzung von Schreiben, die in fremder Sprache abgefaßt sind, trägt in der Regel die Staatskasse.

§ 30 Weiterleitung von Schreiben. Aufbewahrung

(1) Der Gefangene hat Absendung und Empfang seiner Schreiben durch die Anstalt vermitteln zu lassen, soweit nichts anderes gestattet ist.

(2) Eingehende und ausgehende Schreiben sind unverzüglich weiterzuleiten.

(3) Der Gefangene hat eingehende Schreiben unverschlossen zu verwahren, sofern nichts anderes gestattet wird; er kann sie verschlossen zu seiner Habe geben.

§ 31 Anhalten von Schreiben

(1) Der Anstaltsleiter kann Schreiben anhalten,

1. wenn das Ziel des Vollzuges oder die Sicherheit oder Ordnung der Anstalt gefährdet würde,
2. wenn die Weitergabe in Kenntnis ihres Inhalts einen Straf- oder Bußgeldtatbestand verwirklichen würde,
3. wenn sie grob unrichtige oder erheblich entstellende Darstellungen von Anstaltsverhältnissen enthalten,
4. wenn sie grobe Beleidigungen enthalten,
5. wenn sie die Eingliederung eines anderen Gefangenen gefährden können oder
6. wenn sie in Geheimschrift, unlesbar, unverständlich oder ohne zwingenden Grund in einer fremden Sprache abgefaßt sind.

(2) Ausgehenden Schreiben, die unrichtige Darstellungen enthalten, kann ein Begleitschreiben beigefügt werden, wenn der Gefangene auf der Absendung besteht.

(3) Ist ein Schreiben angehalten worden, wird das dem Gefangenen mitgeteilt. Angehaltene Schreiben werden an den Absender zurückgegeben oder, sofern dies unmöglich oder aus besonderen Gründen untunlich ist, behördlich verwahrt.

(4) Schreiben, deren Überwachung nach § 29 Abs. 1 und 2 ausgeschlossen ist, dürfen nicht angehalten werden.

VV zu § 31

1 Dem Gefangenen sind die Gründe für das Anhalten mitzuteilen. Der unbedenkliche Inhalt eines angehaltenen Schreibens kann ihm bekanntgegeben werden.

2 Ein Begleitschreiben darf nur Angaben enthalten, die der Richtigstellung dienen. Der Gefangene ist über die Absicht, ein Begleitschreiben beizufügen, zu unterrichten.

3 Angehaltene Schreiben, die Kenntnisse über Sicherungsvorkehrungen der Anstalt vermitteln, dürfen auch vernichtet werden (vgl. § 83 Abs. 4 StVollzG).

§ 32 Ferngespräche und Telegramme

Dem Gefangenen kann gestattet werden, Ferngespräche zu führen oder Telegramme aufzugeben. Im übrigen gelten für Ferngespräche die Vorschriften über den Besuch und für Telegramme die Vorschriften über den Schriftwechsel entsprechend.

VV zu § 32

Die Kosten trägt der Gefangene. Ist er dazu nicht in der Lage, kann die Anstalt die Kosten in begründeten Fällen in angemessenem Umfang übernehmen.

§ 33 Pakete

(1) Der Gefangene darf dreimal jährlich in angemessenen Abständen ein Paket mit Nahrungs- und Genußmitteln empfangen. Die Vollzugsbehörde kann Zeitpunkt und Höchstmengen für die Sendung und für einzelne Gegenstände festsetzen. Der Empfang weiterer Pakete oder solcher mit anderem Inhalt bedarf ihrer Erlaubnis. Für den Ausschluß von Gegenständen gilt § 22 Abs. 2 entsprechend.

(2) Pakete sind in Gegenwart des Gefangenen zu öffnen. Ausgeschlossene Gegenstände können zu einer Habe genommen oder dem Absender zurückgesandt werden. Nicht ausgehändigte Gegenstände, durch die bei der Versendung oder Aufbewahrung Personen verletzt oder Sachschäden verursacht werden können, dürfen vernichtet werden. Die hiernach getroffenen Maßnahmen werden dem Gefangenen eröffnet.

(3) Der Empfang von Paketen kann vorübergehend versagt werden, wenn dies wegen Gefährdung der Sicherheit oder Ordnung der Anstalt unerläßlich ist.

(4) Dem Gefangenen kann gestattet werden, Pakete zu versenden. Die Vollzugsbehörde kann ihren Inhalt aus Gründen der Sicherheit oder Ordnung der Anstalt überprüfen.

VV zu § 33

1 (1) Der Empfang eines Paketes ist zugelassen zu Weihnachten, zu Ostern und zu einem von dem Gefangenen zu wählenden weiteren Zeitpunkt (z. B. Geburtstag).

(2) Einem Gefangenen, der nicht einer christlichen Religionsgemeinschaft angehört, kann anstelle des Weihnachts- und des Osterpaketes der Empfang je eines Paketes aus Anlaß eines hohen Feiertages seines Glaubens gestattet werden.

2 (1) Einschließlich der Verpackung darf das Gewicht des Weihnachtspaketes fünf Kilogramm, der beiden übrigen Pakete jeweils drei Kilogramm nicht übersteigen.

(2) Ein Paket darf Alkohol und andere berauschende Mittel in jeder Form sowie Medikamente und Tabletten nicht enthalten.

(3) In den Fällen einer ärztlichen Anordnung nach § 22 Abs. 2 des Strafvollzugsgesetzes darf der Inhalt des Paketes nur nach Anhörung des Arztes ausgehändigt werden.

3 Die Erlaubnis zum Empfang sonstiger Pakete kann namentlich für die Zusendung von Unterrichts- und Fortbildungsmitteln, Entlassungskleidung und Gegenständen für die Freizeitbeschäftigung erteilt werden.

4 Jedes Paket soll ein Inhaltsverzeichnis enthalten und den Absender erkennen lassen. Die Verwendung einer von der Anstalt ausgegebenen Paketmarke kann vorgeschrieben werden.

5 (1) Das Paket soll innerhalb eines Zeitraumes von zwei Wochen vor oder nach den in Nummer 1 genannten Zeitpunkten eingehen.

(2) Die Anstalt kann die Annahme eines Paketes, das zur Unzeit (Absatz 1) oder mit Übergewicht eingeht oder dessen Empfang nicht zugelassen ist, – gegebenenfalls bereits auf dem Postamt – verweigern. Sie teilt dem Gefangenen die Annahmeverweigerung und den Grund dafür mit.

(3) Absatz 2 gilt nicht für ein Paket, das einem ausländischen Gefangenen nicht aus dem Geltungsbereich des Strafvollzugsgesetzes zugesandt wird. Wird das Höchstgewicht überschritten oder ist das Paket nicht zugelassen, kann der Mehrinhalt oder der Inhalt dem Gefangenen ausgehändigt werden, wenn dieser mit der Zuführung eines dem Wert entsprechenden, von der Anstalt festgesetzten Betrages aus dem Hausgeld zum Überbrükkungsgeld oder Eigengeld einverstanden ist. Andernfalls ist der Mehrinhalt oder der Inhalt des Paketes zur Habe des Gefangenen zu nehmen, soweit er nicht mit dessen Zustimmung anderweitig verwendet oder soweit nicht nach § 83 Abs. 3 StVollzG verfahren wird.

6 (1) Ein Gefangener, der kein Paket erhält, darf zum Ausgleich Nahrungs- und Genußmittel einkaufen. Für den Ersatzeinkauf darf ein Betrag bis zum zwölffachen, beim Weihnachtspaket bis zum fünfzehnfachen Tagessatz der Eckvergütung (§ 43 Abs. 1 StVollzG) aus dem Eigengeld verwendet werden. § 83 Abs. 2 Satz 3 StVollzG bleibt unberührt.

(2) Geht für einen Gefangenen nach dem Ersatzeinkauf in dem in Nr. 5 Abs. 1 bestimmten Zeitraum ein Paket ein, ist es ihm auszuhändigen, wenn er mit der Zuführung des gleichen Betrages, den er für den Ersatzeinkauf verwendet hat, aus dem Hausgeld zum Überbrückungsgeld oder Eigengeld einverstanden ist. Andernfalls ist das Paket zurückzusenden. Nr. 5 Abs. 3 bleibt unberührt.

7 (1) Der Paketinhalt wird auf verbotene Gegenstände durchsucht. Liegt ein Inhaltsverzeichnis bei, ist die Vollzähligkeit zu prüfen; Abweichungen sind auf dem Verzeichnis zu vermerken.

(2) Der Gefangene hat den Empfang des Paketes schriftlich zu bestätigen.

8 Die Kosten des Paketverkehrs trägt der Gefangene. Ist er dazu nicht in der Lage, kann die Anstalt die Kosten in begründeten Fällen in angemessenem Umfang übernehmen.

9 Der Gefangene soll alsbald nach der Aufnahme durch Aushändigung eines Merkblattes über die Möglichkeit, Pakete zu empfangen und zu versenden, unterrichtet werden.

§ 34 Verwertung von Kenntnissen

(1) Kenntnisse aus der Überwachung der Besuche oder des Schriftwechsels dürfen nur verwertet werden,

1. soweit dies notwendig ist, um die Sicherheit oder Ordnung der Anstalt zu wahren oder Straftaten oder Ordnungswidrigkeiten zu verhüten, zu unterbinden oder zu verfolgen oder
2. soweit dies aus Gründen der Behandlung geboten ist; der Gefangene soll gehört werden.

(2) Die Kenntnisse dürfen nur den zuständigen Vollzugsbediensteten sowie den zuständigen Gerichten und den Behörden mitgeteilt werden, die zuständig sind, Straftaten oder Ordnungswidrigkeiten zu verhüten, zu unterbinden oder zu verfolgen.

§ 35 Urlaub, Ausgang und Ausführung aus wichtigem Anlaß

(1) Aus wichtigem Anlaß kann der Anstaltsleiter dem Gefangenen Ausgang gewähren oder ihn bis zu sieben Tagen beurlauben; der Urlaub aus anderem wichtigen Anlaß als wegen einer lebensgefährlichen Erkrankung oder wegen des Todes eines Angehörigen darf sieben Tage im Jahr nicht übersteigen. § 11 Abs. 2, § 13 Abs. 5 und § 14 gelten entsprechend.

(2) Der Urlaub nach Absatz 1 wird nicht auf den regelmäßigen Urlaub angerechnet.

(3) Kann Ausgang oder Urlaub aus den in § 11 Abs. 2 genannten Gründen nicht gewährt werden, kann der Anstaltsleiter den Gefangenen ausführen lassen. Die Aufwendungen hierfür hat der Gefangene zu tragen. Der Anspruch ist nicht geltend zu machen, wenn dies die Behandlung oder die Eingliederung behindern würde.

VV zu § 35

1 Die Verwaltungsvorschriften zu §§ 11, 13 und 14 StVollzG gelten sinngemäß.

2 (1) Bei einer Ausführung entscheidet der Anstaltsleiter über die nach Lage des Falles erforderlichen besonderen Sicherungsmaßnahmen.

(2) Eine Ausführung unterbleibt, wenn trotz Anordnung angemessener besonderer Sicherungsmaßnahmen zu befürchten ist, daß der Gefangene sich dem Vollzug der Freiheitsstrafe entziehen oder die Ausführung zu Straftaten mißbrauchen werde, dies gilt nicht, wenn die Ausführung zur Abwendung einer unmittelbaren Gefahr für Leib oder Leben des Gefangenen unerläßlich ist.

§ 36 Gerichtliche Termine

(1) Der Anstaltsleiter kann einem Gefangenen zur Teilnahme an einem gerichtlichen Termin Ausgang oder Urlaub erteilen, wenn anzunehmen ist, daß er der Ladung folgt und keine Entweichungs- oder Mißbrauchsgefahr (§ 11 Abs. 2) besteht. § 13 Abs. 5 und § 14 gelten entsprechend.

(2) Wenn ein Gefangener zu einem gerichtlichen Termin geladen ist und Ausgang oder Urlaub nicht gewährt wird, läßt der Anstaltsleiter ihn mit seiner Zustimmung zu dem Termin ausführen, sofern wegen Entweichungs- oder Mißbrauchsgefahr (§ 11 Abs. 2) keine überwiegenden Gründe entgegenstehen. Auf Ersuchen eines Gerichts läßt er den Gefangenen vorführen, sofern ein Vorführungsbefehl vorliegt.

(3) Die Vollzugsbehörde unterrichtet das Gericht über das Veranlaßte.

VV zu § 36

1 (1) Beantragt der Gefangene unter Vorlage einer Ladung die Teilnahme an einem gerichtlichen Termin, so entscheidet der Anstaltsleiter, ob er dem Gefangenen hierfür Ausgang oder Urlaub erteilt oder ihn ausführen läßt.

(2) Eine Pflicht des Anstaltsleiters, das Gericht über seine Entscheidung zu unterrichten, besteht nicht.

2 (1) Ersucht das Gericht die Anstalt, einen Gefangenen an einem gerichtlichen Termin teilnehmen zu lassen, so klärt der Anstaltsleiter, ob der Gefangene der Ladung Folge leisten will. Bejahendenfalls prüft der Anstaltsleiter, ob er dem Gefangenen Ausgang oder Urlaub erteilt oder ihn ausführen läßt.

(2) Der Anstaltsleiter unterrichtet das Gericht, und zwar auch dann, wenn der Gefangene die Teilnahme an dem Termin ablehnt.

3 Wird der Gefangene auf seinen Antrag oder überwiegend in seinem Interesse ausgeführt, so werden ihm in der Regel die Kosten auferlegt.

4 (1) Erläßt das Gericht einen Vorführungsbefehl und ersucht es die Anstalt um Vorführung, so läßt der Anstaltsleiter den Gefangenen zu dem gerichtlichen Termin vorführen.

(2) Vor der Vorführung erteilt der Anstaltsleiter die nach Lage des Falles erforderlichen Weisungen und entscheidet über besondere Sicherungsmaßnahmen.

5 Im Benehmen mit dem Richter, der die Dienstaufsicht bei dem Amtsgericht führt, in dessen Bezirk die Anstalt liegt, setzt der Anstaltsleiter die Zeit fest, in der dem Gefangenen Gelegenheit gegeben wird, in der Anstalt dem Urkundsbeamten der Geschäftsstelle vorgeführt zu werden.

Fünfter Titel
Arbeit, Ausbildung und Weiterbildung

§ 37 Zuweisung

(1) Arbeit, arbeitstherapeutische Beschäftigung, Ausbildung und Weiterbildung dienen insbesondere dem Ziel, Fähigkeiten für eine

Erwerbstätigkeit nach der Entlassung zu vermitteln, zu erhalten oder zu fördern.

(2) Die Vollzugsbehörde soll dem Gefangenen wirtschaftlich ergiebige Arbeit zuweisen und dabei seine Fähigkeiten, Fertigkeiten und Neigungen berücksichtigen.

(3) Geeigneten Gefangenen soll Gelegenheit zur Berufsausbildung, beruflichen Fortbildung, Umschulung oder Teilnahme an anderen ausbildenden oder weiterbildenden Maßnahmen gegeben werden.

(4) Kann einem arbeitsfähigen Gefangenen keine wirtschaftlich ergiebige Arbeit oder die Teilnahme an Maßnahmen nach Absatz 3 zugewiesen werden, wird ihm eine angemessene Beschäftigung zugeteilt.

(5) Ist ein Gefangener zu wirtschaftlich ergiebiger Arbeit nicht fähig, soll er arbeitstherapeutisch beschäftigt werden.

VV zu § 37

1 entfällt

2 Eine Beschäftigung ist angemessen im Sinne des § 37 Abs. 4, wenn ihr Ergebnis wirtschaftlich verwertbar ist und in einem vertretbaren Verhältnis zum Aufwand steht.

3 (1) Soweit es die Art der Arbeit oder der angemessenen Beschäftigung zuläßt, wird für jede Verrichtung die Anforderung ermittelt und festgesetzt, die der Gefangene zu leisten hat. Dabei ist von der Leistung auszugehen, die von einem freien Arbeitnehmer nach ausreichender Einarbeitung und Übung ohne Gesundheitsstörung auf die Dauer erreicht und erwartet werden kann. Die besonderen Verhältnisse des Vollzugs sind angemessen zu berücksichtigen.

(2) Die Soll-Leistung wird überprüft und gegebenenfalls neu festgesetzt, wenn sie von der Mehrzahl der Gefangenen um mehr als vierzig vom Hundert überschritten wird oder sich die Festsetzung als zu hoch erwiesen hat. Sie ist auch zu überprüfen und gegebenenfalls neu festzusetzen, wenn dies durch eine Änderung der Arbeitsmethoden, technische Verbesserungen oder ähnliches begründet ist.

4 (1) Die Arbeitszeit der Gefangenen soll sich nach der regelmäßigen wöchentlichen Arbeitszeit im öffentlichen Dienst richten. In dringenden Fällen darf die regelmäßige Arbeitszeit der Gefangenen bis zu der für freie Arbeitnehmer zugelassenen Höchstdauer überschritten werden.

(2) An Sonntagen und gesetzlichen Feiertagen, in der Regel auch an Samstagen, ruht die Arbeit, soweit nicht unaufschiebbare Arbeiten ausgeführt werden müssen.

(3) Mehrarbeit und Arbeit nach Absatz 2 sollen möglichst durch Freistellung von der Arbeit an anderen Arbeitstagen ausgeglichen werden.

(4) Gefangene, die nach den Vorschriften ihres Glaubensbekenntnisses an bestimmten Tagen nicht arbeiten dürfen, können an diesen Tagen auf ihren Wunsch von der Arbeit befreit werden. Sie können dafür an allgemein arbeitsfreien Tagen zu unaufschiebbaren Arbeiten herangezogen werden.

5 Ein Gefangener kann zu Tätigkeiten für die Vollzugsanstalt herangezogen werden, wenn er hierfür geeignet ist und Unzuträglichkeiten nicht zu erwarten sind. Arbeiten, die Einblick in die persönlichen Verhältnisse von Bediensteten, Gefangenen oder Dritten oder in Personal-, Gerichts- oder Verwaltungsakten ermöglichen, dürfen einem Gefangenen nicht übertragen werden.

§ 38 Unterricht

(1) Für geeignete Gefangene, die den Abschluß der Hauptschule nicht erreicht haben, soll Unterricht in den zum Hauptschulabschluß führenden Fächern oder ein der Sonderschule entsprechender Unterricht vorgesehen werden. Bei der beruflichen Ausbildung oder Umschulung ist berufsbildender Unterricht vorzusehen; dies gilt auch für die berufliche Fortbildung, soweit die Art der Maßnahme es erfordert.

(2) Unterricht soll während der Arbeitszeit stattfinden.

§ 39 Freies Beschäftigungsverhältnis, Selbstbeschäftigung

(1) Dem Gefangenen soll gestattet werden, einer Arbeit, Berufsausbildung, beruflichen Fortbildung oder Umschulung auf der Grundlage eines freien Beschäftigungsverhältnisses außerhalb der Anstalt nachzugehen, wenn dies im Rahmen des Vollzugsplanes dem Ziel dient, Fähigkeiten für eine Erwerbstätigkeit nach der Entlassung zu vermitteln, zu erhalten oder zu fördern und nicht überwiegende Gründe des Vollzuges entgegenstehen. § 11 Abs. 1 Nr. 1, Abs. 2 und § 14 bleiben unberührt.

(2) Dem Gefangenen kann gestattet werden, sich selbst zu beschäftigen.

(3) Die Vollzugsbehörde kann verlangen, daß ihr das Entgelt zur Gutschrift für den Gefangenen überwiesen wird.

VV zu § 39

1 entfällt

2 (1) Gefangene, denen das Eingehen eines freien Beschäftigungsverhältnisses außerhalb der Anstalt gestattet ist, sollen von Gefangenen des geschlossenen Vollzuges getrennt gehalten werden.

(2) Zwischen dem Gefangenen und seinem Arbeitgeber oder Ausbildenden ist ein schriftlicher Vertrag (Arbeitsvertrag, Berufsausbildungsvertrag oder ähnliches) abzuschließen. In dem Vertrag ist insbesondere festzulegen, daß das Beschäftigungsverhältnis ohne Kündigung endet, wenn die dem Gefangenen nach § 39 Abs. 1 erteilte Erlaubnis endet, und daß die Bezüge aus dem Beschäftigungsverhältnis während des Freiheitsentzuges mit befreiender Wirkung nur auf das mit der Anstalt vereinbarte Konto gezahlt werden können. Die Anstalt stellt sicher, daß mit Zuwendungen aufgrund öffentlich-rechtlicher Bestimmungen entsprechend verfahren wird.

(3) Die Bezüge des Gefangenen werden in nachstehender Rangfolge für folgende Zwecke verwendet:

a) Auslagen des Gefangenen für Fahrtkosten, Arbeitskleidung, Verpflegung außerhalb der Anstalt und andere im Zusammenhang mit seiner Beschäftigung notwendige Aufwendungen,
b) Hausgeld und Überbrückungsgeld,
c) Erfüllung einer gesetzlichen Unterhaltspflicht des Gefangenen auf dessen Antrag,
d) Haftkostenbeitrag,
e) Erfüllung sonstiger Verbindlichkeiten des Gefangenen auf dessen Antrag,
f) Eigengeld des Gefangenen.

(4) Der Gefangene ist anzuhalten, seine Unterhaltspflichten zu erfüllen, den durch die Straftat verursachten Schaden wiedergutzumachen und seine sonstigen Verbindlichkeiten zu erfüllen. Ist der Anstalt bekannt, daß Angehörige oder andere Personen, denen der Gefangene unterhaltspflichtig ist, Sozialhilfe erhalten, wird der Träger der Sozialhilfe von dem Beschäftigungsverhältnis und der Höhe der Bezüge unterrichtet. Auf die Möglichkeit der Nachentrichtung von Beiträgen zur Sozialversicherung soll der Gefangene hingewiesen werden.

3 (1) Selbstbeschäftigung soll regelmäßig nur gestattet werden, wenn sie aus wichtigem Grunde geboten erscheint und im Rahmen des Vollzugsplanes insbesondere dem Ziel dient, Fähigkeiten für eine Erwerbstätigkeit nach der Entlassung zu vermitteln, zu erhalten oder zu fördern. Selbstbeschäftigung darf nicht gestattet werden, wenn überwiegende Gründe des Vollzuges entgegenstehen.

(2) Selbstbeschäftigung wird in der Regel nur gestattet, wenn der Gefangene sich die nötigen Gegenstände aus eigenen Mitteln beschaffen kann; bei Selbstbeschäftigung innerhalb der Anstalt vermittelt die Anstalt die Beschaffung der Gegenstände.

(3) Für die Rechtsbeziehungen zwischen dem Gefangenen und einem Dritten sowie für die Bezüge aus der Selbstbeschäftigung gilt Nr. 2 Abs. 2 bis 4 entsprechend. § 50 Abs. 3 StVollzG in der Fassung des § 199 Abs. 2 Nr. 3 StVollzG bleibt unberührt.

(4) Der Gefangene ist anzuhalten, seiner Steuerpflicht nachzukommen. Erfüllt der Gefangene seine Anzeigepflicht nicht, so ist die Erlaubnis zur Selbstbeschäftigung zu widerrufen.

§ 40 Abschlußzeugnis

Aus dem Abschlußzeugnis über eine ausbildende oder weiterbildende Maßnahme darf die Gefangenschaft eines Teilnehmers nicht erkennbar sein.

§ 41 Arbeitspflicht

(1) Der Gefangene ist verpflichtet, eine ihm zugewiesene, seinen körperlichen Fähigkeiten angemessene Arbeit, arbeitstherapeutische oder sonstige Beschäftigung auszuüben, zu deren Verrichtung er auf Grund seines körperlichen Zustandes in der Lage ist. Er kann jährlich bis zu drei Monaten zu Hilfstätigkeiten in der Anstalt verpflichtet werden, mit seiner Zustimmung auch darüber hinaus. Die Sätze 1 und 2 gelten nicht für Gefangene, die über 65 Jahre alt sind, und

nicht für werdende und stillende Mütter, soweit gesetzliche Beschäftigungsverbote zum Schutze erwerbstätiger Mütter bestehen.

(2) Die Teilnahme an einer Maßnahme nach § 37 Abs. 3 bedarf der Zustimmung des Gefangenen. Die Zustimmung darf nicht zur Unzeit widerrufen werden.

(3) Die Beschäftigung in einem von privaten Unternehmen unterhaltenen Betriebe (§ 149 Abs. 4) bedarf der Zustimmung des Gefangenen. Der Widerruf der Zustimmung wird erst wirksam, wenn der Arbeitsplatz von einem anderen Gefangenen eingenommen werden kann, spätestens nach sechs Wochen.

Abs. 3 wird bis zum 31. 12. 1983 durch besonderes Bundesgesetz in Kraft gesetzt; vgl. § 198 Abs. 3.

§ 42 Freistellung von der Arbeitspflicht

(1) Hat der Gefangene ein Jahr lang zugewiesene Tätigkeit nach § 37 oder Hilfstätigkeiten nach § 41 Abs. 1 Satz 2 ausgeübt, so kann er beanspruchen, achtzehn Werktage von der Arbeitspflicht freigestellt zu werden. Zeiten, in denen der Gefangene infolge Krankheit an seiner Arbeitsleistung verhindert war, werden auf das Jahr bis zu sechs Wochen jährlich angerechnet.

(2) Auf die Zeit der Freistellung wird Urlaub aus der Haft (§§ 13, 35) angerechnet, soweit er in die Arbeitszeit fällt und nicht wegen einer lebensgefährlichen Erkrankung oder des Todes eines Angehörigen erteilt worden ist.

(3) Der Gefangene erhält für die Zeit der Freistellung seine zuletzt gezahlten Bezüge weiter.

(4) Urlaubsregelungen der Beschäftigungsverhältnisse außerhalb des Strafvollzuges bleiben unberührt.

VV zu § 42

1 § 42 Abs. 1 Strafvollzugsgesetz gewährt einen Anspruch auf Freistellung von der Arbeitspflicht, sobald der Gefangene innerhalb eines zu einem beliebigen Zeitpunkt beginnenden Zeitraumes von einem Jahr seine Arbeitspflicht erfüllt hat.

2 Auf das Jahr (§ 42 Abs. 1) werden ferner angerechnet

a) Zeiten, in denen der Gefangene Verletztengeld nach §§ 560, 566 Abs. 2 RVO erhalten hat,

b) Zeiten, in denen der Gefangene aus anderen als Krankheitsgründen eine Tätigkeit nach § 42 Abs. 1 nicht ausgeübt hat, in der Regel bis zu drei Wochen jährlich, wenn dies angemessen erscheint,

c) Zeiten einer Freistellung von der Arbeitspflicht und Urlaub aus der Haft, der nach § 42 Abs. 2 anzurechnen ist.

3 (1) Als Werktage (§ 42 Abs. 1 Satz 1) gelten alle Kalendertage, die nicht Sonn- oder gesetzliche Feiertage sind.

(2) Erkrankt ein Gefangener während der Freistellung von der Arbeitspflicht, werden die Tage der Arbeitsunfähigkeit auf die Zeit der Freistellung nicht angerechnet.

4 (1) Die Freistellung kann nur innerhalb eines Jahres nach Vorliegen der Voraussetzungen in Anspruch genommen werden.

(2) Eine erneute Freistellung kann frühestens ein Jahr nach Vorliegen der Voraussetzungen für die vorhergehende Freistellung und in der Regel frühestens drei Monate nach der letzten Freistellung in Anspruch genommen werden.

5 Die Freistellung von der Arbeitspflicht ist von dem Gefangenen mindestens einen Monat vorher schriftlich zu beantragen.

6 Bei der Festsetzung des Zeitpunkts der Freistellung sind die betrieblichen Belange, der Stand einer Aus- oder Weiterbildungsmaßnahme und die Möglichkeiten der Vollzugsgestaltung während der Freistellungszeit zu berücksichtigen.

7 Der Berechnung der Bezüge nach § 42 Abs. 3 ist der Durchschnitt der letzten drei abgerechneten Monate vor der Freistellung zugrunde zu legen.

8 Für Gefangene, die nach § 41 Abs. 1 Satz 3 oder § 175 nicht zur Arbeit verpflichtet sind, gelten § 42 und Nr. 1 bis 7 entsprechend.

§ 43 Arbeitsentgelt

(1) Übt der Gefangene eine zugewiesene Arbeit, sonstige Beschäftigung oder eine Hilfstätigkeit nach § 41 Abs. 1 Satz 2 aus, so erhält er ein Arbeitsentgelt. Der Bemessung des Arbeitsentgelts ist der in § 200 bestimmte Satz der Bezugsgröße nach § 18 des Vierten Buches Sozialgesetzbuch zugrunde zu legen (Eckvergütung). Ein Tagessatz ist der zweihundertfünfzigste Teil der Eckvergütung; das Arbeitsentgelt kann nach einem Stundensatz bemessen werden.

(2) Das Arbeitsentgelt kann je nach der Leistung des Gefangenen und der Art der Arbeit gestuft werden. 75 vom Hundert der Eckvergütung dürfen nur dann unterschritten werden, wenn die Arbeitsleistungen des Gefangenen den Mindestanforderungen nicht genügen.

(3) Übt ein Gefangener zugewiesene arbeitstherapeutische Beschäftigung aus, erhält er ein Arbeitsentgelt, soweit dies der Art seiner Beschäftigung und seiner Arbeitsleistung entspricht.

(4) Das Arbeitsentgelt ist dem Gefangenen schriftlich bekanntzugeben.

VV zu § 43

1 (1) Verrichtet ein Gefangener während eines Abrechnungszeitraumes Tätigkeiten, die verschiedenen Vergütungsstufen zuzuordnen sind, so ist das Arbeitsentgelt aus der Vergütungsstufe zu ermitteln, die dem überwiegenden Teil der Tätigkeiten entspricht. Dies gilt nicht, wenn der Gefangene in verschiedenen Betrieben arbeitet.

(2) Verrichtet ein Gefangener nicht nur vorübergehend eine anders bewertete Tätigkeit, so ist er mit Beginn des nächsten Abrechnungszeitraumes in die entsprechende Vergütungsstufe umzugruppieren.

2 (1) Das Arbeitsentgelt wird in der Form des Zeitlohnes oder des Leistungslohnes ermittelt.

(2) Zeiten einer Einarbeitung können im Zeitlohn vergütet werden.

(3) Im Zeitlohn kann der Satz der jeweiligen Vergütungsstufe unterschritten werden, wenn der Gefangene den Anforderungen der jeweiligen Vergütungsstufe nicht genügt. § 43 Abs. 2 Satz 2 bleibt unberührt.

3 Neben dem Arbeitsentgelt können Leistungen für betriebliche Verbesserungsvorschläge gewährt werden. Der Anstaltsleiter entscheidet, ob eine Leistung für einen betrieblichen Verbesserungsvorschlag als Hausgeld, Überbrückungsgeld oder Eigengeld gutgeschrieben wird.

§ 44 Ausbildungsbeihilfe

(1) Nimmt der Gefangene an einer Berufsausbildung, Umschulung, beruflichen Fortbildung oder an einem Unterricht teil und ist er zu diesem Zweck von seiner Arbeitspflicht freigestellt, so erhält er eine Ausbildungsbeihilfe, soweit ihm keine Leistungen zum Lebensunterhalt zustehen, die freien Personen aus solchem Anlaß gewährt werden. Der Nachrang der Sozialhilfe nach § 2 Abs. 2 des Bundessozialhilfegesetzes wird nicht berührt.

(2) Für die Bemessung der Ausbildungsbeihilfe gilt § 43 Abs. 1 und 2 entsprechend.

(3) Nimmt der Gefangene während der Arbeitszeit stunden- oder tageweise am Unterricht oder an anderen zugewiesenen Maßnahmen gemäß § 37 Abs. 3 teil, so erhält er in Höhe des ihm dadurch entgehenden Arbeitsentgelts eine Ausbildungsbeihilfe.

VV zu § 44

Als Berufsfindungsmaßnahme kann auch die Teilnahme eines Gefangenen an einem Einweisungsverfahren in einer zentralen Einweisungseinrichtung in Betracht kommen.

§ 45 Ausfallentschädigung

(1) Kann einem arbeitsfähigen Gefangenen aus Gründen, die nicht in seiner Person liegen, länger als eine Woche eine Arbeit oder Beschäftigung im Sinne des § 37 Abs. 4 nicht zugewiesen werden, erhält er eine Ausfallentschädigung.

(2) Wird ein Gefangener nach Beginn der Arbeit oder Beschäftigung infolge Krankheit länger als eine Woche an seiner Arbeitsleistung verhindert, ohne daß ihn ein Verschulden trifft, so erhält er ebenfalls eine Ausfallentschädigung. Gleiches gilt für Gefangene, die eine Ausbildungsbeihilfe nach § 44 oder Ausfallentschädigung nach Absatz 1 bezogen haben.

(3) Werdende Mütter, die eine Arbeit oder Beschäftigung im Sinne des § 37 nicht verrichten, erhalten Ausfallentschädigung in den letzten sechs Wochen vor der Entbindung und bis zum Ablauf von acht

Wochen, bei Früh- und Mehrlingsgeburten bis zu zwölf Wochen nach der Entbindung.

(4) Die Ausfallentschädigung darf 60 vom Hundert der Eckvergütung nach § 43 Abs. 1 nur dann unterschreiten, wenn der Gefangene das Mindestentgelt des § 43 Abs. 2 vor der Arbeitslosigkeit oder Krankheit nicht erreicht hat.

(5) Ausfallentschädigung wird unbeschadet der Regelung nach Absatz 3 insgesamt bis zur Höchstdauer von sechs Wochen jährlich gewährt. Eine weitere Ausfallentschädigung wird erst gewährt, wenn der Gefangene erneut wenigstens ein Jahr Arbeitsentgelt oder Ausbildungsbeihilfe bezogen hat.

(6) Soweit der Gefangene nach § 566 Abs. 2 der Reichsversicherungsordnung Übergangsgeld erhält, ruht der Anspruch auf Ausfallentschädigung.

Wird durch besonderes Bundesgesetz in Kraft gesetzt; vgl. § 198 Abs. 3.

§ 46 Taschengeld

Wenn ein Gefangener wegen Alters oder Gebrechlichkeit nicht mehr arbeitet oder ihm eine Ausfallentschädigung nicht oder nicht mehr gewährt wird, erhält er ein angemessenes Taschengeld, falls er bedürftig ist. Gleiches gilt für Gefangene, die für eine Beschäftigung nach § 37 Abs. 5 kein Arbeitsentgelt erhalten.

Wird durch besonderes Bundesgesetz in Kraft gesetzt; vom 1. Januar 1977 bis zu dessen Inkrafttreten gilt folgende Fassung:
„Wenn ein Gefangener ohne sein Verschulden kein Arbeitsentgelt und keine Ausbildungsbeihilfe erhält, wird ihm ein angemessenes Taschengeld gewährt, falls er bedürftig ist."
Vgl. § 198 Abs. 3, § 199 Abs. 2 Nr. 1.

VV zu § 46 (in der Fassung des § 199 Abs. 2 Nr. 1 StVollzG)

(1) Das Taschengeld wird nur auf Antrag gewährt.

(2) Das Taschengeld beträgt 25 v. H. der Eckvergütung (§ 43 Abs. 1). Bei der Berechnung des Taschengeldes werden Hausgeld und Eigengeld berücksichtigt. Ein Geldbetrag, der für einen Gefangenen statt eines Paketes im Sinne des § 33 Abs. 1 Satz 1 StVollzG zum eigenen Einkauf von Nahrungs- und Genußmitteln eingezahlt wird, bleibt bis zu dem für den Ersatzeinkauf festgesetzten Höchstbetrag bei der Berechnung des Taschengeldes für den laufenden und längstens den folgenden Monat unberücksichtigt.

(3) Bedürftig ist ein Gefangener, soweit ihm im laufenden Monat aus Hausgeld und Eigengeld nicht ein Betrag bis zur Höhe des Taschengeldes zur Verfügung steht.

§ 47 Hausgeld

(1) Der Gefangene darf von seinen in diesem Gesetz geregelten Bezügen mindestens dreißig Deutsche Mark monatlich (Hausgeld)

und das Taschengeld (§ 46) für den Einkauf (§ 22 Abs. 1) oder anderweit verwenden.

(2) Der Mindestbetrag des Hausgeldes erhöht sich um jeweils zehn vom Hundert der dreihundert Deutsche Mark übersteigenden monatlichen Bezüge. Die Vollzugsbehörde kann höhere Beträge von der Höhe des Überbrückungsgeldes abhängig machen.

(3) Für Gefangene, die in einem freien Beschäftigungsverhältnis stehen (§ 39 Abs. 1) oder denen gestattet ist, sich selbst zu beschäftigen (§ 39 Abs. 2), wird aus ihren Bezügen ein angemessenes Hausgeld festgesetzt.

Wird durch besonderes Bundesgesetz in Kraft gesetzt; vom 1. Januar 1977 bis zu dessen Inkrafttreten gilt folgende Fassung:

„(1) Der Gefangene darf von seinen in diesem Gesetz geregelten Bezügen zwei Drittel monatlich (Hausgeld) und das Taschengeld (§ 46) für den Einkauf (§ 22 Abs. 1) oder anderweit verwenden.

(2) Für Gefangene, die in einem freien Beschäftigungsverhältnis stehen (§ 39 Abs. 1) oder denen gestattet ist, sich selbst zu beschäftigen (§ 39 Abs. 2), wird aus ihren Bezügen ein angemessenes Hausgeld festgesetzt."

Vgl. § 198 Abs. 3 § 199 Abs. 2 Nr. 2.

VV zu § 47 (in der Fassung des § 199 Abs. 2 Nr. 2 StVollzG)

Über Beträge, die als Ersatz für entgangene, in diesem Gesetz geregelte Zuwendungen gewährt werden (z. B. Zeugenentschädigung, Verletztengeld), kann der Gefangene wie über die Zuwendungen verfügen, an deren Stelle sie treten.

§ 48 Rechtsverordnung

Der Bundesminister der Justiz wird ermächtigt, im Einvernehmen mit dem Bundesminister für Arbeit und Sozialordnung mit Zustimmung des Bundesrates zur Durchführung der §§ 43 bis 45 Rechtsverordnungen über die Vergütungsstufen zu erlassen.

§ 49 Unterhaltsbeitrag

(1) Auf Antrag des Gefangenen ist zur Erfüllung einer gesetzlichen Unterhaltspflicht aus seinen Bezügen an den Berechtigten oder einen Dritten ein Unterhaltsbeitrag zu zahlen.

(2) Reichen die Einkünfte des Gefangenen nach Abzug des Hausgeldes und des Unterhaltsbeitrages nicht aus, um den Haftkostenbeitrag zu begleichen, so wird ein Unterhaltsbeitrag nur bis zur Höhe des nach § 850c der Zivilprozeßordnung unpfändbaren Betrages gezahlt. Bei der Bemessung des nach Satz 1 maßgeblichen Betrages wird die Zahl der unterhaltsberechtigten Personen um eine vermindert.

Wird durch besonderes Bundesgesetz in Kraft gesetzt; vgl. § 198 Abs. 3.

§ 50 Haftkostenbeitrag

(1) Von den in diesem Gesetz geregelten Bezügen und von den Bezügen der Gefangenen, die in einem freien Beschäftigungsverhältnis stehen (§ 39 Abs. 1), darf ein Haftkostenbeitrag in Höhe des Betrages einbehalten werden, der nach § 160 Abs. 2 der Reichsversicherungsordnung durchschnittlich zur Bewertung der Sachbezüge festgesetzt ist. Der Bundesminister der Justiz stellt den Durchschnittsbetrag für jedes Kalenderjahr nach den am 1. Oktober des vorhergehenden Jahres geltenden Bewertungen der Sachbezüge fest und macht ihn im Bundesanzeiger bekannt. Der Haftkostenbeitrag darf auch von dem umpfändbaren Teil der Bezüge, jedoch nicht zu Lasten des Hausgeldes oder des Unterhaltsbeitrages angesetzt werden.

(2) Die Selbstbeschäftigung (§ 39 Abs. 2) kann davon abhängig gemacht werden, daß der Gefangene den Haftkostenbeitrag monatlich im voraus entrichtet.

Wird durch besonderes Bundesgesetz in Kraft gesetzt; bis zu dessen Inkrafttreten gilt folgende Fassung:
„(1) Von Gefangenen, die Bezüge nach diesem Gesetz erhalten, werden Haftkosten nicht erhoben.
(2) Von Gefangenen, die in einem freien Beschäftigungsverhältnis stehen (§ 39 Abs. 1), darf ein Haftkostenbeitrag in Höhe des Betrages erhoben werden, der nach § 17 Abs. 1 Nr. 3 des Vierten Buches Sozialgesetzbuch durchschnittlich zur Bewertung der Sachbezüge festgesetzt ist. Der Bundesminister der Justiz stellt den Durchschnittsbetrag für jedes Kalenderjahr nach den am 1. Oktober des vorhergehenden Jahres geltenden Bewertungen der Sachbezüge, jeweils getrennt für das in Artikel 3 des Einigungsvertrages genannte Gebiet und für das Gebiet, in dem das Strafvollzugsgesetz schon vor dem Wirksamwerden des Beitritts gegolten hat, fest, und macht ihn im Bundesanzeiger bekannt. Der Haftkostenbeitrag darf auch von dem unpfändbaren Teil der Bezüge, jedoch nicht zu Lasten des Hausgeldes oder des Unterhaltsbeitrages angesetzt werden.
(3) Die Selbstbeschäftigung (§ 39 Abs. 2) kann davon abhängig gemacht werden, daß der Gefangene einen Haftkostenbeitrag bis zur Höhe des in Absatz 2 genannten Satzes monatlich im voraus entrichtet.
(4) Im Land Berlin gilt einheitlich der für das in Artikel 3 des Einigungsvertrages genannte Gebiet geltende Durchschnittsbetrag.
I. d. F. d. Einigungsvertrages vom 31. 8. 1990 (BGBl. II S. 885, 889); vgl. § 198 Abs. 3, § 199 Abs. 2 Nr. 3.

VV zu § 50 (in der Fassung des § 199 Abs. 2 Nr. 3 StVollzG)

(1) Ist in den Fällen des § 50 Abs. 2 und 3 dem Gefangenen ganz oder teilweise die Selbstverpflegung gestattet, so ermäßigt sich der Haftkostenbeitrag entsprechend. Gleiches gilt für den nicht auf die Kost entfallenden Anteil des Haftkostenbeitrages, wenn mehrere Gefangene in einem Haftraum untergebracht sind. Der nicht auf die Kost entfallende Anteil des Haftkostenbeitrages ist auch dann zu erheben, wenn sich Gefangene wegen Urlaubs oder aus sonstigen Gründen vorübergehend nicht in der Anstalt aufhalten.

(2) Während der Teilnahme an Maßnahmen der Ausbildung oder Weiterbildung wird von der Erhebung eines Haftkostenbeitrages nach § 50 Abs. 2 und 3 abgesehen, wenn die Gewährung von Bezügen nach öffentlich-rechtlichen

Bestimmungen (z. B. Arbeitsförderungsgesetz) hiervon abhängig gemacht wird.

§ 51 Überbrückungsgeld

(1) Aus den in diesem Gesetz geregelten Bezügen und aus den Bezügen der Gefangenen, die in einem freien Beschäftigungsverhältnis stehen (§ 39 Abs. 1) oder denen gestattet ist, sich selbst zu beschäftigen (§ 39 Abs. 2), ist ein Überbrückungsgeld zu bilden, das den notwendigen Lebensunterhalt des Gefangenen und seiner Unterhaltsberechtigten für die ersten vier Wochen nach seiner Entlassung sichern soll.

(2) Das Überbrückungsgeld wird dem Gefangenen bei der Entlassung in die Freiheit ausgezahlt. Die Vollzugsbehörde kann es auch ganz oder zum Teil dem Bewährungshelfer oder einer mit der Entlassenenbetreuung befaßten Stelle überweisen, die darüber entscheiden, wie das Geld innerhalb der ersten vier Wochen nach der Entlassung an den Gefangenen ausgezahlt wird. Der Bewährungshelfer und die mit der Entlassenenbetreuung befaßte Stelle sind verpflichtet, das Überbrückungsgeld von ihrem Vermögen gesondert zu halten. Mit Zustimmung des Gefangenen kann das Überbrückungsgeld auch dem Unterhaltsberechtigten überwiesen werden.

(3) Der Anstaltsleiter kann gestatten, daß das Überbrückungsgeld für Ausgaben in Anspruch genommen wird, die der Eingliederung des Gefangenen dienen.

(4) Der Anspruch auf Auszahlung des Überbrückungsgeldes ist unpfändbar. Erreicht es nicht die in Absatz 1 bestimmte Höhe, so ist in Höhe des Unterschiedsbetrages auch der Anspruch auf Auszahlung des Eigengeldes unpfändbar. Bargeld des entlassenen Gefangenen, an den wegen der nach Satz 1 oder Satz 2 unpfändbaren Ansprüche Geld ausgezahlt worden ist, ist für die Dauer von vier Wochen seit der Entlassung insoweit der Pfändung nicht unterworfen, als es dem Teil der Ansprüche für die Zeit von der Pfändung bis zum Ablauf der vier Wochen entspricht.

(5) Absatz 4 gilt nicht bei einer Pfändung wegen der in § 850d Abs. 1 Satz 1 der Zivilprozeßordnung bezeichneten Unterhaltsansprüche. Dem entlassenen Gefangenen ist jedoch so viel zu belassen, als er für seinen notwendigen Unterhalt und zur Erfüllung seiner sonstigen gesetzlichen Unterhaltspflichten für die Zeit von der Pfändung bis zum Ablauf von vier Wochen seit der Entlassung bedarf.

VV zu § 51

1 (1) Das Arbeitsentgelt und die Ausbildungsbeihilfe werden dem Überbrückungsgeld zugeführt, soweit sie dem Gefangenen nicht als Hausgeld zur Verfügung stehen und das Überbrückungsgeld noch nicht die angemessene Höhe (§ 51 Abs. 1) erreicht hat. Bei Gefangenen, die in einem freien Beschäftigungsverhältnis stehen oder denen gestattet ist, sich selbst zu beschäftigen, ist der Anteil der Bezüge zu bestimmen, der gemäß Satz 1 dem Überbrückungsgeld zuzuführen ist; der Anteil soll bei Gefan-

genen, die in einem freien Beschäftigungsverhältnis stehen, den Betrag des Hausgeldes nicht unterschreiten.

(2) Die angemessene Höhe des Überbrückungsgeldes wird von der Landesjustizverwaltung festgesetzt. Sie soll das Zweifache der nach § 22 Bundessozialhilfegesetz jeweils festgesetzten monatlichen Mindestbeträge der Regelsätze für den Gefangenen und seine Unterhaltsberechtigten nicht unterschreiten. Der Anstaltsleiter kann unter Berücksichtigung der Umstände des Einzelfalles einen höheren Betrag festsetzen.

2 (1) Der Anstaltsleiter soll die Inanspruchnahme des Überbrückungsgeldes nach § 51 Abs. 3 nur gestatten, wenn zu erwarten ist, daß dem Gefangenen bei der Entlassung in die Freiheit ein Überbrückungsgeld in angemessener Höhe zur Verfügung steht.

(2) Ausgaben, die der Eingliederung dienen, sind insbesondere Aufwendungen zur Erlangung eines Arbeitsplatzes und einer Unterkunft nach der Entlassung.

§ 52 Eigengeld

Bezüge des Gefangenen, die nicht als Hausgeld, Haftkostenbeitrag, Unterhaltsbeitrag oder Überbrückungsgeld in Anspruch genommen werden, sind dem Gefangenen zum Eigengeld gutzuschreiben.

Sechster Titel
Religionsausübung

§ 53 Seelsorge

(1) Dem Gefangenen darf religiöse Betreuung durch einen Seelsorger seiner Religionsgemeinschaft nicht versagt werden. Auf seinen Wunsch ist ihm zu helfen, mit einem Seelsorger seiner Religionsgemeinschaft in Verbindung zu treten.

(2) Der Gefangene darf grundlegende religiöse Schriften besitzen. Sie dürfen ihm nur bei grobem Mißbrauch entzogen werden.

(3) Dem Gefangenen sind Gegenstände des religiösen Gebrauchs in angemessenem Umfange zu belassen.

§ 54 Religiöse Veranstaltungen

(1) Der Gefangene hat das Recht, am Gottesdienst und an anderen religiösen Veranstaltungen seines Bekenntnisses teilzunehmen.

(2) Zu dem Gottesdienst oder zu religiösen Veranstaltungen einer anderen Religionsgemeinschaft wird der Gefangene zugelassen, wenn deren Seelsorger zustimmt.

(3) Der Gefangene kann von der Teilnahme am Gottesdienst oder anderen religiösen Veranstaltungen ausgeschlossen werden, wenn dies aus überwiegenden Gründen der Sicherheit oder Ordnung geboten ist; der Seelsorger soll vorher gehört werden.

§ 55 Weltanschauungsgemeinschaften

Für Angehörige weltanschaulicher Bekenntnisse gelten die §§ 53 und 54 entsprechend.

Siebter Titel
Gesundheitsfürsorge

§ 56 Allgemeine Regeln

(1) Für die körperliche und geistige Gesundheit des Gefangenen ist zu sorgen. § 101 bleibt unberührt.

(2) Der Gefangene hat die notwendigen Maßnahmen zum Gesundheitsschutz und zur Hygiene zu unterstützen.

VV zu § 56

1 Für die Anstalten gelten die allgemeinen Vorschriften für die gesundheitsbehördliche Überwachung.

2 Der Anstaltsarzt achtet auf Vorgänge und Umstände, von denen Gefahren für die Gesundheit von Personen in der Anstalt ausgehen können. Jeder Bedienstete, der eine Gefahr für die gesundheitlichen Verhältnisse zu erkennen glaubt, ist verpflichtet, dieses unverzüglich zu melden.

3 Der Anstaltsarzt hat nach den Vorschriften des Bundesseuchengesetzes meldepflichtige übertragbare Krankheiten dem zuständigen Gesundheitsamt anzuzeigen und den Gefangenen, soweit es erforderlich ist, abzusondern. Kranke, bei denen zur Zeit der Entlassung noch Ansteckungsgefahr besteht oder deren Behandlung noch nicht abgeschlossen ist, werden dem zuständigen Gesundheitsamt unverzüglich gemeldet. Gegebenenfalls ist es zu veranlassen, daß sie in die zuständige öffentliche Krankenanstalt gebracht werden.

§ 57 Gesundheitsuntersuchungen, medizinische Vorsorgeleistungen

(1) Gefangene, die das fünfunddreißigste Lebensjahr vollendet haben, haben jedes zweite Jahr Anspruch auf eine ärztliche Gesundheitsuntersuchung zur Früherkennung von Krankheiten, insbesondere zur Früherkennung von Herz-Kreislauf- und Nierenerkrankungen sowie der Zuckerkrankheit.

(2) Gefangene haben höchstens einmal jährlich Anspruch auf eine Untersuchung zur Früherkennung von Krebserkrankungen, Frauen frühestens vom Beginn des zwanzigsten Lebensjahres an, Männer frühestens vom Beginn des fünfundvierzigsten Lebensjahres an.

(3) Voraussetzung für die Untersuchungen nach den Absätzen 1 und 2 ist, daß

1. es sich um Krankheiten handelt, die wirksam behandelt werden können,

2. das Vor- oder Frühstadium dieser Krankheiten durch diagnostische Maßnahmen erfaßbar ist,
3. die Krankheitszeichen medizinisch-technisch genügend eindeutig zu erfassen sind,
4. genügend Ärzte und Einrichtungen vorhanden sind, um die aufgefundenen Verdachtsfälle eingehend zu diagnostizieren und zu behandeln.

(4) Gefangene Frauen haben für ihre Kinder, die mit ihnen in der Vollzugsanstalt untergebracht sind, bis zur Vollendung des sechsten Lebensjahres Anspruch auf Untersuchungen zur Früherkennung von Krankheiten, die die körperliche oder geistige Entwicklung ihrer Kinder in nicht geringfügigem Maße gefährden.

(5) Gefangene, die das vierzehnte, aber noch nicht das zwanzigste Lebensjahr vollendet haben, können sich zur Verhütung von Zahnerkrankungen einmal in jedem Kalenderhalbjahr zahnärztlich untersuchen lassen. Die Untersuchungen sollen sich auf den Befund des Zahnfleisches, die Aufklärung über Krankheitsursachen und ihre Vermeidung, das Erstellen von diagnostischen Vergleichen zur Mundhygiene, zum Zustand des Zahnfleisches und zur Anfälligkeit gegenüber Karieserkrankungen, auf die Motivation und Einweisung bei der Mundpflege sowie auf Maßnahmen zur Schmelzhärtung der Zähne erstrecken.

(6) Gefangene haben Anspruch auf ärztliche Behandlung und Versorgung mit Arznei-, Verband-, Heil- und Hilfsmitteln, wenn diese notwendig sind,
1. eine Schwächung der Gesundheit, die in absehbarer Zeit voraussichtlich zu einer Krankheit führen würde, zu beseitigen,
2. einer Gefährdung der gesundheitlichen Entwicklung eines Kindes entgegenzuwirken oder
3. Pflegebedürftigkeit zu vermeiden.

VV zu § 57

Die Gefangenen sind auf die Möglichkeit von Maßnahmen zur Früherkennung von Krankheiten hinzuweisen. Die Maßnahmen werden auf Antrag durchgeführt.

§ 58 Krankenbehandlung

Gefangene haben Anspruch auf Krankenbehandlung, wenn sie notwendig ist, um eine Krankheit zu erkennen, zu heilen, ihre Verschlimmerung zu verhüten oder Krankheitsbeschwerden zu lindern. Die Krankenbehandlung umfaßt insbesondere
1. ärztliche Behandlung,
2. zahnärztliche Behandlung einschließlich der Versorgung mit Zahnersatz,
3. Versorgung mit Arznei-, Verband-, Heil- und Hilfsmitteln,

4. medizinische und ergänzende Leistungen zur Rehabilitation sowie Belastungserprobung und Arbeitstherapie, soweit die Belange des Vollzuges dem nicht entgegenstehen.

VV zu § 58

1 (1) Einen Gefangenen, der sich krank meldet, einen Unfall erleidet, einen Selbstmordversuch begeht oder sich selbst beschädigt, sowie einen Gefangenen, dessen Aussehen oder Verhalten den Verdacht nahelegt, daß er körperlich oder geistig erkrankt ist, zeigt der die Feststellung treffende Bedienstete schriftlich, notfalls mündlich voraus, dem Anstaltsarzt an. Wenn ärztliche Hilfe nicht sofort erforderlich erscheint, untersucht der Arzt den krankgemeldeten Gefangenen in der nächsten Sprechstunde.

(2) Der Arzt stellt fest, ob der Gefangene als krank zu führen ist, ob er bettlägerig krank ist, in welchem Umfange er arbeitsfähig ist, ob er einer besonderen Unterbringung oder speziellen Behandlung bedarf, oder ob er vollzugsuntauglich ist.

2 (1) Kann der Anstaltsarzt nicht erreicht werden, so wird in dringenden Fällen ein anderer Arzt herbeigerufen.

(2) Hält es der Anstaltsarzt nach Art oder Schwere des Falles für erforderlich, zieht er einen anderen Arzt oder Facharzt hinzu.

3 Der Anstaltsleiter kann nach Anhören des Anstaltsarztes dem Gefangenen ausnahmsweise gestatten, auf eigene Kosten einen beratenden Arzt hinzuzuziehen. Die Erlaubnis soll nur erteilt werden, wenn der Gefangene den in Aussicht genommenen Arzt und den Anstaltsarzt untereinander von der ärztlichen Schweigepflicht entbindet. Bei der Wahl des Zeitpunktes und der Bestimmung der Häufigkeit ärztlicher Bemühungen ist auf die besonderen räumlichen, personellen und organisatorischen Verhältnisse in der Anstalt Rücksicht zu nehmen.

4 (1) Die ärztlichen Verordnungen sind genau zu befolgen. Es ist darauf zu achten, daß Arzneimittel nicht mißbraucht werden. Für die Einhaltung der ärztlichen Einnahmevorschrift ist der Gefangene in der Regel selbst verantwortlich. Bei einem Gefangenen mit Persönlichkeitsstörung und für die Einnahme stark wirkender Arzneimittel kann angeordnet werden, daß Arzneimittel in Gegenwart eines Bediensteten einzunehmen sind. Bei Mißbrauchsgefahr ist darauf zu achten, daß der Gefangene das Arzneimittel tatsächlich einnimmt, nach Möglichkeit durch Verabreichen in aufgelöstem Zustand.

(2) Gifte und andere stark wirkende Arzneimittel hat der Arzt ständig unter sicherem Verschluß aufzubewahren. Alle anderen Arzneimittel sind so sicher unterzubringen, daß sie Unbefugten nicht zugänglich sind.

(3) Es dürfen nur durch die Anstalt beschaffte Arzneimittel verwendet werden, es sei denn, der Anstaltsarzt läßt Ausnahmen zu. Diese Bestimmung gilt nicht für ärztlich verordnete Arzneimittel, die von Gefangenen beschafft werden, die in einem freien Beschäftigungsverhältnis stehen.

§ 59 Versorgung mit Hilfsmitteln

Gefangene haben Anspruch auf Versorgung mit Seh- und Hörhilfen, Körperersatzstücken, orthopädischen und anderen Hilfsmitteln, die im Einzelfall erforderlich sind, um den Erfolg der Krankenbehandlung zu sichern oder eine Behinderung auszugleichen, sofern dies nicht mit Rücksicht auf die Kürze des Freiheitsentzugs ungerechtfertigt ist und soweit die Hilfsmittel nicht als allgemeine Gebrauchsgegenstände des täglichen Lebens anzusehen sind. Der Anspruch umfaßt auch die notwendige Änderung, Instandsetzung und Ersatzbeschaffung von Hilfsmitteln sowie die Ausbildung in ihrem Gebrauch, soweit die Belange des Vollzuges dem nicht entgegenstehen. Ein erneuter Anspruch auf Versorgung mit Sehhilfen besteht nur bei einer Änderung der Sehfähigkeit um mindestens 0,5 Dioptrien. Anspruch auf Versorgung mit Kontaktlinsen besteht nur in medizinisch zwingend erforderlichen Ausnahmefällen.

§ 60 Krankenbehandlung im Urlaub

Während eines Urlaubs oder Ausgangs hat der Gefangene gegen die Vollzugsbehörde nur einen Anspruch auf Krankenbehandlung in der für ihn zuständigen Vollzugsanstalt.

VV zu § 60

Dem Gefangenen kann in der nächstgelegenen Vollzugsanstalt ambulante Krankenpflege gewährt werden, wenn eine Rückkehr in die zuständige Anstalt nicht zumutbar ist.

§ 61 Art und Umfang der Leistungen

Für die Art der Gesundheitsuntersuchungen und medizinischen Vorsorgeleistungen sowie für den Umfang dieser Leistungen und der Leistungen zur Krankenbehandlung einschließlich der Versorgung mit Hilfsmitteln gelten die entsprechenden Vorschriften des Sozialgesetzbuchs und die auf Grund dieser Vorschriften getroffenen Regelungen.

§ 62 Zuschüsse zu Zahnersatz und Zahnkronen

Die Landesjustizverwaltungen bestimmen durch allgemeine Verwaltungsvorschriften die Höhe der Zuschüsse zu den Kosten der zahnärztlichen Behandlung und der zahntechnischen Leistungen bei der Versorgung mit Zahnersatz. Sie können bestimmen, daß die gesamten Kosten übernommen werden.

§ 62a Ruhen der Ansprüche

Der Anspruch auf Leistungen nach den §§ 57 bis 59 ruht, solange der Gefangene auf Grund eines freien Beschäftigungsverhältnisses (§ 39 Abs. 1) krankenversichert ist.

§ 63 Ärztliche Behandlung zur sozialen Eingliederung

Mit Zustimmung des Gefangenen soll die Vollzugsbehörde ärztliche Behandlung, namentlich Operationen oder prothetische Maßnahmen durchführen lassen, die seine soziale Eingliederung fördern. Er ist an den Kosten zu beteiligen, wenn dies nach seinen wirtschaftlichen Verhältnissen gerechtfertigt ist und der Zweck der Behandlung dadurch nicht in Frage gestellt wird.

§ 64 Aufenthalt im Freien

Arbeitet ein Gefangener nicht im Freien, so wird ihm täglich mindestens eine Stunde Aufenthalt im Freien ermöglicht, wenn die Witterung dies zu der festgesetzten Zeit zuläßt.

§ 65 Verlegung

(1) Ein kranker Gefangener kann in ein Anstaltskrankenhaus oder in eine für die Behandlung seiner Krankheit besser geeignete Vollzugsanstalt verlegt werden.

(2) Kann die Krankheit eines Gefangenen in einer Vollzugsanstalt oder einem Anstaltskrankenhaus nicht erkannt oder behandelt werden oder ist es nicht möglich, den Gefangenen rechtzeitig in ein Anstaltskrankenhaus zu verlegen, ist dieser in ein Krankenhaus außerhalb des Vollzuges zu bringen. Ist während des Aufenthalts des Gefangenen in einem Krankenhaus die Strafvollstreckung unterbrochen worden, hat der Versicherte nach den Vorschriften der gesetzlichen Krankenversicherung Anspruch auf die erforderlichen Leistungen.

Abs. 2 Satz 2 wird durch besonderes Bundesgesetz in Kraft gesetzt; vgl. § 198 Abs. 3.

VV zu § 65

(1) In einem Krankenhaus außerhalb des Vollzugs ist eine Bewachung durch Vollzugsbedienstete bei Fortdauer der Strafvollstreckung nur dann erforderlich, wenn eine Flucht aufgrund der Persönlichkeit des Gefangenen oder der besonderen Umstände zu befürchten ist. Wenn auf eine Bewachung ausschließlich im Hinblick auf den Krankheitszustand verzichtet wurde, ist das Krankenhaus zu ersuchen, der Anstalt eine Besserung des Befindens mitzuteilen, die eine Flucht möglich erscheinen läßt.

(2) Kann die sachgemäße Behandlung oder Beobachtung eines Gefangenen nur in einem Krankenhaus außerhalb des Vollzuges, das die gebotene Fortdauer der Bewachung nicht zuläßt, durchgeführt werden, so sind bei der Entscheidung über eine Verlegung des Gefangenen in dieses Krankenhaus die Dringlichkeit der Krankenhausunterbringung und die Entweichungsgefahr sowie die Gefahr für die öffentliche Sicherheit gegeneinander abzuwägen. Eine nicht unverzüglich erforderliche stationäre Behandlung ist danach unter Umständen aufzuschieben.

§ 66 Benachrichtigung bei Erkrankung oder Todesfall

(1) Wird ein Gefangener schwer krank, so ist ein Angehöriger, eine Person seines Vertrauens oder der gesetzlichen Vertreter unverzüglich zu benachrichtigen. Dasselbe gilt, wenn ein Gefangener stirbt.

(2) Dem Wunsche des Gefangenen, auch andere Personen zu benachrichtigen, soll nach Möglichkeit entsprochen werden.

VV zu § 66

(1) Der Tod des Gefangenen wird der Aufsichtsbehörde angezeigt.

(2) Das Guthaben des verstorbenen Gefangenen bei der Anstaltszahlstelle und seine Habe werden an den Berechtigten ausgehändigt.

Achter Titel
Freizeit

§ 67 Allgemeines

Der Gefangene erhält Gelegenheit, sich in seiner Freizeit zu beschäftigen. Er soll Gelegenheit erhalten, am Unterricht einschließlich Sport, an Fernunterricht, Lehrgängen und sonstigen Veranstaltungen der Weiterbildung, an Freizeitgruppen, Gruppengesprächen sowie an Sportveranstaltungen teilzunehmen und eine Bücherei zu benutzen.

VV zu § 67

Die Verwaltungsvorschriften Nr. 2 Abs. 4 Satz 1 und Nr. 3 Abs. 4 Satz 1 zu § 39 gelten entsprechend.

§ 68 Zeitungen und Zeitschriften

(1) Der Gefangene darf Zeitungen und Zeitschriften in angemessenem Umfang durch Vermittlung der Anstalt beziehen.

(2) Ausgeschlossen sind Zeitungen und Zeitschriften, deren Verbreitung mit Strafe oder Geldbuße bedroht ist. Einzelne Ausgaben oder Teile von Zeitungen oder Zeitschriften können dem Gefangenen vorenthalten werden, wenn sie das Ziel des Vollzuges oder die Sicherheit oder Ordnung der Anstalt erheblich gefährden würden.

VV zu § 68

1 Zeitungen und Zeitschriften können durch die Anstalt, den Gefangenen oder einem Dritten bestellt werden. Sie dürfen in der Regel nur über den Postzeitungsdienst oder im Abonnement bezogen werden.

2 Der Gefangene kann für den Bezug von Zeitungen und Zeitschriften sein Hausgeld, sein Taschengeld und sein Eigengeld verwenden.

3 Die Weitergabe von Zeitungen und Zeitschriften oder von Teilen und Ausschnitten an andere Gefangene kann untersagt werden, wenn sie das Ziel des Vollzuges oder die Sicherheit oder Ordnung der Anstalt gefährden würde.

4 Gebrauchte Zeitungen und Zeitschriften werden anderweitig verwertet oder vernichtet; sie sind auf Antrag des Gefangenen zur Habe zu nehmen, falls dieser ein berechtigtes Interesse an der weiteren Aufbewahrung hat.

5 Der Gefangene hat die Abbestellung, Umbestellung oder Nachsendung von Zeitungen und Zeitschriften selbst zu veranlassen. Die Anstalt ist zur Nachsendung nicht verpflichtet. Gehen für einen entlassenen oder in eine andere Anstalt verlegten Gefangenen Zeitungen oder Zeitschriften ein, hat der Gefangene der Verwertung oder Vernichtung durch die Anstalt nicht zugestimmt und ist auch eine Nachsendung nicht beabsichtigt, so soll die Anstalt die Annahme verweigern.

6 Werden Zeitungen oder Zeitschriften vom Bezug ausgeschlossen oder einzelne Ausgaben oder Teile von Zeitungen oder Zeitschriften vorenthalten, so wird dies dem Gefangenen mitgeteilt.

§ 69 Hörfunk und Fernsehen

(1) Der Gefangene kann am Hörfunkprogramm der Anstalt sowie am gemeinschaftlichen Fernsehempfang teilnehmen. Die Sendungen sind so auszuwählen, daß Wünsche und Bedürfnisse nach staatsbürgerlicher Information, Bildung und Unterhaltung angemessen berücksichtigt werden. Der Hörfunk- und Fernsehempfang kann vorübergehend ausgesetzt oder einzelnen Gefangenen untersagt werden, wenn dies zur Aufrechterhaltung der Sicherheit oder Ordnung der Anstalt unerläßlich ist.

(2) Eigene Hörfunkgeräte werden unter den Voraussetzungen des § 70, eigene Fernsehgeräte nur in begründeten Ausnahmefällen zugelassen.

VV zu § 69

1 Der Anstaltsleiter kann anordnen, daß das Hörfunkgerät nur mit Kopfhörer betrieben und daß es während der Ruhezeit aus dem Haftraum entfernt wird.

2 (1) Ein Hörfunkgerät darf nur ausgehändigt werden, wenn feststeht, daß es den geltenden Bestimmungen und Auflagen entspricht und keine unzulässigen Gegenstände enthält. Die dazu erforderliche Überprüfung und etwa notwendige Änderungen werden durch die Anstalt auf Kosten des Gefangenen veranlaßt.

(2) Zur Verhinderung eines Mißbrauchs kann der Anstaltsleiter die Verplombung des Gerätes anordnen.

(3) Reparaturen sind nur durch Vermittlung der Anstalt zulässig.

3 Der Gefangene hat die notwendigen Anzeigen im Zusammenhang mit dem Betrieb des Hörfunkgerätes selbst vorzunehmen und für die Entrichtung der Hörfunkgebühr zu sorgen, sofern er nicht von der Gebührenpflicht befreit ist. Hierauf ist er hinzuweisen.

4 Der Gefangene darf das Hörfunkgerät ohne abweichende Erlaubnis nur in seinem Haftraum betreiben.

5 Die Kosten für die Beschaffung, die Überprüfung, eine notwendige Änderung, die Reparatur und den Betrieb des Hörfunkgerätes darf der Gefangene aus seinem Hausgeld, seinem Taschengeld und seinem Eigengeld bestreiten.

§ 70 Besitz von Gegenständen für die Freizeitbeschäftigung

(1) Der Gefangene darf in angemessenem Umfange Bücher und andere Gegenstände zur Fortbildung oder zur Freizeitbeschäftigung besitzen.

(2) Dies gilt nicht, wenn der Besitz, die Überlassung oder die Benutzung des Gegenstands

1. mit Strafe oder Geldbuße bedroht wäre oder
2. das Ziel des Vollzuges oder die Sicherheit oder Ordnung der Anstalt gefährden würde.

(3) Die Erlaubnis kann unter den Voraussetzungen des Absatzes 2 widerrufen werden.

Neunter Titel
Soziale Hilfe

§ 71 Grundsatz

Der Gefangene kann die soziale Hilfe der Anstalt in Anspruch nehmen, um seine persönlichen Schwierigkeiten zu lösen. Die Hilfe soll darauf gerichtet sein, den Gefangenen in die Lage zu versetzen, seine Angelegenheiten selbst zu ordnen und zu regeln.

§ 72 Hilfe bei der Aufnahme

(1) Bei der Aufnahme wird dem Gefangenen geholfen, die notwendigen Maßnahmen für hilfsbedürftige Angehörige zu veranlassen und seine Habe außerhalb der Anstalt sicherzustellen.

(2) Der Gefangene ist über die Aufrechterhaltung einer Sozialversicherung zu beraten.

§ 73 Hilfe während des Vollzuges

Der Gefangene wird in dem Bemühen unterstützt, seine Rechte und Pflichten wahrzunehmen, namentlich sein Wahlrecht auszuüben sowie für Unterhaltsberechtigte zu sorgen und einen durch seine Straftat verursachten Schaden zu regeln.

§ 74 Hilfe zur Entlassung

Um die Entlassung vorzubereiten, ist der Gefangene bei der Ordnung seiner persönlichen, wirtschaftlichen und sozialen Angelegenheiten zu beraten. Die Beratung erstreckt sich auch auf die Benennung der für Sozialleistungen zuständigen Stellen. Dem Gefangenen ist zu helfen, Arbeit, Unterkunft und persönlichen Beistand für die Zeit nach der Entlassung zu finden.

VV zu § 74

Wird der Gefangene bei der Entlassung einem Bewährungshelfer oder der Führungsaufsicht unterstellt, so hat die Anstalt unverzüglich mit den zuständigen Stellen Verbindung aufzunehmen, um die Betreuungsmaßnahmen für den Gefangenen abzustimmen.

§ 75 Entlassungsbeihilfe

(1) Der Gefangene erhält, soweit seine eigenen Mittel nicht ausreichen, von der Anstalt eine Beihilfe zu den Reisekosten sowie eine Überbrückungsbeihilfe und erforderlichenfalls ausreichende Kleidung.

(2) Bei der Bemessung der Höhe der Überbrückungsbeihilfe sind die Dauer des Freiheitsentzuges, der persönliche Arbeitseinsatz des Gefangenen und die Wirtschaftlichkeit seiner Verfügungen über Eigengeld und Hausgeld während der Strafzeit zu berücksichtigen. § 51 Abs. 2 Satz 2 und 3 gilt entsprechend. Die Überbrückungsbeihilfe kann ganz oder teilweise auch dem Unterhaltsberechtigten überwiesen werden.

(3) Der Anspruch auf Beihilfe zu den Reisekosten und die ausgezahlte Reisebeihilfe sind unpfändbar. Für den Anspruch auf Überbrückungsbeihilfe und für Bargeld nach Auszahlung einer Überbrückungsbeihilfe an den Gefangenen gilt § 51 Abs. 4 Satz 1 und 3, Abs. 5 entsprechend.

VV zu § 75

1 (1) Reisekosten sind die zum Erreichen des Entlassungszieles notwendigen Aufwendungen für die Fahrt.

(2) Die Höhe der Reisekosten bestimmt sich grundsätzlich nach dem Tarif für die billigste Wagenklasse des in Betracht kommenden öffentlichen Verkehrsmittels. Beim Entlassungsziel Berlin können in besonderen Ausnahmefällen die Kosten für eine Flugkarte aufgewendet werden.

(3) Dem Gefangenen ist möglichst ein Gutschein für eine Fahrkarte auszuhändigen.

2 Der Gefangene erhält auf Wunsch Reiseverpflegung, wenn er das Entlassungsziel erst nach mehr als vier Stunden erreichen kann.

3 Die Überbrückungsbeihilfe soll den Gefangenen in die Lage versetzen, ohne Inanspruchnahme fremder Hilfe seinen notwendigen Lebensunterhalt (Unterkunft, Verpflegung u. ä.) zu bestreiten, bis er ihn aus seiner Arbeit oder aus Zuwendungen auf Grund anderer gesetzlicher Bestimmungen (z. B. Arbeitsförderungsgesetz, Bundessozialhilfegesetz) decken kann. Bei der Bemessung soll von den Leistungen ausgegangen werden, die das Bundessozialhilfegesetz für vergleichbare Fälle vorsieht.

4 (1) Der Gefangene soll in eigener Kleidung entlassen werden. Die Bekleidungsstücke werden, soweit erforderlich, auf Kosten des Gefangenen, bei Mittellosigkeit auf Kosten der Anstalt, gereinigt und instandgesetzt.

(2) Entspricht die Kleidung nicht den billigerweise zu stellenden Anforderungen oder ist sie so mangelhaft, daß eine Herrichtung sich nicht lohnt, ist der Gefangene anzuhalten, sich rechtzeitig von seinen Angehörigen

oder Dritten ausreichende Bekleidungsstücke übersenden zu lassen oder sie durch Vermittlung der Anstalt aus eigenen Mitteln zu kaufen.

(3) Können Bekleidungsstücke auf diesem Wege nicht beschafft werden, werden sie von der Anstalt zur Verfügung gestellt.

5 Für die Ausstattung mit den zur Körperpflege notwendigen Gegenständen, mit Koffern u. ä. gilt Nr. 4 entsprechend.

Zehnter Titel
Besondere Vorschriften für den Frauenstrafvollzug

§ 76 Leistungen bei Schwangerschaft und Mutterschaft

(1) Bei einer Schwangeren oder einer Gefangenen, die unlängst entbunden hat, ist auf ihren Zustand Rücksicht zu nehmen. Die Vorschriften des Gesetzes zum Schutze der erwerbstätigen Mutter über die Gestaltung des Arbeitsplatzes sind entsprechend anzuwenden.

(2) Die Gefangene hat während der Schwangerschaft, bei und nach der Entbindung Anspruch auf ärztliche Betreuung und auf Hebammenhilfe in der Vollzugsanstalt. Zur ärztlichen Betreuung während der Schwangerschaft gehören insbesondere Untersuchungen zur Feststellung der Schwangerschaft sowie Vorsorgeuntersuchungen einschließlich der laborärztlichen Untersuchungen.

(3) Zur Entbindung ist die Schwangere in ein Krankenhaus außerhalb des Vollzuges zu bringen. Ist dies aus besonderen Gründen nicht angezeigt, so ist die Entbindung in einer Vollzugsanstalt mit Entbindungsabteilung vorzunehmen. Bei der Entbindung wird Hilfe durch eine Hebamme und, falls erforderlich, durch einen Arzt gewährt.

VV zu § 76

Die Verwaltungsvorschrift zu § 65 gilt entsprechend.

§ 77 Arznei-, Verband- und Heilmittel

Bei Schwangerschaftsbeschwerden und im Zusammenhang mit der Entbindung werden Arznei-, Verband- und Heilmittel geleistet.

§ 78 Art, Umfang und Ruhen der Leistungen bei Schwangerschaft und Mutterschaft

Die §§ 60, 61, 62a und 65 gelten für die Leistungen nach den §§ 76 und 77 entsprechend.

§ 79 Geburtsanzeige

In der Anzeige der Geburt an den Standesbeamten dürfen die Anstalt als Geburtsstätte des Kindes, das Verhältnis des Anzeigenden zur Anstalt und die Gefangenschaft der Mutter nicht vermerkt sein.

§ 80 Mütter mit Kindern

(1) Ist das Kind einer Gefangenen noch nicht schulpflichtig, so kann es mit Zustimmung des Inhabers des Aufenthaltsbestimmungsrechts in der Vollzugsanstalt untergebracht werden, in der sich seine Mutter befindet, wenn dies seinem Wohle entspricht. Vor der Unterbringung ist das Jugendamt zu hören.

(2) Die Unterbringung erfolgt auf Kosten des für das Kind Unterhaltspflichtigen. Von der Geltendmachung des Kostenersatzanspruchs kann abgesehen werden, wenn hierdurch die gemeinsame Unterbringung von Mutter und Kind gefährdet würde.

Elfter Titel
Sicherheit und Ordnung

§ 81 Grundsatz

(1) Das Verantwortungsbewußtsein des Gefangenen für ein geordnetes Zusammenleben in der Anstalt ist zu wecken und zu fördern.

(2) Die Pflichten und Beschränkungen, die dem Gefangenen zur Aufrechterhaltung der Sicherheit oder Ordnung der Anstalt auferlegt werden, sind so zu wählen, daß sie in einem angemessenen Verhältnis zu ihrem Zweck stehen und den Gefangenen nicht mehr und nicht länger als notwendig beeinträchtigen.

§ 82 Verhaltensvorschriften

(1) Der Gefangene hat sich nach der Tageseinteilung der Anstalt (Arbeitszeit, Freizeit, Ruhezeit) zu richten. Er darf durch sein Verhalten gegenüber Vollzugsbediensteten, Mitgefangenen und anderen Personen das geordnete Zusammenleben nicht stören.

(2) Der Gefangene hat die Anordnungen der Vollzugsbediensteten zu befolgen, auch wenn er sich durch sie beschwert fühlt. Einen ihm zugewiesenen Bereich darf er nicht ohne Erlaubnis verlassen.

(3) Seinen Haftraum und die ihm von der Anstalt überlassenen Sachen hat er in Ordnung zu halten und schonend zu behandeln.

(4) Der Gefangene hat Umstände, die eine Gefahr für das Leben oder eine erhebliche Gefahr für die Gesundheit einer Person bedeuten, unverzüglich zu melden.

§ 83 Persönlicher Gewahrsam. Eigengeld

(1) Der Gefangene darf nur Sachen in Gewahrsam haben oder annehmen, die ihm von der Vollzugsbehörde oder mit ihrer Zustim-

mung überlassen werden. Ohne Zustimmung darf er Sachen von geringem Wert von einem anderen Gefangenen annehmen; die Vollzugsbehörde kann Annahme und Gewahrsam auch dieser Sachen von ihrer Zustimmung abhängig machen.

(2) Eingebrachte Sachen, die der Gefangene nicht in Gewahrsam haben darf, sind für ihn aufzubewahren, sofern dies nach Art und Umfang möglich ist. Geld wird ihm als Eigengeld gutgeschrieben. Dem Gefangenen wird Gelegenheit gegeben, seine Sachen, die er während des Vollzuges und für seine Entlassung nicht benötigt, abzusenden oder über sein Eigengeld zu verfügen, soweit dieses nicht als Überbrückungsgeld notwendig ist.

(3) Weigert sich ein Gefangener, eingebrachtes Gut, dessen Aufbewahrung nach Art und Umfang nicht möglich ist, aus der Anstalt zu verbringen, so ist die Vollzugsbehörde berechtigt, diese Gegenstände auf Kosten des Gefangenen aus der Anstalt entfernen zu lassen.

(4) Aufzeichnungen und andere Gegenstände, die Kenntnisse über Sicherungsvorkehrungen der Anstalt vermitteln, dürfen von der Vollzugsbehörde vernichtet oder unbrauchbar gemacht werden.

VV zu § 83

1 Die zu verwahrenden Sachen sind in ein Verzeichnis einzutragen. Davon kann, außer bei Wertsachen und wichtigen Schriftstücken (z. B. Personalpapiere, Versicherungsunterlagen), abgesehen werden, wenn die Habe verschlossen verwahrt und der Verschluß nur in Gegenwart des Gefangenen oder eines weiteren Bediensteten geöffnet wird. Die verwahrten Sachen werden von Verwechslung, Verlust und Verderb geschützt. Wertsachen sind von den übrigen Sachen getrennt besonders sicher zu verwahren. Kleidungsstücke und Wäsche werden, soweit erforderlich, gereinigt und desinfiziert.

2 Eingebrachte Sachen, deren Aushändigung bei der Entlassung oder deren Absendung durch den Gefangenen nicht vertretbar erscheint (z. B. Waffen, Diebeswerkzeug), werden der zuständigen Behörde angezeigt. Trifft sie keine Verfügung, so werden die Sachen dem Gefangenen bei der Entlassung ausgehändigt oder zur Absendung freigegeben. § 83 Abs. 4 bleibt unberührt.

3 Eigengeld, das für einen Gefangenen zu einer bestimmten Verwendung eingezahlt wird, wird nicht als Überbrückungsgeld behandelt, wenn der Verwendungszweck der Eingliederung des Gefangenen dient. Ein Geldbetrag im Sinne des Absatzes 2 Satz 3 VV zu § 46 StVollzG wird bis zu dem für den Ersatzeinkauf festgesetzten Höchstbetrag ebenfalls nicht als Überbrückungsgeld behandelt.

§ 84 Durchsuchung

(1) Der Gefangene, seine Sachen und die Hafträume dürfen durchsucht werden. Bei der Durchsuchung männlicher Gefangener dürfen nur Männer, bei der Durchsuchung weiblicher Gefangener nur Frauen anwesend sein. Das Schamgefühl ist zu schonen.

(2) Nur bei Gefahr im Verzuge oder auf Anordung des Anstaltsleiters im Einzelfall ist es zulässig, eine mit einer Entkleidung verbundene körperliche Durchsuchung vorzunehmen. Sie muß in einem geschlossenen Raum durchgeführt werden. Andere Gefangene dürfen nicht anwesend sein.

(3) Der Anstaltsleiter kann allgemein anordnen, daß Gefangene bei der Aufnahme nach Absatz 2 und nach jeder Abwesenheit von der Anstalt zu durchsuchen sind.

VV zu § 84

1 (1) In geschlossenen Anstalten haben sich die Vollzugsbediensteten durch unvermutete Durchsuchungen laufend davon zu überzeugen, daß die Räume, die von den Gefangenen benutzt werden, und ihre Einrichtungsgegenstände unbeschädigt sind, daß nichts vorhanden ist, was die Sicherheit oder Ordnung gefährden könnte, vor allem, daß keine Vorbereitungen zu Angriffen oder Flucht getroffen werden. Diese Räume sind in kurzen Zeitabständen zu durchsuchen. Bei gefährlichen und fluchtverdächtigen Gefangenen kann eine tägliche Durchsuchung angeordnet werden. Türen, Tore, Gitter und Schlösser sind regelmäßig und besonders sorgfältig zu überprüfen.

(2) Gefährliche, fluchtverdächtige und solche Gefangene, bei denen die Gefahr des Selbstmordes oder der Selbstverletzung besteht, sind ebenso wie ihre Sachen häufiger zu durchsuchen.

2 Im offenen Vollzug sind die nach der Aufgabe der Anstalt notwendigen Maßnahmen zu treffen.

§ 85 Sichere Unterbringung

Ein Gefangener kann in eine Anstalt verlegt werden, die zu seiner sicheren Unterbringung besser geeignet ist, wenn in erhöhtem Maße Fluchtgefahr gegeben ist oder sonst sein Verhalten oder sein Zustand eine Gefahr für die Sicherheit oder Ordnung der Anstalt darstellt.

VV zu § 85

Die Verlegung bedarf der Zustimmung der Aufsichtsbehörde, wenn der Gefangene in eine nach dem Vollstreckungsplan nicht zuständige Anstalt verlegt werden soll.

§ 86 Erkennungsdienstliche Maßnahmen

(1) Zur Sicherung des Vollzuges sind als erkennungsdienstliche Maßnahmen zulässig

1. die Abnahme von Finger- und Handflächenabdrücken,
2. die Aufnahme von Lichtbildern,
3. die Feststellung äußerlicher körperlicher Merkmale,
4. Messungen.

(2) Die gewonnenen erkennungsdienstlichen Unterlagen werden zu den Gefangenenpersonalakten genommen. Sie können auch in kriminalpolizeilichen Sammlungen verwahrt werden.

(3) Personen, die aufgrund des Absatzes 1 erkennungsdienstlich behandelt worden sind, können nach der Entlassung aus dem Vollzug verlangen, daß die gewonnenen erkennungsdienstlichen Unterlagen vernichtet werden, sobald die Vollstreckung der richterlichen Entscheidung, die dem Vollzug zugrunde gelegen hat, abgeschlossen ist. Sie sind über dieses Recht spätestens bei der Entlassung zu belehren.

§ 87 Festnahmerecht

Ein Gefangener, der entwichen ist oder sich sonst ohne Erlaubnis außerhalb der Anstalt aufhält, kann durch die Vollzugsbehörde oder auf ihre Veranlassung hin festgenommen und in die Anstalt zurückgebracht werden.

VV zu § 87

(1) Entweicht ein Gefangener, ist er unverzüglich und nachdrücklich zu verfolgen. Reichen die Mittel, die der Anstalt zur Verfügung stehen, nicht aus, so ist die Hilfe der Polizei und gegebenenfalls anderer Stellen in Anspruch zu nehmen. Führt die unmittelbare Verfolgung oder die von der Anstalt veranlaßte Fahndung nicht alsbald zur Wiederergreifung, so sind weitere Maßnahmen der Vollstreckungsbehörde zu überlassen.

(2) Die Entweichung und die Maßnahmen, die zur Wiederergreifung des Entwichenen getroffen worden sind, zeigt der Anstaltsleiter unverzüglich – in der Regel fernmündlich voraus – der Aufsichtsbehörde an.

(3) Der Hergang der Entweichung ist festzustellen. Die Ermittlungen müssen sich darauf erstrecken, ob der Entwichene Helfer hatte und ob die Flucht auf pflichtwidriges Verhalten von Bediensteten oder auf Mängel von Anstaltseinrichtungen zurückzuführen ist. Der Anstaltsleiter berichtet der Aufsichtsbehörde schriftlich über das Ergebnis der Ermittlungen und die getroffenen Maßnahmen.

§ 88 Besondere Sicherungsmaßnahmen

(1) Gegen einen Gefangenen können besondere Sicherungsmaßnahmen angeordnet werden, wenn nach seinem Verhalten oder auf Grund seines seelischen Zustandes in erhöhtem Maße Fluchtgefahr oder die Gefahr von Gewalttätigkeiten gegen Personen oder Sachen oder die Gefahr des Selbstmordes oder der Selbstverletzung besteht.

(2) Als besondere Sicherungsmaßnahmen sind zulässig:
1. der Entzug oder die Vorenthaltung von Gegenständen,
2. die Beobachtung bei Nacht,
3. die Absonderung von anderen Gefangenen,
4. der Entzug oder die Beschränkung des Aufenthalts im Freien,
5. die Unterbringung in einem besonders gesicherten Haftraum ohne gefährdende Gegenstände und
6. die Fesselung.

(3) Maßnahmen nach Absatz 2 Nr. 1, 3 bis 5 sind auch zulässig, wenn die Gefahr einer Befreiung oder eine erhebliche Störung der

Anstaltsordnung anders nicht vermieden oder behoben werden kann.

(4) Bei einer Ausführung, Vorführung oder beim Transport ist die Fesselung auch dann zulässig, wenn aus anderen Gründen als denen des Absatzes 1 in erhöhtem Maße Fluchtgefahr besteht.

(5) Besondere Sicherungsmaßnahmen dürfen nur soweit aufrechterhalten werden, als es ihr Zweck erfordert.

VV zu § 88

(1) Mehrere besondere Sicherungsmaßnahmen können nebeneinander angeordnet werden, wenn die Gefahr anders nicht abgewendet werden kann.

(2) Es ist in angemessenen Abständen zu überprüfen, ob und in welchem Umfang die besonderen Sicherungsmaßnahmen aufrechterhalten werden müssen.

(3) Die Unterbringung in einem besonders gesicherten Haftraum und die Fesselung sind der Aufsichtsbehörde unverzüglich mitzuteilen, wenn sie länger als drei Tage aufrechterhalten werden.

§ 89 Einzelhaft

(1) Die unausgesetzte Absonderung eines Gefangenen (Einzelhaft) ist nur zulässig, wenn dies aus Gründen, die in der Person des Gefangenen liegen, unerläßlich ist.

(2) Einzelhaft von mehr als drei Monaten Gesamtdauer in einem Jahr bedarf der Zustimmung der Aufsichtsbehörde. Diese Frist wird nicht dadurch unterbrochen, daß der Gefangene am Gottesdienst oder an der Freistunde teilnimmt.

VV zu § 89

In den Fällen des Absatzes 2 ist der Aufsichtsbehörde so rechtzeitig zu berichten, daß eine Entscheidung vor Ablauf der Frist möglich ist.

§ 90 Fesselung

In der Regel dürfen Fesseln nur an den Händen oder an den Füßen angelegt werden. Im Interesse des Gefangenen kann der Anstaltsleiter eine andere Art der Fesselung anordnen. Die Fesselung wird zeitweise gelockert, soweit dies notwendig ist.

VV zu § 90

(1) Der gefesselte Gefangene wird während des Aufenthaltes im Freien von nicht gefesselten Gefangenen getrennt gehalten.

(2) Zur Einnahme der Mahlzeiten und zur Verrichtung der Notdurft werden Handfesseln, nötigenfalls nach Anlegen von Fußfesseln, abgenommen oder so gelockert, daß der Gefangene nicht behindert ist.

§ 91 Anordnung besonderer Sicherungsmaßnahmen

(1) Besondere Sicherungsmaßnahmen ordnet der Anstaltsleiter an. Bei Gefahr im Verzuge können auch andere Bedienstete der Anstalt

diese Maßnahmen vorläufig anordnen. Die Entscheidung des Anstaltsleiters ist unverzüglich einzuholen.

(2) Wird ein Gefangener ärztlich behandelt oder beobachtet oder bildet sein seelischer Zustand den Anlaß der Maßnahme, ist vorher der Arzt zu hören. Ist dies wegen Gefahr im Verzuge nicht möglich, wird seine Stellungnahme unverzüglich eingeholt.

§ 92 Ärztliche Überwachung

(1) Ist ein Gefangener in einem besonders gesicherten Haftraum untergebracht oder gefesselt (§ 88 Abs. 2 Nr. 5 und 6), so sucht ihn der Anstaltsarzt alsbald und in der Folge möglichst täglich auf. Dies gilt nicht bei einer Fesselung während einer Ausführung, Vorführung oder eines Transportes (§ 88 Abs. 4).

(2) Der Arzt ist regelmäßig zu hören, solange einem Gefangenen der tägliche Aufenthalt im Freien entzogen wird.

VV zu § 92

(1) Der Anstaltsarzt ist von der Fesselung eines Gefangenen innerhalb der Anstalt oder von der Unterbringung in einem besonders gesicherten Haftraum unverzüglich zu unterrichten.

(2) Ist der Arzt nicht anwesend, sucht ein im Sanitätsdienst erfahrener Bediensteter den Gefangenen auf.

(3) Jeder Besuch und der erhobene Befund sind zu vermerken.

§ 93 Ersatz von Aufwendungen

(1) Der Gefangene ist verpflichtet, der Vollzugsbehörde Aufwendungen zu ersetzen, die er durch eine vorsätzliche oder grob fahrlässige Selbstverletzung oder Verletzung eines anderen Gefangenen verursacht hat. Ansprüche aus sonstigen Rechtsvorschriften bleiben unberührt.

(2) Bei der Geltendmachung dieser Forderungen kann auch der den Mindestbetrag übersteigende Teil des Hausgeldes (§ 47) in Anspruch genommen werden.

(3) Für die in Absatz 1 genannten Forderungen ist der ordentliche Rechtsweg gegeben.

(4) Von der Aufrechnung oder Vollstreckung wegen der in Absatz 1 genannten Forderungen ist abzusehen, wenn hierdurch die Behandlung des Gefangenen oder seine Eingliederung behindert würde.

Abs. 2 wird durch besonderes Bundesgesetz in Kraft gesetzt; vom 1. Januar 1977 bis zu dessen Inkrafttreten gilt folgende Fassung:
„(2) Bei der Geltendmachung dieser Forderung kann auch ein dreißig Deutsche Mark übersteigender Teil des Hausgeldes (§ 47) in Anspruch genommen werden."
Vgl. § 198 Abs. 3, § 199 Abs. 2 Nr. 4.

VV zu § 93 (in der Fassung des § 199 Abs. 2 Nr. 4 StVollzG)

(1) Bestehen Zweifel an der Verantwortlichkeit des Gefangenen, ist hierzu eine Stellungnahme des Anstaltsarztes einzuholen. Dies gilt insbesondere bei Gefangenen, die sich eine Selbstverletzung zugefügt haben.

(2) Wird der Gefangene in eine andere Anstalt des Landes verlegt, ist dieser die Forderung zur weiteren Einziehung mitzuteilen. Wird der Gefangene in eine Anstalt eines anderen Landes verlegt, ist die aufnehmende Anstalt um die weitere Einziehung der Forderung im Wege der Amtshilfe zu ersuchen.

Zwölfter Titel
Unmittelbarer Zwang

§ 94 Allgemeine Voraussetzungen

(1) Bedienstete der Justizvollzugsanstalten dürfen unmittelbaren Zwang anwenden, wenn sie Vollzugs- und Sicherungsmaßnahmen rechtmäßig durchführen und der damit verfolgte Zweck auf keine andere Weise erreicht werden kann.

(2) Gegen andere Personen als Gefangene darf unmittelbarer Zwang angewendet werden, wenn sie es unternehmen, Gefangene zu befreien oder in den Anstaltsbereich widerrechtlich einzudringen, oder wenn sie sich unbefugt darin aufhalten.

(3) Das Recht zu unmittelbarem Zwang auf Grund anderer Regelungen bleibt unberührt.

VV zu § 94

(1) Den bei der Anwendung von unmittelbarem Zwang Verletzten ist Beistand zu leisten und ärztliche Hilfe zu verschaffen, sobald die Lage es zuläßt. Diese Verpflichtung geht den Pflichten nach den Absätzen 2 und 3 vor.

(2) Ist jemand durch Anwendung unmittelbaren Zwanges oder durch sonstige Gewaltanwendung getötet oder erheblich verletzt worden, so sind am Ort des Vorfalls nach Möglichkeit keine Veränderungen vorzunehmen. Das gleiche gilt bei jeder Verletzung, die durch den Gebrauch einer Schußwaffe in Anwendung unmittelbaren Zwanges oder bei sonstiger Gewaltanwendung verursacht worden ist.

(3) Jeder Fall der Anwendung unmittelbaren Zwanges ist dem Anstaltsleiter unverzüglich zu melden und aktenkundig zu machen. Über jeden Gebrauch von Waffen (§ 95 Abs. 4 StVollzG) ist der Aufsichtsbehörde zu berichten.

§ 95 Begriffsbestimmungen

(1) Unmittelbarer Zwang ist die Einwirkung auf Personen oder Sachen durch körperliche Gewalt, ihre Hilfsmittel und durch Waffen.

(2) Körperliche Gewalt ist jede unmittelbare körperliche Einwirkung auf Personen oder Sachen.

(3) Hilfsmittel der körperlichen Gewalt sind namentlich Fesseln.

(4) Waffen sind die dienstlich zugelassenen Hieb- und Schußwaffen sowie Reizstoffe.

§ 96 Grundsatz der Verhältnismäßigkeit

(1) Unter mehreren möglichen und geeigneten Maßnahmen des unmittelbaren Zwanges sind diejenigen zu wählen, die den Einzelnen und die Allgemeinheit voraussichtlich am wenigsten beeinträchtigen.

(2) Unmittelbarer Zwang unterbleibt, wenn ein durch ihn zu erwartender Schaden erkennbar außer Verhältnis zu dem angestrebten Erfolg steht.

VV zu § 96

Ist der Zweck einer Zwangsmaßnahme erreicht oder kann er nicht erreicht werden, so ist ihr Vollzug einzustellen.

§ 97 Handeln auf Anordnung

(1) Wird unmittelbarer Zwang von einem Vorgesetzten oder einer sonst befugten Person angeordnet, sind Vollzugsbedienstete verpflichtet, ihn anzuwenden, es sei denn, die Anordnung verletzt die Menschenwürde oder ist nicht zu dienstlichen Zwecken erteilt worden.

(2) Die Anordnung darf nicht befolgt werden, wenn dadurch eine Straftat begangen würde. Befolgt der Vollzugsbedienstete sie trotzdem, trifft ihn eine Schuld nur, wenn er erkennt oder wenn es nach den ihm bekannten Umständen offensichtlich ist, daß dadurch eine Straftat begangen wird.

(3) Bedenken gegen die Rechtmäßigkeit der Anordnung hat der Vollzugsbedienstete dem Anordnenden gegenüber vorzubringen, soweit das nach den Umständen möglich ist. Abweichende Vorschriften des allgemeinen Beamtenrechts über die Mitteilung solcher Bedenken an einen Vorgesetzten (§ 38 Abs. 2 und 3 des Beamtenrechtsrahmengesetzes) sind nicht anzuwenden.

VV zu § 97

1 (1) Werden mehrere Vollzugsbedienstete gemeinsam tätig, so ist nur der den Einsatz Leitende befugt, unmittelbaren Zwang anzuordnen oder einzuschränken. Ist ein den Einsatz leitender Bediensteter nicht bestimmt oder fällt er aus, ohne daß ein Vertreter bestellt ist, tritt der anwesende dienstranghöchste, bei gleichem Dienstrang der dienstältere und bei gleichem Dienstalter der der Geburt nach älteste Vollzugsbedienstete an seine Stelle. Ist dies in dringender Lage nicht sofort feststellbar, darf jeder der hiernach in Betracht kommenden Vollzugsbediensteten die Führung einstweilen übernehmen. Die Übernahme der Führung ist bekanntzugeben.

(2) Das Recht höherer Vorgesetzter, unmittelbaren Zwang anzuordnen oder einzuschränken, bleibt unberührt.

2 (1) Wer sich nicht am Ort des Geschehens befindet, darf eine Anordnung über unmittelbaren Zwang nur treffen, wenn er sich ein genaues Bild von den am Ort des Geschehens herrschenden Verhältnissen verschafft hat, so daß ein Irrtum über die Voraussetzungen nicht zu befürchten ist. Ändern sich zwischen der Anordnung und ihrer Ausführung die tatsächlichen Verhältnisse und kann der Anordnende vor der Ausführung nicht mehr verständigt werden, so entscheidet der örtlich leitende Bedienstete über die Anwendung unmittelbaren Zwanges. Der Anordnende ist unverzüglich zu verständigen.

(2) Der Gebrauch von Waffen darf nur am Ort des Geschehens angeordnet werden.

§ 98 Androhung

Unmittelbarer Zwang ist vorher anzudrohen. Die Androhung darf nur dann unterbleiben, wenn die Umstände sie nicht zulassen oder unmittelbarer Zwang sofort angewendet werden muß, um eine rechtswidrige Tat, die den Tatbestand eines Strafgesetzes erfüllt, zu verhindern oder eine gegenwärtige Gefahr abzuwenden.

§ 99 Allgemeine Vorschriften für den Schußwaffengebrauch

(1) Schußwaffen dürfen nur angewendet werden, wenn andere Maßnahmen des unmittelbaren Zwanges bereits erfolglos waren oder keinen Erfolg versprechen. Gegen Personen ist ihr Gebrauch nur zulässig, wenn der Zweck nicht durch Waffenwirkung gegen Sachen erreicht wird.

(2) Schußwaffen dürfen nur die dazu bestimmten Vollzugsbediensteten gebrauchen und nur, um angriffs- oder fluchtunfähig zu machen. Ihr Gebrauch unterbleibt, wenn dadurch erkennbar Unbeteiligte mit hoher Wahrscheinlichkeit gefährdet würden.

(3) Der Gebrauch von Schußwaffen ist vorher anzudrohen. Als Androhung gilt auch ein Warnschuß. Ohne Androhung dürfen Schußwaffen nur dann gebraucht werden, wenn das zur Abwehr einer gegenwärtigen Gefahr für Leib oder Leben erforderlich ist.

§ 100 Besondere Vorschriften für den Schußwaffengebrauch

(1) Gegen Gefangene dürfen Schußwaffen gebraucht werden,

1. wenn sie eine Waffe oder ein anderes gefährliches Werkzeug trotz wiederholter Aufforderung nicht ablegen,
2. wenn sie eine Meuterei (§ 121 des Strafgesetzbuches) unternehmen oder
3. um ihre Flucht zu vereiteln oder um sie wiederzuergreifen.

Um die Flucht aus einer offenen Anstalt zu vereiteln, dürfen keine Schußwaffen gebraucht werden.

(2) Gegen andere Personen dürfen Schußwaffen gebraucht werden, wenn sie es unternehmen, Gefangene gewaltsam zu befreien oder gewaltsam in eine Anstalt einzudringen.

VV zu § 100

Bei bestimmten Haftarten gelten für den Schußwaffengebrauch die besonderen Vorschriften des § 178 Abs. 3 und des § 185 StVollzG.

§ 101 Zwangsmaßnahmen auf dem Gebiet der Gesundheitsfürsorge

(1) Medizinische Untersuchung und Behandlung sowie Ernährung sind zwangsweise nur bei Lebensgefahr, bei schwerwiegender Gefahr für die Gesundheit des Gefangenen oder bei Gefahr für die Gesundheit anderer Personen zulässig; die Maßnahmen müssen für die Beteiligten zumutbar und dürfen nicht mit erheblicher Gefahr für Leben oder Gesundheit des Gefangenen verbunden sein. Zur Durchführung der Maßnahmen ist die Vollzugsbehörde nicht verpflichtet, solange von einer freien Willensbestimmung des Gefangenen ausgegangen werden kann.

(2) Zum Gesundheitsschutz und zur Hygiene ist die zwangsweise körperliche Untersuchung außer im Falle des Absatzes 1 zulässig, wenn sie nicht mit einem körperlichen Eingriff verbunden ist.

(3) Die Maßnahmen dürfen nur auf Anordnung und unter Leitung eines Arztes durchgeführt werden, unbeschadet der Leistung erster Hilfe für den Fall, daß ein Arzt nicht rechtzeitig erreichbar und mit einem Aufschub Lebensgefahr verbunden ist.

VV zu § 101

(1) Erklärungen des Gefangenen, die im Zusammenhang mit ärztlichen Zwangsmaßnahmen von Bedeutung sein können, sollen schriftlich festgehalten und von dem Gefangenen unterzeichnet werden. Verweigert der Gefangene seine Unterschrift, wird dies ebenfalls aktenkundig gemacht. Mündliche Willensbekundungen sollen in Gegenwart von Zeugen aufgenommen und in einem Vermerk festgehalten werden, der von dem oder den Zeugen zu unterzeichnen ist. Die schriftliche Erklärung oder der Vermerk über die mündliche Äußerung ist zu den Gesundheitsakten und zu den Gefangenenpersonalakten zu nehmen.

(2) Der Anstaltsarzt belehrt den Gefangenen in Anwesenheit eines Zeugen über die Notwendigkeit der ärztlichen Maßnahmen und die Möglichkeit einer zwangsweisen Behandlung sowie über die gesundheitlichen Folgen einer Nichtbehandlung. Die Belehrung ist aktenkundig zu machen.

(3) Ein Gefangener, der beharrlich die Aufnahme von Nahrung verweigert, wird ärztlich beobachtet.

Dreizehnter Titel
Disziplinarmaßnahmen

§ 102 Voraussetzungen

(1) Verstößt ein Gefangener schuldhaft gegen Pflichten, die ihm durch dieses Gesetz oder auf Grund dieses Gesetzes auferlegt sind, kann der Anstaltsleiter gegen ihn Disziplinarmaßnahmen anordnen.

(2) Von einer Disziplinarmaßnahme wird abgesehen, wenn es genügt, den Gefangenen zu verwarnen.

(3) Eine Disziplinarmaßnahme ist auch zulässig, wenn wegen derselben Verfehlung ein Straf- oder Bußgeldverfahren eingeleitet wird.

§ 103 Arten der Disziplinarmaßnahmen

(1) Die zulässigen Disziplinarmaßnahmen sind:

1. Verweis,
2. die Beschränkung oder der Entzug der Verfügung über das Hausgeld und des Einkaufs bis zu drei Monaten,
3. die Beschränkung oder der Entzug des Lesestoffs bis zu zwei Wochen sowie des Hörfunk- und Fernsehempfangs bis zu drei Monaten; der gleichzeitige Entzug jedoch nur bis zu zwei Wochen,
4. die Beschränkung oder der Entzug der Gegenstände für eine Beschäftigung in der Freizeit oder der Teilnahme an gemeinschaftlichen Veranstaltungen bis zu drei Monaten,
5. die getrennte Unterbringung während der Freizeit bis zu vier Wochen,
6. der Entzug des täglichen Aufenthalts im Freien bis zu einer Woche,
7. der Entzug der zugewiesenen Arbeit oder Beschäftigung bis zu vier Wochen unter Wegfall der in diesem Gesetz geregelten Bezüge,
8. die Beschränkung des Verkehrs mit Personen außerhalb der Anstalt auf dringende Fälle bis zu drei Monaten,
9. Arrest bis zu vier Wochen.

(2) Arrest darf nur wegen schwerer oder mehrfach wiederholter Verfehlungen verhängt werden.

(3) Mehrere Disziplinarmaßnahmen können miteinander verbunden werden.

(4) Die Maßnahmen nach Absatz 1 Nr. 3 bis 8 sollen möglichst nur angeordnet werden, wenn die Verfehlung mit den zu beschränkenden oder zu entziehenden Befugnissen im Zusammenhang steht. Dies gilt nicht bei einer Verbindung mit Arrest.

§ 104 Vollzug der Disziplinarmaßnahmen. Aussetzung zur Bewährung

(1) Disziplinarmaßnahmen werden in der Regel sofort vollstreckt.

(2) Eine Disziplinarmaßnahme kann ganz oder teilweise bis zu sechs Monaten zur Bewährung ausgesetzt werden.

(3) Wird die Verfügung über das Hausgeld beschränkt oder entzogen, ist das in dieser Zeit anfallende Hausgeld dem Überbrückungsgeld hinzuzurechnen.

(4) Wird der Verkehr des Gefangenen mit Personen außerhalb der Anstalt eingeschränkt, ist ihm Gelegenheit zu geben, dies einer Person, mit der er im Schriftwechsel steht oder die ihn zu besuchen pflegt, mitzuteilen. Der Schriftwechsel mit den in § 29 Abs. 1 und 2 genannten Empfängern, mit Gerichten und Justizbehörden in der Bundesrepublik sowie mit Rechtsanwälten und Notaren in einer den Gefangenen betreffenden Rechtssache bleibt unbeschränkt.

(5) Arrest wird in Einzelhaft vollzogen. Der Gefangene kann in einem besonderen Arrestraum untergebracht werden, der den Anforderungen entsprechen muß, die an einen zum Aufenthalt bei Tag und Nacht bestimmten Haftraum gestellt werden. Soweit nichts anderes angeordnet wird, ruhen die Befugnisse des Gefangenen aus den §§ 19, 20, 22, 37, 38, 68 bis 70.

VV zu § 104

(1) Die Bewährungszeit (§ 104 Abs. 2) kann vor ihrem Ablauf verkürzt oder bis zur zulässigen Höchstfrist verlängert werden.

(2) Die Aussetzung zur Bewährung kann ganz oder teilweise widerrufen werden, wenn der Gefangene die ihr zugrundeliegenden Erwartungen nicht erfüllt.

(3) Wird die Aussetzung zur Bewährung nicht widerrufen, darf die Disziplinarmaßnahme nach Ablauf der Bewährungsfrist nicht mehr vollstreckt werden.

§ 105 Disziplinarbefugnis

(1) Disziplinarmaßnahmen ordnet der Anstaltsleiter an. Bei einer Verfehlung auf dem Wege in eine andere Anstalt zum Zwecke der Verlegung ist der Leiter der Bestimmungsanstalt zuständig.

(2) Die Aufsichtsbehörde entscheidet, wenn sich die Verfehlung des Gefangenen gegen den Anstaltsleiter richtet.

(3) Disziplinarmaßnahmen, die gegen einen Gefangenen in einer anderen Vollzugsanstalt oder während einer Untersuchungshaft angeordnet worden sind, werden auf Ersuchen vollstreckt. § 104 Abs. 2 bleibt unberührt.

VV zu § 105

Für die Verhängung einer Disziplinarmaßnahme ist der Leiter der Anstalt zuständig, der der Gefangene zur Zeit der Verfehlung angehört. Für die nachfolgenden Entscheidungen ist der Leiter der Anstalt zuständig, in der der Gefangene sich zu diesem Zeitpunkt aufhält.

§ 106 Verfahren

(1) Der Sachverhalt ist zu klären. Der Gefangene wird gehört. Die Erhebungen werden in einer Niederschrift festgelegt; die Einlassung des Gefangenen wird vermerkt.

(2) Bei schweren Verstößen soll der Anstaltsleiter sich vor der Entscheidung in einer Konferenz mit Personen besprechen, die bei der Behandlung des Gefangenen mitwirken. Vor der Anordnung einer Disziplinarmaßnahme gegen einen Gefangenen, der sich in ärztlicher Behandlung befindet, oder gegen eine Schwangere oder eine stillende Mutter ist der Anstaltsarzt zu hören.

(3) Die Entscheidung wird dem Gefangenen vom Anstaltsleiter mündlich eröffnet und mit einer kurzen Begründung schriftlich abgefaßt.

VV zu § 106

1 (1) Der Gefangene wird darüber unterrichtet, welche Verfehlung ihm zur Last gelegt wird.

(2) Es sind sowohl die belastenden als auch die entlastenden Umstände zu ermitteln. Die Ermittlungen erstrecken sich erforderlichenfalls auch auf die Frage der Verantwortlichkeit des Gefangenen; insoweit ist der Anstaltsarzt zu hören.

(3) Vor der Entscheidung über eine Disziplinarmaßnahme erhält der Gefangene Gelegenheit, sich zu dem Ergebnis der Ermittlungen zu äußern.

2 Mehrere Verfehlungen eines Gefangenen, die gleichzeitig zu beurteilen sind, werden durch eine Entscheidung geahndet.

3 Der Anstaltsleiter kann mit der Durchführung der Ermittlungen und der Anhörung des Gefangenen einen anderen Bediensteten beauftragen, jedoch nicht den, gegen den sich die Verfehlung richtet.

§ 107 Mitwirkung des Arztes

(1) Bevor der Arrest vollzogen wird, ist der Arzt zu hören. Während des Arrestes steht der Gefangene unter ärztlicher Aufsicht.

(2) Der Vollzug des Arrestes unterbleibt oder wird unterbrochen, wenn die Gesundheit des Gefangenen gefährdet würde.

VV zu § 107

Das Ergebnis der ärztlichen Beurteilung ist aktenkundig zu machen.

Vierzehnter Titel
Rechtsbehelfe

§ 108 Beschwerderecht

(1) Der Gefangene erhält Gelegenheit, sich mit Wünschen, Anregungen und Beschwerden in Angelegenheiten, die ihn selbst betreffen, an den Anstaltsleiter zu wenden. Regelmäßige Sprechstunden sind einzurichten.

(2) Besichtigt ein Vertreter der Aufsichtsbehörde die Anstalt, so ist zu gewährleisten, daß ein Gefangener sich in Angelegenheiten, die ihn selbst betreffen, an ihn wenden kann.

(3) Die Möglichkeit der Dienstaufsichtsbeschwerde bleibt unberührt.

VV zu § 108

1 (1) Der Gefangene kann sich jederzeit schriftlich an den Anstaltsleiter wenden.

(2) Sprechstunden von angemessener Dauer sind mindestens einmal wöchentlich einzurichten. Das Nähere regelt die Hausordnung.

(3) Dem Vertreter der Aufsichtsbehörde ist bei Besichtigungen (VV zu § 151 Nr. 1 Abs. 2) unaufgefordert eine Liste der Gefangenen vorzulegen, die sich für eine Anhörung nach § 108 Abs. 2 haben vormerken lassen.

2 (1) Eingaben, Beschwerden und Dienstaufsichtbeschwerden, die nach Form oder Inhalt nicht den im Verkehr mit Behörden üblichen Anforderungen entsprechen oder bloße Wiederholungen enthalten, brauchen nicht beschieden zu werden. Der Gefangene ist entsprechend zu unterrichten. Eine Überprüfung des Vorbringens von Amts wegen bleibt unberührt.

(2) Dienstaufsichtsbeschwerden gegen Anordnungen und Maßnahmen des Anstaltsleiters, denen nicht abgeholfen wird, sind unverzüglich der Aufsichtsbehörde vorzulegen.

3 Beschwerden, die an eine offenbar unzuständige oder nicht ohne weiteres zuständige Vollzugsbehörde gerichtet sind, leitet der Anstaltsleiter an die zuständige Vollzugsbehörde weiter.

§ 109 Antrag auf gerichtliche Entscheidung

(1) Gegen eine Maßnahme zur Regelung einzelner Angelegenheiten auf dem Gebiete des Strafvollzuges kann gerichtliche Entscheidung beantragt werden. Mit dem Antrag kann auch die Verpflichtung zum Erlaß einer abgelehnten oder unterlassenen Maßnahme begehrt werden.

(2) Der Antrag auf gerichtliche Entscheidung ist nur zulässig, wenn der Antragsteller geltend macht, durch die Maßnahme oder ihre Ablehnung oder Unterlassung in seinen Rechten verletzt zu sein.

(3) Das Landesrecht kann vorsehen, daß der Antrag erst nach vorausgegangenem Verwaltungsvorverfahren gestellt werden kann.

Zu Abs. 3:
Nordrhein-Westfalen: Vorschaltverfahrensgesetz v. 20. 2. 1979 (GVNW. S. 40).

§ 110 Zuständigkeit

Über den Antrag entscheidet die Strafvollstreckungskammer, in deren Bezirk die beteiligte Vollzugsbehörde ihren Sitz hat. Durch die Entscheidung in einem Verwaltungsvorverfahren nach § 109 Abs. 3 ändert sich die Zuständigkeit der Strafvollstreckungskammer nicht.

§ 111 Beteiligte

(1) Beteiligte des gerichtlichen Verfahrens sind

1. der Antragsteller,
2. die Vollzugsbehörde, die die angefochtene Maßnahme angeordnet oder die beantragte abgelehnt oder unterlassen hat.

(2) In dem Verfahren vor dem Oberlandesgericht oder dem Bundesgerichtshof ist Beteiligte nach Absatz 1 Nr. 2 die zuständige Aufsichtsbehörde.

§ 112 Antragsfrist. Wiedereinsetzung

(1) Der Antrag muß binnen zwei Wochen nach Zustellung oder schriftlicher Bekanntgabe der Maßnahme oder ihrer Ablehnung schriftlich oder zur Niederschrift der Geschäftsstelle des Gerichts gestellt werden. Soweit ein Verwaltungsvorverfahren (§ 109 Abs. 3) durchzuführen ist, beginnt die Frist mit der Zustellung oder schriftlichen Bekanntgabe des Widerspruchsbescheides.

(2) War der Antragsteller ohne Verschulden verhindert, die Frist einzuhalten, so ist ihm auf Antrag Wiedereinsetzung in den vorigen Stand zu gewähren.

(3) Der Antrag auf Wiedereinsetzung ist binnen zwei Wochen nach Wegfall des Hindernisses zu stellen. Die Tatsachen zur Begründung des Antrags sind bei der Antragstellung oder im Verfahren über den Antrag glaubhaft zu machen. Innerhalb der Antragsfrist ist die versäumte Rechtshandlung nachzuholen. Ist dies geschehen, so kann die Wiedereinsetzung auch ohne Antrag gewährt werden.

(4) Nach einem Jahr seit dem Ende der versäumten Frist ist der Antrag auf Wiedereinsetzung unzulässig, außer wenn der Antrag vor Ablauf der Jahresfrist infolge höherer Gewalt unmöglich war.

§ 113 Vornahmeantrag

(1) Wendet sich der Antragsteller gegen das Unterlassen einer Maßnahme, kann der Antrag auf gerichtliche Entscheidung nicht vor Ablauf von drei Monaten seit dem Antrag auf Vornahme der Maßnahme gestellt werden, es sei denn, daß eine frühere Anrufung des Gerichts wegen besonderer Umstände des Falles geboten ist.

(2) Liegt ein zureichender Grund dafür vor, daß die beantragte Maßnahme noch nicht erlassen ist, so setzt das Gericht das Verfahren bis zum Ablauf einer von ihm bestimmten Frist aus. Die Frist kann verlängert werden. Wird die beantragte Maßnahme in der

gesetzten Frist erlassen, so ist der Rechtsstreit in der Hauptsache erledigt.

(3) Der Antrag nach Absatz 1 ist nur bis zum Ablauf eines Jahres seit der Stellung des Antrags auf Vornahme der Maßnahme zulässig, außer wenn die Antragstellung vor Ablauf der Jahresfrist infolge höherer Gewalt unmöglich war oder unter den besonderen Verhältnissen des Einzelfalles unterblieben ist.

§ 114 Aussetzung der Maßnahme

(1) Der Antrag auf gerichtliche Entscheidung hat keine aufschiebende Wirkung.

(2) Das Gericht kann den Vollzug der angefochtenen Maßnahme aussetzen, wenn die Gefahr besteht, daß die Verwirklichung eines Rechts des Antragstellers vereitelt oder wesentlich erschwert wird und ein höher zu bewertendes Interesse an dem sofortigen Vollzug nicht entgegensteht. Das Gericht kann auch eine einstweilige Anordnung erlassen; § 123 Abs. 1 der Verwaltungsgerichtsordnung ist entsprechend anzuwenden. Die Entscheidungen sind nicht anfechtbar; sie können vom Gericht jederzeit geändert oder aufgehoben werden.

(3) Der Antrag auf eine Entscheidung nach Absatz 2 ist schon vor Stellung des Antrags auf gerichtliche Entscheidung zulässig.

§ 115 Gerichtliche Entscheidung

(1) Das Gericht entscheidet ohne mündliche Verhandlung durch Beschluß.

(2) Soweit die Maßnahme rechtswidrig und der Antragsteller dadurch in seinen Rechten verletzt ist, hebt das Gericht die Maßnahme und, soweit ein Verwaltungsvorverfahren vorhergegangen ist, den Widerspruchsbescheid auf. Ist die Maßnahme schon vollzogen, kann das Gericht auch aussprechen, daß und wie die Vollzugsbehörde die Vollziehung rückgängig zu machen hat, soweit die Sache spruchreif ist.

(3) Hat sich die Maßnahme vorher durch Zurücknahme oder anders erledigt, spricht das Gericht auf Antrag auf, daß die Maßnahme rechtswidrig gewesen ist, wenn der Antragsteller ein berechtigtes Interesse an dieser Feststellung hat.

(4) Soweit die Ablehnnung oder Unterlassung der Maßnahme rechtswidrig und der Antragsteller dadurch in seinen Rechten verletzt ist, spricht das Gericht die Verpflichtung der Vollzugsbehörde aus, die beantragte Amtshandlung vorzunehmen, wenn die Sache spruchreif ist. Andernfalls spricht es die Verpflichtung aus, den Antragsteller unter Beachtung der Rechtsauffassung des Gerichts zu bescheiden.

(5) Soweit die Vollzugsbehörde ermächtigt ist, nach ihrem Ermessen zu handeln, prüft das Gericht auch, ob die Maßnahme oder ihre Ablehnung oder Unterlassung rechtswidrig ist, weil die gesetzlichen Grenzen des Ermessens überschritten sind oder von dem Ermessen in einer dem Zweck der Ermächtigung nicht entsprechenden Weise Gebrauch gemacht ist.

§ 116 Rechtsbeschwerde

(1) Gegen die gerichtliche Entscheidung der Strafvollstreckungskammer ist die Rechtsbeschwerde zulässig, wenn es geboten ist, die Nachprüfung zur Fortbildung des Rechts oder zur Sicherung einer einheitlichen Rechtsprechung zu ermöglichen.

(2) Die Rechtsbeschwerde kann nur darauf gestützt werden, daß die Entscheidung auf einer Verletzung des Gesetzes beruhe. Das Gesetz ist verletzt, wenn eine Rechtsnorm nicht oder nicht richtig angewendet worden ist.

(3) Die Rechtsbeschwerde hat keine aufschiebende Wirkung. § 114 Abs. 2 gilt entsprechend.

(4) Für die Rechtsbeschwerde gelten die Vorschriften der Strafprozeßordnung über die Beschwerde entsprechend, soweit dieses Gesetz nichts anderes bestimmt.

§ 117 Zuständigkeit für die Rechtsbeschwerde

Über die Rechtsbeschwerde entscheidet ein Strafsenat des Oberlandesgerichts, in dessen Bezirk die Strafvollstreckungskammer ihren Sitz hat.

§ 118 Form. Frist. Begründung

(1) Die Rechtsbeschwerde muß bei dem Gericht, dessen Entscheidung angefochten wird, binnen eines Monats nach Zustellung der gerichtlichen Entscheidung eingelegt werden. In dieser Frist ist außerdem die Erklärung abzugeben, inwieweit die Entscheidung angefochten und ihre Aufhebung beantragt wird. Die Anträge sind zu begründen.

(2) Aus der Begründung muß hervorgehen, ob die Entscheidung wegen Veletzung einer Rechtsnorm über das Verfahren oder wegen Verletzung einer anderen Rechtsnorm angefochten wird. Ersterenfalls müssen die den Mangel enthaltenen Tatsachen angegeben werden.

(3) Der Antragsteller als Beschwerdeführer kann dies nur in einer von einem Rechtsanwalt unterzeichneten Schrift oder zur Niederschrift der Geschäftsstelle tun.

§ 119 Entscheidung über die Rechtsbeschwerde

(1) Der Strafsenat entscheidet ohne mündliche Verhandlung durch Beschluß.

(2) Seiner Prüfung unterliegen nur die Beschwerdeanträge und, soweit die Rechtsbeschwerde auf Mängel des Verfahrens gestützt wird, nur die Tatsachen, die in der Begründung der Rechtsbeschwerde bezeichnet worden sind.

(3) Der Beschluß, durch den die Beschwerde verworfen wird, bedarf keiner Begründung, wenn der Strafsenat die Beschwerde einstimmig für unzulässig oder für offensichtlich unbegründet erachtet.

(4) Soweit die Rechtsbeschwerde für begründet erachtet wird, ist die angefochtene Entscheidung aufzuheben. Der Strafsenat kann an Stelle der Strafvollstreckungskammer entscheiden, wenn die Sache spruchreif ist. Sonst ist die Sache zur neuen Entscheidung an die Strafvollstreckungskammer zurückzuverweisen.

(5) Die Entscheidung des Strafsenats ist endgültig.

§ 120 Entsprechende Anwendung anderer Vorschriften

(1) Soweit sich aus diesem Gesetz nichts anderes ergibt, sind die Vorschriften der Strafprozeßordnung entsprechend anzuwenden.

(2) Auf die Bewilligung der Prozeßkostenhilfe sind die Vorschriften der Zivilprozeßordnung entsprechend anzuwenden.

§ 121 Kosten des Verfahrens

(1) In der das Verfahren abschließenden Entscheidung ist zu bestimmen, von wem die Kosten des Verfahrens und die notwendigen Auslagen zu tragen sind.

(2) Soweit der Antragsteller unterliegt oder seinen Antrag zurücknimmt, trägt er die Kosten des Verfahrens und die notwendigen Auslagen. Hat sich die Maßnahme vor einer Entscheidung nach Absatz 1 in anderer Weise als durch Zurücknahme des Antrags erledigt, so entscheidet das Gericht über die Kosten des Verfahrens und die notwendigen Auslagen nach billigem Ermessen.

(3) Absatz 2 Satz 2 gilt nicht im Falle des § 115 Abs. 3.

(4) Im übrigen gelten die §§ 464 bis 473 der Strafprozeßordnung entsprechend.

(5) Für die Kosten des Verfahrens nach den §§ 109 ff. kann auch ein dreißig Deutsche Mark übersteigender Teil des Hausgeldes (§ 47) in Anspruch genommen werden.

Fünfzehnter Titel
Strafvollstreckung und Untersuchungshaft

§ 122

(1) Wird Untersuchungshaft zum Zwecke der Strafvollstreckung unterbrochen oder wird gegen einen Strafgefangenen in anderer Sache Untersuchungshaft angeordnet, so unterliegt der Gefangene abweichend von § 4 Abs. 2 auch denjenigen Beschränkungen seiner Freiheit, die der Zweck der Untersuchungshaft erfordert. Die notwendigen Maßnahmen ordnet der nach § 126 der Strafprozeßordnung zuständige Richter an. § 119 Abs. 6 Satz 2 und 3 der Strafprozeßordnung gilt entsprechend.

(2) § 148 Abs. 2, § 148a der Strafprozeßordnung sind anzuwenden.

Sechzehnter Titel
Sozialtherapeutische Anstalten

§ 123 Sozialtherapeutische Anstalten und Abteilungen

(1) Für den Vollzug nach § 9 sind von den übrigen Vollzugsanstalten getrennte sozialtherapeutische Anstalten vorzusehen.

(2) Aus besonderen Gründen können auch sozialtherapeutische Abteilungen in anderen Vollzugsanstalten eingerichtet werden. Für diese Abteilungen gelten die Vorschriften über die sozialtherapeutische Anstalt entsprechend.

§ 124 Urlaub zur Vorbereitung der Entlassung

(1) Der Anstaltsleiter kann dem Gefangenen zur Vorbereitung der Entlassung Sonderurlaub bis zu sechs Monaten gewähren. § 11 Abs. 2 und § 13 Abs. 5 gelten entsprechend.

(2) Dem Beurlaubten sollen für den Urlaub Weisungen erteilt werden. Er kann insbesondere angewiesen werden, sich einer von der Anstalt bestimmten Betreuungsperson zu unterstellen und jeweils für kurze Zeit in die Anstalt zurückzukehren.

(3) § 14 Abs. 2 gilt entsprechend. Der Urlaub wird widerrufen, wenn dies, für die Behandlung des Gefangenen notwendig ist.

§ 125 Aufnahme auf freiwilliger Grundlage

(1) Ein früherer Gefangener kann auf seinen Antrag vorübergehend wieder in die sozialtherapeutische Anstalt aufgenommen werden, wenn das Ziel seiner Behandlung gefährdet und ein Aufenthalt in der Anstalt aus diesem Grunde gerechtfertigt ist. Die Aufnahme ist jederzeit widerruflich.

(2) Gegen den Aufgenommenen dürfen Maßnahmen des Vollzuges nicht mit unmittelbarem Zwang durchgesetzt werden.

(3) Auf seinen Antrag ist der Aufgenommene unverzüglich zu entlassen.

VV zu § 125

1 (1) Der Aufgenommene wird in einem besonderen Raum untergebracht. In Ausnahmefällen kann er mit seinem Einverständnis in der Gruppe untergebracht werden, der er früher angehört hat.

(2) Die Dauer des Aufenthaltes richtet sich nach den Behandlungsbedürfnissen.

2 Im Falle der Aufnahme auf freiwilliger Grundlage gilt § 10 der Justizverwaltungskostenordnung entsprechend.

3 Der auf freiwilliger Grundlage Untergebrachte erhält die in der sozialtherapeutischen Anstalt mögliche ärztliche Behandlung.

§ 126 Nachgehende Betreuung

Die Zahl der Fachkräfte für die sozialtherapeutische Anstalt ist so zu bemessen, daß auch eine nachgehende Betreuung der Gefangenen gewährleistet ist, soweit diese anderweitig nicht sichergestellt werden kann.

Dritter Abschnitt

Besondere Vorschriften über den Vollzug der freiheitsentziehenden Maßregeln der Besserung und Sicherung

---

Regelungen der Länder:

Baden-Württemberg: § 15 des Unterbringungsgesetzes i. d. F. v. 2. 12. 1991 (GBl. S. 794)

Bayern: Art. 28 des Unterbringungsgesetzes i. d. F. v. 5. 4. 1992 (GVBl. S. 60, 851)

Bremen: Maßregelvollzugsgesetz v. 28. 6. 1983 (Brem. GBl. S. 407)

Hamburg: Hamburgisches Maßregelvollzugsgesetz v. 14. 6. 1989 (Hmb. GVBl. S. 99) mit Änderungen: G. v. 1. 7. 1993 (Hmb. GVBl. S. 149)

Hessen: Maßregelvollzugsgesetz v. 3. 12. 1981 (GVBl. I S. 414, 440)

Niedersachsen: Niedersächsisches Maßregelvollzugsgesetz v. 1. 6. 1982 (Nds. GVBl. S. 131) mit Änderungen: G. v. 17. 12. 1991 (Nds. GVBl. S. 367)

Nordrhein-Westfalen: Maßregelvollzugsgesetz v. 18. 12. 1984 (GV. NW 1985 S. 14) mit Änderungen: G. v. 29. 4. 1992 (GV. NW S. 174)

Rheinland-Pfalz: Maßregelvollzugsgesetz v. 23. 9. 1986 (GVBl. S. 223) mit Änderungen: G. v. 28. 11. 1986 (GVBl. S. 342)

Saarland: Maßregelvollzugsgesetz v. 29. 11. 1989 (Amtsbl. 1990 S. 81, 334) mit Änderungen: G. v. 15. 7. 1992 (Amtsbl. S. 838)

Sachsen-Anhalt: Maßregelvollzugsgesetz v. 9. 10. 1992 (GVBl. LSA S. 736)

Erster Titel
Sicherungsverwahrung

§ 129 Ziel der Unterbringung

Der Sicherungsverwahrte wird zum Schutz der Allgemeinheit sicher untergebracht. Ihm soll geholfen werden, sich in das Leben in Freiheit einzugliedern.

§ 130 Anwendung anderer Vorschriften

Für die Sicherungsverwahrung gelten die Vorschriften über den Vollzug der Freiheitsstrafe (§§ 3 bis 126) entsprechend, soweit im folgenden nichts anderes bestimmt ist.

VV zu § 130

Lockerungen des Vollzuges und Urlaub sind bei Sicherungsverwahrten unbeschadet des § 134 StVollzG zulässig wie bei Strafgefangenen, gegen die eine freiheitsentziehende Maßregel der Besserung und Sicherung angeordnet ist.

§ 131 Ausstattung

Die Ausstattung der Sicherungsanstalten, namentlich der Hafträume, und besondere Maßnahmen zur Förderung und Betreuung sollen dem Untergebrachten helfen, sein Leben in der Anstalt sinnvoll zu gestalten, und ihn vor Schäden eines langen Freiheitsentzuges bewahren. Seinen persönlichen Bedürfnissen ist nach Möglichkeit Rechnung zu tragen.

VV zu § 131

1 Die Gesamtdauer des Besuches beträgt mindestens zwei Stunden im Monat.

2 An arbeitsfreien Tagen soll dem Sicherungsverwahrten ermöglicht werden, sich mindestens zwei Stunden im Freien aufzuhalten.

3 Soweit die Unterbringung in abgeschlossenen Wohngruppen erfolgt, bleiben die Hafträume auf Wunsch des (der) darin untergebrachten Sicherungsverwahrten während der Freizeit zeitweise geöffnet, es sei denn, der Anstaltsleiter trifft aus Gründen der Sicherheit oder Ordnung für bestimmte Zeiträume oder einzelne Untergebrachte eine abweichende Entscheidung.

4 Für Sicherungsverwahrte erhöht sich der in Nr. 1 Abs. 2 Satz 1 der VV zu § 22 festgesetzte Betrag auf den zehnfachen Tagessatz der Eckvergütung (§ 43 Abs. 1 StVollzG).

5 Dem Sicherungsverwahrten kann über die für Strafgefangene zugelassenen Pakete hinaus der Empfang weiterer Pakete gestattet werden. Das Gewicht kann begrenzt werden. Im übrigen gelten die VV zu § 33.

§ 132 Kleidung

Der Untergebrachte darf eigene Kleidung, Wäsche und eigenes Bettzeug benutzen, wenn Gründe der Sicherheit nicht entgegenstehen und der Untergebrachte für Reinigung, Instandsetzung und regelmäßigen Wechsel auf eigene Kosten sorgt.

§ 133 Selbstbeschäftigung, Taschengeld

(1) Dem Untergebrachten wird gestattet, sich gegen Entgelt selbst zu beschäftigen, wenn dies dem Ziel dient, Fähigkeiten für eine Erwerbstätigkeit nach der Entlassung zu vermitteln, zu erhalten oder zu fördern.

(2) Das Taschengeld (§ 46) darf dreißig Deutsche Mark im Monat nicht unterschreiten.

VV zu § 133

Das Taschengeld des Sicherungsverwahrten beträgt 40 v. H. der Eckvergütung (§ 43 Abs. 1 StVollzG).

§ 134 Entlassungvorbereitung

Um die Entlassung zu erproben und vorzubereiten, kann der Vollzug gelockert und Sonderurlaub bis zu einem Monat gewährt werden. Bei Untergebrachten in einer sozialtherapeutischen Anstalt bleibt § 124 unberührt.

VV zu § 134

(1) Der Zeitpunkt des Beginns der Erprobung der Entlassung und der Zeitpunkt des Beginns der Vorbereitung der Entlassung richten sich nach den Umständen des Einzelfalles.

(2) Zur Vorbereitung der Entlassung kommt auch eine Verlegung in eine Anstalt oder eine Abteilung des offenen Vollzuges in Betracht.

(3) Die Strafvollstreckungskammer ist vor der beabsichtigten Maßnahme zu hören.

§ 135 Sicherungsverwahrung in Frauenanstalten

Die Sicherungsverwahrung einer Frau kann auch in einer für den Vollzug der Freiheitsstrafe bestimmten Frauenanstalt durchgeführt werden, wenn diese Anstalt für die Sicherungsverwahrung eingerichtet ist.

Zweiter Titel
Unterbringung in einem psychiatrischen Krankenhaus und in einer Entziehungsanstalt

§ 136 Unterbringung in einem psychiatrischen Krankenhaus

Die Behandlung des Untergebrachten in einem psychiatrischen Krankenhaus richtet sich nach ärztlichen Gesichtspunkten. Soweit möglich, soll er geheilt oder sein Zustand soweit gebessert werden, daß er nicht mehr gefährlich ist. Ihm wird die nötige Aufsicht, Betreuung und Pflege zuteil.

§ 137 Unterbringung in einer Entziehungsanstalt

Ziel der Behandlung des Untergebrachten in einer Entziehungsanstalt ist es, ihn von seinem Hang zu heilen und die zugrunde liegende Fehlhaltung zu beheben.

§ 138 Anwendung anderer Vorschriften

(1) Die Unterbringung in einem psychiatrischen Krankenhaus oder in einer Entziehungsanstalt richtet sich nach Landesrecht, soweit Bundesgesetze nichts anderes bestimmen.

(2) Für die Unterbringung gelten § 51 Abs. 4 und 5, § 75 Abs. 3 und die §§ 109 bis 121 entsprechend.

Vierter Abschnitt
Vollzugsbehörden

Erster Titel
Arten und Einrichtung der Justizvollzugsanstalten

§ 139 Justizvollzugsanstalten

Die Freiheitsstrafe sowie die Unterbringung in der Sicherungsverwahrung werden in Anstalten der Landesjustizverwaltungen (Justizvollzugsanstalten) vollzogen.

§ 140 Trennung des Vollzuges

(1) Die Unterbringung in der Sicherungsverwahrung wird in getrennten Anstalten oder in getrennten Abteilungen einer für den Vollzug der Freiheitsstrafe bestimmten Vollzugsanstalt vollzogen.

(2) Frauen sind getrennt von Männern in besonderen Frauenanstalten unterzubringen. Aus besonderen Gründen können für Frauen getrennte Abteilungen in Anstalten für Männer vorgesehen werden.

(3) Von der getrennten Unterbringung nach den Absätzen 1 und 2 darf abgewichen werden, um den Gefangenen die Teilnahme an Behandlungsmaßnahmen in einer anderen Anstalt oder in einer anderen Abteilung zu ermöglichen.

§ 141 Differenzierung

(1) Für den Vollzug der Freiheitsstrafe sind Haftplätze vorzusehen in verschiedenen Anstalten oder Abteilungen, in denen eine auf die unterschiedlichen Bedürfnisse der Gefangenen abgestimmte Behandlung gewährleistet ist.

(2) Anstalten des geschlossenen Vollzuges sehen eine sichere Unterbringung vor, Anstalten des offenen Vollzuges keine oder nur verminderte Vorkehrungen gegen Entweichungen.

VV zu § 141

1 Im geschlossenen Vollzug sind die Gefangenen außerhalb der Hafträume, insbesondere beim Zusammenkommen in größeren Gemeinschaftsräumen, auf den Höfen und sonst im Freien ständig und unmittelbar zu beaufsichtigen. Soweit nicht besondere Richtlinien entgegenstehen, kann der Anstaltsleiter bestimmen, in welchen Umfang die Aufsicht gelockert werden darf.

2 (1) Im offenen Vollzug können bauliche und technische Sicherungsvorkehrungen, insbesondere Umfassungsmauern, Fenstergitter und besonders gesicherte Türen entfallen. Innerhalb der Anstalt entfällt in der Regel die ständige und unmittelbare Aufsicht.

(2) Für die Gestaltung des offenen Vollzuges gelten folgende Grundsätze:

a) den Gefangenen wird ermöglicht, sich innerhalb der Anstalt nach Maßgabe der dafür getroffenen Regelungen frei zu bewegen,

b) die Außentüren der Unterkunftsgebäude können zeitweise unverschlossen bleiben,

c) die Wohnräume der Gefangenen können auch während der Ruhezeit geöffnet bleiben.

§ 142 Einrichtungen für Mütter mit Kindern

In Anstalten für Fauen sollen Einrichtungen vorgesehen werden, in denen Mütter mit ihren Kindern untergebracht werden können.

§ 143 Größe und Gestaltung der Anstalten

(1) Justizvollzugsanstalten sind so zu gestalten, daß eine auf die Bedürfnisse des einzelnen abgestellte Behandlung gewährleistet ist.

(2) Die Vollzugsanstalten sind so zu gliedern, daß die Gefangenen in überschaubaren Betreuungs- und Behandlungsgruppen zusammengefaßt werden können.

(3) Die für sozialtherapeutische Anstalten und für Justizvollzugsanstalten für Frauen vorgesehene Belegung soll zweihundert Plätze nicht übersteigen.

Justizvollzugsanstalten, mit deren Errichtung vor dem 1. Januar 1977 begonnen wurde, sollen abweichend von § 143 Abs. 1 und 2 so gestaltet und gegliedert werden, daß eine auf die Bedürfnisse des einzelnen abgestellte Behandlung gewährleistet ist und daß die Gefangenen in überschaubaren Betreuungs- und Behandlungsgruppen zusammengefaßt werden können; vgl. § 201 Nr. 5.

§ 144 Größe und Ausgestaltung der Räume

(1) Räume für den Aufenthalt während der Ruhe- und Freizeit sowie Gemeinschafts- und Besuchsräume sind wohnlich oder sonst ihrem Zweck entsprechend auszugestalten. Sie müssen hinreichend Luftinhalt haben und für eine gesunde Lebensführung ausreichend mit Heizung und Lüftung, Boden- und Fensterfläche ausgestattet sein.

(2) Der Bundesminister der Justiz wird ermächtigt, mit Zustimmung des Bundesrates durch Rechtsverordnung Näheres über den Luftinhalt, die Lüftung, die Boden- und Fensterfläche sowie die Heizung und Einrichtung der Räume zu bestimmen.

§ 145 Festsetzung der Belegungsfähigkeit

Die Aufsichtsbehörde setzt die Belegungsfähigkeit für jede Anstalt so fest, daß eine angemessene Unterbringung während der Ruhezeit (§ 18) gewährleistet ist. Dabei ist zu berücksichtigen, daß eine ausreichende Anzahl von Plätzen für Arbeit, Ausbildung und Weiterbildung sowie von Räumen für Seelsorge, Freizeit, Sport, therapeutische Maßnahmen und Besuche zur Verfügung steht.

Für Anstalten, mit deren Errichtung vor dem 1. Januar 1977 begonnen wurde, kann abweichend von § 145 die Belegungsfähigkeit nach Maßgabe der Fußnoten zu §§ 17, 18 festgesetzt werden; vgl. § 201 Nr. 5.

§ 146 Verbot der Überbelegung

(1) Hafträume dürfen nicht mit mehr Personen als zugelassen belegt werden.

(2) Ausnahmen hiervon sind nur vorübergehend und nur mit Zustimmung der Aufsichtsbehörde zulässig.

§ 147 Einrichtungen für die Entlassung

Um die Entlassung vorzubereiten, sollen den geschlossenen Anstalten offene Einrichtungen angegliedert oder gesonderte offene Anstalten vorgesehen werden.

§ 148 Arbeitsbeschaffung, Gelegenheit zur beruflichen Bildung

(1) Die Vollzugsbehörde soll im Zusammenwirken mit den Vereinigungen und Stellen des Arbeits- und Wirtschaftslebens dafür sorgen, daß jeder arbeitsfähige Gefangene wirtschaftlich ergiebige Arbeit ausüben kann, und dazu beitragen, daß er beruflich gefördert, beraten und vermittelt wird.

(2) Die Vollzugsbehörde stellt durch geeignete organisatorische Maßnahmen sicher, daß die Bundesanstalt für Arbeit die ihr obliegenden Aufgaben wie Berufsberatung, Arbeitsberatung und Arbeitsvermittlung durchführen kann.

§ 149 Arbeitsbetriebe, Einrichtungen zur beruflichen Bildung

(1) In den Anstalten sind die notwendigen Betriebe für die nach § 37 Abs. 2 zuzuweisenden Arbeiten sowie die erforderlichen Einrichtungen zur beruflichen Bildung (§ 37 Abs. 3) und arbeitstherapeutischen Beschäftigung (§ 37 Abs. 5) vorzusehen.

(2) Die in Absatz 1 genannten Betriebe und sonstigen Einrichtungen sind den Verhältnissen außerhalb der Anstalten anzugleichen. Die Arbeitsschutz- und Unfallverhütungsvorschriften sind zu beachten.

(3) Die berufliche Bildung und die arbeitstherapeutische Beschäftigung können auch in geeigneten Einrichtungen privater Unternehmen erfolgen.

(4) In den von privaten Unternehmen unterhaltenen Betrieben und sonstigen Einrichtungen kann die technische und fachliche Leitung Angehörigen dieser Unternehmen übertragen werden.

VV zu § 149

Der Tätigkeitsbereich der Angehörigen von Unternehmerbetrieben in den Anstalten wird in einer Anweisung festgelegt; das Personal wird auf die Einhaltung dieser Anweisung verpflichtet.

§ 150 Vollzugsgemeinschaften

Für Vollzugsanstalten nach den §§ 139 bis 149 können die Länder Vollzugsgemeinschaften bilden.

Zweiter Titel
Aufsicht über die Justizvollzugsanstalten

§ 151 Aufsichtsbehörden

(1) Die Landesjustizverwaltungen führen die Aufsicht über die Justizvollzugsanstalten. Sie können Aufsichtsbefugnisse auf Justizvollzugsämter übertragen.

(2) An der Aufsicht über das Arbeitswesen sowie über die Sozialarbeit, die Weiterbildung, die Gesundheitsfürsorge und die sonstige fachlich begründete Behandlung der Gefangenen sind eigene Fachkräfte zu beteiligen; soweit die Aufsichtsbehörde nicht über eigene Fachkräfte verfügt, ist fachliche Beratung sicherzustellen.

VV zu § 151

1 (1) Die Aufsichtsbehörde sucht alle Anstalten so häufig auf, daß sie stets über den gesamten Vollzug unterrichtet bleibt.

(2) Jede Anstalt soll mindestens zweimal jährlich besichtigt werden; dabei sollen die Anstaltseinrichtungen wenigstens einmal im Jahr gründlich geprüft werden. Der besichtigende Beamte soll einer Dienstbesprechung beiwohnen, den Bediensteten Gelegenheit zur Vorsprache geben, Gefangene aufsuchen und sich von ihrer sachgemäßen Behandlung überzeugen. Über jede Besichtigung ist eine Niederschrift zu den Akten zu nehmen.

2 Die Landesjustizverwaltungen regeln den Besuch von Anstalten durch anstaltsfremde Personen sowie den Verkehr von Gefangenen mit Vertretern von Publikationsorganen (Presse, Hörfunk, Film, Fernsehen).

§ 152 Vollstreckungsplan

(1) Die Landesjustizverwaltung regelt die örtliche und sachliche Zuständigkeit der Justizvollzugsanstalten in einem Vollstreckungsplan.

(2) Der Vollstreckungsplan sieht vor, welche Verurteilten in eine Einweisungsanstalt oder -abteilung eingewiesen werden. Über eine Verlegung zum weiteren Vollzug kann nach Gründen der Behandlung und Eingliederung entschieden werden.

(3) Im übrigen ist die Zuständigkeit nach allgemeinen Merkmalen zu bestimmen.

VV zu § 152

Im Vollstreckungsplan soll auch festgelegt werden, welche Anstalten und Abteilungen Einrichtungen des offenen Vollzuges sind.

§ 153 Zuständigkeit für Verlegungen

Die Landesjustizverwaltung kann sich Entscheidungen über Verlegungen vorbehalten oder sie einer zentralen Stelle übertragen.

Dritter Titel
Innerer Aufbau der Justizvollzugsanstalten

§ 154 Zusammenarbeit

(1) Alle im Vollzug Tätigen arbeiten zusmamen und wirken daran mit, die Aufgaben des Vollzuges zu erfüllen.

(2) Mit den Behörden und Stellen der Entlassungsfürsorge, der Bewährungshilfe, den Aufsichtsstellen für die Führungsaufsicht, den Arbeitsämtern, den Trägern der Sozialversicherung und der Sozialhilfe, den Hilfeeinrichtungen anderer Behörden und den Verbänden der freien Wohlfahrtspflege ist eng zusammenzuarbeiten. Die Vollzugsbehörden sollen mit Personen und Vereinen, deren Einfluß die Eingliederung des Gefangenen fördern kann, zusammenarbeiten.

§ 155 Vollzugsbedienstete

(1) Die Aufgaben der Justizvollzugsanstalten werden von Vollzugsbeamten wahrgenommen. Aus besonderen Gründen können sie auch anderen Bediensteten der Justizvollzugsanstalten sowie nebenamtlichen oder vertraglich verpflichteten Personen übertragen werden.

(2) Für jede Anstalt ist entsprechend ihrer Aufgabe die erforderliche Anzahl von Bediensteten der verschiedenen Berufsgruppen, namentlich des allgemeinen Vollzugsdienstes, des Verwaltungsdienstes und des Werkdienstes, sowie von Seelsorgern, Ärzten, Pädagogen, Psychologen und Sozialarbeitern vorzusehen.

§ 156 Anstaltsleitung

(1) Für jede Justizvollzugsanstalt ist ein Beamter des höheren Dienstes zum hauptamtlichen Leiter zu bestellen. Aus besonderen Gründen kann eine Anstalt auch von einem Beamten des gehobenen Dienstes geleitet werden.

(2) Der Anstaltsleiter vertritt die Anstalt nach außen. Er trägt die Verantwortung für den gesamten Vollzug, soweit nicht bestimmte Aufgabenbereiche der Verantwortung anderer Vollzugsbediensteter oder ihrer gemeinsamen Verantwortung übertragen sind.

(3) Die Befugnis, die Durchsuchung nach § 84 Abs. 2, die besonderen Sicherungsmaßnahmen nach § 88 und die Disziplinarmaßnahmen nach § 103 anzuordnen, darf nur mit Zustimmung der Aufsichtsbehörde übertragen werden.

VV zu § 156

1 Die Aufsichtsbehörde bestimmt den Vertreter des Anstaltsleiters.

2 (1) Der Anstaltsleiter legt schriftlich fest, welche Bediensteten in seinem Auftrag Entscheidungen treffen können.

(2) Der Anstaltsleiter kann in fachlichen Angelegenheiten des Dienstes der Seelsorger, Ärzte, Pädagogen, Psychologen und Sozialarbeiter, die sich seiner Beurteilung entziehen, Auskunft verlangen und Anregungen geben.

(3) Die Durchführung von Maßnahmen der in Absatz 2 genannten Fachkräfte, die nach seiner Überzeugung die Sicherheit der Anstalt, die Ordnung der Verwaltung oder die zweckmäßige Behandlung der Gefangenen gefährden, kann der Anstaltsleiter bis zur Entscheidung der Aufsichtsbe-

hörde aussetzen, wenn eine Aussprache zwischen den Beteiligten zu keiner Einigung führt.

3 Der Anstaltsleiter berichtet unverzüglich der Aufsichtsbehörde über außerordentliche Vorkommnisse und über Angelegenheiten, die Anlaß zu allgemeiner Regelung geben können.

4 Die Übertragung bestimmter Aufgabenbereiche im Sinne des § 156 Abs. 2 Satz 2 bedarf der Zustimmung der Aufsichtsbehörde.

§ 157 Seelsorge

(1) Seelsorger werden im Einvernehmen mit der jeweiligen Religionsgemeinschaft im Hauptamt bestellt oder vertraglich verpflichtet.

(2) Wenn die geringe Zahl der Angehörigen einer Religionsgemeinschaft eine Seelsorge nach Absatz 1 nicht rechtfertigt, ist die seelsorgerische Betreuung auf andere Weise zuzulassen.

(3) Mit Zustimmung des Anstaltsleiters dürfen die Anstaltsseelsorger sich freier Seelsorgehelfer bedienen und für Gottesdienste sowie für andere religiöse Veranstaltungen Seelsorger von außen zuziehen.

§ 158 Ärztliche Versorgung

(1) Die ärztliche Versorgung ist durch hauptamtliche Ärzte sicherzustellen. Sie kann aus besonderen Gründen nebenamtlichen oder vertraglich verpflichteten Ärtzen übertragen werden.

(2) Die Pflege der Kranken soll von Personen ausgeübt werden, die eine Erlaubnis nach dem Krankenpflegegesetz besitzen. Solange Personen im Sinne von Satz 1 nicht zur Verfügung stehen, können auch Bedienstete des allgemeinen Vollzugsdienstes eingesetzt werden, die eine sonstige Ausbildung in der Krankenpflege erfahren haben.

§ 159 Konferenzen

Zur Aufstellung und Überprüfung des Vollzugsplanes und zur Vorbereitung wichtiger Entscheidungen im Vollzuge führt der Anstaltsleiter Konferenzen mit an der Behandlung maßgeblich Beteiligten durch.

VV zu § 159

Weitere Dienstbesprechungen auch mit den anderen Vollzugsbediensteten der Anstalt finden in regelmäßigen Abständen statt.

§ 160 Gefangenenmitverantwortung

Den Gefangenen und Untergebrachten soll ermöglicht werden, an der Verantwortung für Angelegenheiten von gemeinsamem Interesse teilzunehmen, die sich ihrer Eigenart und der Aufgabe der Anstalt nach für ihre Mitwirkung eignen.

§ 161 Hausordnung

(1) Der Anstaltsleiter erläßt eine Hausordnung. Sie bedarf der Zustimmung der Aufsichtsbehörde.

(2) In die Hausordnung sind namentlich die Anordnungen aufzunehmen über

1. die Besuchszeiten, Häufigkeit und Dauer der Besuche,
2. die Arbeitszeit, Freizeit und Ruhezeit sowie
3. die Gelegenheit, Anträge und Beschwerden anzubringen, oder sich an einen Vertreter der Aufsichtsbehörde zu wenden.

(3) Ein Abdruck der Hausordnung ist in jedem Haftraum auszulegen.

Vierter Titel
Anstaltsbeiräte

§ 162 Bildung der Beiräte

(1) Bei den Justizvollzugsanstalten sind Beiräte zu bilden.

(2) Vollzugsbedienstete dürfen nicht Mitglieder der Beiräte sein.

(3) Das Nähere regeln die Länder.

§ 163 Aufgabe der Beiräte

Die Mitglieder des Beirats wirken bei der Gestaltung des Vollzuges und bei der Betreuung der Gefangenen mit. Sie unterstützen den Anstaltsleiter durch Anregungen und Verbesserungsvorschläge und helfen bei der Eingliederung der Gefangenen nach der Entlassung.

§ 164 Befugnisse

(1) Die Mitglieder des Beirats können namentlich Wünsche, Anregungen und Beanstandungen entgegennehmen. Sie können sich über die Unterbringung, Beschäftigung, berufliche Bildung, Verpflegung, ärztliche Versorgung und Behandlung unterrichten sowie die Anstalt und ihre Einrichtungen besichtigen.

(2) Die Mitglieder des Beirats können die Gefangenen und Untergebrachten in ihren Räumen aufsuchen. Aussprache und Schriftwechsel werden nicht überwacht.

§ 165 Pflicht zur Verschwiegenheit

Die Mitglieder des Beirats sind verpflichtet, außerhalb ihres Amtes über alle Angelegenheiten, die ihrer Natur nach vertraulich sind, besonders über Namen und Persönlichkeit der Gefangenen und

Untergebrachten, Verschwiegenheit zu bewahren. Dies gilt auch nach Beendigung ihres Amtes.

Fünfter Titel
Kriminologische Forschung im Strafvollzug

§ 166

Dem kriminologischen Dienst obliegt es, in Zusammenarbeit mit den Einrichtungen der Forschung den Vollzug, namentlich die Behandlungsmethoden, wissenschaftlich fortzuentwickeln und seine Ergebnisse für Zwecke der Strafrechtspflege nutzbar zu machen.

Fünfter Abschnitt
Schlußvorschriften

Erster Titel
Vollzug des Strafarrestes in Justizvollzugsanstalten

§ 167 Grundsatz

Für den Vollzug des Strafarrestes in Justizvollzugsanstalten gelten die Vorschriften über den Vollzug der Freiheitsstrafe (§§ 2 bis 122) entsprechend, soweit im folgenden nichts anderes bestimmt ist.

§ 168 Unterbringung, Besuche und Schriftverkehr

(1) Eine gemeinsame Unterbringung während der Arbeit, Freizeit und Ruhezeit (§§ 17 und 18) ist nur mit Einwilligung des Gefangenen zulässig. Dies gilt nicht, wenn Strafarrest in Unterbrechung einer Strafhaft oder einer Unterbringung im Vollzuge einer freiheitsentziehenden Maßregel der Besserung und Sicherung vollzogen wird.

(2) Dem Gefangenen soll gestattet werden, einmal wöchentlich Besuch zu empfangen.

(3) Besuche und Schriftwechsel dürfen nur untersagt oder überwacht werden, wenn dies aus Gründen der Sicherheit oder Ordnung der Anstalt notwendig ist.

§ 169 Kleidung, Wäsche und Bettzeug

Der Gefangene darf eigene Kleidung, Wäsche und eigenes Bettzeug benutzen, wenn Gründe der Sicherheit nicht entgegenstehen und der Gefangene für Reinigung, Instandsetzung und regelmäßigen Wechsel auf eigene Kosten sorgt.

§ 170 Einkauf

Der Gefangene darf Nahrungs- und Genußmittel sowie Mittel zur Körperpflege in angemessenem Umfang durch Vermittlung der Anstalt auf eigene Kosten erwerben.

Zweiter Titel
Vollzug von Ordnungs-, Sicherungs-, Zwangs- und Erzwingungshaft

§ 171 Grundsatz

Für den Vollzug einer gerichtlich angeordneten Ordnungs-, Sicherungs-, Zwangs- und Erzwingungshaft gelten die Vorschriften über den Vollzug der Freiheitsstrafe (§§ 3 bis 122) entsprechend, soweit nicht Eigenart und Zweck der Haft entgegenstehen oder im folgenden etwas anderes bestimmt ist.

VV zu § 171

1 Im Vollzug der Zivilhaft dürfen über den bloßen Freiheitsentzug hinausgehende Beschränkungen nur angeordnet werden, soweit dies zur Abwendung einer Gefahr für Sicherheit oder Ordnung der Anstalt erforderlich ist. Dies gilt nicht, wenn Zivilhaft in Unterbrechung einer Untersuchungshaft, einer Strafhaft oder einer Unterbringung im Vollzuge einer freiheitsentziehenden Maßregel der Besserung und Sicherung vollzogen wird.

2 (1) Bei der Aufnahme und der Entlassung wird der Gefangene vom Anstaltsarzt untersucht.

(2) Der Anstaltsleiter kann in den Fällen der Nr. 1 Satz 1 ausnahmsweise gestatten, daß der Gefangene sich auf eigene Kosten innerhalb der Anstalt von einem Arzt seiner Wahl behandeln läßt.

3 (1) Beantragt der Gefangene seine Ausführung zum Gericht, um die Handlung vorzunehmen oder die Erklärung abzugeben, zu deren Erzwingung, Erwirkung oder Erreichung die Haft angeordnet wurde, so ist der Antrag unverzüglich dem zuständigen Gericht zu übermitteln.

(2) Die Ausführung des Gefangenen bedarf der Zustimmung des Gerichts, das die Haft angeordnet hat. In Eilfällen ist die Zustimmung des Gerichts telefonisch einzuholen. Die Kosten der Ausführung trägt der Gefangene.

§ 172 Unterbringung

Eine gemeinsame Unberbringung während der Arbeit, Freizeit und Ruhezeit (§§ 17 und 18) ist nur mit Einwilligung des Gefangenen zulässig. Dies gilt nicht, wenn Ordnungshaft in Unterbrechung einer Strafhaft oder einer Unterbringung im Vollzuge einer freiheitsentziehenden Maßregel der Besserung und Sicherung vollzogen wird.

§ 173 Kleidung, Wäsche und Bettzeug

Der Gefangene darf eigene Kleidung, Wäsche und eigenes Bettzeug benutzen, wenn Gründe der Sicherheit nicht entgegenstehen und der

Gefangene für Reinigung, Instandsetzung und regelmäßigen Wechsel auf eigene Kosten sorgt.

§ 174 Einkauf

Der Gefangene darf Nahrungs- und Genußmittel sowie Mittel zur Körperpflege in angemessenem Umfang durch Vermittlung der Anstalt auf eigene Kosten erwerben.

§ 175 Arbeit

Der Gefangene ist zu einer Arbeit, Beschäftigung oder Hilfstätigkeit nicht verpflichtet.

Dritter Titel
Arbeitsentgelt in Jugendstrafanstalten und im Vollzug der Untersuchungshaft

§ 176 Jugendstrafanstalten

(1) Übt ein Gefangener in einer Jugendstrafanstalt eine ihm zugewiesene Arbeit aus, so erhält er unbeschadet der Vorschriften des Jugendarbeitsschutzgesetzes über die Akkord- und Fließarbeit ein nach § 43 Abs. 1 und 2 zu bemessendes Arbeitsentgelt. Übt er eine sonstige zugewiesene Beschäftigung oder Hilfstätigkeit aus, so erhält er ein Arbeitsentgelt nach Satz 1, soweit dies der Art seiner Beschäftigung und seiner Arbeitsleistung entspricht.

(2) Arbeitsfähige Gefangene, denen aus Gründen, die nicht in ihrer Person liegen, Arbeit nicht zugewiesen werden kann, erkrankte Gefangene, bei denen die Voraussetzungen des § 45 Abs. 2 vorliegen, und werdende Mütter, die eine Arbeit nicht verrichten, erhalten eine Ausfallentschädigung. Höhe und Dauer der Ausfallentschädigung sind nach § 45 Abs. 3 bis 6 zu bestimmen.

(3) Gefangene, die wegen Gebrechlichkeit nicht arbeiten oder denen eine Ausfallentschädigung nicht oder nicht mehr gewährt wird, erhalten ein angemessenes Taschengeld, falls sie bedürftig sind. Gleiches gilt für Gefangene, die für eine Beschäftigung oder Hilfstätigkeit nach Absatz 1 Satz 2 kein Arbeitsentgelt erhalten.

(4) Im übrigen gelten § 44 und §§ 49 bis 52 entsprechend.

Abs. 2 und 3 werden durch besonderes Bundesgesetz in Kraft gesetzt; vom 1. Januar 1977 bis zu dessen Inkrafttreten gilt folgender Abs. 3:

„(3) Wenn ein Gefangener ohne sein Verschulden kein Arbeitsentgelt und keine Ausbildungsbeihilfe erhält, wird ihm ein angemessenes Taschengeld gewährt, falls er bedürftig ist."

Vgl. § 198 Abs. 3, § 199 Abs. 3 Nr. 5.

VV zu § 176 (in der Fassung des § 199 Abs. 2 Nr. 5 StVollzG)

1 (1) Das Arbeitsentgelt eines noch nicht achtzehn Jahre alten Gefangenen wird in der Form des Zeitlohnes ermittelt.

(2) Für eine sonstige zugewiesene Beschäftigung wird ein Arbeitsentgelt gewährt, wenn ihr Ergebnis wirtschaftlich verwertbar ist und in einem vertretbaren Verhältnis zum Aufwand steht.

(3) Im übrigen gelten die VV zu § 43 entsprechend.

2 Für das Taschengeld gelten die VV zu § 46 entsprechend.

3 Für das Hausgeld gelten § 47 StVollzG (in der Fassung des § 199 Abs. 2 Nr. 2 StVollzG) und die VV hierzu entsprechend.

4 (1) Die VV der Nr. 2 zu § 39 gelten entsprechend, soweit dem Gefangenen das Eingehen eines freien Beschäftigungsverhältnisses gestattet ist. Die Rechte des gesetzlichen Vertreters sind zu beachten.

(2) Die VV zu § 50 und § 51 gelten entsprechend.

§ 177 Untersuchungshaft

Übt der Untersuchungsgefangene eine ihm zugewiesene Arbeit, Beschäftigung oder Hilfstätigkeit aus, so erhält er ein nach § 43 zu bemessendes Arbeitsentgelt.

VV zu § 177

(1) Für eine zugewiesene Beschäftigung wird ein Arbeitsentgelt gewährt, wenn ihr Ergebnis wirtschaftlich verwertbar ist und in einem vertretbaren Verhältnis zum Aufwand steht.

(2) Im übrigen gelten die VV zu § 43 entsprechend.

Vierter Titel
Unmittelbarer Zwang in Justizvollzugsanstalten

§ 178

(1) Die §§ 94 bis 101 über den unmittelbaren Zwang gelten nach Maßgabe der folgenden Absätze auch für Justizvollzugsbedienstete außerhalb des Anwendungsbereichs des Strafvollzugsgesetzes (§ 1).

(2) Beim Vollzug der Untersuchungshaft und der einstweiligen Unterbringung nach § 126a der Strafprozeßordnung bleibt § 119 Abs. 5 und 6 der Strafprozeßordnung unberührt.

(3) Beim Vollzug des Jugendarrestes, des Strafarrestes sowie der Ordnungs-, Sicherungs-, Zwangs- und Erzwingungshaft dürfen zur Vereitelung einer Flucht oder zur Wiederergreifung (§ 100 Abs. 1 Nr. 3) keine Schußwaffen gebraucht werden. Dies gilt nicht, wenn Strafarrest oder Ordnungs-, Sicherungs-, Zwangs- oder Erzwingungshaft in Unterbrechung einer Untersuchungshaft, einer Strafhaft oder einer Unterbringung im Vollzuge einer freiheitsentziehenden Maßregel der Besserung und Sicherung vollzogen wird.

(4) Das Landerecht kann, namentlich beim Vollzug der Jugendstrafe, weitere Einschränkungen des Rechtes zum Schußwaffengebrauch vorsehen.

Fünfter Titel
Anpassung des Bundesrechts

§ 179 Gerichtsverfassungsgesetz

§ 180 Einführungsgesetz zum Gerichtsverfassungsgesetz

§ 181 Strafprozeßordnung

§ 182 Einführungsgesetz zum Strafgesetzbuch

§ 183 Einführungsgesetz zum Wehrstrafgesetz

§ 184 Bundeswehrvollzugsordnung

§ 185 Gesetz über das gerichtliche Verfahren bei Freiheitsentziehungen

§ 186 Zivilprozeßordnung

§ 187 Gerichtskostengesetz

§ 188 Bundesgebührenordnung für Rechtsanwälte

§ 189 Verordnung über Kosten im Bereich der Justizverwaltung

Sechster Titel
Sozial- und Arbeitslosenversicherung

§ 190 Reichsversicherungsordnung

§ 191 Angestelltenversicherungsgesetz

§ 192 Reichsknappschaftsgesetz

§ 193 Gesetz über die Krankenversicherung der Landwirte

§ 194 Arbeitsförderungsgesetz

§ 195 Einbehaltung von Beitragsteilen

Soweit die Vollzugsbehörde Beiträge zur Kranken- und Rentenversicherung sowie zur Bundesanstalt für Arbeit zu entrichten hat, kann sie von dem Arbeitsentgelt, der Ausbildungsbeihilfe oder der Ausfallentschädigung einen Betrag einbehalten, der dem Anteil des Gefangenen am Beitrag entsprechen würde, wenn er diese Bezüge als Arbeitnehmer erhielte.

VV zu § 195

Der in § 195 bestimmte Beitragsanteil wird einbehalten.

Siebter Titel
Einschränkung von Grundrechten, . . ., Inkrafttreten

§ 196 Einschränkung von Grundrechten

Durch dieses Gesetz werden die Grundrechte aus Artikel 2 Abs. 2 Satz 1 und 2 (körperliche Unversehrtheit und Freiheit der Person) und Artikel 10 Abs. 1 (Brief-, Post- und Fernmeldegeheimnis) des Grundgesetzes eingeschränkt.

§ 197 (gegenstandslos)

§ 198 Inkrafttreten

(1) Dieses Gesetz tritt unbeschadet der §§ 199 und 201 am 1. Januar 1977 in Kraft, soweit die Absätze 2 und 3 nichts anderes bestimmen.

(2) . . .

(3) Durch besonderes Bundesgesetz werden die folgenden Vorschriften an inzwischen vorgenommene Gesetzesänderungen angepaßt und in Kraft gesetzt:

§ 5 Abs. 1	–	Trennung im Aufnahmeverfahren –
§ 41 Abs. 3	–	Zustimmungsbedürftigkeit bei Beschäftigung in Unternehmerbetrieben –
§ 45	–	Ausfallentschädigung –
§ 46	–	Taschengeld –
§ 47	–	Hausgeld –
§ 49	–	Unterhaltsbeitrag –
§ 50	–	Haftkostenbeitrag –
§ 65 Abs. 2 Satz 2	–	Krankenversicherungsleistungen bei Krankenhausaufenthalt –
§ 93 Abs. 2	–	Inanspruchnahme des Hausgeldes –
§ 176 Abs. 2 und 3	–	Ausfallentschädigung und Taschengeld im Jugendstrafvollzug –

§ 189 – Verordnung über Kosten –
§ 190 Nr. 1–10 und 13–18,
§§ 191–193 – Sozialversicherung –.

(4) Über das Inkrafttreten des § 41 Abs. 3 – Zustimmungsbedürftigkeit bei Beschäftigung in Unternehmerbetrieben – wird zum 31. Dezember 1983, über das Inkrafttreten des § 5 Abs. 1 – Trennung im Aufnahmeverfahren – und über die Fortgeltung des § 201 Nr. 1 – Unterbringung im offenen Vollzug – wird zum 31. Dezember 1985 befunden.

§ 199 Übergangsfassungen

(1) ...

(2) Vom 1. Januar 1977 bis zum Inkrafttreten des besonderen Bundesgesetzes nach § 198 Abs. 3 gilt folgendes:

1. § 46 – Taschengeld – erhält folgende Fassung: [1])
2. § 47 – Hausgeld – erhält folgende Fassung: [1])
3. § 50 – Haftkostenbeitrag – erhält folgende Fassung: [1])
4. § 93 Abs. 2 – Inanspruchnahme des Hausgeldes – erhält folgende Fassung: [1])
5. § 176 Abs. 3 – Taschengeld im Jugendstrafvollzug – erhält folgende Fassung: [1])

§ 200 Höhe des Arbeitsentgelts

(1) Der Bemessung des Arbeitsentgelts nach § 43 sind fünf vom Hundert der Bezugsgröße nach § 18 des Vierten Buches Sozialgesetzbuch zugrunde zu legen.

(2) Über eine Erhöhung des Anteils von dem in Absatz 1 bezeichneten Arbeitsentgelt wird zum 31. Dezember 1980 befunden.

Das „1. Strafvollzugs-Fortentwicklungsgesetz" liegt noch nicht vor.

§ 201 Übergangsbestimmungen für bestehende Anstalten

Für Anstalten, mit deren Errichtung vor Inkrafttreten dieses Gesetzes begonnen wurde, gilt folgendes:

1. Abweichend von § 10 dürfen Gefangene ausschließlich im geschlossenen Vollzug untergebracht werden, solange die räumlichen, personellen und organisatorischen Anstaltsverhältnisse dies erfordern.
2. Abweichend von § 17 kann die gemeinschaftliche Unterbringung während der Arbeitszeit und Freizeit auch eingeschränkt wer-

---

[1]) Die Übergangsfassungen wurden im Interesse der Übersichtlichkeit in Fußnoten bei den einzelnen §§ abgedruckt.

den, wenn und solange die räumlichen, personellen und organisatorischen Verhältnisse der Anstalt dies erfordern; die gemeinschaftliche Unterbringung während der Arbeitszeit jedoch nur bis zum Ablauf des 31. Dezember 1988.

3. Abweichend von § 18 dürfen Gefangene während der Ruhezeit auch gemeinsam untergebracht werden, solange die räumlichen Verhältnisse der Anstalt dies erfordern. Eine gemeinschaftliche Unterbringung von mehr als acht Personen ist nur bis zum Ablauf des 31. Dezember 1985 zulässig.
4. Abweichend von § 143 Abs. 1 und 2 sollen Justizvollzugsanstalten so gestaltet und gegliedert werden, daß eine auf die Bedürfnisse des einzelnen abgestellte Behandlung gewährleistet ist und daß die Gefangenen in überschaubaren Betreuungs- und Behandlungsgruppen zusammengefaßt werden können.
5. Abweichend von § 145 kann die Belegungsfähigkeit einer Anstalt nach Maßgabe der Nummern 1 und 2 festgesetzt werden.

§ 202 Freiheitsstrafe und Jugendhaft der Deutschen Demokratischen Republik

(1) Für den Vollzug der nach dem Strafgesetzbuch der Deutschen Demokratischen Republik gegen Jugendliche und Heranwachsende erkannten Freiheitsstrafe gelten die Vorschriften für den Vollzug der Jugendstrafe, für den Vollzug der Jugendhaft die Vorschriften über den Vollzug des Jugendarrestes.

(2) Im übrigen gelten für den Vollzug der nach dem Strafgesetzbuch der Deutschen Demokratischen Republik rechtskräftig erkannten Freiheitsstrafe und der Haftstrafe die Vorschriften des Strafvollzugsgesetzes über den Vollzug der Freiheitsstrafe.

Abkommen über die erweiterte Zuständigkeit der mit Aufgaben des Strafvollzugs beauftragten Bediensteten der Länder vom 6. Juni 1991

Baden-Württemberg: G. v. 12. 12. 1991 (GBl. S. 868) mit Bekm. v. 4. 2. 1993 (GBl. S. 117).

Bayern: Bekm. v. 23. 4. 1992 (GVBl. S. 110), Bekm. v. 10. 2. 1993 (GVBl. S. 60).

Berlin: G. v. 11. 6. 1992 (GVBl. S. 189), Bekm. v. 19. 1. 1993 (GVBl. S. 56).

Brandenburg: Bekm. v. 17. 12. 1992 (GVBl. 1993 II S. 4).

Bremen: G. v. 3. 3. 1992 (Brem. GBl. S. 43) mit Bekm. v. 5. 8. 1993 (Brem. GBl. S. 275).

Hamburg: G. v. 10. 9. 1991 (Hmb. GVBl. S. 321) mit Bekm. v. 1. 2. 1993 (Hmb. GVBl. S. 35).

Hessen: G. v. 2. 4. 1992 (GVBl. I S. 119).

Mecklenburg-Vorpommern: G. v. 3. 3. 1992 (GVOBl. M-V S. 186).

Niedersachsen: G. v. 26. 11. 1991 (Nds. GVBl. S. 308) mit Bekm. v. 28. 1. 1993 (Nds. GVBl. S. 44).

Nordrhein-Westfalen: Bekm. v. 20. 11. 1991 (GV. NW S. 448), Bekm. v. 7. 3. 1992 (GV. NW S. 100), Bekm. v. 9. 2. 1993 (GV. NW. S. 95).

Rheinland-Pfalz: G. v. 5. 11. 1991 (GVBl. S. 349), Bekm. v. 6. 1. 1992 (GVBl. S. 10).

Saarland: G. v. 2. 10. 1991 (Amtsbl. S. 1178).

Sachsen: G. v. 17. 1. 1992 (Sächs. GVBl. S. 21).

Sachsen-Anhalt: G. v. 20. 12. 1991 (GVBl. LSA S. 567), Bekm. v. 19. 2. 1992 (GVBl. LSA S. 134), Bekm. v. 20. 11. 1992 (GVBl. LSA S. 805), Bekm. v. 10. 2. 1993 (GVBl. LSA S. 95).

Schleswig-Holstein: G. v. 29. 7. 1992 (GVOBl. SchlH S. 495) mit Bekm. v. 22. 12. 1992 (GVOBl. Schl.-H. 1993 S. 23).

Thüringen: G. v. 18. 5. 1992 (GVBl. S. 155).

Stichwortverzeichnis

Die Zahlen hinter den Begriffen verweisen auf den Paragraphen, die römischen Zahlen auf den Absatz und die eingeklammerten Zahlen auf eine evtl. Nr.

D

E

F

V

Untersuchungshaftvollzugsordnung (UVollzO)

– Neufassung ab 1. Januar 1977 mit Änderung ab 1. Januar 1978 –

Die nachstehend abgedruckte Untersuchungshaftvollzugsordnung wurde von den Landesjustizverwaltungen durch folgende Erlasse in einer Neufassung ab 1. Januar 1977 in Kraft gesetzt und geändert:

Baden-Württemberg: AV v. 15. 12. 1976 (Die J 1977 S. 74);

Bayern: Bek. v. 15. 12. 1976 (JMBl. 1977 S. 49), v. 15. 12. 1977 (JMBl. S. 28);

Berlin: AV v. 15. 12. 1976 (ABl. S. 1701), v. 20. 12. 1977 (ABl. 1978 S. 44);

Hamburg: AV v. 22. 11. 1976 (JVBl. S. 112), v. 16. 12. 1977 (JVBl. S. 146), v. 17. 10. 1978 (JVBl. S. 157);

Hessen: RdErl. v. 15. 12. 1976 (JMBl. 1977 S. 49), v. 30. 12. 1977 (JMBl. 1978 S. 152);

Niedersachsen: AV v. 15. 12. 1976 (NdsRpfl. 1977 S. 10);

Nordrhein-Westfalen: AV v. 9. 12. 1976 (JMBl. 1977 S. 5), v. 13. 12. 1977 (JMBl. 1978 S. 5);

Rheinland-Pfalz: AV v. 15. 12. 1976 (JBl. 1977 S. 43), v. 20. 12. 1977 (JBl. 1978 S. 3);

Schleswig-Holstein: Bek. v. 15. 12. 1976 (SchlHA 1977 S. 27), v. 25. 11. 1977 (SchlHA 1978 S. 6).

Baden-Württemberg

AV v. 24. 8. 1977 (Die J S. 367) betr. Kosten der Dolmetscher bei Besuchen für ausländische Untersuchungsgefangene:

„Die Kosten eines Dolmetschers, die auf Grund haftrichterlicher Anordnung anläßlich des Besuches von Angehörigen bei ausländischen Untersuchungsgefangenen entstehen, sind nicht Kosten des Strafverfahrens. Sie sind grundsätzlich von dem Untersuchungsgefangenen oder seinen Angehörigen selbst zu tragen.

Sind der Untersuchungsgefangene oder seine Angehörigen in sinngemäßer Anwendung der Bestimmungen des Bundessozialhilfegesetzes (in der jeweils geltenden Fassung) sozialhilfeberechtigt, so kann die Vollzugsanstalt die Dolmetscherkosten für einen Besuch im Monat zu Lasten ihrer Mittel für „Sonstige Betreuung der Gefangenen“ übernehmen. Die Kostenübernahme für weitere Besuche ist zulässig, wenn sie bestimmten persönlichen, rechtlichen oder geschäftlichen Angelegenheiten dienen, die nicht von dem Untersuchungsgefangenen schriftlich erledigt, durch Dritte wahrgenommen oder bis zur Entlassung des Gefangenen aufgeschoben werden können.

Die Haftrichter werden gebeten, die Besucher von ausländischen Untersuchungsgefangenen bei Anordnungen über die Hinzuziehung von Dolmetschern hierauf hinzuweisen."

Baden-Württemberg

AV v. 20. 11. 1979 (Die J 1980 S. 2) betr. Merkblatt über die Rechte und Pflichten der Untersuchungsgefangenen:

„In Ausführung zu Nr. 16 Abs. 3 der Untersuchungshaftvollzugsordnung (UVollzO) wird bestimmt:

Der Untersuchungsgefangene ist bei der Aufnahme auf das im Haftraum ausliegende **bundeseinheitlich geltende Merkblatt** über die Rechte und Pflichten der Untersuchungsgefangenen hinzuweisen. Es ist sicherzustellen, daß in jedem Haftraum ein solches Merkblatt ausliegt."

Hessen

RdErl. v. 18. 7. 1978 (JMBl. S. 549) betr. Überwachung des fremdsprachigen Schriftverkehrs des Untersuchungsgefangenen:

„1. Für die Überwachung des fremdsprachigen Briefverkehrs des Untersuchungsgefangenen durch den Richter oder Staatsanwalt (§ 119 Abs. 6 StPO, § 72 Abs. 5 JGG, § 22 Auslieferungsgesetz in Verbindung mit Nr. 31 Abs. 1 UVollzO) gelten mit Wirkung vom 1. Januar 1977 sinngemäß die Hessischen Ausführungsbestimmungen zu § 29 Strafvollzugsgesetz vom 10. Mai 1977 (JMBl. S. 42) in der Fassung des Runderlasses vom 18. Juli 1977 (JMBl. S. 478). Erscheint eine vollständige Übersetzung des Textes erforderlich, ist sie bei der Auftragserteilung ausdrücklich anzufordern.

2. Die Entschädigung nach Maßgabe der Nr. 1 sind Auslagen in Verwaltungssachen und daher von den Gerichten und Staatsanwaltschaften bei 05 05 – 53 872 anzuweisen.

3. Abschnitt II des Runderlasses vom 25. September 1973 (JMBl. S. 430) ist bereits mit Ablauf des 31. Dezember 1976 aufgehoben worden (vgl. Abschnitt III des RdErl. Nr. 49, veröffentlicht als Berichtigung im JMBl. Nr. 16 vom 15. 8. 1977 S. 516)."

Schleswig-Holstein

AV v. 12. 4. 1979 (SchlHA S. 119) betr. Anordnung zur Untersuchungshaftvollzugsordnung und zum Vollstreckungsplan für Schleswig-Holstein:

„I.

Nummer 14 Abs. 3 und Nummer 66 der Untersuchungshaftvollzugsordnung (UVollzO) in der Fassung vom 15. Dezember 1976 sind in Schleswig-Holstein nicht mehr anzuwenden.

II.

Bis zu einer Neufassung des Vollstreckungsplans für Schleswig-Holstein vom 24. Oktober 1974, zuletzt geändert durch Runderlaß vom

4. November 1977 – V 230a/4431 – 58 SH – 15 –, sind folgende vorläufige Bestimmungen zu beachten:

1. Abweichung vom Vollstreckungsplan im Vollzug der Untersuchungshaft

(1) Ein Untersuchungsgefangener kann, soweit die Aufsichtsbehörde im Rahmen ihrer Zuständigkeit für die Aufstellung des Vollstreckungsplanes eingewilligt hat, aus besonderen Gründen auf Anforderung oder mit Zustimmung des für Maßnahmen nach § 119 Abs. 6 der Strafprozeßordnung zuständigen Richters abweichend vom Vollstreckungsplan untergebracht werden.

(2) Die nach Absatz 1 vorbehaltene Einwilligung der Aufsichtsbehörde gilt widerruflich als erteilt, sofern der Untersuchungsgefangene in einer Justizvollzugsanstalt des Landes Schleswig-Holstein untergebracht werden soll und der Leiter dieser Anstalt nicht widerspricht. Dies gilt nicht für Abweichungen vom Vollstreckungsplan bei einem Untersuchungsgefangenen, gegen den Untersuchungshaft wegen Verdachts einer Straftat nach § 129a des Strafgesetzbuches angeordnet worden ist.

(3) Abschnitt II Nr. 1.5 des Vollstreckungsplanes ist nicht mehr anzuwenden. Abschnitt II Nr. 1.4 ist vom Anstaltsleiter nach Maßgabe vorstehender Bestimmungen zu beachten.

2. Zuständigkeitsänderungen

(1) Für den Vollzug der Untersuchungshaft bei Gefangenen gegen die Untersuchungshaft wegen Verdachts einer Straftat nach § 129a des Strafgesetzbuches angeordnet worden ist, ist die Justizvollzugsanstalt Lübeck zuständig. Abschnitt II Nr. 1.2 und Abschnitt III des Vollstreckungsplanes sind insoweit nicht mehr anzuwenden.

(2) Für den Vollzug von Freiheitsstrafe unter 5 Jahren bei Gefangenen, die wegen einer Straftat nach § 129a des Strafgesetzbuches verurteilt worden sind, ist die Justizvollzugsanstalt Lübeck zuständig. Abschnitt IV Nr. 2.2 und 2.3 des Vollstreckungsplanes sind insoweit nicht mehr anzuwenden.

3. Übergangsregelung

Soweit Bestimmungen dieser Anordnung § 129a des Strafgesetzbuches in Bezug nehmen, gilt bei Straftaten, die vor dem Inkrafttreten des § 129a des Strafgesetzbuches begangen worden sind. Artikel 2 Abs. 2 des Gesetzes zur Änderung der Strafprozeßordnung vom 14. April 1978 (BGBl. S. 497) sinngemäß.

III.

Diese Allgemeine Verfügung tritt am 1. Mai 1979 in Kraft."

Untersuchungshaftvollzugsordnung (UVollzO)

vom 1. Januar 1977

mit Änderungen vom 1. September 1986, 1. Februar 1988 und 1. Dezember 1990

Übersicht

Erster Teil
Untersuchungshaft

Erster Abschnitt
Allgemeines

Erstes Kapitel
Grundsätze

1

(1) Die Untersuchungshaft dient dem Zweck, durch sichere Verwahrung des Beschuldigten die Durchführung eines geordneten Strafverfahrens zu gewährleisten oder der Gefahr weiterer Straftaten zu begegnen.

(2) Dem Gefangenen dürfen nur solche Beschränkungen auferlegt werden, die der Zweck der Untersuchungshaft oder die Ordnung in der Vollzugsanstalt erfordert (§ 119 Abs. 3 StPO).

(3) Die Persönlichkeit des Gefangenen ist zu achten und sein Ehrgefühl zu schonen. Im Umgang mit ihm muß selbst der Anschein vermieden werden, als ob er zur Strafe festgehalten werde. Schädlichen Folgen des Freiheitsentzugs ist entgegenzuwirken.

(4) Bei Gefangenen unter 21 Jahren (jungen Gefangenen) wird die Untersuchungshaft erzieherisch gestaltet.

Zweites Kapitel
Richter. Staatsanwalt. Anstaltsleiter

2 Richter

(1) Die für den Vollzug der Untersuchungshaft erforderlichen Maßnahmen und notwendige Beschränkungen ordnet der Richter an (§ 119 Abs. 6 StPO). Der Richter entscheidet insbesondere über die Art der Unterbringung, den Verkehr mit der Außenwelt, besondere Sicherungsmaßnahmen und Disziplinarmaßnahmen.

(2) Dem Richter bleibt es im Einzelfall unbenommen, von Amts wegen oder auf Antrag im Rahmen der Vorschriften der Strafprozeßordnung von den Richtlinien dieser Vollzugsordnung abzuweichen. Soweit er in Verbindung mit dem Aufnahmeersuchen oder später keine besonderen Verfügungen trifft, ist davon auszugehen, daß die für den Vollzug der Untersuchungshaft durch diese Vollzugsordnung allgemein getroffene Regelung nach dem Willen des Richters auch für den Einzelfall gelten soll.

(3) Die richterliche Zuständigkeit ist in § 126 StPO geregelt. Hiernach ist bis zur Erhebung der öffentlichen Klage der Richter zustän-

dig, der den Haftbefehl erlassen hat. Nach Erhebung der öffentlichen Klage ist das Gericht zuständig, das mit der Sache befaßt ist. Nach Einlegung der Revision ist das Gericht zuständig, dessen Urteil angefochten ist. Einzelne Maßnahmen, insbesondere nach § 119 StPO, ordnet der Vorsitzende an.

3 Staatsanwalt

(1) Der Richter kann für den einzelnen Gefangenen auf dessen Antrag dem Staatsanwalt bis zur Erhebung der öffentlichen Klage die Anordnung einzelner Maßnahmen, die den Gefangenen nicht beschweren, insbesondere die Anordnungen über den Verkehr mit der Außenwelt, überlassen, wenn dadurch das Verfahren beschleunigt, namentlich eine sonst notwendige Aktenverschickung vermieden wird.

(2) Hält der Staatsanwalt eine Maßnahme, die den Gefangenen beschwert, für erforderlich, so führt er die Entscheidung des Richters herbei. Der Gefangene hat in jedem Falle das Recht, die Entscheidung des Richters zu beantragen.

4 Anstaltsleiter

Der Anstaltsleiter trägt die Verantwortung für den Vollzug der Untersuchungshaft und für die Ordnung in der Anstalt. Er handelt nach den Vorschriften dieser Vollzugsordnung und führt die vom Richter oder Staatsanwalt getroffenen Anordnungen durch.

5 Dringende Fälle

In dringenden Fällen kann der Staatsanwalt, der Anstaltsleiter oder ein anderer Beamter, unter dessen Aufsicht der Gefangene steht, vorläufige Maßnahmen treffen. Sie bedürfen der nachträglichen Zustimmung des Richters (§ 119 Abs. 6 Satz 2 und 3 StPO).

6 Zusammenwirken der beteiligten Stellen

Richter, Staatsanwalt und Anstaltsleiter verfolgen gemeinsam das Ziel, die Untersuchungshaft ihrem Zweck entsprechend zu vollziehen sowie die Ordnung in der Anstalt zu wahren.

7 Mitteilungen des Richters und des Staatsanwalts

(1) Dem Anstaltsleiter werden unverzüglich alle für die Persönlichkeit des Gefangenen und dessen Behandlung und Verwahrung bedeutsamen Umstände mitgeteilt, die sich im Laufe des Verfahrens ergeben oder ändern. Dies gilt namentlich von Überhaft, Vorstrafen und weiteren schwebenden Strafverfahren. Die Mitbeschuldigten und die wichtigsten Zeugen, soweit sie in Haft sind, werden dem Anstaltsleiter bezeichnet. Möglichst schon im Aufnahmeersuchen

wird er über Umstände unterrichtet, die auf besonderen Fluchtverdacht, auf die Gefahr gewalttätigen Verhaltens, des Selbstmordes oder der Selbstbeschädigung, auf gleichgeschlechtliche Neigungen oder auf seelische oder geistige Abartigkeiten hindeuten. Soweit ansteckende Krankheiten bekannt sind, soll auch hierauf hingewiesen werden.

(2) Dem Anstaltsleiter soll der Staatsanwalt die Anklageschrift, der Richter den Termin der Hauptverhandlung, deren Ergebnis und den Zeitpunkt des Eintritts der Rechtskraft des Urteils unverzüglich mitteilen.

(3) Geht im Laufe des Strafverfahrens die Zuständigkeit auf eine andere Stelle über, so teilt diese den Übergang unverzüglich dem Anstaltsleiter mit.

8 Mitteilungen des Anstaltsleiters

Der Anstaltsleiter verständigt den nach Nrn. 2 und 3 zuständigen Richter oder Staatsanwalt von allen für die Durchführung des Strafverfahrens bedeutsamen Maßnahmen, Wahrnehmungen und anderen wichtigen Umständen, die den Gefangenen betreffen.

9 Untersuchungshandlungen

(1) Die Anstaltsbeamten dürfen keine Ermittlungen aus Anlaß von strafbaren Handlungen, die außerhalb der Vollzugsanstalt begangen worden sind, durchführen.

(2) Sie dürfen einen Gefangenen mit anderen Personen nicht zusammenlegen, um ihn über einen Sachverhalt auszuforschen. Dies gilt auch dann, wenn eine innerhalb der Vollzugsanstalt begangene strafbare Handlung ermittelt werden soll.

10 Meinungsverschiedenheiten

(1) Befürchtet der Anstaltsleiter, daß eine Verfügung des Richters die Ordnung in der Anstalt gefährdet, so soll er sie erst durchführen, wenn trotz seiner unverzüglichen Gegenvorstellungen der Richter darauf besteht. Sind seine Bedenken nicht behoben, so kann der Anstaltsleiter den Staatsanwalt ersuchen, gegen die Anordnung des Richters Beschwerde einzulegen. Kommt der Staatsanwalt dem Ersuchen nicht nach, so hat der Anstaltsleiter seiner vorgesetzten Behörde zu berichten.

(2) Befürchtet der Anstaltsleiter, daß eine Verfügung des Staatsanwalts die Ordnung in der Anstalt gefährdet, so hat er seine Bedenken, dem Staatsanwalt mitzuteilen. Besteht der Staatsanwalt auf seiner Anordnung, so kann der Anstaltsleiter die Entscheidung des Richters herbeiführen.

Drittes Kapitel
Vollzugsanstalten

11 Untersuchungshaftanstalten

(1) Dem Vollzug der Untersuchungshaft dienen selbständige Untersuchungshaftanstalten.

(2) Soweit solche Anstalten nicht zur Verfügung stehen, sind in anderen Vollzugsanstalten besondere Abteilungen für den Vollzug der Untersuchungshaft einzurichten. Hiervon darf nur abgesehen werden, wenn die räumlichen Verhältnisse es nicht gestatten.

12 Frauen

(1) Untersuchungshaft an Frauen wird in besonderen Anstalten oder in besonderen Abteilungen vollzogen.

(2) Untersuchungshaft an Frauen darf grundsätzlich nur unter weiblicher Aufsicht durchgeführt werden. In Anstalten ohne weibliche Aufsicht werden Frauen nicht länger als unvermeidlich verwahrt.

13 Junge Gefangene

(1) Untersuchungshaft an jungen Gefangenen (Nr. 1 Abs. 4) wird in besonderen Anstalten oder in besonderen Abteilungen vollzogen. Hiervon kann ausnahmsweise abgesehen werden.

(2) Junge Gefangene, die eine Jugend- oder Freiheitsstrafe nicht zu erwarten haben, können auch in Jugendarrestanstalten verwahrt werden.

14 Vollstreckungsplan

(1) Ein Vollstreckungsplan regelt, in welche Anstalt ein Gefangener aufzunehmen ist.

(2) Den Vollstreckungsplan stellt die Landesjustizverwaltung oder die sonst zuständige Behörde auf.

(3) Der Richter kann im Einzelfall aus besonderen Gründen Abweichungen vom Vollstreckungsplan anordnen.

Zweiter Abschnitt
Aufnahme und Entlassung

15 Aufnahmeersuchen

(1) Die Aufnahme zum Vollzug der Untersuchungshaft setzt ein schriftliches Aufnahmeersuchen des Richters voraus.

(2) Neben den Mitteilungen nach Nr. 7 enthält das Aufnahmeersuchen die Personalangaben des Gefangenen, einen Hinweis auf die ihm zur Last gelegte Tat, den Grund der Verhaftung sowie die besonderen Anordnungen des Richters. Außerdem ist zu vermerken, welche Personen von der Verhaftung durch den Gefangenen oder von Amts wegen benachrichtigt worden sind (§ 114b StPO).

(3) Dem Aufnahmeersuchen ist eine Abschrift des Haftbefehls beizufügen. Ist dies nicht möglich, ist sie unverzüglich nachzusenden.

16 Aufnahme

(1) Bei der Aufnahme werden der Gefangene und seine Sachen sorgfältig durchsucht. Bei der Durchsuchung männlicher Gefangener dürfen nur Männer, bei der Durchsuchung weiblicher Gefangener nur Frauen anwesend sein. Das Schamgefühl ist zu schonen.

(2) Nach der Aufnahme wird der Gefangene alsbald ärztlich untersucht.

(3) Der Gefangene ist über seine Rechte und Pflichten zu belehren. Dies kann durch Hinweis auf ein im Haftraum angebrachtes Merkblatt geschehen.

(4) Unabhängig von der Benachrichtigung von Amts wegen nach § 114b Abs. 1 StPO ist der Gefangene darauf hinzuweisen, daß er Gelegenheit hat, einen Angehörigen oder eine Person seines Vertrauens von der Verhaftung oder Verlegung in eine andere Anstalt zu benachrichtigen. Dies gilt nicht, wenn der Richter den Zweck der Untersuchung durch die Benachrichtigung für gefährdet hält (§ 114b Abs. 2 StPO).

(5) Der Gefangene ist zu befragen, ob dringende Maßnahmen sozialer Hilfe nötig sind. Gegebenenfalls sind die hierfür zuständigen Stellen zu benachrichtigen. Über das Ergebnis der Befragung und das etwa Veranlaßte ist ein Vermerk in die Personalakte des Gefangenen aufzunehmen.

(6) Die Aufnahme ist der Stelle, die sie angeordnet hat, unter Angabe des Zeitpunkts unverzüglich mitzuteilen.

17 Entlassung

(1) Der Gefangene darf grundsätzlich nur auf schriftliche Anordnung des Richters oder des Staatsanwalts aus der Haft entlassen werden. Die Anordnung ist mit dem Dienstsiegel zu versehen. Eine durch Telegramm, Fernschreiben, Telex oder Telefax übermittelte Anordnung genügt, wenn nach den Umständen ihre Echtheit nicht zweifelhaft ist; bei Bedenken ist zurückzufragen. Bei fernmündlicher Anordnung ist in jedem Fall vor der Entlassung zurückzufragen. Eine durch Telegramm, Fernschreiben, Telex oder Telefax oder fernmündlich übermittelte Anordnung ist unverzüglich schriftlich zu bestätigen.

(2) Die Entlassung ist der Stelle, die sie angeordnet hat, unter Angabe des Zeitpunktes unverzüglich mitzuteilen.

(3) Der Anstaltsleiter veranlaßt die notwendigen Maßnahmen sozialer Hilfe.

Dritter Abschnitt
Behandlung der Gefangenen

Erstes Kapitel
Allgemeines

18 Grundsätze

(1) Der Gefangene ist würdig, gerecht und menschlich zu behandeln (Nr. 1 Abs. 3).

(2) Der Gefangene unterliegt im Rahmen dieser Vollzugsordnung den unmittelbaren Folgen der durch den richterlichen Haftbefehl angeordneten Freiheitsentziehung. Es wird ein Lebensbedarf anerkannt, der einer vernünftigen Lebensweise entspricht.

(3) Bequemlichkeiten und Beschäftigungen darf sich der Gefangene auf seine Kosten verschaffen, soweit sie mit dem Zweck der Haft vereinbar sind und nicht die Ordnung in der Anstalt stören (§ 119 Abs. 4 StPO). In diesem Rahmen sind verständige Wünsche zu erfüllen.

(4) Der Gefangene ist, soweit nichts anderes bestimmt wird, an die Hausordnung, insbesondere an die Tageseinteilung in der Anstalt, gebunden.

19 Anrede

Der Gefangene wird mit „Sie“ angesprochen, soweit der Anstaltsleiter für Gefangene unter 16 Jahren nicht etwas anderes bestimmt. Die im bürgerlichen Leben üblichen Anreden sind zu gebrauchen.

20 Vorbereitung der Verteidigung

Dem Gefangenen ist ausreichende Gelegenheit zur Vorbereitung seiner Verteidigung zu geben. Schriftstücke, deren er zu seiner Verteidigung bedarf, insbesondere Anklageschrift, Eröffnungsbeschluß und Urteil, sind ihm zu belassen, sofern dadurch die Ordnung in der Anstalt oder die Staatssicherheit nicht gefährdet wird.

21 Besuche von Anstaltsbediensteten

Der Anstaltsleiter soll in angemessenen Zeitabständen Gefangene in ihren Hafträumen aufsuchen. Der Gefangene soll regelmäßig durch

Bedienstete aufgesucht werden, die mit seiner Betreuung befaßt sind.

Zweites Kapitel
Trennung. Haftform

22 Trennung

(1) Untersuchungsgefangene sind von Gefangenen anderer Art, namentlich von Strafgefangenen, getrennt unterzubringen. Sie sind auch sonst, bei der Arbeit, bei dem Aufenthalt im Freien, beim Gottesdienst, bei Vorführungen zum Arzt und bei ähnlichen Anlässen von Strafgefangenen, soweit möglich, getrennt zu halten.

(2) Es ist zu verhindern, daß der Untersuchungsgefangene mit anderen Gefangenen in Verbindung treten kann, die der Täterschaft, Teilnahme, Begünstigung, Strafvereitelung oder Hehlerei bezüglich derselben Tat verdächtig oder bereits abgeurteilt oder als Zeugen beteiligt sind. Ausnahmen sind nur mit Zustimmung des Richters oder des Staatsanwalts (Nr. 3) zulässig.

(3) Weibliche Gefangene sind von männlichen Gefangenen stets streng getrennt zu halten.

(4) Junge Gefangene (Nr. 1 Abs. 4) sind von erwachsenen Gefangenen zu trennen.

(5) Gefangene, die nach ihrer Persönlichkeit, insbesondere nach Art, Zahl oder Dauer der von ihnen verbüßten Freiheitsstrafe oder wegen der an ihnen vollzogenen Maßregeln der Besserung und Sicherung eine Gefahr für andere Gefangene bedeuten, sind von diesen getrennt zu halten.

23 Haftform

(1) Der Untersuchungsgefangene darf nicht mit anderen Gefangenen in demselben Raum untergebracht werden. Mit anderen Untersuchungsgefangenen darf er in demselben Raum untergebracht werden, wenn er es ausdrücklich schriftlich beantragt und der Richter seine Unterbringung gemeinsam mit anderen nicht ausgeschlossen hat. Der Antrag kann jederzeit in gleicher Weise zurückgenommen werden. Der Untersuchungsgefangene darf auch dann mit anderen Gefangenen in demselben Raum untergebracht werden, wenn sein körperlicher oder geistiger Zustand es erfordert (§ 119 Abs. 2 StPO).

(2) Der Untersuchungsgefangene darf, auch wenn er allein untergebracht ist, bei dem Aufenthalt im Freien, beim Gottesdienst, bei der Vorführung zum Arzt und bei ähnlichen Anlässen mit anderen Untersuchungsgefangenen zusammengebracht werden; Nr. 22 Abs. 2 bleibt unberührt.

(3) Bei gemeinsamer Unterbringung sind die Persönlichkeit, insbesondere das Lebensalter und das Vorleben des Gefangenen sowie die Tat, deren er beschuldigt wird, zu berücksichtigen. Es ist darauf zu achten, daß die gemeinsame Unterbringung nicht zu Unzuträglichkeiten führt und keine unangemessene Zumutung für die Beteiligten bedeutet.

Drittes Kapitel
Verkehr mit der Außenwelt

I. Besuche

24 Besuchserlaubnis

(1) Der Gefangene darf mit Zustimmung des Richters oder des Staatsanwalts (Nr. 3) Besuche empfangen. Die Besuchserlaubnis wird schriftlich erteilt. Sie berechtigt zu einem Besuch von dreißig Minuten Dauer, wenn der Richter oder Staatsanwalt nichts anderes bestimmt.

(2) Der Anstaltsleiter setzt die regelmäßigen Besuchstage und Besuchszeiten fest. Besuche außerhalb dieser Tage und Zeiten werden nur in besonders gelagerten Ausnahmefällen zugelassen.

25 Häufigkeit der Besuche

In der Regel wird mindestens alle zwei Wochen ein Besuch zugelassen. Darüber hinaus sollen Besuche zugelassen werden, wenn sie unaufschiebbaren persönlichen, rechtlichen oder geschäftlichen Angelegenheiten dienen, die nicht vom Gefangenen schriftlich erledigt oder durch Dritte wahrgenommen werden können.

26 Besucher

(1) Zum Besuch eines Gefangenen sollen regelmäßig nicht mehrere Personen gleichzeitig zugelassen werden. Falls eine ordnungsmäßige Überwachung gewährleistet ist, werden in Ausnahmefällen bis zu drei Personen gleichzeitig zugelassen. Können mehrere Personen nicht gleichzeitig zugelassen werden, so sollen die Wünsche des Gefangenen möglichst berücksichtigt werden.

(2) Minderjährige, die noch nicht 14 Jahre alt sind, können in Begleitung Erwachsener zum Besuch zugelassen werden.

(3) Ist von bestimmten Personen eine Störung der Ordnung in der Anstalt zu besorgen, so kann die Besuchserlaubnis versagt werden.

27 Besuchserlaubnis

(1) Der Besuch wird vom Richter oder Staatsanwalt oder einem anderen Beamten mit besonderer Sachkunde überwacht. Die Über-

wachung kann auch einem Anstaltsbeamten, den der Anstaltsleiter bestimmt, überlassen werden.

(2) Der Gefangene darf ohne Erlaubnis des Richters oder des Staatsanwalts (Nr. 3) weder etwas von dem Besucher annehmen noch diesem etwas übergeben. Der Anstaltsleiter kann zulassen, daß dem Gefangenen Nahrungs- und Genußmittel in geringer Menge übergeben werden; er kann anordnen, daß die Nahrungs- und Genußmittel durch Vermittlung der Anstalt beschafft werden.

(3) Der überwachende Beamte greift ein, wenn ihm der Inhalt der Unterredung im Hinblick auf das Strafverfahren oder mit Rücksicht auf die Ordnung in der Anstalt bedenklich erscheint; falls erforderlich, bricht er den Besuch ab. Dies gilt auch, wenn der Besucher oder der Gefangene versucht, dem anderen ohne Erlaubnis etwas zu übergeben.

II. Schriftverkehr

28 Recht auf Schriftwechsel

Der Gefangene darf unbeschränkt Schreiben absenden und empfangen, sofern der Richter nicht anderes bestimmt.

29 Schreibmaterial, Porto

(1) Der Gefangene ist berechtigt, eigenes Schreibmaterial zu verwenden. Es wird in der Regel auf seine Kosten durch Vermittlung der Anstalt beschafft. Die Verwendung gefütterter Umschläge ist nicht gestattet. Auf Verlangen stellt die Anstalt Schreibbedarf in angemessenem Umfang. Papier und Umschläge, die von der Anstalt gestellt werden, dürfen keinen für Außenstehende erkennbaren Hinweis auf die Haft enthalten.

(2) Schreiben an Personen, die von Amts wegen von der Verhaftung benachrichtigt werden (Nr. 15 Abs. 2 Satz 2), darf die Anstalt Merkzettel beifügen, in denen die Empfänger über die Bedingungen des Verkehrs Untersuchungsgefangener mit der Außenwelt unterrichtet werden. Bei Schreiben an andere Personen gilt das nur, wenn der Gefangene einverstanden ist.

(3) Die Portokosten trägt der Gefangene. Ist er dazu nicht in der Lage, werden sie in angemessenem Umfang aus amtlichen Mitteln zur Verfügung gestellt.

30 Überwachung des Schriftwechsels

(1) Der Schriftwechsel des Gefangenen wird durch den Richter oder durch den Staatsanwalt (Nr. 3) überwacht.

(2) Nicht überwacht werden Schreiben an Volksvertretungen des Bundes und der Länder sowie an deren Mitglieder, soweit die

Schreiben an die Anschriften dieser Volksvertretungen gerichtet sind und den Absender zutreffend angeben, sowie an die Europäische Kommission für Menschenrechte.

31 Weiterleitung von Schreiben. Aufbewahrung

(1) Zur Übermittlung der Schreiben zwischen der Vollzugsanstalt und dem Richter oder Staatsanwalt können Sammelumschläge verwendet werden, die zum dauernden Gebrauch bestimmt und entsprechend beschriftet sind; die Absendestelle versieht sie mit einer amtlichen Verschlußmarke, auf der das Namensverzeichnis des Beamten und das Datum anzugeben sind.

(2) Bei der gesamten Regelung des Schriftwechsels des Gefangenen ist auf größte Beschleunigung zu achten. Es ist dafür zu sorgen, daß die ein- und ausgehenden Schreiben des Gefangenen dem Richter oder Staatsanwalt unverzüglich übermittelt und abgesandt oder an den Gefangenen ausgehändigt werden, nachdem der Richter oder Staatsanwalt zugestimmt hat.

(3) Der Gefangene hat eingehende Schreiben unverschlossen zu verwahren, sofern nicht anderes gestattet wird; er kann sie verschlossen zu seiner Habe geben. Der Anstaltsleiter sorgt im Interesse der Ordnung in der Anstalt dafür, daß nicht zu viele Schreiben im Gewahrsam des Gefangenen sind.

32 Überwachung abgehender Schreiben

(1) Der Gefangene erhält für das abgehende Schreiben einen Begleitumschlag. Er hat sein Schreiben unverschlossen in den Begleitumschlag zu legen, diesen zu verschließen und mit seinem Namen, der Bezeichnung des Gerichts sowie dem Aktenzeichen, unter dem die Untersuchung gegen ihn geführt wird, zu versehen.

(2) Wird das Schreiben nicht beanstandet, so wird die Zustimmung zur Absendung auf dem Begleitumschlag vermerkt.

(3) Die erledigten Begleitumschläge sind von der Einweisungsbehörde zu verwahren.

33 Überwachung eingehender Schreiben

(1) Die Vollzugsanstalt legt das für den Gefangenen eingehende Schreiben ungeöffnet in einem unverschlossenen Begleitumschlag dem Richter oder dem Staatsanwalt (Nr. 3) vor.

(2) Ist das Schreiben nicht zu beanstanden, so vermerkt der Richter oder der Staatsanwalt (Nr. 3) auf dem Begleitumschlag, daß der Aushändigung an den Gefangenen zugestimmt wird, und leitet das Schreiben in dem verschlossenen Begleitumschlag der Vollzugsanstalt zur Aushändigung zu. Enthält das Schreiben Einlagen, so wird dies ebenfalls auf dem Begleitumschlag vermerkt.

(3) In der Vollzugsanstalt wird der Begleitumschlag in Gegenwart des Gefangenen geöffnet, das Schreiben ausgehändigt und über etwaige Einlagen verfügt. Eine Prüfung des Schreibens auf Einlagen ist unabhängig von einem entsprechenden Vermerk auf dem Begleitumschlag zulässig. Dabei ist auszuschließen, daß von dem gedanklichen Inhalt des Schreibens Kenntnis genommen wird. Die Verfügung über etwaige Einlagen wird auf dem Begleitumschlag vermerkt; dieser Begleitumschlag ist von der Vollzugsanstalt zu verwahren.

34 Anhalten von Schreiben

(1) Der Richter kann ein Schreiben insbesondere dann anhalten,

1. wenn es in Geheim- oder Kurzschrift, unlesbar, unverständlich oder ohne zwingenden Grund in einer fremden Sprache abgefaßt ist;
2. wenn die Weitergabe des Schreibens das Strafverfahren beeinträchtigen könnte;
3. wenn die Weitergabe des Schreibens geeignet ist, die Ordnung in der Anstalt zu gefährden.

(2) Eine Gefährdung der Ordnung in der Anstalt (Abs. 1 Ziffer 3) kann auch dann in Betracht kommen,

1. wenn ein Schreiben grob unrichtige oder erhebliche entstellende Darstellungen von Anstaltsverhältnissen enthält;
2. wenn ein Schreiben grobe Beleidigungen enthält;
3. wenn die Weitergabe eines Schreibens in Kenntnis seines Inhalts einen Straf- oder Bußgeldtatbestand verwirklichen würde oder wenn ein Schreiben der Vorbereitung einer strafbaren Handlung oder Ordnungswidrigkeit dient.

(3) Schreiben, deren Überwachung ausgeschlossen ist, dürfen nicht angehalten werden.

35 Verfahren

(1) Will der Staatsanwalt (Nr. 3) ein Schreiben anhalten, so legt er es dem Richter vor.

(2) Der Richter oder der Staatsanwalt setzt sich mit dem Anstaltsleiter in Verbindung, wenn das Schreiben Anstaltsverhältnisse behandelt oder sein Inhalt für die Ordnung in der Anstalt oder bei einem jungen Gefangenen für die erzieherische Gestaltung des Vollzugs von Bedeutung sein kann.

(3) Ein angehaltenes Schreiben, das nicht an den Absender zurückgeht und auch nicht beschlagnahmt wird, ist zu der Habe des Gefangenen zu nehmen. Dem Gefangenen ist, soweit nicht aus besonderen Gründen Bedenken entgegenstehen, von dem Anhalten unter Mitteilung des Grundes Kenntnis zu geben. Der einwandfreie Teil eines

eingegangenen, aber angehaltenen Schreibens soll dem Gefangenen mündlich mitgeteilt werden, soweit ihm nicht ein in sich verständlicher Teil des Schreibens ausgehändigt werden kann. Angehaltene eingehende Schreiben können auch an den Absender zurückgesandt werden; der Grund des Anhaltens ist zu bezeichnen.

III. Verkehr mit dem Verteidiger, dem Bewährungshelfer und dem Gerichtshelfer

36 Mündlicher Verkehr

(1) Der Gefangene darf mit seinem Verteidiger ohne besondere Erlaubnis sowie ohne Beschränkung und Überwachung mündlich verkehren (§ 148 Abs. 1 StPO).

(2) Der Verteidiger muß sich als solcher gegenüber der Vollzugsanstalt durch die Vollmacht des Gefangenen oder die Bestellungsanordnung des Gerichts ausweisen. Der Anstaltsleiter kann in geeigneten Fällen verlangen, daß der Verteidiger sich als solcher gegenüber der Vollzugsanstalt durch eine Bescheinigung des Richters oder des Staatsanwalts (Nr. 3) oder durch eine gerichtliche Bestellungsanordnung ausweist.

(3) Ein Rechtsanwalt der einen Besuchsauftrag besitzt, aber sich nicht nach Absatz 2 ausweisen kann, muß einen Einzelsprechschein, vorzeigen, der ihn zu einer einmaligen Unterredung mit dem Gefangenen berechtigt.

(4) Ein Anwalt, der nicht Verteidiger ist, bedarf zu Unterredungen mit dem Gefangenen über Rechtsangelegenheiten der schriftlichen Zustimmung des Richters oder des Staatsanwalts (Nr. 3). In der Regel wird von der Überwachung des Besuches abgesehen.

(5) Auch Verteidiger und Anwälte sind nicht befugt, dem Gefangenen ohne Zustimmung der zuständigen Beamten irgendwelche Gegenstände zur Mitnahme in die Anstalt zu übergeben. Ausgenommen sind Schriftstücke, die der Gefangene selbst zuvor dem Verteidiger ausgehändigt hatte oder die unmittelbar das Strafverfahren betreffen, wie z. B. die Anklageschrift oder Abschriften eingereichter Schriftsätze des Verteidigers. Auf die Regelung in §§ 148 Abs. 2, 148a StPO wird verwiesen.

(6) Hat der Wahlverteidiger die Verteidigung mit Zustimmung dessen, der ihn gewählt hat, einem Referendar übertragen, so kann dieser den Gefangenen ebenso sprechen wie der Wahlverteidiger (§ 139 StPO).

(7) Der Anstaltsleiter kann im Benehmen mit dem Präsidenten der Rechtsanwaltskammer oder dessen Beauftragten allgemein die Zeiten festsetzen, zu denen in der Vollzugsanstalt die Besuche von Verteidigern regelmäßig stattfinden sollen.

37 Schriftlicher Verkehr

(1) Der Gefangene darf mit seinem Verteidiger ohne besondere Erlaubnis sowie ohne Beschränkung und – unbeschadet der Regelung in §§ 148 Abs. 2, 148a StPO – ohne Überwachung verkehren (§ 148 Abs. 1 StPO). Verteidigerpost ist als solche deutlich sichtbar zu kennzeichnen. Ausgehende Schreiben hat der Gefangene mit einer zutreffenden Angabe des Absenders zu versehen.

(2) Der Verteidiger muß sich als solcher gegenüber der Anstalt ausgewiesen haben (Nr. 36 Abs. 2).

37a Verkehr mit dem Bewährungshelfer und dem Gerichtshelfer

(1) Der Gefangene, der unter Bewährungs- oder unter Führungsaufsicht steht oder über den der Bericht eines Gerichtshelfers angefordert ist, darf mit dem Bewährungshelfer, den Bediensteten der Führungsaufsichtsstelle oder dem Gerichtshelfer in demselben Umfang wie mit dem Verteidiger verkehren.

(2) Nrn. 36 und 37 gelten entsprechend.

IV. Sonstiger Verkehr mit der Außenwelt

38 Fernmündlicher Verkehr. Telegramme

(1) Fernmündliche Gespräche des Gefangenen mit Personen außerhalb der Anstalt bedürfen der Zustimmung des Richters oder des Staatsanwalts (Nr. 3). In dringenden unbedenklichen Fällen kann auch der Anstaltsleiter die Zustimmung erteilen. Das Gespräch wird im vollen Wortlaut mitgehört; Nr. 36 Abs. 1 bleibt unberührt.

(2) Telegramme werden wie Schreiben überwacht, aber beschleunigt befördert. Sofern der Gefangene mit der Öffnung des Telegramms einverstanden ist, kann ihn der Anstaltsleiter in dringenden unbedenklichen Fällen von dem wesentlichen Inhalt in Kenntnis setzen.

(3) Gebühren hat der Gefangene im voraus zu entrichten.

39 Pakete

(1) Für den Empfang von Paketen mit Nahrungs- und Genußmitteln durch den Gefangenen gelten die Regelung in § 33 Abs. 1 StVollzG und die hierzu erlassenen bundeseinheitlichen Verwaltungsvorschriften entsprechend. Die Entscheidung über die Zulassung weiterer Pakete oder solcher mit anderem Inhalt (§ 33 Abs. 1 Satz 3 StVollzG) trifft der Anstaltsleiter. Er soll solche Pakete nur aus besonderem Anlaß zulassen.

(2) Gefangene, die am Ort der Vollzugsanstalt keine Angehörigen haben, dürfen im Rahmen der Hausordnung regelmäßig Wäschepa-

kete von auswärts empfangen. Außer einem Inhaltsverzeichnis dürfen keine schriftlichen Mitteilungen beigefügt sein.

(3) Das Paket wird von dem Anstaltsleiter oder dem von ihm beauftragten Beamten in Gegenwart des Empfängers überprüft. Gegenstände, deren Aushändigung an den Gefangenen bedenklich erscheint, werden entweder zur Habe des Gefangenen genommen, zurückgesandt oder dem Absender zur Rücknahme zur Verfügung gestellt.

(4) Für die Versendung von Paketen durch den Gefangenen gelten die Regelung in § 33 Abs. 4 StVollzG und die hierzu erlassenen bundeseinheitlichen Verwaltungsvorschriften entsprechend.

(5) Die Entscheidung des Richters wird eingeholt, wenn die Versendung bestimmter Gegenstände das Strafverfahren beeinträchtigen könnte.

40 Hörfunk und Fernsehen

(1) Der Gefangene darf am Hörfunkprogramm der Anstalt sowie am gemeinschaftlichen Fernsehempfang teilnehmen. Nr. 46 Abs. 1 bleibt unberührt.

(2) Einzelempfang durch ein eigenes Hörfunkgerät und ein eigenes Fernsehgerät ist, soweit der Richter nicht etwas anderes anordnet, gestattet.

(3) Die für den Betrieb eigener Hörfunk- und Fernsehgeräte durch Strafgefangene erlassenen bundeseinheitlichen Verwaltungsvorschriften gelten sinngemäß.

41 Vernehmung. Vorführung. Ausführung. Urlaub

(1) Zur Vernehmung des Gefangenen in der Anstalt oder zu seiner Vorführung außerhalb der Anstalt bedarf es eines schriftlichen Auftrags oder der Zustimmung des Richters oder des Staatsanwalts. Vernehmungen sollen nach Einschluß grundsätzlich nicht mehr stattfinden. Frauen sind durch männliche Polizeibeamte nur in Gegenwart einer Beamtin oder eines zweiten Beamten zu vernehmen. Die Ausantwortung ist nur mit Zustimmung des Richters zulässig.

(2) Der Gefangene darf auf seinen Antrag und auf seine Kosten mit Zustimmung des Richters oder des Staatsanwalts (Nr. 3) an Orte außerhalb der Anstalt ausgeführt werden, wenn wichtige und unaufschiebbare Angelegenheiten persönlicher, geschäftlicher oder rechtlicher Art seine persönliche Anwesenheit erforderlich machen. Die Kosten der Ausführung sind regelmäßig vorzuschießen.

(3) Urlaub aus der Untersuchungshaft wird nicht gewährt.

Viertes Kapitel
Arbeit. Selbstbeschäftigung

42 Grundsatz

Der Gefangene ist nicht zur Arbeit verpflichtet.

43 Zugewiesene Arbeit

(1) Auf Verlangen soll dem Gefangenen Gelegenheit gegeben werden zu arbeiten; auf diese Möglichkeit ist er hinzuweisen. Bei der Zuweisung der Arbeit wird der Zweck der Untersuchungshaft berücksichtigt; auf den Beruf und die Kenntnisse, die Körperkräfte und Fertigkeiten des Gefangenen sowie auf Gesundheitszustand, Geschlecht und Lebensalter wird besonders Rücksicht genommen.

(2) Der Gefangene darf mit Zustimmung des Richters bei der Arbeit mit anderen Gefangenen in Berührung kommen. Außerhalb des eingefriedeten Bereichs der Anstalt darf er nicht zur Arbeit eingesetzt werden.

(3) Nimmt ein Gefangener an der allgemein eingeführten Arbeit teil, so unterwirft er sich den von der Anstalt festgelegten Arbeitsbedingungen. Er darf die Arbeit nicht zur Unzeit niederlegen.

(4) Übt der Gefangene eine ihm zugewiesene Artest aus, so erhält er ein nach § 43 StVollzG zu bemessendes Arbeitsentgelt (§ 177 StVollzG), über das er frei verfügen darf.

(5) Der Gefangene darf durch die zugewiesene Arbeit in der Vorbereitung seiner Verteidigung nicht beeinträchtigt werden (Nr. 20).

44 Selbstbeschäftigung

Der Gefangene darf sich auf seine Kosten selbst beschäftigen, soweit die Selbstbeschäftigung mit dem Zweck der Haft vereinbar ist und die Ordnung in der Anstalt nicht stört. Erzielt der Gefangene aus der Selbstbeschäftigung Einkünfte, ist er anzuhalten, seiner Steuerpflicht nachzukommen.

Fünftes Kapitel
Freizeit

45 Lesestoff

(1) Dem Gefangenen ist anstaltseigener Lesestoff in ausreichendem Maße zur Verfügung zu stellen.

(2) Der Gefangene kann sich durch Vermittlung der Anstalt auf eigene Kosten oder auf Kosten Dritter Bücher durch den Buchhan-

del beschaffen sowie Zeitungen und Zeitschriften durch den Verlag, die Post oder den Handel beziehen. Vom Bezug ausgeschlossen sind Bücher, Zeitungen und Zeitschriften, deren Verbreitung mit Strafe oder Geldbuße bedroht ist.

(3) Bücher, Schriften, Zeitungen und Zeitschriften, die dem Befangenen nicht unmittelbar von dem Verlag oder dem Buchhandel oder im Postbezug übersandt werden, dürfen ihm nur mit Zustimmung des Richters oder des Staatsanwalts (Nr. 3) ausgehändigt werden.

(4) Der Lesestoff, den der Gefangene aus öffentlichen Büchereien oder unmittelbar durch den Verlag, die Post oder den Handel bezieht, wird vor der Aushändigung an den Gefangenen durch den Anstaltsleiter oder den von ihm bestimmten Beamten geprüft, sofern der Richter oder der Staatsanwalt (Nr. 3) sich die Durchsicht nicht ausdrücklich vorbehalten hat. Den Lesestoff, der sonst dem Gefangenen übersandt oder für ihn abgegeben wird, oder der aus der Habe stammt, prüft der Richter oder der Staatsanwalt. Lesestoff, dessen Inhalt eine Gefährdung des Zwecks der Haft oder der Ordnung in der Anstalt befürchten läßt, wird dem Gefangenen durch Verfügung des Richters vorenthalten; dem Gefangenen ist, soweit nicht aus besonderen Gründen Bedenken entgegenstehen, von der Verfügung unter Mitteilung des Grundes Kenntnis zu geben.

(5) Der Gefangene darf nicht mehr Lehrstoff in seinem Haftraum aufbewahren und nicht mehr Zeitungen und Zeitschriften beziehen, als es mit der Ordnung in der Anstalt vereinbar ist. Die bundeseinheitlichen Verwaltungsvorschriften über den Bezug von Zeitungen und Zeitschriften durch Strafgefangene gelten insoweit sinngemäß.

46 Gemeinsame Veranstaltungen

(1) Untersuchungsgefangene dürfen an gemeinsamen Veranstaltungen teilnehmen, wenn der Richter zugestimmt hat oder gemeinsame Haft zugelassen ist.

(2) Absatz 1 gilt auch für gemeinsamen Unterricht. Zu einer Teilnahme am Unterricht von Strafgefangenen ist außer dem ausdrücklichen Einverständnis des Untersuchungsgefangenen die Zustimmung des Richters oder des Staatsanwalts notwendig.

Sechstes Kapitel
Seelsorge

47 Religiöse Veranstaltungen

(1) Der Gefangene darf am gemeinschaftlichen Gottesdienst und an anderen religiösen Veranstaltungen seines Bekenntnisses teilnehmen, wenn nicht der Richter mit Rücksicht auf den Zweck der Untersuchungshaft oder aus Gründen der Ordnung in der Anstalt anderes anordnet.

(2) Unter derselben Voraussetzung darf der Gefangene an religiösen Veranstaltungen einer anderen Religionsgemeinschaft teilnehmen, falls deren Seelsorger zustimmt.

(3) Mißbraucht der Gefangene die Teilnahme an religiösen Veranstaltungen zu Verdunkelungszwecken oder sonst zu unerlaubtem Verkehr mit anderen Gefangenen oder stört er die Veranstaltung, so kann er vom Anstaltsleiter im Benehmen mit dem Anstaltsseelsorger von der weiteren Teilnahme an diesen Veranstaltungen ausgeschlossen werden. Der Ausschluß bedarf der Genehmigung des Richters (§ 119 Abs. 6 StPO), der auch – gegebenenfalls nach Anhörung des Seelsorgers – über die Wiederzulassung entscheidet.

(4) Gemeinsame religiöse Veranstaltungen von Untersuchungsgefangenen und Strafgefangenen sind zulässig, wenn nicht in Ausnahmefällen der Richter anderes anordnet.

48 Einzelseelsorge

(1) Der Gefangene hat das Recht, den Zuspruch eines Seelsorgers seines Bekenntnisses zu empfangen. Nr. 47 Abs. 2 gilt sinngemäß.

(2) Die hauptamtlich oder vertraglich angestellten Anstaltsseelsorger dürfen den Gefangenen ohne Erlaubnis aufsuchen.

(3) Anderen Seelsorgern als Anstaltsseelsorgern erteilt der Richter die Erlaubnis zum seelsorgerischen Besuch des Gefangenen; der Richter bestimmt, ob der Besuch überwacht wird.

48a Weltanschauungsgemeinschaften

Für Angehörige weltanschaulicher Bekenntnisse gelten die Nrn. 47 und 48 entsprechend.

Siebentes Kapitel
Soziale Hilfe

49

(1) Dem Gefangenen wird bei der Aufnahme (Nr. 16 Abs. 5), während des Vollzugs der Untersuchungshaft wie auch bei der Entlassung (Nr. 17 Abs. 3) die soziale Hilfe der Anstalt angeboten, soweit er ihrer bedarf. Sie soll die nachteiligen Auswirkungen der Verhaftung mildern und den Wiedereintritt in geordnete Lebensverhältnisse erleichtern sowie darauf gerichtet sein, den Gefangenen in die Lage zu versetzen, seine Angelegenheiten selbst zu ordnen und zu regeln. In Frage kommen namentlich Maßnahmen zur Aufrechterhaltung der Familienbande und wertvoller sozialer Beziehungen, zur Erhaltung des Arbeitsplatzes und der Wohnung des Gefangenen und zur Sicherung seines Eigentums sowie zur Betreuung unterhaltsberechtigter Angehöriger oder sonst von ihm Abhängiger durch die

für Sozialleistungen zuständigen Stellen. Bei der Entlassung ist dem Gefangenen insbesondere zu helfen, Arbeit und Unterkunft zu finden.

(2) Die soziale Hilfe darf den Zweck des Verfahrens weder gefährden noch hemmen. Bei den Hilfsmaßnahmen ist, soweit erforderlich, mit dem Richter oder dem Staatsanwalt Fühlung zu nehmen.

Achtes Kapitel
Lebenshaltung

50 Ernährung

(1) Der Gefangene wird nach den Bestimmungen der Kostordnung verpflegt.

(2) Dem Gefangenen wird gestattet, sich auf seine Kosten durch Vermittlung der Anstalt selbst zu verpflegen. Die Verpflegung hat sich im Rahmen einer vernünftigen Lebensweise zu halten (Nr. 18 Abs. 2); sie darf nur von einer Speise- oder Gastwirtschaft bezogen werden, die der Anstaltsleiter bestimmt. Der erforderliche Geldbetrag ist vorher bei der Anstaltskasse einzubezahlen; die Selbstbeköstigung endet, wenn der Vorschuß erschöpft ist. Ein Gefangener, der sich selbst verpflegt, wird während der Mahlzeiten von anderen Gefangenen getrennt gehalten.

51 Zusatznahrungs- und Genußmittel. Persönlicher Bedarf

(1) Dem Gefangenen wird erlaubt, sich auf seine Kosten im Rahmen einer vernünftigen Lebensweise (Nr. 18 Abs. 2) vom Anstaltsleiter zugelassene Zusatznahrungs- und Genußmittel, andere Gegenstände des persönlichen Bedarfs sowie mit Zustimmung des Anstaltsarztes auch Arznei- und Kräftigungsmittel zu beschaffen.

(2) Die Beschaffung vermittelt in der Regel die Anstalt. Die Häufigkeit des Einkaufs richtet sich nach den örtlichen Verhältnissen; jedoch soll eine gewisse Regelmäßigkeit – möglichst einmal in der Woche – gewährleistet sein. Nahrungs- und Genußmittel und Gegenstände des persönlichen Bedarfs, die nicht durch Vermittlung der Anstalt beschafft sind, werden durch den Anstaltsleiter oder den von ihm bestimmten Beamten vor der Aushändigung an den Gefangenen geprüft.

(3) Der Genuß alkoholischer Getränke und anderer berauschender Mittel wird mit Rücksicht auf die Ordnung in der Anstalt nicht gestattet. Das Rauchen ist im Rahmen der Hausordnung erlaubt, sofern keine Feuergefahr zu befürchten ist.

52 Kleidung. Wäsche. Bettlager

(1) Der Gefangene ist berechtigt, eigene Kleidung und Wäsche zu tragen; er darf eigene Bettwäsche benutzen. Soweit die eigenen

Sachen ergänzt oder gewechselt werden müssen, können für den Gefangenen Kleidungs- und Wäschestücke in der Anstalt abgegeben und dort abgeholt werden. Die Sachen werden durch einen Anstaltsbeamten in Gegenwart des Gefangenen durchgesehen.

(2) Soweit der Gefangene nicht über vollständige Kleidung und Wäsche verfügt oder nicht in der Lage ist, für regelmäßigen Wechsel und für Reinigung der eigenen Sachen zu sorgen, wird er mit Anstaltskleidung und Anstaltswäsche ausgestattet. Insoweit ist er verpflichtet, Anstaltssachen zu tragen.

(3) Der Anstaltsleiter kann dem Gefangenen zur Schonung seiner eigenen Sachen das Tragen von Anstaltskleidung und Anstaltswäsche gestatten. Der Anstaltsleiter soll von dieser Befugnis auf Wunsch des Gefangenen namentlich dann Gebrauch machen, wenn dieser freiwillig an der allgemein eingeführten Arbeit teilnimmt.

(4) Dem Gefangenen, der gewöhnlich Anstaltskleidung trägt, kann beim Empfang eines Besuchs, bei einer Vorführung, Ausführung oder bei sonstiger Berührung mit der Außenwelt gestattet werden, eigene Kleidung und eigene Wäsche zu tragen. Bei einer Vorführung oder Ausführung soll dies die Regel sein.

53 Habe

(1) Der Anstaltsleiter darf dem Gefangenen Stücke der Habe überlassen, die sich zum persönlichen Gebrauch oder zur Ausstattung des Haftraumes eignen.

(2) Geld, Wertsachen und besondere Kostbarkeiten darf der Gefangene nicht im Gewahrsam haben. Der Besitz von Uhren ist grundsätzlich gestattet. Das Tragen eines Ehe- oder Verlobungsringes ist gestattet.

(3) Stücke der persönlichen Habe dürfen ohne Zustimmung des Richters nicht aus der Anstalt entfernt oder anderen Gefangenen überlassen werden.

(4) Aufzeichnungen und andere Gegenstände, die Kenntnisse über Sicherungsvorkehrungen der Anstalt vermitteln, werden mit Genehmigung des Richters von der Vollzugsbehörde in Verwahrung genommen.

54 Haftraum. Beleuchtung

(1) Der Gefangene ist verpflichtet, seinen Haftraum und dessen Einrichtungsgegenstände zu reinigen. Der Gefangene haftet für vorsätzliche und fahrlässige Beschädigung von Anstaltseigentum.

(2) Der Anstaltsleiter kann gestatten, daß der Haftraum über die vorgeschriebene Zeit hinaus beleuchtet wird.

55 Aufenthalt im Freien

(1) Arbeitet ein Gefangener nicht im Freien, so soll ihm täglich mindestens eine Stunde Aufenthalt im Freien ermöglicht werden, wenn die Witterung dies zu der festgesetzten Zeit zuläßt.

(2) Die Vorschriften über die Trennung der Gefangenen (Nr. 22) sind zu beachten.

Hamburg:

AV v. 22. 11. 1976 (JVBl. S. 112) betr. Neufassung der UVollzO ab 1. 1. 1977:

Nr. 55 (1) UVollzO n. F. gilt, solange aus personellen und räumlichen Gründen eine Stunde Aufenthalt im Freien nicht ermöglicht werden kann, in folgender Fassung:

„(1) Arbeitet ein Gefangener nicht im Freien, so sollen ihm täglich, einschließlich Ein- und Ausrücken, 45 Minuten Aufenthalt im Freien ermöglicht werden, wenn die Witterung dies zu der festgesetzten Zeit zuläßt."

Neuntes Kapitel
Gesundheitspflege

56 Anstaltsarzt. Beratender Arzt

(1) Der Gefangene wird vom Anstaltsarzt gesundheitlich betreut. Mit Zustimmung des Richters und nach Anhören des Anstaltsarztes kann dem Gefangenen gestattet werden, auf eigene Kosten einen beratenden Arzt hinzuzuziehen.

(2) Dem Gefangenen kann erlaubt werden, sich durch einen anderen als den für die Anstalt regelmäßig tätigen Zahnarzt auf eigene Kosten behandeln zu lassen.

57 Krankenhausbehandlung

Kann einem Gefangenen im Fall einer Erkrankung die erforderliche Behandlung in der Anstalt, in der er sich befindet, nicht gewährt werden, so ist er mit Zustimmung des Richters in eine für die Behandlung geeignete Vollzugsanstalt oder ein Anstaltskrankenhaus zu verlegen oder in ein Krankenhaus außerhalb des Vollzugs zu überführen. Das gleiche gilt bei weiblichen Gefangenen auch im Fall einer Schwangerschaft.

58 Zwangsmaßnahmen auf dem Gebiet der Gesundheitsfürsorge

Auf die Regelung in Nr. 72 wird verwiesen.

59 Abweichungen von Vollzugsvorschriften

Der Anstaltsleiter weicht auf Antrag oder nach Anhören des Anstaltsarztes von Vollzugsvorschriften ab, wenn dies zur Wahrung der Gesundheit eines Gefangenen erforderlich ist.

Vierter Abschnitt

60 Besondere Verdunkelungsgefahr

(1) Bei erheblicher Verdunkelungsgefahr kann der Richter von sich aus oder auf Antrag des Staatsanwalts im Aufnahmeersuchen oder später besondere Maßnahmen anordnen, die geeignet sind, diese Gefahr soweit wie möglich auszuschalten.

(2) Es kommen hauptsächlich in Betracht:

1. Anordnung strenger Einzelhaft, während welcher der Gefangene von anderen Gefangenen dauernd getrennt gehalten und streng bewacht wird;
2. Beschränkung des Verkehrs mit der Außenwelt auf das Mindestmaß, insbesondere Paketsperre, Verbot der Beschaffung und Benutzung anstaltsfremden Lesestoffes, besonders strenge Überwachung des Schrift- und Besuchsverkehrs sowie, falls unbedingt notwendig, für eine gewisse Zeit völlige Abschließung von der Außenwelt;
3. Versagung oder Entzug der Erlaubnis, sich selbst zu beköstigen;
4. Versagung oder Entzug der Erlaubnis, eigene Kleidung, Wäsche und Bettwäsche zu benutzen, und Verbot des Überlassens von Stücken der Habe;
5. Beschränkung des täglichen Aufenthalts im Freien auf das Mindestmaß sowie im Benehmen mit dem Anstaltsarzt Ausschluß vom Aufenthalt im Freien für eine bestimmte Zeit.

Fünfter Abschnitt
Sicherheit und Ordnung

Erstes Kapitel
Durchsuchung

61

Der Gefangene, seine Sachen und sein Haftraum dürfen jederzeit durchsucht werden. Bei Durchsuchung männlicher Gefangener dürfen nur Männer, bei der Durchsuchung weiblicher Gefangener nur Frauen anwesend sein. Das Schamgefühl ist zu schonen.

Zweites Kapitel
Besondere Sicherungsmaßnahmen

62 Allgemeines

(1) Gegen einen Gefangenen können besondere Sicherungsmaßnahmen angeordnet werden, wenn eine Gefährund des Zwecks der

Untersuchungshaft oder eine erhebliche Störung der Anstaltsordnung anders nicht vermieden oder behoben werden kann.

(2) Besondere Sicherungsmaßnahmen sind namentlich dann zulässig, wenn nach dem Verhalten des Gefangenen oder aufgrund seines seelischen Zustandes in erhöhtem Maße Fluchtgefahr, die Gefahr von Gewalttätigkeiten gegen Personen oder Sachen oder die Gefahr des Selbstmordes oder der Selbstbeschädigung besteht.

(3) Besondere Sicherungsmaßnahmen (Nrn. 63 und 64) ordnet der Richter an. In dringenden Fällen (Nr. 5) kann sie der Staatsanwalt, der Anstaltsleiter oder ein anderer Beamter, unter dessen Aufsicht der Gefangene steht, vorläufig anordnen. Vorläufige Anordnungen bedürfen der nachträglichen Zustimmung des Richters, die unverzüglich einzuholen ist (§ 119 Abs. 6 Satz 2 und 3 StPO).

(4) Wird ein Gefangener ärztlich behandelt oder beobachtet oder bildet sein seelischer Zustand den Anlaß der Maßnahme, so ist vor der Anordnung besonderer Sicherungsmaßnahmen der Arzt zu hören. Ist dies wegen Gefahr im Verzuge nicht möglich, wird eine Stellungnahme unverzüglich eingeholt.

63 Arten der zulässigen Maßnahmen

(1) Als besondere Sicherungsmaßnahmen kommen hauptsächlich in Betracht:

1. Verstärkte Durchsuchung des Gefangenen, seiner Sachen und seines Haftraums;
2. Beobachtung bei Nacht, wenn nötig, verbunden mit abgeschirmter Dauerbeleuchtung des Haftraums;
3. vorsichtige Arbeitszuteilung, insbesondere Verbot der Arbeit mit gefährlichen Werkzeugen und außerhalb des Haftraums;
4. Entzug oder Vorenthaltung von Gegenständen oder Bekleidungsstücken, deren Mißbrauch zu befürchten ist oder die geeignet sind, einen Flucht- oder Selbstmordversuch zu fördern;
5. Versagung oder Entzug der Befugnis, eigene Kleidung und Wäsche zu benutzen;
6. Beschränkung oder zeitweiliger Entzug des täglichen Aufenthalts im Freien;
7. Beschränkung und, abgesehen vom Verkehr mit dem Verteidiger, ausnahmslose Überwachung des Verkehrs mit der Außenwelt;
8. Zusammenlegung mit zuverlässigen Gefangenen in einem Haftraum;
9. Unterbringung in einem besonders gesicherten Haftraum ohne gefährdende Gegenstände.

(2) Zu einer schärferen Sicherungsmaßnahme soll nur gegriffen werden, wenn eine mildere keinen Erfolg verspricht.

64 Fesselung

(1) Der Gefangene darf gefesselt werden, wenn
1. die Gefahr besteht, daß er Gewalt gegen Personen oder Sachen anwendet, oder wenn er Widerstand leistet,
2. er zu fliehen versucht oder wenn bei Würdigung der Umstände des Einzelfalles, namentlich der Verhältnisse des Gefangenen und der Umstände, die einer Flucht entgegenstehen, die Gefahr besteht, daß er sich aus dem Gewahrsam befreien wird,
3. die Gefahr des Selbstmordes oder der Selbstbeschädigung besteht

und wenn die Gefahr durch keine andere, weniger einschneidende Maßnahme abgewendet werden kann. Bei der Hauptverhandlung soll er ungefesselt sein (§ 119 Abs. 5 StPO).

(2) In der Regel dürfen Fesseln nur an den Händen oder an den Füßen angelegt werden. Im Interesse des Gefangenen kann eine andere Art der Fesselung angeordnet werden. Die Fesselung wird zeitweise gelockert, soweit dies notwendig ist.

(3) Die Anordnung der Fesselung trifft der Richter. Wird in dringenden Fällen von anderen Beamten die Fesselung verfügt, so ist unverzüglich die nachträgliche Zustimmung des Richters einzuholen (Nr. 62 Abs. 3).

65 Dauer der Maßnahmen und ärztliche Überwachung

(1) Besondere Sicherungsmaßnahmen dürfen nur soweit aufrechterhalten werden, wie es ihr Zweck erfordert.

(2) Ist ein Gefangener in einem Haftraum ohne gefährdende Gegenstände untergebracht oder innerhalb der Vollzugsanstalt gefesselt, so sucht ihn der Anstaltsarzt alsbald und in der Folge möglichst täglich auf.

(3) Der Arzt ist regelmäßig zu hören, solange einem Gefangenen der tägliche Aufenthalt im Freien entzogen wird.

66 Verlegung in eine andere Anstalt

Hält der Anstaltsleiter bei den besonderen Verhältnissen seiner Anstalt die Gewähr für eine sichere Verwahrung oder die Verhinderung von Gewalttätigkeiten, Selbstmord oder Selbstbeschädigung nicht für gegeben, so hat er beim Richter auf die Verlegung des Gefangenen in eine geeignete Vollzugsanstalt hinzuwirken.

Drittes Kapitel
Disziplinarmaßnahmen

67 Allgemeines

(1) Gegen einen Gefangenen, der schuldhaft gegen die Ordnung in der Anstalt verstößt oder den Haftzweck gefährdet oder vereitelt,

kann der Richter gemäß § 119 Abs. 3 und 6 StPO Disziplinarmaßnahmen anordnen.

(2) Bei leichteren Verstößen kann es bei einer Ermahnung oder Verwarnung bleiben, die auch der Anstaltsleiter aussprechen kann.

68 Arten der Disziplinarmaßnahmen

(1) Als Disziplinarmaßnahmen kommen in Betracht:

1. Verweis;
2. Beschränkung oder Entzug des Rechts auf Selbstbeköstigung (Nr. 50 Abs. 2) und des Rechts auf Beschaffung von zusätzlichen Nahrungs- und Genußmitteln und Gegenständen des persönlichen Bedarfs (Nr. 51 Abs. 1) bis zu drei Monaten;
3. Beschränkung oder Entzug verlängerter Haftraumbeleuchtung (Nr. 54 Abs. 2) bis zu drei Monaten;
4. Beschränkung oder Entzug des Lesestoffes (Nr. 45) bis zu zwei Wochen sowie des Hörfunk- und Fernsehempfangs (Nr. 40) bis zu drei Monaten; der gleichzeitige Entzug jedoch nur bis zu zwei Wochen;
5. Beschränkung oder Entzug des Besitzes von Gegenständen aus der Habe (Nr. 53 Abs. 1) bis zu drei Monaten;
6. Beschränkung oder Entzug der Teilnahme an gemeinsamen Veranstaltungen (Nr. 46) bis zu drei Monaten;
7. Entzug des täglichen Aufenthalts im Freien (Nr. 55) bis zu einer Woche;
8. Entzug einer zugewiesenen Arbeit oder Beschäftigung (Nr. 43) unter Wegfall der Bezüge oder einer Selbstbeschäftigung (Nr. 44) zu vier Wochen;
9. Beschränkung des Verkehrs mit Personen außerhalb der Anstalt auf dringende Fälle bis zu drei Monaten;
10. Arrest bis zu vier Wochen.

(2) Für junge Gefangene (Nr. 1 Abs. 4) gilt Abs. 1 Ziffer 7 nicht; Arrest (Abs. 1 Ziffer 10) ist nur bis zu zwei Wochen zulässig.

(3) Mehrere Disziplinarmaßnahmen können miteinander verbunden werden.

(4) Bei der Wahl der Disziplinarmaßnahmen werden Grund und Zweck der Haft sowie die seelischen Wirkungen der Untersuchungshaft und des Strafverfahrens berücksichtigt.

(5) Der Anstaltsleiter soll die Anordnung von Arrest nur wegen schwerer oder mehrfach wiederholter Verfehlungen beantragen. Die Anordnung von Maßnahmen nach Abs. 1 Ziffern 3 bis 9 soll er möglichst nur beantragen, wenn die Verfehlung mit den zu beschränkenden oder zu entziehenden Befugnissen im Zusammenhang steht; dies gilt nicht bei einer Verbindung mit Arrest.

69 Verfahren

(1) Der Anstaltsleiter veranlaßt die zur Klärung des Sachverhalts notwendigen Erhebungen, soweit sie nicht der Richter oder der Staatsanwalt durchführt. Der Gefangene wird gehört. Die Erhebungen werden in einer Niederschrift festgelegt; die Einlassung des Gefangenen wird vermerkt. Der Anstaltsleiter gibt das Ergebnis seiner Ermittlungen mit einem Antrag auf Festsetzung einer bestimmten Disziplinarmaßnahme dem Richter vor. Dieser kann weitere Erhebungen anordnen oder selbst anstellen.

(2) Vor der Beantragung einer Disziplinarmaßnahme gegen einen Gefangenen, der ärztlich behandelt oder beobachtet wird, oder gegen eine Schwangere oder eine stillende Mutter ist der Anstaltsarzt zu hören.

(3) Der Beschluß, mit dem über die Anordnung einer Disziplinarmaßnahme entschieden wird, ist schriftlich abzufassen und zu begründen. Dem anwesenden Gefangenen wird er vom Richter durch Verkündung bekanntgemacht, dem abwesenden formlos mitgeteilt (§ 35 StPO).

(4) Bei der Anordnung und dem Vollzug einer Disziplinarmaßnahme ist darauf zu achten, daß die Verteidigung und die Verhandlungsfähigkeit des Gefangenen nicht beeinträchtigt werden.

70 Vollstreckung

(1) Disziplinarmaßnahmen werden in der Regel sofort vollstreckt.

(2) Eine Disziplinarmaßnahme kann ganz oder zum Teil auch während einer Untersuchungshaft unmittelbar, nachfolgenden Untersuchungs- oder Strafhaft vollstreckt werden.

(3) Wird der Verkehr des Gefangenen mit Personen außerhalb der Anstalt eingeschränkt, ist ihm Gelegenheit zu geben, dies einer Person, mit der er im Schriftwechsel steht oder die ihn zu besuchen pflegt, mitzuteilen. Der Verkehr mit den in Nrn. 30 Abs. 2, 36 bis 37a genannten Empfängern, mit Gerichten und Justizbehörden in der Bundesrepublik sowie mit Rechtsanwälten und Notaren in einer den Gefangenen betreffenden Rechtssache bleibt unbeschränkt.

71 Vollzug des Arrestes

(1) Der Arrest wird unter unausgesetzter Absonderung des Gefangenen von anderen Gefangenen vollzogen. Der Gefangene kann in einem besonderen Arrestraum untergebracht werden, der den Anforderungen entsprechen muß, die an einen zum Aufenthalt bei Tag und Nacht bestimmten Haftraum gestellt werden.

(2) Soweit nichts anderes angeordnet wird, ruhen die Befugnisse des Gefangenen aus oder aufgrund der Nr. 18 Abs. 3, Nrn. 40, 43, 45, 50 Abs. 2, Nr. 51 Abs. 1, Nr. 52 Abs. 1, Nr. 53 Abs. 1 und Nr. 54 Abs. 2.

(3) Vor dem Vollzug des Arrestes ist der Anstaltsarzt zu hören. Während des Arrestes steht der Gefangene unter ärztlicher Aufsicht. Der Vollzug des Arrestes unterbleibt oder wird unterbrochen, solange die Gesundheit des Gefangenen durch den Vollzug gefährdet würde.

Viertes Kapitel
Unmittelbarer Zwang

72

(1) Für die Anwendung unmittelbaren Zwangs gelten die gesetzlichen Vorschriften.

(2) Jede Anwendung unmittelbaren Zwangs, insbesondere jeder Waffengebrauch, ist dem Anstaltsleiter unverzüglich zu melden.

Sechster Abschnitt
Beschwerde

73 Allgemeines

Der Gefangene hat das Recht, sich gegen Anordnungen und Maßnahmen zu beschweren, durch die er im Vollzuge der Untersuchungshaft betroffen wird.

74 Entscheidungen des Richters

(1) Beschwerden gegen Verfügungen des Richters werden nach den Vorschriften der Strafprozeßordnung (§§ 304 ff.) behandelt.

(2) Die Beschwerde ist zur Niederschrift der Geschäftsstelle des Gerichts zu geben oder schriftlich einzulegen. Sie ist bei dem Gericht anzubringen, das die angefochtene Verfügung erlassen hat. Der Gefangene kann die Beschwerde auch zur Niederschrift des Amtsgerichts geben, in dessen Bezirk er sich befindet (§ 299 StPO).

(3) Durch Einlegung der Beschwerde wird der Vollzug der angefochtenen Verfügung nicht gehemmt, sofern nicht der Richter die Vollziehung aussetzt (§ 307 StPO).

75 Entscheidungen des Anstaltsleiters

(1) Beschwert der Gefangene sich gegen Anordnungen des Anstaltsleiters in Angelegenheiten, die der Zuständigkeit des Richters nach § 119 Abs. 6 StPO unterliegen, so entscheidet der Richter.

(2) Über Beschwerden gegen Maßnahmen der Anstaltsbeamten entscheidet im Dienstaufsichtswege der Anstaltsleiter, soweit nicht auf

Grund besonderer Vorschriften unmittelbar die Aufsichtsbehörde zuständig ist. Diese entscheidet auch, wenn die Beschwerde sich gegen den Anstaltsleiter selbst richtet. Gemeinsame Beschwerden sind unzulässig.

(3) Unabhängig von der Dienstaufsichtsbeschwerde kann der Gefangene in Angelegenheiten, für die nicht die richterliche Zuständigkeit nach § 119 Abs. 6 StPO gegeben ist, Antrag auf gerichtliche Entscheidung stellen, wenn er geltend macht, durch eine Anordnung, Verfügung oder sonstige Maßnahme der Vollzugsbehörde oder durch die Ablehnung oder Unterlassung einer solchen Maßnahme in seinen Rechten verletzt zu sein (§§ 23, 24 Abs. 1 EGGVG). Ob dem Antrage auf gerichtliche Entscheidung ein Verfahren über einen förmlichen Rechtsbehelf vorauszugehen hat, richtet sich nach dem Landesrecht.

Siebenter Abschnitt
Ergänzende Vorschriften

76

Soweit nicht diese Vollzugsordnung anderes bestimmt oder Wesen und Zweck der Untersuchungshaft entgegenstehen, gelten für den Vollzug der Untersuchungshaft die Vorschriften über den Strafvollzug sinngemäß.

Achter Abschnitt
Junge Gefangene

77 Zuständiger Richter

Im Verfahren gegen Jugendliche und Heranwachsende gilt die Vorschrift der Nr. 2 mit der Maßgabe, daß an die Stelle des Amtsrichters der Jugendrichter tritt (§§ 34, 107 JGG). Der zuständige Richter kann in Verfahren gegen Jugendliche die richterlichen Entscheidungen, welche die Untersuchungshaft betreffen, aus wichtigen Gründen sämtlich oder zum Teil einem anderen Jugendrichter übertragen (§ 72 Abs. 5 JGG).

78 Trennung

(1) Mit erwachsenen Gefangenen dürfen junge Gefangene (Nr. 1 Abs. 4) nicht zusammenkommen (Nr. 22 Abs. 4). Wenn gesundheitliche Gründe es dringend erfordern, kann ein junger Gefangener ausnahmsweise vorübergehend auch zusammen mit erwachsenen Gefangenen untergebracht werden.

(2) Werden junge Gefangene in gemeinsamer Haft zusammengelegt, so sind Entwicklung und Reife der Gefangenen sowie erzieherische Gesichtspunkte zu berücksichtigen.

79 Persönlichkeitserforschung

(1) Der Anstaltsleiter und die von ihm beauftragten Beamten sollen sich mit der Erforschung der Persönlichkeit des jungen Gefangenen befassen. Sie dient dem Ziele, für die Beurteilung der Persönlichkeit des jungen Gefangenen Unterlagen zu gewinnen und so die richtige Behandlung im Vollzug der Untersuchungshaft wie auch die richtige Entscheidung in der Strafsache zu erleichtern.

(2) Die Persönlichkeitserforschung ist in Zusammenarbeit mit den Organen der Jugendgerichtshilfe durchzuführen. Besonderer Wert ist zu legen auf die Feststellung der seelischen, geistigen und körperlichen Eigenart des jungen Gefangenen, auf seine Lebensgeschichte, die Schul- und Berufsbildung sowie die persönlichen und sozialen Verhältnisse. Der Gefangene ist zu beobachten und sein Verhalten laufend schriftlich festzuhalten. Jeder junge Gefangene hat alsbald nach der Aufnahme seinen Lebenslauf niederzuschreiben.

(3) Das Ergebnis der Persönlichkeitserforschung ist dem Richter oder dem Staatsanwalt mitzuteilen (Nr. 8).

80 Erzieherische Gestaltung

(1) Bei der erzieherischen Gestaltung des Vollzugs der Untersuchungshaft an jungen Gefangenen ist auf die körperliche, geistige und seelische Entwicklung Rücksicht zu nehmen.

(2) Der junge Gefangene ist aus erzieherischen Gründen zur Arbeit verpflichtet. Die Vorschriften des Gesetzes zum Schutze der arbeitenden Jugend (JArbSchG) sind zu beachten (§ 62 JArbSchG). Ein Drittel des Arbeitsentgelts (§ 177 StVollzG) ist wie Überbrückungsgeld zu behandeln.

(3) Die Erziehungsarbeit soll Gruppenmaßnahmen, insbesondere Unterricht umfassen. Die schulpflichtigen Gefangenen sind verpflichtet, hieran teilzunehmen. Der Unterricht findet in der Regel während der Arbeitszeit statt. Ist dem jungen Gefangenen die Teilnahme an gemeinsamen Veranstaltungen nicht gestattet, ist er zum selbständigen Lernen anzuhalten und hierbei zu unterstützen.

(4) Der Anstaltsleiter gestaltet und überwacht die arbeits- und unterrichtsfreie Zeit. Durch Überlassen von gutem und geeignetem Lesestoff, durch Einzelseelsorge, persönliche Einwirkung und persönliche Aussprache soll auf Förderung der geistigen und sittlichen Entwicklung des jungen Gefangenen hingewirkt werden. Lesestoff zuzulassen, der nicht aus der Gefangenenbücherei stammt, ist dem Richter vorbehalten.

(5) Vom Bezug ausgeschlossen sind Bücher, Zeitungen und Zeitschriften, deren Verbreitung mit Strafe oder Geldbuße bedroht ist oder die der erzieherischen Gestaltung der Untersuchungshaft zuwiderlaufen.

81 Lebenshaltung

(1) Besondere Wünsche des jungen Gefangenen werden nur erfüllt, soweit es mit dem Erziehungszweck vereinbar ist.

(2) Selbstbeköstigung wird versagt, wenn erzieherische Nachteile zu befürchten sind.

(3) Jungen Gefangenen, die das sechzehnte Lebensjahr noch nicht vollendet haben, wird Rauchen nicht gestattet.

82 Aufenthalt im Freien

(1) Die Zeit des Aufenthalts im Freien wird nach Möglichkeit mit sportlicher Betätigung ausgefüllt.

(2) Der junge Gefangene ist zur Teilnahme verpflichtet, soweit er nicht hiervon befreit wird. Eine Befreiung soll nur erfolgen, wenn es der Anstaltsarzt beantragt oder wenn es das Wohl des Gefangenen aus besonderen Gründen erforderlich macht.

83 Verkehr mit der Außenwelt

(1) Der Verkehr mit der Außenwelt wird mit besonderer Sorgfalt überwacht. Er wird unterbunden, soweit er aus erzieherischen Gründen bedenklich erscheint.

(2) Dem Vertreter der Jugendgerichtshilfe und, wenn der Gefangene unter Bewährungsaufsicht steht oder für ihn ein Erziehungsbeistand bestellt ist, dem Helfer und dem Erziehungsbeistand ist der Verkehr mit dem Gefangenen in demselben Umfang wie einem Verteidiger gestattet (§§ 93, 110 JGG). Die Nrn. 36 und 37 dieser Vollzugsordnung gelten entsprechend.

84 Beamte

Die Beamten müssen für die besonderen Aufgaben des Vollzugs an jungen Gefangenen geeignet sein.

85 Ergänzende Vorschriften

Soweit nicht diese Vollzugsordnung anderes bestimmt, gelten für den Vollzug der Untersuchungshaft an jungen Gefangenen ergänzend die Vorschriften für Erwachsene. Daneben gelten sinngemäß die Vorschriften über den Jugendstrafvollzug, soweit nicht Wesen und Zweck der Untersuchungshaft entgegenstehen.

Zweiter Teil
Besondere Haftarten

Erstes Kapitel
Haft auf Grund vorläufiger Festnahme

86 Ausnahme. Vorführung vor dem Richter

(1) Ein vorläufig Festgenommener wird in die Anstalt auf Grund einer schriftlichen Verfügung des Richters oder des Staatsanwalts vorläufig aufgenommen; in besonders gelagerten Ausnahmefällen kann er auch auf Grund einer von der Polizeibehörde ausgestellten und unterschriebenen Einlieferungsanzeige vorläufig aufgenommen werden. Dem Anstaltsleiter ist jeder vorläufig Aufgenommene unverzüglich zu melden.

(2) Der Anstaltsleiter stellt sicher, daß der vorläufig Festgenommene unverzüglich, spätestens am Tage nach der Festnahme dem nach §§ 128, 129 StPO zuständigen Richter vorgeführt wird.

Hamburg:

Durch die AV v. 17. 10. 1978 (JVBl. S. 157) erhielt Nr. 86 folgende Fassung:

„86

1. Ein vorläufig Festgenommener wird in die Anstalt auf Grund einer schriftlichen Verfügung des Richters oder des Staatsanwalts oder auf Grund einer von der Polizeibehörde ausgestellten und unterschriebenen Einlieferungsanzeige aufgenommen.
2. Der Anstaltsleiter stellt sicher, daß der vorläufig Festgenommene unverzüglich, spätestens am Tage nach der Festnahme, dem nach §§ 128, 129 StPO zuständigen Richter vorgeführt wird."

87 Durchführung des Vollzugs

(1) Für die Haft auf Grund vorläufiger Festnahme, die im Bereich der Justizverwaltung vollzogen wird, gelten die Vorschriften über den Vollzug der Untersuchungshaft entsprechend, soweit sie mit der Eigenart dieser Haft als kurzfristigen Zustand vereinbar sind. Der Vollzug wird unter Beachtung der Hinweise der Polizeibeamten auf Persönlichkeit und Tat des Festgenommenen durchgeführt. Soweit erforderlich, nimmt der Anstaltsleiter mit dem Staatsanwalt Fühlung oder führt eine richterliche Entscheidung herbei.

(2) Der vorläufig Festgenommene nimmt am gemeinschaftlichen Gottesdienst, an anderen gemeinschaftlichen Veranstaltungen sowie an dem Aufenthalt im Freien nicht teil. Verkehr mit der Außenwelt wird grundsätzlich nicht gestattet. Der Festgenommene erhält auf Wunsch Lesestoff aus der Anstaltsbücherei.

Zweites Kapitel
Einstweilige Unterbringung

88 Zweck

Die einstweilige Unterbringung soll die Allgemeinheit schon vor rechtskräftiger Anordnung der Unterbringung in einem psychiatrischen Krankenhaus oder einer Erziehungsanstalt vor Personen schützen, die dringend verdächtig sind, im Zustand der Schuldunfähigkeit oder der verminderten Schuldfähigkeit eine rechtswidrige Tat begangen zu haben (§ 126a StPO). Auf die Sicherung des Strafverfahrens wird Bedacht genommen.

89 Anstalten

(1) Die einstweilige Unterbringung wird in einem öffentlichen psychiatrischen Krankenhaus oder einer öffentlichen Entziehungsanstalt vollzogen.

(2) Die Unterbringung in einer Justizvollzugsanstalt ist für höchstens vierundzwanzig Stunden und nur dann zulässig, wenn eine sofortige Überführung in eine der in Absatz 1 genannten Anstalten nicht möglich ist. Dabei sind alle Sicherungsmaßnahmen zu treffen, die sich aus dem Zweck der Anordnung der einstweiligen Unterbringung ergeben.

90 Einleitung und Durchführung des Vollzuges

(1) Für die Einleitung der einstweiligen Unterbringung gilt Nr. 15 entsprechend.

(2) Für den Vollzug der einstweiligen Unterbringung gelten, soweit nicht Rücksichten auf das Verfahren entgegenstehen oder anderes bestimmt ist, die Vorschrift über den Vollzug der Unterbringung gemäß §§ 63, 64 StGB entsprechend.

Drittes Kapitel
Vollstreckung von Untersuchungshaft und Strafvollstreckung

91 Strafvollstreckung

(1) Als Gefangener ist zu behandeln, soweit sich dies schon vor der Aufnahme zum Strafvollzug durchführen läßt,

1. der Gefangene, gegen den auf Freiheitsstrafe erkannt worden ist, vom Zeitpunkt des Eintritts der Rechtskraft des Urteils ab, es sei denn, daß er auf Grund eines anderen Haftbefehls weiterhin in Untersuchungshaft bleibt,
2. der im Vollstreckungsverfahren verhaftete Verurteilte (§ 457 StPO) sowie

3. ein Verurteilter, der nach anderer Haft zum Vollzug einer Strafe zurückgehalten wird (Überhaft), die in einer anderen Vollzugsanstalt zu vollziehen ist.

(2) Die Vorschrift des Absatzes 1 gilt bei Anordnung einer mit Freiheitsentziehung verbundenen Maßregel der Besserung und Sicherung sinngemäß.

(3) Der Anstaltsleiter wirkt auf eine baldige Überführung des Gefangenen in die zuständige Anstalt nachdrücklich hin.

92 Unterbrechung der Untersuchungshaft zum Zwecke der Strafvollstreckung

(1) Die Untersuchungshaft kann mit Zustimmung des Richters zur Vollstreckung einer Freiheitsstrafe unterbrochen werden; bei besonderer Verdunkelungsgefahr (Nr. 60) wird hiervon abzusehen sein.

(2) Der Gefangene wird für die Dauer des Vollzuges der Strafe als Strafgefangener behandelt. Er unterliegt jedoch auch denjenigen Beschränkungen seiner Freiheit, die der Zweck der Untersuchungshaft erfordert (§ 122 Abs. 1 Satz 1 StVollzG). Insbesondere darf der Gefangene nicht außerhalb des eingefriedeten Bereichs der Anstalt beschäftigt werden. Der Richter kann anordnen, daß der Gefangene von anderen Strafgefangenen getrennt zu halten ist.

(3) Weitere mit Rücksicht auf den Zweck der Untersuchungshaft erforderliche Beschränkungen ordnet der Richter an (§ 122 Abs. 1 Satz 2 StVollzG). Er kann insbesondere anordnen, daß ihm der Schriftwechsel des Gefangenen zur Mitprüfung vorgelegt und vor der Zulassung von Besuchen seine Zustimmung eingeholt wird. In dringenden Fällen gilt § 119 Abs. 6 Satz 2 und 3 StPO.

(4) Beginn und Ende der Strafhaft sind der Vollstreckungsbehörde und dem für die Untersuchungshaft zuständigen Richter mitzuteilen.

(5) Diese Vorschriften gelten bei Unterbrechungen der Vollstreckung der Untersuchungshaft zum Zwecke der Vollstreckung einer mit Freiheitsentziehung verbundenen Maßregel der Besserung und Sicherung entsprechend.

93 Anordnung von Untersuchungshaft gegen Strafgefangene oder Sicherungsverwahrte

Wird gegen einen Strafgefangenen oder Sicherungsverwahrten in anderer Sache Untersuchungshaft angeordnet, so gelten, wenn nicht aus dringenden Gründen, namentlich wegen besonderer Verdunkelungsgefahr, die Vollstreckung der Strafe zum Zwecke der Vollstreckung der Untersuchungshaft unterbrochen wird, die Vorschriften der Nr. 92 Abs. 2 bis 5 entsprechend.

Stichwortverzeichnis

A

K

L

M

N

O

P

U

V

Dienst- und Sicherheitsvorschriften für den Strafvollzug (DSVollz)

Erster Teil
Allgemeine Berufspflichten der Bediensteten

1 Grundpflichten

(1) Die Bediensteten der Vollzugsanstalten müssen sich immer bewußt sein, daß jeder von ihnen neben seinen besonderen Aufgaben dazu mitberufen ist, die Aufgaben des Vollzuges (§ 2 StVollzG) zu verwirklichen.

(2) Sie sollen durch gewissenhafte Pflichterfüllung und durch ihre Lebensführung vorbildlich wirken und so die Gefangenen nicht nur durch Anordnungen, sondern durch eigenes Beispiel zur Mitarbeit im Vollzug und zu geordneter Lebensführung hinführen.

2 Geschäftsverbot und Verkehrsbeschränkungen

(1) Die Bediensteten dürfen unter keinem Vorwand mit den Gefangenen Geschäfte eingehen; sie dürfen ohne ausdrückliche Erlaubnis des Anstaltsleiters keine Nachrichten und Aufträge vermitteln und weder für die Gefangenen noch von ihnen Geld oder andere Sachen entgegennehmen.

(2) Gegenüber Angehörigen und Freunden der Gefangenen sowie Entlassenen und deren Angehörigen und Freunden ist die notwendige Zurückhaltung zu wahren.

3 Lauterkeit des dienstlichen Verhaltens

Die Bediensteten dürfen ihre dienstliche Stellung und die Beziehungen der Anstalt zu Personen, die für die Anstalt Waren liefern oder Leistungen bewirken oder Gefangene beschäftigen, nicht zu ihrem eigenen Vorteil nutzen. Sie dürfen für Verrichtungen aus Anlaß der Ausübung ihres Dienstes ohne Zustimmung der Aufsichtsbehörde keinerlei Vergütung oder sonstige Vorteile annehmen.

4 Arbeiten für Bedienstete

Für die Inanspruchnahme der Gefangenenarbeit und den Bezug von Anstaltserzeugnissen durch Bedienstete gelten die besonderen Bestimmungen der Landesjustizverwaltungen.

5 Pflicht zur Verschwiegenheit

Die Bediensteten haben, auch nach Beendigung des Dienstverhältnisses, über die ihnen bei ihrer amtlichen Tätigkeit bekannt gewordenen Angelegenheiten, auch soweit sie persönliche Verhältnisse der Gefangenen betreffen, Verschwiegenheit zu bewahren. Dies gilt nicht für Mitteilungen im dienstlichen Verkehr oder über Tatsachen, die offenkundig sind oder ihrer Bedeutung nach keiner Geheimhaltung bedürfen.

6 Tragen von Waffen

Innerhalb der Anstalt werden grundsätzlich keine Waffen getragen. Der Anstaltsleiter bestimmt, inwieweit in Ausnahmefällen, besonders bei der Aufsicht innerhalb der Anstalt, beim Nachtdienst, bei Aufenthalt im Freien, bei der Arbeit in den Betrieben und bei größeren Ansammlungen Waffen von den Bediensteten zu tragen sind.

7 Verhalten bei Widersetzlichkeiten

Die Bediensteten haben Widersetzlichkeiten, Meutereien und Fluchtversuchen mit Besonnenheit, wenn erforderlich, unter Einsatz der eigenen Person entgegenzutreten und Widerstände, notfalls unter Anwendung unmittelbaren Zwanges, zu brechen. Gegenseitige Hilfeleistung ist Pflicht.

8 Dienstregelung

(1) Der Anstaltsleiter regelt den Dienst. Er hat hierbei die allgemeinen Vorschriften über die Arbeitszeit der Bediensteten und die Erfordernisse der Sicherheit zu beachten sowie auf die Erhaltung der Gesundheit und Arbeitsfähigkeit der Bediensteten gebührend Rücksicht zu nehmen.

(2) Die Bediensteten haben sich in dem ihnen zugewiesenen Dienstbereich aufzuhalten.

9 Meldepflicht

Die Bediensteten haben dem Anstaltsleiter oder den von ihm beauftragten Bediensteten alle wichtigen Vorgänge unverzüglich zur Kenntnis zu bringen. Ferner sind alle Beobachtungen zu melden, die bedeutsam sind für die Beurteilung und die Behandlung der Gefangenen, für die Sicherheit oder Ordnung der Anstalt sowie für die Bearbeitung von Eingaben und Beschwerden. Erkrankungen von Gefangenen sind dem Anstaltsarzt anzuzeigen.

10 Anrede des Gefangenen

Der Gefangene wird mit „Sie“ angesprochen. Die im bürgerlichen Leben üblichen Anreden sind zu gebrauchen.

Zweiter Teil
Allgemeiner Vollzugsdienst und Werkdienst

11 Zusammenarbeit

Die Bediensteten des allgemeinen Vollzugsdienstes und des Werkdienstes wirken bei der Behandlung der Gefangenen sowie bei der Aufrechterhaltung von Sicherheit und Ordnung in der Justizvollzugsanstalt gemeinsam mit den anderen im Vollzug Tätigen mit.

12 Allgemeiner Vollzugsdienst

(1) Die Beaufsichtigung, Betreuung und Versorgung der Gefangenen obliegen vor allem den Bediensteten des allgemeinen Vollzugsdienstes. Die Aufsichtsbehörde bestellt für jede Anstalt einen von ihnen oder einen Beamten des gehobenen Dienstes zum Leiter des allgemeinen Vollzugsdienstes.

(2) Zu den Aufgaben des allgemeinen Vollzugsdienstes gehören

1. die Mitwirkung bei der Aufnahme und Entlassung der Gefangenen,
2. die sichere Unterbringung der Gefangenen,
3. die Mitwirkung bei der Behandlung, Beurteilung und Freizeitgestaltung der Gefangenen,
4. die Sorge für die Ordnung und Sauberkeit in allen Räumen mit ihren Einrichtungs- und Lagerungsgegenständen,
5. die Sorge für die Reinlichkeit der Gefangenen, ihrer Wäsche und Kleidung,
6. die Mitwirkung bei der Pflege erkrankter Gefangener,
7. nach örtlichen Bestimmungen die Führung von Büchern, Listen und Nachweisungen sowie die Entgegennahme von Anträgen.

(3) Die Bediensteten des allgemeinen Vollzugsdienstes haben die mit der Leitung der Arbeitsbetriebe unmittelbar beauftragten Bediensteten zu unterstützen. In Unternehmerbetrieben haben sie die in Nr. 13 Abs. 2 und 4 bezeichneten Aufgaben.

(4) Die Bediensteten des allgemeinen Vollzugsdienstes sind zum Wechselschichtdienst gleichmäßig heranzuziehen; Ausnahmen bestimmt der Anstaltsleiter.

13 Werkdienst

(1) Zur Leitung der Betriebe der Arbeitsverwaltung und für die Anleitung der Gefangenen in diesen Betrieben sowie für die Überwachung und Wartung der technischen Anlagen der Anstalt, werden Bedienstete des Werkdienstes oder fachlich vorgebildete Bedienstete des allgemeinen Vollzugsdienstes bestellt.

(2) Zu den Aufgaben dieser Bediensteten gehören

1. die Erledigung der Arbeitsaufträge nach Weisung des Leiters der Arbeitsverwaltung,
2. die rechtzeitige Zuteilung der Arbeit, der Rohstoffe und der Arbeitsgeräte an die Gefangenen,
3. die Abnahme der Arbeit und der Arbeitsgeräte am Ende der täglichen Arbeitszeit,
4. die Feststellung des Maßes der von den Gefangenen an jedem Tage geleisteten Arbeit sowie die Prüfung der abgegebenen Arbeit auf ihre Güte,
5. die Meldung nicht sorgfältiger oder ungenügender Arbeit,
6. die unverzügliche Meldung von Betriebsunfällen,
7. die Belehrung der Gefangenen über die Arbeitsschutz- und Unfallverhütungsvorschriften, sowie die Gewährleistung der Einhaltung dieser Vorschriften,
8. die berufliche Ausbildung und Weiterbildung der Gefangenen,
9. die Instandhaltung der Arbeitsgeräte und Maschinen,
10. nach örtlichen Bestimmungen die Führung von Büchern, Listen und Nachweisungen sowie die Entgegennahme von Anträgen,
11. die Mitwirkung bei der Behandlung, Beurteilung und Freizeitgestaltung der Gefangenen,
12. die Mitwirkung bei der Beaufsichtigung der ihnen zugeteilten Gefangenen.

(3) Die Aufsichtsbehörde kann einen Bediensteten des Werkdienstes zum Werkdienstleiter bestellen.

(4) Bei der Gefangenenarbeit eingesetzte Bedienstete des allgemeinen Vollzugsdienstes müssen sich mit den eingeführten Arbeiten vertraut machen und befähigt sein, die Gefangenen bei der Arbeit anzuleiten und zu überwachen.

14 (aufgehoben)

Dritter Teil
Sicherheit und Ordnung
Allgemeine Sicherungsmaßnahmen

15 Sicherung des Anstaltsbereichs

(1) Die Eingänge zu den Anstaltsgebäuden, ihren Räumlichkeiten und zu den Höfen müssen – zumindest in Anstalten des geschlossenen Vollzugs – stets verschlossen gehalten werden. Ausnahmen kann der Anstaltsleiter aus Gründen des Vollzugs oder wegen

besonderer örtlicher Verhältnisse zulassen, soweit dadurch nicht die Sicherheit oder Ordnung in der Anstalt gefährdet wird.

(2) Anstaltsschlüssel und Dienstbekleidungsstücke, die nicht ausgegeben sind oder gebraucht werden, sind unter sicherem Verschluß zu halten. Verluste sind sofort zu melden. Die Bediensteten müssen die ihnen ausgehändigten Schlüssel sorgfältig und sicher verwahren. Die Schlüssel sind nicht übertragbar; sie sind beim Verlassen der Anstalt abzugeben. Gefangenen dürfen ohne ausdrückliche Erlaubnis des Anstaltsleiters Schlüssel nicht anvertraut werden.

(3) Soweit Waffen, Munition und andere Sicherungsmittel nicht ausgegeben sind, müssen sie sicher verwahrt werden. Über die Bestände ist ein Verzeichnis zu führen. Verbrauch und Verluste sind sofort zu melden.

(4) Arbeitsgeräte, Werkstoffe und andere Gegenstände, die die Sicherheit gefährden können, sind sicher zu verwahren und dürfen Gefangenen nur unter Aufsicht und nicht länger als nötig überlassen werden. Die Vollständigkeit der ausgegebenen Arbeitsgeräte muß täglich bei der Abnahme zur Zeit des Arbeitsschlusses festgestellt werden.

(5) In den Höfen darf die Übersicht nicht behindert und auf beiden Seiten der Umwehrung nichts so nahe gelagert, aufgestellt, gebaut oder gepflanzt werden, daß dadurch das Übersteigen der Umwehrung erleichtert wird.

(6) Die Anstalten sind mit Alarmeinrichtungen auszustatten, die nach Bedarf auch die Dienstwohnungen in ihren Bereich einbeziehen.

16 Tordienst

(1) Die Bediensteten der Anstalt und die in der Anstalt ständig verkehrenden Personen dürfen die Anstalt ohne weiteres betreten und verlassen. Andere Personen müssen den Zweck ihres Einlaßbegehrens angeben und sich über ihre Person ausweisen. Sie werden dem Anstaltsleiter oder dem von ihm bestimmten Bediensteten gemeldet und, wenn sie eingelassen werden, von einem Bediensteten begleitet, soweit nichts anderes angeordnet ist. Name und Anschrift dieser Person sowie die Dauer des Aufenthaltes in der Anstalt werden in ein Besuchsbuch eingetragen.

(2) Während der Zeit zwischen Einschluß und Aufschluß ist in der Regel nur dem Vertreter der Aufsichtsbehörde, dem Anstaltsleiter oder dem von ihm mit einer Kontrolle beauftragten Bediensteten Einlaß in die Anstalt zu gewähren.

(3) Der Anstaltsleiter regelt in einer Dienstanweisung die Aufgaben des Tordienstes im einzelnen.

17 Nachtdienst

Zur Überwachung bei Nacht wird in den Vollzugsanstalten ein ständiger Nachtdienst eingerichtet.

18 Sicherungs- und Alarmplan

Der Anstaltsleiter erläßt zur Sicherung der Anstalt und des Anstaltsbereichs einen Sicherungsplan. Er stellt zur Wiederergreifung entwichener Gefangener, zur Bekämpfung von Meuterei, Aufruhr und Angriffen gegen die Anstalt von außen einen Alarmplan auf; die zuständigen Polizeibehörden sind zu beteiligen.

19 Brandschutz

(1) Der Anstaltsleiter erläßt in Zusammenarbeit mit der örtlichen Feuerwehr eine Feuerlöschordnung.

(2) Zur Feuerbekämpfung muß ausreichendes Löschgerät vorhanden sein und in betriebsfähigem Zustand gehalten werden. Die Bediensteten sind mit der Handhabung vertraut zu machen.

(3) Leicht brennbare Gegenstände sind sicher zu verwahren und bestimmungsgemäß zu lagern.

20 Beaufsichtigung der Gefangenen

(1) Die Gefangenen sind so zu beaufsichtigen, daß Sicherheit und Ordnung jederzeit gewährleistet sind. Die Beaufsichtigung erstreckt sich insbesondere auf die Vollzähligkeit der Gefangenen, die Einhaltung der Trennungsvorschriften und die Unterbindung unerlaubten Verkehrs. Auf die Nrn. 1 und 2 der VV zu § 141 StVollzG wird hingewiesen.

(2) Gefährliche, fluchtverdächtige und solche Gefangene, bei denen die Gefahr des Selbstmordes oder der Selbstverletzung besteht, sind besonders sorgfältig zu beaufsichtigen und ebenso wie ihre Sachen häufiger zu durchsuchen.

(3) Gefährliche und solche Gefangene, von denen Selbstverletzung oder Selbstmord zu befürchten ist, sollen in der Regel nicht mit Arbeiten beschäftigt werden, bei denen sie gefährliche Werkzeuge in die Hand bekommen.

Vollzugsgeschäftsordnung (VGO)

vom 1. Juli 1965 in der Fassung vom 1. Januar 1977

Stand: 1. Januar 1988

Inhaltsübersicht

Erster Teil
Allgemeine Bestimmungen

1 Zweckbestimmung

Die Vollzugsgeschäftsordnung bestimmt Umfang und Inhalt der Dienstgeschäfte der Vollzugsgeschäftsstellen bei Justizvollzugsanstalten. Sie ist auch anzuwenden, wenn solche Geschäfte von anderen als den Bediensteten der Vollzugsgeschäftsstelle zu bearbeiten sind.

2 Dienstgeschäfte der Vollzugsgeschäftsstelle

(1) Bei jeder Justizvollzugsanstalt ist eine Vollzugsgeschäftsstelle einzurichten. Soweit die örtlichen Verhältnisse es erfordern, kann mit Einwilligung der Aufsichtsbehörde auch bei besonderen Abteilungen oder Zweiganstalten einer Justizvollzugsanstalt eine Vollzugsgeschäftsstelle eingerichtet werden.

(2) Dienstgeschäfte der Vollzugsgeschäftsstelle sind:

a) die Verwaltungsgeschäfte des Vollzuges, soweit sie sich auf den Gefangenen unmittelbar beziehen und in dieser Geschäftsordnung geregelt sind;
b) das Führen der Personalakten und des Buchwerks;
c) die Vorarbeiten für die Strafvollzugsstatistik.

(3) Die Vollzugsgeschäftsstelle ist nur Registratur, soweit Angelegenheiten des Gefangenen von anderen Dienststellen oder Bediensteten der Justizvollzugsanstalt aus den Personalakten (Nr. 58 Abs. 2) zu bearbeiten sind.

3 Anstaltsleiter

Der Anstaltsleiter hat die Dienstgeschäfte zu verteilen und ihren ordnungsgemäßen Ablauf zu überwachen. Er kann die Bearbeitung einzelner Geschäfte anderen Dienststellen oder Bediensteten, die nicht der Vollzugsgeschäftsstelle angehören, übertragen.

4 Wahrnehmung der Dienstgeschäfte

(1) Bei selbständigen Justizvollzugsanstalten wird die Vollzugsgeschäftsstelle von einem Beamten des gehobenen Vollzugs- und Verwaltungsdienstes geleitet. Bei selbständigen Justizvollzugsanstalten mit geringerem Geschäftsbetrieb, bei besonderen Abteilungen oder Zweiganstalten kann die Leitung der Vollzugsgeschäftsstelle einem Beamten des mittleren Verwaltungsdienstes übertragen werden. Dem Leiter der Vollzugsgeschäftsstelle sind nach Bedarf Beamte des mittleren Verwaltungsdienstes oder Angestellte beizuordnen.

(2) Dem Leiter der Vollzugsgeschäftsstelle obliegt es besonders:

a) den gesamten Geschäftsbetrieb der Vollzugsgeschäftsstelle zu überwachen;

b) die für die Vollzugsgeschäftsstelle bestimmten Posteingänge durchzusehen und zu verteilen;

c) in Angelegengheiten, die von der Vollzugsgeschäftsstelle zu bearbeiten sind (Nr. 2 Abs. 2), die Sachverfügungen zu zeichnen.

(3) Bei nichtselbständigen Justizvollzugsanstalten werden die Dienstgeschäfte der Vollzugsgeschäftsstelle von einem Beamten des mittleren Verwaltungsdienstes geführt. Sind Stellen des Verwaltungsdienstes nicht vorhanden, so werden die Dienstgeschäfte von dem zum Dienstleiter bestellten Beamten des allgemeinen Vollzugsdienstes wahrgenommen.

5 Mitteilungen in Vollzugssachen. Auskünfte

(1) Die allgemeinen Mitteilungspflichten über den Gefangenen ergeben sich aus dieser Geschäftsordnung. Darüber hinaus kann eine allgemeine Mitteilungspflicht nur von der obersten Dienstbehörde angeordnet werden. Ob und inwieweit es im Einzelfall notwendig oder zweckmäßig ist, eine bestimmte Behörde oder Stelle außerhalb des Vollzuges von Amts wegen zu unterrichten, entscheidet der Anstaltsleiter.

(2) Auskünfte über den Gefangenen an Behörden oder andere öffentliche Stellen erteilt die Vollzugsgeschäftsstelle. In Zweifelsfällen entscheidet der Anstaltsleiter.

(3) Privaten Personen oder Stellen darf die Vollzugsgeschäftsstelle nur Auskunft in dem Sinne erteilen, daß die Person, nach der gefragt wird, der Justizvollzugsanstalt als Gefangener nicht oder nicht angehört hat; mit Einverständnis des Gefangenen darf sie Auskunft auch darüber geben, daß er in der Anstalt untergebracht ist. In allen übrigen Fällen entscheidet der Anstaltsleiter oder der von ihm beauftragte Beamte des gehobenen Dienstes über die Erteilung einer Auskunft, es sei denn, daß eine gegenteilige Anordnung des Richters oder Staatsanwalts vorliegt (§ 119 Abs. 6 StPO, Nrn. 2, 3 UVollzO). Hierbei ist zu prüfen, ob durch die Auskunftserteilung Interessen des Gefangenen beeinträchtigt werden, die höher zu bewerten sind als die berechtigten Interessen der anfragenden Stelle oder Person.

(4) Über die Einsicht in Personalakten durch Privatpersonen oder andere als Justizbehörden entscheidet die Aufsichtsbehörde, im übrigen der Anstaltsleiter.

6 Geschäftsbehandlung

(1) Die Dienstgeschäfte der Vollzugsgeschäftsstelle sind mit größter Sorgfalt und Pünktlichkeit zu erledigen. In den Büchern und Karteien darf nicht radiert und nichts unleserlich gemacht werden. Änderungen sind mit Namenszeichen unter Angabe des Tages zu bescheinigen.

(2) Schriftstücke dürfen nur aufgrund einer Sachverfügung, die mit Tagesangabe und Namenszeichen versehen ist, zu den Personalakten genommen werden. Für Aktenvermerke gilt dies entsprechend.

(3) Von ausgehenden Schreiben ist eine Durchschrift mit einer Sachverfügung zu den Akten zu nehmen. Soweit für Mitteilungen Vordrucke zu verwenden sind, genügt als Sachverfügung die Bezeichnung des Vordrucks und des Empfängers der Mitteilung. Zusätze sind inhaltlich wiederzugeben. Der Abgang ist unter Angabe des Tages neben der Verfügung zu bescheinigen.

(4) Im Schriftverkehr zwischen Justizvollzugsanstalten und Angehörigen von Gefangenen, entlassenen Gefangenen und deren Angehörigen sind Briefumschläge zu verwenden, die als Absender lediglich Absendeort, Straße und Hausnummer (oder ggf. Postfach) der Anstalt enthalten.

(5) Justizvollzugsanstalten, die eine Gefangenenkartei führen (Nr. 63), haben die Vordrucke, soweit möglich, im Umdruckverfahren auszufüllen. Bei den übrigen Justizvollzugsanstalten sind die Vordrucke nach Möglichkeit im Durchschreibeverfahren auszufüllen.

(6) Akten, Bücher und Karteien sind sorgfältig aufzubewahren, die Gefangenenkartei (Nr. 66) ist unter Verschluß zu halten. Im übrigen gelten für die Aufbewahrung, Aussonderung und Vernichtung die Bestimmungen über die Aufbewahrungsfristen für Akten, Register und Urkunden bei den Justizbehörden (Aufbewahrungsbestimmungen).

(7) Für die Führung der Akten, Bücher und Karteien gelten darüber hinaus die besonderen Bestimmungen dieser Geschäftsordnung und die Anleitungen auf den Vordrucken.

7 Sprachgebrauch

Der Vollzugsgeschäftsordnung liegt folgender Sprachgebrauch zugrunde:

Abgang:

a) wer die Justizvollzugsanstalt verläßt und nicht vor Ablauf des Tages zurückkehrt,
b) wer eine Freiheitsentziehung beendet, jedoch zu weiterer Freiheitsentziehung in der Anstalt – auch nur vorübergehend – verbleibt.

Aufnahme:

die förmliche Annahme einer Person zum Vollzug einer Freiheitsentziehung. Sie ist Erstaufnahme, wenn die Person sich zuvor in Freiheit oder in einem Gewahrsam außerhalb der Justizverwaltung befunden hat.

Ausantwortung:

das befristete Überlassen des Gefangenen in den Gewahrsam einer Polizeibehörde.

Austritt:

das endgültige Verlassen der Justizvollzugsanstalt.

Durchgangshaft:

die vorübergehende Unterbringung eines auf Transport befindlichen Gefangenen in einer Justizvollzugsanstalt.

Eintritt:

die erstmalige Aufnahme des Gefangenen in die Justizvollzugsanstalt.

Einweisungsbehörde:

bei Freiheitsstrafen und Sicherungsverwahrung die Vollstreckungsbehörde (der Vollstreckungsleiter), bei Untersuchungshaft der Richter, im Auslieferungs- und Durchlieferungsverfahren der Richter oder der Generalstaatsanwalt, bei Abschiebungshaft die Verwaltungsbehörde, bei Zivilhaft der Richter (bei Erzwingungshaft nach dem Gesetz über Ordnungswidrigkeiten die Vollstreckungsbehörde).

Entweichen:

die Selbstbefreiung und die Befreiung durch Dritte aus der Gefangenschaft. Eine Nichtrückkehr vom Freigang, Ausgang und Urlaub gilt nicht als Entweichen.

Gefangener:

der vorläufig Festgenommene nach Aufnahme, der Untersuchungsgefangene, der Strafgefangene, der Untergebrachte, der zum Zwecke der Auslieferung, Durchlieferung und Abschiebung zugeführte Gefangene, der Zivilhaftgefangene.

Überhaft:

die Vormerkung einer Freiheitsentziehung, die sich an den laufenden Vollzug anschließen soll.

Überstellung:

die befristete Überführung des Gefangenen in eine andere Justizvollzugsanstalt.

Verlegung:

die Überführung des Gefangenen in eine andere Justizvollzugsanstalt, soweit es sich nicht um eine Überstellung handelt.

Vollzugsdauer:

die Zeit, die der Gefangene gemäß der Strafzeitberechnung im Strafvollzug zuzubringen hat.

Vollzugsuntauglichkeit:

liegt vor, wenn der Gefangene so erkrankt ist, daß er weder in der Justizvollzugsanstalt, noch ambulant außerhalb der Anstalt, nach in einem Anstaltskrankenhaus in der erforderlichen Weise behandelt werden kann.

Vorübergehende Abwesenheit:
liegt vor für die Dauer
a) einer Überstellung,
b) eines Aufenthaltes in einem Krankenhaus außerhalb des Vollzuges,
c) eines Urlaubs und einer befristeten Unterbrechung,
d) eines Entweichens (vgl. aber Nr. 66 Abs. 5),
e) einer Ausantwortung über Nacht.

Zivilhaft:
der Vollzug einer gerichtlich angeordneten Ordnungs-, Sicherungs-, Zwangs- und Erzwingungshaft.

Zugang:
a) wer sich zum Vollzuge stellt,
b) wer zugeführt wird (vgl. jedoch Nr. 67 Abs. 4),
c) wer nach vorübergehender Abwesenheit zurückkehrt,
d) wer im Anschluß an eine Freiheitsentziehung zu weiterer Freiheitsentziehung in der Anstalt – auch nur vorübergehend – verbleibt.

Zweiter Teil
Aufnahme

Erster Abschnitt
Allgemeine Bestimmungen

8 Grundsatz

(1) Urkundliche Grundlage des Vollzuges einer jeden Freiheitsentziehung ist das Aufnahmeersuchen der Einweisungsbehörde. Zum Vollzug ist jede Person aufzunehmen, über die ein Aufnahmeersuchen vorliegt.

(2) Eine Vollzugsuntauglichkeit steht der Aufnahme nicht entgegen. Die Entscheidung der Einweisungsbehörde ist unverzüglich herbeizuführen. Dabei ist das Gutachten des Anstaltsarztes mitzuteilen.

9 Freiheitsstrafen. Sicherungsverwahrung

(1) Grundlage für die Aufnahme ist das Aufnahmeersuchen der Vollstreckungsbehörde (des Vollstreckungsleiters). Bei Freiheitsstrafen von mehr als einem Monat und bei Sicherungsverwahrung sollen dem Aufnahmeersuchen als Anlagen beigefügt sein (§§ 31, 53 StVollstrO):

a) eine vollständige Abschrift der zu vollstreckenden Entscheidung mit Ausnahme solcher Teile, die geheimhaltungsbedürftig sind;

b) ein Verzeichnis der Vorstrafen, soweit es nicht bereits vorliegt.

Fehlende Unterlagen sind nachzufordern.

(2) Ohne Aufnahmeersuchen ist aufzunehmen:

a) wer sich unter Vorzeigen einer auf die Justizvollzugsanstalt lautenden Ladung selbst stellt. Die Ladung ist zu den Personalakten zu nehmen;

b) wer der Justizvollzugsanstalt unter Übergabe der für den Einzelfall vorgeschriebenen Unterlagen zugeführt wird.

(3) Ohne Aufnahmeersuchen darf aufgenommen werden:

a) wer sich unter Vorzeigen einer auf eine andere Justizvollzugsanstalt lautenden Ladung selbst stellt. Dies gilt vor allem, wenn die zuständige Anstalt weit entfernt und der Verurteilte ohne ausreichendes Reisegeld ist. Die Ladung ist zu den Personalakten zu nehmen;

b) wer sich selbst stellt, ohne eine Ladung vorweisen zu können, wenn durch sofortige fernmündliche Rückfrage bei der zuständigen Behörde festgestellt werden kann, daß der Selbststeller dem Vollzuge zuzuführen ist.

(4) Ist die Justizvollzugsanstalt nach dem Vollstreckungsplan nicht zuständig, so ist der Gefangene – erforderlichenfalls nach Fühlungnahme mit der Einweisungsbehörde – alsbald in die zuständige Anstalt zu verlegen. Ist die Anstalt lediglich wegen der Vollzugsdauer oder des Alters des Verurteilten nicht zuständig und weicht eine dieser beiden Voraussetzungen, nach dem Tage der Aufnahme berechnet, um nicht mehr als zwei Wochen von den entsprechenden Bestimmungen des Vollstreckungsplanes ab, so ist von einer Verlegung abzusehen.

(5) Eine sich zum Vollzug stellende Verurteilte, deren Schwangerschaft bis zum sechsten Monat fortgeschritten ist, soll im allgemeinen nur aufgenommen werden, wenn die Einweisungsbehörde in Kenntnis des Zustandes um Aufnahme ersucht. Entsprechendes gilt für eine sich zum Vollzug stellende Verurteilte, deren Entbindung noch nicht sechs Wochen zurückliegt oder die ein neugeborenes Kind selbst nährt. Die Einweisungsbehörde ist im Zweifel zu bitten, über das Verbleiben der Gefangenen im Vollzuge zu entscheiden. Ein Gutachten des Anstaltsarztes ist beizufügen. Der Anstaltsleiter ist alsbald zu verständigen.

(6) Läuft die im Aufnahmeersuchen angegebene Frist ab, ohne daß sich der Verurteilte zum Strafantritt stellt, so ist die Einweisungsbehörde alsbald nach Vordruck VG 1 zu verständigen. Hat der Verurteilte die Strafe einen Monat nach Ablauf der im Aufnahmeersuchen an gegebenen Frist noch nicht angetreten, so ist das Aufnahmeersuchen mit einem entsprechenden Vermerk der Einweisungsbehörde zurückzusenden.

10 Ersatzfreiheitsstrafen

(1) Für die Vollstreckung einer Ersatzfreiheitsstrafe gilt Nr. 9 entsprechend, soweit nicht in den Absätzen 2 bis 4 etwas anderes bestimmt ist.

(2) Will ein Verurteilter, der der Justizvollzugsanstalt aufgrund eines Vorführungs- oder Haftbefehls zugeführt worden ist, den Vollzug der Ersatzfreiheitsstrafe durch Zahlung des geschuldeten Geldbetrages abwenden, ist ihm hierzu außer zur Unzeit Gelegenheit zu geben.

(3) Der Verurteilte ist nicht zum Vollzug der Ersatzfreiheitsstrafe aufzunehmen, wenn er den Betrag der Geldstrafe oder Restgeldstrafe eingezahlt hat. Ein bereits in Strafhaft genommener Verurteilter ist sofort zu entlassen. Der Einweisungsbehörde ist die Einzahlung mitzuteilen; das Aufnahmeersuchen ist beizufügen.

(4) Enthält das Aufnahmeersuchen keine Angaben nach § 30 Abs. 2 StVollstrO und sind ihm Anlagen der in § 31 a. a. O. bezeichneten Art nicht beigegeben, gilt es als zurückgenommen, wenn der Verurteilte die Ersatzfreiheitsstrafe einen Monat nach Ablauf der im Aufnahmeersuchen angegebenen Frist noch nicht angetreten hat (§ 51 Abs. 2 a. a. O). Das Aufnahmeersuchen ist in diesem Falle zu den Sammelakten zu nehmen.

11 Untersuchungshaft. Sicherungshaft. Vorläufige Festnahme

(1) Die Aufnahme zur Untersuchungshaft oder zur Sicherungshaft nach § 453c StPO setzt ein schriftliches Aufnahmeersuchen des Richters voraus. Dem Ersuchen soll eine Abschrift des Haftbefehls beiliegen. Liegt dem Ersuchen eine Abschrift des Haftbefehls nicht bei, so ist sie in der Aufnahmemitteilung (Nr. 24 Abs. 1) anzumahnen.

(2) Wer aufgrund eines Haftbefehls oder eines Steckbriefs ergriffen worden ist, darf ohne Aufnahmeersuchen aufgenommen werden, wenn die einliefernde Polizeibehörde den Grund der Festnahme schriftlich darlegt. Der Anstaltsleiter ist unverzüglich zu verständigen; er stellt sicher, daß der Gefangene unverzüglich, spätestens am Tage nach der Ergreifung, dem Richter vorgeführt wird.

(3) Die Aufnahme eines vorläufig Festgenommenen ist nur zulässig, wenn eine schriftliche Verfügung des Richters oder des Staatsanwalts vorliegt. In Ausnahmefällen darf der Festgenommene aufgrund einer von der Polizeibehörde ausgestellten Einlieferungsanzeige aufgenommen werden. Abs. 2 Satz 2 ist anzuwenden.

12 Einstweilige Unterbringung

(1) Die einstweilige Unterbringung (§ 126a StPO) in einer Justizvollzugsanstalt ist für höchstens 24 Stunden und nur dann zulässig, wenn

eine sofortige Überführung in ein öffentliches psychiatrisches Krankenhaus oder eine öffentliche Entziehungsanstalt nicht möglich ist.

(2) Die Aufnahme ist nur zulässig, wenn ein schriftliches Aufnahmeersuchen dess Richters vorliegt. Dem Ersuchen soll eine Abschrift des Unterbringungsbefehls beiliegen.

13 Auslieferungshaft. Durchlieferungshaft. Abschiebungshaft

(1) Die Aufnahme zur Haft im Auslieferungs- oder Durchlieferungsverfahren setzt ein Ersuchen des Richters oder des Generalstaatsanwalts voraus. Nr. 11 Abs. 2 finden entsprechende Anwendung.

(2) Auszuweisende Ausländer, gegen die Abschiebungshaft angeordnet ist, sind zum Vollzug dieser Freiheitsentziehung aufzunehmen. Voraussetzung für die Aufnahme ist neben dem Aufnahmeersuchen der zuständigen Behörde eine beglaubigte Abschrift der gerichtlichen Entscheidung mit der Bescheinigung der Rechtskraft oder der Anordnung der sofortigen Wirksamkeit der Entscheidung durch das Gericht.

14 Zivilhaft

(1) Die Aufnahme zur Zivilhaft setzt ein Aufnahmeersuchen (Antrag) des Richters (der Vollstreckungsbehörde) oder die Vorlage einer Ausfertigung des Haftbefehls voraus.

(2) Bei Sicherungshaft nach §§ 918, 933 ZPO, bei Erzwingungshaft nach § 390 Abs. 2 und nach § 901 ZPO sowie bei Zwangshaft nach §§ 888, 889 ZPO ist der Festgenommene nur aufzunehmen und in Haft zu halten, wenn die Haftkosten von der betreibenden Partei gemäß § 911 ZPO mindestens für einen Monat vorausbezahlt sind und für die nachfolgende Zeit rechtzeitig entrichtet werden. Dies gilt nicht, wenn der betreibenden Partei das Armenrecht bewilligt ist oder wenn der Vollzug der Haft aufgrund der Entscheidung eines Gerichts in Arbeitssachen erfolgt oder auf Antrag einer Behörde oder einer Stelle angeordnet wurde, die gemäß § 2 des Gerichtskostengesetzes Kostenfreiheit genießt. Der Gerichtsvollzieher weist die Zahlung durch Vorlage einer Bescheinigung (Quittung, Postschein) nach, oder er versichert schriftlich, daß der Haftkostenvorschuß bei ihm eingegangen ist.

15 Bescheinigung über die Zuführung

Über die Zuführung eines Gefangenen ist dem zuführenden Beamten eine Bescheinigung nach Vordruck VG 2 zu erteilen. Eine Bescheinigung ist nicht erforderlich, wenn der Gefangene der Justizvollzugsanstalt im Wege des Sammeltransports zugeführt wird oder wenn der zuführende Bedienstete der Anstalt angehört.

Zweiter Abschnitt
Durchführung der Aufnahme

16 Aufnahmeverhandlung. Personalblatt

(1) In einer Aufnahmeverhandlung sind die Voraussetzungen für die Aufnahme des Gefangenen in die Justizvollzugsanstalt zu prüfen und im Personalblatt (Vordruck VG 3) festzustellen. Bei Justizvollzugsanstalten, die eine Gefangenenkartei führen (Nr. 63), ist dabei für das Umdruckverfahren die Urschrift (Vordruck VG 4) auszufüllen.

(2) Der Gefangene ist darauf hinzuweisen, daß die Aufnahme in einer öffentlichen Urkunde festgestellt wird und daß er sich einer strafrechtlichen Verfolgung aussetzt, wenn er zur Täuschung im Rechtsverkehr unrichtige Angaben über seine Person macht.

(3) Die Personengleichheit des Gefangenen mit der Person, die nach den Unterlagen aufgenommen werden soll, ist anhand von Ausweisen oder auf andere geeignete Weise festzustellen. Ergibt sich, daß anstatt der aufzunehmenden Person ein anderer sich gestellt hat oder zugeführt worden ist, so ist die Einweisungsbehörde, bei einem vorläufig Festgenommenen oder aufgrund eines Haftbefehls oder Steckbriefs Ergriffenen der Richter unverzüglich zu benachrichtigen. Der Anstaltsleiter ist unverzüglich zu verständigen.

(4) Der Gefangene ist anzuhalten, die Niederschrift über die Aufnahmeverhandlung zu unterschreiben.

17 Entscheidung über die Aufnahme

(1) Die Entscheidung über die Aufnahme des Gefangenen (Aufnahmeverfügung) trifft der Leiter der Vollzugsgeschäftsstelle. Die Aufnahmeverfügung wirkt unabhängig davon, wann sie ergeht, auf den Zeitpunkt der Annahme zurück.

(2) Außerhalb der allgemeinen Geschäftsstunden entscheidet der jeweils dienstleitende Beamte über die Annahme des Gefangenen; Absatz 1 bleibt unberührt.

18 Hilfe bei der Aufnahme. Mitgebrachte Kinder

(1) Ergibt sich bei der Erstaufnahme die Notwendigkeit zu Sofortmaßnahmen für hilfsbedürftige Angehörige oder zur Sicherstellung der Habe des Gefangenen außerhalb der Justizvollzugsanstalt, so setzt die Vollzugsgeschäftsstelle den zuständigen Vollzugsbediensteten in Kenntnis. Die Verwaltungsbehörde des Ortes, an dem sich hilfsbedürftige Angehörige aufhalten, ist unverzüglich zu benachrichtigen (Vordruck VG 5).

(2) Bringt eine Gefangene ein Kind mit, dessen Unterbringung in der Justizvollzugsanstalt gesetzlich zulässig und nach den Anstalts-

verhältnissen möglich ist, so ist unverzüglich die Entscheidung des Anstaltsleiters herbeizuführen.

(3) Sofern Kinder nicht in der Justizvollzugsanstalt untergebracht werden können, wenn nötig, die zuständige Verwaltungsbehörde am Sitz der Anstalt aufzufordern, sich ihrer als hilfsbedürftig anzunehmen.

19 aufgehoben wegen Fehlens einer gesetzlichen Grundlage für die Datenübermittlung

20 Sozialversicherung

Bei der Erstaufnahme ist der Gefangene durch ein Merkblatt (Vordruck VG 7) über die Auswirkungen der Inhaftierung auf die Sozialversicherung und die Arbeitslosenversicherung zu unterrichten.

21 Haftkosten

Der Gefangene ist bei der Erstaufnahme durch ein Merkblatt (Vordruck VG 8) darauf hinzuweisen, ob und unter welchen Voraussetzungen er zu den Haftkosten herangezogen werden kann.

22 Berechnung der Strafzeit

(1) Die einstweilige Berechnung der Strafzeit obliegt der Vollzugsgeschäftsstelle; dabei sind die §§ 37–41 StVollstrO anzuwenden. Zur Berechnung der Strafzeit gehört auch die Errechnung des Zeitpunktes, zu dem die Vollstreckung des Strafrestes zur Bewährung ausgesetzt werden kann, und zwar

a) bei zeitigen Freiheitsstrafen von mehr als zwei Monaten der Zeitpunkt nach § 57 Abs. 1 StGB,
b) bei Erstverbüßern mit Freiheitsstrafen von mehr als neun Monaten bis zu zwei Jahren der Zeitpunkt nach § 57 Abs. 2 Nr. 1 StGB,
c) bei lebenslangen Freiheitsstrafen der Zeitpunkt nach § 57a Abs. 1 StGB.

§ 36 Abs. 1 StVollstrO bleibt unberührt.

(2) Dem Gefangenen ist die einstweilige Berechnung der Strafzeit bei der Aufnahmeverhandlung bekanntzugeben. Dabei ist ihm zu eröffnen, daß die Einweisungsbehörde über die Strafzeitberechnung endgültig entscheidet und ihm eine von der einstweiligen Berechnung abweichende Entscheidung mitgeteilt wird.

(3) Zweifelt der Gefangene die Strafzeitberechnung an, so ist er darauf hinzuweisen, daß er nach § 458 StPO die Entscheidung des Gerichts beantragen kann.

(4) Die für die Strafzeit maßgebenden Zeitpunkte sind im Personalblatt sowie im Buchwerk der Vollzugsgeschäftsstelle einzutragen.

Die beiden Stücke des Aufnahmeersuchens sind hinsichtlich der Strafzeitberechnung zu ergänzen.

23 Erkennungsdienstliche Maßnahmen

(1) Bei der Erstaufnahme eines Untersuchungsgefangenen oder eines Strafgefangenen mit einer Vollzugsdauer von mehr als einem Monat ist seine Person zu beschreiben (Vordruck VG 9). Der Anstaltsleiter überträgt diese Aufgabe einem Sanitätsbediensteten oder einem anderen geeigneten Bediensteten.

(2) Von Strafgefangenen mit einer Vollzugsdauer von einem Jahr und mehr sowie von Sicherungsverwahrten sind Lichtbilder (Brustbilder, in Zivilkleidung) aufzunehmen und zu den Personalakten zu nehmen. Negative der Lichtbilder sind in einem besonderen Umschlag in der Tasche des Schnellhefters aufzubewahren; der Tag der Lichtbildaufnahme ist auf dem Umschlag zu vermerken.

(3) Die Lichtbilder sind nach Ablauf von jeweils drei Jahren, vom Tage des Strafantritts an gerechnet, und immer dann zu erneuern, wenn das Aussehen des Gefangenen sich entscheidend verändert hat. Früher angefertigte Lichtbilder sind aufzubewahren.

(4) Der Gefangene ist bei der Erstaufnahme darauf hinzuweisen, daß er nach der Entlassung aus dem Vollzug verlangen kann, daß etwa gewonnene erkennungsdienstliche Unterlagen wie Personenbeschreibung und Lichtbilder vernichtet werden, sobald die Vollstrekkung der richterlichen Entscheidung, die dem Vollzug zugrunde gelegen hat, abgeschlossen ist.

24 Mitteilung der Aufnahme an die Einweisungsbehörde

(1) Die Aufnahme des Gefangenen ist der Einweisungsbehörde mitzuteilen.

(2) Bei Gefangenen, die zum Vollzug von Freiheitsstrafen oder der Sicherungsverwahrung aufgenommen worden sind, gilt folgendes:

a) Liegt das Aufnahmeersuchen vor und ist die Justizvollzugsanstalt für den Vollzug der Freiheitsentziehung zuständig, so erfolgt die Mitteilung durch Rücksendung eines der beiden Stücke des ergänzten Aufnahmeersuchens (Nr. 22 Abs. 4). Das ergänzte Aufnahmeersuchen ist vom Leiteer der Vollzugsgeschäftsstelle oder seinem Vertreter zu unterschreiben.

b) Fehlt das Aufnahmeersuchen oder ist die Justizvollzugsanstalt für den Vollzug der Freiheitsentziehung nicht zuständig, so ist für die Mitteilung der Vordruck VG 10 zu verwenden, der je nach Lage des Falles durch den Vermerk

„Aufnahmeersuchen dringend erbeten!"

oder

„Für den Vollzug der Freiheitsentziehung unzuständig! Verlegung in die zuständige Justizvollzugsanstalt ist veranlaßt!"

zu ergänzen ist.

(3) In allen übrigen Fällen ist die Aufnahme nach Vordruck VG 10 mitzuteilen.

25 Mitteilung der Aufnahme an das Landeskriminalamt

(1) Jede Aufnahme zum Vollzug einer Freiheitsentziehung ist dem Landeskriminalamt mitzuteilen.

(2) Die Erstaufnahme und die sich an eine Verlegung anschließende Aufnahme sind von Justizvollzugsanstalten, die eine Gefangenenkartei führen, in zweifacher Ausfertigung (Vordrucke VG 10 und VG 11), von allen übrigen Justizvollzugsanstalten in einfacher Ausfertigung nach Vordruck VG 10 mitzuteilen. Jede weitere Aufnahme ist in einfacher Ausfertigung nach Vordruck VG 10 anzuzeigen.

26 Mitteilung der Aufnahme an die Ausländerbehörde

Die Aufnahme eines Ausländers zum Vollzug der Untersuchungshaft, einer Freiheitsstrafe oder der Sicherungsverwahrung ist der für den Sitz der Justizvollzugsanstalt zuständigen Ausländerbehörde nach Vordruck VG 10 mitzuteilen.

27 Mitteilung der Aufnahme an das Jugendamt

(1) Die Aufnahme eines Gefangenen unter 21 Jahren ist dem zuständigen Jugendamt anzuzeigen (Vordurck VG 12). Bei Gefangenen im Jugendstrafvollzug, in Untersuchungshaft oder in Sicherungshaft nach § 453c StPO ist mit der Anzeige die Bitte zu verbinden, einen Ermittlungsbericht zu erstatten.

(2) Dem Jugendamt ist auch eine Änderung der Strafzeit mitzuteilen, wenn das neue Strafende vor der Vollendung des 21. Lebensjahres liegt.

28 Aufnahmeuntersuchung

(1) Die Vollzugsgeschäftsstelle überwacht, daß der Gefangene bei der Erstaufnahme alsbald der Aufnahmeuntersuchung unterzogen und bei einer sich an eine Verlegung ansschließenden Aufnahme dem Anstaltsarzt vorgestellt wird. Das Ergebnis ist in den Gesundheitsakten (Nr. 60 Abs. 1) und im Vordruck VG 13 zu vermerken.

(2) Ergeben die Erklärungen des Gefangenen in der Aufnahmeverhandlung oder der Augenschein einen Krankheitsverdacht, so ist er unverzüglich dem Anstaltsarzt vorzuführen. Stellt der Anstaltsarzt hierbei die Vollzugsuntauglichkeit des Gefangenen fest, so ist das Weitere nach Nr. 8 Abs. 2 zu veranlassen.

29 Vorstellung zum Anstaltsleiter

Die Vollzugsgeschäftsstelle überwacht, daß im Vollzug einer Freiheitsstrafe oder einer Maßregel der Besserung und Sicherung bei der

Erstaufnahme und bei einer sich an eine Verlegung anschließenden Aufnahme der Gefangene alsbald dem Anstaltsleiter oder dem von ihm bestimmten Vollzugsbediensteten vorgestellt wird. Das Ergebnis ist im Vordruck VG 14 zu vermerken.

30 Habe

(1) Eigengeld und Guthaben auf Sparbüchern, die sich bei der Habe befinden, sind der Einweisungsbehörde anzuzeigen (Vordruck VG 15), soweit die Gelder

a) bei Gefangenen, für die ein Überbrückungsgeld zu bilden ist, nach Abzug der gemäß § 51 Abs. 4 StVollzG unpfändbaren Beträge 100 Deutsche Mark oder

b) bei den anderen Gefangenen 250 Deutsche Mark übersteigen.

Eigengeld, das zu einer bestimmten Verwendung eingezahlt wird, bleibt unberücksichtigt, wenn der Verwendungszweck der Eingliederung des Gefangenen dient oder sonst in Vollzugsvorschriften vorgesehen ist.

(2) Wertsachen sind der Einweisungsbehörde anzuzeigen (Vordruck VG 15), wenn ihr erkennbarer Gesamtwert mehr als 400 Deutsche Mark beträgt.

(3) Bei Untersuchungsgefangenen sind die Anzeigen nach den Absätzen 1 und 2 an die für die Strafverfolgung zuständige Staatsanwaltschaft zu richten.

31 Lebenslauf. Fragebogen

(1) Untersuchungsgefangene unter 21 Jahren, Strafgefangene mit einer Vollzugsdauer von mehr als drei Monaten und Sicherungsverwahrte sind alsbald nach der Aufnahme aufzufordern, ihren Lebenslauf frei niederzuschreiben (Vordruck VG 16). Im Anschluß daran wird der Gefangene aufgefordert, einen Fragebogen über seine persönlichen Verhältnisse auszufüllen (Vordruck VG 17). Kann der Gefangene nicht schreiben, so ist der Fragebogen nach seinen Angaben durch einen Bediensteten auszufüllen.

(2) Falls Lebenslauf und Fragebogen sich bereits bei den Personalakten befinden, kann von einer erneuten Anforderung abgesehen werden.

32 Mehrere Freiheitsentziehungen

(1) Schließt sich an eine Freiheitsentziehung eine weitere Freiheitsentziehung derselben oder anderer Art an, so gilt mit dem Ende des laufenden Vollzuges der Gefangene als für die neue Freiheitsentziehung aufgenommen.

(2) Ist eine Freiheitsstrafe oder Sicherungsverwahrung in Unterbrechung einer in anderer Sache angeordneten Untersuchungshaft zu

vollziehen, so gilt der Gefangene mit Beginn der Strafzeit oder Unterbringung als zum Strafvollzug oder zum Vollzug der Unterbringung aufgenommen. Mit dem Ende der Strafzeit oder Unterbringung gilt der Gefangene als wieder zur Untersuchungshaft aufgenommen. Dem Gericht, das die Untersuchungshaft verhängt hat, sind Beginn und Ende der Strafzeit oder Unterbringung anzuzeigen (Vordruck VG 18).

(3) Ist Untersuchungshaft oder eine Freiheitsstrafe in Unterbrechung des Vollzuges einer Freiheitsstrafe oder der Sicherungsverwahrung zu vollziehen, so ist Abs. 2 sinngemäß anzuwenden.

(4) An Stelle der Aufnahmeverfügung (Nr. 17) ist eine entsprechende Sachverfügung zu treffen; die Aufnahmeverhandlung (Nr. 16) entfällt. Die Nrn. 22, 24, 25 und 26 sind entsprechend anzuwenden, wenn die weitere Freiheitsentziehung in derselben Justizvollzugsanstalt vollzogen wird.

(5) Der Gefangene ist jeweils von der neuen Lage in Kenntnis zu setzen; der hat die Kenntnisnahme schriftlich zu bestätigen.

33 Aufnahme auf freiwilliger Grundlage

(1) Bei Aufnahme auf freiwilliger Grundlage gemäß § 125 StVollzG tritt an die Stelle des Aufnahmeersuchens (Nr. 8 Abs. 1) ein schriftlicher Antrag des früheren Gefangenen nach Vordruck VG 19 in Verbindung mit den früheren Vollstreckungsunterlagen. Über die Wiederaufnahme entscheidet der Anstaltsleiter. Wiederholte Aufnahme ist zulässig.

(2) Ist der Anstaltsleiter nicht erreichbar und ist Eile geboten, so sind Bedienstete, die mit der Behandlung des früheren Gefangenen maßgeblich befaßt waren (z. B. Arzt, Psychologe, Sozialarbeiter, Lehrer) berechtigt, über eine Wiederaufnahme vorläufig zu entscheiden. Hierfür genügt ein mündlicher Antrag des Aufzunehmenden. Die Entscheidung des Anstaltsleiters ist unverzüglich einzuholen.

(3) Der Aufgenommene kann seine Entlassung nach § 125 Abs. 3 StVollzG nicht zur Unzeit verlangen.

(4) Im übrigen sind die Nrn. 16, 18, 19 und 24 bis 29 sinngemäß anzuwenden.

34 Überstellung. Durchgangshaft

(1) Bei einem Gefangenen, der der Justizvollzugsanstalt überstellt wird, tritt an die Stelle des Aufnahmeersuchens die Personalnachricht (Nr. 43 Abs. 2); sie weist aus, daß der Gefangene sich in ordnungsgemäßer Freiheitsentziehung befindet.

(2) Die ordnungsgemäße Freiheitsentziehung wird bei einem Gefangenen, der der Justizvollzugsanstalt lediglich zum Weitertransport in

eine andere Anstalt zugeführt wird (Durchgangshaft), durch den Transportschein (Nr. 8 Abs. 2 GTV) nachgewiesen.

(3) Die Nrn. 16 bis 32 sind nicht anzuwenden.

35 Beiziehen von Personalakten

(1) Bei Strafgefangenen mit einer Vollzugsdauer von mindestens sechs Monaten, bei Sicherungsverwahrten und bei Untersuchungsgefangenen unter 21 Jahren ist alsbald nach der Aufnahme die letzte Personalakte des Gefangenen über einen Vollzug von mindestens sechs Monaten beizuziehen (Vordruck VG 20). Über Abweichungen hiervon und über die Beiziehung von Akten in weiterem Umfange entscheidet der Anstaltsleiter oder der von ihm beauftragte Bedienstete.

(2) Die beigezogenen Akten sind zurückzugeben, sobald sie entbehrlich sind (Vordruck VG 21).

Dritter Teil
Verwaltungsgeschäfte im Laufe des Vollzuges

Erster Abschnitt
Gefangenenbesuche. Schriftverkehr der Gefangenen

36 Besuche

(1) Für den Besuch des Gefangenen gelten die allgemeinen Bestimmungen. Wenn eine Besuchserlaubnis schriftlich erteilt wird, ist ein Besuchsschein (Vordruck VG 22) auszustellen.

(2) Der Besuch ist in einer Besuchskarte (Vordruck VG 23) zu vermerken. Aufgebrauchte Besuchskarten verbleiben in der laufenden Kartei. Wird der Gefangene verlegt oder entlassen, ist die Kartei zu den Personalakten zu nehmen.

(3) Erledigte Besuchsscheine können zu besonderen Sammelakten genommen werden.

37 Ausgehende Schreiben

(1) Dem Gefangenen sind auf Wunsch Anstaltsbogen (Vordruck VG 24) und Briefumschläge im erforderlichen Umfang auszugeben.

(2) Dem ersten Schreiben eines Gefangenen an seine Angehörigen – darüber hinaus nach Bedarf – kann ein Briefmerkzettel beigefügt werden. Bei Untersuchungsgefangenen, zu Freiheitsstrafe verurteilten Gefangenen sowie bei Sicherungsverfahren sind hierfür die Vordrucke VG 25 und 26 vorgesehen. Auf der Rückseite der Briefmerkzettel sind von der Justizvollzugsanstalt mittels Stempelaufdruck

oder im Umdruckverfahren örtliche Bestimmungen (z. B. Festlegung der Besuchstage) anzubringen.

(3) Ausgehende Schreiben des Untersuchungsgefangenen sind unter Verwendung eines Begleitumschlages dem zuständigen Richter oder Staatsanwalt zuzuleiten. Schreiben der übrigen Gefangenen sind, wenn eine Überwachung vorgesehen ist, dem hiermit betrauten Bediensteten vorzulegen und nach erfolgter Genehmigung abzusenden. In allen Fällen ist auf unverzügliche Erledigung und besonders darauf zu achten, daß Schreiben, durch die Fristen zu wahren sind, rechtzeitig abgehen.

(4) Für Begleitvermerke bei Schreiben des Strafgefangenen oder Sicherungsverwahrten an deutsche Gerichte, Justizbehörden und andere Behörden ist der Vordruck VG 27 zu verwenden.

38 Eingehende Schreiben

(1) Für Untersuchungsgefangene eingehende Schreiben sind unter Verwendung eines Begleitumschlags unverzüglich dem zuständigen Richter oder Staatsanwalt zuzuleiten. Schreiben für andere Gefangene sind, wenn eine Überwachung vorgesehen ist, dem hiermit betrauten Bediensteten vorzulegen und nach Durchsicht unverzüglich dem Gefangenen auszuhändigen. Nach Nr. 33 Abs. 3 UVollzO zu verwahrende Begleitumschläge sind zusammen mit der Verfügung über die weitere Behandlung der Einlagen zu den Personalakten des Gefangenen zu nehmen.

(2) Für eingehende Drahtnachrichten gilt Abs. 1 entsprechend, sie sind jedoch besonders beschleunigt weiterzuleiten.

39 Angehaltene Schreiben

(1) Wird bei Strafgefangenen und Sicherungsverwahrten ein Schreiben angehalten, so ist für die Sachverfügung der Vordruck VG 28 zu verwenden.

(2) Angehaltene Schreiben sind

an den Absender zurückzugeben,

zur Habe zu geben,

zu den Personalakten zu nehmen, sofern die behördliche Verwahrung über den Zeitpunkt der Entlassung hinaus erforderlich ist,

oder

zu vernichten, sofern sie Kenntnisse über Sicherungsvorkehrungen der Justizvollzugsanstalt vermitteln.

(3) Bei Untersuchungsgefangenen wird das Schreiben zur Habe genommen, wenn der Richter nichts anderes bestimmt.

40 Rücksenden und Nachsenden von Post

(1) Postsendungen, die für einen entlassenen Gefangenen eingehen, sind an die von ihm angegebene Entlassungsanschrift nachzusenden.

Ist eine Entlassungsanschrift nicht bekannt, ist die Sendung an die Post zurückzugeben.

(2) Beim Nachsenden und Rücksenden von Post ist durch geeignete Maßnahmen dafür Sorge zu tragen, daß die Gefangenschaft des Adressaten nicht erkennbar ist. Bei Bedarf ist ein Deckumschlag zu verwenden.

Zweiter Abschnitt
Sonstige Verwaltungsgeschäfte

41 Überhaft

(1) Auf ein Ersuchen, im Anschluß an den laufenden Vollzug eine weitere Freiheitsentziehung zu vollziehen, ist Überhaft im Personalblatt und im Buchwerk der Vollzugsgeschäftsstelle vorzumerken. Der Überhaftvermerk ist zu löschen, wenn das Ersuchen zurückgenommen wird.

(2) Die Vormerkung und Löschung einer Überhaft sind der ersuchenden Behörde (Vordruck VG 29), der für die laufende Freiheitsentziehung zuständigen Einweisungsbehörde und, wenn weitere Überhaftersuchen vorliegen, auch den hierfür zuständigen Behörden (Vordruck VG 30) anzuzeigen. In der Mitteilung über die Vormerkung einer Überhaft an die ersuchende Behörde sind alle über den Gefangenen vorliegenden Aufnahme- und Überhaftersuchen anzugeben.

(3) Dem Gefangenen ist die Vormerkung oder Löschung einer Überhaft bekanntzugeben; er hat die Kenntnisnahme schriftlich zu bestätigen.

42 Vorführung. Ausführung. Ausantwortung. Ausgang

(1) Die Vollzugsgeschäftsstelle hat das Erforderliche zu veranlassen, wenn der Gefangene

a) zu einem gerichtlichen Termin aufgrund eines Vorführungsbefehls vorzuführen ist,
b) ausgeführt werden soll,
c) einer Polizeibehörde befristet ausgeantwortet werden soll,
d) Ausgang erhält. Ein Ausgangsschein nach Vordruck VG 31 ist auszustellen.

Die Rückkehr des Gefangenen ist zu überwachen.

(2) Wird ein Gefangener zu einem gerichtlichen Termin aus- oder vorgeführt, ist dem begleitenden Bediensteten eine Mitteilung (Vordruck VG 32) mitzugeben. Im Falle einer Hauptverhandlung ist auf eine sorgfältige Mitteilung über deren Ergebnis zu dringen.

43 Überstellung

(1) Eine Überstellung des Gefangenen ist nur im Einvernehmen mit der aufnehmenden Justizvollzugsanstalt zulässig. Dies gilt nicht bei Überstellungen zum Zwecke der Vorführung und Ausanwortung.

(2) Bei einer Überstellung des Gefangenen ist eine Personalnachricht (Vordruck VG 33) mitzugeben. Seine Rückkehr ist zu überwachen. Wird der Gefangene zur Teilnahme an einem Verhandlungstermin überstellt, so ist sicherzustellen, daß er rechtzeitig am Bestimmungsort eintrifft.

(3) Die Justizvollzugsanstalt, in die der Gefangene überstellt worden ist, teilt der Auftragsstelle das Eintreffen auf dem kürzesten Wege mit. Sobald feststeht, daß der Gefangene nicht mehr benötigt wird, ist der Rücktransport einzuleiten, auch wenn die Auftragsstelle dies nicht ausdrücklich angeordnet hat.

(4) Der Tag der Überstellung sowie der Tag der Rückkehr des Gefangenen sind im Personalblatt zu vermerken.

(5) Der Untersuchungsgefangene wird nur mit Zustimmung der Einweisungsbehörde überstellt. Seine Überstellung und Rückkehr sind der Einweisungsbehörde mitzuteilen (Vordruck VG 34).

(6) Im übrigen sind bei der Überstellung des Gefangenen in eine andere Justizvollzugsanstalt die Bestimmungen der Gefangenentransportvorschrift (GTV) anzuwenden.

44 Verlegung

(1) Die Verlegung des Gefangenen ist der Einweisungsbehörde nach Vordruck VG 34 mitzuteilen, und zwar unter Angabe der Gründe, sofern sie ihr offenbar noch nicht bekannt sind. Dem Landeskriminalamt ist mitzuteilen (Vordruck VG 34), wenn der Gefangene in eine Anstalt außerhalb des Landes verlegt wird.

(2) Eine Verlegung des Gefangenen aus gesundheitlichen Gründen in eine Justizvollzugsanstalt mit Anstaltskrankenhaus oder in eine für seine Pflege besser geeignete Justizvollzugsanstalt ist erst zulässig, nachdem die Übernahme zugesagt ist. Entsprechendes gilt auch, wenn eine schwangere Gefangene in eine Justizvollzugsanstalt mit Entbindungsabteilung verlegt werden soll. Sobald der Gefangene einer Behandlung in diesen Einrichtungen nicht mehr bedarf, ist seine Rückverlegung in die zuständige Anstalt zu veranlassen.

(3) Im übrigen sind bei einer Verlegung des Gefangenen in eine andere Justizvollzugsanstalt die Bestimmungen der Gefangenentransportvorschrift (GTV) anzuwenden.

45 Verbringen in ein Krankenhaus außerhalb des Vollzuges

(1) Wird der kranke Gefangene in ein Krankenhaus außerhalb des Vollzuges verbracht, so ist dieses

a) darauf hinzuweisen, daß
die Kosten der Unterbringung und Behandlung bis zu dem Zeitpunkt übernommen werden, in dem die Freiheitsentziehung endet, der Gefangene sich bis zu diesem Zeitpunkt im Vollzug befindet und demzufolge ohne Anordnung der zuständigen Stelle weder beurlaubt noch entlassen werden darf,

b) zu bitten,
der Justizvollzugsanstalt mitzuteilen, sobald der Gefangene transportfähig ist und in der Anstalt oder im Anstaltskrankenhaus weiter behandelt werden kann,
der Justizvollzugsanstalt eine Besserung des Befindens mitzuteilen, die eine Flucht möglich erscheinen läßt, wenn auf eine Bewachung allein im Hinblick auf den Krankheitszustand verzichtet wurde.

(2) Bei Strafgefangenen und Sicherungsverwahrten ist dem Krankenhaus der Entlassungszeitpunkt, sofern er voraussichtlich in die Zeit des Krankenhausaufenthalts fällt, baldmöglichst mitzuteilen.

(3) Die Einlieferung und eine spätere Rückkehr des Gefangenen sind der Einweisungsbehörde mitzuteilen (Vordruck VG 34); die nächsten Angehörigen, eine Person seines Vertrauens oder der gesetzliche Vertreter des Gefangenen sind von der Einlieferung zu verständigen.

(4) Ist anzunehmen, daß die Einweisungsbehörde die Vollstreckung unterbrechen oder den Haftbefehl aufheben wird, so ist ihre Entschließung möglichst herbeizuführen, bevor der Gefangene in das Krankenhaus verbracht wird. Wird nach Verbringen in das Krankenhaus die Strafvollstreckung unterbrochen oder der Haftbefehl aufgehoben, so ist die Einweisungsbehörde für eine entsprechende Mitteilung an das Krankenhaus zuständig (§ 46 StVollstrO, Nr. 58 Abs. 3 RiStBV).

(5) Solange die Freiheitsentziehung nicht beendet oder unterbrochen ist, überwacht die Vollzugsgeschäftsstelle im Einvernehmen mit dem Anstaltsarzt die Rückkehr des Gefangenen.

(6) Wird eine Gefangene zur Entbindung in eine Anstalt außerhalb des Vollzuges gebracht, ist Abs. 1 sinngemäß anzuwenden. Die Einlieferung und spätere Rückkehr der Gefangenen sind der Einweisungsbehörde mitzuteilen (Vordruck VG 34).

(7) Das Verbringen des Untersuchungsgefangenen in ein psychiatrisches Krankenhaus zur Vorbereitung eines Gutachtens über den psychischen Zustand (§ 81 StPO) und seine spätere Rückkehr sind der Einweisungsbehörde anzuzeigen (Vordruck VG 34).

46 Urlaub. Befristete Unterbrechung

(1) Für Urlaubsanträge und deren Bearbeitung ist der Vordruck VG 35 zu verwenden.

(2) Wird der Strafgefangene oder Sicherungsverwahrte beurlaubt oder ist ihm eine befristete Unterbrechung der Strafvollstreckung bewilligt worden, so ist ihm ein Urlaubsschein (Vordruck VG 36) auszustellen, der vom Leiter der Vollzugsgeschäftsstelle oder seinem Vertreter zu unterschreiben ist.

(3) Jede Beurlaubung und Strafunterbrechung ist unverzüglich dem Landeskriminalamt und der Polizeibehörde des vom Gefangenen angegebenen Aufenthaltsortes anzuzeigen, eine Strafunterbrechung darüber hinaus auch der Einweisungsbehörde (Vordruck VG 37).

(4) Die Vollzugsgeschäftsstelle überwacht die Rückkehr des Gefangenen.

47 Entweichen. Sonstiger unerlaubter Aufenthalt außerhalb der Anstalt

(1) Entweicht der Gefangene, so ist, ohne das Ergebnis einer Verfolgung abzuwarten, die zuständige Polizeibehörde sofort fernmündlich und schriftlich um Fahndung nach dem Entwichenen zu bitten. Dabei sind mitzuteilen:

a) eine Personenbeschreibung des Gefangenen,

b) Heimatort, letzter Aufenthaltsort des Gefangenen,

c) Anschriften von Personen, zu denen der Gefangene in enger Beziehung steht,

d) Angaben über Tat und Urteil oder Tatverdacht,

e) sonstige sachdienstliche Hinweise.

Dem schriftlichen Ersuchen ist möglichst ein Lichtbild des Entwichenen beizufügen.

(2) Das Entweichen ist unter Angabe des Zeitpunktes und der zur Wiederergreifung getroffenen Maßnahmen unverzüglich der Einweisungsbehörde anzuzeigen. Führt die unmittelbare Verfolgung oder die von der Justizvollzugsanstalt veranlaßte Fahndung nicht alsbald zur Wiederergreifung, so sind weitere Maßnahmen der Einweisungsbehörde zu überlassen.

(3) Hält der Gefangene sich außer im Falle des Entweichens ohne Erlaubnis außerhalb der Anstalt auf (nicht rechtzeitige Rückkehr vom Urlaub, von einer Strafunterbrechung, vom Freigang oder vom Ausgang), so ist alsbald die Entscheidung des Anstaltsleiters über Art und Umfang der zu treffenden Maßnahmen herbeizuführen; hierzu gehört auch die Unterrichtung der Einweisungsbehörde und des Landeskriminalamtes.

(4) Sobald bekannt wird, daß der Gefangene sich wieder gestellt hat oder wieder ergriffen ist, sind die von der Anstalt getroffenen Maßnahmen zur Wiederergreifung rückgängig zu machen.

(5) Eine Rückkehr des Gefangenen ist der Einweisungsbehörde und dem Landeskriminalamt unter Angabe der Dauer der Abwesenheit

anzuzeigen (Vordruck VG 38). Bei Strafgefangenen ist daneben das neu errechnete Strafende mitzuteilen. Von einer Mitteilung nach Satz 1 kann abgesehen werden, wenn eine Mitteilung nach Abs. 1 bis 3 noch nicht erfolgt ist und die Strafzeit sich nicht geändert hat.

48 Geburt in der Justizvollzugsanstalt

(1) Die Geburt des Kindes einer Gefangenen ist dem Standesamt nach den gesetzlichen Vorschriften anzuzeigen. In der Anzeige dürfen die Anstalt als Geburtsstätte des Kindes, das Verhältnis des Anzeigenden zur Anstalt und die Gefangenschaft der Mutter nicht vermerkt werden.

(2) Soll das Kind in der Anstalt nicht länger belassen werden, so ist die zuständige Verwaltungsbehörde am Sitz der Anstalt aufzufordern, das Kind abzuholen, falls es hilfsbedürftig ist.

49 Behandlung von Sterbefällen

(1) Der Tod eines Gefangenen ist ohne Verzug, notfalls durch Fernspruch oder Telegramm, den nächsten Angehörigen, einer Person seines Vertrauens oder seinem gesetzlichen Vertreter bekanntzugeben. Sie sind zugleich aufzufordern, sich innerhalb einer bestimmten Frist – regelmäßig 24 Stunden – darüber zu erklären, ob sie die Bestattung übernehmen wollen. Übernehmen sie die Bestattung nicht, so ist der Leichnam der zuständigen Verwaltungsbehörde zu übergeben.

(2) Sind Anhaltspunkte dafür vorhanden, daß der Gefangene eines nicht natürlichen Todes gestorben ist, so ist die örtliche zuständige Staatsanwaltschaft oder der örtlich zuständige Richter am Amtsgericht zunächst fernmündlich zu unterrichten. Der Sachverhalt ist alsbald schriftlich festzustellen und zusammen mit einem Gutachten des Anstaltsarztes mitzuteilen. Über die Leiche darf nur mit schriftlicher Einwilligung der Staatsanwaltschaft oder des Richters am Amtsgericht verfügt werden.

(3) Der Anstaltsarzt hat einen Vermerk über den Tod und die Todesursache zu den Personalakten zu bringen.

(4) Der Sterbefall ist dem Standesamt nach den gesetzlichen Vorschriften anzuzeigen. In der Anzeige dürfen die Justizvollzugsanstalt als Ort des Todes, das Verhältnis des Anzeigenden zur Anstalt und die Gefangenschaft des Verstorbenen nicht vermerkt werden.

(5) Der Tod des Gefangenen ist der Einweisungsbehörde und dem Landeskriminalamt anzuzeigen.

Vierter Teil
Entlassung

Erster Abschnitt
Allgemeine Bestimmungen

50 Grundsatz

(1) Der Gefangene ist zu entlassen, wenn
a) die Straf- oder Unterbringungszeit abgelaufen ist,
b) die Einweisungsbehörde, eine ihr übergeordnete Aufsichtsbehörde oder eine Gnadenbehörde die vorzeitige Beendigung der Freiheitsentziehung angeordnet hat,
c) der Haftbefehl aufgehoben oder außer Vollzug gesetzt worden ist oder die Staatsanwaltschaft die Freilassung des Untersuchungsgefangenen angeordnet hat,
d) bei Zivilhaft ein weiterer Vollzug nicht mehr zulässig ist.

(2) In den Fällen des Abs. 1 Buchst. b und c ist für die Entlassung eine schriftliche Anordnung erforderlich, der das Dienstsiegel beigefügt sein muß. Eine durch Telegramm oder Fernschreiben übermittelte Anordnung genügt, wenn nach den Umständen ihre Echtheit nicht zweifelhaft ist; bei Bedenken ist zurückzufragen. Bei fernmündlicher Anordnung ist in jedem Fall vor der Entlassung zurückzufragen.

51 Mitteilung der Entlassung

(1) Jede Entlassung ist der Einweisungsbehörde mitzuteilen (Vordruck VG 39). Wird ein Untersuchungsgefangener in die Freiheit entlassen, so ist mit der Mitteilung ein von der Einweisungsbehörde übersandter Auszug aus dem Bundeszentralregister zurückzugeben. Wird ein Strafgefangener oder Sicherungsverwahrter in die Freiheit entlassen, so ist, falls ein Bewährungshelfer bestellt ist, auch diesem die Entlassung mitzuteilen (Vordruck VG 39).

(2) Dem Landeskriminalamt ist eine Entlassung in die Freiheit und eine Überführung in eine Vollzugsanstalt außerhalb des Bereichs der Vollzugsverwaltung mitzuteilen (Vordruck VG 39). Bei Strafgefangenen und Sicherungsverwahrten mit einer Vollzugsdauer von mehr als drei Jahren ist der Entlassungsmitteilung ein Abzug des zuletzt gefertigten Lichtbildes beizufügen.

Zweiter Abschnitt
Entlassung in die Freiheit

52 Vorbereitung der Entlassung

(1) Die Entlassung aus dem Vollzug einer Freiheitsstrafe in die Freiheit ist unter Verwendung des Vordrucks VG 40 vorzubereiten; hier-

mit ist bei Freiheitsstrafen mit einer Vollzugsdauer von mehr als sechs Monaten spätestens sechs Wochen vor dem Strafende zu beginnen. Im Vollzug unbestimmter Strafen und im Vollzug der Unterbringung gilt Satz 1 sinngemäß.

(2) War nach Nr. 27 Abs. 1 die Aufnahme des Gefangenen dem Jugendamt anzuzeigen, ist auch die Entlassung möglichst sechs Wochen zuvor mitzuteilen (Vordruck VG 41). Wird der Gefangene zum Zeitpunkt der Entlassung das 21. Lebensjahr vollendet haben, genügt die Mitteilung über die vollzogene Entlassung (VG 39).

(3) Ist Fürsorgeerziehung angeordnet, so wird der Erziehungsbehörde der Zeitpunkt der Entlassung mitgeteilt und ihr anheimgegeben, den Gefangenen abzuholen.

(4) Bedarf der Gefangene der Krankenfürsorge oder sind Maßnahmen der Sozialhilfe erforderlich, so ist dies der Sozialbehörde des Entlassungsortes rechtzeitig mitzuteilen.

(5) Der Ausländerpolizeibehörde ist eine Änderung des Zeitpunktes der Entlassung – ggf. fernmündlich – mitzuteilen, wenn diese im Einzelfall darum ersucht hat.

(6) Die bevorstehende Entlassung eines Gefangenen, der der Bundeswehr angehört, ist – ggf. fernmündlich – dem Disziplinarvorgesetzten der Bundeswehr mitzuteilen.

53 Entlassungsuntersuchung

(1) Der Gefangene soll vor der Entlassung in die Freiheit und vor Überführung in gerichtlich angeordnete Unterbringung außerhalb des Bereichs der Vollzugsverwaltung ärztlich untersucht werden. Er ist zu untersuchen, wenn Zweifel bestehen, ob er reise- oder beförderungsfähig ist, wenn sonst ein Anlaß besteht oder wenn er mehr als drei Monate im Vollzuge einer gerichtlich angeordneten Freiheitsentziehung zugebracht hat. Das Ergebnis der ärztlichen Untersuchung ist in den Gesundheitsakten (Nr. 60 Abs. 1) und im Vordruck VG 13 zu vermerken.

(2) Ist bei einer Sofortentlassung der Anstaltsarzt nicht erreichbar, befragt ein Sanitätsbediensteter, notfalls ein anderer Bediensteter, den zu Entlassenden nach etwaigen gesundheitlichen Mängeln; dabei ist der Vordruck VG 42 zu verwenden. Ergibt sich die Notwendigkeit ärztlicher Untersuchung, so ist ein anderer Arzt herbeizurufen.

54 Entlassung

(1) Die Entlassung des Gefangenen in die Freiheit ist schriftlich zu verfügen; über die Entlassungsverhandlung ist eine Niederschrift (Vordruck VG 43) aufzunehmen. Der Gefangene ist anzuhalten, die Niederschrift zu unterschreiben.

(2) Dem Gefangenen ist ein Entlassungsschein (Vordruck VG 44) auszuhändigen, der vom Leiter der Vollzugsgeschäftsstelle oder seinem Vertreter zu unterschreiben ist; eine Durchschrift ist zu den Personalakten zu nehmen.

Dritter Abschnitt
Entlassung bei anschließender Freiheitsentziehung

55 Anschließende Freiheitsentziehung in einer Justizvollzugsanstalt

(1) Ist der Gefangene zum Vollzug einer weiteren Freiheitsentziehung in einer Justizvollzugsanstalt zurückzubehalten, so ist eine Sachverfügung über die Entlassung zu treffen; sie ist mit der Aufnahmeverfügung (Nr. 32 Abs. 4) zu verbinden.

(2) Ist die weitere Freiheitsentziehung in einer anderen Justizvollzugsanstalt zu vollziehen, so ist der Gefangene im Einvernehmen mit der Einweisungsbehörde alsbald in die zuständige Anstalt zu verlegen.

56 Anschließende Freiheitsentziehung in einer Anstalt außerhalb des Bereichs der Vollzugsverwaltung

(1) Ist die weitere Freiheitsentziehung in einer Anstalt außerhalb des Bereichs der Vollzugsverwaltung zu vollziehen, so sind die Vorschriften des zweiten Abschnitts sinngemäß anzuwenden.

(2) Falls die Einweisungsbehörde nicht einen früheren Zeitpunkt bestimmt hat, ist der Gefangene nach Beendigung des laufenden Vollzuges unverzüglich in die zuständige Anstalt überzuführen.

57 Entlassung zur Auslieferung und Abschiebung

Eine Entlassung zur Auslieferung oder Abschiebung ist nach den Bestimmungen des zweiten Abschnitts von der für den Transport zuständigen Absendestelle (Nr. 4 GTV) vorzunehmen.

Fünfter Teil
Personalakten

58 Allgemeines

(1) Über jeden Gefangenen sind Personalakten zu führen. Bei Durchgangshaft reicht in der Regel der Transportschein als Personalunterlage aus. Bei überstellten Gefangenen dient die Personalnachricht der Stammanstalt (Nr. 43 Abs. 2) als Personalunterlage. Verzögert sich der Weitertransport oder die Rückführung des Gefangenen, so sind bei Bedarf Personalakten anzulegen.

(2) Zu den Personalakten sind alle Niederschriften, Verfügungen und sonstigen Schriftstücke zu nehmen, die sich auf den Gefangenen beziehen.

59 Führung der Personalakten

(1) Über jeden Gefangenen werden bei der Erstaufnahme Personalakten (Schnellhefter Vordruck VG 45) angelegt. In die Personalakten werden nach folgender Ordnung aufgenommen:

1. Heftnadel

   die Formblätter:

   Personalblatt (A) – Nr. 16 Abs. 1 –,
   Personenbeschreibung (B) – Nr. 23 Abs. 1 –,
   Ergebnis ärztlicher Untersuchungen (C) – Nrn. 28, 53 Abs. 1 –,

   Vermerk über das Ergebnis der Vorstellung zum Anstaltsleiter (D) – Nr. 29 –, dazu ggf. Unterlagen über die Aufstellung und Durchführung des Vollzugsplanes,

   Lebenslauf (E) – Nr. 31 Abs. 1 –,

   Fragebogen (F) – Nr. 31 Abs. 1 –,

   Übersicht über Vollzugsmaßnahmen (G), dazu ggf. das Ergebnis einer Prüfung der Außenarbeitsfähigkeit – Abs. 4 –,

   Übersicht über Urlaub und Ausgang (H) – Abs. 5 –;

2. Heftnadel

   die Einweisungsunterlagen;
   hierzu zählen auch Überhaftersuchen, Strafzeitberechnungen, Schriftwechsel über eine Herausnahme aus dem Jugendstrafvollzug, Entlassungsersuchen.

   Liegen mehrere Aufnahmeersuchen vor, so sind sie durch römische Ziffern entsprechend den Eintragungen auf dem Personalblatt zu kennzeichnen;

3. Heftnadel

   die sonstigen Schriftstücke
   in der Reihenfolge des Entstehens. Die Schriftstücke sind mit fortlaufenden Blattzahlen zu versehen;

Tasche

   die Urschrift für das Umdruckverfahren – Nr. 16 Abs. 1 –.

(2) Nehmen die Personalakten einen größeren Umfang an, können sie in einen Schnellhefter nach Vordruck VG 46 umgeheftet werden. Wird es erforderlich, einen weiteren Band anzulegen, so ist das unter der ersten und zweiten Heftnadel abgeheftete Schriftgut in den neuen Band umzuheften.

(3) Für die Personalakten der Gefangenen mit Freiheitsstrafen bis zu drei Monaten ist der Schnellhefter nach Vordruck VG 47 zu verwenden. Die Personalvorgänge sind möglichst in der in Abs. 1 bezeichneten Reihenfolge abzuheften.

(4) Arbeitszuweisungen, besondere Vollzugsmaßnahmen, Disziplinarmaßnahmen, Verwarnungen und besondere Sicherungsmaßnahmen sind in der Übersicht über Vollzugsmaßnahmen (Vordruck VG 48) besonders zu vermerken. Für eine Prüfung der Außenarbeitsfähigkeit des Gefangenen ist der Vordruck VG 49 vorgesehen.

(5) Urlaub und Ausgang sind in einer Übersicht nach VG 50 zu vermerken. Für die einzelnen Formen des Urlaubs und für den Ausgaben sind jeweils besondere Abschnitte einzurichten.

(6) Für Anliegen des Gefangenen ist der Vordruck VG 51, bei Disziplinarverfahren der Vordruck VG 52 zu verwenden.

(7) Die an Stelle der Personalakten geführte Personalnachricht (Nr. 58 Abs. 1 Satz 3) ist zusammen mit den hinzugekommenen Schriftstücken beim Rücktransport des Gefangenen in die Stammanstalt mitzugeben und wird dort zu den Personalakten genommen.

60 Gesundheitsakten

(1) Für jeden Gefangenen – ausgenommen Gefangene während einer Überstellung oder in Durchgangshaft – sind vom Anstaltsarzt Gesundheitsakten zu führen. Die Gesundheitsakten bestehen aus folgenden Vordrucken:

Schnellhefter	– Vordruck VG 53 –
Personalblatt (A)	– Vordruck VG 3 –
Gesundheitsblatt	– Vordruck VG 54 –
Behandlungsblatt	– Vordruck VG 55 –

(2) Die Gesundheitsakten sind bei einer Verlegung des Gefangenen in einem verschlossenen Umschlag mitzugeben und in der aufnehmenden Justizvollzugsanstalt nach Beifügung eines neuen Personalblatts fortzuführen. Die Fortführung der Gesundheitsakten entfällt für die Dauer des Aufenthalts des Gefangenen in einem Anstaltskrankenhaus. In Krankenhauseinrichtungen wird ein Krankenblatt entsprechend den besonderen Bedürfnissen geführt; bei der Rückverlegung ist den Gesundheitsakten ein abschließender ärztlicher Bericht beizufügen.

(3) Wird der Gefangene entlassen, sind die Gesundheitsakten abzuschließen und getrennt von den laufenden Akten aufzubewahren.

(4) Angaben über eine ärztliche Behandlung des Gefangenen während einer Überstellung oder einer Durchgangshaft sind der Personalnachricht in einem verschlossenen, für den Anstaltsarzt der Stammanstalt bestimmten Umschlag beizufügen.

61 Wahrnehmungsbogen. Beurteilungsbogen

(1) Zur Aufstellung und Fortführung des Vollzugsplanes sind bei Strafgefangenen mit einer Vollzugsdauer von mehr als sechs Monaten und bei Sicherungsverwahrten Wahrnehmungsbogen (Vordruck VG 56) und Beurteilungsbogen (Vordruck VG 57) zu führen.

(2) Je ein Wahrnehmungsbogen ist dem Abteilungsleiter, dem Erziehungsgruppenleiter, dem Geistlichen, dem Psychologen, dem Sozialpädagogen, dem Lehrer, dem Sozialarbeiter, den zuständigen Bediensteten des allgemeinen Vollzugsdienstes und des Werkdienstes und den sonst vom Anstaltsleiter insoweit beauftragten Bediensteten vorzulegen. Er dient der laufenden Sammlung wichtiger Beobachtungen, Beurteilungen und Behandlungsvorschläge. Die Wahrnehmungsbogen sind abzuschließen und zu den Personalakten zu nehmen, wenn der Gefangene die Justizvollzugsanstalt endgültig verläßt. Der Arzt vermerkt seine Wahrnehmungen in der Gesundheitsakte.

(3) In den von der obersten Dienstbehörde bestimmten Fristen oder aus besonderem Anlaß ist bei den in Abs. 2 bezeichneten Vollzugsbediensteten ein Beurteilungsbogen in Umlauf zu setzen. Unter Verwertung ihrer Aufzeichnungen im Wahrnehmungsbogen äußern sie sich über den Gefangenen; sie machen Vorschläge für seine weitere Behandlung oder nehmen zu dem besonderen Anlaß der Beurteilung Stellung. Der Beurteilungsbogen ist sodann zusammen mit den Personalakten dem Anstaltsleiter zur Entscheidung vorzulegen.

62 Fortführung und Verbleib der Personalakten

(1) Die Vollzugsgeschäftsstelle hat den Verbleib der Personalakten nachzuweisen. Werden Akten vorübergehend versandt, so sind die anfallenden Schriftstücke zusammen mit einer Abschrift des Personalblatts gesondert zu sammeln und nach Rückkunft der Akten in diese einzuordnen.

(2) Wird der Gefangene in eine andere Justizvollzugsanstalt verlegt, so sind die Personalakten an die aufnehmende Anstalt abzugeben. Die Abgabe ist auf der Karteikarte – im Gefangenenbuch (N) – (Nr. 66) zu vermerken.

(3) Die aufnehmende Justizvollzugsanstalt hat die Personalakten mit Ausnahme des Personalblatts fortzuführen. Das neue Personalblatt ist bei der ersten Heftnadel als erstes Blatt abzuheften. Daneben ist der Anstaltswechsel auf den Formblättern D, G und H vor der nächsten Eintragung kenntlich zu machen.

(4) Die Personalakten des Gefangenen, der die Justizvollzugsanstalt endgültig verläßt, sind wegzulegen, es sei denn, daß sie von einer anderen Anstalt fortzuführen sind (Abs. 2).

Sechster Teil
Buchwerk

63 Übersicht

(1) Das Buchwerk der Vollzugsgeschäftsstelle umfaßt:
1. das Gefangenenbuch (K) (Nr. 66),
2. die Gefangenenkartei (Nr. 66),

3. das Zugangsbuch (Nr. 67),
4. das Abgangsbuch (Nr. 67),
5. das Belegungsbuch (Nr. 68),
6. den Abgangskalender (Nr. 69),
7. den allgemeinen Terminkalender (Nr. 69),
8. das Krankenbuch (Nr. 70),
9. das Verzeichnis der Disziplinarmaßnahmen (Nr. 71),
10. das Verzeichnis der besonderen Sicherungsmaßnahmen (Nr. 71),
11. das Verzeichnis der Beurlaubungen (Nr. 71),
12. das Verzeichnis der Entweichungen (Nr. 71),
13. das Verzeichnis über Freigang (Nr. 71),
14. das Verzeichnis über Ausgang (Nr. 71).

(2) Nach näherer Bestimmung der obersten Dienstbehörde sind bei kleineren Justizvollzugsanstalten an Stelle des Gefangenenbuches (K) und der Gefangenenkartei das Gefangenenbuch (N) und das Namensverzeichnis (Nr. 66) zu führen.

64 Buchführung

(1) Die Bücher sind für das Kalenderjahr zu führen, soweit nichts anderes bestimmt ist. Mehrere Jahrgänge können in einem Band vereinigt werden; jedem Jahrgang ist dann die Jahreszahl voranzustellen.

(2) Die Bücher sind mit entsprechender Aufschrift und mit fortlaufenden Seitenzahlen zu versehen. Auf der Titelseite der in Nr. 63 Abs. 1 unter Ziff. 1, 8 bis 14 bezeichneten Bücher sowie des Gefangenenbuchs (N) (Nr. 63 Abs. 2) ist die Anzahl der in dem Buch enthaltenen Blätter zu bescheinigen; die Titelseite zählt das Blatt 1. Die Bücher werden geheftet; einzubinden sind sie nur, wenn es durch ihren häufigen Gebrauch geboten ist. Gefangenenbücher erhalten in jedem Fall einen festen Einband.

65 Ordnung der Gefangenenkartei

(1) Die Gefangenenkartei (Nr. 66) gliedert sich in eine Kartei
a) der anwesenden Gefangenen,
b) der vorübergehend abwesenden Gefangenen,
c) der Gefangenen, die die Anstalt endgültig verlassen haben.

(2) Die Karteikarten sind ohne zeitliche Begrenzung nach dem Abc zu ordnen. Der Anstaltsleiter kann bestimmen, daß die Kartei zu Abs. 1 Buchst. c für jedes Rechnungsjahr geführt wird.

(3) Die richtige Einordnung der Karteikarte in das Abc wird durch Tab- und Kerbreihen gesichert.

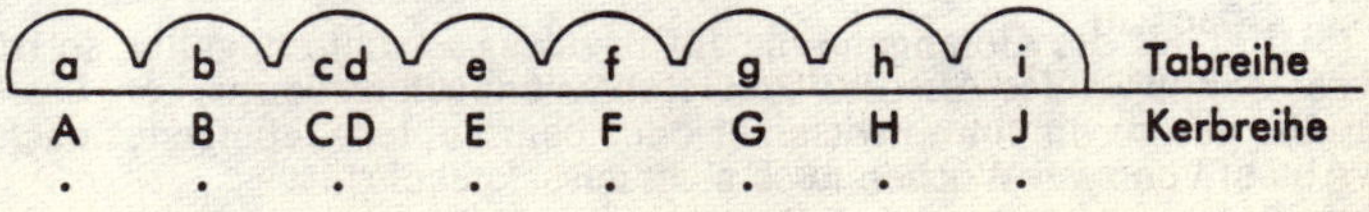

(4) Vor der Einordnung ist zunächst in der Tabreihe alles bis auf den Taben des zweiten Buchstabens des Familiennamens wegzuschneiden und dann in der Kerbreihe die Kerbe des Anfangsbuchstabens auszuschneiden.

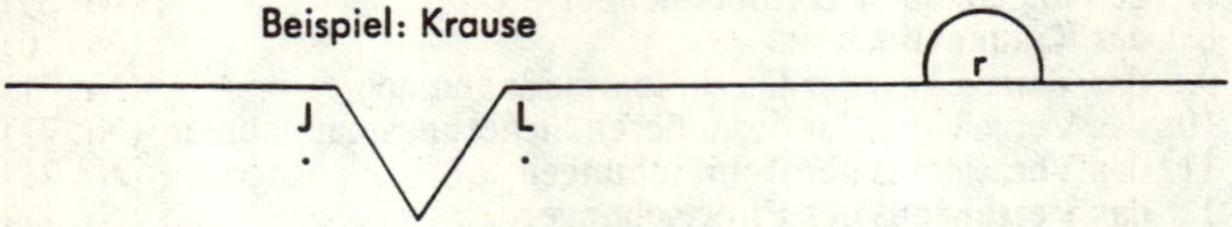

(5) Bei Familiennamen, die mit Doppellauten beginnen (z. B. Aal), zählen die Doppellaute als ein Buchstabe. Die Stelle des zweiten Buchstabens nimmt in diesen Fällen der dritte Buchstabe ein.

(6) Bei richtiger Einordnung bilden alle zusammengehörenden Karten des ersten Buchstabens eine Kerbrinne und innerhalb derselben Kerbrinne alle zusammengehörenden Karten des zweiten Buchstabens einen Tabwall.

66 Gefangenenbuch. Gefangenenkartei. Namensverzeichnis

(1) Das Gefangenenbuch (K) – Vordruck VG 58 – und die Gefangenenkartei – Vordruck VG 59 – oder das Gefangenenbuch (N) – Vordruck VG 60 – sind für den urkundlichen Nachweis des Vollzuges bestimmt.

(2) Unmittelbar nach der erstmaligen Aufnahme in die Justizvollzugsanstalt ist jeder Gefangene in der Reihenfolge des Zugangs in das Gefangenenbuch einzutragen; dies gilt auch im Falle der Überstellung. Gefangene in Durchgangshaft sind von der Eintragung auszunehmen; sie werden im Transportbuch (Nr. 11 GTV) geführt.

(3) In das Gefangenenbuch (K) ist nur das erste Aufnahmeersuchen über den Gefangenen einzutragen. Daneben ist über ihn eine Karteikarte anzulegen, in der auch die weiteren Aufnahmeersuchen zu vermerken sind. Im übrigen müssen die Eintragungen in der Karteikarte mit denen im Personalblatt ständig übereinstimmen. War der Gefangene schon früher in der Justizvollzugsanstalt untergebracht, so ist auf den früheren Vollzug hinzuweisen.

(4) In das Gefangenenbuch (N) sind alle der Justizvollzugsanstalt über den Gefangenen zugehenden Aufnahmeersuchen einzutragen. Daneben ist der Gefangene in das Namensverzeichnis (Vordruck VG 61) einzutragen. Das Namensverzeichnis kann für mehrere Kalenderjahre geführt werden.

(5) Verläßt der Gefangene die Justizvollzugsanstalt endgültig, so ist der Zeitpunkt des Austritts im Gefangenenbuch zu vermerken. Dasselbe gilt, wenn ein entwichener oder beurlaubter Gefangener nach Ablauf von zwei Wochen noch nicht zurückgekehrt ist.

67 Zugangsbuch. Abgangsbuch

(1) Die Veränderungen des Gefangenenbestandes in der Justizvollzugsanstalt werden durch das Zugangsbuch (Vordruck VG 62) und das Abgangsbuch (Vordruck VG 63) nachgewiesen.

(2) Als Zugang ist einzutragen, wer

a) sich zum Vollzuge stellt,

b) zugeführt wird (vgl. jedoch Abs. 4),

c) nach vorübergehender Abwesenheit zurückkehrt,

d) im Anschluß an eine Freiheitsentziehung zu weiterer Freiheitsentziehung in der Anstalt – auch nur vorübergehend – verbleibt.

(3) Als Abgang ist einzutragen, wer

a) die Justizvollzugsanstalt verläßt und nicht vor Ablauf des Tages zurückkehrt,

b) eine Freiheitsentziehung beendet, jedoch zu weiterer Freiheitsentziehung in der Anstalt – auch nur vorübergehend – verbleibt.

(4) Durchgangsgefangene, die noch am Tage des Zugangs weiterbefördert werden, sind weder in das Zugangsbuch noch in das Abgangsbuch einzutragen; sie werden im Transportbuch (Nr. 11 GTV) nachgewiesen.

(5) Das Zugangs- und das Abgangsbuch sind in Tagesabschnitten zu führen. Die Abschnitte werden nach Ablauf des Tages aufgerechnet; die Summen sind zur Feststellung des Bestandes an Gefangenen in das Belegungsbuch (Nr. 68) zu übernehmen.

68 Belegungsbuch. Frühbericht

(1) In dem Belegungsbuch (Vordruck VG 64) ist täglich der Gefangenenbestand festzustellen und aufzugliedern.

(2) Das Belegungsbuch ist in Monatsabschnitten zu führen und am Monatsschluß abzuschließen. Die Monatssummen der Tagesbestände sind in eine Jahreszusammenstellung zu übernehmen und am Jahresschluß aufzurechnen.

(3) Im Laufe des Monats März ist der in den einzelnen Spalten des Belegungsbuchs nachgewiesene Bestand an Hand der Gefangenenkartei – des Gefangenenbuchs (N) – zu überprüfen. Unstimmigkeiten sind zu berichtigen. Die Übereinstimmung mit den Eintragungen in der Kartei – dem Gefangenenbuch (N) – ist von dem Leiter der Vollzugsgeschäftsstelle in der Vermerkspalte des Belegungsbuches zu bescheinigen.

(4) Über die Zusammensetzung des Gefangenenbestandes ist täglich ein Frühbericht (Vordruck VG 65) aufzustellen und dem Anstaltsleiter sowie den von ihm bestimmten Bediensteten vorzulegen.

69 Abgangskalender. Allgemeiner Terminkalender

Im Abgangskalender (Vordruck VG 66) ist der zukünftige Abgang des Gefangenen zu vermerken. Sonstige Termine und Fristen sind in den allgemeinen Terminkalender einzutragen.

70 Krankenbuch

(1) Krankheitsfälle, Unfälle und Todesfälle von Gefangenen sind in das Krankenbuch (Vordruck VG 67) einzutragen.

(2) Das Krankenbuch führt ein Bediensteter, den der Anstaltsleiter auf Vorschlag des Anstaltsarztes bestimmt.

71 Sonstiges Buchwerk

Es sind einzutragen

a) Disziplinarmaßnahmen in ein Verzeichnis nach Vordruck VG 68,
b) besondere Sicherungsmaßnahmen in ein Verzeichnis nach Vordruck VG 69,
c) Urlaub in ein Verzeichnis nach Vordruck VG 70,
d) Entweichungen in ein Verzeichnis nach Vordruck VG 71,
e) Freigang in ein Verzeichnis nach Vordruck VG 72,
f) Ausgang in ein Verzeichnis nach Vordruck VG 73.

Siebter Teil
Strafvollzugsstatistik

72 Aufbau. Umfang

(1) Die Strafvollzugsstatistik besteht aus folgenden Tabellen:

St 1 Bestand, Zu- und Abgang der Gefangenen nach Justizvollzugsanstalten,

St 2 Strafgefangene und Sicherungsverwahrte nach Alter sowie nach Art und Dauer des Vollzuges,

St 4 Strafgefangene und Sicherungsverwahrte nach Art des Vollzuges, Alter sowie nach Religionszugehörigkeit, Familienstand, Staatsangehörigkeit und Wohnsitz,

St 5 Strafgefangene und Sicherungsverwahrte nach Art und Häufigkeit der Vorstrafen sowie nach Wiedereinlieferungsabständen,

St 6 Strafgefangene und Sicherungsverwahrte nach der strafbaren Handlung und nach Art der Strafen und Maßregeln der Besserung und Sicherung.

St 7 Krankheitsfälle, Unfälle, Todesfälle,

St 8 Disziplinarmaßnahmen, besondere Sicherungsmaßnahmen,
St 9 Beurlaubungen, Entweichungen,
St 10 Freigang, Ausgang.

(2) Die Tabellen St 1 und St 7 bis St 10 sind auf das Kalenderjahr, die Tabellen St 2 und St 4 bis St 6 auf den 31. März eines jeden Jahres abgestellt.

(3) Die Tabellen St 1, St 2 und St 4 bis St 6 werden von dem Statistischen Landesamt aufgestellt. Grundlagen sind

für die Tabelle St 1
die monatlichen Nachweisungen über Bestand, Zu- und Abgang der Gefangenen (Nr. 73),

für die Tabellen St 2, St 4 bis St 6
die Zählkarten (Nr. 74).

(4) Die Tabellen St 7 bis St 10 sind von der Justizvollzugsanstalt aufzustellen. Grundlagen sind

für die Tabelle St 7
das Krankenbuch (Nr. 70),

für die Tabelle St 8
das Verzeichnis der Disziplinarmaßnahmen und das Verzeichnis der besonderen Sicherungsmaßnahmen (Nr. 71),

für die Tabelle St 9
das Verzeichnis der Beurlaubungen und das Verzeichnis der Entweichungen (Nr. 71),

für die Tabelle St 10
das Verzeichnis über Freigang und das Verzeichnis über Ausgang (Nr. 71).

73 Monatliche Nachweisung. Tabelle St 1

(1) Die Justizvollzugsanstalt legt der übergeordneten Behörde jeweils bis zum dritten Arbeitstag des Monats eine Nachweisung über Bestand, Zu- und Abgang der Gefangenen im abgelaufenen Monat (Vordruck VG 74) in zwei Stücken vor. Soweit das Buchwerk für besondere Abteilungen oder Zweiganstalten getrennt geführt wird, sind diese in der Nachweisung gesondert darzustellen.

(2) Die übergeordnete Behörde prüft die ihr vorgelegten Nachweisungen und übersendet je ein Stück hiervon dem Statistischen Landesamt. Daneben stellt sie den Bestand der Justizvollzugsanstalten ihres Geschäftsbereichs in einer Nachweisung nach Vordruck VG 75 zusammen und übersendet zwei Stücke hiervon bis zum 10. des Monats der obersten Dienstbehörde.

(3) Das Statistische Landesamt stellt die Ergebnisse der monatlichen Nachweisungen – getrennt nach Männern und Frauen – in der Tabelle St 1 in folgender Weise dar:

Abschnitt A:
Justizvollzugsanstalten des geschlossenen Vollzuges,

Abschnitt B:
Justizvollzugsanstalten des offenen Vollzuges.

Den Abschnitten ist jeweils eine Zusammenstellung voranzustellen. Die Gesamtergebnisse der Abschnitte A und B werden zu einem Landesergebnis zusammengefaßt.

74 Zählkarte. Tabellen St 2, St 4 bis St 6

(1) Die Justizvollzugsanstalt hat über jeden Strafgefangenen und Sicherungsverwahrten – ausgenommen zu Strafarrest Verurteilte –, der am 31. März des Jahres um 24.00 Uhr einsitzt oder zu diesem Zeitpunkt nur vorübergehend abwesend ist (Nrn. 7, 65 Abs. 1 Buchst. b), eine Zählkarte (Vordruck VG 76) auszufüllen und unmittelbar dem Statistischen Landesamt bis zum 30. April zu übersenden. Die Zählkarte ist vom Leiter der Vollzugsgeschäftsstelle oder seinem Vertreter zu unterschreiben.

(2) Die Anzahl der Zählkarten muß mit den in der Nachweisung nach Vordruck VG 74 für den Monat März auf Zeile 4 dargestellten Bestandszahlen zuzüglich des Bestandes der am letzten Tag vorübergehend abwesenden Gefangenen übereinstimmen. An Hand eines einfachen Namensverzeichnisses – getrennt nach den einzelnen Haftarten – ist zu überwachen, daß alle Gefangenen, für die eine Zählkarte auszufüllen ist, erfaßt werden.

(3) Das Statistische Landesamt wertet die Zählkarten aus und stellt die Ergebnisse in den Tabellen St 2 und St 4 bis St 6 in der in Nr. 73 Abs. 3 bezeichneten Ordnung zusammen.

75 Tabellen St 7 bis St 10

(1) Die Justizvollzugsanstalt legt die Tabellen St 7 (Vordruck VG 77), St 8 (Vordruck VG 78), St 9 (Vordruck VG 79) und St 10 (Vordruck VG 80) bis zum 15. Februar der übergeordneten Behörde vor.

(2) Die übergeordnete Behörde stellt die Ergebnisse der von den Justizvollzugsanstalten ihres Geschäftsbereichs aufgestellten Tabellen in der in Nr. 73 Abs. 3 bezeichneten Ordnung zusammen und übersendet sie mit einer Gesamtzusammenstellung in zwei Stücken bis zum 31. März der obersten Dienstbehörde.

Stichwortverzeichnis

H

I

K

L

M

W

Z

Strafvollstreckungsordnung (StVollstrO)

vom 15. Februar 1956
in der Fassung der Änderungen
vom 10. Januar 1980 und 1. Juli 1991

Inhaltsübersicht

I. Abschnitt
Allgemeine Bestimmungen

§ 1 Geltungsbereich

(1) Die Vorschriften der Strafvollstreckungsordnung gelten für die Vollstreckung von Urteilen und ihnen gleichstehenden Entscheidungen, die auf eine Strafe, Nebenstrafe, Nebenfolge oder Maßregel der Besserung und Sicherung lauten.

(2) Die Vorschriften der Strafvollstreckungsordnung gelten ferner, soweit die §§ 87, 88 dies bestimmen, für die Vollstreckung gerichtlicher Entscheidungen nach dem Gesetz über Ordnungswidrigkeiten sowie für die Vollstreckung von Ordnungs- und Zwangshaft in Straf- und Bußgeldsachen.

(3) Für die Vollstreckung von Entscheidungen gegen Jugendliche und Heranwachsende gelten die Vorschriften der Strafvollstreckungsordnung nur, soweit das Jugendgerichtsgesetz, die Richtlinien dazu, die Bundeswehrvollzugsordnung vom 29. November 1972 (Bundesgesetzbl. I S. 2205) und das Gesetz über Ordnungswidrigkeiten nichts anderes bestimmen.

(4) (aufgehoben)

§ 2 Nachdrückliche Vollstreckung

(1) Im Interesse einer wirksamen Strafrechtspflege ist die richterliche Entscheidung mit Nachdruck und Beschleunigung zu vollstrekken.

(2) Durch Gnadengesuche sowie durch andere Gesuche und Eingaben darf die Vollstreckung grundsätzlich nicht verzögert werden.

§ 3 Aufgaben der Vollstreckungsbehörde

(1) Die Vollstreckungsbehörde prüft, ob die Voraussetzungen der Vollstreckung gegeben sind. Sie trifft die Anordnungen, die zur Durchführung der Entscheidung erforderlich sind.

(2) Die Verantwortlichkeit der Vollstreckungsbehörde erstreckt sich nicht auf den besonderen Pflichtenkreis der Vollzugsbehörde.

§ 4 Vollstreckungsbehörde

(1) Vollstreckungsbehörde ist

a) die Staatsanwaltschaft beim Landgericht, soweit nichts anderes bestimmt ist;

b) die Staatsanwaltschaft beim Oberlandesgericht, wenn dieses im ersten Rechtszug entschieden hat und nicht ein Fall des Buchstaben c vorliegt;

c) der Generalbundesanwalt beim Bundesgerichtshof in Sachen, in denen im ersten Rechtszug in Ausübung von Gerichtsbarkeit des Bundes entschieden worden ist (Artikel 96 Abs. 5 GG, §§ 120, 142a GVG).

(2) Vollstreckungsbehörde ist ferner der Richter beim Amtsgericht, soweit ihm die Strafvollstreckung nach Landesrecht übertragen ist (Artikel 315 EGStGB). Seine Tätigkeit als Vollstreckungsbehörde ist kein Teil der Rechtsprechung; er ist daher insoweit weisungsgebunden.

§ 5 (aufgehoben)

§ 6 Sachliche Zuständigkeit für dringliche Vollstreckungsanordnungen

Ist die sachlich zuständige Vollstreckungsbehörde nicht alsbald erreichbar, so kann anstelle der Staatsanwaltschaft beim Landgericht die Staatsanwaltschaft beim Oberlandesgericht dringende Strafvollstreckungsanordnungen treffen.
a) anstelle der Staatsanwaltschaft beim Landgericht die Staatsanwaltschaft beim Oberlandesgericht,
b) anstelle des Richters beim Amtsgericht (§ 4 Abs. 2) die Staatsanwaltschaft beim Landgericht oder, falls auch sie nicht erreichbar ist, die Staatsanwaltschaft beim Oberlandesgericht.

§ 7 Örtliche Zuständigkeit der Vollstreckungsbehörde

(1) Die örtliche Zuständigkeit der Vollstreckungsbehörde bestimmt sich nach dem Gericht des ersten Rechtszuges (vgl. § 143 Abs. 1 GVG).

(2) Hat das Revisionsgericht in den Fällen des § 354 Abs. 2, der §§ 354a und 355 StPO eine Sache unter Aufhebung des Urteils zur Verhandlung und Entscheidung an ein anderes Gericht zurückverwiesen, so bestimmt sich die Zuständigkeit der Vollstreckungsbehörde nach diesem Gericht. Ist im Wiederaufnahmeverfahren eine Entscheidung nach § 373 StPO ergangen, so bestimmt sich die Zuständigkeit der Vollstreckungsbehörde in den Fällen des § 140a Abs. 1, 3 Satz 2 GVG nach dem Gericht, das diese Entscheidung getroffen hat.

(3) Ist die örtlich zuständige Vollstreckungsbehörde nicht alsbald erreichbar, so kann dringende Vollstreckungsanordnungen auch eine örtlich unzuständige Vollstreckungsbehörde treffen (vgl. § 143 Abs. 2 GVG).

§ 8 Vollstreckung von Gesamtstrafen

(1) Die Zuständigkeit zur Vollstreckung einer Gesamtstrafe (§ 55 StGB) richtet sich nach dem Gericht, das sie gebildet hat (§§ 460, 462, 462a Abs. 3 StPO).

(2) Die zur Vollstreckung der Gesamtstrafe zuständige Vollstreckungsbehörde teilt die Bildung der Gesamtstrafe und die Übernahme der Vollstreckung unverzüglich zu allen betroffenen Verfahren mit. Sie fügt der Mitteilung eine beglaubigte Abschrift des erkennenden Teils der Entscheidung über die Gesamtstrafe bei, auf welcher der Zeitpunkt des Eintritts der Rechtskraft vermerkt ist.

§ 9 Vollstreckungshilfe

(1) Soll eine Vollstreckungsanordnung außerhalb des Landes, in dem die Vollstreckungsbehörde ihren Sitz hat, durch eine Landesbehörde durchgeführt werden, so ist die hierfür örtlich zuständige Staatsanwaltschaft des anderen Landes um Vollstreckungshilfe zu ersuchen. Die Zuständigkeit bestimmt sich bei Ersuchen um Vollstreckung von Freiheitsstrafen nach den §§ 162, 163 GVG; in den übrigen Fällen sind diese Bestimmungen sinngemäß anzuwenden. Unberührt bleiben § 48 (Einforderung und Beitreibung von Geldstrafen) und § 57 (Vollstreckung von Nebenfolgen, die zu einer Geldzahlung verpflichten).

(2) Der Generalbundesanwalt kann in den Fällen, in denen er Vollstreckungsbehörde ist, unmittelbar vollstrecken.

§ 10 Vollstreckung durch den Rechtspfleger

Für die Wahrnehmung der Geschäfte der Strafvollstreckung durch den Rechtspfleger gelten § 31 des Rechtspflegergesetzes und die dazu erlassene Rechtsverordnung.

§ 11 (aufgehoben)

§ 12 (aufgehoben)

§ 13 Urkundliche Grundlage der Vollstreckung

(1) Die Vollstreckung setzt die Rechtskraft der Entscheidung voraus (vgl. § 449 StPO).

(2) Urkundliche Grundlage der Vollstreckung ist die Urschrift oder eine beglaubigte Abschrift der Entscheidung oder ihres erkennenden Teils; auf ihr muß die Rechtskraft bescheinigt und angegeben sein, wann sie eingetreten ist. Die Rechtskraft kann bereits bescheinigt werden, bevor die schriftlichen Urteilsgründe vorliegen. Ist der Verurteilte in der Sache in Haft, auf die sich die Rechtskraftbescheinigung bezieht, so soll der Urkundsbeamte die urkundliche Grundlage der Vollstreckung binnen drei Tagen nach Eintritt der Rechtskraft der Vollstreckungsbehörde übersenden.

(3) Die Rechtskraft bescheinigt der Urkundsbeamte der Geschäftsstelle beim Gericht des ersten Rechtszuges. Wird gegen ein Beru-

fungsurteil keine Revision eingelegt, so bescheinigt sie der Urkundsbeamte der Geschäftsstelle beim Berufungsgericht.

(4) Wird gegen ein Urteil Revision eingelegt, so behält die Vollstreckungsbehörde eine beglaubigte Abschrift des erkennenden Teils der für die Vollstreckung erforderlichen Urteile zurück. Der Urkundsbeamte der Geschäftsstelle beim Revisionsgericht übersendet der Vollstreckungsbehörde unverzüglich eine beglaubigte Abschrift des erkennenden Teils des Revisionsurteils, wenn dieses die Rechtskraft des angefochtenen Urteils herbeigeführt hat oder selbst vollstreckungsfähig ist. Dasselbe gilt, wenn die Revision durch Beschluß verworfen wird und die Akten nicht sofort zurückgegeben werden können.

§ 14 Weitere urkundliche Grundlagen der Vollstreckung

(1) Weitere urkundliche Grundlage der Vollstreckung ist die Urschrift oder eine beglaubigte Abschrift der Entscheidung oder ihres erkennenden Teils, durch die

a) eine Verurteilung zu der vorbehaltenen Strafe (§ 59b StGB) ausgesprochen wird,
b) die Aussetzung einer Strafe, eines Strafrestes oder einer Unterbringung (§ 56f Abs. 1, § 57 Abs. 3, § 57a Abs. 3, § 67g Abs. 1 bis 3 StGB) oder ein Straferlaß (§ 56g Abs. 2 StGB) widerrufen wird,
c) eine Anordnung über eine vom Urteil abweichende Reihenfolge der Vollstreckung von Freiheitsstrafen und freiheitsentziehenden Maßregeln (§ 67 Abs. 3 StGB) getroffen wird,
d) der Vollzug der Freiheitsstrafe angeordnet wird (§ 67 Abs. 5 Satz 2, 2. Halbsatz StGB),
e) die Überweisung in den Vollzug einer anderen freiheitsentziehenden Maßregel angeordnet wird (§ 67a Abs. 1 bis 3 StGB),
f) nach § 67c Abs. 2 StGB die Vollstreckung einer Unterbringung angeordnet wird,
g) nach § 67d Abs. 5 StGB bestimmt wird, daß die Unterbringung in einer Entziehungsanstalt nicht weiter zu vollziehen ist,
h) der Vollzug der nächsten freiheitsentziehenden Maßregel angeordnet wird (§ 72 Abs. 3 StGB).

(2) § 13 Abs. 2, 3 Satz 1 gilt entsprechend.

§ 15 Vollstreckungsheft

(1) Die zur Einleitung der Strafvollstreckung erforderlichen Akten soll die Vollstreckungsbehörde erst aus der Hand geben, wenn sie die erforderlichen Vollstreckungsanordnungen in die Wege geleitet hat. Die Durchführung eines Rechtsmittelverfahrens darf nicht verzögert werden.

(2) Ist damit zu rechnen, daß die Akten während der Vollstreckung anderweitig benötigt werden, oder handelt es sich um Strafsachen größeren Umfangs, so ist ein Vollstreckungsheft anzulegen. Bei Strafsachen mit mehreren Verurteilten ist für jeden ein besonderes Vollstreckungsheft erforderlich.

§ 16 Inhalt des Vollstreckungsheftes

(1) Zum Vollstreckungsheft sind zu nehmen:

a) eine mit der Bescheinigung der Rechtskraft versehene beglaubigte Abschrift der Entscheidung und, soweit darin gemäß § 267 Abs. 4 StPO auf den Anklagesatz, die Anklage gemäß § 212a Abs. 2 Satz 2 StPO, den Strafbefehl oder den Strafbefehlsantrag verwiesen wird, auch eine beglaubigte Abschrift dieser Schriftstücke oder Entscheidungen sowie, wenn nachträglich eine Gesamtstrafe gebildet worden ist, auch eine beglaubigte Abschrift der einbezogenen Entscheidungen;

b) eine mit Bescheinigung der Rechtskraft versehene beglaubigte Abschrift der Beschlüsse,

   aa) durch die die Vollstreckung eines Strafrestes oder einer Unterbringung zur Bewährung ausgesetzt worden ist,

   bb) die in § 14 Abs. 1 genannt sind;

c) eine beglaubigte Abschrift der Entscheidungen, durch die in den Fällen der Buchstaben a und b über ein Rechtsmittel entschieden worden ist, und eine beglaubigte Abschrift sonstiger die Strafvollstreckung betreffende Beschlüsse;

d) die für die Berechnung der Strafzeit maßgebenden Angaben;

e) sämtliche die Strafvollstreckung betreffenden Verfügungen, Gesuche, Eingaben und andere Eingänge.

(2) Kostenrechnungen, Zahlungsanzeigen und Nachrichten der Gerichtskasse oder sonst zuständigen Kasse über die Löschung des Kostensolls sind unter dem Aktendeckel vor dem ersten Blatt des Vollstreckungsheftes einzuheften oder, wenn dieses nicht zu heften ist, lose zu verwahren (vgl. § 3 Abs. 3 der Kostenverfügung) [1].

§ 17 Absehen von der Vollstreckung bei Auslieferung und Ausweisung

(1) Soll ein Verurteilter wegen einer anderen Tat einer ausländischen Regierung ausgeliefert oder aus dem räumlichen Geltungsbereich der Strafprozeßordnung ausgewiesen werden, so prüft die Vollstreckungsbehörde, ob und inwieweit es angezeigt ist, von der Vollstreckung einer Freiheitsstrafe, einer Ersatzfreiheitsstrafe oder

---

[1]) Nach § 3 Abs. 1 der Aktenordnung in der in Berlin, Bremen und Niedersachsen geltenden Fassung dürfen Zahlungsanzeigen auch in zeitlicher Reihenfolge in das Vollstreckungsheft eingeordnet werden, wenn der Eingang in einer Übersicht vermerkt wird.

einer Maßregel der Besserung und Sicherung abzusehen (§ 456a StPO). Sieht die Vollstreckungsbehörde von der Vollstreckung ab, so teilt sie dies der Ausländerbehörde mit und legt einen Suchvermerk im Bundeszentralregister nieder.

(2) Die Vollstreckungsbehörde soll zugleich mit dem Absehen von der Vollstreckung die Nachholung für den Fall anordnen, daß der Ausgelieferte oder Ausgewiesene zurückkehrt, und hierzu einen Haftbefehl, einen Unterbringungsbefehl oder einen Steckbrief erlassen. Hierüber ist der Verurteilte in einer für ihn verständlichen Sprache zu belehren. Die Belehrung ist aktenkundig zu machen. Sie kann der Vollzugsanstalt übertragen werden.

§ 18 Rechtshilfeverkehr mit dem Ausland

(1) Für Ersuchen an das Ausland um Auslieferung oder andere Rechtshilfe in Vollstreckungssachen gelten die jeweiligen völkerrechtlichen Übereinkünfte, das Gesetz über die Internationale Rechtshilfe in Strafsachen und die Richtlinien für den Verkehr mit dem Ausland in strafrechtlichen Angelegenheiten (RiVASt).

(2) Von der Vollstreckung wird nicht abgesehen, wenn die Persönlichkeit des Verurteilten oder die Art und die Umstände seiner Straftaten dies angebracht erscheinen lassen, insbesondere wenn die Vollstreckung im Interesse der gemeinsamen Bekämpfung des Verbrechertums unter Beachtung der internationalen Abkommen erforderlich sind. Auf die Vollstreckung wird in der Regel nicht verzichtet werden können, wenn es sich um eine der in §§ 5, 6 StGB genannten Taten handelt, gleichviel, ob sie im Inland oder im Ausland begangen worden sind.

§ 19 Rechtskraft bei einzelnen Verurteilten

Haben von mehreren Angeklagten nur einzelne das Urteil mit der Revision angefochten, so steht § 357 StPO der Vollstreckung gegen die übrigen Verurteilten nicht entgegen. Ist zu erwarten, daß das Revisionsgericht das Urteil auch gegenüber dem Verurteilten, gegen den vollstreckt werden soll, als angefochten behandelt, so kann die Vollstreckung aufgeschoben oder unterbrochen werden.

§ 20 Verlängerung der Verjährung

Ist zweifelhaft, ob die Auslieferung oder Überstellung eines Verurteilten erreicht werden kann, so beantragt die Vollstreckungsbehörde die Verlängerung der Verjährungsfrist (§ 79b StGB) in der Regel erst, nachdem sie der obersten Justizbehörde hierzu berichtet hat.

§ 21 Beschwerden

(1) Über Einwendungen gegen eine Entscheidung oder eine andere Anordnung der Vollstreckungsbehörde entscheidet, soweit nicht das Gericht dafür zuständig ist (§§ 458, 459h StPO, § 83 Abs. 1 JGG),

a) der Generalstaatsanwalt beim Oberlandesgericht, wenn die Staatsanwaltschaft beim Landgericht oder der Jugendrichter als Vollstreckungsleiter,

b) die oberste Behörde der Landesjustizverwaltung, wenn die Staatsanwaltschaft bei dem Oberlandesgericht,

c) der Bundesminister der Justiz, wenn der Generalbundesanwalt beim Bundesgerichtshof

die beanstandete Entscheidung oder Anordnung getroffen hat.

(2) Durch Einwendungen nach Absatz 1 wird die Vollstreckung nicht gehemmt.

II. Abschnitt
Vollstreckung von Freiheitsstrafen

§ 22 Vollstreckungsplan

(1) Aus dem Vollstreckungsplan ergeben sich für jeden Gerichtsbezirk die Vollzugsanstalten, die für die Vollstreckung von Jugendarrest, Freiheitsstrafen und freiheitsentziehende Maßregeln der Besserung und Sicherung sachlich und örtlich zuständig sind.

(2) Der Vollstreckungsplan regelt auch die sachliche Zuständigkeit zur Vollstreckung von Jugendarrest, Freiheitsstrafen und freiheitsentziehenden Maßregeln der Besserung und Sicherung, die im ersten Rechtszug in Ausübung von Gerichtsbarkeit des Bundes verhängt worden sind.

(3) Vollzieht die Bundeswehr Strafarrest (Artikel 5 Abs. 1 des Einführungsgesetzes zum Wehrstrafgesetz) oder auf Ersuchen der Vollstreckungsbehörde Freiheitsstrafe von nicht mehr als sechs Monaten oder Jugendarrest (Artikel 5 Abs. 2 des Einführungsgesetzes zum Wehrstrafgesetz), so gibt der Befehlshaber im Wehrbereich durch seinen Rechtsberater die zuständige Vollzugseinrichtung der Bundeswehr an. Von einem Vollstreckungsersuchen (Artikel 5 Abs. 2 des Einführungsgesetzes zum Wehrstrafgesetz) ist regelmäßig abzusehen, wenn

a) der Soldat wegen seiner Persönlichkeit oder wegen der seiner Verurteilung zugrunde liegenden Straftat für den Vollzug bei der Bundeswehr ungeeignet ist,

b) die Bildung einer höheren als einer sechsmonatigen Gesamtstrafe zu erwarten ist,

c) der Soldat vor dem voraussichtlichen Strafende aus dem Dienst bei der Bundeswehr ausscheidet oder
d) gegen den Soldaten in anderer Sache Untersuchungshaft, Sicherungshaft nach § 453c StPO oder eine einstweilige Unterbringung nach § 126a StPO angeordnet worden ist.

Im Falle des Buchstaben d ist ein bereits eingeleiteter Strafvollzug in Vollzugseinrichtungen der Bundeswehr in der Regel zu unterbrechen.

§ 23 Sachliche Vollzugszuständigkeit

(1) Soweit der Vollstreckungsplan die sachliche Zuständigkeit einer Vollzugsanstalt von der Vollzugsdauer abhängig macht, kommt es auf die Zeit an, die der Verurteilte vom Tage der bevorstehenden Aufnahme in die zuständige Vollzugsanstalt an im Strafvollzug zuzubringen hat. Ist eine nachträglich gebildete Gesamtstrafe zu vollstrecken, nachdem die Vollstreckung einer in sie einbezogenen Strafe bereits begonnen hat oder beendet ist, so ist der Strafrest maßgebend, der bei Beginn des Vollzuges der Gesamtstrafe verbleibt; von einer Verlegung ist abzusehen, wenn der verbleibende Strafrest die sachliche Zuständigkeit der Vollzugsanstalt nicht übersteigt. Für die sachliche Vollzugszuständigkeit bei Vollstreckung mehrerer Freiheitsstrafen gilt § 43 Abs. 6.

(2) Soweit sich die sachliche Zuständigkeit einer Vollzugsanstalt nach dem Alter des Verurteilten richtet, ist der Tag der bevorstehenden Aufnahme in die zuständige Vollzugsanstalt maßgebend.

(3) Die Vollzugsbehörde kann die Aufnahme nicht ablehnen, wenn die Vollzugsdauer oder das Alter, nach dem Tage der Aufnahme berechnet, um nicht mehr als zwei Wochen vom Vollstreckungsplan abweicht.

§ 24 Örtliche Vollzugszuständigkeit

(1) Die örtliche Zuständigkeit der Vollzugsanstalt richtet sich nach dem Gerichtsbezirk, in dem der Verurteilte wohnt, sich aufhält oder bei behördlicher Verwahrung sich zuletzt aufgehalten hat, bei Soldaten auch nach dem Gerichtsbezirk, in dem der Standort liegt. Ist der Verurteilte behördlich verwahrt, so richtet sich die Zuständigkeit bei einer Vollzugsdauer bis zu sechs Monaten nach dem Verwahrungsort. Wird eine Strafe mit einer Vollzugsdauer von mehr als sechs Monaten in einer für den Aufenthaltsort zuständigen Anstalt vollzogen, so ist der Verurteilte in die für den Wohnort zuständige Anstalt zu verlegen, wenn er es binnen zwei Wochen nach Vollzugsbeginn bei der Vollzugsanstalt beantragt. Die Vollzugsanstalt weist ihn bei Vollzugsbeginn auf diese Möglichkeit hin. Wohnort ist der Ort, an dem der Verurteilte den Schwerpunkt seiner Lebensbeziehungen hat.

(2) Der Wohnort ist maßgebend, wenn durch den Vollzug in der Nähe der Heimat die Sorge für die Zeit nach der Entlassung und die

Wiedereingliederung des Verurteilten wesentlich erleichtert werden. Wird nach Antritt der Strafe in einer nach Absatz 1 zuständigen oder nach § 26 bestimmten Vollzugsanstalt festgestellt, daß diese Voraussetzungen gegeben sind, so gilt § 26.

(3) Für einen Verurteilten, der sich im Ausland aufhält und für den im räumlichen Geltungsbereich der Strafprozeßordnung keine örtliche Vollzugszuständigkeit nach den Absätzen 1 und 2 besteht, richtet sich die örtliche Zuständigkeit der Vollzugsanstalt nach dem Sitz des Gerichts, das im ersten Rechtszug erkannt hat. Bei einer Vollzugsdauer bis zu sechs Monaten kann der Verurteilte auch in diejenige sachlich zuständige Vollzugsanstalt eingewiesen werden, die mit dem geringsten Aufwand an Überführungskosten zu erreichen ist.

(4) Ist der Vollzug – z. B. auf Grund der Aussetzung eines Strafrestes zur Bewährung oder durch Entweichen des Verurteilten – unterbrochen worden, so wird er in der Vollzugsanstalt, in der der Verurteilte sich vor der Unterbrechung befunden hat, fortgesetzt. In dieser Anstalt werden auch weitere Strafen vollzogen, wenn der Rest der Gesamtvollzugsdauer die sachliche Zuständigkeit dieser Anstalt nicht übersteigt. Befindet der Verurteilte sich jedoch zum Vollzug einer weiteren Strafe bereits in einer anderen, sachlich und örtlich zuständigen oder nach § 26 bestimmten Vollzugsanstalt in Strafhaft, so werden der Strafrest und weitere Strafen in dieser Anstalt vollzogen, wenn sie auch für den Rest der Gesamtvollzugsdauer zuständig ist; dies gilt sinngemäß, wenn der Verurteilte nachträglich nach Absatz 1 Satz 3 in eine andere Vollzugsanstalt verlegt wird. Im übrigen richtet sich die örtliche Zuständigkeit zum Vollzug weiterer Strafen nach den Absätzen 1 bis 3. Hatte sich der Verurteilte vor der Unterbrechung in einer Anstalt des offenen Vollzuges oder des Erstvollzuges befunden, ist für den weiteren Vollzug die zuständige Anstalt des geschlossenen Vollzuges oder des Regelvollzuges maßgebend; dies gilt nicht für die in § 455 Abs. 4, § 455a StPO bezeichneten Fälle, für Fälle der Unterbrechung im Gnadenwege und soweit Anstalten des offenen Vollzuges oder des Erstvollzuges über geschlossene Abteilungen verfügen.

(5) Der Generalbundesanwalt weist vorbehaltlich besonderer Vereinbarung mit einer Landesjustizverwaltung den Verurteilten in die zuständige Vollzugsanstalt des Landes ein, in dem dieser zuletzt gewohnt oder sich aufgehalten hat.

§ 25 Strafvollstreckung bei jungen Verurteilten

Für die Vollstreckung von Freiheitsstrafen an Verurteilten unter 24 Jahren gelten die Richtlinien zu § 114 JGG.

§ 26 Abweichen vom Vollstreckungsplan

Vom Vollstreckungsplan darf nur aus wichtigen Gründen und nur mit Zustimmung der höheren Vollzugsbehörde abgewichen werden.

Ein Abweichen von der sachlichen Zuständigkeit einer Vollzugsanstalt ist nur insoweit zulässig, als sich die Zuständigkeit nach der Vollzugsdauer bestimmt. Soll eine Vollzugsanstalt in Anspruch genommen werden, die einer anderen höheren Vollzugsbehörde des Landes untersteht, so muß auch diese zustimmen. Soll abweichend von § 24 eine Vollzugsanstalt bestimmt werden, die einer höheren Vollzugsbehörde eines anderen Landes untersteht, so bedarf es einer Einigung der obersten Behörden der beteiligten Landesjustizverwaltungen.

§ 27 Ladung zum Strafantritt

(1) Ist der Verurteilte auf freiem Fuß, so lädt ihn die Vollstreckungsbehörde unmittelbar zum Strafantritt, es sei denn, daß die Strafe in der Vollzugsanstalt eines anderen Landes zu vollziehen ist und die Voraussetzungen der Ländervereinbarung zur Vereinfachung und zur Beschleunigung der Strafvollstreckung vom 13. Januar 1965 (Anhang 2) nicht vorliegen. In diesem Fall ist nach § 9 Abs. 1 Satz 1 und 2 zu verfahren.

(2) In der Ladung ist dem Verurteilten grundsätzlich eine Frist zu setzen, binnen der er sich in der angegebenen Vollzugsanstalt einzufinden hat; die Frist wird in der Regel so bemessen, daß ihm etwa eine Woche zum Ordnen seiner Angelegenheiten bleibt. Zum sofortigen Strafantritt kann er geladen werden, wenn die sofortige Vollstreckung geboten ist. In der Ladung wird er darauf hingewiesen, daß er mit Zwangsmaßnahmen zu rechnen habe, falls er ihr nicht fristgemäß (Satz 1) oder nicht rechtzeitig (Satz 2) Folge leistet.

(3) Der Verurteilte kann durch einfachen Brief zum Strafantritt geladen werden. Eine förmliche Zustellung der Ladung ist jedoch erforderlich, wenn er zum sofortigen Strafantritt geladen wird, der Ladung im Interesse beschleunigter Vollstreckung besonderer Nachdruck gegeben werden soll, eine formlose Ladung nach den Umständen des Einzelfalles keinen Erfolg verspricht oder sie bereits vergeblich gewesen ist. Die Ladung zum sofortigen Strafantritt kann dem Verurteilten, insbesondere wenn er an Amtsstelle anwesend ist, auch mündlich eröffnet werden.

(4) Wird ein Soldat zum Strafantritt geladen, so übersendet die Vollstreckungsbehörde dem nächsten Disziplinarvorgesetzten gleichzeitig eine Abschrift der Ladung.

(5) Hat der Verurteilte offenbar nicht die Mittel, um von seinem Wohn- oder Aufenthaltsort aus der Ladung in die zuständige Vollzugsanstalt nachzukommen, so kann er in eine näher gelegene Anstalt geladen werden; von dort ist er der zuständigen Anstalt zuzuführen.

§ 28 Überführungsersuchen

(1) Ist der Verurteilte nicht auf freiem Fuß, so veranlaßt die Vollstreckungsbehörde, soweit erforderlich, seine Überführung in die

zuständige Vollzugsanstalt. Befindet er sich in anderer Sache in Untersuchungshaft, so ist die Strafe möglichst in Unterbrechung der Untersuchungshaft zu vollstrecken; in Fällen dieser Art kann vom Vollstreckungsplan abgewichen werden (§ 26), wenn hierdurch die schwebende Untersuchung erleichtert oder beschleunigt wird. Die Untersuchungshaft ist nicht zu unterbrechen, wenn Strafarrest zu vollstrecken ist. In den Fällen, in denen um Vollstreckung durch Behörden der Bundeswehr ersucht werden kann (§ 22 Abs. 3), darf die Untersuchungshaft nur unterbrochen werden, wenn die Vollstreckung in einer Justizvollzugsanstalt erfolgt.

(2) Im Falle des § 27 Abs. 5 ist zugleich mit der Ladung des Verurteilten das Überführungsersuchen an die Anstalt zu senden, in die der Verurteilte geladen ist.

§ 29 Einweisung durch das Aufnahmeersuchen

(1) Die Vollstreckungsbehörde weist den Verurteilten durch ein Aufnahmeersuchen in die zuständige Vollzugsanstalt ein. Das Aufnahmeersuchen ist der Vollzugsanstalt in zwei Stücken zu übersenden; es muß ihr noch vor dem Eintreffen des Verurteilten zugehen.

(2) Werden gleichzeitig mehrere Verurteilte eingewiesen, so ist für jeden Verurteilten ein besonderes Aufnahmeersuchen zu stellen.

(3) Ist dem Verurteilten der Beschluß über den Widerruf der Aussetzung der Strafe, des Strafrestes, der Unterbringung, des Straferlasses oder über die nach § 67c Abs. 2 StGB angeordnete Vollstrekkung der Unterbringung öffentlich zugestellt worden, so sind dem Aufnahmeersuchen zur Aushändigung an den Verurteilten beizufügen

a) je eine Ausfertigung oder beglaubigte Abschrift der genannten Beschlüsse und

b) eine Belehrung über die Möglichkeit, die nachträgliche Anhörung (§ 33a StPO) oder Wiedereinsetzung in den vorigen Stand zu beantragen und gleichzeitig sofortige Beschwerde einzulegen (§§ 44, 45, 453 Abs. 2 Satz 3 StPO).

§ 30 Inhalt des Aufnahmeersuchens

(1) Das Aufnahmeersuchen muß – außer den Angaben zur Person des Verurteilten – enthalten:

a) die genaue Bezeichnung der zu vollstreckenden Entscheidung (Angabe des Gerichts, des Tages der Entscheidung und des Aktenzeichens);

b) die Bezeichnung der Tat;

c) Art und Dauer der zu vollstreckenden Strafe;

d) den Zeitpunkt, von dem an die Strafzeit zu berechnen ist;

e) die Zeitdauer der anzurechnenden Untersuchungshaft oder sonstigen Freiheitsentziehung;

f) die etwa schon verbüßte Strafzeit;

g) den Zeitpunkt, bis zu dem sich der Verurteilte zum Strafantritt zu stellen hat (§ 27 Abs. 2), oder die Angabe, daß der Verurteilte aus behördlicher Verwahrung der Strafhaft zugeführt wird (§ 28);

h) Angaben über die Staatsangehörigkeit des Verurteilten;

i) die Begründung für die Zuständigkeit der Vollzugsanstalt, wenn die Einweisung vom Vollstreckungsplan abweicht;

k) bei Soldaten den nächsten Disziplinarvorgesetzten und seine Anschrift, dabei ist auf § 52 Abs. 6 der Vollzugsgeschäftsordnung hinzuweisen;

l) einen Hinweis, falls eine Entscheidung über Halbstrafenentlassung von Amts wegen zu treffen ist (§ 57 Abs. 2 Nr. 1 StGB).

(2) Außerdem nimmt die Vollstreckungsbehörde andere für den Vollzug besonders wichtige Angaben aus dem Inhalt der Sachakten in das Aufnahmeersuchen auf. Dies gilt insbesondere, wenn ihr Umstände bekannt sind, die auf seelische oder geistige Abartigkeit, Selbstmordgefahr, gleichgeschlechtliche Neigung, Fluchtverdacht oder die Gefahr gewalttätigen Verhaltens gegen Beamte hindeuten. Ist der Verurteilte im Strafverfahren oder vor Strafantritt auf seinen körperlichen oder geistigen Zustand untersucht worden, so muß das Aufnahmeersuchen einen Hinweis auf die Untersuchung enthalten, auch wenn das Gutachten nicht beigefügt wird (§ 31 Abs. 2).

§ 31 Anlagen zum Aufnahmeersuchen

(1) Dem Aufnahmeersuchen sind beizufügen:

a) eine vollständige Abschrift der in § 16 Abs. 1 Buchstaben a und c genannten Entscheidungen mit Ausnahme solcher Teile, die geheimhaltungsbedürftig sind; falls die Abschrift der vollständigen Entscheidung zur Zeit des Aufnahmeersuchens noch nicht vorliegt, ist sie unverzüglich nachzusenden;

b) ein Auszug aus dem Bundeszentralregister, der möglichst nicht älter als sechs Monate ist.

(2) Enthalten die Strafakten oder das Vollstreckungsheft ein Gutachten über den körperlichen oder geistigen Zustand des Verurteilten, so soll die Vollstreckungsbehörde eine Abschrift des Gutachtens übersenden, sofern dieses für den Vollzug von Bedeutung sein kann.

§ 32 (aufgehoben)

§ 33 Vorführungs- und Haftbefehl

(1) Die Vollstreckungsbehörde erläßt einen Vorführungs- oder Haftbefehl (vgl. § 457 Abs. 1 Satz 1 StPO), wenn der Verurteilte sich

trotz förmlicher Zustellung der Ladung (§ 27 Abs. 3 Satz 2) ohne ausreichende Entschuldigung nicht

a) binnen einer ihm gesetzten Frist (§ 27 Abs. 2 Satz 1) oder

b) im Falle einer Ladung zum sofortigen Strafantritt (§ 27 Abs. 2 Satz 2) spätestens am Tage nach deren Zustellung zum Strafantritt gestellt hat.

(2) Dasselbe gilt, wenn

a) der Verdacht begründet ist, der Verurteilte werde sich der Strafvollstreckung zu entziehen suchen, oder

b) der Verurteilte sich nach mündlicher Eröffnung der Ladung (§ 27 Abs. 3 Satz 3) nicht zum sofortigen Strafantritt bereit zeigt oder

c) der Verurteilte aus dem Strafvollzug entwichen ist oder sich sonst dem Vollzug entzieht (§ 457 Abs. 1 Satz 2 StPO).

(3) Zur Beschleunigung der Strafvollstreckung kann ein Vorführungs- oder Haftbefehl bereits bei der Ladung für den Fall ergehen, daß der Verurteilte sich nicht fristgemäß oder nicht rechtzeitig stellt. Er darf erst vollzogen werden, wenn

a) der Zugang der Ladung nachgewiesen ist und die Vollstreckungsbehörde durch Anfrage bei der Vollzugsanstalt festgestellt hat, daß der Verurteilte sich nicht bis zu dem in der Ladung bezeichneten Zeitpunkt gestellt hat, oder

b) die Ladung nicht ausführbar und der Verdacht begründet ist, der Verurteilte werde sich der Vollstreckung zu entziehen suchen.

(4) Der Vorführungs- oder Haftbefehl muß enthalten:

a) die genaue Bezeichnung des Verurteilten;

b) die Angabe der zu vollstreckenden Entscheidung;

c) Art und Dauer der zu vollstreckenden Strafe;

d) den Grund der Vorführung oder Verhaftung;

e) das Ersuchen um Vorführung oder Verhaftung;

f) die Angabe der Vollzugsanstalt, in die der Verurteilte eingeliefert werden soll;

g) bei Ersatzfreiheitsstrafen die Angabe des Geldbetrages, bei dessen nachgewiesener Zahlung die Vorführung oder Verhaftung unterbleibt.

(5) Um die Vollziehung von Vorführungs- und Haftbefehlen können die Polizeidienststellen des Landes ersucht werden, bei Soldaten auch die Feldjägereinheiten. Soll die Polizeidienststelle eines anderen Landes ersucht werden, so ist nach § 9 Abs. 1 Satz 1 und 2 zu verfahren.

(6) Der Vorführungs- oder Haftbefehl ist dem Verurteilten, wenn möglich bei der Ergreifung, bekanntzugeben.

§ 34 Steckbrief; andere Fahndungsmaßnahmen

(1) Ist der Verurteilte flüchtig oder hält er sich verborgen, so kann die Vollstreckungsbehörde zur Strafvollstreckung einen Steckbrief erlassen (§ 457 Abs. 2 StPO).

(2) Der Steckbrief muß enthalten:

a) die genaue Bezeichnung des Verurteilten;

b) eine Beschreibung kennzeichnender Merkmale zur Person oder zum Verhalten des Verurteilten;

c) die Angabe der zu vollstreckenden Entscheidung und des Beschlusses, durch den die Aussetzung der Strafe, des Strafrestes oder der Unterbringung oder der Straferlaß widerrufen oder nach § 67c Abs. 2 StGB die Vollstreckung der Unterbringung angeordnet worden ist, sofern der Beschluß öffentlich zugestellt worden ist;

d) Art und Dauer der zu vollstreckenden Strafe;

e) den Grund der Verhaftung;

f) das Ersuchen um Verhaftung;

g) die Angabe der Vollzugsanstalt, in die der Verurteilte eingeliefert werden soll;

h) die Aufforderung, der ausschreibenden Stelle sofort Mitteilung von der Verhaftung und der Einlieferung des Verurteilten in eine Anstalt zu machen;

i) bei Ersatzfreiheitsstrafen die Angabe des Geldbetrages, bei dessen nachgewiesener Zahlung die Verhaftung unterbleibt.

(3) Der Steckbrief ist dem Verurteilten, wenn möglich bei der Ergreifung, bekanntzugeben.

(4) Art und Umfang von Fahndungsmaßnahmen sollen in einem angemessenen Verhältnis zur Höhe der verhängten Strafe stehen. Ausschreibungen sind, wenn die Voraussetzungen eines Vollstreckungshaftbefehls vorliegen, nur zum Zwecke der Festnahme zulässig. Liegen die Voraussetzungen eines Vollstreckungshaftbefehls nicht vor, kann zur Aufenthaltsermittlung ausgeschrieben werden. Bei Ersatzfreiheitsstrafe und Strafrest bis zu zwei Wochen wird in der Regel von einer Ausschreibung im deutschen Fahndungsbuch abzusehen sein, es sei denn, daß andere Fahndungsmaßnahmen erfolglos geblieben sind und eine weitere Fahndung im öffentlichen Interesse geboten erscheint.

(5) Ist der Verurteilte in den kriminalpolizeilichen Fahndungshilfsmitteln ausgeschrieben und fällt der Fahndungsgrund weg, so veranlaßt die Vollstreckungsbehörde unverzüglich die Löschung; ein Ausschreibungsersuchen, dem noch nicht entsprochen worden ist, nimmt sie zurück.

(6) Bei der Inanspruchnahme von Publikationsorganen zur Fahndung nach dem Verurteilten sind die hierzu erlassenen besonderen Richtlinien zu beachten (Anhang 7).

§ 35 Anzeige vom Strafantritt und andere Mitteilungen an die Vollstreckungsbehörde

(1) Die Vollstreckungsbehörde erhält von der Vollzugsanstalt eine Mitteilung,

a) wenn die im Aufnahmeersuchen angegebene Frist abgelaufen ist, ohne daß der Verurteilte die Strafe angetreten hat;

b) wenn der Verurteilte die Strafe einen Monat nach Ablauf der im Aufnahmeersuchen angegebenen Frist noch nicht angetreten hat, durch Rücksendung des Aufnahmeersuchens;

c) wenn ein Verurteilter vorläufig aufgenommen worden ist, durch Anforderung eines Aufnahmeersuchens;

d) wenn ein Verurteilter endgültig aufgenommen worden ist, durch Rücksendung des mit den erforderlichen Ergänzungen, insbesondere der Strafzeitberechnung versehenen zweiten Stückes des Aufnahmeersuchens, und durch Übersendung einer Bescheinigung über die Aushändigung der in § 29 Abs. 3 Buchstaben a und b bezeichneten Schriftstücke;

e) wenn der Verurteilte in eine andere Vollzugsanstalt verlegt worden ist, und zwar unter Angabe der Gründe, sofern diese der Vollstreckungsbehörde offenbar noch nicht bekannt sind;

f) sobald sich Umstände ergeben, welche die Strafzeitberechnung beeinflussen;

g) wenn der Verurteilte mehrere Strafen in derselben Vollzugsanstalt zu verbüßen hat;

h) wenn der vorläufig aufgenommene Verurteilte entlassen worden ist, weil die endgültige Aufnahme unterblieben ist;

i) sobald der Verurteilte ohne Unterbrechung der Strafe wegen körperlicher oder geistiger Erkrankung in eine Anstalt verbracht worden ist, die nicht dem Vollzug dient;

k) sobald der Strafvollzug beendet ist.

(2) Wird eine Freiheitsstrafe in Unterbrechung einer in anderer Sache verhängten Untersuchungshaft vollstreckt, so übersendet die Vollzugsanstalt dem Gericht, das die Untersuchungshaft verhängt hat, die Strafzeitberechnung.

§ 36 Überwachungspflicht der Vollstreckungsbehörde

(1) Die Vollstreckungsbehörde wacht darüber, daß Art und Dauer der Strafhaft der zu vollstreckenden Entscheidung entsprechen. Sie ist an erster Stelle für die richtige Berechnung der Strafzeit verantwortlich; ihr obliegt es daher, die ihr von der Vollzugsanstalt übersandte Berechnung (§ 35 Abs. 1 Buchstabe d) sorgfältig nachzuprüfen, und dafür zu sorgen, daß die beiden Stücke des Aufnahmeersuchens ständig übereinstimmen.

(2) Hat die Vollstreckungsbehörde von Amts wegen zu prüfen, ob die Aussetzung des Restes einer oder mehrerer Freiheitsstrafen in

Betracht kommt (§ 57 Abs. 1 und 2 – Nr. 1, § 57a Abs. 1 StGB, § 454b Abs. 3 StPO), wacht sie ferner darüber, daß sich die Vollzugsanstalt rechtzeitig vor Ablauf der Mindestverbüßungszeit gegenüber der Vollstreckungsbehörde oder, wenn die Vollstreckung von einer ersuchten Staatsanwaltschaft betrieben wird, dieser gegenüber zur Aussetzung des Strafrestes äußert. Die ersuchte Staatsanwaltschaft leitet die Äußerung der Vollzugsanstalt – gegebenenfalls mit den Akten – unverzüglich der Vollstreckungsbehörde zu. Diese oder die ersuchte Staatsanwaltschaft holt, falls erforderlich, eine Stellungnahme der Gerichtshilfe ein (§ 463d StPO). Die Vollstreckungsbehörde gibt die Akten mit einem Vermerk darüber, wann die Hälfte oder zwei Drittel der Strafe oder bei lebenslanger Freiheitsstrafe 15 Jahre verbüßt sein werden, an die Strafverfolgungsbehörde weiter. Die Vollstreckungsbehörde achtet darauf, daß die Akten dem Gericht so rechtzeitig vorgelegt werden können, daß bei Bewilligung der Strafaussetzung die erforderlichen Maßnahmen zur Vorbereitung der Entlassung des Verurteilten durchgeführt werden können.

(3) Ist im Anschluß an die Freiheitsstrafe eine zugleich angeordnete Unterbringung zu vollstrecken, so ist § 44 Abs. 1 zu beachten.

§ 37 Allgemeine Regeln für die Strafzeitberechnung

(1) Die Strafzeit ist für jede selbständige Strafe getrennt zu berechnen, auch wenn in derselben Sache auf mehrere Freiheitsstrafen erkannt worden ist.

(2) Hat der Verurteilte nicht mehr als eine Woche im Strafvollzug zuzubringen, so wird die Strafe dem Tage und der Stunde nach berechnet; die für die Berechnung maßgebenden Umstände, die im Laufe einer Stunde eintreten, gelten als zu Beginn der Stunde eingetreten. Bei längerer Vollzugsdauer wird die Strafe nur nach Tagen berechnet; Umstände, die im Laufe eines Tages eintreten, gelten als zu Beginn des Tages eingetreten. Die im Laufe einer Stunde (Satz 1) oder eines Tages (Satz 2) eingetretenen Umstände gelten jedoch als am Ende der Stunde oder des Tages eingetreten, wenn dies für den Verurteilten günstiger ist. Ist die genaue Feststellung des Tages oder der Stunde nicht möglich, so wird der Tag oder die Stunde zugrunde gelegt, die der Wirklichkeit mutmaßlich am nächsten kommen. Ist der Lauf der Strafzeit aus irgendeinem Grunde unterbrochen worden, so ist für die Anwendung von Satz 1 oder 2 nicht der Strafrest, sondern die Zeit maßgebend, die der Verurteilte insgesamt im Strafvollzug zuzubringen hat.

(3) Ist eine Strafe an Soldaten durch eine Behörde der Bundeswehr zu vollziehen (Artikel 5 des Einführungsgesetzes zum Wehrstrafgesetz), so wird die Strafe auch dann nur nach Tagen berechnet, wenn der Verurteilte nicht mehr als eine Woche im Vollzug zuzubringen hat (§ 5 Abs. 1 Bundeswehrvollzugsordnung).

(4) Der Tag ist zu 24 Stunden, die Woche zu sieben Tagen, der Monat und das Jahr sind nach der Kalenderzeit zu berechnen. Dem-

gemäß ist bei der Berechnung nach Monaten oder Jahren bis zu dem Tage zu rechnen, der durch seine Zahl dem Anfangstage entspricht. Fehlt dieser Tag in dem maßgebenden Monat, so tritt an seine Stelle dessen letzter Tag.

(5) Treffen mehrere Zeiteinheiten zusammen, so geht bei Vorwärtsrechnung die größere Zeiteinheit der kleineren, bei Rückwärtsrechnung die kleinere der größeren vor.

§ 38 Strafbeginn

Als Beginn der Strafzeit ist anzusetzen:

a) bei einem Verurteilten, der sich selbst stellt, der Zeitpunkt, in dem er in einer Anstalt in amtliche Verwahrung genommen wird;

b) bei einem Verurteilten, der auf Grund eines nach § 457 StPO erlassenen Vorführungs- oder Haftbefehls oder eines nach § 453c StPO ergangenen Sicherungshaftbefehls festgenommen und sodann eingeliefert worden ist, der Zeitpunkt der Festnahme; ist der Verurteilte im Ausland festgenommen worden, so beginnt die Strafzeit mit seiner Übernahme durch deutsche Beamte;

c) bei einem Verurteilten, der sich im Zeitpunkt des Eintritts der Rechtskraft in Untersuchungshaft befindet, dieser Zeitpunkt; ist das Rechtsmittel, das ein in Untersuchungshaft befindlicher Angeklagter verspätet eingelegt hat, als unzulässig verworfen worden, so beginnt die Strafzeit mit dem Ablauf der Rechtsmittelfrist;

d) bei einem Verurteilten, der eine Strafe in Unterbrechung einer in anderer Sache verhängten Untersuchungshaft verbüßt, der Zeitpunkt, in dem das Aufnahme- oder Überführungsersuchen bei der Untersuchungshaftanstalt eingegangen ist; wird der Verurteilte zur Verbüßung der Strafe von der Untersuchungshaftanstalt in eine andere Anstalt verbracht, so teilt die Untersuchungshaftanstalt den Zeitpunkt des Eingangs des Überführungsersuchens der Vollzugsanstalt mit.

§ 39 Anrechnung von Untersuchungshaft, einer anderen Freiheitsentziehung oder von Geldstrafe

(1) Untersuchungshaft oder eine andere Freiheitsentziehung (Absatz 3), die der Verurteilte aus Anlaß einer Tat, die Gegenstand des Verfahrens ist oder gewesen ist, erlitten hat, ist kraft Gesetzes (§ 51 Abs. 1 Satz 1 StGB, § 52a JGG) auf eine zeitige Freiheitsstrafe und auf eine Geldstrafe anzurechnen, und zwar, wenn neben einer Freiheitsstrafe auf eine Geldstrafe erkannt worden ist, zunächst auf die Freiheitsstrafe. Satz 1 gilt nicht, soweit sich aus dem erkennenden Teil der Entscheidung etwas anderes ergibt. Bei der Vollstreckung von Jugendarrest ist Untersuchungshaft oder eine andere Freiheitsentziehung nach Absatz 3 nur zu berücksichtigen, wenn und soweit das Gericht sie angerechnet hat (§ 52 JGG).

(2) Die Anrechnung nach Absatz 1 erstreckt sich vorbehaltlich einer abweichenden gerichtlichen Entscheidung auf die Untersuchungshaft und die in Absatz 1 Satz 1 genannte andere Freiheitsentziehung, die der Verurteilte bis zu dem Tage erlitten hat, an dem die Entscheidung rechtskräftig geworden ist. Hat sich der Verurteilte an dem Tage, an dem die Rechtskraft eingetreten ist, in Untersuchungshaft befunden oder hat er an diesem Tage eine andere in Absatz 1 Satz 1 genannte Freiheitsentziehung erlitten, so wird dieser Tag nur angerechnet, wenn er nicht bereits unverkürzt als Strafhaft zählt (§ 37 Abs. 2).

(3) Zu der nach Absatz 1 anzurechnenden anderen Freiheitsentziehung gehören vor allem:
a) die Haft, die der Verurteilte auf Grund vorläufiger Festnahme durch eine Amtsperson erlitten hat,
b) die Auslieferungshaft und die vorläufige Auslieferungshaft, die der Verurteilte aus Anlaß einer Tat erlitten hat, die Gegenstand des Verfahrens gewesen ist,
c) die Unterbringung nach den §§ 81, 126a StPO und nach § 71 Abs. 2, § 73 Abs. 1 JGG,
d) der Disziplinararrest nach der Wehrdisziplinarordnung, soweit er wegen der Tat oder gleichzeitig auch wegen einer anderen Pflichtverletzung verhängt und vollstreckt worden ist.

(4) Untersuchungshaft sowie eine andere anzurechnende Freiheitsentziehung werden vom errechneten Ende der Strafzeit nach vollen Tagen rückwärts abgerechnet.

(5) Für die Anrechnung von Geldstrafe gilt Absatz 1 sinngemäß. Bei der Anrechnung von Geldstrafe oder auf Geldstrafe entspricht ein Tag Freiheitsentziehung einem Tagessatz (§ 51 Abs. 4 Satz 1 StGB). Ist eine ausländische Strafe oder Freiheitsentziehung anzurechnen, so führt die Vollstreckungsbehörde eine Entscheidung des Gerichts über den Maßstab der Anrechnung herbei (§ 51 Abs. 4 Satz 2 StGB).

§ 39a Anrechnung einer nach Rechtskraft des Urteils im Ausland erlittenen Freiheitsentziehung

(1) Im Ausland erlittene Freiheitsentziehung, die der Verurteilte in einem Auslieferungsverfahren zum Zwecke der Strafvollstreckung erlitten hat, ist nach § 450a Abs. 1, 2 und 3 Satz 2 StPO anzurechnen.

(2) Erscheint eine Anrechnung ganz oder teilweise im Hinblick auf das Verhalten des Verurteilten nach dem Erlaß des Urteils, in dem die dem Urteil zugrunde liegenden tatsächlichen Feststellungen letztmalig geprüft werden konnten, nicht gerechtfertigt, so wirkt die Vollstreckungsbehörde auf eine Prüfung hin, ob ein Antrag nach § 450a Abs. 3 StPO gestellt werden soll.

§ 40 Berechnung des Strafrestes

(1) Ist der Strafvollzug unterbrochen worden, so wird der Strafrest nach Tagen und bei einer Vollzugsdauer von insgesamt nicht mehr

als einer Woche auch nach Stunden berechnet. Ist eine Strafe an Soldaten durch Behörden der Bundeswehr zu vollziehen, so wird der Strafrest nur nach Tagen berechnet (§ 5 Abs. 2 der Bundeswehrvollzugsordnung).

(2) Als Zeitpunkt, von dem an der Strafvollzug fortgesetzt wird, gilt bei einem Verurteilten, der aus dem Strafvollzug entwichen ist, der Zeitpunkt, in dem er zwecks weiteren Strafvollzuges polizeilich festgenommen worden ist oder sich in einer Anstalt zur weiteren Strafverbüßung gestellt hat. Bei Soldaten steht die Festnahme durch einen Feldjäger der polizeilichen Festnahme gleich.

§ 41 Berechnung der Strafzeit bei Gesamtstrafen und bei anderweitiger Verurteilung

(1) Ist eine nach § 55 StGB oder § 460 StPO gebildete Gesamtstrafe zu vollstrecken, nachdem der Vollzug einer in sie einbezogenen Strafe bereits begonnen hat oder beendet ist, so ist die Strafzeit so zu berechnen, als ob von vornherein die Gesamtstrafe zu vollstrecken gewesen wäre. Dies gilt entsprechend für eine rechtskräftig erkannte Strafe, die in einem späteren Verfahren, insbesondere in einem Wiederaufnahmeverfahren, durch eine andere Strafe ersetzt worden ist, sowie – vorbehaltlich einer abweichenden gerichtlichen Entscheidung – für eine wegen derselben Tat im Ausland verhängte Strafe, soweit diese Strafen vollstreckt oder durch Anrechnung erledigt sind (§ 51 Abs. 2, 3 StGB).

(2) Eine nachträgliche Entscheidung über eine Gesamtstrafe (§ 460 StPO) wird schon vor ihrer Rechtskraft der Strafzeitberechnung vorläufig zugrunde gelegt, wenn sie dem Antrag der Staatsanwaltschaft entspricht oder diese von einer sofortigen Beschwerde absieht. Dies gilt auch dann, wenn das Strafende vor der Rechtskraft dieses Beschlusses eintritt.

§ 42 Gerichtliche Entscheidung über die Strafberechnung

Bestehen Zweifel über die Strafberechnung, so führt die Vollstreckungsbehörde eine Entscheidung des Gerichts nach § 458 Abs. 1 StPO herbei.

§ 43 Vollstreckung mehrerer Freiheitsstrafen und Ersatzfreiheitsstrafen

(1) Freiheitsstrafen und Ersatzfreiheitsstrafen, aus denen keine Gesamtstrafe gebildet werden kann, sind grundsätzlich unmittelbar nacheinander zu vollstrecken (§ 454b Abs. 1 StPO).

(2) Die Reihenfolge der Vollstreckung bestimmt sich wie folgt:

a) Beim Zusammentreffen mehrerer Freiheitsstrafen werden kürzere Freiheitsstrafen vor den längeren und gleichlange in der Reihenfolge, in der die Rechtskraft eingetreten ist, vollstreckt.

Vorab werden Freiheitsstrafen von nicht mehr als zwei Monaten und nach diesen Strafreste vollstreckt, deren Vollstreckung bereits nach § 57 StGB oder im Gnadenwege zur Bewährung ausgesetzt war.

b) Ersatzfreiheitsstrafen werden nach Freiheitsstrafen vollstreckt; für die Vollstreckung mehrerer Ersatzfreiheitsstrafen gilt Buchstabe a Satz 1 entsprechend.

(3) Hat die Vollstreckung einer zeitigen Freiheitsstrafe oder einer Ersatzfreiheitsstrafe bereits begonnen, wird sie, unbeschadet des § 454b StPO, fortgesetzt.

(4) Aus wichtigem Grunde kann die Vollstreckungsbehörde eine von Absatz 2 und 3 abweichende Reihenfolge der Vollstreckung bestimmen.

(5) Sind für die Vollstreckung mehrerer Freiheitsstrafen und Ersatzfreiheitsstrafen verschiedene Vollstreckungsbehörden zuständig, treten sie, soweit erforderlich, unverzüglich miteinander in Verbindung und sorgen dafür, daß bei der Vollzugsanstalt möglichst umgehend Überhaft für die weiteren Strafen vermerkt wird.

(6) Sind mehrere Freiheitsstrafen zu vollstrecken, die ihrer Art nach in derselben Vollzugsanstalt vollzogen werden können, so richtet sich die sachliche Vollzugszuständigkeit nach der Gesamtvollzugsdauer. Tritt nachträglich eine Anschlußstrafe hinzu, so gilt § 23 Abs. 1 Satz 2 letzter Halbsatz entsprechend. Der Anstaltsleiter darf jedoch den Verurteilten in diejenige Vollzugsanstalt verlegen, deren sachliche Zuständigkeit dem Rest der Gesamtvollzugsdauer entspricht.

(7) Sind bei der Vollstreckung mehrerer Freiheitsstrafen verschiedene Vollstreckungsbehörden beteiligt und können sie sich über die Reihenfolge der Vollstreckung nicht einigen, so entscheidet der Generalstaatsanwalt, welcher der Vollstreckungsbehörde übergeordnet ist, die für die längste Strafe oder bei gleicher Dauer die für die zuerst rechtskräftig gewordene Strafe zuständig ist. Ist eine Staatsanwaltschaft beim Oberlandesgericht als Vollstreckungsbehörde beteiligt, so entscheidet sie. Sind mehrere Staatsanwaltschaften beim Oberlandesgericht als Vollstreckungsbehörden beteiligt, so gilt Satz 1 entsprechend. Ist der Generalbundesanwalt als Vollstreckungsbehörde beteiligt, so ist seine Entscheidung maßgebend.

§ 44 Zusammentreffen von Freiheitsstrafen und Sicherungsverwahrung

(1) Sicherungsverwahrung wird erst vollstreckt, wenn die Freiheitsstrafe verbüßt oder erlassen oder ein Strafrest zur Bewährung ausgesetzt ist. Vor dem Ende der Vollstreckung der Freiheitsstrafe veranlaßt die Vollstreckungsbehörde rechtzeitig die Prüfung, ob der Zweck der Sicherungsverwahrung die Unterbringung noch erfordert (§ 67c Abs. 1 StGB).

(2) Absatz 1 Satz 1 gilt sinngemäß, wenn eine in einem anderen Verfahren erkannte Freiheitsstrafe mit Sicherungsverwahrung zusammentrifft.

(3) Befindet sich der Verurteilte in anderer Sache in Sicherungsverwahrung, so kann die Vollstreckung von kurzzeitigen Freiheitsstrafen zurückgestellt werden, sofern sich ein solcher Aufschub mit den Interessen der Strafrechtspflege verträgt und die Unterbrechung der Sicherungsverwahrung deren Erfolg gefährden würde. Eine Freiheitsstrafe bis zu drei Monaten, die ein Verurteilter in Unterbrechung der Sicherungsverwahrung oder im Anschluß daran zu verbüßen hat, kann nach den für sie geltenden Vollzugsbestimmungen in der Anstalt vollstreckt werden, in der die Sicherungsverwahrung vollzogen wird.

(4) Sind bei der Vollstreckung von Freiheitsstrafen und bei der Sicherungsverwahrung mehrere Vollstreckungsbehörden beteiligt, so gilt § 43 Abs. 7 entsprechend. Ist neben der Sicherungsverwahrung nur eine Freiheitsstrafe zu vollstrecken, so richtet sich die Zuständigkeit des Generalstaatsanwalts nach der für die Freiheitsstrafe zuständigen Vollstreckungsbehörde.

§ 44a Zusammentreffen von Freiheitsstrafen mit Unterbringung in einem psychiatrischen Krankenhaus oder in einer Entziehungsanstalt aus demselben Verfahren [1])

(1) Ist neben einer Freiheitsstrafe eine Unterbringung in einem psychiatrischen Krankenhaus oder in einer Entziehungsanstalt zu vollstrecken, auf die in demselben Verfahren erkannt wurde, so wird die Maßregel vor der Strafe vollzogen, sofern nicht das Gericht für die gesamte Strafe oder einen Teil etwas anderes bestimmt (§ 67 Abs. 1 bis 3, 5 Satz 2 StGB). Wird die Maßregel ganz oder zum Teil vor der Strafe vollzogen, ist die Zeit des Vollzuges der Maßregel auf die Strafe anzurechnen, bis zwei Drittel der Strafe erledigt sind; dies gilt nicht, wenn das Gericht eine Anordnung nach § 67d Abs. 5 Satz 1 StGB trifft (§ 67 Abs. 4 StGB).

(2) Wird die Strafe ganz oder zum Teil vor der Unterbringung vollstreckt, so gilt § 44 Abs. 1 Satz 2 sinngemäß.

(3) Liegen die Voraussetzungen für den Widerruf der Aussetzung der Unterbringung und der Strafe vor, so führt die Staatsanwaltschaft eine Entscheidung des Gerichts auch darüber herbei, ob die Strafe vor der Maßregel zu vollziehen ist (§ 67 Abs. 3 StGB).

§ 44b Zusammentreffen von Freiheitsstrafe mit Unterbringung in einem psychiatrischen Krankenhaus oder in einer Entziehungsanstalt aus verschiedenen Verfahren

(1) Ist neben einer Freiheitsstrafe eine Unterbringung in einem psychiatrischen Krankenhaus oder in einer Entziehungsanstalt zu

[1]) Ist die Unterbringung vor dem 1. Mai 1986 angeordnet worden, so ist Art. 316 EGStGB zu beachten.

vollstrecken, auf die in einem anderen Verfahren erkannt wurde, wird die Maßregel vor der Strafe vollzogen, es sei denn, daß der Zweck der Maßregel durch den vorherigen Vollzug der Strafe oder eines Teils leichter erreicht wird. Dabei ist zu berücksichtigen, daß der Vollzug der Maßregel auf die Strafe nicht angerechnet wird.

(2) Die Vollstreckungsbehörde bestimmt, in welcher Reihenfolge die Freiheitsstrafe und die Maßregel zu vollstrecken sind. § 44 Abs. 4 gilt sinngemäß.

§ 45 Unterbrechung der Strafvollstreckung bei Vollzugsuntauglichkeit. Voraussetzungen

(1) Die Vollstreckungsbehörde kann die Vollstreckung einer Freiheitsstrafe von Amts wegen unterbrechen, wenn aufgrund eines Gutachtens des zuständigen Arztes anzunehmen ist, daß die in § 455 Abs. 4 Satz 1 StPO genannten Voraussetzungen vorliegen; es sei denn, überwiegende Gründe, namentlich der öffentlichen Sicherheit, stehen einer Unterbrechung entgegen.

(2) Ist der Zeitpunkt abzusehen, zu dem der Verurteilte voraussichtlich wieder vollzugstauglich wird, so ist eine Unterbrechung zulässig, wenn der Verurteilte sonst einen unverhältnismäßig großen Teil der Strafzeit außerhalb der Vollzugsanstalt zubringen würde (vgl. § 461 StPO).

(3) Wird Strafarrest oder eine Freiheitsstrafe durch Behörden der Bundeswehr vollzogen, ist die Vollstreckung unter den Voraussetzungen des Artikel 6 des Einführungsgesetzes zum Wehrstrafgesetz zu unterbrechen.

(4) Wird an einem Verurteilten eine Freiheitsstrafe vor einer Unterbringung nach den §§ 63 und 64 StGB vollzogen und wird er für die Vollstreckung der Strafe durch eine Erkrankung, die während eines Vollzuges der Unterbringung nach §§ 63 und 64 StGB behandelt werden kann, überhaupt oder doch auf absehbare Zeit nicht wieder vollzugstauglich, so führt die Vollstreckungsbehörde eine gerichtliche Entscheidung nach § 67 Abs. 3 StGB herbei.

§ 46 Unterbrechung der Strafvollstreckung bei Vollzugsuntauglichkeit. Verfahren

(1) Die Anordnung der Unterbrechung wird der Vollzugsbehörde mitgeteilt; sie wird auch dem Verurteilten unverzüglich bekanntgegeben, sofern er zur Entgegennahme in der Lage ist.

(2) Soll die Vollstreckung nach § 455 Abs. 4 Satz 1 StPO unterbrochen werden, so teilt die Vollstreckungsbehörde, wenn der Verurteilte

a) gemeingefährlich geisteskrank ist, einer Behörde, die für den Antrag auf seine Unterbringung in einem psychiatrischen Krankenhaus oder in einer entsprechenden Einrichtung zuständig ist, oder

b) mit der Unterbrechung hilfsbedürftig, insbesondere anstaltspflegebedürftig wird, der Fürsorgebehörde, bei Soldaten dem nächsten Disziplinarvorgesetzten,

möglichst frühzeitig den Zeitpunkt der bevorstehenden Unterbrechung mit und erklärt dabei, daß der Justizfiskus nach der Unterbrechung entstehende Kosten der Unterbringung und Behandlung des Verurteilten nicht trägt. Die Unterbrechung der Vollstreckung soll in diesen Fällen nicht vor Ablauf von drei Tagen, vom Zeitpunkt dieser Benachrichtigung an gerechnet, angeordnet werden.

(3) Hat die Vollzugsbehörde den Verurteilten bereits vor der Unterbrechung in eine Krankenanstalt, ein psychiatrisches Krankenhaus oder in eine entsprechende Einrichtung verbracht, die nicht dem Vollzug dient, so verständigt die Vollstreckungsbehörde diese Anstalt von der Strafunterbrechung. Diese Mitteilung soll zugestellt werden; mit ihrem Zugang bei der Anstalt wird die Unterbrechung wirksam. In der Mitteilung weist die Vollstreckungsbehörde darauf hin, daß der Justizfiskus von ihrem Zugang an für die Kosten der Unterbringung und Behandlung nicht mehr aufkommt; dieser Hinweis entfällt, wenn die Strafe von einer Behörde der Bundeswehr vollzogen wird. Bei Soldaten verständigt die Vollstreckungsbehörde außerdem den nächsten Disziplinarvorgesetzten von der Strafunterbrechung.

(4) Ist ein Soldat bereits vor der Unterbrechung in eine Krankenanstalt außerhalb des Bereichs der Justizverwaltung zu verbringen, so wird er nach Möglichkeit in eine Krankenanstalt der Bundeswehr verbracht.

(5) Ist die Strafvollstreckung unterbrochen worden, so müssen die Vollstreckungsbehörde und die Vollzugsbehörde alle Maßnahmen vermeiden, die im Widerspruch zu der angeordneten Unterbrechung darauf hinauslaufen, daß die Verfügung über den Verurteilten aufrechterhalten wird. Die Pflicht der Vollstreckungsbehörde, dafür zu sorgen, daß nach Wiedereintritt der Vollzugstauglichkeit des Verurteilten der Strafvollzug fortgesetzt wird, bleibt unberührt.

(6) Wenn der Verurteilte Einwendungen gegen die Entscheidung der Vollstreckungsbehörde erhebt, legt diese die Akten unverzüglich dem Gericht vor (§ 458 Abs. 2 StPO). Im übrigen gelten § 458 Abs. 3 und § 462 Abs. 3 StPO.

§ 46a Aufschub und Unterbrechung der Strafvollstreckung aus Gründen der Vollzugsorganisation

(1) Beabsichtigt die Vollstreckungsbehörde, die Vollstreckung einer Freiheitsstrafe aus Gründen der Vollzugsorganisation aufzuschieben oder zu unterbrechen (§ 455a Abs. 1 StPO), holt sie zuvor – notfalls fernschriftlich oder fernmündlich – die Zustimmung der für sie zuständigen obersten Justizbehörde ein. Dies gilt nicht, wenn – bei Katastrophen oder sonstigen Eilfällen – die Zustimmung nicht rechtzeitig eingeholt werden kann; in diesen Fällen berichtet sie

jedoch unverzüglich der obersten Justizbehörde über die getroffenen Maßnahmen.

(2) Hat der Anstaltsleiter gemäß § 455a Abs. 2 StPO die Vollstreckung vorläufig unterbrochen, unterrichtet er unverzüglich – notfalls fernschriftlich oder fernmündlich – die Vollstreckungsbehörde und die oberste Justizbehörde. Die Vollstreckungsbehörde entscheidet unverzüglich über die Fortdauer der Unterbrechung oder die Fortsetzung der Vollstreckung; Absatz 1 gilt entsprechend.

§ 47 Mitteilungen der Vollstreckungsbehörde an die Bundeswehr

(1) Ist der Verurteilte Soldat, so teilt die Vollstreckungsbehörde dem nächsten Disziplinarvorgesetzten alsbald mit:

a) das Strafende nach jeder Strafzeitberechnung,

b) die Vollzugsanstalt, in der die Strafe jeweils vollzogen wird.

Die Mitteilung nach Buchstabe b unterbleibt, wenn die Verlegung nur für kurze Zeit erfolgt oder die Strafe von einer Behörde der Bundeswehr vollzogen wird.

(2) Entweicht der Soldat aus dem Vollzug, so wird der nächste Disziplinarvorgesetzte unverzüglich verständigt, sofern nicht die Strafe von einer Behörde der Bundeswehr vollzogen wird.

III. Abschnitt
Vollstreckung von Geld- und Ersatzfreiheitsstrafen

§ 48 Geldstrafen

(1) Die Vollstreckung von Geldstrafen, die nicht schon nach § 39 Abs. 1 als vollstreckt anzusehen sind, richtet sich nach der Einforderungs- und Beitreibungsanordnung.

(2) Ist gegen den Verurteilten in verschiedenen Verfahren auf Geldstrafen oder auf Freiheitsstrafe und Geldstrafe erkannt, so prüft die Vollstreckungsbehörde zunächst, ob nachträglich eine Gesamtstrafe zu bilden ist (§ 460 StPO). Bejaht sie dies, so führt sie die Entscheidung des Gerichts herbei. Ist nur auf Geldstrafen erkannt, so kann sie schon vor der gerichtlichen Entscheidung die Vollstreckung einer der verhängten Geldstrafen betreiben.

§ 49 Ersatzfreiheitsstrafen

(1) Eine Ersatzfreiheitsstrafe wird vollstreckt, wenn und soweit die Geldstrafe nicht entrichtet oder beigetrieben worden ist oder die Vollstreckung nach § 459c Abs. 2 StPO unterblieben ist (§ 459e Abs. 1 und 2 StPO). Die Ersatzfreiheitsstrafe wird nicht vollstreckt, wenn und soweit die Vollstreckung der Geldstrafe nach § 459d StPO

unterbleibt (§ 459e Abs. 4 StPO) oder freie Arbeit im Sinne des Art. 293 EGStGB geleistet ist.

(2) Kann die Vollstreckung der Ersatzfreiheitsstrafe für den Verurteilten eine unbillige Härte bedeuten, so prüft – gegebenenfalls nach Einschaltung der Gerichtshilfe (§ 463d StPO) – die Vollstreckungsbehörde, ob beim Gericht eine Anordnung nach § 459f StPO anzuregen ist. Ist eine solche Anordnung ergangen und treten neue Gesichtspunkte hervor, die es angezeigt erscheinen lassen, die Vollstreckung der Geldstrafe fortzusetzen, bessern sich insbesondere die wirtschaftlichen Verhältnisse des Verurteilten, so kann die Beitreibung der Geldstrafe bis zum Ablauf der Verjährungsfrist erneut versucht werden, ohne daß es des Widerrufs der nach § 459f StPO ergangenen Anordnung bedarf.

(3) Sind mehrere Ersatzfreiheitsstrafen zu vollstrecken, so gilt § 48 Abs. 2 Satz 1 und 2. Die Vollstreckung der Ersatzfreiheitsstrafen ist in der Regel bis zur Entscheidung des Gerichts über die Bildung einer Gesamtstrafe zurückzustellen.

§ 50 Vollstreckungsverfahren

(1) Für die Vollstreckung von Ersatzfreiheitsstrafen gelten die Bestimmungen des II. Abschnitts.

(2) Ergeben sich bei der Berechnung einer nach § 49 Abs. 1 zu vollstreckenden Ersatzfreiheitsstrafe Bruchteile von Tagen, so bleiben sie außer Betracht (§ 459e Abs. 3 StPO). Für den entsprechenden Rest der Geldstrafe bleibt der Verurteilte vermögensrechtlich haftbar.

§ 51 Ladung zum Strafantritt. Aufnahmeersuchen

(1) In der Ladung zum Antritt der Ersatzfreiheitsstrafe (§ 27) und in dem Aufnahmeersuchen (§ 30) ist anzugeben, welchen Betrag der Verurteilte zu zahlen hat, um die Vollstreckung abzuwenden.

(2) Die Vollstreckungsbehörde kann abweichend von § 29 der Vollzugsanstalt das Aufnahmeersuchen mit den Anlagen auch nach Strafantritt übersenden; dies gilt nicht, wenn ihr Umstände im Sinne des § 30 Abs. 2 Satz 2 bekannt sind. Von der Übersendung der Anlagen kann bei der Vollstreckung von Ersatzfreiheitsstrafe von weniger als 30 Tagen abgesehen werden.

(3) Enthält das Aufnahmeersuchen keine Angaben nach § 30 Abs. 2 und sind ihm Anlagen der in § 31 bezeichneten Art nicht beigefügt, so gilt es als zurückgenommen, wenn der Verurteilte die Ersatzfreiheitsstrafe einen Monat nach Ablauf der im Aufnahmeersuchen angegebenen Frist noch nicht angetreten hat; eine Mitteilung nach § 35 Abs. 1 Buchstabe b entfällt.

(4) Zahlt der Verurteilte nachträglich den rückständigen Betrag, so werden das Aufnahmeersuchen und etwaige Anordnungen zur

Erzwingung des Strafantritts (§§ 33, 34) sofort zurückgenommen; ein bereits in Strafhaft genommener Verurteilter ist sofort zu entlassen.

§ 52 (aufgehoben)

IV. Abschnitt
Vollstreckung von Maßregeln der Besserung und Sicherung

§ 53 Vollstreckung freiheitsentziehender Maßregeln der Besserung und Sicherung

(1) Welche Vollzugsanstalt oder Einrichtung des Maßregelvollzuges zur Vollstreckung einer freiheitsentziehenden Maßregel der Besserung und Sicherung (§ 61 Nr. 1 bis 3 StGB) örtlich und sachlich zuständig ist, ergibt der Vollstreckungsplan (§ 22), sofern keine besonderen Vorschriften für den Maßregelvollzug bestehen.

(2) Für die Vollstreckung einer freiheitsentziehenden Maßregel der Besserung und Sicherung gelten, soweit Vorschriften der Länder, in denen die Unterbringung vollzogen wird, nichts anderes bestimmen, sinngemäß.

a) § 24 (Örtliche Vollzugszuständigkeit),

die §§ 26 bis 31

(Abweichen vom Vollstreckungsplan, Ladung zum Strafantritt, Überführungsersuchen, Aufnahmeersuchen),

die §§ 33 bis 36

(Vorführungs- und Haftbefehl, Steckbrief, Anzeige vom Strafantritt und andere Mitteilungen an die Vollstreckungsbehörde, Überwachungspflicht der Vollstreckungsbehörde),

die §§ 45 und 46

(Unterbrechung der Strafvollstreckung bei Vollzugsuntauglichkeit – Voraussetzungen und Verfahren),

§ 46a

(Aufschub und Unterbrechung der Strafvollstreckung aus Gründen der Vollzugsorganisation mit der Maßgabe, daß der Leiter eines psychiatrischen Krankenhauses oder einer Entziehungsanstalt [§§ 63, 64 StGB] bei vorläufiger Unterbrechung der Vollstreckung der Unterbringung [§ 46a Abs. 2 Satz 1] lediglich die Vollstreckungsbehörde unterrichtet),

b) wenn die Dauer der Freiheitsentziehung der Zeit nach feststeht (§ 67d Abs. 1 StGB), auch

§ 37 Abs. 1 bis 3 (Allgemeine Regeln für die Strafzeitberechnung),

§ 38 (Strafbeginn),

§ 40 (Berechnung des Strafrestes),

§ 41 (Berechnung der Strafzeit bei Gesamtstrafen und bei anderweitiger Verurteilung),

§ 42 (Gerichtliche Entscheidung über die Strafzeitberechnung).

(3) Hat der Vollzug der Unterbringung drei Jahre nach Rechtskraft ihrer Anordnung noch nicht begonnen und liegt ein Fall des § 67c Abs. 1 StGB oder des § 67b StGB nicht vor, so veranlaßt die Vollstreckungsbehörde rechtzeitig die Prüfung, ob die Vollstreckung der Unterbringung noch zulässig ist (§ 67c Abs. 2 StGB). In die Frist wird die Zeit nicht eingerechnet, in welcher der Täter auf behördliche Anordnung in einer Anstalt verwahrt worden ist.

(4) Während der Vollstreckung einer freiheitsentziehenden Maßregel der Besserung und Sicherung veranlaßt die Vollstreckungsbehörde jeweils rechtzeitig vor dem Ablauf

a) von sechs Monaten bei der Unterbringung in einer Entziehungsanstalt,
b) von einem Jahr bei der Unterbringung in einem psychiatrischen Krankenhaus,
c) von zwei Jahren bei der Sicherungsverwahrung und
d) der von dem Gericht nach § 67e Abs. 3 Satz 1 StGB festgesetzten Frist

die Prüfung, ob die weitere Vollstreckung der Unterbringung zur Bewährung auszusetzen ist (§ 67e StGB). Die Fristen zu Buchstaben a bis c sind vom Beginn der Unterbringung an oder, wenn das Gericht die Anordnung der Entlassung bereits abgelehnt hat, von dem Zeitpunkt dieser Entscheidung an zu berechnen (§ 67e Abs. 4 StGB).

§ 54 Vollstreckung mehrerer freiheitsentziehender Maßregeln der Besserung und Sicherung

(1) Sind in einer Entscheidung mehrere freiheitsentziehende Maßregeln angeordnet, so bestimmt das Gericht die Reihenfolge der Vollstreckung (§ 72 Abs. 3 Satz 1 StGB). Vor dem Ende des Vollzuges einer Maßregel veranlaßt die Vollstreckungsbehörde rechtzeitig die Prüfung, ob der Zweck der nächsten Maßregel deren Vollstreckung noch erfordert (§ 72 Abs. 3 Satz 2 StGB).

(2) Sind in mehreren Entscheidungen freiheitsentziehende Maßregeln angeordnet und können sich vor dem Beginn ihrer Vollstreckung die beteiligten Vollstreckungsbehörden nicht über die Reihenfolge der zu vollstreckenden Maßregeln einigen, so ist § 43 Abs. 7 entsprechend anzuwenden. Dabei gilt die Sicherungsverwahrung als die schwerste Maßregel; es folgen der Reihenfolge nach die Unterbringung in einem psychiatrischen Krankenhaus und die Unterbringung in einer Entziehungsanstalt. Bei Maßregeln ungleicher Art bestimmt die Vollstreckungsbehörde die Reihenfolge nach pflichtgemäßem Ermessen. Maßgebend ist, wie bei der Persönlichkeit des Verurteilten unter Berücksichtigung der Urteilsgründe der Zweck

aller Maßnahmen am besten erreicht werden kann. Wenn nicht überwiegende Gründe entgegenstehen, wird in diesen Fällen die Unterbringung in einer Entziehungsanstalt vor anderen Maßregeln und die Unterbringung in einem psychiatrischen Krankenhaus vor der Sicherungsverwahrung vollstreckt. Die Vollstreckungsbehörde kann auch die Vollstreckung einer Maßregel zum Zwecke der Vollstreckung einer anderen Maßregel unterbrechen, wenn sie dies nach pflichtgemäßem Ermessen für angebracht hält.

(3) Bei mehrfach angeordneter Unterbringung in einer Entziehungsanstalt darf nur die zuletzt rechtskräftig gewordene Anordnung der Maßregel vollstreckt werden (§ 67f StGB).

§ 54a Führungsaufsicht

(1) Entscheidungen, in denen die Führungsaufsicht angeordnet ist (§ 68 StGB) oder die ihren Eintritt kraft Gesetzes zur Folge haben (§§ 67b, 67c, 67d, 68f StGB), teilt die Vollstreckungsbehörde der zuständigen Aufsichtsstelle mit.

(2) In den Fällen der §§ 68f und 67d Abs. 4 StGB veranlaßt die Vollstreckungsbehörde, daß die Akten drei Monate vor der Entlassung des Verurteilten dem Gericht vorgelegt werden, damit die Entscheidungen nach § 68f Abs. 2 oder nach den §§ 68a bis 68c StGB alsbald getroffen werden können. Abschriften ihrer Stellungnahme übersendet die Vollstreckungsbehörde unter Beifügung von Abschriften des Urteils und einer bereits vorliegenden Stellungnahme der Justizvollzugsanstalt der Führungsaufsichtsstelle des voraussichtlichen Wohnsitzes des Verurteilten, ist der künftige Wohnsitz ungewiß, so unterrichtet sie die nach § 463a Abs. 2 Satz 2 StPO voraussichtlich zuständige Führungsaufsichtsstelle. Die Vollstreckungsbehörde teilt die Entscheidung des Gerichts der Führungsaufsichtsstelle mit, die nach Satz 2 benachrichtigt worden war. In den Fällen des § 67c Abs. 1, des § 67c Abs. 2 und des § 67d Abs. 2 und 5 StGB wirkt die Vollstreckungsbehörde darauf hin, daß die Entscheidungen nach den §§ 68a bis c StGB so rechtzeitig getroffen werden können, daß die Führungsaufsicht vorbereitet werden kann.

(3) Die Vollstreckungsbehörde übersendet der Aufsichtsstelle in allen Fällen der Führungsaufsicht je zwei Abschriften der der Führungsaufsicht zugrunde liegenden gerichtlichen Entscheidungen und der für die Betreuung des Verurteilten wesentlichen Unterlagen (z. B. Gutachten über den körperlichen und geistigen Zustand des Verurteilten, Berichte des Gerichtshelfers, des Bewährungshelfers oder von Jugend- oder Sozialbehörden).

(4) Die Vollstreckungsbehörde teilt die von ihr nach den §§ 68c bis 68g StGB berechnete Dauer der Führungsaufsicht sowie deren Beginn und Ende der Aufsichtsstelle mit.

(5) Wird ein Verurteilter, der unter Führungsaufsicht steht, auf strafgerichtliche Anordnung in einer Anstalt verwahrt (§ 68c Abs. 2

StGB), so teilt die Behörde, welche die Verwahrung vollstreckt, Beginn und Ende der Verwahrung der Behörde mit, welche die Führungsaufsicht vollstreckt.

§ 55 Berufsverbot

(1) Die Zeit des Berufsverbots ist nach § 70 Abs. 4, § 70a Abs. 3 und § 70b Abs. 3 StGB zu berechnen. Die Zeit des Berufsverbots und die Erklärung über die Erledigung des Berufsverbots durch das Gericht (§ 70b Abs. 5 StGB) sind der für die Berufs- und Gewerbeausübung zuständigen Behörde jeweils mitzuteilen.

(2) Die Vollstreckungsbehörde kann auf Antrag des Verurteilten oder mit seiner Einwilligung das Berufsverbot aussetzen, wenn hierdurch für den Verurteilten oder seine Angehörigen eine erhebliche, außerhalb des Zwecks des Verbots liegende Härte vermieden oder einem öffentlichen Interesse an der vorübergehenden weiteren Berufsausübung Rechnung getragen werden kann (vgl. § 456c Abs. 2 StPO). Die Aussetzung kann an die Leistung einer Sicherheit oder an andere Bedingungen geknüpft werden und darf zusammen mit einem etwa bereits gerichtlich angeordneten Aufschub sechs Monate nicht übersteigen. Absatz 1 gilt entsprechend.

(3) Vor einer Aussetzung nach Absatz 2 soll die Vollstreckungsbehörde die zuständigen Verwaltungsbehörden und berufsständischen Organisationen hören.

§ 56 Entziehung der Fahrerlaubnis und Einziehung des Führerscheins

(1) Ein nach § 69 Abs. 3 Satz 2, § 71 Abs. 2 StGB eingezogener Führerschein wird der Behörde übersandt, die für die Erteilung der Fahrerlaubnis am Wohnsitz des Verurteilten zuständig ist. Hat der Verurteilte im räumlichen Geltungsbereich der Strafprozeßordnung keinen Wohnsitz, so wird der Führerschein zu den Strafakten genommen. Ist der Führerschein von einer Dienststelle der Bundeswehr, der Deutschen Bundesbahn, der Deutschen Bundespost, des Bundesgrenzschutzes oder der Polizei ausgestellt worden, so wird er der Stelle übersandt, die nach Nr. 46 Abs. 6 der Anordnung über Mitteilungen in Strafsachen Nachricht erhält. Der Führerschein ist in jedem Fall mit einem Vermerk über die Einziehung zu versehen und durch Einschneiden unbrauchbar zu machen. Bei der Übersendung des Führerscheins ist der Behörde der nach § 69a Abs. 5 und 6 StGB zu berechnende Zeitraum der Sperre mitzuteilen.

(2) Ist dem Inhaber eines ausländischen Fahrausweises die Fahrerlaubnis entzogen worden, so werden die Entziehung und ihre Dauer in dem Fahrausweis vermerkt (vgl. § 69b Abs. 2 StGB). Befindet der Fahrausweis sich noch nicht in behördlichem Gewahrsam, so wird er für die Eintragung des Vermerks beschlagnahmt, wenn der Verurteilte die Vorlage verweigert (§ 463b Abs. 2 StPO). Ist die Eintra-

gung des Vermerks wegen der Beschaffenheit des Fahrausweises nicht möglich, ist ein gesonderter Vermerk zu erstellen und dieser mittels Lochung und gesiegelter Schnur oder auf andere Weise untrennbar mit dem Fahrausweis zu verbinden.

(3) Wird der Führerschein oder der Fahrausweis bei dem Verurteilten nicht vorgefunden, gilt § 62.

V. Abschnitt
Vollstreckung anderer Rechtsfolgen

1. Nebenfolgen, die zu einer Geldzahlung verpflichten. Bekanntgabe des Urteils. Fahrverbot

§ 57 Nebenfolgen, die zu einer Geldzahlung verpflichten

Die Vollstreckung von Nebenfolgen, die zu einer Geldzahlung verpflichten, richtet sich nach der Einforderungs- und Beitreibungsanordnung.

§ 58 (aufgehoben)

§ 59 Bekanntgabe des Urteils

(1) Ist die öffentliche Bekanntmachung der Entscheidung angeordnet, so stellt die Vollstreckungsbehörde dem Berechtigten eine Ausfertigung des erkennenden Teils der Entscheidung auf Kosten des Verurteilten zu (§§ 463c, 464a StPO). Namen von Verurteilten, auf die sich die Veröffentlichungsbefugnis nicht bezieht, werden in der Ausfertigung ausgelassen.

(2) Verlangt der Berechtigte die Bekanntmachung (§ 463c Abs. 2 StPO), vollzieht die Vollstreckungsbehörde die Anordnung der Bekanntmachung in der durch die Entscheidung bestimmten Art. Die Kosten der Bekanntmachung sind Verfahrenskosten (§ 464a StPO).

§ 59a Fahrverbot

(1) Ist ein Fahrverbot ausgesprochen worden, so wird ein von einer deutschen Behörde erteilter Führerschein für die Dauer des Fahrverbots bei den Strafakten oder, falls ein Vollstreckungsheft angelegt wird, bei diesem verwahrt (vgl. § 44 Abs. 3 Satz 2 StGB). Eine andere Art der Aufbewahrung kann angeordnet werden.

(2) Sofern der Verurteilte nicht erklärt hat, daß er den Führerschein abholen werde, wird dieser ihm so rechtzeitig durch eingeschriebe-

nen Brief zugesandt, daß er am letzten Tage der Verbotsfrist (vgl. Absatz 5 sowie § 44 Abs. 4, § 51 Abs. 5 StGB) beim Verurteilten eintrifft. Dem Verurteilten wird bei der Rückgabe mitgeteilt, zu welchem Zeitpunkt das Fahrverbot endet. Ist der Führerschein von einer Dienststelle der Bundeswehr erteilt worden, wird er dem Disziplinarvorgesetzten des Verurteilten so rechtzeitig vor Ablauf der Verbotsfrist übersandt, daß er dem Verurteilten am letzten Tage der Verbotsfrist, der in dem Übersendungsschreiben anzugeben ist, ausgehändigt werden kann.

(3) Ist gegen den Inhaber eines ausländischen Fahrausweises ein Fahrverbot ausgesprochen worden, so werden das Fahrverbot und seine Dauer in dem Fahrausweis vermerkt (vgl. § 44 Abs. 3 Satz 3 StGB). § 56 Abs. 2 Satz 3 gilt entsprechend.

(4) Befindet sich der Führerschein oder Fahrausweis noch nicht in behördlichem Gewahrsam, so fordert die Vollstreckungsbehörde den Verurteilten zur Herausgabe auf und belehrt ihn über den Beginn des Fahrverbots, wenn sich aus den Akten ergibt, daß die vorgeschriebene Belehrung (§§ 268c, 409 StPO) unterblieben ist. Gibt der Verurteilte den Führerschein oder den Fahrausweis nicht freiwillig heraus, so ordnet die Vollstreckungsbehörde die Beschlagnahme an (§ 463b Abs. 1, 2 StPO). Wird der Führerschein oder der Fahrausweis nicht vorgefunden, so ist nach § 463b Abs. 3 StPO zu verfahren.

(5) Für die Berechnung der Dauer des Fahrverbots (§ 44 Abs. 4, § 51 Abs. 5 StGB) gelten die Vorschriften des § 37 Abs. 2, 4 und 5, des § 39 Abs. 4 und des § 40 Abs. 1 sinngemäß. Ist dem Verurteilten ein in Absatz 2 Satz 3 bezeichneter Führerschein von dem Vorgesetzten zur Weiterleitung an die Vollstreckungsbehörde abgenommen worden, so wird die Zeit zwischen der Abnahme des Führerscheins und seinem Zugang bei der Vollstreckungsbehörde in die Verbotsfrist eingerechnet.

2. Verfall. Einziehung. Unbrauchbarmachung. Vernichtung

a) Allgemeine Bestimmungen

§ 60 Rechtserwerb bei Verfall und Einziehung

Mit der Rechtskraft der Entscheidung geht das Eigentum an den verfallenen oder eingezogenen Sachen auf das Land (Justizfiskus) über, dessen Gericht im ersten Rechtszug entschieden hat. Dies gilt auch dann, wenn im ersten Rechtszug in Ausübung der Gerichtsbarkeit des Bundes entschieden worden ist. Hat das Gericht den Verfall oder die Einziehung zu Gunsten des Bundes angeordnet, so wird die Bundesrepublik Deutschland (Justizfiskus) Eigentümer. Rechte Dritter bleiben bestehen (§ 73d Abs. 1 Satz 2, § 74e Abs. 2 Satz 1

StGB), sofern nicht das Gericht das Erlöschen angeordnet hat (§ 74e Abs. 2 Satz 2 und 3 StGB). Sind Rechte verfallen oder eingezogen, so gelten die Sätze 1 bis 3 entsprechend.

§ 61 Wegnahme von Gegenständen

(1) Sachen, auf deren Verfall, Einziehung oder Unbrauchbarmachung erkannt ist und die sich noch nicht im amtlichen Gewahrsam befinden, nimmt die Vollstreckungsbehörde alsbald nach Rechtskraft der Entscheidung in Besitz. Haben der Verurteilte, der Verfalls- oder Einziehungsbeteiligte (§ 431 Abs. 1 Satz 1 und § 442 StPO), die nach der Entscheidung zur Herausgabe verpflichtet sind, die Sachen nicht herausgegeben, so beauftragt die Vollstreckungsbehörde den Vollziehungsbeamten mit der Wegnahme (vgl. § 459g Abs. 1 StPO).

(2) Der Auftrag wird schriftlich erteilt; er muß die Person des Verurteilten, des Verfalls- oder Einziehungsbeteiligten sowie die wegzunehmende Sache möglichst genau bezeichnen. Der Auftrag soll ferner angeben, ob die Sache verwahrt oder wem sie übergeben werden soll. Die Vollstreckungsbehörde kann den Vollziehungsbeamten ersuchen, ihr rechtzeitig den in Aussicht genommenen Zeitpunkt der Wegnahme nach Tag und Stunde mitzuteilen.

(3) Ist die Sache im Gewahrsam des Verfalls- oder Einziehungsbeteiligten und verweigert dieser die Herausgabe mit der Begründung, daß er an der Sache ein Recht zum Besitz habe, so kann gegen ihn auf Grund der Entscheidung nur vollstreckt werden, wenn in ihr das Erlöschen des Rechtes angeordnet worden ist (§ 74e Abs. 2 StGB). Ob der Anspruch auf Herausgabe gegen den Verfalls- oder Einziehungsbeteiligten im Wege der Klage geltend gemacht werden soll, entscheidet die oberste Justizbehörde.

(4) Ist die Sache nicht im Gewahrsam des Verurteilten, des Verfalls- oder Einziehungsbeteiligten, so wird der Gewahrsamsinhaber zur Herausgabe aufgefordert. Verweigert er sie, so kann gegen ihn nicht schon auf Grund der Entscheidung vollstreckt werden. Absatz 3 Satz 2 gilt entsprechend.

(5) Sind Rechte verfallen oder eingezogen, so bedarf es einer Pfändung und Überweisung nicht (§ 73d Abs. 1, § 74e Abs. 1 StGB). Absatz 4 gilt entsprechend.

§ 62 Eidesstattliche Versicherung. Wertersatz

(1) Wird die Sache beim Verurteilten oder beim Verfalls- oder Einziehungsbeteiligten nicht vorgefunden, so sollen diese Personen zur Abgabe einer eidesstattlichen Versicherung über den Verbleib angehalten werden (vgl. § 459g Abs. 1 StPO). Davon ist in der Regel abzusehen, sofern die eidesstattliche Versicherung wesentlichen Feststellungen der Entscheidung widersprechen würde.

(2) Ist die Anordnung des Verfalls oder der Einziehung eines Gegenstandes deshalb nicht ausführbar oder unzureichend, weil der Gegenstand nicht mehr vorhanden, verwertet oder mit dem Recht eines Dritten belastet ist oder weil nach der Anordnung sonst eine der in den §§ 73a oder 74c StGB bezeichneten Voraussetzungen eingetreten oder bekanntgeworden ist, so veranlaßt die Vollstreckungsbehörde die Prüfung, ob der Verfall oder die Einziehung des Wertersatzes nachträglich angeordnet werden soll (§ 76 StGB).

§ 63 Verwertung. Unbrauchbarmachung. Vernichtung. Überwachung von Anweisungen bei Einziehungsvorbehalt

(1) Verfallene oder eingezogene Gegenstände werden verwertet, sofern nichts anderes bestimmt ist (§§ 65, 66, 67, 67a, 69 ff.). Sind sie wertlos, unverwertbar, gemeingefährlich oder in gesetzwidrigem Zustand, so werden sie in der Regel vernichtet.

(2) Die Verwertung geschieht, sofern in den §§ 69 ff. nichts anderes bestimmt ist, durch öffentliche Versteigerung. Erscheint diese nicht ausführbar oder unzweckmäßig, so werden die Gegenstände freihändig verkauft. Sind sie gesetzlich vom freien Verkehr ausgeschlossen, so dürfen sie nicht öffentlich versteigert werden; sie sind, sofern nicht eine andere Art der Verwertung vorgeschrieben ist, nur Personen oder Stellen zum Kauf anzubieten, die Gegenstände dieser Art erwerben dürfen.

(3) Gegenstände, deren Unbrauchbarmachung gerichtlich angeordnet ist, werden dem Berechtigten zurückgegeben, nachdem sie nach Maßgabe der Entscheidung ihrer gefährdenden Form entkleidet oder unschädlich gemacht worden sind. Ist dies nicht möglich, so werden sie vernichtet.

(4) Gegenstände, deren Vernichtung angeordnet ist, werden durch die Maßnahmen vernichtet, die nach pflichtgemäßem Ermessen der Vollstreckungsbehörde am geeignetsten erscheinen.

(5) Bei der Vernichtung gemeingefährlicher Gegenstände nimmt die Vollstreckungsbehörde, soweit erforderlich, die Hilfe der Polizei oder der zuständigen Verwaltungsbehörde in Anspruch.

(6) Vor der Verwertung, Unbrauchbarmachung oder Vernichtung verbrauchssteuerpflichtiger Erzeugnisse oder von Waren, die Zollgut sind, ist das Hauptzollamt zu hören.

(7) Ordnet das Gericht unter Einziehungsvorbehalt weniger einschneidende Maßnahmen an, so überwacht die Vollstreckungsbehörde die Befolgung und veranlaßt die Prüfung, welche Entscheidung nach § 74b Abs. 2 StGB zu treffen ist.

§ 64 Veräußerung verfallener oder eingezogener Gegenstände

(1) Mit der öffentlichen Versteigerung und in der Regel auch mit dem freihändigen Verkauf beauftragt die Vollstreckungsbehörde

den Gerichtsvollzieher. Der Auftrag muß schriftlich erteilt werden und die Personen bezeichnen, an die der Gegenstand nicht veräußert werden darf (Absatz 5). Die öffentliche Versteigerung und der freihändige Verkauf richten sich nach der Geschäftsanweisung für Gerichtsvollzieher.

(2) Erscheint eine Veräußerung am Sitze der Vollstreckungsbehörde aus besonderen Gründen nicht möglich oder unzweckmäßig, so kann die Vollstreckungsbehörde anordnen, daß die Veräußerung an einem anderen Ort versucht wird.

(3) Ist der Verderb oder eine wesentliche Wertminderung des Gegenstandes zu besorgen oder ist seine Aufbewahrung, Pflege oder Erhaltung mit Kosten oder Schwierigkeiten verbunden, so sorgt die Vollstreckungsbehörde für beschleunigte Verwertung.

(4) Bei freihändigem Verkauf von Gegenständen des täglichen Bedarfs sollen Wohltätigkeitsanstalten und Bedürftige vorzugsweise berücksichtigt werden.

(5) An Täter oder Teilnehmer der Straftat dürfen Gegenstände nur ausnahmsweise und nur mit Einwilligung der obersten Justizbehörde oder der von ihr bestimmten Stelle veräußert werden.

(6) Der freihändige Verkauf an Richter, Staatsanwälte oder andere Justizbedienstete (einschließlich des Strafvollzugs) oder an Hilfsbeamte der Staatsanwaltschaft (§ 152 GVG) ist nicht zulässig.

(7) Der bei der Veräußerung erzielte Erlös ist an die Gerichtskasse oder sonst zuständige Kasse abzuführen.

§ 65 Mitwirkung anderer Behörden und Stellen bei der Veräußerung

(1) Werden Gegenstände, die in einem Zoll-, Verbrauchssteuer-, Monopol- und Devisenstrafverfahren oder in einem Verfahren wegen Zuwiderhandlungen gegen Ein- und Ausfuhrverbote gerichtlich eingezogen worden sind, durch eine Stelle der Bundesfinanzverwaltung verwahrt, so werden sie im Benehmen mit der Vollstreckungsbehörde durch das Hauptzollamt verwertet. Der Erlös ist an die Gerichtskasse oder sonst zuständige Kasse abzuführen. Das Hauptzollamt ist berechtigt, von dem Erlös diejenigen baren Auslagen abzusetzen, die durch die Beschlagnahme, Aufbewahrung und Verwertung der Gegenstände entstanden sind. Abzugsfähig sind auch Abgaben, die nach § 76 AO 1977 aus dem Erlös zu decken sind. Über den Erlös und die Abzüge rechnet das Hauptzollamt mit der Vollstreckungsbehörde ab. Im übrigen wird auf den Erlaß des Bundesministers der Finanzen vom 9. 2. 1955 – III A/4 – H 2131-3/55 – [1]) und die hierzu etwa ergangenen Ergänzungsbestimmungen der obersten Justizbehörde verwiesen.

[1]) Vgl. Anhang 4.

(2) Sollen Gegenstände veräußert werden, in deren Verwertung eine andere Behörde oder Stelle besonders erfahren ist, so empfiehlt es sich, diese um Auskunft zu bitten oder ihr die Verwertung zu übertragen; hierbei ist darauf hinzuweisen, daß der Erlös nach Abzug der baren Auslagen der Verwertung (Reinerlös) an die Gerichtskasse oder sonst zuständige Kasse abzuführen ist.

§ 66 Verwendung für Zwecke der Justizverwaltung und ähnliche Zwecke

(1) Verfallene oder eingezogene Sachen, die sich zur Verwendung für Zwecke der Justizverwaltung (einschließlich des Strafvollzuges), der Bewährungshilfe, der Strafentlassenenfürsorge oder der Polizei im Rahmen der Strafverfolgung eignen, sind zunächst nicht zu verwerten. Sie werden in ein Verzeichnis aufgenommen und dort nach Art, Größe, Beschaffenheit und dem Zustand ihrer Erhaltung kurz beschrieben. Die Vollstreckungsbehörde legt das Verzeichnis von Zeit zu Zeit mit einem Verwendungsvorschlag dem Generalstaatsanwalt vor; dieser entscheidet über die Verwendung im Benehmen mit dem Präsidenten des Oberlandesgerichts und der höheren Vollzugsbehörde. Weist der Generalstaatsanwalt verfallene oder eingezogene Sachen der Polizeiverwaltung zur dauernden Nutzung zu, so hat er die landesrechtlichen Haushaltsvorschriften zu beachten und der obersten Behörde der Innenverwaltung auf dem Dienstweg eine Mehrfertigung seiner Zuweisungsverfügung zu übersenden. Hat das Gericht Sachen zugunsten des Bundes eingezogen, ist entsprechend § 70 Abs. 4 Satz 2 zu verfahren.

(2) In das Verzeichnis sind insbesondere aufzunehmen: Empfangsanlagen für Ton- und Fernsehrundfunk, Geräte der Informations- und Kommunikationstechnik, Werkzeuge, landwirtschaftliche Geräte, Materialien, Kleidungsstücke aller Art, ferner Geräte zum Messen oder Wägen, die sich nach Ansicht der Eichbehörde zur Wiederverwendung eignen. Gegenstände, deren geringer Gebrauchswert die Verwendung nicht lohnen würde, werden nicht aufgenommen.

(3) Für die Verwendung von Waffen, Funkanlagen und Kraftfahrzeugen für Zwecke der Justizverwaltung gelten § 70 Abs. 1, § 72 und § 73.

§ 67 Abgabe als Forschungs- und Lehrmittel

(1) Verfallene oder eingezogene Gegenstände, die zur Begehung einer rechtswidrigen Tat bestimmt gewesen, gebraucht oder durch sie hervorgebracht worden sind, werden dem Landeskriminalamt, der ihm entsprechenden Behörde oder dem Bundeskriminalamt angeboten und auf deren Ersuchen überlassen, wenn sie für kriminalwissenschaftliche Forschungs- oder Lehrzwecke von Bedeutung sind. Dasselbe gilt nach Möglichkeit, wenn eine dieser Behörden von sich aus um die Überlassung bestimmter Gegenstände ersucht.

(2) Die Überlassung geschieht leihweise und mit dem ausdrücklichen Vorbehalt, daß die Vollstreckungsbehörde die Gegenstände aus wichtigen Gründen jederzeit zurückverlangen kann.

(3) Gegenstände von erheblichem Wert dürfen den in Absatz 1 bezeichneten Behörden nur mit Genehmigung des Generalstaatsanwalts angeboten oder überlassen werden.

§ 67a Verwendung für karitative oder humanitäre Zwecke

(1) Gegenstände, die in einem Verfahren wegen Straftaten nach einem Gesetz zum Schutz des geistigen Eigentums (Urheberrechtsgesetz, Patentgesetz, Gebrauchsmustergesetz, Warenzeichengesetz, Geschmacksmustergesetz, Halbleiterschutzgesetz, Sortenschutzgesetz) eingezogen worden sind und die sich zur Verwendung für karitative oder humanitäre Zwecke eignen, sollen an entsprechende Verbände oder Einrichtungen unentgeltlich abgegeben werden, sofern dies ohne unverhältnismäßigen Aufwand möglich ist.

(2) Die endgültige Abgabe darf erst erfolgen, wenn der durch die Rechtsverletzung verursachte Zustand der Gegenstände beseitigt worden ist und die durch die Abgabe verursachten Gesamtkosten vom Empfänger getragen werden. Mit der Beseitigung der Schutzrechtsverletzung kann der Empfänger beauftragt werden. Die ordnungsgemäße Beseitigung wird durch die Vollstreckungsbehörde überprüft.

(3) Für Gegenstände von erheblichem Wert gilt § 67 Abs. 3 entsprechend.

§ 68 Absehen von der Verwertung, Vernichtung oder Unbrauchbarmachung

(1) Ist damit zu rechnen, daß die Wiederaufnahme des Verfahrens angeordnet oder das Nachverfahren (§ 439 StPO) beantragt wird, so sieht die Vollstreckungsbehörde von den in § 63 bezeichneten Maßnahmen einstweilen ab. Dasselbe gilt, wenn der Betroffene um Freigabe des eingezogenen Gegenstandes im Gnadenwege gebeten hat und wichtige Gnadengründe vorliegen.

(2) Macht ein anderer als der Verurteilte geltend, daß er ein Recht an dem Gegenstand habe, dessen Erlöschen nicht angeordnet worden ist, so entscheidet über die Verwertung die oberste Justizbehörde oder die von ihr bestimmte Stelle.

§ 68a Entschädigung

Beansprucht jemand nach § 74f StGB eine Entschädigung und ist eine gerichtliche Entscheidung nach § 436 Abs. 3 StPO nicht ergangen, so entscheidet die oberste Justizbehörde oder die von ihr bestimmte Stelle. Ist der Gegenstand noch nicht verwertet, so entscheidet sie auch über die Verwertung.

b) Verwendung bestimmter Gegenstände

§ 69 Jagdwaffen, Jagd- und Forstgeräte, Wild und Hunde

(1) Jagdwaffen, Jagdmunition und Jagdgeräte sind, wenn sie den gesetzlichen Vorschriften entsprechen, der obersten Jagdbehörde des Landes oder einer anderen von der obersten Justizbehörde benannten Stelle anzuzeigen. Diese bestimmt, an welche Stelle die Gegenstände zur Verwertung abzuliefern sind. Die Vollstreckungsbehörde übersendet dieser Stelle die Gegenstände, Munition unter Beachtung des § 13 Abs. 2 der Postordnung und der dazu ergangenen Ausführungsbestimmungen vom 4. 11. 1963 (Amtsbl. d. Bundesministers für das Post- und Fernmeldewesen 1963 S. 1022). Übersendet sie Jagdwaffen, so weist sie darauf hin, daß bei ihrer Veräußerung der Reinerlös (§ 65 Abs. 2) an die Gerichtskasse oder sonst zuständige Kasse abzuführen ist.

(2) Mit vorschriftswidrigen Jagdwaffen und Jagdgeräten wird nach § 70 verfahren.

(3) Brauchbare Werkzeuge, die in Strafverfahren wegen Holz- oder Forstdiebstahls eingezogen worden sind, werden der obersten Forstbehörde des Landes oder einer anderen von der obersten Justizbehörde benannten Stelle angezeigt, sofern sie nicht für die in § 66 Abs. 1 bezeichneten Zwecke verwendet werden können. Die nach Satz 1 zuständige Stelle bestimmt, an wen die Werkzeuge abzuliefern sind. Die Vollstreckungsbehörde übersendet sie dieser Stelle zur Verwertung.

(4) Gefangenes oder erlegtes Wild und Teile davon sowie Hunde werden nach den allgemeinen Vorschriften verwertet.

§ 70 Andere Waffen und verbotene Gegenstände

(1) Schußwaffen und Munition, die nicht unter § 69 Abs. 1 fallen, andere Waffen und verbotene Gegenstände im Sinne des Waffenrechts sind dem Regierungspräsidenten (Regierungspräsidium) oder der entsprechenden Behörde oder einer anderen von der obersten Justizbehörde benannten Stelle zu übersenden. In der Regel werden sie von Fall zu Fall übersandt. Vollstreckungsbehörden, die häufiger Waffen zu übersenden haben, sollen mit der zuständigen Verwaltungsbehörde Sammelsendungen vereinbaren. Soweit Waffen für Zwecke der Justizverwaltung (einschließlich des Strafvollzugs) benötigt werden, ist nach § 66 Abs. 1 zu verfahren. Bei der Versendung von Munition sind § 13 Abs. 2 der Postordnung und die dazu ergangenen Ausführungsbestimmungen vom 4. 11. 1963 (Amtsbl. d. Bundesministers für das Post- und Fernmeldewesen 1963 S. 1022) zu beachten.

(2) Vorschriftswidrige und zur Begehung rechtswidriger Taten abgeänderte Jagdwaffen sowie andere Schußwaffen und verbotene Gegenstände im Sinne des Waffenrechts, an denen ein kriminalpoli-

zeiliches Interesse besteht, werden dem Bundeskriminalamt auf sein Ersuchen über das Landeskriminalamt oder die ihm entsprechende Behörde übersandt. Vorschriftswidrige Jagdwaffen und Jagdgeräte, die für verfallen erklärt oder eingezogen worden sind und an denen kein kriminalpolizeiliches Interesse besteht, werden derjenigen Stelle übersandt, die die oberste Jagdbehörde oder oberste Justizbehörde des Landes benennt.

(3) Bei der Übersendung sind durch eine an der Waffe oder Vorrichtung zu befestigende Karte besonders zu kennzeichnen:

a) Handfeuerwaffen, deren Läufe oder Verschlüsse nicht mit dem vorgeschriebenen oder zugelassenen Prüfzeichen versehen sind; Schußwaffen, die nicht den Namen, die Firma oder ein eingetragenes Warenzeichen eines inländischen Waffenherstellers oder -händlers und eine fortlaufende Nummer tragen;
b) Schußwaffen, die über den für Jagd- und Sportzwecke allgemein üblichen Umfang hinaus zusammengeklappt, zusammengeschoben, verkürzt oder schnell zerlegt werden können;
c) Schußwaffen, die ihrer Form nach geeignet sind, einen anderen Gegenstand vorzutäuschen oder die mit Gegenständen des täglichen Gebrauchs verkleidet sind;
d) Vorrichtungen, die zum Anleuchten und Anstrahlen des Zieles oder der Beleuchtung der Zieleinrichtung dienen und für Schußwaffen bestimmt sind.

In dem Übersendungsschreiben ist auf diese Waffen und Vorrichtungen besonders hinzuweisen.

(4) Hat das Gericht eines Landes Waffen zugunsten des Bundes eingezogen, so finden die Absätze 1 bis 3 keine Anwendung. In diesem Falle stellt die Vollstreckungsbehörde die eingezogenen Waffen dem Bundesminister der Justiz über die oberste Justizbehörde des Landes zur Verfügung.

§ 71 Fischereigeräte

(1) Ordnungsmäßige Fanggeräte werden der obersten Landesfischereibehörde oder der von der obersten Justizbehörde bestimmten Stelle angezeigt und der von dieser benannten Fischereiorganisation zur Verfügung gestellt. Diese verkauft die Geräte an fischfangberechtigte Mitglieder und führt den Reinerlös (§ 65 Abs. 2) an die Gerichtskasse oder sonst zuständige Kasse ab. Hierauf weist die Vollstreckungsbehörde bei der Übersendung hin. Wird keine Fischereiorganisation benannt oder die Übernahme von Geräten abgelehnt, so werden die Geräte nach den allgemeinen Vorschriften verwertet; sie dürfen jedoch nur an Personen veräußert werden, die zur Ausübung des Fischfangs berechtigt sind.

(2) Mit Fanggeräten, die nach der gerichtlichen Entscheidung nicht ordnungsgemäß sind, ist nach Absatz 1 Satz 1 bis 3 zu verfahren, wenn und soweit sie für andere Fanggeräte oder andere Fischarten

verwendet werden können. Ist eine solche Verwertung ausgeschlossen oder wird keine Fischereiorganisation benannt oder lehnt die Fischereiorganisation die Übernahme ab, so werden die Geräte nach den allgemeinen Vorschriften verwertet, nachdem die nicht ordnungsgemäßen Teile entfernt worden sind. Die Verwertung von Geräten oder Geräteteilen, die nach ihrer Beschaffenheit für die Fischerei in keinem Falle verwendet werden dürfen, ist unzulässig.

(3) Hat die Vollstreckungsbehörde Zweifel, ob ein Fanggerät als ordnungsmäßig anzusehen ist oder ob es ganz oder teilweise für andere Fanggeräte oder andere Fischarten verwendet werden kann, so holt sie eine Auskunft der von der obersten Justizbehörde nach Absatz 1 bezeichneten oder einer anderen geeigneten Stelle ein.

(4) Fanggeräte oder einzelne Teile, deren Verwertung unzulässig, unzweckmäßig oder nicht ausführbar ist, ferner schädliche oder explodierende Stoffe (z. B. giftige Köder, Sprengpatronen oder sonstige Sprengmittel) werden vernichtet, sofern sie sich nicht für Zwecke der Justizverwaltung oder für kriminalwissenschaftliche Forschungs- oder Lehrzwecke eignen oder wegen ihres kulturhistorischen Wertes als Museumsstücke in Betracht kommen.

§ 72 Funkanlagen

(1) Empfangsanlagen für Ton- oder Fernsehrundfunk werden nach den allgemeinen Vorschriften der §§ 63 ff. verwertet, sofern nicht die oberste Justizbehörde etwas anderes bestimmt hat.

(2) Alle nicht in Absatz 1 bestimmten Funkanlagen (z. B. Funksendeeinrichtungen, Abhörgeräte) werden der zuständigen Oberpostdirektion mit dem Ersuchen übergeben, im Falle eines Verkaufs den Reinerlös (§ 65 Abs. 2), andernfalls einen dem Wert entsprechenden Geldbetrag an die Gerichtskasse oder sonst zuständige Kasse abzuführen.

§ 73 Kraftfahrzeuge

(1) Kraftfahrzeuge (einschließlich Kleinkrafträder, jedoch ohne Fahrräder mit Hilfsmotor – Mopeds und Mofas –) sind der obersten Justizbehörde oder der von ihr bestimmten Stelle unter genauer Beschreibung des Fahrzeugs und seiner Beschaffenheit anzuzeigen. Sie dürfen erst dann nach den allgemeinen Vorschriften verwertet werden, wenn die oberste Justizbehörde oder die von ihr bestimmte Stelle erklärt hat, daß das Fahrzeug nicht für die in § 66 bezeichneten Zwecke verwendet werden soll. § 65 Abs. 1 bleibt unberührt.

(2) Der Anzeige nach Absatz 1 bedarf es nicht, wenn die Kraftfahrzeuge wegen ihres Zustandes, ihres Alters und ihrer Beschaffenheit oder aus anderen Gründen zur Verwendung für Zwecke der Justizverwaltung offensichtlich ungeeignet sind.

(3) Die obersten Justizbehörden können ergänzende Anordnungen treffen.

§ 74 Arzneimittel und chemische Stoffe

(1) Arzneimittel (einschließlich Tierarzneimittel) und chemische Stoffe, deren Verwertung möglich erscheint, sind dem Regierungspräsidenten (Regierungspräsidium) oder der entsprechenden Behörde mit einer möglichst genauen Beschreibung anzuzeigen. Diese Behörde bestimmt eine Stelle, die zur Begutachtung und Verwertung zugelassen und geeignet ist (z. B. Arzneimittelprüfstelle eines Chem. Landesuntersuchungsamtes als begutachtende sowie Krankenhausapotheke oder krankenhausversorgende Apotheke als verwertende Stelle). Dort stellt die Vollstreckungsbehörde fest, ob eine Übersendung zulässig oder welche andere Art der Übermittlung erforderlich ist. Die Übermittlung geschieht kostenfrei.

(2) Die verwertende Stelle ist bei der Übermittlung darum zu ersuchen,

a) die Arzneimittel und chemischen Stoffe zu begutachten und entweder zu ihrem Schätzwert zu übernehmen oder im Auftrag der Vollstreckungsbehörde an eine zum Erwerb befugte Stelle möglichst günstig zu verkaufen;
b) einen dem Schätzwert entsprechenden Geldbetrag oder den Verkaufserlös nach Abzug der Begutachtungs- und Verwertungskosten an die Gerichtskasse oder sonst zuständige Kasse oder
c) die Gegenstände zurückzusenden, falls sie auf die im Ersuchen bezeichnete Weise nicht verwertbar sind.

(3) In geeigneten Fällen kann es angezeigt sein, daß die Vollstreckungsbehörde sich zur Erzielung eines günstigen Preises an den Verkaufsverhandlungen beteiligt.

(4) Arzneimittel und chemische Stoffe, die nicht verwertet werden können, sind zu vernichten.

§ 75 Betäubungsmittel

Für Betäubungsmittel im Sinne des Gesetzes über den Verkehr mit Betäubungsmitteln (Betäubungsmittelgesetz) gilt § 74 entsprechend.

§ 76 Falschgeld

(1) Falschgeld und zur Herstellung von Falschgeld verwendetes oder bestimmtes Herstellungsmaterial (z. B. bei falschen Noten: Klischees, Metallplatten, Zeichnungen, Gravierstiche, Fotoapparate, fotografisches Material, Zeichenmaterial, Druckapparate, Walzen, und bei falschen Münzen: Stempel, Siegel, Gips- und Zementformen, Gießformen) werden abgegeben

a) an die Deutsche Bundesbank, Wilhelm-Eppstein-Str. 14, 6000 Frankfurt (Main), wenn es sich um in- und ausländische Noten oder Münzen handelt,
b) an die Bundesschuldenverwaltung, Bahnhofstr. 16–18, 6380 Bad Homburg v. d. H., wenn es sich um Schuldverschreibungen oder

um Zins- und Erneuerungsscheine des Deutschen Reiches, der Deutschen Reichspost, des Preußischen Staates, der Bundesrepublik Deutschland, der Deutschen Bundesbahn und der Deutschen Bundespost handelt.

Die Abgabe darf auch dann nicht unterbleiben, wenn das falsche Stück von der zuständigen Stelle für wertlos erklärt worden ist.

(2) Schwer versendbare Gegenstände sind der in Absatz 1 bezeichneten Stelle nur im Einvernehmen mit ihr zu übersenden. Lehnt sie die Übernahme ab, so werden die Gegenstände nach den allgemeinen Vorschriften verwertet, sofern die zur Übernahme berechtigte Stelle einwilligt; andernfalls sind sie entweder unbrauchbar zu machen oder als Altmaterial zu verwerten oder, falls ein Erlös nicht zu erwarten ist, zu vernichten.

(3) Für die Entscheidung über die Abgabe von eingezogenem Falschgeld oder eingezogenem Herstellungsmaterial als Forschungs- oder Lehrmittel sind die in Absatz 1 bezeichneten Stellen zuständig. § 67 gilt insoweit nicht.

§ 77 Devisenwerte

(1) Soweit die Verwertung von Devisenwerten der Vollstreckungsbehörde obliegt, sind die Devisenwerte der Landeszentralbank zur bestmöglichen Verwertung zu übersenden. Diese führt den Erlös nach Abzug der Verwertungskosten an die Gerichtskasse oder sonst zuständige Kasse ab.

(2) Devisenwerte im Sinne des Absatzes 1 sind:

a) Edelmetalle einschließlich außer Kurs gesetzter Gold- und Silbermünzen sowie solcher ausländischer Gold- und Silbermünzen, deren Metallwert höher als ihr Kurswert ist;

b) ausländische Zahlungsmittel;

c) Wertpapiere, die von nichtdeutschen Ausstellern ausgestellt sind, sowie solche Wertpapiere deutscher Aussteller, die auf eine ausländische Währung lauten oder in ausländischer Währung zahlbar sind.

§ 78 Inländische Zahlungsmittel

(1) Inländische Zahlungsmittel, die noch im Kurs sind oder von den öffentlichen Geldinstituten noch eingelöst werden, sind an die Gerichtskasse oder sonst zuständige Kasse abzuführen; die Vollstreckungsbehörde veranlaßt, daß sie vereinnahmt werden.

(2) Andere inländische Zahlungsmittel, die nicht unter § 77 Abs. 2 Buchstabe a fallen, werden nach Möglichkeit, insbesondere bei Sammlerwert, nach den allgemeinen Vorschriften verwertet, andernfalls vernichtet.

(3) Die Absätze 1 und 2 finden keine Anwendung, soweit gesetzlich etwas anderes bestimmt ist.

§ 79 Inländische Wertpapiere

(1) Bei Wertpapieren deutscher Aussteller, die auf deutsche Währung lauten und nicht in ausländischer Währung zahlbar sind, entscheidet über die Verwertung die oberste Justizbehörde oder die von ihr bestimmte Stelle.

(2) Sie werden ihr in Form eines Verzeichnisses angezeigt, das folgende Spalten enthält:

a) Bezeichnung des Wertpapiers,

b) Nennbetrag,

c) Zins- und Erneuerungsscheine,

d) Bemerkungen.

§ 80 Meßgeräte. Zusatzeinrichtungen zu Meßgeräten. Formbeständige Behältnisse. Fertigpackungen. Flaschen als Maßbehältnisse. Schankgefäße

(1) Entsprechen Meßgeräte, Zusatzeinrichtungen zu Meßgeräten, formbeständige Behältnisse, Fertigpackungen, Flaschen als Maßbehältnisse oder Schankgefäße im Sinne der §§ 1 bis 6, 14 und 18 des Eichgesetzes [1]), der Eichpflicht-Ausnahmeverordnung [1]), der Schankgefäßverordnung [1]) und der Fertigpackungsverordnung [1]) nicht den gesetzlichen Vorschriften, erscheinen sie aber verwertbar, so werden sie nach Möglichkeit in vorschriftsmäßigen Zustand gebracht, soweit vorgeschrieben, geeicht oder von einer staatlich anerkannten Prüfstelle beglaubigt und nach den allgemeinen Vorschriften verwertet. Ohne Herstellung eines vorschriftsmäßigen Zustandes und ohne gesetzlich vorgeschriebene Eichung oder Beglaubigung durch eine staatlich anerkannte Prüfstelle ist die Verwertung lediglich im Wege des freihändigen Verkaufs an fachlich geeignete Hersteller- oder Instandsetzungsfirmen und nur mit dem Hinweis zulässig, daß die Gegenstände nur verwendet oder zur Verwendung bereitgehalten werden dürfen, wenn sie den Vorschriften des Eichgesetzes und der auf Grund dieses Gesetzes erlassenen Rechtsverordnungen entsprechen.

(2) Vorschriftswidrige Gegenstände, die als solche nicht verwertbar erscheinen oder die nicht in einen vorschriftsmäßigen Zustand gebracht werden können oder bei denen die dafür aufzuwendenden Kosten in keinem tragbaren Verhältnis zu dem geschätzten Erlös stehen, werden unbrauchbar gemacht und als Altmaterial nach den allgemeinen Vorschriften verwertet. Eich- oder Beglaubigungszeichen, deren Mißbrauch zu besorgen ist, sind vorher zu entfernen und zu zerstören. Verwertbarer Inhalt in formbeständigen Behältnissen, Fertigpackungen oder in Flaschen als Maßbehältnissen ist vor ihrer Unbrauchbarmachung zu entnehmen und nach den für ihn geltenden Vorschriften zu verwerten. Wenn die Kosten der Entnahme des

---

[1]) Vgl. Fundstellennachweis A zum Bundesrecht.

Inhalts den zu erwartenden Erlös für seine Verwertung übersteigen und eine Verwendung für Justizzwecke (Justizvollzugsanstalten, psychiatrische Krankenhäuser usw.) nicht möglich ist, können vorschriftswidrige formbeständige Behältnissen, Fertigpackungen oder Flaschen als Maßbehältnisse mit brauchbarem Inhalt an gemeinnützige Einrichtungen der öffentlich-rechtlichen Körperschaften, Anstalten, staatlichen, kommunalen oder kirchlichen Stiftungen oder an Wohlfahrtsorganisationen, die als zuverlässig bekannt sind, auch unter Tagespreis veräußert oder unentgeltlich abgegeben werden, sofern die Empfänger sich verpflichten, den Inhalt der ihnen überlassenen Gegenstände nur für eigene Zwecke zu verwenden, nicht an Dritte weiterzugeben und die Verpackungsgegenstände nach Entnahme des Inhalts zu zerstören. Sind größere Mengen zu veräußern oder abzugeben und ist zu besorgen, daß dadurch das Wirtschaftsleben beeinträchtigt wird, so sind sie an mehrere Empfänger – möglichst an verschiedenen Orten – zu veräußern oder abzugeben.

(3) Hat die Vollstreckungsbehörde Zweifel, ob oder inwieweit ein Gegenstand vorschriftsmäßig ist, so führt sie eine Stellungnahme der örtlich zuständigen Behörde oder staatlich anerkannten Prüfstelle (§§ 6, 27 des Eichgesetzes) herbei.

§ 81 Schriften. Ton- und Bildträger. Abbildungen und Darstellungen

(1) Gerichtliche Entscheidungen über die Einziehung von Schriften nach den §§ 74d, 76a StGB sind regelmäßig alsbald nach Rechtskraft im Landeskriminalblatt bekanntzumachen. Falls es auf Grund der festgestellten oder mutmaßlichen Verbreitung angebracht erscheint oder falls die Beschlagnahme der Schrift im Bundeskriminalblatt veröffentlicht worden ist, ist die Entscheidung statt dessen im Bundeskriminalblatt bekanntzumachen. Die Bekanntmachung gilt als Vollstreckungsersuchen an die Polizeidienststellen. Eine Bekanntmachung unterbleibt, wenn anzunehmen ist, daß keine Stücke der Schrift mehr im Verkehr sind.

(2) Handelt es sich um eine gewaltverherrlichende, pornographische oder eine sonst jugendgefährdende Schrift im Sinne des Gesetzes über die Verbreitung jugendgefährdender Schriften, so ist die auf Einziehung lautende gerichtliche Entscheidung auszugsweise im Bundeskriminalblatt bekanntzumachen, wenn die Schrift genau genug bezeichnet werden kann. Ist die Schrift nur in wenigen Stükken oder nur in einem örtlich begrenzten Gebiet verbreitet worden, so genügt die Bekanntmachung im Landeskriminalblatt. Wird in der gerichtlichen Entscheidung der gewaltverherrlichende, pornographische oder sonst jugendgefährdende Charakter der Schrift verneint und der Angeklagte freigesprochen oder wird die Einziehung abgelehnt, so ist nach Nr. 226 Abs. 2 Satz 2 und 3 RiStBV zu verfahren.

(3) Von allen eingezogenen Schriften sind, soweit verfügbar, je drei Stücke dem Bundes- und dem Landeskriminalamt zu übersenden.

Von Schriften politischen Inhalts erhalten, soweit verfügbar, auch das Bundes- und das Landesamt für Verfassungsschutz je drei Stücke. Die Behandlung der übrigen Stücke der eingezogenen Schriften richtet sich nach § 63 Abs. 1 Satz 2; jedoch ist von einer Vernichtung insoweit abzusehen, als die Aufbewahrung einzelner Stücke aus besonderen, aktenkundig zu machenden Gründen geboten erscheint oder die Abgabe einzelner Stücke an bestimmte Stellen vorgeschrieben ist.

(4) Die oberste Justizbehörde kann der zur Bekämpfung gewaltverherrlichender, pornographischer oder sonst jugendgefährdender Schriften eingerichteten Zentralstelle die nach Absatz 2 der Vollstreckungsbehörde obliegenden Aufgaben übertragen. Dasselbe gilt für die in Absatz 3 bezeichneten Aufgaben, soweit es sich um gewaltverherrlichende, pornographische oder sonst jugendgefährdende Schriften handelt.

(5) Den Schriften stehen Ton- und Bildträger, Abbildungen und andere Darstellungen gleich.

§ 82 Weine

(1) Wein, der nur deshalb eingezogen worden ist, weil er den Vorschriften über Kennzeichnung oder Aufmachung nicht entspricht, wird unter vorschriftsmäßiger Kennzeichnung oder Aufmachung verkauft.

(2) Ist der Wein aus anderen Gründen eingezogen worden, so prüft die Vollstreckungsbehörde im Benehmen mit der Stelle, die ihn beanstandet hat, wie der Wein im Rahmen des geltenden Rechts ohne Beeinträchtigung der Marktordnung oder des Verbraucherschutzes wirtschaftlich verwertet werden kann. Falls erforderlich, beantragt sie bei der zuständigen Behörde eine Ausnahmegenehmigung nach § 54 des Weingesetzes.

(3) Soll Wein zur Verwertung vergällt werden, so geschieht dies durch Zusatz von Lithiumchlorid in einer Menge von mindestens 0,5 g oder von Natriumchlorid in einer Menge von mindestens 2 g auf einen Liter Flüssigkeit. Auf Vorschlag der zuständigen Lebensmittelüberwachungsstelle kann eine größere Menge, ein anderes Vergällungsmittel verwendet oder ein Lebensmittelfarbstoff zugesetzt werden. Die Vollstreckungsbehörde oder die von ihr ersuchte Behörde überwacht die Vergällung.

(4) Nach der Vergällung ist die Umschließung des Weines durch amtliche Verschlüsse zu sichern, bevor er dem Erwerber übergeben wird. Die Verschlüsse können auch durch die Polizei oder den Weinkontrolleur angelegt werden. Der Erwerber muß sich als Inhaber einer gewerblichen Verschlußbrennerei ausweisen und durch schriftliche Erklärung verpflichten,

a) die Verschlüsse bis zur Freigabe des Weines durch die Zollaufsichtsbeamten unverletzt zu erhalten;

b) den Eingang des Weines binnen 24 Stunden der Zollstelle unter Angabe der Art und Menge schriftlich zu melden;

c) die übernommene Menge restlos in seiner gewerblichen Verschlußbrennerei zu Branntwein zu verarbeiten und diesen an die Bundesmonopolverwaltung für Branntwein abzuliefern, wenn er aus anderen als den in § 27 des Gesetzes über das Branntweinmonopol genannten Stoffen gewonnen worden ist;

d) sich den besonderen Überwachungsanordnungen des Hauptzollamts zu unterwerfen;

e) bei Verstößen gegen die Pflichten zu Buchstaben a bis d eine Vertragsstrafe zu zahlen, deren Höhe die Vollstreckungsbehörde im voraus bestimmt.

(5) Die Vollstreckungsbehörde oder die von ihr beauftragte Behörde oder Stelle übersendet die Verpflichtungserklärung des Erwerbers dem Hauptzollamt. Mitzuteilen sind dabei die Menge des Weines und sein Weingeistgehalt, soweit er aus den Akten festzustellen ist, ferner Art und Zahl der Umschließungen und ihr Rohgewicht sowie Art und Zahl der angelegten Verschlüsse. Der Weingeistgehalt wird in der Regel aus den bei den Akten befindlichen Gutachten zu ersehen sein.

(6) Der Wein ist zu vernichten, wenn

a) er von gesundheitlich bedenklicher Beschaffenheit ist und der Mangel nicht mit angemessenem Kostenaufwand beseitigt werden kann,

b) die nach § 54 des Weingesetzes erforderliche Genehmigung nicht erteilt wird,

c) durch die Veräußerung ein die Vergällungs- und Verwertungskosten übersteigender Erlös nicht zu erwarten ist,

d) eine Verwertung aus sonstigen Gründen nicht in Betracht kommt.

§ 83 Andere unter das Weingesetz fallende Erzeugnisse und Getränke

§ 82 gilt entsprechend für Traubenmaische, Traubenmost, konzentrierten Traubenmost, teilweise gegorenen Traubenmost, Traubensaft, Likörwein, Schaumwein, dem Schaumwein oder dem Wein ähnliche Getränke, weinhaltige Getränke, Mischgetränke (§ 22 der Wein-Verordnung [1]), § 16 der Schaumwein-Branntwein-Verordnung) [1]) Brennwein, Branntwein aus Wein, verschnittenen Branntwein aus Wein, Weinalkohol, Weindestillat, Tresterwein, Rohbrand aus Wein und Rohbrand aus Brennwein, die nach § 70 des Weingesetzes eingezogen worden sind.

---

1) Vgl. Fundstellennachweis A zum Bundesrecht.

§ 84 Andere unter das Weingesetz fallende Stoffe und Gegenstände

Stoffe und Gegenstände, deren Verwendung bei der Herstellung, Behandlung oder Verarbeitung von Wein oder anderen in § 83 genannten Erzeugnissen oder Getränken unzulässig ist, sind nach allgemeinen Grundsätzen zu verwerten, wenn eine vorschriftswidrige Verwendung durch den Erwerber nicht zu besorgen ist; andernfalls sind sie zu vernichten. In Zweifelsfällen ist die nach § 54 des Weingesetzes zuständige Behörde vor der Verwertung oder Vernichtung zu beteiligen.

§ 85 Branntwein und Branntweinerzeugnisse

(1) Sind Branntwein oder Branntweinerzeugnisse in einem gerichtlichen Verfahren wegen Zuwiderhandlung gegen das Branntweinmonopolgesetz eingezogen worden, so gelten § 63 Abs. 6 und § 65 Abs. 1.

(2) Sind Branntwein oder Branntweinerzeugnisse in einem gerichtlichen Verfahren wegen Zuwiderhandlungen gegen andere Gesetze eingezogen worden, so sind sie der Bundesmonopolverwaltung für Branntwein anzubieten und auf Verlangen an sie abzuliefern (§ 61a des Branntweinmonopolgesetzes [1]).

§ 86 Brenn- oder Weingeräte

Die Abgabe von Brenn- oder Weingeräten und sonstigen zur Herstellung oder Reinigung von Branntwein geeigneten Geräten ist schriftlich der Finanz- und der Zollbehörde anzuzeigen. Dabei ist der Empfänger zu bezeichnen (§ 45 Abs. 2 des Branntweinmonopolgesetzes [2]) in Verbindung mit § 227 der Brennereiordnung [1]).

VI. Abschnitt
Vollstreckung von Entscheidungen nach dem Gesetz über Ordnungswidrigkeiten

§ 87

(1) Für die Vollstreckung gerichtlicher Bußgeldentscheidungen und der Erzwingungshaft nach § 97 OWiG gelten die §§ 2 bis 4, 6, 7, 9, 10, 13, 15, 16, 18, 19 und 21 sinngemäß. Richtet sich die Vollstreckung gegen einen Jugendlichen oder Heranwachsenden, so gelten hinsichtlich der Übertragung auf den Rechtspfleger die für das

[1]) Vgl. Fundstellennachweis A zum Bundesrecht.
[2]) Vgl. Fundstellennachweis A zum Bundesrecht.

Jugendstrafverfahren erlassenen besonderen Vorschriften sinngemäß.

(2) Die Vollstreckung der Geldbuße, einer Nebenfolge, die zu einer Geldzahlung verpflichtet, und der Verfahrenskosten richtet sich ferner nach der Einforderungs- und Beitreibungsanordnung. Im übrigen gelten sinngemäß für die Vollstreckung

a) des Fahrverbots (§ 25 StVG) der § 59a,
b) der Einziehungsanordnung oder Unbrauchbarmachung die §§ 60 bis 86,
c) der Erzwingungshaft der § 22 Abs. 1, 2, die §§ 23, 24, 26 bis 28 Abs. 1 Satz 1 und 2, Abs. 2, §§ 29, 30, 33, 35, 36 Abs. 1, § 37 Abs. 1, 2, 4, 5, § 38 Buchstabe a, b und d, § 40 Abs. 1 Satz 1, Abs. 2, § 43 Abs. 2 bis 6, § 45 Abs. 1 und 2, §§ 46 bis 47 und 51.

(3) Bei der Aufforderung zur Zahlung der Geldbuße ist der Betroffene zugleich aufzufordern, im Falle der Zahlungsunfähigkeit der Vollstreckungsbehörde schriftlich oder zur Niederschrift darzutun, warum ihm die fristgemäße Zahlung nach seinen wirtschaftlichen Verhältnissen nicht zuzumuten ist, und zu belehren, daß Erzwingungshaft angeordnet werden kann, wenn er die Geldbuße oder die bestimmten Teilbeträge nicht fristgemäß zahlt und auch der Pflicht zur Darlegung der wirtschaftlichen Verhältnisse nicht genügt (vgl. § 96 Abs. 1 OWiG).

VII. Abschnitt
Vollstreckung gerichtlich erkannter Ordnungs- und Zwangshaft in Straf- und Bußgeldsachen

§ 88

(1) Wird gerichtlich erkannte Ordnungs- oder Zwangshaft in Straf- oder Bußgeldsachen (vgl. §§ 51, 70, 95 StPO, § 46 Abs. 1 OWiG) von der Staatsanwaltschaft (als Vollstreckungsbehörde oder als ersuchte Behörde) vollstreckt, so gelten folgende Vorschriften sinngemäß:

§ 2 (Nachdrückliche Vollstreckung),

§ 3 (Aufgaben der Vollstreckungsbehörde),

§ 9 (Vollstreckungshilfe),

§ 22 (Vollstreckungsplan),

§ 23 (Sachliche Vollzugszuständigkeit),

§ 24 Abs. 1, 2, 4 und 5 (Örtliche Vollzugszuständigkeit),

§ 27 (Ladung zum Strafantritt),

§ 28 (Überführungsersuchen),

§§ 29, 30 Abs. 1, Abs. 2 Satz 1 und 2 (Aufnahmeersuchen),

§ 33 (Vorführungs- oder Haftbefehl),

§ 35 (Mitteilungen an die Vollstreckungsbehörde),
§ 36 (Überwachungspflicht der Vollstreckungsbehörde),
§ 37 (Strafzeitberechnung),
§ 38 Buchstaben a und b (Strafbeginn),
§ 40 (Berechnung des Strafrestes),
§ 43 Abs. 2 bis 6 (Vollstreckung mehrerer Freiheitsstrafen),
§§ 45, 46 (Unterbrechung der Strafvollstreckung bei Vollzugsuntauglichkeit),
§ 47 (Mitteilungen der Vollstreckungsbehörde an die Bundeswehr),
§ 49 Abs. 1, § 50 Abs. 2 (Ersatzfreiheitsstrafen) und
§ 51 (Ladung zum Strafantritt).

(2) Veranlaßt der Vorsitzende des Gerichts die Vollstreckung unmittelbar (vgl. § 179 GVG, § 36 Abs. 2 StPO), so bleibt die Entscheidung, ob und welche Vorschriften der Strafvollstreckungsordnung anzuwenden sind, ihm überlassen.

Einforderungs- und Beitreibungsanordnung (EBAO)

vom 20. November 1974
in der Fassung der Änderung
vom 1. November 1987

Inhaltsübersicht

I. Abschnitt
Allgemeine Bestimmungen

§ 1 Grundsatz

(1) Die Einforderung und Beitreibung von

1. Geldstrafen und anderen Ansprüchen, deren Beitreibung sich nach den Vorschriften über die Vollstreckung von Geldstrafen richtet;
2. gerichtlich erkannten Geldbußen und Nebenfolgen einer Ordnungswidrigkeit, die zu einer Geldzahlung verpflichtet;
3. Ordnungs- und Zwangsgeldern mit Ausnahme der im Auftrag des Gläubigers zu vollstreckenden Zwangsgelder

(Geldbeträge) richten sich, soweit gesetzlich nichts anderes bestimmt ist, nach der Justizbeitreibungsordnung und nach dieser Anordnung.

(2) Gleichzeitig mit einem Geldbetrag (Absatz 1) sind auch die Kosten des Verfahrens einzufordern und beizutreiben, sofern nicht die Verbindung von Geldbetrag und Kosten gelöst wird (§ 15).

(3) Bei gleichzeitiger Einforderung und Beitreibung von Geldbetrag und Kosten gelten die Vorschriften dieser Anordnung auch für die Kosten.

(4) Die Einforderung und Beitreibung von Geldbeträgen ist Aufgabe der Vollstreckungsbehörde (§ 2). Ihr obliegt auch die Einforderung und Beitreibung der Kosten des Verfahrens, soweit und solange die Verbindung von Geldbetrag und Kosten besteht. Die Vollstreckungsbehörde beachtet hierbei die Bestimmungen der §§ 3 bis 14.

(5) Wird die Verbindung von Geldbetrag und Kosten gelöst, so werden die Kosten nach den Vorschriften der Kostenverfügung der Gerichtskasse zur Sollstellung überwiesen und von dieser nach den für sie geltenden Vorschriften eingefordert und eingezogen.

(6) Für die Einziehung von Geldbußen, die von Disziplinargerichten, Richterdienstgerichten oder Dienstvorgesetzten verhängt worden sind, und für die Kosten des Disziplinarvergehens gelten besondere Bestimmungen.

§ 2 Vollstreckungsbehörde

Vollstreckungsbehörde ist, soweit gesetzlich nichts anderes bestimmt ist,

a) in den Fällen, auf die die Strafvollstreckungsordnung Anwendung findet, die darin bezeichnete Behörde;
b) im übrigen diejenige Behörde oder Dienststelle der Behörde, die auf die Verpflichtung zur Zahlung des Geldbetrages erkannt hat,

oder, soweit es sich um eine kollegiale Behörde oder Dienststelle handelt, deren Vorsitzender.

II. Abschnitt
Einforderung und Beitreibung durch die Vollstreckungsbehörde

§ 3 Anordnung der Einforderung

(1) Sofern nicht Zahlungserleichterungen (§ 8 Abs. 3, § 12) gewährt werden, ordnet die Vollstreckungsbehörde die Einforderung von Geldbetrag und Kosten an, sobald die darüber ergangene Entscheidung vollstreckbar ist.

(2) Die Zahlungsfrist beträgt vorbehaltlich anderer Anordnung der Vollstreckungsbehörde zwei Wochen.

§ 4 Kostenrechnung

(1) Ist die Einforderung angeordnet, so stellt der Kostenbeamte der Vollstreckungsbehörde eine Kostenrechnung auf. Er nimmt darin sämtliche einzufordernden Beträge auf. Durch die Zeichnung übernimmt der Kostenbeamte die Verantwortung für die Vollständigkeit und Richtigkeit der Kostenrechnung.

(2) Die Zahlungsfrist (§ 3 Abs. 2) ist in der Kostenrechnung zu vermerken.

(3) Im übrigen gilt für die Kostenrechnung die Bestimmung des § 27 der Kostenverfügung entsprechend.

§ 5 Einforderung

(1) Die in die Kostenrechnung aufgenommenen Beträge werden von dem Zahlungspflichtigen durch Übersendung einer Zahlungsaufforderung eingefordert. In der Zahlungsaufforderung ist zur Zahlung an die am Sitz der Vollstreckungsbehörde befindliche Gerichtskasse oder Gerichtszahlstelle aufzufordern.

(2) Die Reinschrift der Zahlungsaufforderung ist von dem Kostenbeamten unter Angabe des Datums und der Amts-(Dienst-)bezeichnung unterschriftlich zu vollziehen. Soweit die oberste Justizbehörde dies zugelassen hat, kann sie ausgefertigt, beglaubigt, von der Geschäftsstelle unterschriftlich vollzogen oder mit dem Abdruck des Dienstsiegels versehen werden.

(3) Die Mitteilung einer besonderen Zahlungsaufforderung unterbleibt bei Strafbefehlen, die bereits die Kostenrechnung und die Aufforderung zur Zahlung enthalten.

(4) Der Zahlungsaufforderung (Absatz 1) oder dem Strafbefehl (Absatz 3) ist eine auf das Postscheckkonto der Gerichtskasse oder Gerichtszahlstelle lautende Zahlkarte beizufügen. Auf dem Empfängerabschnitt ist die Vollstreckungsbehörde in abgekürzter Form anzugeben (z. B. StA bei dem LG X, Abt. 17); außerdem sind die Angelegenheit und das Aktenzeichen so vollständig zu bezeichnen, daß die Gerichtskasse (Gerichtszahlstelle) in der Lage ist, hiernach die Zahlungsanzeige zu erstatten. Die Kennzeichnung der Sache als Strafsache ist zu vermeiden.

(5) Die Erhebung durch Postnachnahme ist nicht zulässig.

§ 6 Nicht ausreichende Zahlung

Reicht die auf die Zahlungsaufforderung entrichtete Einzahlung zur Tilgung des ganzen eingeforderten Betrages nicht aus, so richtet sich die Verteilung nach den Vorschriften der Kassenordnung, soweit § 459b StPO, § 94 OWiG nichts anderes bestimmen.

§ 7 Mahnung

(1) Nach vergeblichem Ablauf der Zahlungsfrist soll der Zahlungspflichtige vor Anordnung der Beitreibung in der Regel zunächst besonders gemahnt werden (§ 5 Abs. 2 JBeitrO).

(2) Die Mahnung unterbleibt, wenn damit zu rechnen ist, daß der Zahlungspflichtige sie unbeachtet lassen wird.

§ 8 Anordnung der Beitreibung

(1) Geht binnen einer angemessenen Frist nach Abgang der Mahnung oder, sofern von einer Mahnung abgesehen worden ist, binnen einer Woche nach Ablauf der Zahlungsfrist (§ 3 Abs. 2) keine Zahlungsanzeige der Gerichtskasse oder Gerichtszahlstelle ein, so bestimmt die Vollstreckungsbehörde, welche Vollstreckungsmaßnahmen ergriffen werden sollen.

(2) In geeigneten Fällen kann sie die Gerichtskasse um Auskunft ersuchen, ob ihr über die Vermögens- und Einkommensverhältnisse des Zahlungspflichtigen und über die Einziehungsmöglichkeiten etwas bekannt ist.

(3) Welche Vollstreckungsmaßnahmen anzuwenden sind oder ob dem Zahlungspflichtigen Vergünstigungen eingeräumt werden können, richtet sich nach den für das Einziehungsverfahren maßgebenden gesetzlichen und Verwaltungsvorschriften (vgl. §§ 459 ff. StPO, §§ 91 ff. OWiG, §§ 6 ff. JBeitrO, § 49 StVollstrO).

(4) Im übrigen sind die Vollstreckungsmaßnahmen anzuwenden, die nach Lage des Einzelfalles am schnellsten und sichersten zum Ziele führen. Auf die persönlichen und wirtschaftlichen Verhältnisse des Zahlungspflichtigen und seiner Familie ist dabei Rücksicht zu neh-

men, soweit das Vollstreckungsziel hierdurch nicht beeinträchtigt wird.

(5) Kommt die Zwangsvollstreckung in Forderungen oder andere Vermögensrechte in Betracht, so hat die Vollstreckungsbehörde den Pfändungs- und Überweisungsbeschluß zu erlassen (§ 6 Abs. 2 JBeitrO).

(6) Ein Antrag auf Einleitung eines Zwangsversteigerungs- oder Zwangsverwaltungsverfahren soll nur gestellt, der Beitritt zu einem solchen Verfahren nur erklärt werden, wenn ein Erfolg zu erwarten ist und das Vollstreckungsziel anders nicht erreicht werden kann. Ist Vollstreckungsbehörde (§ 2) der Richter beim Amtsgericht, so ist soweit die Strafvollstreckungsordnung Anwendung findet, die Einwilligung des Generalstaatsanwalts, im übrigen die des Präsidenten des Landgerichts (Präsidenten des Amtsgerichts) erforderlich.

§ 9 Vollstreckung in bewegliche Sachen

(1) Soll in bewegliche Sachen vollstreckt werden, so erteilt die Vollstreckungsbehörde dem Vollziehungsbeamten unmittelbar oder über die Geschäftsstelle des Amtsgerichts einen Vollstreckungsauftrag. In den Auftrag sind die Kosten früherer Einziehungsmaßnahmen als Nebenkosten aufzunehmen.

(2) Die Ausführung des Auftrages, die Ablieferung der von dem Vollziehungsbeamten eingezogenen oder beigetriebenen Geldbeträge und die Behandlung der erledigten Vollstreckungsaufträge bei der Gerichtskasse richten sich nach den Dienstvorschriften für die Vollziehungsbeamten und den Bestimmungen der Kassenordnung.

(3) Die Vollstreckungsbehörde überwacht die Ausführung des Vollstreckungsauftrags durch Anordnung einer Wiedervorlage der Akten.

(4) Die von dem Vollziehungsbeamten oder der Gerichtskasse an die Vollstreckungsbehörde zurückgegebenen Vollstreckungsaufträge mit den dazugehörigen Anlagen sind von der Geschäftsstelle zu den Akten zu nehmen und mit diesen dem für die Vollstreckung zuständigen Sachbearbeiter vorzulegen.

§ 10 Vollstreckung in bewegliche Sachen im Bezirk einer anderen Vollstreckungsbehörde

(1) Soll in bewegliche Sachen vollstreckt werden, die sich im Bezirk einer anderen Vollstreckungsbehörde befinden, so gilt § 9, soweit nicht in Absatz 2 etwas anderes bestimmt ist.

(2) Der Vollziehungsbeamte rechnet über die eingezogenen Beträge mit der für ihn zuständigen Gerichtskasse ab, die die Vollstreckungsbehörde durch Rücksendung des Vollstreckungsauftrags oder des Ersuchens verständigt. Gehört die ersuchende Vollstreckungsbehörde einem anderen Lande an als der Vollziehungsbeamte, so führt

dieser die eingezogenen Geldbeträge und Kosten des Verfahrens an die für die ersuchende Vollstreckungsbehörde zuständige Gerichtskasse ab. Die eingezogenen Kosten der Vollstreckung sind an die für den Vollziehungsbeamten zuständige Kasse abzuführen; soweit sie von dem Schuldner nicht eingezogen werden können, werden sie der Vollstreckungsbehörde eines anderen Landes nicht in Rechnung gestellt.

§ 11 Spätere Beitreibung

(1) Ist bei Uneinbringlichkeit eines Geldbetrages, an dessen Stelle eine Freiheitsstrafe nicht treten soll, mit der Möglichkeit zu rechnen, daß spätere Vollstreckungsmaßnahmen erfolgreich sein werden, so ordnet die Vollstreckungsbehörde eine Wiedervorlage der Akten an.

(2) Uneinbringlich gebliebene Kosten des Verfahrens werden, wenn sie nicht mehr zusammen mit dem Geldbetrag beigetrieben werden können, nach § 1 Abs. 5, § 15 Abs. 1 Buchstabe a der Gerichtskasse zur Einziehung überwiesen, sofern die Überweisung nicht nach § 16 Abs. 2 unterbleibt.

§ 12 Zahlungserleichterungen

(1) Werden für die Entrichtung eines Geldbetrages Zahlungserleichterungen bewilligt, so gelten diese Zahlungserleichterungen auch für die Kosten.

(2) Ist die Höhe der Kosten dem Zahlungspflichtigen noch nicht mitgeteilt worden, so ist dies bei der Mitteilung der Zahlungserleichterungen nachzuholen. Die Androhung künftiger Zwangsmaßnahmen für den Fall der Nichtzahlung der Kosten unterbleibt hierbei. Einer Mitteilung der Höhe der Kosten bedarf es nicht, wenn das dauernde Unvermögen des Kostenschuldners zur Zahlung offenkundig ist.

§ 13 Zurückzahlung von Geldbeträgen und Kosten

(1) Sind Geldbeträge zu Unrecht vereinnahmt worden oder auf Grund besonderer Ermächtigung zurückzuzahlen, so ordnet die Vollstreckungsbehörde die Zurückzahlung an.

(2) Dasselbe gilt, wenn zusammen mit dem Geldbetrag Kosten des Verfahrens oder Vollstreckungskosten zurückzuzahlen sind.

(3) Bei unrichtiger Berechnung ist eine neue Kostenrechnung aufzustellen.

(4) In der Anordnung ist der Grund der Zurückzahlung (z. B. gnadenweiser Erlaß durch Verfügung ... oder Zurückzahlung wegen irrtümlicher Berechnung) kurz anzugeben.

(5) Zu der Auszahlungsanordnung an die Gerichtskasse ist der für die Zurückzahlung von Gerichtskosten bestimmte Vordruck zu verwenden; er ist, soweit erforderlich, zu ändern. Die Anordnung ist

eine Benachrichtigung für den Empfangsberechtigten beizufügen. Die Gerichtskasse teilt diese Benachrichtigung dem Empfangsberechtigten mit.

§ 14 Durchlaufende Gelder

(1) Beträge, die nach den Vorschriften dieser Anordnung eingezogen werden, aber nicht der Landeskasse, sondern einem anderen Berechtigten zustehen, werden bei der Aufstellung der Kostenrechnung als durchlaufende Gelder behandelt.

(2) Auf Grund der Zahlungsanzeige der Gerichtskasse oder der Gerichtszahlstelle ordnet die Vollstreckungsbehörde die Auszahlung an den Empfangsberechtigten an. § 38 der Kostenverfügung gilt entsprechend.

III. Abschnitt
Lösung von Geldbetrag und Kosten

§ 15 Grundsatz

(1) Die Verbindung von Geldbetrag und Kosten (§ 1 Abs. 2) wird gelöst, wenn

a) sich die Beitreibung des Geldbetrages erledigt und für die Kostenforderung Beitreibungsmaßnahmen erforderlich werden,
b) nachträglich eine Gesamtgeldstrafe gebildet wird oder
c) die Vollstreckungsbehörde die getrennte Verfolgung beider Ansprüche aus Zweckmäßigkeitsgründen anordnet.

(2) Hat das Land aus einer wegen Geldbetrag und Kosten vorgenommenen Zwangsvollstreckung bereits Rechte erworben, so darf eine Anordnung nach Absatz 1 Buchstabe c nur ergehen, wenn die Wahrnehmung dieser Rechte wegen der Kosten allein keine Schwierigkeiten bereitet oder wenn der Landeskasse durch die Aufgabe der wegen der Kosten begründeten Rechte kein Schaden erwächst.

§ 16 Überweisung der Kosten an die Gerichtskasse

(1) Bei der Überweisung der Kosten an die Kasse zur Einziehung (§ 4 Abs. 2 der Kostenverfügung) hat der Kostenbeamte, wenn bereits eine Zahlungsaufforderung an den Kostenschuldner ergangen war, die Aufnahme des nachstehenden Vermerks in die Reinschrift der Kostenrechnung zu veranlassen:

> „Diese Zahlungsaufforderung tritt an die Stelle der Zahlungsaufforderung d .... vom .... Bei Zahlungen ist statt der bisherigen Geschäftsnummer nunmehr das **Kassenzeichen** anzugeben."

Hat sich der Kostenansatz nicht geändert, so genügt die Übersendung einer Rechnung, in der lediglich der Gesamtbetrag der früheren Rechnung, die geleisteten Zahlungen und der noch geschuldete Restbetrag anzugeben sind. Bewilligte Zahlungserleichterungen (§ 8 Abs. 3, § 12) sind der Gerichtskasse mitzuteilen.

(2) Die Überweisung der Kosten unterbleibt, wenn die Voraussetzungen vorliegen, unter denen der Kostenbeamte von der Aufstellung einer Kostenrechnung absehen darf (§ 10 der Kostenverfügung).

(3) Der Kasse mitzuüberweisen sind auch die nicht beigetriebenen Kosten eines der Lösung (§ 15) vorausgegangenen Einziehungsverfahrens.

§ 17 Wahrnehmung der Rechte aus früheren Vollstreckungen

(1) Hatte das Land vor der Trennung von Geldbetrag und Kosten aus einer Zwangsvollstreckung wegen der Kosten bereits Rechte erlangt, so teilt die Vollstreckungsbehörde dies der Gerichtskasse unter Übersendung der vorhandenen Beitreibungsverhandlungen mit. Dies gilt nicht, wenn die wegen der Kosten begründeten Rechte nach § 15 Abs. 2 aufgegeben werden.

(2) Die Rechte der Landeskasse aus den wegen der Kosten erworbenen Rechten werden nunmehr von der Gerichtskasse wahrgenommen.

(3) Ist dem Vollziehungsbeamten ein Vollstreckungsauftrag erteilt (§ 9 Abs. 1 Satz 1, § 10 Abs. 1), so hat die Gerichtskasse dem Vollziehungsbeamten gegenüber jetzt die Stellung des Auftraggebers, sie hat ihn hiervon zu verständigen. Der Auftrag bleibt bestehen, bis die Gerichtskasse ihn zurücknimmt.

IV. Abschnitt

§ 18 Geldauflagen im Strafverfahren

(1) Geldzahlungen, die dem Zahlungspflichtigen nach § 56b Abs. 2 Nr. 2, § 57 Abs. 3 Satz 1 StGB, § 153a StPO, § 15 Abs. 1 Satz 1 Nr. 3, §§ 23, 29, 45, 88 Abs. 5 und § 89 Abs. 3 JGG oder anläßlich eines Gnadenerweises auferlegt sind, werdennicht mit Zahlungsaufforderung (§ 5 Abs. 1) eingefordert. Ihre Beitreibung ist unzulässig.

(2) Wird die Geldauflage gestundet, so prüft die Vollstreckungsbehörde, ob die Gerichtskasse ersucht werden soll, die Einziehung der Kosten auszusetzen. Ein Ersuchen empfiehlt sich, wenn die sofortige Einziehung der Kosten den mit der Stundung der Geldauflage verfolgten Zweck gefährden würde.

Anhang 1

Die Länder der Bundesrepublik Deutschland haben am 13. Januar 1965 zur Vereinfachung und Beschleunigung der Strafvollstreckung folgende Vereinbarung getroffen:

I.

Die Strafvollstreckungsbehörden der beteiligten Länder sind befugt, Verurteilte, die sich innerhalb eines anderen Landes auf freiem Fuß befinden, unmittelbar (ohne die Amtshilfe einer anderen Vollstreckungsbehörde in Anspruch zu nehmen – §§ 162, 163 GVG –) zum Strafantritt in die jeweils zuständige Vollzugsanstalt des anderen Landes zu laden und durch ein Aufnahmeersuchen in diese Anstalt einzuweisen (§ 29 Abs. 1 StVollstrO). Ihnen ist auch gestattet, bei Verurteilten, die sich im Gebiet eines anderen Landes in Untersuchungshaft oder in anderer Sache in Strafhaft befinden, unmittelbar nach § 28 Abs. 1 und § 29 Abs. 1 StVollstrO zu verfahren. In dem Aufnahmeersuchen sind die Vorschriften der Strafvollstreckungsordnung, auf denen die örtliche Zuständigkeit der Vollzugsanstalt beruht, genau zu bezeichnen.

Die Vollstreckungsbehörden sind befugt, die Polizeidienststellen eines anderen Landes um die Ausführung von Vorführungs- oder Haftbefehlen zum Zwecke der Strafvollstreckung zu ersuchen.

Die durch Maßnahmen nach den Abs. 1 und 2 den Strafvollzugsbehörden und den Polizeidienststellen entstandenen Kosten werden nicht erstattet.

II.

Die Vereinbarung gilt nicht für die Vollstreckung der mit Freiheitsentziehung verbundenen Maßregeln der Sicherung und Besserung.

III.

Die Landesjustizverwaltungen werden alsbald nach Abschluß dieser Vereinbarung ihre Vollstreckungspläne austauschen – soweit es nicht auf Grund bereits früher abgeschlossener Einzelvereinbarungen schon geschehen ist – und jede Änderung alsbald nach ihrem Inkrafttreten den anderen Landesjustizverwaltungen mitteilen.

Die Vollstreckungspläne und die Mitteilungen über Änderungen erteilen sich die Landesjustizverwaltungen benachbarter Länder gegenseitig in so viel Stücken, daß alle Vollstreckungsbehörden dieser Länder und die in § 21 Buchstaben a und b StVollstrO bezeichneten Behörden mit einem Vollstreckungsplan der benachbarten Länder ausgestattet werden können. Die Landesjustizverwaltungen nicht benachbarter Länder erteilen sie sich gegenseitig in so viel Stücken, daß die in § 21 Buchstaben a und b StVollstrO bezeichneten Stellen sowie die Vollstreckungsbehörden, die in Großstädten ihren Sitz haben, je zwei Stücke des Vollstreckungsplanes aller nicht benachbarter Länder erhalten können. Den Landesjustizverwaltungen bleibt vorbehalten, über die benachbarten Länder hinaus noch weitere Länder in den Austausch der Vollstreckungspläne nach Satz 1 dieses Absatzes einzubeziehen.

IV.

Die Vereinbarung tritt am 1. Juli 1965 in Kraft. Mit diesem Zeitpunkt treten die bereits zwischen einzelnen Ländern abgeschlossenen Vereinbarungen außer Kraft.

Die Vereinbarung gilt für ein Jahr. Die Gültigkeitsdauer verlängert sich jeweils um ein weiteres Jahr, wenn die Vereinbarung nicht drei Monate vor Jahresablauf schriftlich gekündigt wird. Die Kündigung eines Landes berührt die Weitergeltung der Vereinbarung zwischen den anderen Ländern nicht.

Anhang 2

Rechtspflegergesetz

vom 5. November 1969 (Bundesgesetzbl. I S. 2065)
in der Fassung vom 2. März 1974 (Bundesgesetzbl. I S. 469)

– Auszug –

§ 22 Gerichtliche Geschäfte in Straf- und Bußgeldverfahren

Von den gerichtlichen Geschäften in Straf- und Bußgeldverfahren werden dem Rechtspfleger übertragen:

1. die Geschäfte bei der Durchführung der Beschlagnahme (§ 111 f Abs. 2 der Strafprozeßordnung, § 46 Abs. 1 des Gesetzes über Ordnungswidrigkeiten),
2. die Geschäfte bei der Vollziehung des Arrestes sowie die Anordnung der Notveräußerung und die weiteren Anordnungen bei deren Durchführung (§ 111f Abs. 3 Satz 3, § 111l der Strafprozeßordnung, § 46 Abs. 1 des Gesetzes über Ordnungswidrigkeiten), soweit die entsprechenden Geschäfte im Zwangsvollstreckungs- und Arrestverfahren dem Rechtspfleger übertragen sind.

§ 31 Geschäfte der Staatsanwaltschaft im Strafverfahren und Vollstreckung in Straf- und Bußgeldsachen sowie von Ordnungs- und Zwangsmitteln

(1) Von den Geschäften der Staatsanwaltschaft im Strafverfahren werden dem Rechtspfleger übertragen:

1. die Geschäfte bei der Durchführung der Beschlagnahme (§ 111f Abs. 2 der Strafprozeßordnung),
2. die Geschäfte bei der Durchführung der Beschlagnahme und Vollziehung des Arrestes sowie die Anordnung der Notveräußerung und die weiteren Anordnungen bei deren Durchführung (§ 111f Abs. 1, 3, § 111l der Strafprozeßordnung), soweit die entsprechenden Geschäfte im Zwangsvollstreckungs- und Arrestverfahren dem Rechtspfleger übertragen sind.

(2) Die der Vollstreckungsbehörde in Straf- und Bußgeldsachen obliegenden Geschäfte werden dem Rechtspfleger übertragen. Der Bundesminister der Justiz wird ermächtigt, durch Rechtsverordnung mit Zustimmung des Bundesrates einzelne Geschäfte wegen ihrer rechtlichen Schwierigkeit, wegen ihrer Bedeutung für den Betroffenen oder zur Sicherung einer einheitlichen Rechtsanwendung von der Übertragung auszunehmen oder ihre Vorlage an den Staatsanwalt anzuordnen.

(3) Die gerichtliche Vollstreckung von Ordnungs- und Zwangsmitteln werden dem Rechtspfleger übertragen, soweit sich nicht der Richter im Einzelfall die Vollstreckung ganz oder teilweise vorbehält.

(4) Werden Ordnungs- und Zwangsmittel von der Staatsanwaltschaft vollstreckt, so gilt Absatz 2 entsprechend.

(5) Die Leitung der Vollstreckung im Jugendstrafverfahren bleibt dem Richter vorbehalten. Dem Rechtspfleger werden die Geschäfte der Vollstreckung übertragen, durch die eine richterliche Vollstrekkungsanordnung oder eine die Leitung der Vollstreckung nicht betreffende allgemeine Verwaltungsvorschrift ausgeführt wird. Der Bundesminister der Justiz wird ermächtigt, durch Rechtsverordnung mit Zustimmung des Bundesrates auf dem Gebiet der Vollstreckung im Jugendstrafverfahren dem Rechtspfleger nichtrichterliche Geschäfte zu übertragen, soweit nicht die Leitung der Vollstreckung durch den Jugendrichter beeinträchtigt wird oder das Vollstrekkungsgeschäft wegen seiner rechtlichen Schwierigkeit, wegen der Bedeutung für den Betroffenen, vor allem aus erzieherischen Gründen, oder zur Sicherung einer einheitlichen Rechtsanwendung dem Vollstreckungsleiter vorbehalten bleiben muß. Der Richter kann die Vorlage von übertragenen Vollstreckungsgeschäften anordnen.

(6) Über Einwendungen gegen Maßnahmen des Rechtspflegers entscheidet der Richter oder Staatsanwalt, an dessen Stelle der Rechtspfleger tätig geworden ist. Er kann dem Rechtspfleger Weisungen erteilen. Die Befugnisse des Behördenleiters aus den §§ 145, 146 des Gerichtsverfassungsgesetzes bleiben unberührt.

(7) Unberührt bleiben ferner bundes- und landesrechtliche Vorschriften, welche die Vollstreckung von Vermögensstrafen im Verwaltungszwangsverfahren regeln.

§ 33a Übergangsregelung für die Jugendstrafvollstreckung

Bis zum Inkrafttreten der auf Grund der Ermächtigung nach § 31 Abs. 5 zu erlassenden Rechtsverordnung gelten die Bestimmungen über die Entlastung des Jugendrichters in Strafvollstreckungsgeschäften weiter.

Anhang 3

Verordnung über die Begrenzung der Geschäfte des Rechtspflegers bei der Vollstreckung in Straf- und Bußgeldsachen

vom 26. Juni 1970 (Bundesgesetzbl. I S. 992),
geändert durch Verordnung
vom 8. Januar 1975 (Bundesgesetzbl. I S. 227)

§ 1 Ausnahmen von der Übertragung

(1) Von den Geschäften, die dem Rechtspfleger bei der Vollstreckung in Strafsachen nach § 31 Abs. 2 Satz 1 des Rechtspflegergesetzes übertragen sind, werden ausgenommen:

1. die Entscheidungen nach den §§ 455, 456a, 456c Abs. 2 bis 4, § 459e und § 461 Abs. 1 der Strafprozeßordnung sowie die Anträge und die Stellungnahmen in den in den §§ 458, 459d, 459f, 460, 461 Abs. 2, § 463c Abs. 3, 4 der Strafprozeßordnung und § 79b des Strafgesetzbuches genannten Fällen,
2. die Entscheidung nach § 456 der Strafprozeßordnung, soweit sie sich auf die Vollstreckung von Freiheitsstrafe beziehen,
3. die nach § 114 des Jugendgerichtsgesetzes erforderlichen Entscheidungen,
4. die Entscheidung über die Anwendbarkeit eines Straffreiheitsgesetzes,
5. (entfallen)
6. die Entscheidungen über die Reihenfolge der Vollstreckung mehrerer Freiheitsstrafen, soweit der Rechtspfleger von der Reihenfolge, die in allgemeinen Richtlinien für den Regelfall vorgesehen ist, abweichen will,
7. die Entscheidungen über die Reihenfolge der Vollstreckung
   a) von Freiheitsstrafen und freiheitsentziehenden Maßregeln der Besserung und Sicherung oder
   b) von mehreren freiheitsentziehenden Maßregeln der Besserung und Sicherung,

   wenn auf sie in verschiedenen Verfahren erkannt ist,
8. die Entscheidungen darüber, ob bei der Vollstreckung gegen Soldaten eine Behörde der Bundeswehr nach Artikel 5 Abs. 2 des Einführungsgesetzes zum Wehrstrafgesetz vom 30. März 1957 (Bundesgesetzbl. I S. 306), zuletzt geändert durch Artikel 28 des Einführungsgesetzes zum Strafgesetzbuch vom 2. März 1974 (Bundesgesetzbl. I S. 469), um Vollziehung ersucht werden soll.

(2) Von den Geschäften, die dem Rechtspfleger bei der Vollstreckung in Bußgeldsachen nach § 31 Abs. 2 Satz 1 des Rechtspflegergesetzes übertragen sind, werden ausgenommen:

1. die Entscheidung nach § 95 Abs. 2 des Gesetzes über Ordnungswidrigkeiten,
2. die Anträge auf gerichtliche Entscheidung in den in § 104 des Gesetzes über Ordnungswidrigkeiten genannten Fällen sowie die Stellungnahmen in solchen Verfahren.

Im übrigen gilt Absatz 1 Nr. 4 entsprechend.

§ 2 Vorlagesachen

(1) Der Rechtspfleger legt die ihm bei der Vollstreckung in Strafsachen übertragenen Sachen dem Staatsanwalt vor, wenn

1. er von einer ihm bekannten Stellungnahme des Staatsanwalts abweichen will,
2. sich bei der Bearbeitung der Sache rechtliche Schwierigkeiten oder Bedenken gegen die Zulässigkeit der Vollstreckung ergeben,
3. Zweifel darüber bestehen, ob besondere Vollzugsformen (z. B. Erstvollzug oder Regelvollzug) angewandt oder nicht angewandt werden sollen,
4. ein Urteil vollstreckt werden soll, das von einem Mitangeklagten mit der Revision angefochten ist,
5. zwischen dem übertragenen Geschäft und einem vom Staatsanwalt wahrzunehmenden Geschäft ein so enger Zusammenhang besteht, daß eine getrennte Bearbeitung nicht sachdienlich ist,
6. ein Ordnungs- oder Zwangsmittel von der Staatsanwaltschaft zu vollstrecken ist.

(2) Die vorgelegten Sachen bearbeitet der Staatsanwalt, solange er es für erforderlich hält. Er kann die Sachen dem Rechtspfleger zurückgeben. An eine dabei mitgeteilte Rechtsauffassung oder erteilte Weisung ist der Rechtspfleger gebunden.

(3) Bei der Vollstreckung in Bußgeldsachen gelten Absatz 1 Nr. 1, 2, 4 bis 6 sowie Absatz 2 entsprechend.

§ 3 Geltung im Land Berlin

Diese Verordnung gilt nach § 14 des Dritten Überleitungsgesetzes vom 4. Januar 1952 (Bundesgesetzbl. I S. 1) in Verbindung mit § 39 Satz 2 des Rechtspflegergesetzes auch im Land Berlin.

Anhang 4

Der Bundesminister der Finanzen Bonn, den 9. Februar 1955
III A/4 – H 2131 – 3/55

An alle Oberfinanzdirektionen
– Auflage: A III e und SV 4 –

Betr.: Verwahrung und Verwertung beschlagnahmter Sachen aus gerichtlichen Strafverfahren

Bezug: Mein Erlaß vom 12. 10. 1953 III A – H 2131 – 283/53

1. Verwahrung

Unter Aufhebung meines Bezugserlasses ordne ich im Einvernehmen mit den Herren Justiz- und Finanzministern (-senatoren) der Länder folgendes an:

Die im Zusammenhang mit Zoll-, Verbrauchsteuer- und Monopolstrafverfahren beschlagnahmten Sachen (§§ 425, 446, 462 AO) werden auch dann von den Zollkassen verwahrt, wenn das Verfahren bei der Justizbehörde eines Landes anhängig ist.

Die Zolldienststelle, die das Verfahren an die zuständige Justizbehörde abgibt, hat der übernehmenden Stelle unter Angabe der Buchungsstelle mitzuteilen, bei welcher Zollkasse die beschlagnahmten Sachen verwahrt werden. Die Zollkasse ist von der Abgabe des Verfahrens zu benachrichtigen. Gleichzeitig sind die bis zur Abgabe des Verfahrens an die Landesjustizbehörde durch die Beschlagnahme und Verwahrung entstandenen baren Auslagen von der abgebenden Stelle mitzuteilen. Sind weitere bare Auslagen (z. B. durch Verwahrung und Fürsorge für die beschlagnahmten Sachen) zu erwarten, so ist darauf hinzuweisen. Die Justizbehörde kann im Benehmen mit der Zollkasse zur Kostenersparnis anderweitige Anordnungen hinsichtlich der Verwahrung der beschlagnahmten Sachen treffen (z. B. dadurch, daß sie eigene Räume zur Aufbewahrung bereitstellt oder die Fürsorge selbst übernimmt).

Entstehen später derartige bare Auslagen oder sind sie zu erwarten, so hat die verwahrende Zollkasse unverzüglich in gleicher Weise zu verfahren. Die Auslagen sind zunächst als Vorschüsse zu behandeln (§ 5 Abs. 2 StraKO).

Erscheint vorzeitige Verwertung der beschlagnahmten Sachen gemäß § 101a StPO geboten, so hat sich die verwahrende Zollkasse mit der zuständigen Justizbehörde unverzüglich in Verbindung zu setzen. Werden die Sachen vorzeitig verwertet, so sind die Erlöse bis zur endgültigen Entscheidung der Strafsache als Verwahrungen zu buchen.

2. Verwertung

Sachen, die in Zoll-, Verbrauchsteuer- und Monopolstrafverfahren durch rechtskräftige gerichtliche Entscheidung eingezogen worden sind, sind durch das Hauptzollamt zu verwerten, bei dessen Zollkasse die Sachen verwahrt werden. Die Verwertung wird vom Hauptzollamt im Benehmen mit der zuständigen Vollstreckungsbehörde der Justiz angeordnet. Von dem Verwertungserlös sind

1. die durch die Beschlagnahme, Aufbewahrung und Verwertung der Sachen aufgewendeten baren Auslagen und
2. die auf den Sachen ruhenden Abgaben

abzusetzen. Hinweis auf § 7 Abs. 2 Satz 1 und 3 StraKO. Der verbleibende Betrag ist an die zuständige Gerichtskasse abzuführen. Werden die Sachen nicht verwertet oder reicht der Verwertungserlös zur Deckung nicht aus, so sind die Auslagen aus den „Gerichts- und ähnlichen Kosten" zu bestreiten, wenn anzunehmen ist, daß sie vom Beschuldigten nicht beizutreiben sind. Werden sie nachträglich von der Gerichtskasse vom Beschuldigten doch eingezogen und der Zollkasse erstattet, so sind diese Einnahmen bei den „Gerichts- und ähnliche Kosten" rot abzusetzen, wenn sie im gleichen Jahr erstattet werden, in dem sie ausgezahlt worden sind. Sonst sind sie bei den „Vermischten Einnahmen" zu buchen.

Werden Abgaben, die bereits aus dem Verwertungserlös gedeckt worden sind, später ganz oder teilweise entrichtet, so sind diese Beiträge an die Gerichtskasse abzuführen, an die der Verwertungserlös abzuführen war.

Soweit nach den vorstehenden Anordnungen Beträge bis zu 3,— DM abzuführen wären, ist nach meinem Rundschreiben vom 29. Juni 1950 II A – H 2000 – 42/50 (MinBlFin S. 460) zu verfahren (vgl. auch Nr. 27 meines Rundschreibens vom 8. April 1953 $\frac{\text{II A/1 – A 0100 – 5/53}}{\text{H 1100}}$ [MinBlFin S. 317]).

Das verwertende Hauptzollamt hat der zuständigen Justizbehörde die Höhe des erzielten Verwertungserlöses, die davon in Abzug gebrachten, im einzelnen anzugebenden Auslagen und Abgaben und den Tag mitzuteilen, an dem der verbleibende Restbetrag an die zuständige Gerichtskasse abgeführt worden ist.

3.

Die vorstehende Regelung gilt auch für Devisenstrafverfahren, die gemäß § 27 Abs. 3 OWG an die Staatsanwaltschaften abgegeben werden.

4.

Nach dieser Regelung ist ab sofort zu verfahren. Sie gilt auch für zurückliegende Fälle ab 1. April 1950, soweit nicht durch die Oberfinanzdirektionen mit den Ländern andere Vereinbarungen getroffen worden sind.

Anhang 5

Verordnung über den Vollzug von Freiheitsstrafe, Strafarrest, Jugendarrest und Disziplinararrest durch Behörden der Bundeswehr – Bundeswehrvollzugsordnung (BwVollzO)

vom 29. November 1972 (Bundesgesetzbl. I S. 2205)

Auf Grund des Artikels 7 des Einführungsgesetzes zum Wehrstrafgesetz vom 30. März 1957 (Bundesgesetzbl. I S. 306) und des § 115 des Jugendgerichtsgesetzes vom 4. August 1953 (Bundesgesetzbl. I S. 751), beide zuletzt geändert durch das Gesetz zur Neuordnung des Wehrdisziplinarrechts vom 21. August 1972 (Bundesgesetzbl. I S. 1481), wird von der Bundesregierung mit Zustimmung des Bundesrates und

auf Grund des § 49 Abs. 4 der Wehrdisziplinarordnung in der Fassung der Bekanntmachung vom 4. September 1972 (Bundesgesetzbl. I S. 1665) von dem Bundesminister der Verteidigung verordnet:

§ 1 Geltungsbereich

Die §§ 2 bis 21 dieser Verordnung gelten für den Vollzug von Freiheitsstrafe, Strafarrest und Jugendarrest sowie für den Vollzug von Disziplinararrest an Soldaten durch Behörden der Bundeswehr.

§ 2 Behandlungsgrundsatz

(1) Im Vollzug soll die Bereitschaft des Soldaten gefördert werden, ein gesetzmäßiges Leben zu führen, namentlich seine soldatischen Pflichten zu erfüllen.

(2) Der Soldat nimmt in der Regel am Dienst teil.

§ 3 Vollzugseinrichtungen

(1) Der Vollzug wird in militärischen Anlagen und Einrichtungen und, soweit der Soldat am Dienst teilnimmt, bei einer militärischen Einheit oder Dienststelle durchgeführt.

(2) Der Soldat wrid von anderen Soldaten getrennt in einem Arrestraum untergebracht, soweit er nicht wegen der Teilnahme am Dienst oder wegen seiner Beschäftigung außerhalb des Arrestraumes eingesetzt wird.

§ 4 Vollzugsleiter und Vollzugshelfer

(1) Die Vollzugsbehörden der Bundeswehr bestellen Vollzugsleiter und Vollzugshelfer; der Vollzugsleiter und die Vollzugshelfer sind für die Dauer des Vollzuges Vorgesetzte des Soldaten nach § 3 der

Verordnung über die Regelung des militärischen Vorgesetztenverhältnisses.

(2) Der Vollzugsleiter ist für die ordnungsgemäße Durchführung des Vollzuges verantwortlich; er trifft die im Rahmen des Vollzuges erforderlichen Entscheidungen.

(3) Die Vollzugshelfer unterstützen den Vollzugsleiter nach dessen Weisungen in der Durchführung des Vollzuges.

§ 5 Dauer der Freiheitsentziehung

(1) Die Dauer der Freiheitsentziehung wird nach Tagen berechnet; dabei ist die Woche mit sieben Tagen, der Monat nach der Kalenderzeit zu berechnen.

(2) Der Tag, an dem sich der Soldat zum Vollzug meldet, und der Tag, an dem er entlassen wird, sind voll anzurechnen; das gleiche gilt, wenn der Vollzug unterbrochen wird.

(3) Der Freizeitarrest beginnt am Sonnabend um 8.00 Uhr und endet am Montag eine Stunde vor Dienstbeginn.

(4) Wird Freiheitsstrafe, Strafarrest oder Jugendarrest vollzogen und fällt der Entlassungszeitpunkt auf den ersten Werktag nach Ostern oder Pfingsten oder in die Zeit vom 22. Dezember bis zum 2. Januar, so kann der Soldat an dem diesem Tag oder Zeitraum vorhergehenden Werktag entlassen werden, wenn dies nach der Länger der Freiheitsentziehung vertretbar ist und keine Nachteile für die Disziplin zu besorgen sind.

§ 6 Vollzugsplan

Der Vollzugsleiter hat einen auf die Persönlichkeit des Soldaten ausgerichteten Vollzugsplan zu erstellen, soweit dies wegen der Teilnahme des Soldaten am Dienst oder wegen seiner Beschäftigung geboten erscheint. Der Vollzugsplan ist dem Soldaten zu eröffnen. Die Anordnungen im Vollzugsplan können widerrufen oder geändert werden, soweit die Persönlichkeit des Soldaten, die Sicherheit oder Ordnung im Vollzug oder die militärische Ordnung dies erfordern; dies ist unter Angabe der Gründe im Vollzugsplan zu vermerken.

§ 7 Ärztliche Untersuchung vor Beginn des Vollzuges

Der Disziplinarvorgesetzte veranlaßt vor Beginn des Vollzuges eine ärztliche Untersuchung, wenn ihm Anhaltspunkte dafür bekannt geworden sind, daß der Gesundheitszustand des Soldaten den Vollzug nicht zuläßt. Ist der Soldat nicht vollzugstauglich, so hat

1. der vollstreckende Vorgesetzte, wenn Disziplinararrest zu vollziehen ist, die Vollstreckung aufzuschieben,
2. der Vollzugsleiter, wenn Freiheitsstrafe oder Strafarrest zu vollziehen ist, die Entscheidung der Vollstreckungsbehörde, wenn

Jugendarrest zu vollziehen ist, die Entscheidung des Vollstreckungsleiters herbeizuführen.

§ 8 Mitnahme dienstlicher und persönlicher Gegenstände

(1) Der Soldat hat zum Vollzug nur die Gegenstände mitzubringen, die für den dienstlichen und persönlichen Gebrauch als notwendig bestimmt worden sind. Lichtbilder nahestehender Personen, Erinnerungsstücke von persönlichem Wert sowie Gegenstände des religiösen Gebrauchs sind ihm zu belassen. Der Besitz von Büchern und anderen Gegenständen zur Fortbildung oder zur sonstigen Freizeitbeschäftigung ist ihm in angemessenem Umfang zu gestatten, soweit der Besitz oder die Überlassung oder Benutzung nicht mit Strafe oder Geldbuße bedroht ist oder die Sicherheit oder Ordnung im Vollzug oder die militärische Ordnung gefährden würde.

(2) Entscheidungen nach Absatz 1 können eingeschränkt oder widerrufen werden, soweit sich nachträglich ergibt, daß die Voraussetzungen für die Entscheidung nicht mehr gegeben sind.

(3) Der Soldat, seine Sachen und der Arrestraum dürfen durchsucht werden. Gegenstände, die der Soldat nicht besitzen darf, sind ihm abzunehmen und für ihn aufzubewahren.

§ 9 Pflichten und Rechte des Soldaten

Der Soldat hat auch während des Vollzuges die Pflichten und Rechte des Soldaten, soweit sich nicht aus den Vorschriften über den Vollzug etwas anderes ergibt.

§ 10 Teilnahme am Dienst und Beschäftigung

(1) Der Soldat soll während des Vollzuges in seiner Ausbildung gefördert werden. In der Regel soll er bei einer militärischen Einheit, wenn dies nicht möglich oder nicht tunlich ist, bei einer militärischen Dienststelle am Dienst teilnehmen; die Teilnahme kann auf bestimmte Arten des Dienstes oder auf eine bestimmte Zeit beschränkt werden. Ist die Teilnahme am Dienst wegen der Persönlichkeit des Soldaten, der Art des Dienstes, der Kürze des Vollzuges oder aus anderen Gründen nicht tunlich, so soll der Soldat nach Möglichkeit in einer Weise beschäftigt werden, die seine Ausbildung fördert.

(2) Soweit der Soldat nicht am Dienst teilnimmt oder in anderer Weise beschäftigt wird, kann er innerhalb dienstlicher Unterkünfte und Anlagen zu Arbeiten herangezogen werden, die dem Erziehungszweck und den Fähigkeiten des Soldaten angemessen sind.

(3) Der Soldat darf nicht zum Wachdienst eingeteilt und nicht zu Sicherheitsaufgaben herangezogen werden.

§ 11 Aufenthalt im Freien

Dem Soldaten wird täglich mindestens eine Stunde Aufenthalt im Freien ermöglicht, wenn die Witterung dies zu der festgesetzten Zeit zuläßt. Der Aufenthalt im Freien kann versagt werden, wenn der Soldat während des Dienstes oder seiner Beschäftigung sich schon mindestens eine Stunde im Freien aufgehalten hat.

§ 12 Verpflegung, persönlicher Bedarf

Der Soldat erhält Truppenverpflegung; Tabakwaren, andere Genußmittel, zusätzliche Nahrungsmittel und Mittel zur Körperpflege sind in angemessenem Umfang gestattet. Gegenstände, die die Sicherheit oder Ordnung im Vollzug gefährden, können ausgeschlossen werden. Besitz und Genuß alkoholischer Getränke sowie anderer Rauschmittel sind untersagt.

§ 13 Seelsorgerische Betreuung

(1) Der Soldat hat Anspruch auf seelsorgerische Betreuung durch einen Militärgeistlichen seiner Religionsgemeinschaft. Ist ein solcher Militärgeistlicher nicht bestellt, so ist dem Soldaten nach Möglichkeit zu helfen, mit einem Seelsorger seines Bekenntnisses in Verbindung zu treten.

(2) Dem Soldaten ist Gelegenheit zu geben, am Gottesdienst und an anderen religiösen Veranstaltungen seines Bekenntnisses innerhalb der militärischen Anlage oder Einrichtung, in der der Vollzug durchgeführt wird, teilzunehmen.

(3) Besteht an Sonntagen oder gesetzlichen Feiertagen keine Möglichkeit zur Teilnahme am Gottesdienst innerhalb der militärischen Anlage oder Einrichtung, so darf der Soldat im Standort an einem Gottesdienst seines Bekenntnisses teilnehmen; das gilt auch an sonstigen kirchlichen Feiertagen, soweit ihm außerhalb des Vollzuges Dienstbefreiung zu erteilen wäre.

(4) Die Teilnahme an Gottesdiensten und religiösen Veranstaltungen kann aus Gründen der Sicherheit oder Ordnung untersagt werden. Die Teilnahme am Gottesdienst im Standort kann auch zeitlich oder auf den Gottesdienst in einer bestimmten Kirche beschränkt werden.

§ 14 Ärztliche Betreuung

(1) Der Soldat erhält ärztliche Betreuung durch den Truppenarzt im Rahmen der freien Heilfürsorge.

(2) Aus Gründen der Gesundheit des Soldaten kann der Vollzugsleiter auf Vorschlag des Truppenarztes von Vollzugsvorschriften abweichen; solche Abweichungen sind im Vollzugsplan zu vermerken.

§ 15 Brief- und Paketpost

(1) Der Soldat darf Brief- und Paketpost empfangen und absenden. Sein Schriftverkehr wird nicht überwacht. Pakete und Päckchen darf der Soldat nur unter Aufsicht öffnen oder verpacken; dies gilt nicht, wenn Disziplinararrest vollzogen wird.

(2) Ist gegen den Soldaten in einer anderen Sache die Untersuchungshaft angeordnet, so gelten die Bestimmungen des Absatzes 1 nur, soweit nicht der Richter hinsichtlich der Überwachung des Postverkehrs des Soldaten andere Anordnungen trifft.

§ 16 Empfang von Besuchen

(1) Der Soldat darf wöchentlich einmal Besuch empfangen. Weitere Besuche können gestattet werden, insbesondere wenn ein wichtiger Grund vorliegt und der Vollzug nicht gefährdet wird. Besuche können untersagt oder überwacht werden, soweit dies für die Sicherheit oder Ordnung im Vollzug notwendig ist; die Unterhaltung des Soldaten mit Besuchern darf nur dann überwacht werden, wenn es aus diesen Gründen unerläßlich ist.

(2) Die Beschränkungen des Absatzes 1 gelten nicht für Besuche von Verteidigern sowie von Rechtsanwälten und Notaren in einer den Soldaten betreffenden Rechtssache. Sie gelten ferner nicht für Besuche von Vertretern der Jugendgerichtshilfe und, wenn der Soldat unter Bewährungsaufsicht steht oder Erziehungshilfe angeordnet ist, für Besuche des Bewährungshelfers und des Erziehungshelfers.

(3) Ist gegen den Soldaten in einer anderen Sache die Untersuchungshaft angeordnet, so gelten die Bestimmungen des Absatzes 1 nur, soweit nicht der Richter hinsichtlich der Überwachung der Besuche andere Anordnungen trifft.

§ 17 Vollzugserleichterungen

(1) Der Vollzugsleiter kann dem Soldaten wegen dringender persönlicher Gründe Urlaub bis zu sieben Tagen erteilen. Durch den Urlaub wird die Vollstreckung nicht unterbrochen.

(2) Ist Strafe oder Arrest mehr als einen Monat ununterbrochen vollzogen worden, so können dem Soldaten bei guter Führung auch andere Vollzugserleichterungen bewilligt werden, soweit dies mit der Sicherheit und Ordnung im Vollzug vereinbar ist. Als besondere Erleichterungen können das Verlassen des Arrestgebäudes oder der militärischen Anlage oder Einrichtung auch außerhalb der Dienstzeit und für jeden Monat ununterbrochenen Vollzuges ein Tag Urlaub bewilligt werden. Der Urlaub ist auf den Jahresurlaub anzurechnen; Absatz 1 Satz 2 gilt entsprechend.

(3) Die Vollzugserleichterungen können eingeschränkt oder widerrufen werden, soweit sich nachträglich ergibt, daß die Voraussetzungen für ihre Bewilligung nicht mehr gegeben sind.

§ 18 Vollzugsuntauglichkeit

(1) Wird der Soldat wegen Krankheit in ein Bundeswehrkrankenhaus oder in eine andere Krankenanstalt verbracht oder ist er nach Feststellung des Truppenarztes sonst nicht mehr vollzugstauglich, so hat der Vollzugsleiter, wenn Disziplinararrest vollzogen wird, die Entscheidung des vollstreckenden Vorgesetzten, wenn Freiheitsstrafe oder Strafarrest vollzogen wird, die Entscheidung der Vollstreckungsbehörde, und wenn Jugendarrest vollzogen wird, die Entscheidung des Vollstreckungsleiters herbeizuführen, ob die Vollstreckung unterbrochen wird.

(2) Bis zur Entscheidung über die Unterbrechung der Vollstreckung kann von den Vollzugsvorschriften abgewichen werden.

§ 19 Ordnung und Sicherheit im Vollzug

(1) Verstößt ein Soldat gegen die Ordnung oder gefährdet er die Sicherheit im Vollzug, so können besondere Maßnahmen getroffen werden. Sie dürfen nur insoweit und solange aufrechterhalten werden, als notwendig ist, um die Sicherheit oder Ordnung im Vollzug zu gewährleisten oder wiederherzustellen.

(2) Als besondere Maßnahmen sind zulässig:

1. der Entzug oder die Vorenthaltung von Gegenständen, die der Soldat zu Gewalttätigkeiten, zur Flucht, zum Selbstmord oder zur Selbstbeschädigung oder sonst mißbrauchen könnte,
2. die Beobachtung bei Nacht,
3. der Entzug oder die Beschränkung des Aufenthalts im Freien,
4. die Unterbringung in einem besonders gesicherten Arrestraum ohne gefährdende Gegenstände.

Maßnahmen nach den Nummern 1 und 2 sind unzulässig, wenn der Soldat nur gegen die Ordnung im Vollzug verstößt.

(3) Mehrere Maßnahmen können nebeneinander angeordnet werden, soweit die Ordnung oder Sicherheit im Vollzug nur dadurch gewährleistet oder wiederhergestellt werden kann. Eine in ihrer Wirkung schärfere Maßnahme darf nur angeordnet werden, wenn eine leichtere keinen Erfolg verspricht.

(4) Die Anordnungen sind unter Angabe der Gründe im Vollzugsplan zu vermerken oder sonst aktenkundig zu machen. Sie können bei Gefahr im Verzug auch vorläufig von den Vollzugshelfern getroffen werden; in diesen Fällen ist die Entscheidung des Vollzugsleiters unverzüglich einzuholen.

§ 20 Behandlung von Beschwerden

Für Beschwerden gegen unrichtige Behandlung durch militärische Vorgesetzte oder Dienststellen der Bundeswehr im Vollzug gelten die Vorschriften der Wehrbeschwerdeordnung.

§ 21 Einschränkung von Grundrechten

Das Grundrecht der körperlichen Unversehrtheit (Artikel 2 Abs. 2 Satz 1 des Grundgesetzes) sowie das Grundrecht des Postgeheimnisses (Artikel 10 Abs. 1 des Grundgesetzes) werden nach Maßgabe dieser Verordnung eingeschränkt.

§ 22 Vollzug von Strafarrest durch allgemeine Vollzugsbehörden

Soweit Strafarrest durch die allgemeinen Vollzugsbehörden vollzogen wird, besteht er in einfacher Freiheitsentziehung. Jedoch kann der Bestrafte zu Arbeiten ebenso herangezogen werden wie beim Vollzug der Freiheitsstrafe.

§ 23 Inkrafttreten

(1) Diese Verordnung tritt am Tage nach ihrer Verkündung in Kraft.

(2) Gleichzeitig treten die Rechtsverordnung über den Vollzug des Strafarrestes vom 25. August 1958 (Bundesgesetzbl. I S. 647) und § 29 der Verordnung über den Vollzug des Jugendarrestes vom 12. August 1966 (Bundesgesetzbl. I S. 505) außer Kraft.

Bundeseinheitliche Verwaltungsvorschriften zum Jugendstrafvollzug (VVJug)

Stand: März 1994

Inhaltsübersicht

Der Vollzug der Jugendstrafe ist nur durch wenige gesetzliche Vorschriften, insbesondere des Jugendgerichtsgesetzes, des Strafvollzugsgesetzes und des Einführungsgesetzes zum Gerichtsverfassungsgesetz geregelt.

Um die Jugendstrafe in den Bundesländern nach einheitlichen Grundsätzen vollziehen zu können, haben die Landesjustizverwaltungen Verwaltungsvorschriften vereinbart. Diese lehnen sich, soweit wegen der Besonderheit des Jugendstrafvollzugs keine Abweichungen geboten sind, an die Vorschriften des Strafvollzugsgesetzes und die hierzu ergangenen Verwaltungsvorschriften an. Ihre Geltungsdauer ist zeitlich begrenzt; sie sollen lediglich die Übergangszeit bis zum Erlaß umfassender gesetzlicher Regelungen überbrücken.

1 Aufnahmeverfahren

§ 5 Abs. 1 StVollzG

(1) Während des Aufnahmeverfahrens sollen andere Gefangene nicht zugegen sein.

§ 5 Abs. 2 StVollzG

(2) Der Gefangene wird über seine Rechte und Pflichten unterrichtet.

§ 5 Abs. 3 StVollzG

(3) Nach der Aufnahme wird der Gefangene alsbald ärztlich untersucht und dem Leiter der Anstalt oder der Aufnahmeabteilung vorgestellt.

Nr. 1 der VV zu § 5 StVollzG

(4) Durch die ärztliche Untersuchung soll der Gesundheitszustand des Gefangenen einschließlich der Körpergröße, des Körpergewichts und des Zustandes des Gebisses festgestellt werden, insbesondere ist zu prüfen, ob der Gefangene vollzugstauglich, ob er ärztlicher Behandlung bedürftig, ob er seines Zustandes wegen anderen gefährlich, ob und in welchem Umfang er arbeitsfähig und zur Teilnahme am Sport tauglich ist und ob gesundheitliche Bedenken gegen die Einzelunterbringung bestehen. Das Ergebnis der Untersuchung ist schriftlich niederzulegen.

2 Persönlichkeitserforschung. Beteiligung des Gefangenen

§ 6 Abs. 1 StVollzG

(1) Nach dem Aufnahmeverfahren wird damit begonnen, die Persönlichkeit und die Lebensverhältnisse des Gefangenen zu erforschen.

§ 6 Abs. 2 StVollzG

(2) Die Untersuchung erstreckt sich auf die Umstände, deren Kenntnis für einen planvollen Erziehungsvollzug und für die Eingliederung des Gefangenen nach seiner Entlassung notwendig ist.

§ 6 Abs. 3 StVollzG

(3) Die Planung des Vollzuges wird mit dem Gefangenen erörtert.

3 Vollzugsplan

§ 7 Abs. 1 StVollzG

(1) Auf Grund der Persönlichkeitserforschung (Nr. 2) wird ein Vollzugsplan erstellt.

(2) Der Vollzugsplan enthält Angaben mindestens über folgende Erziehungsmaßnahmen:

1. die Unterbringung im geschlossenen oder offenen Vollzug,
2. die Zuweisung zu Wohngruppen und Erziehungsgruppen,
3. eine schulische Aus- oder Weiterbildung,
4. Maßnahmen der beruflichen Ausbildung, Fortbildung oder Umschulung,
5. die Teilnahme an Veranstaltungen der Weiterbildung,
6. den Arbeitseinsatz,
7. besondere Hilfs- und Erziehungsmaßnahmen,
8. Teilnahme an Sport und Freizeit,
9. Gestaltung der Außenkontakte,
10. Lockerungen des Vollzuges und Urlaub,
11. notwendige Maßnahmen zur Vorbereitung der Entlassung.

§ 7 Abs. 3 StVollzG

(3) Der Vollzugsplan ist mit der Entwicklung des Gefangenen und weiteren Ergebnissen der Persönlichkeitserforschung in Einklang zu halten. Hierfür sind im Vollzugsplan angemessene Fristen vorzusehen.

(4) Der Vollzugsplan wird dem Vollstreckungsleiter bekanntgegeben.

4 Verlegung. Überstellung

§ 8 Abs. 1 StVollzG

(1) Der Gefangene kann abweichend vom Vollstreckungsplan in eine andere für den Vollzug der Jugendstrafe zuständige Anstalt verlegt werden,

1. wenn die Erziehung des Gefangenen oder seine Eingliederung nach der Entlassung hierdurch gefördert wird oder
2. wenn dies aus Gründen der Vollzugsorganisation oder aus anderen wichtigen Gründen erforderlich ist.

§ 8 Abs. 2 StVollzG

(2) Der Gefangene darf aus wichtigem Grund in eine andere Vollzugsanstalt überstellt werden.

Nr. 1 Abs. 1 der VV zu § 8 StVollzG

(3) Wichtige Gründe für eine Überstellung sind namentlich

a) Besuchszusammenführung, wenn ein Besuch in der Anstalt nicht oder nur mit erheblichen Schwierigkeiten möglich ist;
b) Ausführung und Ausgang am Ort oder in Ortsnähe einer anderen Anstalt;
c) Vorführung und Ausantwortung am Ort oder in Ortsnähe einer anderen Anstalt;
d) Begutachtung und ärztliche Untersuchungen;
e) Teilnahme an befristeten schulischen oder beruflichen Maßnahmen.

Nr. 1 Abs. 2 der VV zu § 8 StVollzG

(4) Überstellungen sind nur im Einvernehmen mit der aufnehmenden Anstalt zulässig. Dies gilt nicht bei Vorführungen und Ausantwortungen.

Nr. 2 der VV zu § 8 StVollzG

(5) Auf begründeten Antrag darf der Gefangene einer Polizeibehörde befristet ausgeantwortet werden.

5 Offener Vollzug

§ 10 Abs. 1 StVollzG

Ein Gefangener kann in einer Anstalt oder Abteilung des offenen Vollzuges untergebracht werden, wenn er den besonderen Anforderungen des offenen Vollzuges genügt und eine Erprobung verantwortet werden kann.

6 Lockerungen des Vollzuges

§ 11 Abs. 1 StVollzG

(1) Als Lockerung des Vollzuges kann namentlich angeordnet werden, daß der Gefangene

1. außerhalb der Anstalt regelmäßig einer Beschäftigung unter Aufsicht (Außenbeschäftigung) oder ohne Aufsicht eines Vollzugsbediensteten (Freigang) nachgehen darf oder
2. für eine bestimmte Tageszeit die Anstalt unter Aufsicht (Ausführung) oder ohne Aufsicht eines Vollzugsbediensteten (Ausgang) verlassen darf.

Nr. 1 der VV zu § 11 StVollzG

Lockerungen des Vollzuges werden nur zum Aufenthalt innerhalb des Geltungsbereichs des Jugendgerichtsgesetzes gewährt.

§ 11 Abs. 2 StVollzG

(2) Außenbeschäftigung, Freigang und Ausgang dürfen mit Zustimmung des Gefangenen angeordnet werden, wenn eine Erprobung verantwortet werden kann.

Nr. 2 der VV zu § 11 StVollzG

(3) Bei der Außenbeschäftigung wird der Gefangene entweder ständig und unmittelbar oder ständig oder in unregelmäßigen Zeitabständen durch einen Vollzugsbediensteten beaufsichtigt.

Nr. 3 Abs. 1 der VV zu § 11 StVollzG

(4) Freigang kann auch in der Weise angeordnet werden, daß ein Dritter schriftlich verpflichtet wird, die Anstalt unverzüglich zu benachrichtigen, wenn der Gefangene nicht rechtzeitig erscheint, sich ohne Erlaubnis entfernt oder sonst ein besonderer Anlaß (z. B. Erkrankung Trunkenheit) hierzu besteht.

Nr. 3 Abs. 2 der VV zu § 11 StVollzG

(5) Die Anstalt überprüft das Verhalten des Gefangenen während des Freiganges in unregelmäßigen Abständen.

Nr. 4 Abs. 1 der VV zu § 11 StVollzG

(6) Der Anstaltsleiter überträgt die Ausführung des Gefangenen besonders geeigneten Bediensteten.

Nr. 4 Abs. 2 der VV zu § 11 StVollzG

(7) Vor der Außenbeschäftigung und der Ausführung erteilt er den Bediensteten die nach Lage des Falles erforderlichen Weisungen.

Nr. 6 Abs. 1 der VV zu § 11 StVollzG

(8) Außenbeschäftigung, Freigang und Ausgang sind ausgeschlossen bei Gefangenen,

a) gegen die während des laufenden Freiheitsentzuges eine Strafe vollzogen wurde oder zu vollziehen ist, welche wegen in § 74a Abs. 1 GVG genannter Straftaten von dem Jugendgericht oder gem. § 74a GVG i. V. m. § 103 Abs. 2 Satz 2 JGG von der Strafkammer oder gemäß § 120 Abs. 1 und 2 GVG vom Oberlandesgericht im ersten Rechtszug verhängt worden ist,

b) gegen die Untersuchungs-, Auslieferungs- oder Abschiebungshaft angeordnet ist,

c) gegen die eine vollziehbare Ausweisungsverfügung für den Geltungsbereich des Jugendgerichtsgesetzes besteht und die aus der Haft abgeschoben werden sollen,

d) gegen die eine freiheitsentziehende Maßregelung der Besserung und Sicherung oder eine sonstige Unterbringung gerichtlich angeordnet und noch nicht vollzogen ist.

Nr. 6 Abs. 2 der VV zu § 11 StVollzG

(9) In den Fällen des Absatzes 8 Buchst. a, c und d sind Ausnahmen mit Zustimmung der Aufsichtsbehörde zulässig. In den Fällen des Buchstabens a ist die Vollstreckungsbehörde, des Buchstabens d das zuständige Gericht zu hören, in den Fällen des Buchstabens c bedürfen Ausnahmen des Benehmens mit der zuständigen Ausländerbehörde.

Nr. 7 Abs. 1 der VV zu § 11 StVollzG

(10) Die Lockerungen nach Absatz 8 sind nur zulässig, wenn der Gefangene für diese Maßnahmen geeignet ist, insbesondere eine Erprobung verantwortet werden kann. Bei der Entscheidung ist zu berücksichtigen, ob der Gefangene durch sein Verhalten im Vollzug die Bereitschaft gezeigt hat, an der Erreichung des Erziehungszieles mitzuwirken.

Nr. 7 Abs. 2 der VV zu § 11 StVollzG

(11) Ungeeignet für eine Lockerung nach Absatz 8 sind in der Regel namentlich Gefangene,

a) die erheblich suchtgefährdet sind,

b) die während des laufenden Freiheitsentzuges einen Ausbruch unternommen oder sich an einer Gefangenenmeuterei beteiligt haben,

c) bei denen zureichende tatsächliche Anhaltspunkte dafür gegeben sind, daß sie während des letzten Urlaubs oder Ausgangs eine strafbare Handlung begangen haben,

d) gegen die ein Ausweisungs-, Auslieferungs-, Ermittlungs- oder Strafverfahren anhängig ist,

e) bei denen zu befürchten ist, daß sie einen negativen Einfluß ausüben werden, insbesondere die Erreichung des Erziehungszieles bei anderen Gefangenen gefährden würden.

Nr. 7 Abs. 3 der VV zu § 11 StVollzG

(12) Ausnahmen von Absatz 11 können zugelassen werden, wenn besondere Umstände vorliegen; die Gründe hierfür sind aktenkundig zu machen. In den Fällen des Buchstabens d ist die zuständige Behörde zu hören.

Nr. 7 Abs. 4 der VV zu § 11 StVollzG

(13) Bei Gefangenen, gegen die während des laufenden Freiheitsentzuges eine Strafe wegen grober Gewalttätigkeiten gegen Personen, wegen einer Straftat gegen die sexuelle Selbstbestimmung oder wegen Handels mit Stoffen im Sinne des Gesetzes über den Verkehr mit Betäubungsmitteln vollzogen wurde oder zu vollziehen ist oder die im Vollzug in den begründeten Verdacht des Handels mit diesen Stoffen oder des Einbringens dieser Stoffe gekommen sind, bedarf die Frage, ob eine Lockerung des Vollzuges zu verantworten ist, besonders gründlicher Prüfung. Dies gilt entsprechend bei Gefangenen, die während des laufenden Freiheitsentzuges entwichen sind, eine Flucht versucht haben oder aus dem letzten Urlaub oder Ausgang nicht freiwillig zurückgekehrt sind bzw. bei Gefangenen, über die Erkenntnisse vorliegen, daß sie der organisierten Kriminalität zuzurechnen sind.

Nr. 8 der VV zu § 11 StVollzG

(14) Die Anordnung einer Lockerung ist aufzuheben, wenn der Gefangene seine Zustimmung zu dieser Maßnahme zurücknimmt.

7 Ausführung aus besonderen Gründen

§ 12 StVollzG

(1) Ein Gefangener darf auch ohne seine Zustimmung ausgeführt werden, wenn dies aus besonderen Gründen notwendig ist.

VV zu § 12 StVollzG

(2) Nr. 6 Abs. 6 und 7 sowie Nr. 30 Abs. 5 und 6 sind zu beachten.

8 Urlaub aus der Haft

§ 13 Abs. 1 StVollzG

(1) Ein Gefangener kann bis zu einundzwanzig Kalendertagen in einem Jahr aus der Haft beurlaubt werden. Nr. 6 Abs. 2 gilt entsprechend.

§ 13 Abs. 4 StVollzG

(2) Gefangenen, die sich für den offenen Vollzug eignen, aus besonderen Gründen aber in einer geschlossenen Anstalt untergebracht sind, kann nach den für den offenen Vollzug geltenden Vorschriften Urlaub erteilt werden.

§ 13 Abs. 5 StVollzGV

(3) Durch den Urlaub wird die Vollstreckung der Jugendstrafe nicht unterbrochen.

Nr. 1 der VV zu § 13 StVollzG

(4) Urlaub wird nur an einen Ort innerhalb des Geltungsbereichs des Jugendgerichtsgesetzes gewährt.

Nr. 2 Abs. 1 der VV zu § 13 StVollzG

(5) Der Urlaub kann aufgeteilt werden. Urlaubstage sind alle Kalendertage, auf die sich der Urlaub erstreckt; der Tag, an dem der Gefangene den Urlaub antritt, wird nicht mitgerechnet.

Nr. 2 Abs. 2 der VV zu § 13 StVollzG

(6) Urlaubsjahr ist das Vollstreckungsjahr. Der Urlaub ist nicht in das nächste Jahr übertragbar. Dies gilt nicht, wenn der Urlaub aus Gründen, die die Vollzugsbehörde zu vertreten hat, nicht rechtzeitig gewährt werden konnte. Auf jeden angefangenen Kalendermonat der voraussichtlichen Vollzugsdauer entfallen im Rahmen der Höchstdauer (Abs. 1 Satz 1) in der Regel nicht mehr als zwei Tage Urlaub. Für Zeiten, in denen der Gefangene für eine Beurlaubung nicht geeignet ist, soll ihm der Urlaub in der Regel nicht gewährt werden.

Nr. 3 Abs. 1 der VV zu § 13 StVollzG

(7) Vom Urlaub ausgeschlossen sind Gefangene,

a) gegen die während des laufenden Freiheitsentzuges eine Strafe vollzogen wurde oder zu vollziehen ist, welche wegen in § 74a Abs. 1 GVG genannter Straftaten von dem Jugendgericht oder gemäß § 74a GVG i. V. m. § 103 Abs. 3 Satz 2 JGG von der Strafkammer oder gemäß § 120 Abs. 1 und 2 GVG vom Oberlandesgericht im ersten Rechtszug verhängt worden ist,

b) gegen die Untersuchungs-, Auslieferungs- oder Abschiebehaft angeordnet ist,

c) gegen die eine vollziehbare Ausweisungsverfügung für den Geltungsbereich des Jugendgerichtsgesetzes besteht und die aus der Haft abgeschoben werden sollen,

d) gegen die eine freiheitsentziehende Maßregel der Besserung und Sicherung oder eine sonstige Unterbringung gerichtlich angeordnet und noch nicht vollzogen ist.

Nr. 3 Abs. 2 der VV zu § 13 StVollzG

(8) In den Fällen des Absatzes 7 Buchst. a, c und d sind Ausnahmen mit Zustimmung der Aufsichtsbehörde zulässig. In den Fällen des Buchstabens a ist die Vollstreckungsbehörde, des Buchstabens d das zuständige Gericht zu hören, in den Fällen des Buchstabens c bedürfen Ausnahmen des Einvernehmens mit der zuständigen Ausländerbehörde.

Nr. 4 Abs. 1 der VV zu § 13 StVollzG

(9) Der Urlaub darf nur gewährt werden, wenn der Gefangene für diese Maßnahme geeignet ist, insbesondere eine Erprobung verantwortet werden kann. Bei der Entscheidung ist zu berücksichtigen, ob der Gefangene durch sein Verhalten im Vollzug die Bereitschaft gezeigt hat, an der Erreichung des Erziehungszieles mitzuwirken.

Nr. 4 Abs. 2 der VV zu § 13 StVollzG

(10) Ungeeignet sind in der Regel namentlich Gefangene,

a) die sich im geschlossenen Vollzug befinden und gegen die bis zum voraussichtlichen Entlassungszeitpunkt noch mehr als achtzehn Monate Jugendstrafe zu vollziehen sind,

b) die erheblich suchtgefährdet sind,

c) die während des laufenden Freiheitsentzuges einen Ausbruch unternommen oder sich an einer Gefangenenmeuterei beteiligt haben,

d) bei denen zureichende tatsächliche Anhaltspunkte dafür gegeben sind, daß sie während des letzten Urlaubs oder Ausgangs eine strafbare Handlung begangen haben,

e) gegen die ein Ausweisungs-, Auslieferungs-, Ermittlungs- oder Strafverfahren anhängig ist.

Nr. 4 Abs. 3 der VV zu § 13 StVollzG

(11) Ausnahmen von Absatz 10 können zugelassen werden, wenn besondere Umstände vorliegen; die Gründe hierfür sind aktenkundig zu machen. In den Fällen des Buchstabens e ist die zuständige Behörde zu hören.

Nr. 4 Abs. 4 der VV zu § 13 StVollzG

(12) Bei Gefangenen, gegen die während des laufenden Freiheitsentzuges eine Strafe wegen grober Gewalttätigkeiten gegen Personen,

wegen einer Straftat gegen die sexuelle Selbstbestimmung oder wegen Handels mit Stoffen im Sinne des Gesetzes über den Verkehr mit Betäubungsmitteln vollzogen wurde oder zu vollziehen ist oder die im Vollzug in den begründeten Verdacht des Handels mit diesen Stoffen oder des Einbringens dieser Stoffe gekommen sind, bedarf die Frage, ob eine Beurlaubung zu verantworten ist, besonders gründlicher Prüfung. Dies gilt entsprechend bei Gefangenen, die während des laufenden Freiheitsentzuges entwichen sind, eine Flucht versucht haben oder aus dem letzten Urlaub oder Ausgang nicht freiwillig zurückgekehrt sind bzw. bei Gefangenen, über die Erkenntnisse vorliegen, daß sie der organisierten Kriminalität zuzurechnen sind.

Nr. 5 Abs. 1 der VV zu § 13 StVollzG

(13) Der Gefangene darf in der Regel nicht in eine soziale Umgebung oder zu Personen beurlaubt werden, von denen aufgrund tatsächlicher Anhaltspunkte zu befürchten ist, daß sie seiner Eingliederung entgegenwirken.

Nr. 5 Abs. 2 der VV zu § 13 StVollzG

(14) Der Gefangene hat seine Urlaubsanschrift anzugeben.

Nr. 6 Abs. 2 der VV zu § 13 StVollzG

(15) Reisekosten, Lebensunterhalt und andere Aufwendungen während des Urlaubs hat der Gefangene aus Mitteln des Haus- oder Eigengeldes zu tragen. Nr. 43 Abs. 3 gilt entsprechend. Soweit die eigenen Mittel des Gefangenen nicht ausreichen, kann eine Beihilfe für die Urlaubszeit aus staatlichen Mitteln gewährt werden.

Nr. 6 Abs. 3 der VV zu § 13 StVollzG

(16) Für Art und Umfang einer Beihilfe für die Urlaubszeit gilt Nr. 66 Abs. 1 und 2 entsprechend.

Nr. 7 Abs. 1 der VV zu § 13 StVollzG

(17) Urlaub wird nur auf Antrag gewährt. Der Antrag soll einen Monat vor Urlaubsbeginn schriftlich gestellt werden.

Nr. 7 Abs. 2 der VV zu § 13 StVollzG

(18) Die Gründe für die Ablehnung des Antrags sind aktenkundig zu machen und dem Gefangenen bekanntzugeben.

Nr. 8 Abs. 1 der VV zu § 13 StVollzG

(19) Der beurlaubte Gefangene erhält einen Urlaubsschein. In dem Urlaubsschein sind Weisungen, soweit erforderlich, aufzuführen.

Nr. 8 Abs. 2 der VV zu § 13 StVollzG

(20) Vor Antritt des Urlaubs ist der Gefangene namentlich über die Voraussetzungen des Widerrufs und der Rücknahme des Urlaubs sowie die Bedeutung der ihm erteilten Weisungen zu belehren.

9 Weisungen. Aufhebung von Lockerungen und Urlaub

§ 14 Abs. 1 StVollzG, Nr. 1 Abs. 1 der VV zu § 14

(1) Der Anstaltsleiter erteilt dem Gefangenen für Lockerungen und Urlaub die nach den Umständen des Einzelfalles erforderlichen Weisungen.

Nr. 1 Abs. 2 der VV zu § 14 StVollzG

(2) Der Gefangene kann namentlich angewiesen werden,

a) Anordnungen zu befolgen, die sich auf Aufenthalt oder bestimmte Verrichtungen außerhalb der Anstalt beziehen,

b) sich zu festgesetzten Zeiten bei einer bestimmten Stelle oder Person zu melden,

c) mit bestimmten Personen oder mit Personen einer bestimmten Gruppe, die ihm Gelegenheit oder Anreiz zu weiteren Straftaten bieten können, nicht zu verkehren,

d) bestimmte Gegenstände, die ihm Gelegenheit oder Anreiz zu weiteren Straftaten bieten können, nicht zu besitzen, bei sich zu führen, zu benutzen oder verwahren zu lassen,

e) alkoholische oder andere berauschende Getränke und Stoffe sowie bestimmte Lokale oder Bezirke zu meiden.

§ 14 Abs. 2 StVollzG

(3) Der Anstaltsleiter kann Lockerungen und Urlaub widerrufen, wenn

1. er auf Grund nachträglicher eingetretener Umstände berechtigt wäre, die Maßnahmen zu versagen,
2. der Gefangene die Maßnahmen mißbraucht oder
3. der Gefangene Weisungen nicht nachkommt.

Er kann Lockerungen und Urlaub mit Wirkung für die Zukunft zurücknehmen, wenn die Voraussetzungen für ihre Bewilligung nicht vorgelegen haben.

Nr. 2 Abs. 1 der VV zu § 14 StVollzG

(4) Für das Vorliegen der in Absatz 3 genannten Voraussetzungen müssen zureichende tatsächliche Anhaltspunkte gegeben sein.

Nr. 2 Abs. 2 der VV zu § 14 StVollzG

(5) Widerruf und Rücknahme werden wirksam, wenn die Entscheidung dem Gefangenen mündlich, fernmündlich oder schriftlich bekanntgemacht oder unter der Urlaubsanschrift zugegangen ist. Dem Gefangenen ist Gelegenheit zur Äußerung zu geben. Ist dies vor der Entscheidung über den Widerruf oder die Rücknahme nicht möglich oder untunlich, so ist die Anhörung nach Wegfall des Hindernisses unverzüglich nachzuholen.

Nr. 2 Abs. 3 der VV zu § 14 StVollzG

(6) Die Gründe für den Widerruf und die Rücknahme sind aktenkundig zu machen und dem Gefangenen auf Verlangen bekanntzugeben.

Nr. 2 Abs. 4 der VV zu § 14 StVollzG

(7) Fahndungsmaßnahmen können bereits vor der Wirksamkeit des Widerrufs oder der Rücknahme eingeleitet und durchgeführt werden.

10 Entlassungsvorbereitung

§ 15 Abs. 1 StVollzG

(1) Um die Entlassung vorzubereiten, soll der Vollzug gelockert werden (Nr. 6).

§ 15 Abs. 2 StVollzG

(2) Der Gefangene kann in eine offene Anstalt oder Abteilung (Nr. 5) verlegt werden, wenn dies der Vorbereitung der Entlassung dient.

§ 15 Abs. 3 StVollzG

(3) Innerhalb von drei Monaten vor der Entlassung kann zu deren Vorbereitung Sonderurlaub bis zu einer Woche gewährt werden. Nr. 6 Abs. 2, Nr. 8 Abs. 3 und Nr. 9 gelten entsprechend.

§ 15 Abs. 4 StVollzG

(4) Freigängern (Nr. 6 Abs. 1 Ziff. 1) kann innerhalb von neun Monaten vor der Entlassung Sonderurlaub bis zu sechs Tagen im Monat gewährt werden. Nr. 6 Abs. 2, Nr. 8 Abs. 3 und Nr. 9 gelten entsprechend.

Absatz 3 Satz 1 findet keine Anwendung.

Abs. 1 der VV zu § 15 StVollzG

(5) Die Entlassungsvorbereitungen sind auf den Zeitpunkt der voraussichtlichen Entlassung in die Freiheit abzustellen.

Abs. 2 der VV zu § 15 StVollzG

(6) Sonderurlaub im Sinne des Absatzes 3 kann auch im Wiederholungsfalle nur bis zu einer Gesamtdauer von einer Woche gewährt werden. Dies gilt auch, wenn die Entlassung zu einem anderen Zeitpunkt erfolgt als bei der Bewilligung des Urlaubs angenommen wurde.

Abs. 3 der VV zu § 15 StVollzG

(7) Sonderurlaub nach Absatz 4 kann auch einem Gefangenen gewährt werden, der zum Freigang zugelassen ist, ohne ihn auszuüben.

11 Entlassungszeitpunkt

§ 16 Abs. 1 StVollzG

(1) Der Gefangene soll am letzten Tag seiner Strafzeit möglichst frühzeitig, jedenfalls noch am Vormittag entlassen werden.

§ 16 Abs. 2 StVollzG

(2) Fällt das Strafende auf einen Sonnabend oder Sonntag, einen gesetzlichen Feiertag, den ersten Werktag nach Ostern oder Pfingsten oder in die Zeit vom 22. Dezember bis zum 2. Januar, so kann der Gefangene an dem diesem Tag oder Zeitraum vorhergehenden Werktag entlassen werden, wenn dies nach der Länge der Strafzeit vertretbar ist und fürsorgerische Gründe nicht entgegenstehen.

§ 16 Abs. 3 StVollzG

(3) Der Entlassungszeitpunkt kann bis zu zwei Tagen vorverlegt werden, wenn dringende Gründe dafür vorliegen, daß der Gefangene zu seiner Eingliederung hierauf angewiesen ist.

Abs. 1 der VV zu § 16 StVollzG

(4) Absätze 1 bis 3 gelten auch, wenn

a) der Gefangene auf Grund einer gerichtlichen Entscheidung oder auf Grund einer Gnadenmaßnahme vorzeitig zu entlassen ist,

b) eine Strafe oder Ersatzfreiheitsstrafe infolge der Vorverlegung des Entlassungszeitpunktes überhaupt nicht vollzogen wird.

Abs. 2 der VV zu § 16 StVollzG

(5) Soweit es auf die Länge der Strafzeit ankommt, ist die Vorverlegung der Entlassung vertretbar, wenn sich der Gefangene zum Zeitpunkt der beabsichtigten Entlassung wenigstens einen Monat ununterbrochen im Vollzug befindet.

12 Unterbringung während der Arbeit und Freizeit

§ 17 Abs. 1 StVollzG

(1) Die Gefangenen arbeiten gemeinsam. Dasselbe gilt für Unterricht, Berufsausbildung, berufliche Fortbildung, Umschulung sowie arbeitstherapeutische und sonstige Beschäftigung während der Arbeitszeit.

§ 17 Abs. 2 StVollzG

(2) Während der Freizeit können die Gefangenen sich in der Gemeinschaft mit den anderen aufhalten. Für die Teilnahme an gemeinschaftlichen Veranstaltungen kann der Anstaltsleiter mit Rücksicht auf die räumlichen, personellen und organisatorischen Verhältnisse der Anstalt besondere Regelungen treffen.

§ 17 Abs. 3 StVollzG

(3) Die gemeinschaftliche Unterbringung während der Arbeitszeit und Freizeit kann eingeschränkt werden,

1. wenn ein schädlicher Einfluß auf andere Gefangene zu befürchten ist,
2. wenn der Gefangene nach Nr. 2 untersucht wird, aber nicht länger als zwei Monate,
3. wenn es die Sicherheit oder Ordnung der Anstalt erfordert oder
4. wenn der Gefangene zustimmt.

(4) Die gemeinschaftliche Unterbringung kann ferner eingeschränkt werden, wenn dies aus erzieherischen Gründen angezeigt ist.

§ 201 Nr. 2 StVollzG

(5) Abweichend davon kann die gemeinschaftliche Unterbringung während der Arbeitszeit und Freizeit auch eingeschränkt werden, wenn und solange die räumlichen, personellen und organisatorischen Verhältnisse der Anstalt dies erfordern.

13 Unterbringung während der Ruhezeit

§ 18 Abs. 1 StVollzG

(1) Gefangene werden während der Ruhezeit allein in ihren Hafträumen untergebracht. Eine gemeinsame Unterbringung ist zulässig, sofern ein Gefangener hilfsbedürftig ist oder eine Gefahr für Leben oder Gesundheit eines Gefangenen besteht.

§ 18 Abs. 2 StVollzG

(2) Im offenen Vollzug dürfen Gefangene während der Ruhezeit gemeinsam untergebracht werden, wenn eine schädliche Beeinflussung nicht zu befürchten ist. Im geschlossenen Vollzug ist eine gemeinschaftliche Unterbringung zur Ruhezeit außer in den Fällen des Absatzes 1 nur vorübergehend und aus zwingenden Gründen zulässig.

§ 201 Nr. 3 StVollzG

(3) Abweichend davon dürfen Gefangene während der Ruhezeit auch gemeinsam untergebracht werden, solange die räumlichen Verhältnisse der Anstalt dies erfordern.

14 Ausstattung des Haftraums durch den Gefangenen und sein persönlicher Besitz

§ 19 Abs. 1 StVollzG

(1) Der Gefangene darf seinen Haftraum in angemessenem Umfang mit eigenen Sachen ausstatten. Lichtbilder nahestehender Personen und Erinnerungsstücke von persönlichem Wert werden ihm belassen.

§ 19 Abs. 2 StVollzG

(2) Vorkehrungen und Gegenstände, die die Übersichtlichkeit des Haftraumes behindern oder in anderer Weise Sicherheit und Ordnung der Anstalt oder das Erziehungsgeld gefährden, können ausgeschlossen werden.

15 Kleidung

§ 20 Abs. 1 StVollzG

(1) Der Gefangene trägt Anstaltskleidung.

Für die Freiheit erhält er eine besondere Oberbekleidung.

§ 20 Abs. 2 StVollzG

(2) Der Anstaltsleiter gestattet dem Gefangenen bei einer Ausführung eigene Kleidung zu tragen, wenn zu erwarten ist, daß er nicht entweichen wird. Er kann dies auch sonst gestatten, sofern der Gefangene für Reinigung, Instandsetzung und regelmäßigen Wechsel auf eigene Kosten sorgt.

(3) In bestimmten Anstalten oder Abteilungen einer Anstalt kann der Anstaltsleiter mit Zustimmung der Aufsichtsbehörde das Tragen eigener Kleidung allgemein zulassen.

16 Anstaltsverpflegung

§ 21 StVollzG

(1) Zusammensetzung und Nährwert der Anstaltsverpflegung werden ärztlich überwacht. Auf ärztliche Anordnung wird besondere Verpflegung gewährt. Dem Gefangenen ist zu ermöglichen, Speisevorschriften seiner Religionsgemeinschaft zu befolgen.

Nr. 1 Abs. 1 der VV zu § 21 StVollzG

(2) Der Gefangene erhält Anstaltsverpflegung, soweit nichts anderes bestimmt ist. Die Verpflegung ist für alle Gefangenen gleich, wenn nicht der Anstaltsarzt aus gesundheitlichen Gründen anderes verordnet hat oder mit Rücksicht auf religiöse Speisegebote eine andere Verpflegung angebracht ist.

Nr. 1 Abs. 2 der VV zu § 21 StVollzG

(3) Die Anstaltsverpflegung soll eine vollwertige Ernährung der Gefangenen nach den Erkenntnissen der modernen Ernährungslehre gewährleisten.

Nr. 1 Abs. 3 der VV zu § 21 StVollzG

(4) Unterliegt ein Gefangener religiösen Speisegeboten, sollen auf seinen Antrag Bestandteile der Anstaltsverpflegung, die er nicht verzehren darf, gegen andere Nahrungsmittel ausgetauscht werden.

Nr. 2 der VV zu § 21 StVollzG

(5) Während der hohen Glaubensfeste anderer als christlicher Religionsgemeinschaften, bei denen besondere Speisegebote zu beachten sind, können die betreffenden Gefangenen auf ihren Antrag und auf ihre Kosten auch von Glaubensgenossen verpflegt werden, sofern wichtige Belange des Vollzuges nicht entgegenstehen.

17 Einkauf

§ 22 Abs. 1 StVollzG

(1) Der Gefangene kann sich von seinem Hausgeld (Nr. 41) oder von seinem Taschengeld (Nr. 40) aus einem von der Anstalt vermittelten Angebot Nahrungs- und Genußmittel sowie Mittel zur Körperpflege kaufen. Die Anstalt soll für ein Angebot sorgen, das auf Wünsche und Bedürfnisse der Gefangenen Rücksicht nimmt.

§ 22 Abs. 2 StVollzG

(2) Gegenstände, die die Sicherheit oder Ordnung der Anstalt gefährden, können vom Einkauf ausgeschlossen werden. Auf ärztliche Anordnung kann dem Gefangenen der Einkauf einzelner Nahrungs- und Genußmittel ganz oder teilweise untersagt werden, wenn zu befürchten ist, daß sie seine Gesundheit ernsthaft gefährden. In Krankenhäusern und Krankenabteilungen kann der Einkauf einzelner Nahrungs- und Genußmittel auf ärztliche Anordnung allgemein untersagt oder eingeschränkt werden.

§ 22 Abs. 3 StVollzG

(3) Verfügt der Gefangene ohne eigenes Verschulden nicht über Haus- oder Taschengeld, wird ihm gestattet, in angemessenem Umfang vom Eigengeld einzukaufen.

Nr. 1 Abs. 1 der VV zu § 22 StVollzG

(4) Die Bemessung des Betrages für den Einkauf nach Absatz 3 richtet sich nach den Umständen des Einzelfalles. Dabei sind insbesondere die Höhe des dem Gefangenen bisher zur Verfügung stehenden Hausgeldes, die Höhe des noch anzusparenden Überbrückungsgeldes, besondere persönliche Bedürfnisse (z. B. wegen Krankheit oder Behinderung) und der Wert der beim Zugang belassenen oder ihm von Dritten zugewendeten Nahrungs- und Genußmittel zu berücksichtigen.

Nr. 1 Abs. 2 der VV zu § 22 StVollzG

(5) Können hinreichende Feststellungen nach Absatz 4 nicht getroffen werden, so wird dem Gefangenen gestattet, im Monat einen Betrag bis zum 6fachen, nach sechs Monaten bis zum 10fachen Tagessatz der Eckvergütung (Nr. 38 Abs. 1) aus seinem Eigengeld zu verwenden.

Nr. 1 Abs. 3 der VV zu § 22 StVollzG

(6) Der Einkauf alkoholischer Getränke ist nicht gestattet. Der Einkauf von Tabakwaren, Kaffee und Tee kann beschränkt werden.

Nr. 2 Abs. 1 der VV zu § 22 StVollzG

(7) Für den Einkauf sonstiger Gegenstände, deren Besitz in der Anstalt gestattet ist, kann der Gefangene sein Hausgeld, sein Taschengeld und sein Eigengeld verwenden. Der Einkauf aus seinem Eigengeld kann aus erzieherischen Gründen ausgeschlossen oder der Höhe nach beschränkt werden.

(8) Nr. 74 Abs. 2 Satz 3 bleibt unberührt.

18 Grundsatz

§ 23 StVollzG

Der Gefangene hat das Recht, mit Personen außerhalb der Anstalt im Rahmen dieser Vorschriften zu verkehren. Der Verkehr mit Personen, von denen ein günstiger Einfluß erwartet werden kann, ist zu fördern.

19 Recht auf Besuch

§ 24 Abs. 1 StVollzG

(1) Der Gefangene darf regelmäßig Besuch empfangen. Die Gesamtdauer beträgt mindestens eine Stunde im Monat. Das weitere regelt die Hausordnung.

§ 24 Abs. 2 StVollzG

(2) Besuche sollen darüber hinaus zugelassen werden, wenn sie die Erziehung oder Eingliederung des Gefangenen fördern oder persönlichen, rechtlichen oder geschäftlichen Angelegenheiten dienen, die nicht vom Gefangenen schriftlich erledigt, durch Dritte wahrgenommen oder bis zur Entlassung des Gefangenen aufgeschoben werden können.

§ 24 Abs. 3 StVollzG

(3) Aus Gründen der Sicherheit kann ein Besuch davon abhängig gemacht werden, daß sich der Besucher durchsuchen läßt.

Nr. 2 Abs. 1 der VV zu § 24 StVollzG

(4) Jeder Besucher muß sich über seine Person ausweisen. Hiervon kann abgesehen werden, wenn der Besucher bereits bekannt ist.

Nr. 2 Abs. 2 der VV zu § 24 StVollzG

(5) Der Besuch kann davon abhängig gemacht werden, daß der Besucher für die Dauer des Besuches seinen Ausweis bei der Anstalt hinterlegt.

Nr. 3 der VV zu § 24 StVollzG

(6) Der Besucher wird in geeigneter Weise unterrichtet, wie er sich bei dem Besuch zu verhalten hat.

Nr. 4 der VV zu § 24 StVollzG

(7) Vor dem Besuch eines kranken Gefangenen, der in einer Krankenabteilung oder in einem Anstaltskrankenhaus untergebracht ist, ist der Arzt zu hören. Ärztliche Bedenken gegen einen Besuch sind dem Besucher mitzuteilen. Besuche im Krankenhaus bedürfen der Zustimmung des Arztes.

Nr. 5 der VV zu § 24 StVollzG

(8) Für den Besuchsverkehr eines Gefangenen, der eine ausländische Staatsangehörigkeit besitzt, mit der diplomatischen oder konsularischen Vertretung des Heimatstaates gelten die Richtlinien für den Verkehr mit dem Ausland in strafrechtlichen Angelegenheiten (Nr. 184 RiVASt).

(9) Am Besuchstage sollen nach Möglichkeit Bedienstete den Erziehungsberechtigten zu Gesprächen und Auskünfte zur Verfügung stehen.

20 Besuchsverbot

§ 25 StVollzG

Der Anstaltsleiter kann Besuche untersagen,
1. wenn die Sicherheit oder Ordnung der Anstalt gefährdet würde,
2. bei Besuchern, die nicht Angehörige des Gefangenen im Sinne des Strafgesetzbuches sind, wenn zu befürchten ist, daß sie einen schädlichen Einfluß auf den Gefangenen haben oder seine Eingliederung behindern würden,
3. bei minderjährigen Gefangenen, wenn ein Erziehungsberechtigter nicht einverstanden ist.

21 Besuche von Verteidigern, Rechtsanwälten, Notaren, Beiständen und Vertretern der Jugendhilfe

§ 26 StVollzG

(1) Besuche von Verteidigern und Beiständen (§ 69 JGG) sowie von Rechtsanwälten oder Notaren in einer den Gefangenen betreffenden Rechtssache sind zu gestatten. Nr. 19 Abs. 3 gilt entsprechend. Eine inhaltliche Überprüfung der vom Verteidiger mitgeführten Schriftstücke und sonstigen Unterlagen ist nicht zulässig. Auf Nr. 24 Abs. 1 Satz 2 und 3 wird verwiesen.

Abs. 1 der VV zu § 26 StVollzG

(2) Der Verteidiger muß sich als solcher gegenüber der Anstalt durch die Vollmacht des Gefangenen oder die Bestellungsanordnung des Gerichts ausweisen. Rechtsanwälte und Notare haben nachzuweisen, daß sie den Gefangenen in einer ihn betreffenden Rechtssache besuchen wollen.

Abs. 2 der VV zu § 26 StVollzG

(3) Rechtsanwälte, Notare, Rechtsbeistände und Rechtsreferendare haben ihre Eigenschaft auf Verlangen nachzuweisen.

(4) Der Beistand muß sich als solcher durch die Bestellungsurkunde des Gerichts ausweisen. Nr. 19 Abs. 3 gilt entsprechend.

(5) Für Vertreter der Jugendgerichtshilfe (§ 38 JGG) und der Bewährungshilfe gilt Absatz 1 Satz 1 entsprechend. Sie haben sich auszuweisen. Nr. 19 Abs. 3 gilt entsprechend.

22 Überwachung der Besuche

§ 27 Abs. 1 StVollzG

(1) Die Besuche dürfen aus Gründen der Erziehung oder der Sicherheit oder Ordnung der Anstalt überwacht werden. Die Unterhaltung ist nur dann zu überwachen, wenn es aus diesen Gründen geboten ist.

§ 27 Abs. 2 StVollzG

(2) Ein Besuch darf abgebrochen werden, wenn Besucher oder Gefangene gegen diese Vorschriften oder die auf Grund dieser Vor-

schriften getroffenen Anordnungen trotz Abmahnung verstoßen. Die Abmahnung unterbleibt, wenn es unerläßlich ist, den Besuch sofort abzubrechen. Ein Besuch darf auch abgebrochen werden, wenn von dem Besucher ein schädlicher Einfluß auf den Gefangenen ausgeübt wird.

§ 27 Abs. 3 StVollzG

(3) Besuche von Verteidigern, Beiständen, Vertretern der Jugendgerichtshilfe und Bewährungshelfern werden nicht überwacht.

§ 27 Abs. 4 StVollzG

(4) Gegenstände dürfen beim Besuch nur mit Erlaubnis übergeben werden. Dies gilt nicht für die bei dem Besuch des Verteidigers übergebenen Schriftstücke und sonstigen Unterlagen sowie für die bei dem Besuch eines Rechtsanwalts oder Notars zur Erledigung einer den Gefangenen betreffenden Rechtssache übergebenen Schriftstücke und sonstigen Unterlagen; bei dem Besuch eines Rechtsanwaltes oder Notars kann die Übergabe aus Gründen der Sicherheit oder Ordnung der Anstalt von der Erlaubnis abhängig gemacht werden. Auf Nr. 24 Abs. 1 Satz 2 und 3 wird verwiesen.

23 Recht auf Schriftwechsel

§ 28 Abs. 1 StVollzG

(1) Der Gefangene hat das Recht, unbeschränkt Schreiben abzusenden und zu empfangen.

§ 28 Abs. 2 StVollzG

(2) Der Anstaltsleiter kann den Schriftwechsel mit bestimmten Personen untersagen,

1. wenn die Sicherheit oder Ordnung der Anstalt gefährdet würde,
2. bei Personen, die nicht Angehörige des Gefangenen im Sinne des Strafgesetzbuches sind, wenn zu befürchten ist, daß der Schriftwechsel einen schädlichen Einfluß auf den Gefangenen oder seine Eingliederung behindern würde,
3. bei minderjährigen Gefangenen, wenn ein Erziehungsberechtigter nicht einverstanden ist.

Nr. 1 der VV zu § 28 StVollzG

(3) Für den Schriftverkehr eines Gefangenen, der eine ausländische Staatsangehörigkeit besitzt, mit der diplomatischen oder konsularischen Vertretung des Heimatstaates gelten die Richtlinien für den Verkehr mit dem Ausland in strafrechtlichen Angelegenheiten (Nr. 135 RiVASt).

Nr. 2 der VV zu § 28 StVollzG

(4) Die Kosten des Schriftverkehrs trägt der Gefangene. Kann der Gefangene sie nicht aufbringen, kann die Anstalt sie in begründeten Fällen in angemessenem Umfang übernehmen.

24 Überwachung des Schriftwechsels

§ 29 Abs. 1 StVollzG

(1) Der Schriftwechsel des Gefangenen mit seinem Verteidiger wird nicht überwacht. Liegt dem Vollzug der Jugendstrafe eine Straftat nach § 129a des Strafgesetzbuches zugrunde, gelten § 148 Abs. 2, § 148a der Strafprozeßordnung entsprechend. Dies gilt auch, wenn gegen einen Gefangenen im Anschluß an die dem Vollzug der Jugendstrafe zugrunde liegende Verurteilung eine Jugend- oder Freiheitsstrafe wegen einer Straftat nach § 129a des Strafgesetzbuches zu vollstrecken ist.

§ 29 Abs. 2 StVollzG

(2) Nicht überwacht werden ferner Schreiben des Gefangenen an Volksvertretungen des Bundes und der Länder sowie an deren Mitglieder, soweit die Schreiben an die Anschrift dieser Volksvertretungen gerichtet sind und den Absender zutreffend angeben, sowie an die Europäische Kommission für Menschenrechte.

Nr. 29 Abs. 3 StVollzG

(3) Der übrige Schriftwechsel darf aus Gründen der Erziehung oder der Sicherheit oder Ordnung der Anstalt überwacht werden.

Nr. 1 der VV zu § 29 StVollzG

(4) Der Verteidiger muß sich als solcher gegenüber der Anstalt durch die Vollmacht des Gefangenen oder die Bestellungsanordnung des Gerichts ausweisen. Verteidigerpost muß deutlich sichtbar gekennzeichnet sein.

Nr. 1 Abs. 2 der VV zu § 29 StVollzG

(5) Als Verteidigerpost gekennzeichnete eingehende Schreiben von Personen, bei denen die Verteidigereigenschaft nicht nachgewiesen ist, werden in der Regel ungeöffnet an den Absender zurückgesandt mit dem Hinweis, daß der Nachweis der Verteidigereigenschaft fehlt. Mit Einverständnis des Gefangenen kann das Schreiben geöffnet und nach Überprüfung ausgehändigt werden.

Nr. 2 Abs. 1 der VV zu § 29 StVollzG

(6) Soweit der Schriftwechsel überwacht werden darf, bestimmt der Anstaltsleiter Art und Umfang der Überwachung. Er darf mit der Überwachung einzelne andere Bedienstete beauftragen. Schreiben in fremder Sprache werden, soweit nötig, übersetzt.

Nr. 2 Abs. 2 der VV zu § 29 StVollzG

(7) Soweit der Schriftwechsel überwacht wird, hat der Gefangene seine Schreiben in offenem Umschlag in der Anstalt abzugeben.

Nr. 2 Abs. 3 der VV zu § 29 StVollzG

(8) Der überwachende Bedienstete darf in den Schreiben weder Randbemerkungen anbringen noch Stellen durchstreichen oder unkenntlich machen. Ein Sichtvermerk ist zulässig.

Nr. 3 der VV zu § 29 StVollzG

(9) Die Kosten für die Übersetzung von Schreiben, die in fremder Sprache abgefaßt sind, trägt in der Regel die Staatskasse.

(10) Für den Beistand gilt Absatz 1 Satz 1 entsprechend. Der Beistand muß sich als solcher gegenüber der Anstalt durch die Bestellungsanordnung des Gerichts ausweisen. Die Post des Beistands muß deutlich gekennzeichnet sein.

25 Weiterleitung von Schreiben, Aufbewahrung

§ 30 Abs. 1 StVollzG

(1) Der Gefangene hat Absender und Empfang seiner Schreiben durch die Anstalt vermitteln zu lassen, soweit nichts anderes gestattet ist.

§ 30 Abs. 2 StVollzG

(2) Eingehende und ausgehende Schreiben sind unverzüglich weiterzuleiten.

§ 30 Abs. 3 StVollzG

(3) Der Gefangene hat eingehende Schreiben unverschlossen zu verwahren, sofern nichts anderes gestattet wird; er kann sie verschlossen zu seiner Habe geben.

26 Anhalten von Schreiben

§ 31 Abs. 1 StVollzG

(1) Der Anstaltsleiter kann Schreiben anhalten,

1. wenn das Erziehungsziel oder die Sicherheit oder Ordnung der Anstalt gefährdet würde,
2. wenn die Weitergabe in Kenntnis ihres Inhalts einen Straf- oder Bußgeldbestand verwirklichen würde,
3. wenn sie grob unrichtige oder erheblich entstellende Darstellungen von Anstaltsverhältnissen enthalten,
4. wenn sie grobe Beleidigungen enthalten,
5. wenn sie die Eingliederung eines anderen Gefangenen gefährden können oder
6. wenn sie in Geheimschrift, unlesbar, unverständlich oder ohne zwingenden Grund in einer fremden Sprache abgefaßt sind.

Nr. 2 der VV zu § 31 StVollzG

(2) Ist ein Schreiben angehalten worden, wird das dem Gefangenen mitgeteilt. Angehaltene Schreiben werden an den Absender zurückgegeben oder, sofern dies unmöglich oder aus besonderen Gründen untunlich ist, behördlich verwahrt.

§ 31 Abs. 4 StVollzG

(3) Schreiben, deren Überwachung nach Nr. 24 Abs. 1 und 9 ausgeschlossen ist, dürfen nicht angehalten werden.

Nr. 1 der VV zu § 31 StVollzG

(4) Dem Gefangenen sind die Gründe für das Anhalten mitzuteilen. Der unbedenkliche Inhalt eines angehaltenen Schreibens kann ihm bekanntgegeben werden.

(5) Ausgehenden Schreiben, die unrichtige Darstellungen enthalten, kann ein Begleitschreiben beigefügt werden, wenn der Gefangene auf der Absendung besteht.

Nr. 2 der VV zu § 31 StVollzG

(6) Ein Begleitschreiben darf nur Angaben enthalten, die der Richtigstellung dienen. Der Gefangene ist über die Absicht, ein Begleitschreiben beizufügen, zu unterrichten.

27 Ferngespräche und Telegramme

§ 32 StVollzG

(1) Dem Gefangenen kann gestattet werden, Ferngespräche zu führen oder Telegramme aufzugeben. Im übrigen gelten für Ferngespräche die Vorschriften über den Besuch und für Telegramme die Vorschriften über den Schriftwechsel entsprechend.

VV zu § 32 StVollzG

(2) Die Kosten trägt der Gefangene. Ist er dazu nicht in der Lage, kann die Anstalt die Kosten in begründeten Fällen in angemessenem Umfang übernehmen.

28 Pakete

§ 33 Abs. 1 StVollzG

(1) Der Gefangene darf dreimal jährlich in angemessenen Abständen ein Paket mit Nahrungs- und Genußmitteln empfangen. Der Empfang weiterer Pakete oder solcher mit anderem Inhalt bedarf der Erlaubnis der Vollzugsbehörde. Für den Ausschluß von Gegenständen gilt Nr. 17 Abs. 2 entsprechend.

§ 33 Abs. 2 StVollzG

(2) Pakete sind in Gegenwart des Gefangenen zu öffnen. Ausgeschlossene Gegenstände können zu seiner Habe genommen oder dem Absender zurückgesandt werden. Nicht ausgehändigte Gegenstände, durch die bei der Versendung oder Aufbewahrung Personen verletzt oder Sachschäden verursacht werden können, dürfen vernichtet werden. Die hiernach getroffenen Maßnahmen werden dem Gefangenen eröffnet.

§ 33 Abs. 3 StVollzG

(3) Der Empfang von Paketen kann vorübergehend versagt werden, wenn dies wegen Gefährdung der Sicherheit oder Ordnung der Anstalt unerläßlich ist.

§ 33 Abs. 4 StVollzG

(4) Dem Gefangenen kann gestattet werden, Pakete zu versenden. Die Vollzugsbehörde kann ihren Inhalt aus Gründen der Sicherheit oder Ordnung der Anstalt überprüfen.

Nr. 1 Abs. 1 der VV zu § 33 StVollzG

(5) Der Empfang eines Paketes ist zugelassen zu Weihnachten, zu Ostern und zu einem von dem Gefangenen zu wählenden weiteren Zeitpunkt (z. B. Geburtstag).

Nr. 1 Abs. 2 der VV zu § 33 StVollzG

(6) Einem Gefangenen, der nicht einer christlichen Religionsgemeinschaft angehört, kann anstelle des Weihnachts- und des Osterpaketes der Empfang je eines Paketes aus Anlaß eines hohen Feiertages seines Glaubens gestattet werden.

Nr. 2 Abs. 2 der VV zu § 33 StVollzG

(7) Ein Paket darf Alkohol und andere berauschende Mittel in jeder Form sowie Medikamente und Tabletten nicht enthalten.

Nr. 2 Abs. 3 der VV zu § 33 StVollzG

(8) In den Fällen einer ärztlichen Anordnung nach Nr. 17 darf der Inhalt des Paketes nur nach Anhörung des Arztes ausgehändigt werden.

Nr. 3 der VV zu § 33 StVollzG

(9) Die Erlaubnis zum Empfang sonstiger Pakete kann namentlich für die Zusendung von Unterrichts- und Fortbildungsmitteln, Entlassungskleidung und Gegenstände für die Freizeitbeschäftigung erteilt werden.

Nr. 4 der VV zu § 33 StVollzG

(10) Jedes Paket soll ein Inhaltsverzeichnis enthalten und den Absender erkennen lassen. Die Verwendung einer von der Anstalt ausgegebenen Paketmarke kann vorgeschrieben werden.

Nr. 5 Abs. 1 der VV zu § 33 StVollzG

(11) Das Paket soll innerhalb eines Zeitraumes von zwei Wochen vor oder nach den in Absatz 5 genannten Zeitpunkten eingehen.

Nr. 5 Abs. 2 der VV zu § 33 StVollzG

(12) Die Anstalt kann die Annahme eines Paketes, das zur Unzeit (Absatz 11) oder mit Übergewicht eingeht oder dessen Empfang nicht zugelassen ist – gegebenenfalls bereits auf dem Postamt verweigern. Sie teilt dem Gefangenen die Annahmeverweigerung und den Grund dafür mit.

Nr. 5 Abs. 3 der VV zu § 33 StVollzG

(13) Absatz 12 gilt nicht für ein Paket, das einem ausländischen Gefangenen nicht aus dem Geltungsbereich des Jugendgerichtsgesetzes zugesandt wird. Wird das Höchstgewicht überschritten oder ist das Paket nicht zugelassen, kann der Mehrinhalt oder der Inhalt

dem Gefangenen ausgehändigt werden, wenn dieser mit der Zuführung eines dem Wert entsprechenden, von der Anstalt festgesetzten Betrages aus dem Hausgeld zum Überbrückungsgeld oder Eigengeld einverstanden ist. Andernfalls ist der Mehrinhalt oder der Inhalt des Paketes zur Habe des Gefangenen zu nehmen, soweit er nicht mit dessen Zustimmung anderweitig verwendet oder soweit nicht nach Nr. 74 Abs. 3 verfahren wird.

Nr. 6 Abs. 1 der VV zu § 33 StVollzG

(14) Ein Gefangener, der kein Paket erhält, darf zum Ausgleich Nahrungs- und Genußmittel einkaufen. Für den Ersatzeinkauf darf ein Betrag bis zum zwölffachen, bei Weihnachtspaketen bis zum fünfzehnfachen Tagessatz der Eckvergütung (Nr. 38 Abs. 1) aus dem Eigengeld verwendet werden. Nr. 74 Abs. 2 Satz 3 bleibt unberührt.

Nr. 6 Abs. 2 der VV zu § 33 StVollzG

(15) Geht für einen Gefangenen nach dem Ersatzeinkauf in dem in Absatz 11 bestimmten Zeitraum ein Paket ein, ist es ihm auszuhändigen, wenn er mit der Zuführung des gleichen Betrages, den er für den Ersatzeinkauf verwendet hat, aus dem Hausgeld zum Überbrükkungsgeld oder Eigengeld einverstanden ist. Andernfalls ist das Paket zurückzusenden. Absatz 13 bleibt unberührt.

Nr. 7 Abs. 1 der VV zu § 33 StVollzG

(16) Der Paketinhalt wird auf verbotene Gegenstände durchsucht. Liegt ein Inhaltsverzeichnis bei, ist die Vollzähligkeit zu prüfen; Abweichungen sind auf dem Verzeichnis zu vermerken.

Nr. 7 Abs. 2 der VV zu § 33 StVollzG

(17) Der Gefangene hat den Empfang des Paketes schriftlich zu bestätigen.

Nr. 8 der VV zu § 33 StVollzG

(18) Die Kosten des Paketverkehrs trägt grundsätzlich der Gefangene. Ist er dazu nicht in der Lage, kann die Anstalt die Kosten in begründeten Fällen in angemessenem Umfang übernehmen.

Nr. 9 der VV zu § 33 StVollzG

(19) Der Gefangene soll alsbald nach der Aufnahme durch Aushändigung eines Merkblattes über die Möglichkeit, Pakete empfangen und zu versenden, unterrichtet werden.

29 Verwertung von Kenntnissen

§ 34 Abs. 1 StVollzG

(1) Kenntnisse aus der Überwachung der Besuche oder des Schriftwechsels dürfen nur verwertet werden,

1. soweit dies notwendig ist, um die Sicherheit oder Ordnung der Anstalt zu wahren oder Straftaten oder Ordnungswidrigkeiten zu verhüten, zu unterbinden oder zu verfolgen oder
2. soweit dies aus Gründen der Erziehung geboten ist; der Gefangene soll gehört werden.

§ 34 Abs. 2 StVollzG

(2) Die Kenntnisse dürfen nur den zuständigen Vollzugsbediensteten sowie den zuständigen Gerichten und den Behörden mitgeteilt werden, die zuständig sind, Straftaten oder Ordnungswidrigkeiten zu verhüten, zu unterbinden oder zu verfolgen.

30 Urlaub, Ausgang und Ausführung aus wichtigem Anlaß

§ 35 Abs. 1 StVollzG

(1) Aus wichtigem Anlaß kann der Anstaltsleiter dem Gefangenen Ausgang gewähren oder ihn bis zu sieben Tagen beurlauben; der Urlaub aus anderem wichtigen Anlaß als wegen einer lebensgefährlichen Erkrankung oder wegen Todes eines Angehörigen darf sieben Tage im Jahr nicht übersteigen. Nr. 6 Abs. 2, Nr. 8 Abs. 3 und Nr. 9 gelten entsprechend.

§ 35 Abs. 2 StVollzG

(2) Der Urlaub nach Absatz 1 wird nicht auf den regelmäßigen Urlaub angerechnet.

§ 35 Abs. 3 StVollzG

(3) Kann Ausgang oder Urlaub nicht gewährt werden, weil eine Erprobung nicht verantwortet werden kann (Nr. 6 Abs. 2), so kann der Anstaltsleiter den Gefangenen ausführen lassen. Die Aufwendungen hierfür hat der Gefangene zu tragen. Der Anspruch ist nicht geltend zu machen, wenn dies die Erziehung oder die Eingliederung behindern würde.

Nr. 1 der VV zu § 35 StVollzG

(4) Nr. 6 Abs. 3 bis Abs. 14, Nr. 8 Abs. 4 bis Abs. 20 und Nr. 9 Abs. 2 bis Abs. 7 gelten sinngemäß.

Nr. 2 Abs. 1 der VV zu § 35 StVollzG

(5) Bei einer Ausführung entscheidet der Anstaltsleiter über die nach Lage des Falles erforderlichen besonderen Sicherungsmaßnahmen.

Nr. 2 Abs. 2 der VV zu § 35 StVollzG

(6) Eine Ausführung unterbleibt, wenn trotz Anordnung angemessener besonderer Sicherungsmaßnahmen zu befürchten ist, daß der Gefangene sich dem Vollzug der Jugendstrafe entziehen oder die Ausführung zu Straftaten mißbrauchen werde. Dies gilt nicht, wenn die Ausführung zur Abwendung einer unmittelbaren Gefahr für Leib oder Leben des Gefangenen unerläßlich ist.

31 Gerichtliche Termine

§ 36 Abs. 1 StVollzG

(1) Der Anstaltsleiter kann einem Gefangenen zur Teilnahme an einem gerichtlichen Termin Ausgang oder Urlaub erteilen, wenn

anzunehmen ist, daß er der Ladung folgt und wenn eine Erprobung verantwortet werden kann. Nr. 8 Abs. 4 und Nr. 9 gelten entsprechend.

§ 36 Abs. 2 StVollzG

(2) Wenn ein Gefangener zu einem gerichtlichen Termin geladen ist und Ausgang oder Urlaub nicht gewährt wird, läßt der Anstaltsleiter ihn mit seiner Zustimmung zu dem Termin ausführen, sofern wegen Entweichungs- oder Mißbrauchsgefahr keine überwiegenden Gründe entgegenstehen. Auf Ersuchen eines Gerichts läßt er den Gefangenen vorführen, sofern ein Vorführungsbefehl vorliegt.

§ 36 Abs. 3 StVollzG

(3) Die Vollzugsbehörde unterrichtet das Gericht über das Veranlaßte.

Nr. 1 Abs. 2 der VV zu § 36 StVollzG

(4) Beantragt der Gefangene unter Vorlage einer Ladung die Teilnahme an einem gerichtlichen Termin, so entscheidet der Anstaltsleiter, ob er dem Gefangenen hierfür Ausgang oder Urlaub erteilt oder ihn ausführen läßt.

Nr. 1 Abs. 2 der VV zu § 36 StVollzG

(5) Eine Pflicht des Anstaltsleiters, das Gericht über seine Entscheidung zu unterrichten, besteht nicht.

Nr. 2 Abs. 1 der VV zu § 36 StVollzG

(6) Ersucht das Gericht die Anstalt, einen Gefangenen an einem gerichtlichen Termin teilnehmen zu lassen, so klärt der Anstaltsleiter, ob der Gefangene der Ladung Folge leisten will. Bejahendenfalls prüft der Anstaltsleiter, ob der Gefangene Ausgang oder Urlaub erteilt oder ihn ausführen läßt.

Nr. 2 Abs. 2 der VV zu § 36 StVollzG

(7) Der Anstaltsleiter unterrichtet das Gericht, und zwar auch dann, wenn der Gefangene die Teilnahme an dem Termin ablehnt.

Nr. 3 der VV zu § 36 StVollzG

(8) Wird der Gefangene auf seinen Antrag oder überwiegend in seinem Interesse ausgeführt, so werden ihm in der Regel die Kosten auferlegt.

Nr. 4 Abs. 1 der VV zu § 36 StVollzG

(9) Erläßt das Gericht einen Vorführungsbefehl und ersucht es die Anstalt um Vorführung, so läßt der Anstaltsleiter den Gefangenen zu dem gerichtlichen Termin vorführen.

Nr. 4 Abs. 2 der VV zu § 36 StVollzG

(10) Vor der Vorführung erteilt der Anstaltsleiter die nach Lage des Falles erforderlichen Weisungen und entscheidet über besondere Sicherungsmaßnahmen.

Nr. 5 der VV zu § 36 StVollzG

(11) Im Benehmen mit dem Richter, der die Dienstaufsicht bei dem Amtsgericht führt, in dessen Bezirk die Anstalt liegt, setzt der Anstaltsleiter die Zeit fest, in der dem Gefangenen Gelegenheit gegeben wird, in der Anstalt dem Urkundsbeamten der Geschäftsstelle vorgeführt zu werden.

32 Berufliche Bildung, Arbeit

§ 37 Abs. 3 StVollzG

(1) Geeigneten Gefangenen soll Gelegenheit zur Berufsausbildung, beruflichen Fortbildung, Umschulung oder Teilnahme an anderen ausbildenden oder weiterbildenden Maßnahmen gegeben werden.

§ 37 Abs. 2 StVollzG

(2) Die Vollzugsbehörde soll dem Gefangenen wirtschaftlich ergiebige Arbeit zuweisen und dabei seine Fähigkeiten, Fertigkeiten und Neigungen berücksichtigen.

§ 37 Abs. 4 StVollzG

(3) Kann einem arbeitsfähigen Gefangenen keine wirtschaftlich ergiebige Arbeit oder die Teilnahme an Maßnahmen nach Absatz 1 zugewiesen werden, wird ihm eine angemessene Beschäftigung zugeteilt.

§ 37 Abs. 5 StVollzG

(4) Ist ein Gefangener zu wirtschaftlich ergiebiger Arbeit nicht fähig, soll er arbeitstherapeutisch beschäftigt werden.

Nr. 2 der VV zu § 37 StVollzG

(5) Eine Beschäftigung ist angemessen im Sinne des Absatzes 3, wenn ihr Ergebnis wirtschaftlich verwertbar ist und in einem vertretbaren Verhältnis zum Aufwand steht.

Nr. 3 Abs. 1 der VV zu § 37 StVollzG

(6) Soweit es die Art der Arbeit oder der angemessenen Beschäftigung zuläßt, wird für jede Verrichtung die Anforderung ermittelt und festgesetzt, die der Gefangene zu leisten hat. Dabei ist von der Leistung auszugehen, die von einem freien Arbeitnehmer nach ausreichender Einarbeitung und Übung ohne Gesundheitsstörung auf die Dauer erreicht und erwartet werden kann. Die besonderen Verhältnisse des Vollzuges sind angemessen zu berücksichtigen.

Nr. 3 Abs. 2 der VV zu § 37 StVollzG

(7) Die Soll-Leistung wird geprüft und gegebenenfalls neu festgesetzt, wenn sie von der Mehrzahl der Gefangenen um mehr als vierzig vom Hundert überschritten wird oder sich die Festsetzung als zu hoch erwiesen hat. Sie ist auch zu überprüfen und gegebenenfalls neu festzusetzen, wenn dies durch eine Änderung der Arbeitsmethoden, technische Verbesserungen oder ähnliches begründet ist.

Nr. 4 Abs. 1 der VV zu § 37 StVollzG

(8) Die Arbeitszeit der Gefangenen soll sich nach der regelmäßigen wöchentlichen Arbeitszeit im öffentlichen Dienst richten. In dringenden Fällen darf die regelmäßige Arbeitszeit der Gefangenen bis zu der für freie Arbeitnehmer zugelassenen Höchstdauer überschritten werden.

Nr. 4 Abs. 2 der VV zu § 37 StVollzG

(9) An Sonntagen und gesetzlichen Feiertagen, in der Regel auch an Samstagen, ruht die Arbeit, soweit nicht unaufschiebbare Arbeiten ausgeführt werden müssen.

Nr. 4 Abs. 3 der VV zu § 37 StVollzG

(10) Mehrarbeit und Arbeit nach Absatz 9 sollen möglichst durch Freistellung von der Arbeit an anderen Arbeitstagen ausgeglichen werden.

Nr. 4 Abs. 4 der VV zu § 37 StVollzG

(11) Gefangene, die nach den Vorschriften ihres Glaubensbekenntnisses an bestimmten Tagen nicht arbeiten dürfen, können an diesen Tagen auf ihren Wunsch von der Arbeit befreit werden. Sie können dafür an allgemein arbeitsfreien Tagen zu unaufschiebbaren Arbeiten herangezogen werden.

Nr. 5 der VV zu § 37 StVollzG

(12) Ein Gefangener kann zu Tätigkeiten für die Vollzugsanstalt herangezogen werden, wenn er hierfür geeignet ist und Unzuträglichkeiten nicht zu erwarten sind. Arbeiten, die Einblick in die persönlichen Verhältnisse von Bediensteten, Gefangenen oder Dritten oder in Personal-, Gerichts- oder Verwaltungsakten ermöglichen, dürfen einem Gefangenen nicht übertragen werden.

(13) § 62 Jugendarbeitsschutzgesetz ist zu beachten.

33 Unterricht

§ 38 StVollzG

(1) Dem Unterricht kommt im Jugendstrafvollzug besondere Bedeutung zu.

(2) Schulpflichtige Gefangene erhalten Hauptschul-, Sonderschul- und Berufsschulunterricht in Anlehnung an die für öffentliche Schulen geltenden Vorschriften.

(3) An den Hauptschul- und Sonderschulunterricht können auch nicht schulpflichtige Gefangene teilnehmen.

(4) Daneben soll nach Möglichkeit Unterricht zur Erlangung anderer staatlich anerkannter Schulabschlüsse, zur Förderung besonderer Begabungen und individueller Interessen sowie lebenskundlicher Unterricht und berufsbildender Unterricht auf Einzelgebieten erteilt werden.

(5) Bei der beruflichen Ausbildung oder Umschulung ist berufsbildender Unterricht vorzusehen; dies gilt auch für die berufliche Fortbildung, soweit die Art der Maßnahme es erfordert.

(6) Der Unterricht findet in der Regel während der Arbeitszeit statt; dies gilt nicht für den Unterricht in Lebenskunde und zur Förderung besonderer Begabungen und individueller Interessen.

34 Freies Beschäftigungsverhältnis, Selbstbeschäftigung

§ 39 Abs. 1 StVollzG

(1) Dem Gefangenen kann gestattet werden, einer Arbeit, Berufsausbildung, beruflichen Fortbildung oder Umschulung auf der Grundlage eines freien Beschäftigungsverhältnisses außerhalb der Anstalt nachzugehen, wenn dies im Rahmen des Vollzugsplanes dem Ziel dient, Fähigkeiten für eine Erwerbstätigkeit nach der Entlassung zu vermitteln, zu erhalten oder zu fördern und nicht überwiegende Gründe des Vollzuges entgegenstehen. Nr. 6 Abs. 1 Ziff. 1, Abs. 2 und Nr. 9 bleiben unberührt.

§ 39 Abs. 2 StVollzG

(2) Dem Gefangenen kann gestattet werden, sich selbst zu beschäftigen.

§ 39 Abs. 3 StVollzG

(3) Die Vollzugsbehörde kann verlangen, daß ihr das Entgelt zur Gutschrift für den Gefangenen überwiesen wird.

Nr. 2 Abs. 1 der VV zu § 39 StVollzG

(4) Gefangene, denen das Eingehen eines freien Beschäftigungsverhältnisses außerhalb der Anstalt gestattet ist, sollen von anderen Gefangenen getrennt gehalten werden.

Nr. 2 Abs. 2 der VV zu § 39 StVollzG

(5) Zwischen dem Gefangenen und seinem Arbeitgeber oder Ausbildenden ist ein schriftlicher Vertrag (Arbeitsvertrag, Berufsausbildungsvertrag oder ähnliches) abzuschließen. In dem Vertrag ist insbesondere festzulegen, daß das Beschäftigungsverhältnis ohne Kündigung endet, wenn die dem Gefangenen nach Absatz 1 erteilte Erlaubnis endet, und daß die Bezüge aus dem Beschäftigungsverhältnis während des Freiheitsentzuges mit befreiender Wirkung nur auf das mit der Anstalt vereinbarte Konto gezahlt werden könne. Die Anstalt stellt sicher, daß mit Zuwendungen aufgrund öffentlichrechtlicher Bestimmungen entsprechend verfahren wird.

Nr. 2 Abs. 3 der VV zu § 39 StVollzG

(6) Die Bezüge des Gefangenen werden in nachfolgender Rangfolge für folgende Zwecke verwendet:

a) Auslagen des Gefangenen für Fahrtkosten, Arbeitskleidung, Verpflegung außerhalb der Anstalt und andere im Zusammenhang mit seiner Beschäftigung notwendige Aufwendungen,

b) Hausgeld und Überbrückungsgeld,
c) Erfüllung einer gesetzlichen Unterhaltspflicht des Gefangenen auf dessen Antrag,
d) Haftkostenbeitrag,
e) Erfüllung sonstiger Verbindlichkeiten des Gefangenen auf dessen Antrag,
f) Eigengeld des Gefangenen.

Nr. 2 Abs. 4 der VV zu § 39 StVollzG

(7) Der Gefangene ist anzuhalten, seine Unterhaltspflichten zu erfüllen, den durch die Straftat verursachten Schaden wiedergutzumachen und seine sonstigen Verbindlichkeiten zu erfüllen. Ist der Anstalt bekannt, daß Angehörige oder andere Personen, denen der Gefangene unterhaltspflichtig ist, Sozialhilfe erhalten, wird der Träger der Sozialhilfe von dem Beschäftigungsverhältnis und der Höhe der Bezüge unterrichtet. Auf die Möglichkeit der Nachentrichtung von Beiträgen zur Sozialversicherung soll der Gefangene hingewiesen werden.

Nr. 4 Abs. 1 Satz 2 der VV zu § 176 StVollzG

(8) Die Rechte des gesetzlichen Vertreters sind zu beachten.

Nr. 3 Abs. 1 der VV zu § 39 StVollzG

(9) Selbstbeschäftigung soll regelmäßig nur gestattet werden, wenn sie aus wichtigem Grunde geboten erscheint und im Rahmen des Vollzugsplans insbesondere dem Ziel dient, Fähigkeiten für eine Erwerbstätigkeit nach der Entlassung zu vermitteln, zu erhalten oder zu fördern. Selbstbeschäftigung darf nicht gestattet werden, wenn überwiegende Gründe des Vollzuges entgegenstehen.

Nr. 3 Abs. 2 der VV zu § 39 StVollzG

(10) Selbstbeschäftigung wird in der Regel nur gestattet, wenn sich der Gefangene die nötigen Gegenstände aus eigenen Mitteln beschaffen kann; bei Selbstbeschäftigung innerhalb der Anstalt vermittelt die Anstalt die Beschaffung der Gegenstände.

Nr. 3 Abs. 3 der VV zu § 39 StVollzG

(11) Für die Rechtsbeziehung zwischen dem Gefangenen und einem Dritten sowie für die Bezüge aus der Selbstbeschäftigung gelten Absätze 5 bis 7 entsprechend. § 50 Abs. 3 StVollzG in der Fassung des § 199 Abs. 2 Nr. 3 StVollzG bleibt unberührt.

Nr. 3 Abs. 4 der VV zu § 39 StVollzG

(12) Der Gefangene ist anzuhalten, seiner Steuerpflicht nachzukommen. Erfüllt der Gefangene seine Anzeigepflicht nicht, so ist die Erlaubnis zur Selbstbeschäftigung zu widerrufen.

35 Zeugnisse

§ 40 StVollzG

Aus dem Abschlußzeugnis über eine ausbildende oder weiterbildende Maßnahme darf die Gefangenschaft eines Teilnehmers nicht erkennbar sein.

36 Arbeitspflicht

§ 41 Abs. 1 Satz 1 und 2 StVollzG

Der Gefangene ist verpflichtet, eine ihm zugewiesene, seinen körperlichen Fähigkeiten angemessene Arbeit, arbeitstherapeutische oder sonstige Beschäftigung auszuüben, zu deren Verrichtung er auf Grund seines körperlichen Zustandes in der Lage ist. Er kann jährlich bis zu drei Monaten zu Hilfstätigkeiten in der Anstalt verpflichtet werden, mit seiner Zustimmung auch darüber hinaus. Die Sätze 1 und 2 gelten nicht für werdende und stillende Mütter, soweit gesetzliche Beschäftigungsverbote zum Schutze erwerbstätiger Mütter bestehen.

37 Freistellung von der Arbeit

§ 42 Abs. 1 StVollzG

(1) Hat der Gefangene ein Jahr lang zugewiesene Tätigkeit nach Nr. 32 oder Hilfstätigkeiten nach Nr. 36 Satz 2 ausgeübt, so kann er beanspruchen, 18 Werktage von der Arbeitspflicht freigestellt zu werden. Zeiten, in denen der Gefangene infolge Krankheit an seiner Arbeitsleistung verhindert war, werden auf das Jahr bis zu sechs Wochen jährlich angerechnet.

Nr. 1 der VV zu § 42 StVollzG

(2) Der Anspruch besteht, sobald der Gefangene innerhalb eines zu einem beliebigen Zeitpunkt beginnenden Zeitraumes von einem Jahr seine Arbeitspflicht erfüllt hat.

§ 42 Abs. 2 StVollzG

(3) Auf die Zeit der Freistellung wird Urlaub aus der Haft (Nrn. 8, 30) angerechnet, soweit er in die Arbeitszeit fällt und nicht wegen einer lebensgefährlichen Erkrankung oder des Todes eines Angehörigen erteilt worden ist.

§ 42 Abs. 4 StVollzG

(4) Urlaubsregelungen der Beschäftigungsverhältnisse außerhalb des Jugendstrafvollzugs bleiben unberührt.

Nr. 2 der VV zu § 42 StVollzG

(5) Auf das Jahr (Abs. 1 und 2) werden ferner angerechnet

a) Zeiten, in denen der Gefangene Verletztengeld nach § 560, 566 Abs. 2 RVO erhalten hat,
b) Zeiten, in denen der Gefangene aus anderen als Krankheitsgründen eine Tätigkeit nach Abs. 1 nicht ausgeübt hat, in der Regel bis zu drei Wochen jährlich, wenn dies angemessen erscheint,
c) Zeiten einer Freistellung von der Arbeitspflicht und Urlaub aus der Haft, der nach Abs. 3 anzurechnen ist.

Nr. 3 der VV zu § 42 StVollzG

(6) Als Werktage (Abs. 1 Satz 1) gelten alle Kalendertage, die nicht Sonn- oder gesetzliche Feiertage sind. Erkrankt ein Gefangener

während der Freistellung von der Arbeitspflicht, werden die Tage der Arbeitsunfähigkeit auf die Zeit der Freistellung nicht angerechnet.

Nr. 4 der VV zu § 42 StVollzG

(7) Die Freistellung kann nur innerhalb eines Jahres nach Vorliegen der Voraussetzungen in Anspruch genommen werden. Eine erneute Freistellung kann frühestens ein Jahr nach Vorliegen der Voraussetzungen für die vorhergehende Freistellung und in der Regel frühestens drei Monate nach der letzten Freistellung in Anspruch genommen werden.

Nr. 5 der VV zu § 42 StVollzG

(8) Die Freistellung von der Arbeitspflicht ist von dem Gefangenen mindestens einen Monat vorher schriftlich zu beantragen.

Nr. 6 der VV zu § 42 StVollzG

(9) Bei der Festsetzung des Zeitpunkts der Freistellung sind die betrieblichen Belange, besondere erzieherische Maßnahmen, der Stand einer Aus- oder Weiterbildungsmaßnahme und die Möglichkeiten der Vollzugsgestaltung während der Freistellungszeit zu berücksichtigen.

§ 42 Abs. 3 StVollzG und Nr. 7 der VV zu § 42 StVollzG

(10) Der Gefangene erhält für die Zeit der Freistellung seine zuletzt gezahlten Bezüge weiter. Der Berechnung der Bezüge ist der Durchschnitt der letzten drei abgerechneten Monate vor der Freistellung zugrunde zu legen.

Nr. 8 der VV zu § 42 StVollzG

(11) Für Gefangene, die nach Nr. 36 Satz 3 nicht zur Arbeit verpflichtet sind, gelten die Absätze 1 bis 10 entsprechend.

38 Arbeitsentgelt [1]

§§ 43 Abs. 1, 200 Abs. 1 StVollzG

(1) Der Bemessung des Arbeitsentgelts sind fünf vom Hundert des durchschnittlichen Arbeitsentgelts aller Versicherten ohne Auszubildende des vorvergangenen Kalenderjahres zugrundezulegen (Eckvergütung). Ein Tagessatz ist der zweihundertfünfzigste Teil der Eckvergütung; das Arbeitsentgelt kann nach einem Stundensatz bemessen werden.

§ 43 Abs. 2 StVollzG

(2) Das Arbeitsentgelt kann je nach Leistung des Gefangenen und der Art der Arbeit gestuft werden. Fünfundsiebzig vom Hundert der Eckvergütung dürfen nur dann unterschritten werden, wenn die Leistungen des Gefangenen den Mindestanforderungen nicht genügen.

---

[1] Die Verwaltungsvorschriften zu § 176 StVollzG sind in Nrn. 38 bis 43 der Verwaltungsvorschriften zum Jugendstrafvollzug eingearbeitet.

§ 43 Abs. 4 StVollzG

(3) Das Arbeitsentgelt ist dem Gefangenen schriftlich bekanntzugeben.

Nr. 1 Abs. 1 der VV zu § 43 StVollzG

(4) Verrichtet ein Gefangener während eines Abrechnungszeitraumes Tätigkeiten, die verschiedenen Vergütungsstufen zuzuordnen sind, so ist das Arbeitsentgelt aus der Vergütungsstufe zu ermitteln, die dem überwiegenden Teil der Tätigkeiten entspricht. Dies gilt nicht, wenn der Gefangene in verschiedenen Betrieben arbeitet.

Nr. 1 Abs. 2 der VV zu § 43 StVollzG

(5) Verrichtet ein Gefangener nicht nur vorübergehend eine anders bewertete Tätigkeit, so ist er mit Beginn des nächsten Abrechnungszeitraumes in die entsprechende Vergütungsstufe umzugruppieren.

Nr. 2 Abs. 1 der VV zu § 43
Nr. 1 Abs. 1 der VV zu § 176 StVollzG

(6) Das Arbeitsentgelt wird in der Form des Zeitlohnes oder des Leistungslohnes ermittelt. Das Arbeitsentgelt eines noch nicht achtzehn Jahre alten Gefangenen wird in der Form des Zeitlohnes ermittelt.

Nr. 2 Abs. 2 der VV zu § 43 StVollzG

(7) Zeiten einer Einarbeitung können im Zeitlohn vergütet werden.

Nr. 2 Abs. 3 der VV zu § 43 StVollzG

(8) Im Zeitlohn kann der Satz der jeweiligen Vergütungsstufe unterschritten werden, wenn der Gefangene den Anforderungen der jeweiligen Vergütungsstufe nicht genügt. Absatz 2 Satz 2 bleibt unberührt.

Nr. 1 Abs. 2 der VV zu § 176 StVollzG

(9) Für eine sonstige zugewiesene Beschäftigung wird ein Arbeitsentgelt gewährt, wenn ihr Ergebnis wirtschaftlich verwertbar ist und in einem vertretbaren Verhältnis auf Aufwand steht.

Nr. 3 der VV zu § 43 StVollzG

(10) Neben dem Arbeitsentgelt können Leistungen für betriebliche Verbesserungsvorschläge gewährt werden. Der Anstaltsleiter entscheidet, ob eine Leistung für einen betrieblichen Verbesserungsvorschlag als Hausgeld, Überbrückungsgeld oder Eigengeld gutgeschrieben wird.

39 Ausbildungsbeihilfe

§ 44 Abs. 1 StVollzG

(1) Nimmt der Gefangene an einer Berufsausbildung, beruflichen Fortbildung, Umschulung oder an einem Unterricht teil und ist er zu diesem Zweck von seiner Arbeitspflicht freigestellt, so erhält er eine Ausbildungsbeihilfe, soweit ihm keine Leistungen zum Lebensunter-

halt zustehen, die freien Personen aus solchem Anlaß gewährt werden. Der Nachrang der Sozialhilfe nach § 2 Abs. 2 des Bundesozialhilfegesetzes wird nicht berührt.

§ 44 Abs. 2 StVollzG

(2) Für die Bemessung der Ausbildungsbeihilfe gilt Nr. 38 Abs. 1 und 2 entsprechend.

§ 44 Abs. 3 StVollzG

(3) Nimmt der Gefangene während der Arbeitszeit stunden- oder teilweise am Unterricht oder an anderen zugewiesenen Maßnahmen gemäß Nr. 32 Abs. 1 teil, so erhält er in Höhe des ihm dadurch entgehenden Arbeitsentgelts eine Ausbildungsbeihilfe.

VV zu § 44 StVollzG

(4) Als Berufsfindungsmaßnahme kann auch die Teilnahme eines Gefangenen an einem Einweisungsverfahren in einer zentralen Einweisungseinrichtung in Betracht kommen.

40 Taschengeld

Abs. 1 der VV zu § 46 StVollzG

(1) Das Taschengeld nach § 176 Abs. 3 StVollzG i. d. F. des § 199 Abs. 2 Nr. 5 StVollzG wird nur auf Antrag gewährt.

Abs. 2 der VV zu § 46 StVollzG

(2) Das Taschengeld beträgt fünfundzwanzig vom Hundert der Eckvergütung (Nr. 38 Abs. 1). Bei der Berechnung des Taschengeldes werden Hausgeld und Eigengeld berücksichtigt. Ein Geldbetrag, der für einen Gefangenen statt eines Paketes im Sinne von Nr. 28 Abs. 1 Satz 1 zum eigenen Einkauf von Nahrungs- und Genußmitteln eingezahlt wird, bleibt bis zu dem für den Ersatzeinkauf festgesetzten Höchstbetrag bei der Berechnung des Taschengeldes für den laufenden und längstens den folgenden Monat unberücksichtigt.

Abs. 3 der VV zu § 46 StVollzG

(3) Bedürftig ist ein Gefangener, soweit ihm im laufenden Monat aus Hausgeld und Eigengeld nicht ein Betrag bis zur Höhe des Taschengeldes zur Verfügung steht.

41 Hausgeld

§§ 47 Abs. 1, 199 Abs. 2 Nr. 2 StVollzG

(1) Der Gefangene darf von seinen Bezügen zwei Drittel monatlich (Hausgeld) und das Taschengeld (Nr. 40) für den Einkauf (Nr. 17) oder anderweitig verwenden.

§§ 47 Abs. 3, 199 Abs. 2 Nr. 2 StVollzG

(2) Für Gefangene, die in einem Beschäftigungsverhältnis stehen (Nr. 34 Abs. 1) oder denen gestattet ist, sich selbst zu beschäftigen

(Nr. 34 Abs. 2), wird aus ihren Bezügen ein angemessenes Hausgeld festgesetzt.

VV zu § 47 StVollzG

(3) Über Beträge, die als Ersatz für entgangene, in § 176 StVollzG oder in diesen Vorschriften geregelte Zuwendungen gewährt werden (z. B. Zeugenentschädigung, Verletztengeld), kann der Gefangene wie über die Zuwendungen verfügen, an deren Stelle sie treten.

42 Haftkostenbeitrag

Abs. 1 der VV zu § 50 StVollzG

(1) Ist in den Fällen des § 50 Abs. 2 und 3 i. d. F. des § 199 Abs. 2 Nr. 3 StVollzG dem Gefangenen ganz oder teilweise die Selbstverpflegung gestattet, so ermäßigt sich der Haftkostenbeitrag entsprechend. Gleiches gilt für den nicht auf die Kost entfallenden Anteil des Haftkostenbeitrages, wenn mehrere Gefangene in einem Haftraum untergebracht sind. Der nicht auf die Kost entfallende Anteil des Haftkostenbeitrages ist auch dann zu erheben, wenn sich Gefangene wegen Urlaubs oder aus sonstigen Gründen vorübergehend nicht in der Anstalt aufhalten.

Abs. 2 der VV zu § 50 StVollzG

(2) Während der Teilnahme an Maßnahmen der Ausbildung oder Weiterbildung wird von der Erhebung eines Haftkostenbeitrages nach § 50 Abs. 2 und 3 i. d. F. des § 199 Abs. 2 Nr. 3 StVollzG abgesehen, wenn die Gewährung von Bezügen nach öffentlich-rechtlichen Bestimmungen (z. B. Arbeitsförderungsgesetz) hiervon abhängig gemacht wird.

43 Überbrückungsgeld

Nr. 1 Abs. 1 der VV zu § 51 StVollzG

(1) Das Arbeitsentgelt und die Ausbildungshilfe werden dem Überbrückungsgeld zugeführt, soweit sie dem Gefangenen nicht als Hausgeld zur Verfügung stehen und das Überbrückungsgeld noch nicht die angemessene Höhe (§ 51 Abs. 1 StVollzG) erreicht hat. Bei Gefangenen, die in einem freien Beschäftigungsverhältnis stehen oder denen gestattet ist, sich selbst zu beschäftigen, ist der Anteil der Bezüge zu bestimmen, der gemäß Satz 1 dem Überbrückungsgeld zuzuführen ist; der Anteil soll bei Gefangenen, die in einem freien Beschäftigungsverhältnis stehen, den Betrag des Hausgeldes nicht unterschreiten.

Nr. 1 Abs. 2 der VV zu § 51 StVollzG

(2) Die angemessene Höhe des Überbrückungsgeldes wird von der Landesjustizverwaltung festgesetzt. Sie soll das Zweifache der nach § 22 Bundessozialhilfegesetz jeweils festgesetzten monatlichen Mindestbeträge der Regelsätze für den Gefangenen und seine Unterhaltsberechtigten nicht unterschreiten. Der Anstaltsleiter kann unter

Berücksichtigung der Umstände des Einzelfalles einen höheren Betrag festsetzen.

Nr. 2 Abs. 1 der VV zu § 51 StVollzG

(3) Der Anstaltsleiter soll die Inanspruchnahme des Überbrückungsgeldes nach § 51 Abs. 3 StVollzG nur gestatten, wenn zu erwarten ist, daß dem Gefangenen bei der Entlassung in die Freiheit ein Überbrückungsgeld in angemessener Höhe zur Verfügung steht.

Nr. 2 Abs. 2 der VV zu § 51 StVollzG

(4) Ausgaben, die der Eingliederung dienen, sind insbesondere Aufwendungen zur Erlangung eines Arbeitsplatzes und einer Unterkunft nach der Entlassung.

44 Seelsorge

§ 53 Abs. 1 StVollzG

(1) Dem Gefangenen darf religiöse Betreuung durch einen Seelsorger seiner Religionsgemeinschaft nicht versagt werden. Auf seinen Wunsch ist ihm zu helfen, mit einem Seelsorger seiner Religionsgemeinschaft in Verbindung zu treten.

§ 53 Abs. 2 StVollzG

(2) Der Gefangene darf grundlegende religiöse Schriften besitzen. Sie dürfen ihm nur bei grobem Mißbrauch entzogen werden.

§ 53 Abs. 1 StVollzG

(3) Dem Gefangenen sind Gegenstände des religiösen Gebrauchs in angemessenem Umfange zu belassen.

45 Religiöse Veranstaltungen

§ 54 Abs. 1 StVollzG

(1) Der Gefangene hat das Recht, am Gottesdienst und an anderen religiösen Veranstaltungen seines Bekenntnisses teilzunehmen.

§ 54 Abs. 2 StVollzG

(2) Zu dem Gottesdienst oder zu religiösen Veranstaltungen einer anderen Religionsgemeinschaft wird der Gefangene zugelassen, wenn deren Seelsorger zustimmt.

§ 54 Abs. 3 StVollzG

(3) Der Gefangene kann von der Teilnahme am Gottesdienst oder anderen religiösen Veranstaltungen ausgeschlossen werden, wenn dies aus überwiegenden Gründen der Sicherheit oder Ordnung geboten ist; der Seelsorger soll vorher gehört werden.

46 Weltanschauungsgemeinschaften

§ 55 StVollzG

Für Angehörige weltanschaulicher Bekenntnisse gelten die Nrn. 44 und 45 entsprechend.

47 Allgemeine Regeln für die Gesundheitsfürsorge

§ 56 Abs. 1 StVollzG

(1) Für die körperliche und geistige Gesundheit des Gefangenen ist zu sorgen. Nr. 85 Abs. 10 bis 12 bleibt unberührt.

§ 56 Abs. 2 StVollzG

(2) Der Gefangene hat die notwendigen Maßnahmen zum Gesundheitsschutz und zur Hygiene zu unterstützen.

Nr. 1 der VV zu § 56 StVollzG

(3) Für die Anstalten gelten die allgemeinen Vorschriften für die gesundheitsbehördliche Überwachung.

Nr. 2 der VV zu § 56 StVollzG

(4) Der Anstaltsarzt achtet auf Vorgänge und Umstände, von denen Gefahren für die Gesundheit von Personen in der Anstalt ausgehen können. Jeder Bedienstete, der eine Gefahr für die gesundheitlichen Verhältnisse zu erkennen glaubt, ist verpflichtet, dieses unverzüglich zu melden.

Nr. 3 der VV zu § 56 StVollzG

(5) Der Anstaltsarzt hat nach den Vorschriften des Bundesseuchengesetzes meldepflichtige übertragbare Krankheiten dem zuständigen Gesundheitsamt anzuzeigen und den Gefangenen, soweit es erforderlich ist, abzusondern. Kranke, bei denen zur Zeit der Entlassung noch Ansteckungsgefahr besteht oder deren Behandlung noch nicht abgeschlossen ist, werden dem zuständigen Gesundheitsamt unverzüglich gemeldet. Gegebenenfalls ist zu veranlassen, daß sie in die zuständige öffentliche Krankenanstalt gebracht werden.

(6) Die Rechte des Erziehungsberechtigten sind zu beachten.

48 Maßnahmen zur Früherkennung von Krankheiten

§ 57 Ziffer 3 StVollzG

(1) Weibliche Gefangene haben für ihre Kinder, die mit ihnen in der Vollzugsanstalt untergebracht sind, bis zur Vollendung des vierten Lebensjahres Anspruch auf Untersuchungen zur Früherkennung von Krankheiten, die eine normale körperliche oder geistige Entwicklung des Kindes in besonderem Maße gefährden.

VV zu § 57 StVollzG

(2) Die weiblichen Gefangenen sind auf die Möglichkeit von Maßnahmen zur Früherkennung von Krankheiten hinzuweisen. Die Maßnahmen werden auf Antrag durchgeführt.

49 Krankenpflege

§ 58 StVollzG

(1) Der Gefangene erhält Krankenfürsorge vom Beginn der Krankheit an; sie umfaßt insbesondere

1. ärztliche und zahnärztliche Behandlung,
2. Versorgung mit Arznei-, Verband-, Heilmitteln und Brillen,
3. Körperersatzstücke, orthopädische und andere Hilfsmittel,
4. Zuschüsse zu den Kosten für Zahnersatz und Zahnkronen oder Übernahme der gesamten Kosten,
5. Belastungsproben und Arbeitstherapie, soweit die Belange des Vollzuges dem nicht entgegenstehen.

Nr. 1 Abs. 1 der VV zu § 58 StVollzG

(2) Einen Gefangenen, der sich krank meldet, einen Unfall erleidet, einen Selbstmordversuch begeht oder sich selbst beschädigt, sowie einen Gefangenen, dessen Aussehen oder Verhalten Verdacht nahelegt, daß er körperlich oder geistig erkrankt oder suchtgefährdet ist, zeigt der die Feststellung treffende Bedienstete schriftlich, notfalls mündlich voraus, dem Anstaltsarzt an. Wenn ärztliche Hilfe nicht sofort erforderlich erscheint, untersucht der Arzt den krankgemeldeten Gefangenen in der nächsten Sprechstunde.

Nr. 1 Abs. 2 der VV zu § 58 StVollzG

(3) Der Arzt stellt fest, ob der Gefangene als krank zu führen ist, ob er bettlägerig krank ist, in welchem Umfange er arbeitsfähig ist, ob er einer besonderen Unterbringung oder speziellen Behandlung bedarf, oder ob er vollzugsuntauglich ist.

Nr. 2 Abs. 1 der VV zu § 58 StVollzG

(4) Kann der Anstaltsarzt nicht erreicht werden, so wird in dringenden Fällen ein anderer Arzt herbeigerufen.

Nr. 2 Abs. 2 der VV zu § 58 StVollzG

(5) Hält es der Anstaltsarzt nach Art oder Schwere des Falles für erforderlich, zieht er einen anderen Arzt oder Facharzt hinzu.

Nr. 3 der VV zu § 58 StVollzG

(6) Der Anstaltsleiter kann nach Anhören des Anstaltsarztes dem Gefangenen ausnahmsweise gestatten, auf eigene Kosten einen beratenden Arzt hinzuzuziehen. Die Erlaubnis soll nur erteilt werden, wenn der Gefangene den in Aussicht genommenen Arzt und den Anstaltsarzt untereinander von der ärztlichen Schweigepflicht entbindet. Bei der Wahl des Zeitpunktes und der Bestimmung der Häufigkeit ärztlicher Bemühungen ist auf die besonderen räumlichen, personellen und organisatorischen Verhältnisse in der Anstalt Rücksicht zu nehmen.

Nr. 4 Abs. 1 der VV zu § 58 StVollzG

(7) Die ärztlichen Verordnungen sind genau zu befolgen. Es ist darauf zu achten, daß Arzneimittel nicht mißbraucht werden. Für die Einhaltung der ärztlichen Einnahmevorschrift ist der Gefangene in der Regel selbst verantwortlich. Bei Gefangenen mit Persönlichkeitsstörungen und für die Einnahme stark wirkender Arzneimittel kann angeordnet werden, daß Arzneimittel in Gegenwart eines

Bediensteten einzunehmen sind. Bei Mißbrauchsgefahr ist darauf zu achten, daß der Gefangene das Arzneimittel tatsächlich einnimmt, nach Möglichkeit durch Verabreichen in aufgelöstem Zustand.

Nr. 4 Abs. 2 der VV zu § 58 StVollzG

(8) Gifte und andere stark wirkende Arzneimittel hat der Arzt ständig unter sicherem Verschluß aufzubewahren. Alle anderen Arzneimittel sind so sicher unterzubringen, daß sie Unbefugten nicht zugänglich sind.

Nr. 4 Abs. 3 der VV zu § 58 StVollzG

(9) Es dürfen nur durch die Anstalt beschaffte Arzneimittel verwendet werden, es sei denn, der Anstaltsarzt läßt Ausnahmen zu. Diese Bestimmung gilt nicht für ärztlich verordnete Arzneimittel, die von Gefangenen beschafft werden, die in einem freien Beschäftigungsverhältnis stehen.

50 Art und Umfang der Leistungen

§ 59 StVollzG

Für die Art der Untersuchungen zur Früherkennung von Krankheiten sowie für den Umfang der Leistungen zur Früherkennung von Krankheiten und zur Krankenpflege gelten die entsprechenden Vorschriften der Reichsversicherungsordnung und die auf Grund dieser Vorschriften getroffenen Regelungen.

51 Krankenpflege im Urlaub

§ 60 StVollzG

(1) Während eines Urlaubs (Nr. 8) oder Ausgangs (Nr. 6) hat der Gefangene gegen die Vollzugsbehörde nur einen Anspruch auf ärztliche Behandlung und Pflege in der für ihn zuständigen Vollzugsanstalt.

VV zu § 60 StVollzG

(2) Dem Gefangenen kann in der nächstgelegenen Vollzugsanstalt ambulante Krankenpflege gewährt werden, wenn eine Rückkehr in die zuständige Anstalt nicht zumutbar ist.

52 Ausstattung mit Hilfsmitteln

§ 61 StVollzG

Der Gefangene hat Anspruch auf Ausstattung mit Körperersatzstükken, orthopädischen und anderen Hilfsmitteln, die erforderlich sind, um einer drohenden Behinderung vorzubeugen, den Erfolg der Heilbehandlung zu sichern oder eine körperliche Behinderung auszugleichen, sofern dies nicht mit Rücksicht auf die Kürze des Freiheitsentzuges ungerechtfertigt ist. Der Anspruch umfaßt auch die notwendige Änderung, Instandsetzung und Ersatzbeschaffung sowie die Ausbildung im Gebrauch der Hilfsmittel, soweit die Belange des Vollzuges dem nicht entgegenstehen.

53 Zuschüsse zu Zahnersatz und Zahnkronen

§ 62 StVollzG

Die Landesjustizverwaltungen bestimmen durch allgemeine Verwaltungsvorschriften die Höhe der Zuschüsse zu den Kosten für Zahnersatz und Zahnkronen. Sie können bestimmen, daß die gesamten Kosten übernommen werden.

54 Ärztliche Behandlung zur sozialen Eingliederung

§ 63 StVollzG

Mit Zustimmung des Gefangenen und des Erziehungsberechtigten soll die Vollzugsbehörde ärztliche Behandlung, namentlich Operationen oder prothetische Maßnahmen durchführen lassen, die seine soziale Eingliederung fördern. Der Gefangene ist an den Kosten zu beteiligen, wenn dies nach seinen wirtschaftlichen Verhältnissen gerechtfertigt ist und der Zweck der Behandlung dadurch nicht in Frage gestellt wird. Hierauf sind der Gefangene und der gesetzliche Vertreter vor Durchführung der Maßnahme hinzuweisen.

55 Aufenthalt im Freien

§ 64 StVollzG

Ist ein Gefangener nicht im Freien tätig, so hat er sich täglich mindestens eine Stunde im Freien aufzuhalten, wenn die Witterung dies zu der festgesetzten Zeit zuläßt. Dabei ist ihm Gelegenheit zu geben, am Sport teilzunehmen.

56 Verlegung

§ 65 Abs. 1 StVollzG

(1) Ein kranker Gefangener kann in ein Anstaltskrankenhaus oder in eine für seine Pflege besser geeignete Vollzugsanstalt verlegt werden.

§ 65 Abs. 2 StVollzG

(2) Kann die Krankheit eines Gefangenen in einer Vollzugsanstalt oder einem Anstaltskrankenhaus nicht erkannt oder behandelt werden oder ist es nicht möglich, den Gefangenen rechtzeitig in ein Anstaltskrankenhaus zu verlegen, ist dieser in ein Krankenhaus außerhalb des Vollzuges zu bringen.

Abs. 1 der VV zu § 65 StVollzG

(3) In einem Krankenhaus außerhalb des Vollzuges ist eine Bewachung durch Vollzugsbedienstete bei Fortdauer der Strafvollstreckung nur dann erforderlich, wenn eine Flucht aufgrund der Persön-

lichkeit des Gefangenen oder der besonderen Umstände zu befürchten ist. Wenn auf eine Bewachung ausschließlich im Hinblick auf den Krankheitszustand verzichtet wurde, ist das Krankenhaus zu ersuchen, der Vollzugsanstalt eine Besserung des Befindens mitzuteilen, die eine Flucht möglich erscheinen läßt.

Abs. 2 der VV zu § 65 StVollzG

(4) Kann die sachgemäße Behandlung oder Beobachtung eines Gefangenen nur in einem Krankenhaus außerhalb des Vollzuges, das die gebotene Fortdauer der Bewachung nicht zuläßt, durchgeführt werden, so sind bei der Entscheidung über eine Verlegung des Gefangenen die Dringlichkeit der Krankenhausunterbringung und die Entweichungsgefahr sowie die Gefahr für die öffentliche Sicherheit gegeneinander abzuwägen. Eine nicht unverzüglich erforderliche stationäre Behandlung ist danach unter Umständen aufzuschieben.

57 Benachrichtigung bei Erkrankung oder Todesfall

§ 66 Abs. 1 StVollzG

(1) Wird ein Gefangener schwer krank, so ist ein Angehöriger, eine Person seines Vertrauens oder der gesetzliche Vertreter unverzüglich zu benachrichtigen. Dasselbe gilt, wenn ein Gefangener stirbt.

§ 66 Abs. 2 StVollzG

(2) Dem Wunsche des Gefangenen, auch andere Personen zu benachrichtigen, soll nach Möglichkeit entsprochen werden.

Abs. 1 der VV zu § 66 StVollzG

(3) Der Tod des Gefangenen wird der Aufsichtsbehörde angezeigt.

Abs. 2 der VV zu § 66 StVollzG

(4) Das Guthaben des verstorbenen Gefangenen bei der Anstaltszahlstelle und seine Habe werden an den Berechtigten ausgehändigt.

58 Freizeitbeschäftigung

§ 67 StVollzG

(1) Der Gefangene erhält Gelegenheit, sich in seiner Freizeit zu beschäftigen. Er soll Gelegenheit erhalten, am Unterricht einschließlich Sport, an Fernunterricht, Lehrgängen und sonstigen Veranstaltungen der Weiterbildung, an Freizeitgruppen, Gruppengesprächen sowie an Sportveranstaltungen teilzunehmen und eine Bücherei zu benutzen. Der Gefangene soll zur Teilnahme angehalten werden; aus erzieherischen Gründen kann er hierzu verpflichtet werden.

VV zu § 67 StVollzG

(2) Sofern der Gefangene aus der Freizeitbeschäftigung Einkünfte erzielt, gilt Nr. 34 Abs. 7 Satz 1, Abs. 12 Satz 1 entsprechend.

59 Zeitungen und Zeitschriften

§ 68 Abs. 1 StVollzG

(1) Der Gefangene darf Zeitungen und Zeitschriften in angemessenem Umfang durch Vermittlung der Anstalt beziehen.

§ 68 Abs. 2 StVollzG

(2) Ausgeschlossen sind Zeitungen und Zeitschriften, deren Verbreitung mit Strafe oder Geldbuße bedroht ist oder die dem Erziehungsziel zuwiderlaufen. Einzelne Ausgaben oder Teile von Zeitungen können dem Gefangenen vorenthalten werden, wenn sie das Erziehungsziel oder die Sicherheit oder Ordnung der Anstalt erheblich gefährden würden.

Nr. 1 der VV zu § 68 StVollzG

(3) Zeitungen und Zeitschriften können durch die Anstalt, den Gefangenen oder einen Dritten bestellt werden. Sie dürfen in der Regel nur über den Postzeitungsdienst oder im Abonnement bezogen werden.

Nr. 2 der VV zu § 68 StVollzG

(4) Der Gefangene kann für den Bezug von Zeitungen und Zeitschriften sein Hausgeld, sein Taschengeld und sein Eigengeld verwenden.

Nr. 3 der VV zu § 68 StVollzG

(5) Die Weitergabe von Zeitungen und Zeitschriften oder von Teilen und Ausschnitten an andere Gefangene ist unzulässig, es sei denn, daß dies der Anstaltsleiter gestattet.

Nr. 4 der VV zu § 68 StVollzG

(6) Gebrauchte Zeitungen und Zeitschriften werden anderweitig verwendet oder vernichtet; sie sind auf Antrag des Gefangenen zur Habe zu nehmen, falls dieser ein berechtigtes Interesse an der weiteren Aufbewahrung hat.

Nr. 5 der VV zu § 68 StVollzG

(7) Der Gefangene hat die Abbestellung, Umbestellung oder Nachsendung von Zeitungen und Zeitschriften selbst zu veranlassen. Die Anstalt ist zur Nachsendung nicht verpflichtet. Gehen für einen entlassenen oder in eine andere Anstalt verlegten Gefangenen Zeitungen oder Zeitschriften ein, hat der Gefangene der Verwertung oder Vernichtung durch die Anstalt nicht zugestimmt und ist auch eine Nachsendung nicht beabsichtigt, so soll die Anstalt die Annahme verweigern.

Nr. 6 der VV zu § 68 StVollzG

(8) Werden Zeitungen oder Zeitschriften vom Bezug ausgeschlossen oder einzelne Ausgaben oder Teile von Zeitungen oder Zeitschriften vorenthalten, so wird dies dem Gefangenen mitgeteilt.

60 Hörfunk und Fernsehen

§ 69 Abs. 1 StVollzG

(1) Der Gefangene kann am Hörfunkprogramm der Anstalt sowie am gemeinschaftlichen Fernsehempfang teilnehmen. Die Sendungen sind so auszuwählen, daß Wünsche und Bedürfnisse nach staatsbürgerlicher Information, Bildung und Unterhaltung angemessen berücksichtigt werden. Der Hörfunk- und Fernsehempfang kann vorübergehend ausgesetzt oder einzelnen Gefangenen untersagt werden, wenn dies zur Erreichung des Erziehungszieles sowie zur Aufrechterhaltung der Sicherheit oder Ordnung der Anstalt unerläßlich ist.

§ 69 Abs. 2 StVollzG

(2) Eigene Hörfunkgeräte werden unter den Voraussetzungen der Nr. 61, eigene Fernsehgeräte nur in begründeten Ausnahmefällen und nur mit Zustimmung der Aufsichtsbehörde zugelassen.

Nr. 1 der VV zu § 69 StVollzG

(3) Der Anstaltsleiter kann anordnen, daß das Hörfunkgerät nur mit Kopfhörer betrieben und daß es während der Ruhezeit aus dem Haftraum entfernt wird.

Nr. 2 Abs. 1 der VV zu § 69 StVollzG

(4) Ein Hörfunkgerät darf nur ausgehändigt werden, wenn feststeht, daß es den geltenden Bestimmungen und Auflagen entspricht und keine unzulässigen Gegenstände enthält. Die dazu erforderliche Überprüfung und etwa notwendige Änderungen werden durch die Anstalt auf Kosten des Gefangenen veranlaßt.

Nr. 2 Abs. 2 der VV zu § 69 StVollzG

(5) Zur Verhinderung eines Mißbrauchs kann der Anstaltsleiter die Verplombung des Gerätes anordnen.

Nr. 2 Abs. 3 der VV zu § 69 StVollzG

(6) Reparaturen sind nur durch Vermittlung der Anstalt zulässig.

Nr. 3 der VV zu § 69 StVollzG

(7) Der Gefangene hat die notwendigen Anzeigen im Zusammenhang mit dem Betrieb des Hörfunkgerätes selbst vorzunehmen und für die Entrichtung der Hörfunkgebühr zu sorgen, sofern er nicht von der Gebührenpflicht befreit ist. Hierauf ist er hinzuweisen.

Nr. 4 der VV zu § 69 StVollzG

(8) Der Gefangene darf das Hörfunkgerät ohne abweichende Erlaubnis nur in seinem Haftraum betreiben.

Nr. 5 der VV zu § 669 StVollzG

(9) Die Kosten für die Beschaffung, die Überprüfung, eine notwendige Änderung, die Reparatur und den Betrieb des Hörfunkgerätes darf der Gefangene aus seinem Hausgeld, seinem Taschengeld und seinem Eigengeld bestreiten.

61 Besitz von Gegenständen für die Freizeitbeschäftigung

§ 70 Abs. 1 StVollzG

(1) Der Gefangene darf in angemessenem Umfange Bücher und andere Gegenstände zur Fortbildung oder zur Freizeitbeschäftigung besitzen.

§ 70 Abs. 2 StVollzG

(2) Dies gilt nicht, wenn der Besitz, die Überlassung oder die Benutzung des Gegenstands

1. mit Strafe oder Geldbuße bedroht wäre oder
2. das Erziehungsziel oder die Sicherheit oder Ordnung der Anstalt gefärden würde.

§ 70 Abs. 3 StVollzG

(3) Die Erlaubnis kann unter den Voraussetzungen des Absatzes 2 widerrufen werden.

62 Soziale Hilfe

§ 71 StVollzG

(1) Die Anstalt hilft dem Gefangenen, seine persönlichen Schwierigkeiten zu lösen.

(2) Die Hilfe soll darauf gerichtet sein, den Gefangenen in die Lage zu versetzen, seine Angelegenheiten selbst zu ordnen und zu regeln.

63 Hilfe bei der Aufnahme

§ 72 Abs. 1 StVollzG

(1) Bei der Aufnahme wird dem Gefangenen geholfen, die notwendigen Maßnahmen für hilfsbedürftige Angehörige zu veranlassen und seine Habe außerhalb der Anstalt sicherzustellen.

§ 72 Abs. 2 StVollzG

(2) Der Gefangene ist über die Aufrechterhaltung einer Sozialversicherung zu beraten.

64 Hilfe während des Vollzuges

§ 73 StVollzG

Der Gefangene wird in dem Bemühen unterstützt, seine Rechte und Pflichten wahrzunehmen, namentlich sein Wahlrecht auszuüben sowie für Unterhaltsberechtigte zu sorgen und einen durch seine Straftat verursachten Schaden zu regeln.

65 Hilfe zur Entlassung

§ 74 StVollzG

(1) Um die Entlassung vorzubereiten, ist der Gefangene bei der Ordnung seiner persönlichen, wirtschaftlichen und sozialen Angele-

genheiten zu beraten. Die Beratung erstreckt sich auch auf die Benennung der für Sozialleistungen zuständigen Stellen. Dem Gefangenen ist zu helfen, Arbeit, Unterkunft und persönlichen Beistand für die Zeit nach der Entlassung zu finden.

VV zu § 74 StVollzG

(2) Wird der Gefangene bei der Entlassung einem Bewährungshelfer unterstellt, so hat die Anstalt unverzüglich mit den zuständigen Stellen Verbindung aufzunehmen, um die Betreuungsmaßnahmen für den Gefangenen abzustimmen.

66 Entlassungsbeihilfe

§ 75 Abs. 1 StVollzG

(1) Der Gefangene erhält, soweit eigene Mittel nicht ausreichen, von der Anstalt eine Beihilfe zu den Reisekosten sowie eine Überbrückungsbeihilfe und erforderlichenfalls ausreichende Kleidung.

§ 75 Abs. 2 StVollzG

(2) Bei der Bemessung der Höhe der Überbrückungsbeihilfe sind die Dauer des Freiheitsentzuges, der persönliche Arbeitseinsatz des Gefangenen und die Wirtschaftlichkeit seiner Verfügungen über Eigengeld und Hausgeld während der Strafzeit zu berücksichtigen. § 51 Abs. 2 und 3 StVollzG gilt entsprechend. Die Überbrückungsbeihilfe kann ganz oder teilweise auch dem Unterhaltsberechtigten überwiesen werden.

Nr. 1 Abs. 1 der VV zu § 75 StVollzG

(3) Reisekosten sind die zum Erreichen des Entlassungsziels notwendigen Aufwendungen für die Fahrt.

Nr. 1 Abs. 2 der VV zu § 75 StVollzG

(4) Die Höhe der Reisekosten bestimmt sich grundsätzlich nach dem Tarif für die billigste Wagenklasse des in Betracht kommenden öffentlichen Verkehrsmittels.

Nr. 1 Abs. 3 der VV zu § 75 StVollzG

(5) Dem Gefangenen ist möglichst ein Gutschein für eine Fahrkarte auszuhändigen.

Nr. 2 der VV zu § 75 StVollzG

(6) Der Gefangene erhält auf Wunsch Reiseverpflegung, wenn er das Entlassungsziel erst nach mehr als vier Stunden erreichen kann.

Nr. 3 der VV zu § 75 StVollzG

(7) Die Überbrückungsbeihilfe soll den Gefangenen in die Lage versetzen, ohne Inanspruchnahme fremder Hilfe seinen notwendigen Lebensunterhalt (Unterkunft, Verpflegung u. ä.) zu bestreiten, bis er ihn aus seiner Arbeit oder aus Zuwendungen auf Grund anderer gesetzlicher Bestimmungen (z. B. Arbeitsförderungsgesetz) decken kann. Bei der Bemessung soll von den Leistungen ausgegangen werden, die das Bundessozialhilfegesetz für vergleichbare Fälle vorsieht.

Nr. 4 Abs. 1 der VV zu § 75 StVollzG

(8) Der Gefangene soll in seiner eigenen Kleidung entlassen werden. Die Bekleidungsstücke werden, soweit erforderlich, auf Kosten des Gefangenen, bei Mittellosigkeit auf Kosten der Anstalt, gereinigt und instandgesetzt.

Nr. 4 Abs. 2 der VV zu § 75 StVollzG

(9) Entspricht die Kleidung nicht den billigerweise zu stellenden Anforderungen oder ist sie so mangelhaft, daß sich eine Herrichtung nicht lohnt, ist der Gefangene anzuhalten, sich rechtzeitig von seinen Angehörigen oder Dritten ausreichende Bekleidungsstücke übersenden zu lassen oder sie durch Vermittlung der Anstalt aus eigenen Mitteln zu kaufen.

Nr. 4 Abs. 3 der VV zu § 75 StVollzG

(10) Können Bekleidungsstücke auf diesem Wege nicht beschafft werden, werden sie von der Anstalt zur Verfügung gestellt.

Nr. 5 der VV zu § 75 StVollzG

(11) Für die Ausstattung mit den zur Körperpflege notwendigen Gegenständen, mit Koffern u. ä. gelten die Absätze 8 bis 10 entsprechend.

67 Mutterschaftshilfe

§ 76 Abs. 1 StVollzG

(1) Bei einer Schwangeren oder einer Gefangenen, die unlängst entbunden hat, ist auf ihren Zustand Rücksicht zu nehmen. Die Vorschriften des Gesetzes zum Schutze der erwerbstätigen Mutter über die Gestaltung des Arbeitsplatzes sind entsprechend anzuwenden.

§ 76 Abs. 2 StVollzG

(2) Die Gefangene hat während der Schwangerschaft und nach der Entbindung Anspruch auf ärztliche Betreuung und auf Hebammenhilfe in der Vollzugsanstalt. Zur ärztlichen Betreuung während der Schwangerschaft gehören insbesondere Untersuchungen zur Feststellung der Schwangerschaft sowie Vorsorgeuntersuchungen einschließlich der laborärztlichen Untersuchungen.

§ 76 Abs. 3 StVollzG

(3) Zur Entbindung ist die Schwangere in ein Krankenhaus außerhalb des Vollzuges zu bringen. Ist dies aus besonderen Gründen nicht angezeigt, so ist die Entbindung in einer Vollzugsanstalt mit Entbindungsabteilung vorzunehmen. Bei der Entbindung wird Hilfe durch eine Hebamme und, falls erforderlich, durch einen Arzt gewährt.

VV zu § 76

(4) Nr. 56 Abs. 3 und 4 gilt entsprechend.

68 Arznei-, Verband- und Heilmittel

§ 77 StVollzG

Bei Schwangerschaftsbeschwerden und im Zusammenhang mit der Entbindung werden Arznei-, Verband- und Heilmittel geleistet.

69 Art und Umfang der Mutterschaftshilfe

§ 76 StVollzG

Die Nrn. 50, 51 und 56 gelten für die Leistungen der Mutterschaftshilfe entsprechend.

70 Geburtsanzeige

§ 79 StVollzG

In der Anzeige der Geburt an den Standesbeamten dürfen die Anstalt als Geburtsstätte des Kindes, das Verhältnis des Anzeigenden zur Anstalt und die Gefangenschaft der Mutter nicht vermerkt sein.

71 Mütter mit Kindern

§ 80 Abs. 1 StVollzG

(1) Ist das Kind einer Gefangenen noch nicht schulpflichtig, so kann es mit Zustimmung des Inhabers des Aufenthaltsbestimmungsrechts in der Vollzugsanstalt untergebracht werden, in der sich seine Mutter befindet, wenn dies seinem Wohle entspricht. Ist das Jugendamt nicht Inhaber des Aufenthaltsbestimmungsrechts, so ist es vor der Unterbringung zu hören.

§ 80 Abs. 2 StVollzG

(2) Die Unterbringung erfolgt auf Kosten des für das Kind Unterhaltspflichtigen. Von der Geltendmachung des Kostenersatzanspruchs kann abgesehen werden, wenn hierdurch die gemeinsame Unterbringung von Mutter und Kind gefährdet würde.

72 Sicherheit und Ordnung

§ 81 Abs. 1 StVollzG

(1) Das Verantwortungsbewußtsein des Gefangenen für ein geordnetes Zusammenleben in der Anstalt ist zu wecken und zu fördern.

§ 81 Abs. 2 StVollzG

(2) Die Pflichten und Beschränkungen, die dem Gefangenen zur Aufrechterhaltung der Sicherheit oder Ordnung der Anstalt auferlegt werden, sind so zu wählen, daß sie in einem angemessenen Verhältnis zu ihrem Zweck stehen und den Gefangenen nicht mehr und nicht länger als notwendig beeinträchtigen.

73 Verhaltensvorschriften

§ 82 Abs. 1 StVollzG

(1) Der Gefangene hat sich nach der Tageseinteilung der Anstalt (Arbeitszeit, Freizeit, Ruhezeit) zu richten. Er darf durch sein Verhalten gegenüber Vollzugsbediensteten, Mitgefangenen und anderen Personen das geordnete Zusammenleben nicht stören.

§ 82 Abs. 2 StVollzG

(2) Der Gefangene hat die Anordnungen der Vollzugsbediensteten zu befolgen, auch wenn er sich durch sie beschwert fühlt. Einen ihm zugewiesenen Bereich darf er nicht ohne Erlaubnis verlassen.

§ 82 Abs. 3 StVollzG

(3) Seinen Haftraum und die ihm von der Anstalt überlassenen Sachen hat er in Ordnung zu halten und schonend zu behandeln.

§ 82 Abs. 4 StVollzG

(4) Der Gefangene hat Umstände, die eine Gefahr für das Leben oder eine erhebliche Gefahr für die Gesundheit einer Person bedeuten, unverzüglich zu melden.

74 Persönlicher Gewahrsam, Eigengeld

§ 83 Abs. 1 StVollzG

(1) Der Gefangene darf nur Sachen in Gewahrsam haben oder annehmen, die ihm von der Vollzugsbehörde oder mit ihrer Zustimmung überlassen werden. Ohne Zustimmung darf er Sachen von geringerem Wert von einem anderen Gefangenen annehmen; die Vollzugsbehörde kann Annahme und Gewahrsam auch dieser Sachen von ihrer Zustimmung abhängig machen.

§ 83 Abs. 2 StVollzG

(2) Eingebrachte Sachen, die der Gefangene nicht in Gewahrsam haben darf, sind für ihn aufzubewahren, sofern dies nach Art und Umfang möglich ist. Geld wird ihm als Eigengeld gutgeschrieben. Dem Gefangenen wird Gelegenheit gegeben, seine Sachen, die er während des Vollzuges und für seine Entlassung nicht benötigt, abzusenden oder über sein Eigengeld zu verfügen, soweit dieses nicht als Überbrückungsgeld notwendig ist oder erzieherische Gründe nicht entgegenstehen.

§ 83 Abs. 3 StVollzG

(3) Weigert sich ein Gefangener, eingebrachtes Gut, dessen Aufbewahrung nach Art und Umfang nicht möglich ist, aus der Anstalt zu verbringen, so ist die Vollzugsbehörde berechtigt, diese Gegenstände auf Kosten des Gefangenen aus der Anstalt entfernen zu lassen.

Nr. 1 der VV zu § 83 StVollzG

(4) Die zu verwahrenden Sachen sind in ein Verzeichnis einzutragen. Davon kann, außer bei Wertsachen und wichtigen Schriftstücken

(z. B. Personalpapiere, Versicherungsunterlagen), abgesehen werden, wenn die Habe verschlossen verwahrt und der Verschluß nur in Gegenwart des Gefangenen oder eines weiteren Bediensteten geöffnet wird. Die verwahrten Sachen werden vor Verwechslung, Verlust und Verderb geschützt. Wertsachen sind von den übrigen Sachen getrennt besonders sicher zu verwahren. Kleidungsstücke und Wäsche werden, soweit erforderlich, gereinigt und desinfiziert.

Nr. 2 der VV zu § 83 StVollzG

(5) Eingebrachte Sachen, deren Aushändigung bei der Entlassung oder deren Absendung durch den Gefangenen nicht vertretbar erscheint (z. B. Waffen, Diebeswerkzeug), werden der zuständigen Behörde angezeigt. Trifft sie keine Verfügung, so werden die Sachen bei der Entlassung dem Gefangenen ausgehändigt oder dem Erziehungsberechtigten übersandt. Absatz 6 bleibt unberührt.

§ 83 Abs. 4 StVollzG

(6) Aufzeichnungen und andere Gegenstände, die Kenntnisse über Sicherungsvorkehrungen der Anstalt vermitteln, werden von der Vollzugsbehörde in Verwahrung genommen.

Nr. 3 der VV zu § 83 StVollzG

(7) Eigengeld, das für einen Gefangenen zu einer bestimmten Verwendung eingezahlt wird, wird nicht als Überbrückungsgeld behandelt, wenn der Verwendungszweck der Eingliederung oder Erziehung des Gefangenen dient. Ein Geldbetrag im Sinne von Nr. 40 Abs. 2 Satz 3 wird bis zu dem für den Ersatzeinkauf festgesetzten Höchstbetrag ebenfalls nicht als Überbrückungsgeld behandelt.

75 Durchsuchung

§ 84 Abs. 1 StVollzG

(1) Der Gefangene, seine Sachen und die Hafträume dürfen durchsucht werden. Bei der Durchsuchung männlicher Gefangener dürfen nur Männer, bei der Durchsuchung weiblicher Gefangener nur Frauen anwesend sein. Das Schamgefühl ist zu schonen.

§ 64 Abs. 2 StVollzG

(2) Nur bei Geführ im Verzug oder auf Anordnung des Anstaltleiters im Einzelfall ist es zulässig, eine mit einer Entkleidung verbundene körperliche Durchsuchung vorzunehmen. Sie muß in einem geschlossenen Raum durchgeführt werden. Andere Gefangene dürfen nicht anwesend sein.

§ 84 Abs. 3 StVollzG

(3) Der Anstaltsleiter kann allgemein anordnen, daß Gefangene bei der Aufnahme nach Absatz 2 und nach jeder Abwesenheit von der Anstalt zu durchsuchen sind.

Nr. 1 Abs. 1 der VV zu § 84 StVollzG

(4) In geschlossenen Anstalten haben sich die Vollzugsbediensteten durch unvermutete Durchsuchungen laufend davon zu überzeugen,

daß die Räume, die von den Gefangenen benutzt werden, und ihre Einrichtungsgegenstände unbeschädigt sind, daß nichts vorhanden ist, was die Sicherheit oder Ordnung gefährden könnte, vor allem, daß keine Vorbereitungen zu Angriffen oder Flucht getroffen werden. Diese Räume sind in kurzen Zeitabständen zu durchsuchen. Bei gefährlichen und fluchtverdächtigen Gefangenen kann eine tägliche Durchsuchung angeordnet werden. Türen, Tore, Gitter und Schlösser sind regelmäßig und besonders sorgfältig zu überprüfen.

Nr. 1 Abs. 2 der VV zu § 84 StVollzG

(5) Gefährliche, fluchtverdächtige und solche Gefangene, bei denen die Gefahr des Selbstmordes oder der Selbstverletzung besteht, sind ebenso wie ihre Sachen häufiger zu durchsuchen. Bei Gefahr des Selbstmordes oder der Selbstverletzung kann davon abgesehen werden, wenn dies nicht das geeignete Mittel ist, um der Gefahr zu begegnen.

76 Sichere Unterbringung

§ 85 StVollzG

(1) Ein Gefangener kann in eine andere Jugendstrafanstalt verlegt werden, die zu seiner sicheren Unterbringung besser geeignet ist, wenn in erhöhtem Maße Fluchtgefahr gegeben ist oder sonst sein Verhalten oder sein Zustand eine Gefahr für die Sicherheit oder Ordnung der Anstalt darstellt.

VV zu § 85 StVollzG

(2) Die Verlegung bedarf der Zustimmung der Aufsichtsbehörde, wenn der Gefangene in eine nach dem Vollstreckungsplan nicht zuständige Anstalt verlegt werden soll.

77 Erkennungsdienstliche Maßnahmen

§ 86 Abs. 1 StVollzG

(1) Zur Sicherung des Vollzuges sind als erkennungsdienstliche Maßnahmen zulässig

1. die Abnahme von Finger- und Handflächenabdrücken,
2. die Aufnahme von Lichtbildern,
3. die Feststellung äußerlicher körperlicher Merkmale,
4. Messungen.

§ 86 Abs. 2 StVollzG

(2) Die gewonnenen erkennungsdienstlichen Unterlagen werden zu den Gefangenenpersonalakten genommen. Sie können auch in kriminalpolizeilichen Sammlungen verwahrt werden.

§ 86 Abs. 3 StVollzG

(3) Personen, die auf Grund des Absatzes 1 erkennungsdienstlich behandelt worden sind, können nach der Entlassung aus dem Voll-

zug verlangen, daß die gewonnenen erkennungsdienstlichen Unterlagen vernichtet werden, sobald die Vollstreckung der richterlichen Entscheidung, die dem Vollzug zugrunde gelegen hat, abgeschlossen ist. Sie sind über dieses Recht spätestens bei der Entlassung zu belehren.

78 Nachteile

Abs. 1 der VV zu § 87 StVollzG

(1) Entweicht ein Gefangener, ist er unverzüglich und nachdrücklich zu verfolgen. Reichen die Mittel, die der Anstalt zur Verfügung stehen, nicht aus, so ist die Hilfe der Polizei und gegebenenfalls anderer Stellen in Anspruch zu nehmen. Führt die unmittelbare Verfolgung oder die von der Anstalt veranlaßte Fahndung nicht alsbald zur Wiederergreifung, so sind weitere Maßnahmen der Vollstreckungsbehörde zu überlassen.

Abs. 2 der VV zu § 87 StVollzG

(2) Die Entweichung und die Maßnahmen, die zur Wiederergreifung des Entwichenen getroffen worden sind, zeigt der Anstaltsleiter unverzüglich – in der Regel fernmündlich voraus – der Aufsichtsbehörde an. Der Anstaltsleiter unterrichtet die Aufsichtsbehörde auch über die Wiederergreifung oder die freiwillige Rückkehr eines entwichenen Gefangenen.

Abs. 3 der VV zu § 87 StVollzG

(3) Der Hergang der Entweichung ist festzustellen. Die Ermittlungen müssen sich darauf erstrecken, ob der Entwichene Helfer hatte und ob die Flucht auf pflichtwidriges Verhalten von Bediensteten oder auf Mängel von Anstaltseinrichtungen zurückzuführen ist. Der Anstaltsleiter berichtet der Aufsichtsbehörde schriftlich über das Ergebnis der Ermittlungen und die getroffenen Maßnahmen.

79 Besondere Sicherungsmaßnahmen

§ 88 Abs. 1 StVollzG

(1) Gegen einen Gefangenen können besondere Sicherungsmaßnahmen angeordnet werden, wenn nach seinem Verhalten oder auf Grund seines seelischen Zustandes in erhöhtem Maße Fluchtgefahr oder die Gefahr von Gewalttätigkeiten gegen Personen oder Sachen oder die Gefahr des Selbstmordes oder der Selbstverletzung besteht.

§ 88 Abs. 2 StVollzG

(2) Als besondere Sicherungsmaßnahmen sind zulässig:

1. der Entzug oder die Vorenthaltung von Gegenständen,
2. die Beobachtung bei Nacht,
3. die Absonderung von anderen Gefangenen,
4. der Entzug oder die Beschränkung des Aufenthalts im Freien,

5. die Unterbringung in einem besonders gesicherten Haftraum ohne gefährdende Gegenstände und
6. die Fesselung.

§ 88 Abs. 3 StVollzG

(3) Maßnahmen nach Absatz 2 Nr. 1, 3 bis 5 sind auch zulässig, wenn die Gefahr einer Befreiung oder eine erhebliche Störung der Anstaltsordnung anders nicht vermieden oder behoben werden kann.

§ 88 Abs. 4 StVollzG

(4) Bei einer Ausführung, Vorführung oder beim Transport ist die Fesselung auch dann zulässig, wenn aus anderen Gründen als denen des Absatzes 1 in erhöhtem Maße Fluchtgefahr besteht.

§ 88 Abs. 5 StVollzG

(5) Besondere Sicherungsmaßnahmen dürfen nur soweit aufrechterhalten werden, als es ihr Zweck erfordert.

Abs. 1 der VV zu § 88 StVollzG

(6) Mehrere besondere Sicherungsmaßnahmen können nebeneinander angeordnet werden, wenn die Gefahr anders nicht abgewendet werden kann.

Abs. 2 der VV zu § 88 StVollzG

(7) Es ist in angemessenen Abständen zu überprüfen, ob und in welchem Umfang die besonderen Sicherungsmaßnahmen aufrechterhalten werden müssen.

Abs. 3 der VV zu § 88 StVollzG

(8) Die Unterbringung in einem besonders gesicherten Haftraum und die Fesselung sind der Aufsichtsbehörde unverzüglich mitzuteilen, wenn sie länger als drei Tage aufrechterhalten werden.

80 Einzelhaft

§ 89 Abs. 1 StVollzG

(1) Die unausgesetzte Absonderung eines Gefangenen (Einzelhaft) ist nur zulässig, wenn dies aus Gründen, die in der Person des Gefangenen liegen, unerläßlich ist.

§ 89 Abs. 2 StVollzG

(2) Einzelhaft von mehr als drei Monaten Gesamtdauer in einem Jahr bedarf der Zustimmung der Aufsichtsbehörde. Diese Frist wird nicht dadurch unterbrochen, daß der Gefangene am Gottesdienst oder an der Freistunde teilnimmt.

VV zu § 89 StVollzG

(3) In den Fällen des Absatzes 2 ist der Aufsichtsbehörde so rechtzeitig zu berichten, daß eine Entscheidung vor Ablauf der Frist möglich ist.

81 Fesselung

§ 90 StVollzG

(1) In der Regel dürfen Fesseln nur an den Händen oder an den Füßen angelegt werden. Im Interesse des Gefangenen kann der Anstaltsleiter eine andere Art der Fesselung anordnen. Die Fesselung wird zeitweise gelockert, soweit dies notwendig ist.

Abs. 1 der VV zu § 90 StVollzG

(2) Der gefesselte Gefangene wird während des Aufenthalts im Freien von nicht gefesselten Gefangenen getrennt gehalten.

Abs. 2 der VV zu § 90 StVollzG

(3) Zur Einnahme der Mahlzeiten und zur Verrichtung der Notdurft werden Handfesseln, nötigenfalls nach Anlegen von Fußfesseln, abgenommen oder so gelockert, daß der Gefangene nicht behindert ist.

82 Anordnung besonderer Sicherungsmaßnahmen

§ 91 Abs. 1 StVollzG

(1) Besondere Sicherungsmaßnahmen ordnet der Anstaltsleiter an. Bei Gefahr im Verzuge können auch andere Bedienstete der Anstalt diese Maßnahme vorläufig anordnen. Die Entscheidung des Anstaltsleiters ist unverzüglich einzuholen.

§ 91 Abs. 2 StVollzG

(2) Wird ein Gefangener ärztlich behandelt oder beobachtet oder bildet sein seelischer Zustand den Anlaß der Maßnahme, ist vorher der Arzt zu hören. Ist dies wegen Gefahr im Verzuge nicht möglich, wird seine Stellungnahme unverzüglich eingeholt.

83 Ärztliche Überwachung

§ 92 Abs. 1 StVollzG

(1) Ist ein Gefangener in einem besonders gesicherten Haftraum untergebracht oder gefesselt (Nr. 79 Abs. 2 Ziff. 5 und 6), so sucht ihn der Anstaltsarzt alsbald und in der Folge möglich täglich auf. Dies gilt nicht bei einer Fesselung während einer Ausführung, Vorführung oder eines Transportes (Nr. 79 Abs. 4).

§ 92 Abs. 2 StVollzG

(2) Der Arzt ist regelmäßig zu hören, solange einem Gefangenen der tägliche Aufenthalt im Freien entzogen wird. Das gleiche gilt in den Fällen von Nr. 80 Abs. 2 Satz 1.

Abs. 1 der VV zu § 92 StVollzG

(3) Der Anstaltsarzt ist von der Fesselung eines Gefangenen innerhalb der Anstalt oder der Unterbringung in einem besonders gesicherten Haftraum unverzüglich zu unterrichten.

Abs. 2 der VV zu § 92 StVollzG

(4) Ist der Arzt nicht anwesend, sucht ein im Sanitätsdienst erfahrener Bediensteter den Gefangenen auf.

Abs. 3 VV zu § 92 StVollzG

(5) Jeder Besuch und der erhobene Befund sind zu vermerken.

84 Ersatz von Aufwendungen

§ 93 Abs. 4 StVollzG

(1) Soweit der Gefangene verpflichtet ist, der Vollzugsbehörde Aufwendungen zu ersetzen, die er durch eine vorsätzliche oder grob fahrlässige Selbstverletzung oder Verletzung eines anderen Gefangenen verursacht hat, ist von der Geltendmachung dieser Forderung abzusehen, wenn hierdurch die Erziehung des Gefangenen oder seine Eingliederung behindert würde.

Abs. 1 der VV zu § 93 StVollzG

(2) Bestehen Zweifel an der Verantwortlichkeit des Gefangenen, ist hierzu eine Stellungnahme des Anstaltsarztes einzuholen. Dies gilt insbesondere bei Gefangenen, die sich eine Selbstverletzung zugefügt haben.

Abs. 2 der VV zu § 93 StVollzG

(3) Wird der Gefangene in eine andere Anstalt verlegt, ist dieser die Forderung zur weiteren Einziehung mitzuteilen. Wird der Gefangene in eine Anstalt eines anderen Landes verlegt, ist die aufnehmende Anstalt um die weitere Einziehung der Forderung im Wege der Amtshilfe zu ersuchen.

85 Unmittelbarer Zwang

(1) Bei der Anwendung von unmittelbarem Zwang (§ 178 i. V. m. §§ 94 bis 101 StVollzG) sind folgende Vorschriften zu beachten:

Abs. 1 der VV zu § 94 StVollzG

(2) Den bei der Anwendung von unmittelbarem Zwang Verletzten ist Beistand zu leisten und ärztliche Hilfe zu verschaffen, sobald die Lage es zuläßt. Diese Verpflichtung geht den Pflichten nach den Absätzen 3 und 4 vor.

Abs. 2 der VV zu § StVollzG

(3) Ist jemand durch Anwendung unmittelbaren Zwanges oder durch sonstige Gewaltanwendung getötet oder erheblich verletzt worden, so sind am Ort des Vorfalls nach Möglichkeit Veränderungen vorzunehmen. Das gleiche gilt bei jeder Verletzung, die durch den Gebrauch einer Schußwaffe in Anwendung unmittelbaren Zwanges oder bei sonstiger Gewaltanwendung verursacht worden ist.

Abs. 3 der VV zu § 94 StVollzG

(4) Jeder Fall der Anwendung unmittelbaren Zwanges ist dem Anstaltsleiter unverzüglich zu melden und aktenkundig zu machen. Über jeden Gebrauch von Waffen (§ 95 Abs. 4 StVollzG) ist der Aufsichtsbehörde zu berichten.

VV zu § 96 StVollzG

(5) Ist der Zweck einer Zwangsmaßnahme erreicht oder kann er nicht erreicht werden, so ist ihr Vollzug einzustellen.

Nr. 1 Abs. 1 der VV zu § 97 StVollzG

(6) Werden mehrere Vollzugsbedienstete gemeinsam tätig, so ist der den Einsatz Leitende befugt, unmittelbaren Zwang anzuordnen oder einzuschränken. Ist ein den Einsatz leitender Bediensteter nicht bestimmt oder fällt er aus, ohne daß ein Vertreter bestellt ist, tritt der anwesende dienstranghöchste, bei gleichem Dienstrang der dienstältere und gleichem Dienstalter der der Geburt nach älteste Vollzugsbedienstete an seine Stelle. Ist dies in dringender Lage nicht sofort feststellbar, darf jeder, der hiernach in Betracht kommenden Vollzugsbediensteten die Führung einstweilen übernehmen. Die Übernahme der Führung ist bekanntzugeben.

Nr. 1 Abs. 2 der VV zu § 97 StVollG

(7) Das Recht höherer Vorgesetzter, unmittelbaren Zwang anzuordnen oder einzuschränken, bleibt unberührt.

Nr. 2 Abs. 1 der VV zu § 97 StVollG

(8) Wer sich nicht am Ort des Geschehens befindet, darf eine Anordnung über unmittelbaren Zwang nur treffen, wenn er sich ein genaues Bild von den am Ort des Geschehens herrschenden Verhältnissen verschafft hat, so daß ein Irrtum über die Voraussetzungen nicht zu befürchten ist. Ändern sich zwischen der Anordnung und ihrer Ausführung die tatsächlichen Verhältnisse und kann der Anordnende vor der Ausführung nicht mehr verständigt werden, so entscheidet der örtlich leitende Bedienstete über die Anwendung unmittelbaren Zwanges. Der Anordnende ist unverzüglich zu verständigen.

Nr. 2 Abs. 2 der VV zu § 97 StVollzG

(9) Der Gebrauch von Waffen darf nur am Ort des Geschehens angeordnet werden.

Abs. 1 der VV zu § 101 StVollzG

(10) Erklärungen des Gefangenen, die im Zusammenhang mit ärztlichen Zwangsmaßnahmen von Bedeutung sein können, sollen schriftlich festgehalten und von dem Gefangenen unterzeichnet werden. Verweigert der Gefangene seine Unterschrift, wird dies ebenfalls aktenkundig gemacht. Mündliche Willensbekundungen sollen in Gegenwart von Zeugen aufgenommen und in einem Vermerk festgehalten werden, der von dem oder den Zeugen zu unterzeichnen ist. Die schriftliche Erklärung oder der Vermerk über die mündliche

Äußerung ist zu den Gesundheitsakten und zu den Gefangenenpersonalakten zu nehmen.

Abs. 2 der VV zu § 101 StVollzG

(11) Der Anstaltsarzt belehrt den Gefangenen in Anwesenheit eines Zeugen über die Notwendigkeit der ärztlichen Maßnahmen und die Möglichkeit einer zwangsweisen Behandlung sowie über die gesundheitlichen Folgen einer Nichtbehandlung. Die Belehrung ist aktenkundig zu machen.

Abs. 3 der VV zu § 101 StVollzG

(12) Ein Gefangener, der beharrlich die Aufnahme von Nahrung verweigert, wird ärztlich beobachtet.

86 Pflichtverstöße

(1) Verstößt ein Gefangener gegen Pflichten, die ihm im Vollzug auferlegt sind, kann unmittelbar auf die Pflichtverletzung eine Maßnahme angeordnet werden, die geeignet ist, ihm sein Fehlverhalten bewußt zu machen. Als Maßnahmen kommen namentlich in Betracht die die Erteilung von Weisungen und Auflagen sowie beschränkende Anordnungen in bezug auf die Freizeitbeschäftigung (Nr. 58) bis zur Dauer von einer Woche.

(2) Reichen bei schuldhaften Pflichtverstößen Maßnahmen nach Absatz 1 nicht aus, kann der Anstaltsleiter gegen den Gefangenen Disziplinarmaßnahmen anordnen.

§ 102 Abs. 3 StVollzG

(3) Eine Disziplinarmaßnahme ist auch zulässig, wenn wegen derselben Verfehlung ein Straf- oder Bußgeldverfahren eingeleitet wird.

87 Arten der Disziplinarmaßnahmen

§ 103 Abs. 1 StVollzG

(1) Die zulässigen Disziplinarmaßnahmen sind:

1. Verweis,
2. die Beschränkung oder der Entzug der Verfügung über das Hausgeld und des Einkaufs bis zu drei Monaten,
3. die Beschränkung oder der Entzug des Lesestoffs bis zu zwei Wochen sowie des Hörfunk- und Fernsehempfangs bis zu drei Monaten; der gleichzeitige Entzug jedoch nur bis zu zwei Wochen,
4. die Beschränkung oder der Entzug der Gegenstände für eine Beschäftigung in der Freizeit oder der Teilnahme an gemeinschaftlichen Veranstaltungen bis zu drei Monaten,
5. die getrennte Unterbringung während der Freizeit bis zu vier Wochen,
6. der Entzug der zugewiesenen Arbeit oder Beschäftigung bis zu vier Wochen unter Wegfall der im Strafvollzugsgesetz geregelten Bezüge,

7. die Beschränkung des Verkehrs mit Personen außerhalb der Anstalt auf dringende Fälle bis zu drei Monaten,
8. Arrest bis zu zwei Wochen.

§ 103 Abs. 2 StVollzG

(2) Arrest darf nur wegen schwerer oder mehrfach wiederholter Verfehlungen verhängt werden.

§ 103 Abs. 3 StVollG

(3) Mehrere Disziplinarmaßnahmen können miteinander verbunden werden.

§ 103 Abs. 4 StVollzG

(4) Die Maßnahmen nach Absatz 1 Nr. 3 bis 7 sollen möglichst nur angeordnet werden, wenn die Verfehlung mit den zu beschränkenden oder zu entziehenden Befugnissen im Zusammenhang steht. Dies gilt nicht bei einer Verbindung mit Arrest.

88 Vollzug der Disziplinarmaßnahmen. Aussetzung zur Bewährung

§ 104 Abs. 1 StVollzG

(1) Disziplinarmaßnahmen werden in der Regel sofort vollstreckt.

§ 104 Abs. 2 StVollzG

(2) Eine Disziplinarmaßnahme kann ganz oder teilweise bis zu drei Monaten zur Bewährung ausgesetzt werden.

§ 104 Abs. 3 StVollzG

(3) Wird die Verfügung über das Hausgeld beschränkt oder entzogen, ist das in dieser Zeit anfallende Hausgeld dem Überbrückungsgeld hinzuzurechnen.

§ 104 Abs. 4 StVollzG

(4) Wird der Verkehr des Gefangenen mit Personen außerhalb der Anstalt eingeschränkt, ist ihm Gelegenheit zu geben, dies einer Person, mit der er im Schriftwechsel steht oder die ihn zu besuchen pflegt, mitzuteilen. Der Schriftwechsel mit den in Nr. 24 Abs. 1 und 9 genannten Empfängern, mit Gerichten und Justizbehörden in der Bundesrepublik sowie mit Rechtsanwälten und Notaren in einer den Gefangenen betreffenden Rechtssache bleibt unbeschränkt.

§ 104 Abs. 5 StVollzG

(5) Arrest wird in Einzelhaft vollzogen. Der Gefangene kann in einem besonderen Arrestraum untergebracht werden, der den Anforderungen entsprechen muß, die an einen zum Aufenthalt bei Tag und Nacht bestimmten Haftraum gestellt werden. Soweit nichts anderes angeordnet wird, ruhen die Befugnisse des Gefangenen aus den Nrn. 14, 15, 17, 32, 33, 59 bis 61.

Abs. 1 der VV zu § 104 StVollzG

(6) Die Bewährungszeit (Absatz 2) kann vor ihrem Ablauf verkürzt oder bis zur zulässigen Höchstfrist verlängert werden.

Abs. 2 der VV zu § 104 StVollzG

(7) Die Aussetzung zur Bewährung kann ganz oder teilweise widerrufen werden, wenn der Gefangene die ihr zugrundeliegenden Erwartungen nicht erfüllt.

Abs. 3 der VV zu § 104 StVollzG

(8) Wird die Aussetzung zur Bewährung nicht widerrufen, darf die Disziplinarmaßnahme nach Ablauf der Bewährungsfrist nicht mehr vollstreckt werden.

89 Disziplinarbefugnis

§ 105 Abs. 1 StVollzG

(1) Disziplinarmaßnahmen ordnet der Anstaltsleiter an. Bei einer Verfehlung auf dem Wege in eine andere Anstalt zum Zwecke der Verlegung ist der Leiter der Bestimmungsanstalt zuständig.

§ 105 Abs. 2 StVollzG

(2) Die Aufsichtsbehörde entscheidet, wenn sich die Verfehlung des Gefangenen gegen den Anstaltsleiter richtet.

§ 105 Abs. 3 StVollzG

(3) Disziplinarmaßnahmen, die gegen einen Gefangenen in einer anderen Vollzugsanstalt oder während einer Untersuchungshaft angeordnet worden sind, werden auf Ersuchen vollstreckt. Nr. 88 Abs. 2 bleibt unberührt.

VV zu § 105 StVollzG

(4) Zur Verhängung einer Disziplinarmaßnahme ist der Leiter der Anstalt zuständig, der der Gefangene zur Zeit der Verfehlung angehört. Für die nachfolgenden Entscheidungen ist der Leiter der Anstalt zuständig, in der sich der Gefangene zu diesem Zeitpunkt aufhält.

90 Verfahren

§ 106 Abs. 1 StVollzG

(1) Der Sachverhalt ist zu klären. Der Gefangene wird gehört. Die Erhebungen werden in einer Niederschrift festgelegt; die Einlassung des Gefangenen wird vermerkt.

§ 106 Abs. 2 StVollzG

(2) Bei schweren Verstößen soll der Anstaltsleiter sich vor der Entscheidung in einer Konferenz mit Personen besprechen, die bei der Erziehung des Gefangenen mitwirken. Vor der Anordnung einer Disziplinarmaßnahme gegen einen Gefangenen, der sich in ärztlicher Behandlung befindet, oder gegen eine Schwangere oder eine stillende Mutter ist der Anstaltsarzt zu hören.

§ 106 Abs. 3 StVollzG

(3) Die Entscheidung wird dem Gefangenen vom Anstaltsleiter mündlich eröffnet und mit einer kurzen Begründung schriftlich abgefaßt.

Nr. 1 Abs. 1 der VV zu § 106 StVollzG

(4) Der Gefangene wird darüber unterrichtet, welche Verfehlung ihm zur Last gelegt wird.

Nr. 1 Abs. 2 der VV zu § 106 StVollzG

(5) Es sind sowohl die belastenden als auch die entlastenden Umstände zu ermitteln. Die Ermittlungen erstrecken sich erforderlichenfalls auch auf die Frage der Verantwortlichkeit des Gefangenen; insoweit ist der Anstaltsarzt zu hören.

Nr. 1 Abs. 3 der VV zu § 106 StVollzG

(6) Vor der Entscheidung über eine Disziplinarmaßnahme erhält der Gefangene Gelegenheit, sich zu dem Ergebnis der Ermittlungen zu äußern.

Nr. 2 der VV zu § 106 StVollzG

(7) Mehrere Verfehlungen eines Gefangenen, die gleichzeitig zu beurteilen sind, werden durch eine Entscheidung geahndet.

Nr. 3 der VV zu § 106 StVollzG

(8) Der Anstaltsleiter kann mit der Durchführung der Ermittlungen und der Anhörung des Gefangenen einen anderen Bediensteten beauftragen, jedoch nicht den, gegen den sich die Verfehlung richtet.

91 Mitwirkung des Arztes

§ 107 Abs. 1 StVollzG

(1) Bevor der Arrest vollzogen wird, ist der Arzt zu hören. Während des Arrestes steht der Gefangene unter ärztlicher Aufsicht.

§ 107 Abs. 2 StVollzG

(2) Der Vollzug des Arrestes unterbleibt oder wird unterbrochen, wenn die Gesundheit des Gefangenen gefährdet würde.

VV zu § 107 StVollzG

(3) Das Ergebnis der ärztlichen Beurteilung ist aktenkundig zu machen.

92 Beschwerderecht

§ 108 Abs. 1 StVollzG

(1) Der Gefangene erhält Gelegenheit, sich mit Wünschen, Anregungen und Beschwerden in Angelegenheiten, die ihn selbst betreffen, an den Anstaltsleiter zu wenden. Regelmäßige Sprechstunden sind einzurichten.

§ 108 Abs. 2 StVollzG

(2) Besichtigt ein Vertreter der Aufsichtsbehörde die Anstalt, so ist zu gewährleisten, daß ein Gefangener sich in Angelegenheiten, die ihn selbst betreffen, an ihn wenden kann.

§ 108 Abs. 3 StVollzG

(3) Die Möglichkeit der Dienstaufsichtsbeschwerde bleibt unberührt.

Nr. 1 Abs. 1 der VV zu § 108 StVollzG

(4) Der Gefangene kann sich jederzeit schriftlich an den Anstaltsleiter wenden.

Nr. 1 Abs. 2 der VV zu § 108 StVollzG

(5) Sprechstunden von angemessener Dauer sind mindestens einmal wöchentlich einzurichten. Das Nähere regelt die Hausordnung.

Nr. 1 Abs. 3 der VV zu § 108 StVollzG

(6) Dem Vertreter der Aufsichtsbehörde ist bei Besichtigungen (Nr. 98 Abs. 3 und 4) unaufgefordert eine Liste der Gefangenen vorzulegen, die sich für eine Anhörung nach Absatz 2 haben vormerken lassen.

Nr. 2 Abs. 1 der VV zu § 108 StVollzG

(7) Eingaben, Beschwerden und Dienstaufsichtsbeschwerden, die nach Form oder Inhalt nicht den im Verkehr mit Behörden üblichen Anforderungen entsprechen oder bloße Wiederholungen enthalten, brauchen nicht beschieden zu werden. Der Gefangene ist entsprechend zu unterrichten. Eine Überprüfung des Vorbringens von Amts wegen bleibt unberührt.

Nr. 2 Abs. 2 der VV zu § 108 StVollzG

(8) Dienstaufsichtsbeschwerden gegen Anordnungen und Maßnahmen des Anstaltsleiters, denen nicht abgeholfen wird, sind unverzüglich der Aufsichtsbehörde vorzulegen.

Nr. 3 der VV zu § 108 StVollzG

(9) Beschwerden, die an eine offenbar unzuständige oder nicht ohne weiteres zuständige Vollzugsbehörde gerichtet sind, leitet der Anstaltsleiter an die zuständige Vollzugsbehörde weiter.

93 Strafvollstreckung und Untersuchungshaft

Wird Untersuchungshaft zum Zwecke der Strafvollstreckung unterbrochen oder wird gegen einen Gefangenen in anderer Sache Untersuchungshaft angeordnet, so sind Nrn. 92 und 93 der Untersuchungshaftvollzugsordnung zu beachten.

94 Trennung

§ 140 Abs. 2 StVollzG

Weibliche Gefangene sind getrennt von männlichen Gefangenen unterzubringen.

95 Arbeitsbeschaffung, Gelegenheit zur beruflichen Bildung

§ 148 Abs. 1 StVollzG

(1) Die Vollzugsbehörde soll im Zusammenwirken mit den Vereinigungen und Stellen des Arbeits- und Wirtschaftslebens dafür sorgen,

daß jeder arbeitsfähige Gefangene wirtschaftlich ergiebige Arbeit ausüben kann, und dazu beitragen, daß er beruflich gefördert, beraten und vermittelt wird.

§ 148 Abs. 2 StVollzG

(2) Die Vollzugsbehörde stellt durch geeignete organisatorische Maßnahmen sicher, daß die Bundesanstalt für Arbeit die ihr obliegenden Aufgaben wie Berufsberatung, Arbeitsberatung und Arbeitsvermittlung durchführen kann.

96 Arbeitsbetriebe, Einrichtung zur beruflichen Bildung

§ 149 Abs. 1 StVollzG

(1) In den Anstalten sind die notwendigen Betriebe für die nach Nr. 32 Abs. 2 zuzuweisenden Arbeiten vorzusehen sowie die erforderlichen Einrichtungen zur beruflichen Bildung (Nr. 32 Abs. 1) und arbeitstherapeutischen Beschäftigung (Nr. 32 Abs. 4).

§ 149 Abs. 2 StVollzG

(2) Die in Absatz 1 genannten Betriebe und sonstigen Einrichtungen sind den Verhältnissen außerhalb der Anstalten anzugleichen. Die Jugendarbeitsschutz-, Arbeitsschutz- und Unfallverhütungsvorschriften sind zu beachten.

§ 149 Abs. 3 StVollzG

(3) Die berufliche Bildung und die arbeitstherapeutische Beschäftigung können auch in geeigneten Einrichtungen privater Unternehmen erfolgen.

§ 149 Abs. 4 StVollzG

(4) In den von privaten Unternehmen unterhaltenen Betrieben und sonstigen Einrichtungen kann die technische und fachliche Leitung Angehörigen dieser Unternehmen übertragen werden.

VV zu § 149 StVollzG

(5) Der Tätigkeitsbereich der Angehörigen von Unternehmerbetrieben in den Anstalten wird in einer Anweisung festgelegt; das Personal wird auf die Einhaltung dieser Anweisung verpflichtet.

97 Vollzugsgemeinschaften

§ 150 StVollzG

Für Jugendstrafanstalten können die Länder Vollzugsgemeinschaften bilden.

98 Aufsichtsbehörden

§ 151 Abs. 1 StVollzG

(1) Die Landesjustizverwaltungen führen die Aufsicht über die Jugendstrafanstalten. Sie können Aufsichtsbefugnisse auf Justizvollzugsämter übertragen.

§ 151 Abs. 2 StVollzG

(2) An der Aufsicht über das Arbeitswesen sowie über die Sozialarbeit, die Weiterbildung, die Gesundheitsfürsorge und die sonstige fachlich begründete Erziehung der Gefangenen sind eigene Fachkräfte zu beteiligen; soweit die Aufsichtsbehörde nicht über eigene Fachkräfte verfügt, ist fachliche Beratung sicherzustellen.

Nr. 1 Abs. 1 der VV zu § 151 StVollzG

(3) Die Aufsichtsbehörde sucht alle Anstalten so häufig auf, daß sie stets über den gesamten Vollzug unterrichtet bleibt.

Nr. 1 Abs. 2 der VV zu § 151 StVollzG

(4) Jede Anstalt soll mindestens zweimal jährlich besichtigt werden; dabei sollen die Anstaltseinrichtungen wenigstens einmal im Jahr gründlich geprüft werden. Der besichtigende Beamte soll einer Dienstbesprechung beiwohnen, den Bediensteten Gelegenheit zur Vorsprache geben, Gefangene aufsuchen und sich von ihrer sachgemäßen Erziehung überzeugen. Über jede Besichtigung ist eine Niederschrift zu den Akten zu nehmen.

Nr. 2 der VV zu § 151 StVollzG

(5) Die Landesjustizverwaltungen regeln den Besuch von Anstalten durch anstaltsfremde Personen sowie den Verkehr von Gefangenen mit Vertretern von Publikationsorganen (Presse, Rundfunk, Film, Fernsehen).

99 Vollstreckungsplan

§ 152 Abs. 1 StVollzG

(1) Die Landesjustizverwaltung regelt die örtliche und sachliche Zuständigkeit der Jugendstrafanstalten in einem Vollstreckungsplan.

VV zu § 152 StVollzG

(2) Im Vollstreckungsplan soll auch festgelegt werden, welche Anstalten und Abteilungen Einrichtungen des offenen Vollzugs sind.

100 Zuständigkeit für Verlegungen

§ 153 StVollzG

Die Landesjustizverwaltung kann sich Entscheidungen über Verlegungen vorbehalten oder sie einer zentralen Stelle übertragen.

101 Zusammenarbeit

§ 154 Abs. 1 StVollzG

(1) Alle im Vollzug Tätigen arbeiten zusammen und wirken daran mit, die Aufgaben des Vollzugs zu erfüllen.

§ 154 Abs. 2 StVollzG

(2) Mit dem Vollstreckungsleiter und den Behörden und Stellen der Entlassenenfürsorge, der Bewährungshilfe, den Aufsichtsstellen für

die Führungsaufsicht, den Jugendämtern, den Arbeitsämtern, den Trägern der Sozialversicherung und der Sozialhilfe, den Hilfseinrichtungen anderer Behörden und den Verbänden der freien Wohlfahrtspflege ist eng zusammenzusarbeiten. Die Vollzugsbehörden sollen mit Personen und Vereinen, deren Einfluß die Eingliederung des Gefangenen fördern kann, zusammenarbeiten.

Richtlinie Abschn. VI Nr. 7 Satz 2 zu §§ 82–85 JG

(3) Der Vollstreckungsleiter hält mit dem Anstaltsleiter und den Beamten der Jugendstrafanstalt Fühlung und nimmt an Vollzugsangelegenheiten von größerer Bedeutung beratend teil.

102 Vollzugsbedienstete

§ 155 Abs. 1 StVollzG

Die Aufgaben der Jugendstrafanstalten werden von Vollzugsbeamten wahrgenommen. Aus besonderen Gründen können sie auch anderen Bediensteten der Jugendstrafanstalten sowie nebenamtlich oder vertraglich verpflichteten Personen übertragen werden.

103 Anstaltsleiter, Vollzugsleiter

§ 156 Abs. 1

(1) Für jede Jugendstrafanstalt ist ein Beamter des höheren Dienstes zum hauptamtlichen Leiter zu bestellen.

§ 156 Abs. 2 StVollzG

(2) Der Anstaltsleiter vertritt die Anstalt nach außen. Er ist Vollzugsleiter und trägt die Verantwortung für den Vollzug.

Nr. 1 der VV zu § 156 StVollzG

(3) Die Aufsichtsbehörde bestimmt den Vertreter des Anstaltsleiters.

Nr. 2 Abs. 1 der VV zu § 156 StVollzG

(4) Der Anstaltsleiter legt schriftlich fest, welche Bediensteten in seinem Auftrag Entscheidungen treffen können.

Nr. 2 Abs. 2 der VV zu § 156 StVollzG

(5) Der Anstaltsleiter kann in fachlichen Angelegenheiten des Dienstes der Seelsorger, Ärzte, Pädagogen, Psychologen und Sozialbearbeiter, die sich seiner Beurteilung entziehen, Auskunft verlangen und Anregungen geben.

Nr. 2 Abs. 3 der VV zu § 156 StVollzG

(6) Die Durchführung von Maßnahmen der in Absatz 5 genannten Fachkräfte, die nach seiner Überzeugung die Sicherheit der Anstalt, die Ordnung der Verwaltung oder die zweckmäßige Erziehung der Gefangenen gefährden, kann der Anstaltsleiter bis zur Entscheidung der Aufsichtsbehörde aussetzen, wenn eine Aussprache zwischen den Beteiligten zu keiner Einigung führt.

Nr. 3 der VV zu § 156 StVollzG

(7) Der Anstaltsleiter berichtet unverzüglich der Aufsichtsbehörde über außerordentliche Vorkommnisse und über Angelegenheiten, die Anlaß zu allgemeiner Regelung geben können.

104 Seelsorge

§ 157 Abs. 1 StVollzG

(1) Seelsorger werden im Einvernehmen mit der jeweiligen Religionsgemeinschaft im Hauptamt bestellt oder vertraglich verpflichtet.

§ 157 Abs. 2 StVollzG

(2) Wenn die geringe Zahl der Angehörigen einer Religionsgemeinschaft eine Seelsorge nach Absatz 1 nicht rechtfertigt, ist die seelsorgerische Betreuung auf andere Weise zuzulassen.

§ 157 Abs. 3 StVollzG

(3) Mit Zustimmung des Anstaltsleiters dürfen die Anstaltsseelsorger sich freier Seelsorgehelfer bedienen und für Gottesdienste sowie für andere religiöse Veranstaltungen Seelsorger von außen zuziehen.

105 Ärztliche Versorgung

§ 158 Abs. 1 StVollzG

(1) Die ärztliche Versorgung ist durch hauptamtliche Ärzte sicherzustellen. Sie kann aus besonderen Gründen nebenamtlich oder vertraglich verpflichteten Ärzten übertragen werden.

§ 158 Abs. 2 StVollzG

(2) Die Pflege der Kranken soll von Personen ausgeübt werden, die eine Erlaubnis nach dem Krankenpflegegesetz besitzen. Solange Personen im Sinne von Satz 1 nicht zur Verfügung stehen, können auch Bedienstete des allgemeinen Vollzugsdienstes eingesetzt werden, die eine sonstige Ausbildung in der Krankenpflege erfahren haben.

106 Konferenzen

§ 159 StVollzG

(1) Zur Aufstellung und Überprüfung des Vollzugsplanes und zur Vorbereitung wichtiger Entscheidungen im Vollzug führt der Anstaltsleiter Konferenzen mit an der Erziehung maßgeblichen Beteiligten durch.

VV zu § 159 StVollzG

(2) Weitere Dienstbesprechungen auch mit den anderen Vollzugsbediensteten der Anstalt finden in regelmäßigen Abständen statt.

107 Gefangenenmitverantwortung

§ 160 StVollzG

Den Gefangenen soll ermöglicht werden, an der Verantwortung für Angelegenheiten von gemeinsamem Interesse teilzunehmen, die sich ihrer Eigenart und der Aufgabe der Anstalt nach für ihre Mitwirkung eignen.

108 Hausordnung

§ 161 Abs. 1 StVollzG

(1) Der Anstaltsleiter erläßt eine Hausordnung. Sie bedarf der Zustimmung der Aufsichtsbehörde.

§ 161 Abs. 2 StVollzG

(2) In die Hausordnung sind namentlich die Anordnungen aufzunehmen über

1. die Besuchszeiten, Häufigkeit und Dauer der Besuche,
2. die Arbeitszeit, Freizeit und Ruhezeit sowie
3. die Gelegenheit, Anträge und Beschwerden anzubringen oder sich an einen Vertreter der Aufsichtsbehörde zu wenden.

§ 161 Abs. 3 StVollzG

(3) Ein Abdruck der Hausordnung ist in jedem Haftraum auszulegen.

109 Kriminologische Forschung

§ 166 StVollzG

Dem kriminologischen Dienst obliegt es, in Zusammenarbeit mit den Einrichtungen der Forschung den Vollzug, namentlich die Erziehungsmethoden, wissenschaftlich fortzuentwickeln und seine Ergebnisse für Zwecke der Strafrechtspflege nutzbar zu machen.

110 Einbehaltung von Beitragsteilen

VV zu § 195 StVollzG

Der in § 195 StVollzG bestimmte Beitragsanteil wird einbehalten. Bei unbilliger Härte kann von der Einbehaltung des Beitrages abgesehen werden.

111 Dienst- und Sicherheitsvorschriften

(1) Die Dienst- und Sicherheitsvorschriften für den Strafvollzug (DSVollz) gelten entsprechend.

(2) Der Gefangene wird mit „Sie" angesprochen, soweit der Anstaltsleiter für Gefangene unter 16 Jahren nicht etwas anderes bestimmt.

Anhang

Wichtige Rechtsvorschriften zum Jugendstrafvollzug

§ 91 JGG Aufgabe des Jugendstrafvollzugs

(1) Durch den Vollzug der Jugendstrafe soll der Verurteilte dazu erzogen werden, künftig einen rechtschaffenen und verantwortungsbewußten Lebenswandel zu führen.

(2) Ordnung, Arbeit, Unterricht, Leibesübungen und sinnvolle Beschäftigung in der freien Zeit sind die Grundlagen dieser Erziehung. Die beruflichen Leistungen des Verurteilten sind zu fördern. Lehrwerkstätten sind einzurichten. Die seelsorgerische Betreuung wird gewährleistet.

(3) Um das Erziehungsziel zu erreichen, kann der Vollzug aufgelokkert und in geeigneten Fällen weitgehend in freien Formen durchgeführt werden.

(4) Die Beamten müssen für die Erziehungsaufgabe des Vollzugs geeignet und ausgebildet sein.

§ 92 JGG Jugendstrafanstalten

(1) Die Jugendstrafe wird in Jugendstrafanstalten vollzogen.

(2) An einem Verurteilten, der das achtzehnte Lebensjahr vollendet hat und sich nicht für den Jugendstrafvollzug eignet, braucht die Strafe nicht in der Jugendstrafanstalt vollzogen zu werden. Jugendstrafe, die nicht in der Jugendstrafanstalt vollzogen wird, wird nach den Vorschriften des Strafvollzugs für Erwachsene vollzogen. Hat der Verurteilte das vierundzwanzigste Lebensjahr vollendet, so soll Jugendstrafe nach den Vorschriften des Strafvollzugs für Erwachsene vollzogen werden.

(3) Über die Ausnahme vom Jugendstrafvollzug entscheidet der Vollstreckungsleiter.

§ 93 JGG Untersuchungshaft

(1) An Jugendlichen wird die Untersuchungshaft nach Möglichkeit in einer besonderen Anstalt oder wenigstens in einer besonderen Abteilung der Haftanstalt oder, wenn Freiheitsstrafe nicht zu erwarten ist, in einer Jugendarrestanstalt vollzogen.

(2) Der Vollzug der Untersuchungshaft soll erzieherisch gestaltet werden.

(3) Den Vertretern der Jugendgerichtshilfe und, wenn der Beschuldigte der Aufsicht und Leitung eines Bewährungshelfers untersteht oder für ihn ein Erziehungsbeistand bestellt ist, dem Helfer und dem Erziehungsbeistand ist der Verkehr mit dem Beschuldigten in demselben Umfang wie einem Verteidiger gestattet.

§ 114 JGG Vollzug von Freiheitsstrafe in der Jugendstrafanstalt

In der Jugendstrafanstalt dürfen an Verurteilten, die das vierundzwanzigste Lebensjahr noch nicht vollendet haben und sich für den Jugendstrafvollzug eignen, auch Freiheitsstrafen vollzogen werden, die nach allgemeinem Strafrecht verhängt worden sind.

§ 115 JGG Rechtsvorschriften der Bundesregierung über den Vollzug [1])

(1) Die Bundesregierung wird ermächtigt, durch Rechtsverordnung mit Zustimmung des Bundesrates für den Vollzug der Jugendstrafe, des Jugendarrestes und der Untersuchungshaft Vorschriften zu erlassen über die Art der Unterbringung, die Behandlung, die Lebenshaltung, die erzieherische, seelsorgerische und berufliche Betreuung, die Arbeit, den Unterricht, die Gesundheitspflege und körperliche Ertüchtigung, die Freizeit, den Verkehr mit der Außenwelt, die Ordnung und Sicherheit in der Vollzugsanstalt und die Ahndung von Verstößen hiergegen, die Aufnahme und die Entlassung sowie das Zusammenwirken mit den der Jugendpflege und Jugendfürsorge dienenden Behörden und Stellen.

(2) Die Rechtsverordnungen der Bundesregierung dürfen für die Ahndung von Verstößen gegen die Ordnung oder Sicherheit der Anstalt nur Hausstrafen vorsehen, die der Vollzugsleiter oder bei Untersuchungshaft der Richter verhängt. Die schwersten Hausstrafen sind die Beschränkungen des Verkehrs mit der Außenwelt auf dringende Fälle bis zu drei Monaten und Arrest bis zu zwei Wochen. Mildere Hausstrafen sind zulässig. Dunkelhaft ist verboten.

(3) Die Bundesregierung wird ermächtigt, durch Rechtsverordnung mit Zustimmung des Bundesrates zur Durchführung des § 112b Abs. 2 Vorschriften über Art, Umfang und Dauer der Pflichten und Beschränkungen zu erlassen, die dem Jugendlichen oder Heranwachsenden hinsichtlich des Dienstes, der Freizeit, des Urlaubs und der Auszahlung der Besoldung auferlegt werden oder durch den nächsten Disziplinarvorgesetzten auferlegt werden können.

§ 176 StVollzG Jugendstrafanstalten

(1) Übt ein Gefangener in einer Jugendstrafanstalt eine ihm zugewiesene Arbeit aus, so erhält er unbeschadet der Vorschriften des Jugendarbeitsschutzgesetzes über die Akkord- und Fließarbeit ein nach § 43 Abs. 1 und 2 zu bemessendes Arbeitsentgelt. Übt er eine sonstige zugewiesene Beschäftigung oder Hilfstätigkeit aus, so erhält er ein Arbeitsentgelt nach Satz 1, soweit dies der Art seiner Beschäftigung und seiner Arbeitsleistung entspricht.

---

[1]) Die Rechtsverordnung über den Vollzug der Jugendstrafe ist noch nicht erlasssen.

(2) Arbeitsfähige Gefangene, denen aus Gründen, die nicht in ihrer Person liegen, Arbeit nicht zugewiesen werden kann, erkrankte Gefangene, bei denen die Voraussetzungen des § 45 Abs. 2 vorliegen, und werdende Mütter, die eine Arbeit nicht verrichten, erhalten eine Ausfallentschädigung. Höhe und Dauer der Ausfallentschädigung sind nach § 45 Abs. 3 bis 6 zu bestimmen.

(3) Gefangene, die wegen Gebrechlichkeit nicht arbeiten oder denen eine Ausfallentschädigung nicht oder nicht mehr gewährt wird, erhalten ein angemessenes Taschengeld, falls sie bedürftig sind. Gleiches gilt für Gefangene, die für eine Beschäftigung oder Hilfstätigkeit nach Absatz 1 Satz 2 kein Arbeitsentgelt erhalten.

(4) Im übrigen gelten § 44 und die §§ 49 bis 52 entsprechend. § 176 Abs. 2 und 3 treten durch besonderes Bundesgesetz in Kraft (§ 198 Abs. 3); bis dahin gilt Abs. 3 in der folgenden Fassung des § 199 Abs. 2 Nr. 5:

„(3) Wenn ein Gefangener ohne sein Verschulden kein Arbeitsentgelt und keine Ausbildungsbeihilfe erhält, wird ihm ein angemessenes Taschengeld gewährt, falls er bedürftig ist.“

§ 43 StVollzG Arbeitsentgelt

(1) Übt der Gefangene eine zugewiesene Arbeit, sonstige Beschäftigung oder eine Hilfstätigkeit nach § 41 Abs. 1 Satz 2 aus, so erhält er ein Arbeitsentgelt. Der Bemessung des Arbeitsentgelts ist der in § 200 bestimmte Satz des durchschnittlichen Arbeitsentgelts aller Versicherten der Rentenversicherung der Arbeiter und Angestellten ohne Auszubildende des vorvergangenen Kalenderjahres zugrunde zu legen (Eckvergütung). Ein Tagessatz ist der zweihundertfünfzigste Teil der Eckvergütung; das Arbeitsentgelt kann nach einem Stundensatz bemessen werden.

(2) Das Arbeitsentgelt kann je nach der Leistung des Gefangenen und der Art der Arbeit gestuft werden. 75 vom Hundert der Eckvergütung dürfen nur dann unterschritten werden, wenn die Arbeitsleistungen des Gefangenen den Mindestanforderungen nicht genügen.

(3) Übt ein Gefangener zugewiesene arbeitstherapeutische Beschäftigung aus, erhält er ein Arbeitsentgelt, soweit dies der Art seiner Beschäftigung und seiner Arbeitsleistung entspricht.

(4) Das Arbeitsentgelt ist dem Gefangenen schriftlich bekanntzugeben.

§ 44 StVollzG Ausbildungsbeihilfe

(1) Nimmt der Gefangene an einer Berufsausbildung, Umschulung, beruflichen Fortbildung oder an einem Unterricht teil und ist er zu diesem Zweck von seiner Arbeitspflicht freigestellt, so erhält er eine Ausbildungsbeihilfe, soweit ihm keine Leistungen zum Lebensunterhalt zustehen, die freien Personen aus solchem Anlaß gewährt wer-

den. Der Nachrang der Sozialhilfe nach § 2 Abs. 2 des Bundessozialhilfegesetzes wird nicht berührt.

(2) Für die Bemessung der Ausbildungsbeihilfe gilt § 43 Abs. 1 und 2 entsprechend.

(3) Nimmt der Gefangene während der Arbeitszeit stunden- oder tageweise am Unterricht oder an anderen zugewiesenen Maßnahmen gemäß § 37 Abs. 3 teil, so erhält er in Höhe des ihm dadurch entgehenden Arbeitsentgelts eine Ausbildungsbeihilfe.

§ 45 StVollzG [1]) Ausfallentschädigung

(1) Kann einem arbeitsfähigen Gefangenen aus Gründen, die nicht in seiner Person liegen, länger als eine Woche eine Arbeit oder Beschäftigung im Sinne des § 37 Abs. 4 nicht zugewiesen werden, erhält er eine Ausfallentschädigung.

(2) Wird ein Gefangener infolge Krankheit länger als eine Woche an seiner Arbeitsleistung verhindert, ohne daß ihn ein Verschulden trifft, so erhält er ebenfalls eine Ausfallentschädigung. Gleiches gilt für Gefangene, die eine Ausbildungsbeihilfe nach § 44 oder Ausfallentschädigung nach Absatz 1 bezogen haben.

(3) Werdende Mütter, die eine Arbeit oder Beschäftigung im Sinne des § 37 nicht verrichten, erhalten Ausfallentschädigung in den letzten sechs Wochen vor der Entbindung und bis zum Ablauf von acht Wochen, bei Früh- und Mehrlingsgeburten bis zu zwölf Wochen nach der Entbindung.

(4) Die Ausfallentschädigung darf 60 vom Hundert der Eckvergütung nach § 43 Abs. 1 nur dann unterschreiten, wenn der Gefangene das Mindestentgelt des § 43 Abs. 2 vor der Arbeitslosigkeit oder Krankheit nicht erreicht hat.

(5) Ausfallentschädigung wird unbeschadet der Regelung nach Absatz 3 insgesamt bis zur Höchstdauer von sechs Wochen jährlich gewährt. Eine weitere Ausfallentschädigung wird erst gewährt, wenn der Gefangene erneut wenigstens ein Jahr Arbeitsentgelt oder Ausbildungsbeihilfe bezogen hat.

(6) Soweit der Gefangene nach § 566 Abs. 2 der Reichsversicherungsordnung Übergangsgeld erhält, ruht der Anspruch auf Ausfallentschädigung.

§ 49 StVollzG Unterhaltsbeitrag [2])

(1) Auf Antrag des Gefangenen ist zur Erfüllung einer gesetzlichen Unterhaltspflicht aus seinen Bezügen an den Berechtigten oder einen Dritten ein Unterhaltsbeitrag zu zahlen.

---

[1]) Die Vorschrift des § 45 StVollzG wird durch besonderes Bundesgesetz in Kraft gesetzt.

[2]) Die Vorschrift des § 49 StVollzG wird durch besonderes Bundesgesetz in Kraft gesetzt.

(2) Reichen die Einkünfte des Gefangenen nach Abzug des Hausgeldes und des Unterhaltsbeitrages nicht aus, um den Haftkostenbeitrag zu begleichen, so wird ein Unterhaltsbeitrag nur bis zur Höhe des nach § 850c der Zivilprozeßordnung unpfändbaren Betrages gezahlt. Bei der Bemessung des nach Satz 1 maßgeblichen Betrages wird die Zahl der unterhaltsberechtigten Personen um eine vermindert.

§ 50 StVollzG Haftkostenbeitrag

(1) Von den in diesem Gesetz geregelten Bezügen und von den Bezügen der Gefangenen, die in einem freien Beschäftigungsverhältnis stehen (§ 39 Abs. 1), darf ein Haftkostenbeitrag in Höhe des Betrages einbehalten werden, der nach § 160 Abs. 2 der Reichsversicherungsordnung durchschnittlich zur Bewertung der Sachbezüge festgesetzt ist. Der Bundesminister der Justiz stellt den Durchschnittsbetrag für jedes Kalenderjahr nach den am 1. Oktober des vorhergehenden Jahres geltenden Bewertungen der Sachbezüge fest und macht ihn im Bundesanzeiger bekannt. Der Haftkostenbeitrag darf auch von dem unpfändbaren Teil der Bezüge, jedoch nicht zu Lasten des Hausgeldes oder des Unterhaltsbeitrages angesetzt werden.

(2) Die Selbstbeschäftigung (§ 39 Abs. 2) kann davon abhängig gemacht werden, daß der Gefangene den Haftkostenbeitrag monatlich im voraus entrichtet.

§ 50 tritt durch besonderes Bundesgesetz in Kraft (§ 198 Abs. 3); nach § 199 Abs. 2 Nr. 3 gilt § 50 bis dahin in folgender Fassung:

> „(1) Von Gefangenen, die Bezüge nach diesem Gesetz erhalten, werden Haftkosten nicht erhoben.
>
> (2) Von Gefangenen, die in einem freien Beschäftigungsverhältnis stehen (§ 39 Abs. 1), darf ein Haftkostenbeitrag in Höhe des Betrages erhoben werden, der nach § 160 Abs. 2 der Reichsversicherungsordnung durchschnittlich zur Bewertung der Sachbezüge festgesetzt ist. Der Bundesminister der Justiz stellt den Durchschnittsbetrag für jedes Kalenderjahr nach den am 1. Oktober des vorhergehenden Jahres geltenden Bewertungen der Sachbezüge fest und macht ihn im Bundesanzeiger bekannt. Der Haftkostenbeitrag darf auch von dem unpfändbaren Teil der Bezüge, jedoch nicht zu Lasten des Hausgeldes oder des Unterhaltsbeitrages angesetzt werden.
>
> (3) Die Selbstbeschäftigung (§ 39 Abs. 2) kann davon abhängig gemacht werden, daß der Gefangene einen Haftkostenbeitrag bis zur Höhe des in Absatz 2 genannten Satzes monatlich im voraus entrichtet."

§ 51 StVollzG Überbrückungsgeld

(1) Aus den in diesem Gesetz geregelten Bezügen und aus den Bezügen der Gefangenen, die in einem freien Beschäftigungsverhält-

nis stehen (§ 39 Abs. 1) oder denen gestattet ist, sich selbst zu beschäftigen (§ 39 Abs. 2), ist ein Überbrückungsgeld zu bilden, das den notwendigen Lebensunterhalt des Gefangenen und seiner Unterhaltsberechtigten für die ersten vier Wochen nach seiner Entlassung sichern soll.

(2) Das Überbrückungsgeld wird dem Gefangenen bei der Entlassung in die Freiheit ausgezahlt. Die Vollzugsbehörde kann es auch ganz oder zum Teil dem Bewährungshelfer oder einer mit der Entlassungsbetreuung befaßten Stelle überweisen, die darüber entscheiden, wie das Geld innerhalb der ersten vier Wochen nach der Entlassung an den Gefangenen ausgezahlt wird. Der Bewährungshelfer und die mit der Entlassungsbetreuung befaßte Stelle sind verpflichtet, das Überbrückungsgeld von ihrem Vermögen gesondert zu halten. Mit Zustimmung des Gefangenen kann das Überbrückungsgeld auch dem Unterhaltsberechtigten überwiesen werden.

(3) Der Anstaltsleiter kann gestatten, daß das Überbrückungsgeld für Ausgaben in Anspruch genommen wird, die der Eingliederung des Gefangenen dienen.

(4) Der Anspruch auf Auszahlung des Überbrückungsgeldes ist unpfändbar. Erreicht es nicht die in Absatz 1 bestimmte Höhe, so ist in Höhe des Unterschiedsbetrages auch der Anspruch auf Auszahlung des Eigengeldes unpfändbar. Bargeld des entlassenen Gefangenen, an den wegen der nach Satz 1 oder Satz 2 unpfändbaren Ansprüche Geld ausgezahlt worden ist, ist für die Dauer von vier Wochen seit der Entlassung insoweit der Pfändung nicht unterworfen, als es dem Teil der Ansprüche für die Zeit von der Pfändung bis zum Ablauf der vier Wochen entspricht.

(5) Absatz 4 gilt nicht bei einer Pfändung wegen der in § 850d Abs. 1 Satz 1 der Zivilprozeßordnung bezeichneten Unterhaltsansprüche. Dem entlassenen Gefangenen ist jedoch so viel zu belassen, als er für seinen notwendigen Unterhalt und zur Erfüllung seiner sonstigen gesetzlichen Unterhaltspflichten für die Zeit von der Pfändung bis zum Ablauf von vier Wochen seit der Entlassung bedarf.

§ 52 StVollzG Eigengeld

Bezüge des Gefangenen, die nicht als Hausgeld, Haftkostenbeitrag, Unterhaltsbeitrag oder Überbrückungsgeld in Anspruch genommen werden, sind dem Gefangenen zum Eigengeld gutzuschreiben.

Verordnung über die Vergütungsstufen des Arbeitsentgelts und der Ausbildungsbeihilfe nach dem Strafvollzugsgesetz – Strafvollzugsvergütungsordnung – (StVollzVergO)

Aufgrund des § 48 des Gesetzes über den Vollzug der Freiheitsstrafe und der freiheitsentziehenden Maßregeln der Besserung und Sicherung – Strafvollzugsgesetz (StVollzG) – vom 16. März 1976 (Bundesgesetzbl. I S. 581) wird im Einvernehmen mit dem Bundesminister für Arbeit und Sozialordnung und mit Zustimmung des Bundesrates verordnet:

§ 1 Grundlohn

(1) Der Grundlohn des Arbeitsentgelts (§ 43 Abs. 1 des Strafvollzugsgesetzes) wird nach folgenden Vergütungsstufen festgesetzt:

Vergütungsstufe I
= Arbeiten einfacher Art, die keine Vorkenntnisse und nur eine kurze Einweisungszeit erfordern und die nur geringe Anforderungen an die körperliche oder geistige Leistungsfähigkeit oder an die Geschicklichkeit stellen.

Vergütungsgruppe II
= Arbeiten der Stufe I, die eine Einarbeitungszeit erfordern.

Vergütungsgruppe III
= Arbeiten, die eine Anlernzeit erfordern und durchschnittlichen Anforderungen an die Leistungsfähigkeit und die Geschicklichkeit stellen.

Vergütungsgruppe IV
= Arbeiten, die die Kenntnisse und Fähigkeiten eines Facharbeiters erfordern oder gleichwertige Kenntnisse und Fähigkeiten voraussetzen.

Vergütungsgruppe V
= Arbeiten, die über die Anforderungen der Stufe IV hinaus ein besonderes Maß an Können, Einsatz und Verantwortung erfordern.

(2) Der Grundlohn beträgt in der

Vergütungsgruppe I	75 vom Hundert,
Vergütungsgruppe II	88 vom Hundert,
Vergütungsgruppe III	100 vom Hundert,
Vergütungsgruppe IV	112 vom Hundert,
Vergütungsgruppe V	125 vom Hundert

der Eckvergütung nach § 43 Absatz 1 Satz 2 des Strafvollzugsgesetzes.

(3) Der Grundlohn nach Absatz 2 kann unterschritten werden, wenn die Arbeitsleistung den Anforderungen der jeweiligen Vergütungsstufe nicht genügt. Während einer Einarbeitungs- oder Anlernzeit darf der Grundlohn um höchstens 20 vom Hundert verringert werden. § 43 Abs. 2 Satz 2 des Strafvollzugsgesetzes bleibt unberührt.

§ 2 Zulagen

(1) Zum Grundlohn können Zulagen gewährt werden

1. für Arbeiten unter arbeitserschwerenden Umgebungseinflüssen, die das übliche Maß erheblich übersteigen, bis zu fünf vom Hundert des Grundlohnes,
2. für Arbeiten zu ungünstigen Zeiten bis zu fünf vom Hundert des Grundlohnes,
3. für Zeiten, die über die festgesetzte Arbeitszeit hinausgehen, bis zu 25 vom Hundert des Grundlohnes.

(2) Eine Leistungszulage kann im Zeitlohn bis zu 30 vom Hundert, im Leistungslohn bis zu 15 vom Hundert des Grundlohnes gewährt werden, wenn die individuelle Arbeitsleistung dies rechtfertigt. Bei der Bemessung der Leistungszulage können berücksichtigt werden:

1. Im Zeitlohn die Arbeitsmenge, die Arbeitsgüte, der Umgang mit Betriebsmitteln und Arbeitsmaterialien, die Leistungsbereitschaft und keine oder nur geringe Fehlzeiten,
2. im Leistungslohn die Arbeitsgüte sowie der Umgang mit Betriebsmitteln und Arbeitsmaterialien.

§ 3 Arbeitsentgelt für arbeitstherapeutische Beschäftigung

Soweit ein Arbeitsentgelt nach § 43 Abs. 3 des Strafvollzugsgesetzes zu zahlen ist, beträgt es in der Regel 75 vom Hundert des Grundlohnes der Vergütungsstufe I.

§ 4 Ausbildungsbeihilfe

(1) Die Ausbildungsbeihilfe (§ 44 Abs. 1 des Strafvollzugsgesetzes) wird vorbehaltlich der Absätze 2 und 3 nach der Vergütungsgruppe III gewährt.

(2) Nach der Hälfte der Gesamtdauer der Maßnahme kann die Ausbildungsbeihilfe nach der Vergütungsstufe IV gewährt werden, wenn der Ausbildungsstand des Gefangenen dies rechtfertigt.

(3) Für die Teilnahme an einem Unterricht nach § 38 Abs. 1 Satz 1 des Strafvollzugsgesetzes oder an Maßnahmen der Berufsfindung kann die Ausbildungsbeihilfe nach der Vergütungsstufe II gewährt werden, wenn dies wegen der Kürze oder des Ziels der Maßnahmen gerechtfertigt ist.

(4) Für die Gewährung von besonderen Zulagen gilt § 2 entsprechend.

§ 5 Berlin-Klausel

(gegenstandslos)

§ 6 Inkrafttreten

Diese Verordnung tritt am 1. Februar 1977 in Kraft.

§ 178 StVollzG Unmittelbarer Zwang in Justizvollzugsanstalten

(1) Die §§ 94 bis 101 über den unmittelbaren Zwang gelten nach Maßgabe der folgenden Absätze auch für Justizvollzugsbedienstete außerhalb des Anwendungsbereichs des Strafvollzugsgesetzes (§ 1).

(2) Beim Vollzug der Untersuchungshaft und der einstweiligen Unterbringung nach § 126a der Strafprozeßordnung bleibt § 119 Abs. 5 und 6 der Strafprozeßordnung unberührt.

(3) Beim Vollzug des Jugendarrestes, des Strafarrestes sowie der Ordnungs-, Sicherungs-, Zwangs- und Erzwingungshaft dürfen zur Vereitelung einer Flucht oder zur Wiederergreifung (§ 100 Abs. 1 Nr. 3) keine Schußwaffen gebraucht werden. Dies gilt nicht, wenn Strafarrest oder Ordnungs-, Sicherungs-, Zwangs- oder Erzwingungshaft in Unterbrechung einer Untersuchungshaft, einer Strafhaft oder einer Unterbringung im Vollzuge einer freiheitsentziehenden Maßregel der Besserung und Sicherung vollzogen wird.

(4) Das Landesrecht kann, namentlich beim Vollzug der Jugendstrafe, weitere Einschränkungen des Rechtes zum Schußwaffengebrauch vorsehen.

§ 94 StVollzG Allgemeine Voraussetzungen

(1) Bedienstete der Justizvollzugsanstalten dürfen unmittelbaren Zwang anwenden, wenn sie Vollzugs- und Sicherungsmaßnahmen rechtmäßig durchführen und der damit verfolgte Zweck auf keine andere Weise erreicht werden kann.

(2) Gegen andere Personen als Gefangene darf unmittelbarer Zwang angewendet werden, wenn sie es unternehmen, Gefangene zu befreien oder in den Anstaltsbereich widerrechtlich einzudringen, oder wenn sie sich unbefugt darin aufhalten.

(3) Das Recht zu unmittelbarem Zwang auf Grund anderer Regelungen bleibt unberührt.

§ 95 StVollzG Begriffsbestimmungen

(1) Unmittelbarer Zwang ist die Einwirkung aus Personen oder Sachen durch körperliche Gewalt, ihre Hilfsmittel und durch Waffen.

(2) Körperliche Gewalt ist jede unmittelbare körperliche Einwirkung auf Personen oder Sachen.

(3) Hilfsmittel der körperlichen Gewalt sind namentlich Fesseln.

(4) Waffen sind die dienstlich zugelassenen Hieb- und Schußwaffen sowie Reizstoffe.

§ 96 StVollzG Grundsatz der Verhältnismäßigkeit

(1) Unter mehreren möglichen und geeigneten Maßnahmen des unmittelbaren Zwanges sind diejenigen zu wählen, die den Einzel-

nen und die Allgemeinheit voraussichtlich am wenigsten beeinträchtigen.

(2) Unmittelbarer Zwang unterbleibt, wenn ein durch ihn zu erwartender Schaden erkennbar außer Verhältnis zu dem angestrebten Erfolg steht.

§ 97 StVollzG Handeln auf Anordnung

(1) Wird unmittelbarer Zwang von einem Vorgesetzten oder einer sonst befugten Person angeordnet, sind Vollzugsbedienstete verpflichtet, ihn anzuwenden, es sei denn, die Anordnung verletzt die Menschenwürde oder ist nicht zu dienstlichen Zwecken erteilt worden.

(2) Die Anordnung darf nicht befolgt werden, wenn dadurch eine Straftat begangen würde. Befolgt der Vollzugsbedienstete sie trotzdem, trifft ihn eine Schuld nur, wenn er erkennt oder wenn es nach den ihm bekannten Umständen offensichtlich ist, daß dadurch eine Straftat begangen wird.

(3) Bedenken gegen die Rechtmäßigkeit der Anordnung hat der Vollzugsbedienstete dem Anordnenden gegenüber vorzubringen, soweit das nach den Umständen möglich ist. Abweichende Vorschriften des allgemeinen Beamtenrechts über die Mitteilung solcher Bedenken an einen Vorgesetzten (§ 38 Abs. 2 und 3 des Beamtenrechtsrahmengesetzes) sind nicht anzuwenden.

§ 98 StVollzG Androhung

Unmittelbarer Zwang ist vorher anzudrohen. Die Androhung darf nur dann unterbleiben, wenn die Umstände sie nicht zulassen oder unmittelbarer Zwang sofort angewendet werden muß, um eine rechtswidrige Tat, die den Tatbestand eines Strafgesetzes erfüllt, zu verhindern oder eine gegenwärtige Gefahr abzuwenden.

§ 99 StVollzG Allgemeine Vorschriften für den Schußwaffengebrauch

(1) Schußwaffen dürfen nur gebraucht werden, wenn andere Maßnahmen des unmittelbaren Zwanges bereits erfolglos waren oder keinen Erfolg versprechen. Gegen Personen ist ihr Gebrauch nur zulässig, wenn der Zweck nicht durch Waffenwirkung gegen Sachen erreicht wird.

(2) Schußwaffen dürfen nur die dazu bestimmten Vollzugsbediensteten gebrauchen und nur, um angriffs- oder fluchtunfähig zu machen. Ihr Gebrauch unterbleibt, wenn dadurch erkennbar Unbeteiligte mit hoher Wahrscheinlichkeit gefährdet würden.

(3) Der Gebrauch ist vorher anzudrohen. Als Androhung gilt auch ein Warnschuß. Ohne Androhung dürfen Schußwaffen nur dann

gebraucht werden, wenn das zur Abwehr einer gegenwärtigen Gefahr für Leib oder Leben erforderlich ist.

§ 100 StVollzG Besondere Vorschriften für den Schußwaffengebrauch

(1) Gegen Gefangene dürfen Schußwaffen gebraucht werden,
1. wenn sie eine Waffe oder ein anderes gefährliches Werkzeug trotz wiederholter Aufforderung nicht ablegen,
2. wenn sie eine Meuterei (§ 121 des Strafgesetzbuches) unternehmen oder
3. um ihre Flucht zu vereiteln oder um sie wiederzuergreifen.

Um die Flucht aus einer offenen Anstalt zu vereiteln, dürfen keine Schußwaffen gebraucht werden.

(2) Gegen andere Personen dürfen Schußwaffen gebraucht werden, wenn sie es unternehmen, Gefangene gewaltsam zu befreien oder gewaltsam in eine Anstalt einzudringen.

§ 101 StVollzG Zwangsmaßnahmen auf dem Gebiet der Gesundheitsfürsorge

(1) Medizinische Untersuchung und Behandlung sowie Ernährung sind zwangsweise nur bei Lebensgefahr, bei schwerwiegender Gefahr für die Gesundheit des Gefangenen oder bei Gefahr für die Gesundheit anderer Personen zulässig; die Maßnahmen müssen für die Beteiligten zumutbar und dürfen nicht mit erheblicher Gefahr für Leben oder Gesundheit des Gefangenen verbunden sein. Zur Durchführung der Maßnahmen ist die Vollzugsbehörde nicht verpflichtet, solange von einer freien Willensbestimmung des Gefangenen ausgegangen werden kann.

(2) Zum Gesundheitsschutz und zur Hygiene ist die zwangsweise körperliche Untersuchung außer im Falle des Absatzes 1 zulässig, wenn sie nicht mit einem körperlichen Eingriff verbunden ist.

(3) Die Maßnahmen dürfen nur auf Anordnung und unter Leitung eines Arztes durchgeführt werden, unbeschadet der Leistung erster Hilfe für den Fall, daß ein Arzt nicht rechtzeitig erreichbar und mit einem Aufschub Lebensgefahr verbunden ist.

§ 119 Abs. 5 StPO Vollzug der Untersuchungshaft

Der Verhaftete darf gefesselt werden, wenn
1. die Gefahr besteht, daß er Gewalt gegen Personen oder Sachen anwendet, oder wenn er Widerstand leistet,
2. er zu fliehen versucht oder wenn bei Würdigung der Umstände des Einzelfalles, namentlich der Verhältnisse des Beschuldigten und der Umstände, die einer Flucht entgegenstehen, die Gefahr besteht, daß er sich aus dem Gewahrsam befreien wird,

3. die Gefahr des Selbstmordes oder der Selbstbeschädigung besteht und wenn die Gefahr durch keine andere, weniger einschneidende Maßnahme abgewendet werden kann. Bei der Hauptverhandlung soll er ungefesselt sein.

§ 119 Abs. 6 StPO

Die nach diesen Vorschriften erforderlichen Maßnahmen ordnet der Richter an. In dringenden Fällen kann der Staatsanwalt, der Anstaltsleiter oder ein anderer Beamter, unter dessen Aufsicht der Verhaftete steht, vorläufige Maßnahmen treffen. Sie bedürfen der Genehmigung des Richters.

§ 23 EGGVG i. d. F. des § 180 StVollzG
Antrag auf gerichtliche Entscheidung

(1) Über die Rechtmäßigkeit der Anordnungen, Verfügungen oder sonstigen Maßnahmen, die von den Justizbehörden zur Regelung einzelner Angelegenheiten auf den Gebieten des bürgerlichen Rechts einschließlich des Handelsrechts, des Zivilprozesses, der freiwilligen Gerichtsbarkeit und der Strafrechtspflege getroffen werden, entscheiden auf Antrag die ordentlichen Gerichte. Das gleiche gilt für Anordnungen, Verfügungen oder sonstige Maßnahmen der Vollzugsbehörden im Vollzug der Jugendstrafe, des Jugendarrestes und der Untersuchungshaft sowie derjenigen Freiheitsstrafen und Maßregeln der Besserung und Sicherung, die außerhalb des Justizvollzuges vollzogen werden.

(2) Mit dem Antrag auf gerichtliche Entscheidung kann auch die Verpflichtung der Justiz- oder Vollzugsbehörde zum Erlaß eines abgelehnten oder unterlassenen Verwaltungsaktes begehrt werden.

(3) Soweit die ordentlichen Gerichte bereits auf Grund anderer Vorschriften angerufen werden können, behält es hierbei sein Bewenden.

Dienst- und Sicherheitsvorschriften für den Strafvollzug (DSVollz)

Erster Teil
Allgemeine Berufspflichten der Bediensteten

1 Grundpflichten

(1) Die Bediensteten der Vollzugsanstalten müssen sich immer bewußt sein, daß jeder von ihnen neben seinen besonderen Aufgaben dazu mitberufen ist, die Aufgaben des Vollzuges (§ 2 StVollzG) zu verwirklichen.

(2) Sie sollen durch gewissenhafte Pflichterfüllung und durch ihre Lebensführung vorbildlich wirken und so die Gefangenen nicht nur durch Anordnungen, sondern durch eigenes Beispiel zur Mitarbeit im Vollzug und zu geordneter Lebensführung hinführen.

2 Geschäftsverbot und Verkehrsbeschränkungen

(1) Die Bediensteten dürfen unter keinem Vorwand mit den Gefangenen Geschäfte eingehen; sie dürfen ohne ausdrückliche Erlaubnis des Anstaltsleiters keine Nachrichten und Aufträge vermitteln und weder für die Gefangenen noch von ihnen Geld oder andere Sachen entgegennehmen.

(2) Gegenüber Angehörigen und Freunden der Gefangenen sowie Entlassenen und deren Angehörigen und Freunden ist die notwendige Zurückhaltung zu wahren.

3 Lauterkeit des dienstlichen Verhaltens

Die Bediensteten dürfen ihre dienstliche Stellung und die Beziehungen der Anstalt zu Personen, die für die Anstalt Waren liefern oder Leistungen bewirken oder Gefangene beschäftigen, nicht zu ihrem eigenen Vorteil nutzen. Sie dürfen für Verrichtungen aus Anlaß der Ausübung ihres Dienstes ohne Zustimmung der Aufsichtsbehörde keinerlei Vergütung oder sonstige Vorteile annehmen.

4 Arbeiten für Bedienstete

Für die Inanspruchnahme der Gefangenenarbeit und den Bezug von Anstaltserzeugnissen durch Bedienstete gelten die besonderen Bestimmungen der Landesjustizverwaltungen.

5 Pflicht zur Verschwiegenheit

Die Bediensteten haben, auch nach Beendigung des Dienstverhältnisses, über die ihnen bei ihrer amtlichen Tätigkeit bekannt gewordenen Angelegenheiten, auch soweit sie persönliche Verhältnisse der Gefangenen betreffen, Verschwiegenheit zu bewahren. Dies gilt nicht für Mitteilungen im dienstlichen Verkehr oder über Tatsachen, die offenkundig sind oder ihrer Bedeutung nach keiner Geheimhaltung bedürfen.

6 Tragen von Waffen

Innerhalb der Anstalt werden grundsätzlich keine Waffen getragen. Der Anstaltsleiter bestimmt, inwieweit in Ausnahmefällen, besonders bei der Aufsicht innerhalb der Anstalt, beim Nachtdienst, bei Aufenthalt im Freien, bei der Arbeit in den Betrieben und bei größeren Ansammlungen Waffen von den Bediensteten zu tragen sind.

7 Verhalten bei Widersetzlichkeiten

Die Bediensteten haben Widersetzlichkeiten, Meutereien und Fluchtversuchen mit Besonnenheit, wenn erforderlich unter Einsatz der eigenen Person, entgegenzutreten und Widerstände, notfalls unter Anwendung unmittelbaren Zwanges, zu brechen. Gegenseitige Hilfeleistung ist Pflicht.

8 Dienstregelung

(1) Der Anstaltsleiter regelt den Dienst. Er hat hierbei die allgemeinen Vorschriften über die Arbeitszeit der Bediensteten und die Erfordernisse der Sicherheit zu beachten sowie auf die Erhaltung der Gesundheit und Arbeitsfähigkeit der Bediensteten gebührend Rücksicht zu nehmen.

(2) Die Bediensteten haben sich in dem ihnen zugewiesenen Dienstbereich aufzuhalten.

9 Meldepflicht

Die Bediensteten haben dem Anstaltsleiter oder den von ihm beauftragten Bediensteten alle wichtigen Vorgänge unverzüglich zur Kenntnis zu bringen. Ferner sind alle Beobachtungen zu melden, die bedeutsam sind für die Beurteilung und die Behandlung der Gefangenen, für die Sicherheit oder Ordnung der Anstalt sowie für die Bearbeitung von Eingaben und Beschwerden. Erkrankungen von Gefangenen sind dem Anstaltsleiter anzuzeigen.

10 Anrede des Gefangenen

Der Gefangene wird mit „Sie“ angesprochen. Die im bürgerlichen Leben üblichen Anreden sind zu gebrauchen.

Zweiter Teil
Allgemeiner Vollzugsdienst und Werkdienst

11 Zusammenarbeit

Die Bediensteten des allgemeinen Vollzugsdienstes und des Werkdienstes wirken bei der Behandlung der Gefangenen sowie bei der Aufrechterhaltung von Sicherheit und Ordnung in der Justizvollzugsanstalt gemeinsam mit den anderen im Vollzug Tätigen mit.

12 Allgemeiner Vollzugsdienst

(1) Die Beaufsichtigung, Betreuung und Versorgung der Gefangenen obliegen vor allem den Bediensteten des allgemeinen Vollzugsdienstes. Die Aufsichtsbehörde bestellt für jede Anstalt einen von ihnen oder einen Beamten des gehobenen Dienstes zum Leiter des allgemeinen Vollzugsdienstes.

(2) Zu den Aufgaben des allgemeinen Vollzugsdienstes gehören

1. die Mitwirkung bei der Aufnahme und Entlassung der Gefangenen,
2. die sichere Unterbringung der Gefangenen,
3. die Mitwirkung bei der Behandlung, Beurteilung und Freizeitgestaltung der Gefangenen,
4. die Sorge für Ordnung und Sauberkeit in allen Räumen mit ihren Einrichtungs- und Lagerungsgegenständen,
5. die Sorge für die Reinlichkeit der Gefangenen, ihrer Wäsche und Kleidung,
6. die Mitwirkung bei der Pflege erkrankter Gefangener,
7. nach örtlichen Bestimmungen die Führung von Büchern, Listen und Nachweisen sowie die Entgegennahme von Anträgen.

(3) Die Bediensteten des allgemeinen Vollzugsdienstes haben die mit der Leitung der Arbeitsbetriebe unmittelbar beauftragten Bediensteten zu unterstützen. In Unternehmerbetrieben haben sie die in Nummer 13 Abs. 2 und 4 bezeichneten Aufgaben.

(4) Die Bediensteten des allgemeinen Vollzugsdienstes sind zum Wechselschichtdienst gleichmäßig heranzuziehen; Ausnahmen bestimmt der Anstaltsleiter.

13 Werkdienst

(1) Zur Leitung der Betriebe der Arbeitsverwaltung und für die Anleitung der Gefangenen in diesen Betrieben sowie für die Überwachung und Wartung der technischen Anlagen der Anstalt werden Bedienstete des Werkdienstes oder fachlich vorgebildete Bedienstete des allgemeinen Vollzugsdienstes bestellt.

(2) Zu den Aufgaben dieser Bediensteten gehören
1. die Erledigung der Arbeitsaufträge nach Weisung des Leiters der Arbeitsverwaltung,
2. die rechtzeitige Zuteilung der Arbeit, der Rohstoffe und der Arbeitsgeräte an die Gefangenen,
3. die Abnahme der Arbeit und der Arbeitsgeräte am Ende der täglichen Arbeitszeit,
4. die Feststellung des Maßes der von den Gefangenen an jedem Tage geleisteten Arbeit sowie die Prüfung der abgegebenen Arbeit auf ihre Güte,
5. die Meldung nicht sorgfältiger oder ungenügender Arbeit,
6. die unverzügliche Meldung von Betriebsunfällen,
7. die Belehrung der Gefangenen über die Arbeitsschutz- und Unfallverhütungsvorschriften sowie die Gewährleistung der Einhaltung dieser Vorschriften,
8. die berufliche Ausbildung und Weiterbildung der Gefangenen,
9. die Instandhaltung der Arbeitsgeräte und Maschinen,
10. nach örtlichen Bestimmungen die Führung von Büchern, Listen und Nachweisungen sowie die Entgegennahme von Anträgen,
11. die Mitwirkung bei der Behandlung, Beurteilung und Freizeitgestaltung der Gefangenen,
12. die Mitwirkung bei der Beaufsichtigung der ihnen zugeteilten Gefangenen.

(3) Die Aufsichtsbehörde kann einen Bediensteten des Werkdienstes zum Werkdienstleiter bestellen.

(4) Bei der Gefangenenarbeit eingesetzte Bedienstete des allgemeinen Vollzugsdienstes müssen sich mit den eingeführten Arbeiten vertraut machen und befähigt sein, die Gefangenen bei der Arbeit anzuleiten und zu überwachen.

14 aufgehoben

Dritter Teil
Sicherheit und Ordnung
Allgemeine Sicherungsmaßnahmen

15 Sicherung des Anstaltsbereichs

(1) Die Eingänge zu den Anstaltsgebäuden, ihren Räumlichkeiten und zu den Höfen müssen – zumindest in Anstalten des geschlossenen Vollzuges – stets verschlossen gehalten werden. Ausnahmen kann der Anstaltsleiter aus Gründen des Vollzuges oder wegen besonderer örtlicher Verhältnisse zulassen, soweit dadurch nicht die Sicherheit oder Ordnung in der Anstalt gefährdet wird.

(2) Anstaltsschlüssel und Dienstbekleidungsstücke, die nicht ausgegeben sind oder gebraucht werden, sind unter sicherem Verschluß zu halten. Verluste sind sofort zu melden. Die Bediensteten müssen die ihnen ausgehändigten Schlüssel sorgfältig und sicher verwahren. Die Schlüssel sind nicht übertragbar; sie sind beim Verlassen der Anstalt abzugeben. Gefangenen dürfen ohne ausdrückliche Erlaubnis des Anstaltsleiters Schlüssel nicht anvertraut werden.

(3) Soweit Waffen, Munition und andere Sicherungsmittel nicht ausgegeben sind, müssen sie sicher verwahrt werden. Über die Bestände ist ein Verzeichnis zu führen. Verbrauch und Verluste sind sofort zu melden.

(4) Arbeitsgeräte, Werkstoffe und andere Gegenstände, die die Sicherheit gefährden können, sind sicher zu verwahren und dürfen Gefangenen nur unter Aufsicht und nicht länger als nötig überlassen werden. Die Vollständigkeit der ausgegebenen Arbeitsgeräte muß täglich bei der Abnahme zur Zeit des Arbeitsschlusses festgestellt werden.

(5) In den Höfen darf die Übersicht nicht behindert und auf beiden Seiten der Umwehrung nichts so nahe gelagert, aufgestellt, gebaut oder gepflanzt werden, daß dadurch das Übersteigen der Umwehrung erleichtert wird.

(6) Die Anstalten sind mit Alarmeinrichtungen auszustatten, die nach Bedarf auch die Dienstwohnungen in ihren Bereich einbeziehen.

16 Tordienst

(1) Die Bediensteten der Anstalt und die in der Anstalt ständig verkehrenden Personen dürfen die Anstalt ohne weiteres betreten und verlassen. Andere Personen müssen den Zweck ihres Einlaßbegehrens angeben und sich über ihre Person ausweisen. Sie werden dem Anstaltsleiter oder dem von ihm bestimmten Bediensteten gemeldet und, wenn sie eingelassen werden, von einem Bediensteten begleitet, soweit nichts anderes angeordnet ist. Name und Anschrift dieser Personen sowie die Dauer des Aufenthaltes in der Anstalt werden in ein Besuchsbuch eingetragen.

(2) Während der Zeit zwischen Einschluß und Aufschluß ist in der Regel nur dem Vertreter der Aufsichtsbehörde, dem Anstaltsleiter oder dem von ihm mit einer Kontrolle beauftragten Bediensteten Einlaß in die Anstalt zu gewähren.

(3) Der Anstaltsleiter regelt in einer Dienstanweisung die Aufgaben des Tordienstes im einzelnen.

17 Nachtdienst

Zur Überwachung bei Nacht wird in den Vollzugsanstalten ein ständiger Nachtdienst eingerichtet.

18 Sicherungs- und Alarmplan

Der Anstaltsleiter erläßt zur Sicherung der Anstalt und des Anstaltsbereichs einen Sicherungsplan. Er stellt zur Wiederergreifung entwichener Gefangener, zur Bekämpfung von Meuterei, Aufruhr und Angriffen gegen die Anstalt von außen einen Alarmplan auf; die zuständigen Polizeibehörden sind zu beteiligen.

19 Brandschutz

(1) Der Anstaltsleiter erläßt in Zusammenarbeit mit der örtlichen Feuerwehr eine Feuerlöschordnung.

(2) Zur Feuerbekämpfung muß ausreichendes Löschgerät vorhanden sein und in betriebsfähigem Zustand gehalten werden. Die Bediensteten sind mit der Handhabung vertraut zu machen.

(3) Leicht brennbare Gegenstände sind sicher zu verwahren und bestimmungsgemäß zu lagern.

20 Beaufsichtigung der Gefangenen

(1) Die Gefangenen sind so zu beaufsichtigen, daß Sicherheit und Ordnung jederzeit gewährleistet sind. Die Beaufsichtigung erstreckt sich insbesondere auf die Vollzähligkeit der Gefangenen, die Einhaltung der Trennungsvorschriften und die Unterbindung unerlaubten Verkehrs. Auf die Nummern 1 und 2 der Verwaltungsvorschrift zu § 141 StVollzG wird hingewiesen.

(2) Gefährliche, fluchtverdächtige und solche Gefangene, bei denen die Gefahr des Selbstmordes oder der Selbstverletzung besteht, sind besonders sorgfältig zu beaufsichtigen und ebenso wie ihre Sachen häufiger zu durchsuchen.

(3) Gefährliche und solche Gefangene, von denen Selbstverletzung oder Selbstmord zu befürchten ist, sollen in der Regel nicht mit Arbeiten beschäftigt werden, bei denen sie gefährliche Werkzeuge in die Hand bekommen.

Verordnung über den Vollzug des Jugendarrestes (Jugendarrestvollzugsordnung – JAVollzO –)

in der Fassung vom 30. November 1976 (BGBl. I S. 3270)

§ 1 Vollzugseinrichtungen

(1) Dauerarrest und Kurzarrest von mehr als zwei Tagen werden in Jugendarrestanstalten, Freizeitarrest und Kurzarrest bis zu zwei Tagen in Freizeitarresträumen vollzogen. Freizeitarrest und Kurzarrest bis zu zwei Tagen können auch in einer Jugendarrestanstalt vollzogen werden.

(2) Jugendarrestanstalten dürfen nicht, Freizeitarresträume dürfen nicht gleichzeitig dem Vollzug von Strafe oder dem Vollzug an Erwachsenen dienen. Jugendarrestanstalten und Freizeitarresträume dürfen nicht in Straf- oder Untersuchungshaftanstalten, auch nicht im Verwaltungsteil dieser Anstalten, eingerichtet werden.

(3) Männliche und weibliche Jugendliche werden getrennt. Hiervon darf abgesehen werden, um Jugendlichen die Teilnahme an religiösen Veranstaltungen und an erzieherischen Maßnahmen zu ermöglichen.

(4) Jugendarrestanstalten sollen nicht weniger als 10 und nicht mehr als 60 Jugendliche aufnehmen können.

§ 2 Leitung des Vollzuges

(1) Vollzugsleiter ist der Jugendrichter am Ort des Vollzuges. Ist dort kein Jugendrichter oder sind mehrere tätig, so ist Vollzugsleiter der Jugendrichter, den die oberste Behörde der Landesjustizverwaltung dazu bestimmt.

(2) Der Vollzugsleiter ist für den gesamten Vollzug verantwortlich. Er kann bestimmte Aufgaben einzelnen oder mehreren Mitarbeitern gemeinschaftlich übertragen.

(3) Die Zusammenarbeit aller an der Erziehung Beteiligten soll durch regelmäßige Besprechungen gefördert werden.

§ 3 Mitarbeiter

(1) Die Mitarbeiter des Vollzugsleiters sollen erzieherisch befähigt und in der Jugenderziehung erfahren sein. Sie sollen so ausgewählt und angeleitet werden, daß sie mit dem Vollzugsleiter in einer erzieherischen Einheit vertrauensvoll zusammenarbeiten.

(2) Männliche Jugendliche werden von Männern, weibliche Jugendliche von Frauen beaufsichtigt. Hiervon darf abgewichen werden, wenn Unzuträglichkeiten nicht zu befürchten sind.

(3) Nach Bedarf werden Psychologen, Sozialpädagogen, Sozialarbeiter, Lehrer und andere Fachkräfte als Mitarbeiter bestellt.

(4) Ehrenamtliche Mitarbeiter können zur Mitwirkung an der Erziehungsarbeit herangezogen werden.

§ 4 Nachdrückliche Vollstreckung

Der Jugendarrest ist in der Regel unmittelbar nach Rechtskraft des Urteils zu vollziehen.

§ 5 Aufnahme

(1) Der Jugendliche hat sämtliche eingebrachten Sachen, die er während des Vollzuges nicht benötigt, bei der Aufnahme abzugeben und, soweit tunlich, selbst zu verzeichnen. Sie werden außerhalb des Arrestraumes verwahrt. Der Jugendliche wird über seine Rechte und Pflichten unterrichtet. Anschließend wird er, nach Möglichkeit ohne Entkleiden, gründlich, aber schonend durchsucht. Männliche Jugendliche dürfen nur von Männern, weibliche Jugendliche nur von Frauen durchsucht werden. Gegenstände der eingebrachten Sachen, die einem berechtigten Bedürfnis dienen, können dem Jugendlichen belassen werden.

(2) Fürsorgemaßnahmen, die infolge der Freiheitsentziehung erforderlich werden, sind rechtzeitig zu veranlassen.

(3) Weibliche Jugendliche, die über den fünften Monat hinaus schwanger sind, vor weniger als sechs Wochen entbunden haben oder ihr Kind selbst nähren, dürfen nicht aufgenommen werden.

§ 6 Unterbringung

(1) Der Jugendliche wird während der Nacht allein in einem Arrestraum untergebracht, sofern nicht sein körperlicher oder seelischer Zustand eine gemeinsame Unterbringung erfordert.

(2) Während des Tages soll der Jugendliche bei der Arbeit und bei gemeinschaftlichen Veranstaltungen mit anderen Jugendlichen zusammen untergebracht werden, sofern Aufsicht gewährleistet ist und erzieherische Gründe nicht entgegenstehen. Im Freizeitarrest und Kurzarrest bis zu zwei Tagen kann er auch während des Tages allein untergebracht werden. Erfordert sein körperlicher oder seelischer Zustand eine gemeinsame Unterbringung, so ist er auch während des Tages mit anderen Jugendlichen zusammen unterzubringen.

§ 7 Persönlichkeitserforschung

Der Vollzugsleiter und die an der Erziehung beteiligten Mitarbeiter sollen alsbald ein Bild von dem Jugendlichen und seinen Lebensverhältnissen zu gewinnen versuchen, soweit dies für die Behandlung des Jugendlichen während des Arrestes und für eine Nachbetreuung notwendig ist.

§ 8 Behandlung

(1) An den Jugendlichen sind während des Vollzuges dieselben Anforderungen zu stellen, die bei wirksamer Erziehung in der Freiheit an ihn gestellt werden müssen.

(2) Der Jugendliche ist mit „Sie" anzureden, soweit nicht der Vollzugsleiter etwas anderes bestimmt.

(3) Alle Mitarbeiter haben wichtige Wahrnehmungen, die einen Jugendlichen betreffen, unverzüglich dem Vollzugsleiter zu melden.

§ 9 Verhaltensvorschriften

(1) Der Jugendliche soll durch sein Verhalten zu einem geordneten Zusammenleben in der Anstalt beitragen. Er darf die Ordnung in der Anstalt nicht stören.

(2) Die Anforderungen, die an das Verhalten des Jugendlichen gestellt werden, sind durch die Vollzugsbehörde in besonderen Verhaltensvorschriften zusammenzufassen, die in jedem Arrestraum ausgehängt werden. Diese Verhaltensvorschriften sind so abzufassen, daß sie einem Jugendlichen verständlich sind. Der Sinn der Verhaltensvorschriften und der Anordnungen der Vollzugsbediensteten soll dem Jugendlichen nahegebracht werden.

(3) Der Jugendliche hat die Anordnungen der Vollzugsbediensteten zu befolgen und die Verhaltensvorschriften zu beachten.

§ 10 Erziehungsarbeit

(1) Der Vollzug soll so gestaltet werden, daß die körperliche, geistige und sittliche Entwicklung des Jugendlichen gefördert wird.

(2) Die Erziehungsarbeit soll im Kurzarrest von mehr als zwei Tagen und im Dauerarrest neben Aussprachen mit dem Vollzugsleiter namentlich soziale Einzelhilfe, Gruppenarbeit und Unterricht umfassen. Beim Vollzug des Freizeitarrestes und des Kurzarrestes bis zu zwei Tagen soll eine Aussprache mit dem Vollzugsleiter nach Möglichkeit stattfinden.

§ 11 Arbeit und Ausbildung

(1) Der Jugendliche wird zur Arbeit oder nach Möglichkeit zum Unterricht oder zu anderen ausbildenden Veranstaltungen herangezogen. Er ist verpflichtet, fleißig und sorgfältig mitzuarbeiten.

(2) Im Freizeitarrest und während der ersten beiden Tage des Kurzarrestes und des Dauerarrestes kann von der Zuweisung von Arbeit und von der Teilnahme am Unterricht oder an anderen ausbildenden Veranstaltungen abgesehen werden.

(3) Arbeit, Unterricht und andere ausbildende Veranstaltungen außerhalb des Anstaltsbereichs kann der Vollzugsleiter aus erzieherischen Gründen mit Zustimmung des Jugendlichen zulassen.

(4) Der Jugendliche erhält kein Arbeitsentgelt.

§ 12 Lebenshaltung

(1) Der Jugendliche trägt eigene Kleidung und eigene Wäsche. Während der Arbeit trägt er Anstaltssachen. Dasselbe gilt, wenn die eigene Kleidung oder Wäsche unangemessen ist.

(2) Der Jugendliche erhält ausreichende Kost, Selbstbeköstigung und zusätzliche eigene Verpflegung sind ausgeschlossen. Alkoholgenuß ist nicht gestattet. Rauchen kann Jugendlichen über 16 Jahren gestattet werden.

(3) Der Jugendliche erhält das anstaltsübliche Bettlager und, soweit erforderlich, Mittel zur Körperpflege.

(4) Der Aufenthalt im Freien beträgt, soweit die Witterung es zuläßt und gesundheitliche Gründe nicht entgegenstehen, täglich mindestens eine Stunde. Am Zugangs- und Abgangstag sowie bei Freizeit- und Kurzarrest bis zu zwei Tagen kann von dem Aufenthalt im Freien abgesehen werden.

(5) Der Jugendliche hat die notwendigen Maßnahmen zum Gesundheitsschutz und zur Hygiene zu unterstützen.

§§ 13 bis 15 (weggefallen)

§ 16 Sport

(1) Im Vollzug des Jugendarrestes wird nach Möglichkeit Sport getrieben. Der Jugendliche ist verpflichtet, daran teilzunehmen.

(2) Wenn in der Jugendarrestanstalt keine geeigneten Anlagen für sportliche Übungen vorhanden sind, kann der Vollzugsleiter mit Zustimmung des Jugendlichen gestatten, Sporteinrichtungen außerhalb der Anstalt zu benutzen.

§ 17 Gesundheitspflege

(1) Der Jugendliche wird bei der Aufnahme oder bald danach und nach Möglichkeit vor der Entlassung ärztlich untersucht und während des Vollzugs, soweit erforderlich ärztlich behandelt.

(2) Bei Freizeit- und Kurzarrest bis zu zwei Tagen kann der Vollzugsleiter von der Aufnahme- und Entlassungsuntersuchung absehen.

(3) Aus Gründen der Gesundheit des Jugendlichen kann der Vollzugsleiter auf Empfehlung des Arztes von Vollzugsvorschriften abweichen.

(4) Erkrankt der Jugendliche und kann er in der Jugendarrestanstalt nicht behandelt werden, so ordnet der Vollstreckungsleiter die Unterbrechung der Vollstreckung an.

§ 18 Freizeit

(1) Der Jugendliche erhält Gelegenheit, seine Freizeit sinnvoll zu verbringen. Er wird hierzu angeleitet. Aus erzieherischen Gründen kann seine Teilnahme an gemeinschaftlichen Veranstaltungen angeordnet werden.

(2) Die Teilnahme an Veranstaltungen außerhalb der Jugendarrestanstalt kann der Vollzugsleiter aus erzieherischen Gründen mit Zustimmung des Jugendlichen zulassen.

(3) Der Jugendliche kann die Anstaltsbücherei benutzen. Aus erzieherischen Gründen kann ihm auch eigener Lesestoff belassen werden.

§ 19 Seelsorge

(1) Eine geordnete Seelsorge ist zu gewährleisten.

(2) Der Jugendliche hat das Recht, den Zuspruch des bestellten Geistlichen seines jetzigen oder früheren Bekenntnisses zu empfangen und an gemeinschaftlichen Gottesdiensten und anderen religiösen Veranstaltungen seines Bekenntnisses in der Anstalt teilzunehmen.

(3) Wenn ein Geistlicher dieses Bekenntnisses nicht bestellt ist, so kann der Jugendliche durch einen Geistlichen seines Bekenntnisses besucht werden.

§ 20 Verkehr mit der Außenwelt

(1) Der Verkehr mit der Außenwelt wird auf dringende Fälle beschränkt. Im Kurzarrest von mehr als zwei Tagen und im Dauerarrest können Schriftwechsel und Besuche aus erzieherischen Gründen zugelassen werden.

(2) Die Entscheidung über die Zulassung des Schriftwechsels und der Besuche ist dem Vollzugsleiter vorbehalten. Ist dieser nicht erreichbar, so trifft der dazu bestimmte Vollzugsbedienstete die Entscheidung.

§ 21 Ausgang und Ausführung

Fordern wichtige, unaufschiebbare Angelegenheiten die persönliche Anwesenheit des Jugendlichen außerhalb der Anstalt, so kann der

Vollzugsleiter ihm einen Ausgang gestatten oder ihn ausführen lassen. § 20 Abs. 2 Satz 2 ist anzuwenden.

§ 22 Sicherungsmaßnahmen

(1) Die Jugendlichen, ihre Sachen und die Arresträume dürfen jederzeit durchsucht werden. § 5 Abs. 1 Satz 5 ist anzuwenden.

(2) Gegen einen Jugendlichen, der die Sicherheit oder Ordnung gefährdet oder bei dem die Gefahr der Selbstbeschädigung besteht, können Sicherungsmaßnahmen getroffen werden. Sie dürfen nur so lange aufrechterhalten werden, wie sie notwendig sind.

(3) Als Sicherungsmaßnahmen sind nur zulässig

1. Entziehung von Gegenständen, die der Jugendliche zu Gewalttätigkeiten oder sonst mißbrauchen könnte;
2. Absonderung oder Zusammenlegung mit anderen Jugendlichen;
3. die Unterbringung in einem besonders gesicherten Arrestraum oder gefährdende Gegenstände.

(4) Die Sicherungsmaßnahmen ordnet der Vollzugsleiter an. Bei Gefahr im Verzug darf sie vorläufig auch der die Aufsicht führende Vollzugsbedienstete anordnen. Die Entscheidung des Vollzugsleiters ist unverzüglich einzuholen.

(5) Soweit das Verhalten oder der Zustand des Jugendlichen dies erfordert, ist ein Arzt zu hören.

(6) Die gesetzlichen Vorschriften über die Anwendung unmittelbaren Zwanges bleiben unberührt.

§ 23 Hausstrafen

(1) Gegen einen Jugendlichen, der schuldhaft seine Pflichten verletzt, kann der Vollzugsleiter eine Hausstrafe verhängen. Der Jugendliche wird vorher gehört.

(2) Die Hausstrafe wird durch schriftliche Verfügung verhängt. Diese wird dem Jugendlichen mit kurzer Begründung eröffnet.

(3) Hausstrafen sind

1. der Verweis,
2. die Beschränkung oder Entziehung des Lesestoffes auf bestimmte Dauer,
3. Verbot des Verkehrs mit der Außenwelt bis zu zwei Wochen,
4. Ausschluß von Gemeinschaftsveranstaltungen und
5. abgesonderte Unterbringung.

(4) Ist eine Hausstrafe teilweise vollzogen, so kann der Vollzugsleiter von der weiteren Vollstreckung absehen, wenn der Zweck der Hausstrafe bereits durch den teilweisen Vollzug erreicht ist.

§ 24 Bitten und Beschwerden

Dem Jugendlichen wird Gelegenheit gegeben, Bitten und Vorstellungen sowie Beschwerden in Angelegenheiten, die ihn selbst betreffen, an den Vollzugsleiter zu richten.

§ 25 Zeitpunkt der Aufnahme und der Entlassung

(1) Für die Vollstreckung von Dauerarrest und Kurzarrest wird der Tag zu 24 Stunden, die Woche zu sieben Tage gerechnet. Die Arrestzeit wird von der Annahme zum Vollzug ab nach Tagen und Stunden berechnet. Die Stunde, in deren Verlauf der Jugendliche angenommen worden ist, wird voll angerechnet.

(2) Der Jugendliche wird am Tage des Ablaufs der Arrestzeit vorzeitig entlassen, soweit das nach den Verkehrsverhältnissen oder zur alsbaldigen Wiederaufnahme der beruflichen Arbeit des Jugendlichen erforderlich ist.

(3) Der Freizeitarrest beginnt am Sonnabend um 8.00 Uhr oder, wenn der Jugendliche an diesem Tag vormittags arbeitet oder die Schule besuchen muß, um 15.00 Uhr. Ausnahmen werden nur zugelassen, soweit die Verkehrsverhältnisse dazu zwingen. Der Freizeitarrest endet am Montag um 7.00 Uhr. Der Jugendliche kann vorzeitig, auch schon am Sonntagabend entlassen werden, wenn er nur so seine Arbeitsstätte oder die Schule am Montag rechtzeitig erreichen kann.

(4) Absatz 3 gilt entsprechend, wenn die Freizeit des Jugendlichen auf andere Tage fällt.

§ 26 Fürsorge für die Zeit nach der Entlassung

(1) Fürsorgemaßnahmen, die für die Zeit nach der Entlassung des Jugendlichen notwendig und nicht schon anderweitig veranlaßt worden sind, werden in Zusammenarbeit mit den Trägern der öffentlichen und freien Jugendhilfe vorbereitet.

(2) Ist es den Umständen nach angemessen, daß der Jugendliche nach der Entlassung ein öffentliches Verkehrsmittel nach seinem Wohn- oder Arbeitsort benutzt, so wird ihm eine Fahrkarte aus Haushaltsmitteln beschafft, wenn die eigenen Mittel des Jugendlichen nicht ausreichen oder aus Billigkeitsgründen nicht in Anspruch genommen werden sollen.

(3) Maßnahmen nach den Absätzen 1 und 2 sind, soweit erforderlich, auch im Falle des § 17 Abs. 4 zu veranlassen.

§ 27 Schlußbericht

(1) Bei Dauerarrest faßt der Vollzugsleiter über jeden Jugendlichen einen Schlußbericht ab, in dem er sich zu dessen Führung und soweit dies möglich ist, auch zu dessen Persönlichkeit sowie zur Wirkung

des Arrestvollzuges äußert. Der Bericht wird zu dem Vollzugs- und den Strafakten gebracht. Eine Abschrift ist dem Jugendamt, bei unter Bewährungsaufsicht stehenden Jugendlichen auch dem zuständigen Bewährungshelfer und bei Jugendlichen in Fürsorgeerziehung auch der Fürsorgeerziehungsbehörde zuzuleiten.

(2) Bei Freizeit- und Kurzarrest wird ein Schlußbericht nur bei besonderem Anlaß abgefaßt.

§ 28 Vollzug von Jugendarrest in Fürsorgeerziehungsheimen

(1) Der Jugendarrest soll nur dann in einem Fürsorgeerziehungsheim vollzogen werden, wenn es wichtige erzieherische Gründe rechtfertigen.

(2) Wird der Jugendarrest in einem Fürsorgeerziehungsheim vollzogen, so gelten die Vorschriften dieser Verordnung entsprechend. An die Stelle des Jugendrichters tritt als Vollzugsleiter der Leiter des Fürsorgeerziehungsheimes.

§ 29 (weggefallen)

§ 30 Heranwachsende

Die Vorschriften dieser Verordnung gelten auch für Heranwachsende.

§ 31 (weggefallen)

§ 32 Geltung im Land Berlin

(gegenstandslos)

§ 33 Inkrafttreten

Diese Verordnung tritt am 1. Oktober 1966 [1]) in Kraft.

---

[1]) § 33 betrifft das Inkrafttreten der Verordnung in der ursprünglichen Fassung vom 12. August 1966. Der Zeitpunkt des Inkrafttretens der späteren Änderungen ergibt sich aus den Änderungsverordnungen.

Dienstrecht

Rahmengesetz zur Vereinheitlichung des Beamtenrechts (Beamtenrechtsrahmengesetz – BRRG)

zuletzt geändert durch Art. 3 des Zweiten Gleichberechtigungsgesetzes vom 24. Juni 1994 (BGBl. I S. 1406/1410)

Inhaltsübersicht

Kapitel I
Vorschriften für die Landesgesetzgebung

KAPITEL I
Vorschriften für die Landesgesetzgebung

Einleitende Vorschrift

§ 1

Die Vorschriften dieses Kapitels sind Rahmenvorschriften für die Landesgesetzgebung. Die Länder sind verpflichtet, ihr Beamtenrecht bis zum 31. Dezember 1963 nach diesen Vorschriften unter Berücksichtigung der hergebrachten Grundsätze des Berufsbeamtentums und der gemeinsamen Interessen von Bund und Ländern zu regeln.

Abschnitt I
Das Beamtenverhältnis

1. Titel
Allgemeines

§ 2

(1) Der Beamte steht zu seinem Dienstherrn in einem öffentlich-rechtlichen Dienst- und Treueverhältnis (Beamtenverhältnis).

(2) Die Berufung in das Beamtenverhältnis ist nur zulässig zur Wahrnehmung hoheitsrechtlicher Aufgaben oder solcher Aufgaben, die aus Gründen der Sicherung des Staates oder des öffentlichen Lebens nicht ausschließlich Personen übertragen werden dürfen, die in einem privatrechtlichen Arbeitsverhältnis stehen.

(3) Die Ausübung hoheitsrechtlicher Befugnisse ist als ständige Aufgabe in der Regel Beamten zu übertragen.

§ 3

(1) Das Beamtenverhältnis kann begründet werden

1. auf Lebenszeit, wenn der Beamte dauernd für Aufgaben im Sinne des § 2 Abs. 2 verwendet werden soll,
2. auf Zeit, wenn der Beamte auf bestimmte Dauer für derartige Aufgaben verwendet werden soll,
3. auf Probe, wenn der Beamte zur späteren Verwendung auf Lebenszeit eine Probezeit zurückzulegen hat,
4. auf Widerruf, wenn der Beamte
   a) einen Vorbereitungsdienst abzuleisten hat oder
   b) nur nebenbei oder vorübergehend für Aufgaben im Sinne des § 2 Abs. 2 verwendet werden soll.

Das Beamtenverhältnis auf Lebenszeit bildet die Regel.

(2) Als Ehrenbeamter kann berufen werden, wer Aufgaben im Sinne des § 2 Abs. 2 ehrenamtlich wahrnehmen soll.

§ 4

(1) In das Beamtenverhältnis darf nur berufen werden, wer

1. Deutscher im Sinne des Artikels 116 des Grundgesetzes ist oder die Staatsangehörigkeit eines anderen Mitgliedstaates der Europäischen Gemeinschaften besitzt,
2. die Gewähr dafür bietet, daß er jederzeit für die freiheitliche demokratische Grundordnung im Sinne des Grundgesetzes eintritt,
3. die für seine Laufbahn vorgeschriebene oder – mangels solcher Vorschriften – übliche Vorbildung besitzt (Laufbahnbewerber).

(2) Wenn die Aufgaben es erfordern, darf nur ein Deutscher im Sinne des Artikels 116 des Grundgesetzes in ein Beamtenverhältnis berufen werden (Artikel 48 Abs. 4 EWG-Vertrag).

(3) Ausnahmen von Absatz 1 Nr. 1 und Absatz 2 können nur zugelassen werden, wenn für die Gewinnung des Beamten ein dringendes dienstliches Bedürfnis besteht. Sollen Professoren oder Hochschuldozenten, Oberassistenten und Oberingenieure, wissenschaftliche oder künstlerische Assistenten in ein Beamtenverhältnis berufen werden, so können Ausnahmen auch aus anderen Gründen zugelassen werden.

(4) Durch Gesetz ist zu bestimmen, inwieweit von den Voraussetzungen des Absatzes 1 Nr. 3 bei solchen Bewerbern abgesehen werden kann, die die erforderliche Befähigung durch Lebens- und Berufserfahrung innerhalb oder außerhalb des öffentlichen Dienstes erworben haben (andere Bewerber).

2. Titel
Ernennung

§ 5

(1) Einer Ernennung bedarf es

1. zur Begründung des Beamtenverhältnisses,
2. zur Umwandlung des Beamtenverhältnisses in ein solches anderer Art (§ 3 Abs. 1 Satz 1),
3. zur ersten Verleihung eines Amtes,
4. zur Verleihung eines anderen Amtes mit anderem Endgrundgehalt und anderer Amtsbezeichnung,
5. zur Verleihung eines anderen Amtes mit anderer Amtsbezeichnung beim Wechsel der Laufbahngruppe.

(2) Die Ernennung erfolgt durch Aushändigung einer Ernennungsurkunde. In der Urkunde müssen enthalten sein

1. bei der Begründung des Beamtenverhältnisses die Worte „unter Berufung in das Beamtenverhältnis" mit dem die Art des Beamtenverhältnisses bestimmenden Zusatz „auf Lebenszeit", „auf Probe", „auf Widerruf" oder „als Ehrenbeamter" oder „auf Zeit" mit der Angabe der Zeitdauer der Berufung,
2. bei der Umwandlung des Beamtenverhältnisses in ein solches anderer Art die diese Art bestimmenden Worte nach Nummer 1,
3. bei der Verleihung eines Amtes die Amtsbezeichnung.

(3) Entspricht die Ernennungsurkunde nicht der in Absatz 2 vorgeschriebenen Form, so liegt eine Ernennung nicht vor. Fehlt der in Absatz 2 Nr. 1 bestimmte Zusatz in der Urkunde, so können die Rechtsfolgen abweichend von Satz 1 geregelt werden.

(4) Eine Ernennung auf einen zurückliegenden Zeitpunkt ist unzulässig und insoweit unwirksam.

§ 6

(1) Die Ernennung zum Beamten auf Lebenszeit ist nur zulässig, wenn der Beamte sich in einer Probezeit bewährt und das siebenundzwanzigste Lebensjahr vollendet hat.

(2) Ein Beamtenverhältnis auf Probe ist spätestens nach fünf Jahren in ein solches auf Lebenszeit umzuwandeln, wenn der Beamte die beamtenrechtlichen Voraussetzungen hierfür erfüllt. Die Frist verlängert sich um die Zeit einer Beurlaubung ohne Dienstbezüge.

§ 7

Ernennungen sind nach Eignung, Befähigung und fachlicher Leistung ohne Rücksicht auf Geschlecht, Abstammung, Rasse, Glauben, religiöse oder politische Anschauungen, Herkunft oder Beziehungen vorzunehmen.

§ 7a

Legt ein Beamter sein Mandat nieder und bewirbt er sich zu diesem Zeitpunkt erneut um einen Sitz im Deutschen Bundestag, so ist die Übertragung eines anderen Amtes mit höherem Endgrundgehalt und die Übertragung eines anderen Amtes beim Wechsel der Laufbahngruppe nicht zulässig.

§ 8

(1) Eine Ernennung ist nichtig, wenn sie von einer sachlich unzuständigen Behörde ausgesprochen wurde. Die Ernennung ist als von Anfang an wirksam anzusehen, wenn sie von der sachlich zuständigen Behörde bestätigt wird.

(2) Eine Ernennung ist ferner nichtig, wenn der Ernannte im Zeitpunkt der Erennung

1. nach § 4 Abs. 1 Nr. 1 nicht ernannt werden durfte und eine Ausnahme nach § 4 Abs. 3 nicht zugelassen war oder
2. nicht die Fähigkeit zur Bekleidung öffentlicher Ämter hatte.

§ 9

(1) Eine Ernennung ist zurückzunehmen,
1. wenn sie durch Zwang, arglistige Täuschung oder Bestechung herbeigeführt wurde oder
2. wenn nicht bekannt war, daß der Ernannte ein Verbrechen oder Vergehen begangen hatte, das ihn der Berufung in das Beamtenverhältnis unwürdig erscheinen läßt, und er deswegen rechtskräftig zu einer Strafe verurteilt war oder wird oder
3. wenn der Ernannte nach § 4 Abs. 2 nicht ernannt werden durfte und eine Ausnahme nach § 4 Abs. 3 nicht zugelassen war und die Ausnahme nicht nachträglich erteilt wird.

(2) Eine Ernennung kann zurückgenommen werden,
1. (weggefallen)
2. wenn nicht bekannt war, daß der Ernannte in einem Disziplinarverfahren aus dem Dienst entfernt oder zum Verlust der Versorgungsbezüge verurteilt war.

(3) Die Rücknahme muß innerhalb einer Frist erfolgen, die gesetzlich zu bestimmen ist.

§ 10

(1) Soweit nach gesetzlicher Vorschrift bei der Ernennung die unabhängige Stelle (§ 61) oder eine Aufsichtsbehörde mitzuwirken hat, kann durch Gesetz bestimmt werden, daß eine ohne deren Mitwirkung ausgesprochene Ernennung nichtig ist oder zurückgenommen werden kann. Für diesen Fall ist zu bestimmen, daß der Mangel der Ernennung als geheilt gilt, wenn die unabhängige Stelle oder die Aufsichtsbehörde der Ernennung nachträglich zustimmt.

(2) Durch Gesetz kann ferner bestimmt werden, daß eine Berufung in das Beamtenverhältnis nichtig ist, wenn eine ihr zugrunde liegende Wahl unwirksam ist.

3. Titel
Laufbahnen

a) Allgemeines

§ 11

(1) Eine Laufbahn umfaßt alle Ämter derselben Fachrichtung, die eine gleiche Vorbildung und Ausbildung voraussetzen; zur Laufbahn gehören auch Vorbereitungsdienst und Probezeit.

(2) Die Laufbahnen gehören zu den Laufbahngruppen des einfachen, des mittleren, des gehobenen oder des höheren Dienstes; die Zugehörigkeit bestimmt sich nach dem Eingangsamt. Die Laufbahnvorschriften können von Satz 1 abweichen, wenn es die besonderen Verhältnisse erfordern.

§ 12

(1) Die Anstellung des Beamten ist nur in dem Eingangsamt seiner Laufbahn zulässig, sofern nicht die unabhängige Stelle (§ 61) eine Ausnahme zuläßt.

(2) Der Beamte darf nicht befördert werden
1. während der Probezeit,
2. vor Ablauf einer durch Rechtsvorschrift zu bestimmenden Frist, die mindestens ein Jahr seit der Anstellung betragen muß,
3. vor Ablauf einer durch Rechtsvorschrift zu bestimmenden Frist, die mindestens ein Jahr seit der letzten Beförderung betragen muß;

Ausnahmen von den Nummern 1 und 2 sind zulässig zum Ausgleich beruflicher Verzögerungen, die durch die Geburt oder die tatsächliche Betreuung oder Pflege eines Kindes unter achtzehn Jahren eintreten würden, und bedürfen einer besonderen Rechtsvorschrift. Entsprechendes gilt für den Ausgleich beruflicher Verzögerungen infolge der tatsächlichen Pflege eines nach ärztlichem Gutachten pflegebedürftigen sonstigen nahen Angehörigen, insbesondere aus dem Kreis der Eltern, Schwiegereltern, Ehegatten, Geschwister sowie volljährigen Kinder. Ämter, die regelmäßig zu durchlaufen sind, dürfen nicht übersprungen werden. Die unabhängige Stelle (§ 61) kann Ausnahmen zulassen.

(3) Der Aufstieg in die nächsthöhere Laufbahn derselben Fachrichtung ist auch ohne Erfüllung der Eingangsvoraussetzungen für die Laufbahn möglich. Für den Aufstieg soll die Ablegung einer Prüfung verlangt werden; die Laufbahnvorschriften können Abweichendes bestimmen.

b) Laufbahnbewerber

§ 13

(1) Für die Zulassung zu den Laufbahnen werden die Bildungsgänge und ihre Abschlüsse den Laufbahnen in Übereinstimmung mit dem beamtenrechtlichen Grundsatz der funktionsbezogenen Bewertung zugeordnet. Die Anwendung dieses Grundsatzes im Besoldungsrecht ist dabei zu beachten.

(2) Für die Zulassung ist zu fordern
1. für die Laufbahnen des einfachen Dienstes mindestens der erfolgreiche Besuch einer Hauptschule oder ein als gleichwertig anerkannter Bildungsstand,

2. für die Laufbahnen des mittleren Dienstes mindestens der Abschluß einer Realschule oder der erfolgreiche Besuch einer Hauptschule und eine förderliche abgeschlossene Berufsausbildung oder eine Ausbildung in einem öffentlich-rechtlichen Ausbildungsverhältnis oder ein als gleichwertig anerkannter Bildungsstand,
3. für die Laufbahnen des gehobenen Dienstes eine zu einem Hochschulstudium berechtigende Schulbildung oder ein als gleichwertig anerkannter Bildungsstand,
4. für die Laufbahnen des höheren Dienstes ein nach Absatz 3 Satz 2 geeignetes, mindestens dreijähriges mit einer Prüfung abgeschlossenes Studium an einer Hochschule.

(3) Die Laufbahnvorschriften bestimmen in Übereinstimmung mit Absatz 1 unter Berücksichtigung der besoldungsrechtlichen Regelungen, welche Bildungsgänge und Prüfungen nach Absatz 2 Nr. 1 bis 4 die Voraussetzungen für die Laufbahn erfüllen. Die Bildungsvoraussetzungen müssen geeignet sein, in Verbindung mit der für die Laufbahn vorgeschriebenen berufspraktischen Ausbildung oder Tätigkeit die Anforderungen der Befähigung für die Laufbahn zu erfüllen. Mit dieser Maßgabe müssen sie für gleich zu bewertende Befähigungen einander gleichwertig sein. Die zuständigen Stellen des Bundes und der Länder sind verpflichtet, nach diesen Bestimmungen zur Wahrung der Einheitlichkeit, insbesondere zur Sicherung der Ziele des § 122 Abs. 2, bei der Vorbereitung der Regelungen nach Satz 1 zusammenzuwirken.

§ 14

(1) Laufbahnbewerber leisten einen Vorbereitungsdienst. Inhalt und Dauer des Vorbereitungsdienstes sind den Erfordernissen der einzelnen Laufbahnen anzupassen. Der Vorbereitungsdienst schließt in den Laufbahnen des mittleren, des gehobenen und des höheren Dienstes mit einer Prüfung ab.

(2) Der Vorbereitungsdienst in den Laufbahnen des gehobenen Dienstes dauert drei Jahre. Er vermittelt in einem Studiengang einer Fachhochschule oder in einem gleichstehenden Studiengang den Beamten die wissenschaftlichen Erkenntnisse und Methoden sowie die berufspraktischen Fähigkeiten und Kenntnisse, die zur Erfüllung der Aufgaben in ihrer Laufbahn erforderlich sind. Der Vorbereitungsdienst besteht aus Fachstudien von mindestens achtzehnmonatiger Dauer und berufspraktischen Studienzeiten. Die berufspraktischen Studienzeiten umfassen die Ausbildung in fachbezogenen Schwerpunktbereichen der Laufbahnaufgaben; der Anteil der praktischen Ausbildung darf eine Dauer von einem Jahr nicht unterschreiten.

(3) In den Laufbahnen des gehobenen Dienstes kann der Vorbereitungsdienst auf eine Ausbildung in fachbezogenen Schwerpunktbereichen der Laufbahnaufgaben beschränkt werden, wenn der

Erwerb der wissenschaftlichen Erkenntnisse und Methoden, die zur Erfüllung der Aufgaben in der Laufbahn erforderlich sind, durch eine insoweit als geeignet anerkannte Prüfung als Abschluß eines Studienganges an einer Hochschule nachgewiesen worden ist. Anrechenbar sind Studienzeiten von der Zeitdauer, um die nach Satz 1 der Vorbereitungsdienst gekürzt ist. Gegenstand der Laufbahnprüfung sind Ausbildungsinhalte des berufspraktischen Vorbereitungsdienstes.

(4) Nach näherer Bestimmung der Laufbahnvorschriften besitzt die Befähigung für eine Laufbahn des gehobenen Dienstes auch, wer außerhalb des Vorbereitungsdienstes eine den Anforderungen des Absatzes 2 entsprechende Ausbildung in einem Studiengang einer Hochschule durch eine Prüfung abgeschlossen hat, die der Laufbahnprüfung gleichwertig ist. Wenn die besonderen Verhältnisse der Laufbahn es erfordern, kann als Voraussetzung für die Anerkennung der Prüfung als Laufbahnprüfung eine auf höchstens sechs Monate zu bemessende Einführung in die Laufbahnaufgaben vorgeschrieben werden.

(5) Der Vorbereitungsdienst in den Laufbahnen des höheren Dienstes dauert mindestens zwei Jahre.

(6) Für Beamte besonderer Fachrichtungen können an Stelle des Vorbereitungsdienstes und der Laufbahnprüfung (Absätze 1 bis 3 und 5) andere nach § 13 Abs. 3 gleichwertige Befähigungsvoraussetzungen vorgeschrieben werden, wenn es die besonderen Verhältnisse der Laufbahn erfordern.

(7) Für die Ausbildung der Bezirksnotare in Baden-Württemberg kann eine längere als die in Absatz 2 bestimmte Dauer des Vorbereitungsdienstes vorgeschrieben werden.

§ 14a

(1) Abweichend von § 13 Abs. 2 Nr. 4 und § 14 Abs. 1 und 5 kann die Befähigung erworben werden für

1. die Laufbahn des höheren allgemeinen Verwaltungsdienstes auch durch einen Ausbildungsgang nach § 5b des Deutschen Richtergesetzes in der Fassung des Gesetzes vom 10. September 1971 (BGBl. I S. 1557),
2. Lehrerlaufbahnen des höheren Dienstes auch durch gleichwertige, mindestens fünfeinhalbjährige Ausbildungsgänge, in denen Studium und praktische Vorbereitung zusammengefaßt und durch eine der Prüfung gemäß § 14 Abs. 1 Satz 3 gleichwertige Staatsprüfung abgeschlossen worden sind. Die erste Staatsprüfung kann durch eine Zwischenprüfung oder durch ausbildungsbegleitende Leistungskontrollen ersetzt werden. Die abschließende Staatsprüfung muß in ihren Anforderungen der für die entsprechende Lehrerlaufbahn des höheren Dienstes eingerichteten zweiten Staatsprüfung gemäß § 14 Abs. 1 Satz 3 gleichwertig sein.

(2) Absatz 1 Nr. 2 gilt nur für Ausbildungsgänge, die am 1. Januar 1976 eingerichtet waren.

§ 14b

Auf die Ausbildung für den höheren allgemeinen Verwaltungsdienst nach § 13 Abs. 2 Nr. 4 und § 14 Abs. 1 und 5 oder § 14a kann nach Maßgabe des § 5c des Deutschen Richtergesetzes eine erfolgreich abgeschlossene Ausbildung für den gehobenen Justizdienst oder für den gehobenen nichttechnischen Verwaltungsdienst angerechnet werden.

§ 14c Anforderungen für Staatsangehörige der Mitgliedstaaten der Europäischen Gemeinschaften

(1) Die Laufbahnbefähigung kann auch auf Grund der Richtlinie (89/48/EWG) des Rates der Europäischen Gemeinschaften vom 21. Dezember 1988 über eine allgemeine Regelung zur Anerkennung der Hochschuldiplome, die eine mindestens dreijährige Berufsausbildung abschließen (ABl. EG 1989 Nr. L 19 S. 16) erworben werden. Das Nähere wird durch Landesrecht geregelt.

(2) Die Beherrschung der deutschen Sprache in Wort und Schrift ist Voraussetzung für die Zulassung zur Laufbahn.

§ 15

Die Probezeit ist nach den Erfordernissen der einzelnen Laufbahnen festzusetzen; sie soll fünf Jahre nicht übersteigen.

c) Andere Bewerber

§ 16

(1) Die Befähigung anderer Bewerber für die Laufbahn, in der sie verwendet werden sollen, ist durch die unabhängige Stelle (§ 61) festzustellen.

(2) Die Probezeit ist nach den Erfordernissen der einzelnen Laufbahnen festzusetzen; sie muß mindestens drei Jahre betragen und soll fünf Jahre nicht übersteigen.

(3) Die Laufbahnvorschriften können bestimmen, ob und inwieweit Dienstzeiten im öffentlichen Dienst auf die Probezeit angerechnet werden können, wenn die Tätigkeit nach ihrer Art und Bedeutung mindestens einem Amt der betreffenden Laufbahn entsprochen hat. Sie können ferner bestimmen, daß die Probezeit in Ausnahmefällen durch die unabhängige Stelle (§ 61) abgekürzt werden kann.

4. Titel
Abordnung und Versetzung

§ 17

(1) Der Beamte kann, wenn ein dienstliches Bedürfnis besteht, vorübergehend zu einer seinem Amt entsprechenden Tätigkeit an eine andere Dienststelle abgeordnet werden. Die Abordnung zu einem anderen Dienstherrn bedarf der Zustimmung des Beamten. Abweichend von Satz 2 kann durch Gesetz bestimmt werden, daß die Abordnung auch ohne seine Zustimmung zulässig ist, wenn sie die Dauer eines Jahres, während der Probezeit die Dauer von zwei Jahren, nicht übersteigt.

(2) Wird ein Beamter zu einem anderen Dienstherrn abgeordnet, so finden auf ihn die für den Bereich dieses Dienstherrn geltenden Vorschriften über die Pflichten und Rechte der Beamten mit Ausnahme der Regelungen über Diensteid, Amtsbezeichnung, Besoldung und Versorgung entsprechende Anwendung. Zur Zahlung der ihm zustehenden Dienstbezüge ist auch der Dienstherr verpflichtet, zu dem er abgeordnet ist.

§ 18

(1) Der Beamte kann in ein anderes Amt einer Laufbahn, für die er die Befähigung besitzt, versetzt werden, wenn er es beantragt oder ein dienstliches Bedürfnis besteht. Ohne seine Zustimmung ist eine Versetzung nur zulässig, wenn das neue Amt zum Bereich desselben Dienstherrn gehört und derselben oder einer gleichwertigen Laufbahn angehört wie das bisherige Amt und mit mindestens demselben Endgrundgehalt verbunden ist; Amtszulagen und ruhegehaltfähige Stellenzulagen gelten hierbei als Bestandteile des Grundgehaltes.

(2) Mit Zustimmung des Beamten ist seine Versetzung auch in ein Amt eines anderen Dienstherrn zulässig. In diesem Fall wird das Beamtenverhältnis mit dem neuen Dienstherrn fortgesetzt; auf die beamten- und besoldungsrechtliche Stellung des Beamten finden die im Bereich des neuen Dienstherrn geltenden Vorschriften Anwendung.

5. Titel
Rechtsstellung der Beamten bei Auflösung oder Umbildung von Behörden

§ 19

Bei Auflösung einer Behörde oder bei einer auf landesrechtlicher Vorschrift beruhenden wesentlichen Änderung des Aufbaues oder Verschmelzung einer Behörde mit einer anderen kann ein Beamter dieser Behörden, dessen Aufgabengebiet von der Auflösung oder

Umbildung berührt wird, auch ohne seine Zustimmung in ein anderes Amt derselben oder einer gleichwertigen Laufbahn mit geringerem Endgrundgehalt versetzt werden, wenn eine seinem bisherigen Amt entsprechende Verwendung nicht möglich ist.

§ 20

Durch Gesetz kann bestimmt werden, daß ein Beamter auf Lebenszeit unter den Voraussetzungen des § 19 in den einstweiligen Ruhestand versetzt werden kann, wenn eine Versetzung in ein anderes Amt nicht möglich ist. Eine Versetzung in den einstweiligen Ruhestand darf jedoch nur zugelassen werden, soweit aus Anlaß der Auflösung oder Umbildung Planstellen eingespart werden. Freie Planstellen im Bereich desselben Dienstherrn sollen den in den einstweiligen Ruhestand versetzten Beamten vorbehalten werden, die für diese Stellen geeignet sind.

6. Titel
Beendigung des Beamtenverhältnisses

a) Allgemeines

§ 21

(1) Das Beamtenverhältnis endet außer durch Tod durch

1. Entlassung (§§ 22, 23 und 31 Abs. 2),
2. Verlust der Beamtenrechte (§ 24),
3. Entfernung aus dem Dienst nach den Disziplinargesetzen.

(2) Das Beamtenverhältnis endet ferner durch Eintritt in den Ruhestand (§§ 25 bis 27, § 31 Abs. 1 und § 32 Abs. 2) unter Berücksichtigung der die beamtenrechtliche Stellung der Ruhestandsbeamten regelnden Vorschriften.

b) Entlassung

§ 22

(1) Der Beamte ist entlassen,

1. wenn er die Eigenschaft als Deutscher im Sinne des Artikels 116 des Grundgesetzes oder die Staatsangehörigkeit eines anderen Mitgliedstaates der Europäischen Gemeinschaften verliert oder
2. wenn er den nach § 25 Abs. 1 bestimmten Zeitpunkt erreicht und das Beamtenverhältnis nicht durch Eintritt in den Ruhestand endet.

Nummer 1 findet keine Anwendung, wenn der Beamte die Staatsangehörigkeit eines sonstigen Mitgliedstaates der Europäischen Gemeinschaften besitzt.

(2) Durch Gesetz kann bestimmt werden, daß der Beamte entlassen ist, wenn er in ein öffentlich-rechtliches Dienst- oder Amtsverhältnis zu einem anderen Dienstherrn tritt, sofern nicht im Einvernehmen mit dem neuen Dienstherrn die Fortdauer des Beamtenverhältnisses neben dem neuen Dienst- oder Amtsverhältnis angeordnet wird. Dies gilt nicht für den Eintritt in ein Beamtenverhältnis auf Widerruf oder als Ehrenbeamter.

(3) Durch allgemeine Vorschrift kann bestimmt werden, daß das Beamtenverhältnis eines Beamten auf Widerruf, der die für seine Laufbahn vorgeschriebene Prüfung ablegt, mit der Ablegung der Prüfung endet.

§ 23

(1) Der Beamte ist zu entlassen,

1. wenn er sich weigert, den gesetzlich vorgeschriebenen Diensteid zu leisten oder ein an dessen Stelle vorgeschriebenes Gelöbnis abzulegen, oder
2. wenn er dienstunfähig ist und das Beamtenverhältnis nicht durch Eintritt in den Ruhestand endet; § 26 Abs. 3 findet sinngemäß Anwendung, oder
3. wenn er seine Entlassung schriftlich verlangt oder
4. wenn er nach Erreichen der Altersgrenze berufen worden ist oder
5. wenn er ohne Genehmigung seines Dienstherrn seinen Wohnsitz oder dauernden Aufenthalt im Ausland nimmt.

(2) Der Beamte kann entlassen werden, wenn er in Fällen des § 4 Abs. 2 die Eigenschaft als Deutscher im Sinne des Artikels 116 des Grundgesetzes verliert.

(3) Der Beamte auf Probe kann entlassen werden,

1. wenn er eine Handlung begeht, die bei einem Beamten auf Lebenszeit eine Disziplinarmaßnahme zur Folge hätte, die nur im förmlichen Disziplinarverfahren verhängt werden kann, oder
2. wenn er sich in der Probezeit nicht bewährt; § 26 Abs. 3 findet sinngemäß Anwendung, oder
3. wenn die Voraussetzungen des § 19 Satz 1 vorliegen und eine andere Verwendung nicht möglich ist.

(4) Der Beamte auf Widerruf kann jederzeit entlassen werden. Dem Beamten auf Widerruf im Vorbereitungsdienst soll Gelegenheit gegeben werden, den Vorbereitungsdienst abzuleisten und die Prüfung abzulegen.

(5) Bei der Entlassung nach Absatz 1 Nr. 2, Absatz 3 Nr. 2 und 3 und in den entsprechenden Fällen des Absatzes 4 sind angemessene Fristen einzuhalten, die nicht kürzer bemessen sein dürfen als die entsprechenden Fristen für Bundesbeamte.

c) Verlust der Beamtenrechte

§ 24

(1) Das Beamtenverhältnis eines Beamten, der im ordentlichen Strafverfahren durch das Urteil eines deutschen Gerichts im Geltungsbereich dieses Gesetzes

1. wegen einer vorsätzlichen Tat zu Freiheitsstrafe von mindestens einem Jahr oder
2. wegen einer vorsätzlichen Tat, die nach den Vorschriften über Friedensverrat, Hochverrat, Gefährdung des demokratischen Rechtsstaates oder Landesverrat und Gefährdung der äußeren Sicherheit strafbar ist, zu Freiheitsstrafe von mindestens sechs Monaten

verurteilt wird, endet mit der Rechtskraft des Urteils. Entsprechendes gilt, wenn dem Beamten die Fähigkeit zur Bekleidung öffentlicher Ämter aberkannt wird oder wenn der Beamte auf Grund einer Entscheidung des Bundesverfassungsgerichts gem. Art. 18 des Grundgesetzes ein Grundrecht verwirkt hat.

(2) Wird eine Entscheidung, durch die der Verlust der Beamtenrechte bewirkt worden ist, in einem Wiederaufnahmeverfahren durch eine Entscheidung ersetzt, die diese Wirkung nicht hat, so gilt das Beamtenverhältnis als nicht unterbrochen.

d) Eintritt in den Ruhestand

§ 25

(1) Der Beamte auf Lebenszeit tritt nach Erreichen der Altersgrenze in den Ruhestand. Die Altersgrenze der Beamten auf Lebenszeit ist das vollendete fünfundsechzigste Lebensjahr. Für einzelne Beamtengruppen kann gesetzlich eine andere Altersgrenze bestimmt werden. Der Zeitpunkt des Eintritts in den Ruhestand ist durch Gesetz zu regeln.

(2) Durch Gesetz kann bestimmt werden, daß der Eintritt in den Ruhestand auf Antrag des Beamten, wenn es im dienstlichen Interesse liegt, über das vollendete fünfundsechzigste Lebensjahr hinaus um eine bestimmte Frist, die jeweils ein Jahr nicht übersteigen darf, hinausgeschoben werden kann, jedoch nicht länger als bis zum vollendeten achtundsechzigsten Lebensjahr. Unter den gleichen Voraussetzungen kann der Eintritt in den Ruhestand bei einer nach Absatz 1 Satz 3 gesetzlich bestimmten früheren Altersgrenze um bis zu zwei Jahre hinausgeschoben werden.

§ 26

(1) Der Beamte auf Lebenszeit ist in den Ruhestand zu versetzen, wenn er infolge eines körperlichen Gebrechens oder wegen Schwä-

che seiner körperlichen oder geistigen Kräfte zur Erfüllung seiner Dienstpflichten dauernd unfähig (dienstunfähig) geworden ist. Gesetzliche Vorschriften, die für einzelne Beamtengruppen besondere Voraussetzungen für die Dienstunfähigkeit bestimmen, bleiben unberührt.

(2) Über die Versetzung in den Ruhestand ist, wenn der Beamte Einwendungen erhebt, in einem förmlichen Verfahren zu entscheiden.

(3) Durch Gesetz kann bestimmt werden, daß von der Versetzung des Beamten in den Ruhestand wegen Dienstunfähigkeit abgesehen werden soll, wenn ihm ein anderes Amt derselben oder einer gleichwertigen Laufbahn mit mindestens demselben Endgrundgehalt übertragen werden kann und wenn zu erwarten ist, daß er den gesundheitlichen Anforderungen des neuen Amtes genügt; zum Endgrundgehalt gehören auch Amtszulagen und ruhegehaltfähige Stellenzulagen. Durch Gesetz kann ferner bestimmt werden, daß dem Beamten zur Vermeidung der Versetzung in den Ruhestand unter Beibehaltung seines Amtes auch eine geringerwertige Tätigkeit innerhalb seiner Laufbahngruppe übertragen werden kann, wenn eine anderweitige Verwendung nicht möglich ist und dem Beamten die Wahrnehmung der neuen Aufgaben unter Berücksichtigung seiner bisherigen Tätigkeit zuzumuten ist.

(4) Durch Gesetz kann bestimmt werden, daß der Beamte auf Lebenszeit auch ohne Nachweis der Dienstunfähigkeit auf seinen Antrag in den Ruhestand versetzt werden kann, wenn er

1. schwerbehindert im Sinne des § 1 des Schwerbehindertengesetzes ist und das sechzigste Lebensjahr vollendet hat oder
2. das zweiundsechzigste Lebensjahr vollendet hat.

Dem Antrag nach Nummer 1 darf nur entsprochen werden, wenn sich der Beamte unwiderruflich dazu verpflichtet, aus Beschäftigungen oder Erwerbstätigkeiten durchschnittlich im Monat nicht mehr als den Betrag hinzuzuverdienen, der ein Siebtel der monatlichen Bezugsgröße (§ 14a Abs. 1 Satz 1 Nr. 4 des Beamtenversorgungsgesetzes) beträgt.

§ 27

(1) Der Beamte auf Probe ist in den Ruhestand zu versetzen, wenn er infolge Krankheit, Verwundung oder sonstiger Beschädigung, die er sich ohne grobes Verschulden bei Ausübung oder aus Veranlassung des Dienstes zugezogen hat, dienstunfähig geworden ist.

(2) Der Beamte auf Probe kann in den Ruhestand versetzt werden, wenn er aus anderen Gründen dienstunfähig geworden ist.

§ 28

Der Eintritt in den Ruhestand setzt eine Wartezeit von fünf Jahren nach Maßgabe des § 4 Abs. 1 des Beamtenversorgungsgesetzes voraus. Sind die Voraussetzungen des § 4 Abs. 1 des Beamtenversorgungsgesetzes nicht erfüllt, so endet das Beamtenverhältnis statt durch Eintritt in den Ruhestand durch Entlassung.

§ 29

(1) Beantragt der wegen Dienstunfähigkeit in den Ruhestand versetzte Beamte nach Wiederherstellung seiner Dienstfähigkeit, ihn erneut in das Beamtenverhältnis zu berufen, so ist diesem Antrag zu entsprechen, falls nicht zwingende dienstliche Gründe entgegenstehen. Durch Gesetz kann bestimmt werden, daß der Antrag innerhalb einer bestimmten Frist seit Beginn des Ruhestandes gestellt werden muß.

(2) Durch Gesetz kann bestimmt werden, daß der wegen Dienstunfähigkeit in den Ruhestand versetzte Beamte nach Wiederherstellung seiner Dienstfähigkeit erneut in das Beamtenverhältnis berufen werden kann, wenn er mindestens seinen früheren allgemeinen Rechtsstand wieder erhält und ihm im Dienstbereich seines früheren Dienstherrn ein Amt seiner früheren oder einer gleichwertigen Laufbahn mit mindestens demselben Endgrundgehalt übertragen werden soll.

§ 30

Der Ruhestandsbeamte erhält lebenslänglich Ruhegehalt nach Maßgabe der Vorschriften des Beamtenversorgungsgesetzes.

e) Sondervorschriften für den einstweiligen Ruhestand

§ 31

(1) Durch Gesetz kann bestimmt werden, daß der Beamte auf Lebenszeit jederzeit in den einstweiligen Ruhestand versetzt werden kann, wenn er ein Amt bekleidet, bei dessen Ausübung er in fortdauernder Übereinstimmung mit den grundsätzlichen politischen Ansichten und Zielen der Regierung stehen muß. Welche Beamten hierzu gehören, ist gesetzlich zu bestimmen.

(2) Der Beamte auf Probe, der ein Amt im Sinne des Absatzes 1 bekleidet, kann jederzeit entlassen werden.

§ 32

(1) Für den einstweiligen Ruhestand gelten die Vorschriften über den Ruhestand. § 29 Abs. 2 gilt entsprechend.

(2) Erreicht der in den einstweiligen Ruhestand versetzte Beamte die Altersgrenze, so gilt er in dem Zeitpunkt als dauernd in den Ruhestand getreten, in dem der Beamte auf Lebenszeit wegen Erreichens der Altersgrenze in den Ruhestand tritt.

7. Titel
Wahl eines Beamten in eine gesetzgebende Körperschaft oder in eine Vertretungskörperschaft, Ernennung eines Beamten zum Mitglied der Landesregierung oder zum Parlamentarischen Staatssekretär

§ 33

(1) Stimmt ein Beamter seiner Aufstellung als Bewerber für die Wahl zum Deutschen Bundestag oder zu der gesetzgebenden Körperschaft eines Landes zu, ist ihm auf Antrag innerhalb der letzten zwei Monate vor dem Wahltag der zur Vorbereitung seiner Wahl erforderliche Urlaub unter Wegfall der Dienstbezüge zu gewähren.

(2) Bei der Regelung der Rechtsstellung der in die gesetzgebende Körperschaft ihres oder eines anderen Landes oder in die Vertretungskörperschaft ihres oder eines anderen Dienstherrn gewählten Beamten sind die Länder nicht an die Vorschriften dieses Kapitels gebunden.

(3) Durch Gesetz kann bestimmt werden, daß ein Beamter zu entlassen ist, wenn er als Inhaber eines Amtes, das kraft Gesetzes mit dem Mandat unvereinbar ist, zur Zeit seiner Ernennung Mitglied des Bundestages, der Volksvertretung seines Landes oder einer Vertretungskörperschaft seines Dienstherrn war und nicht innerhalb einer von der obersten Dienstbehörde zu bestimmenden angemessenen Frist sein Mandat niederlegt.

§ 34

Durch Gesetz kann bestimmt werden, daß ein Beamter aus seinem Amt ausscheidet, wenn er zum Mitglied der Regierung eines Landes ernannt wird. Für diesen Fall kann ferner bestimmt werden, daß der aus dem Amt ausgeschiedene Beamte nach Beendigung seiner Mitgliedschaft in der Regierung in den Ruhestand tritt. Entsprechendes gilt für Amtsverhältnisse, die dem eines Parlamentarischen Staatssekretärs im Sinne des Gesetzes über die Rechtsverhältnisse der Parlamentarischen Staatssekretäre (ParlStG) entsprechen.

Abschnitt II
Rechtliche Stellung des Beamten

1. Titel
Pflichten des Beamten

§ 35

(1) Der Beamte dient dem ganzen Volk, nicht einer Partei. Er hat seine Aufgaben unparteiisch und gerecht zu erfüllen und bei seiner

Amtsführung auf das Wohl der Allgemeinheit Bedacht zu nehmen. Er muß sich durch sein gesamtes Verhalten zu der freiheitlichen demokratischen Grundordnung im Sinne des Grundgesetzes bekennen und für deren Erhaltung eintreten.

(2) Der Beamte hat bei politischer Betätigung diejenige Mäßigung und Zurückhaltung zu wahren, die sich aus seiner Stellung gegenüber der Gesamtheit und aus der Rücksicht auf die Pflichten seines Amtes ergibt.

§ 36

Der Beamte hat sich mit voller Hingabe seinem Beruf zu widmen. Er hat sein Amt uneigennützig nach bestem Gewissen zu verwalten. Sein Verhalten innerhalb und außerhalb des Dienstes muß der Achtung und dem Vertrauen gerecht werden, die sein Beruf erfordert.

§ 37

Der Beamte hat seine Vorgesetzten zu beraten und zu unterstützen. Er ist verpflichtet, die von ihnen erlassenen Anordnungen auszuführen und ihre allgemeinen Richtlinien zu befolgen. Dies gilt nicht für Beamte, die nach besonderer gesetzlicher Vorschrift an Weisungen nicht gebunden und nur dem Gesetz unterworfen sind.

§ 38

(1) Der Beamte trägt für die Rechtmäßigkeit seiner dienstlichen Handlungen die volle persönliche Verantwortung.

(2) Bedenken gegen die Rechtmäßigkeit dienstlicher Anordnungen hat der Beamte unverzüglich auf dem Dienstwege geltend zu machen. Bestätigt ein höherer Vorgesetzter die Anordnung, so muß der Beamte sie ausführen und ist von der eigenen Verantwortung befreit; dies gilt nicht, wenn das dem Beamten aufgetragene Verhalten strafbar oder ordnungswidrig und die Strafbarkeit oder Ordnungswidrigkeit für ihn erkennbar ist oder das ihm aufgetragene Verhalten die Würde des Menschen verletzt.

(3) Wird von dem Beamten die sofortige Ausführung einer Anordnung verlangt, weil Gefahr im Verzuge besteht und die Entscheidung eines höheren Vorgesetzten nicht rechtzeitig herbeigeführt werden kann, so gilt Absatz 2 Satz 2 entsprechend.

§ 39

(1) Der Beamte hat, auch nach Beendigung des Beamtenverhältnisses, über die ihm bei seiner amtlichen Tätigkeit bekanntgewordenen Angelegenheiten Verschwiegenheit zu bewahren. Dies gilt nicht für Mitteilungen im dienstlichen Verkehr oder über Tatsachen, die offenkundig sind oder ihrer Bedeutung nach keiner Geheimhaltung bedürfen.

(2) Der Beamte darf ohne Genehmigung über solche Angelegenheiten weder vor Gericht noch außergerichtlich aussagen oder Erklärungen abgeben. Die Genehmigung erteilt der Dienstherr oder, wenn das Beamtenverhältnis beendet ist, der letzte Dienstherr. Hat sich der Vorgang, der den Gegenstand der Äußerung bildet, bei einem früheren Dienstherrn ereignet, so darf die Genehmigung nur mit dessen Zustimmung erteilt werden.

(3) Die Genehmigung, als Zeuge auszusagen, darf nur versagt werden, wenn die Aussage dem Wohle des Bundes oder eines deutschen Landes Nachteile bereiten oder die Erfüllung öffentlicher Aufgaben ernstlich gefährden oder erheblich erschweren würde. Durch Gesetz kann bestimmt werden, daß die Verweigerung der Genehmigung zur Aussage vor Untersuchungsausschüssen des Bundestages oder der Volksvertretung eines Landes einer Nachprüfung unterzogen werden kann. Die Genehmigung, ein Gutachten zu erstatten, kann versagt werden, wenn die Erstattung den dienstlichen Interessen Nachteile bereiten würde.

(4) Ist der Beamte Partei oder Beschuldigter in einem gerichtlichen Verfahren oder soll sein Vorbringen der Wahrnehmung seiner berechtigten Interessen dienen, so darf die Genehmigung auch dann, wenn die Voraussetzungen des Absatzes 3 Satz 1 erfüllt sind, nur versagt werden, wenn die dienstlichen Rücksichten dies unabweisbar erfordern. Wird sie versagt, so ist dem Beamten der Schutz zu gewähren, den die dienstlichen Rücksichten zulassen.

§ 40

(1) Der Beamte hat einen Diensteid zu leisten. Der Diensteid hat eine Verpflichtung auf das Grundgesetz zu enthalten.

(2) In den Fällen, in denen nach § 4 Abs. 3 eine Ausnahme von § 4 Abs. 1 Nr. 1 zugelassen worden ist, kann an Stelle des Eides ein Gelöbnis vorgeschrieben werden.

§ 41

Dem Beamten kann aus zwingenden dienstlichen Gründen die Führung seiner Dienstgeschäfte verboten werden. Das Verbot erlischt, wenn nicht bis zum Ablauf von drei Monaten gegen den Beamten ein förmliches Disziplinarverfahren oder ein sonstiges auf Rücknahme der Ernennung oder auf Beendigung des Beamtenverhältnisses gerichtetes Verfahren eingeleitet worden ist.

§ 42

(1) Der Beamte bedarf zur Übernahme jeder Nebentätigkeit, soweit er nicht zu ihrer Wahrnehmung verpflichtet ist, der vorherigen Genehmigung. Als Nebentätigkeit gilt nicht die Wahrnehmung öffentlicher Ehrenämter sowie einer unentgeltlichen Vormund-

schaft, Betreuung oder Pflegschaft eines Angehörigen; ihre Übernahme ist vor Aufnahme schriftlich anzuzeigen. Nicht genehmigungspflichtig ist

1. eine unentgeltliche Nebentätigkeit mit Ausnahme
   a) der Übernahme eines Nebenamtes, einer in Satz 2 Halbsatz 1 nicht genannten Vormundschaft, Betreuung oder Pflegschaft sowie einer Testamentsvollstreckung,
   b) der Übernahme einer gewerblichen Tätigkeit, der Ausübung eines freien Berufes oder der Mitarbeit bei einer dieser Tätigkeiten,
   c) des Eintritts in ein Organ eines Unternehmens mit Ausnahme einer Genossenschaft sowie der Übernahme einer Treuhänderschaft,
2. die Verwaltung eigenen oder der Nutznießung des Beamten unterliegenden Vermögens,
3. eine schriftstellerische, wissenschaftliche, künstlerische oder Vortragstätigkeit des Beamten,
4. die mit Lehr- oder Forschungsaufgaben zusammenhängende selbständige Gutachtertätigkeit von Lehrern an öffentlichen Hochschulen und Beamten an wissenschaftlichen Instituten und Anstalten,
5. die Tätigkeit zur Wahrung von Berufsinteressen in Gewerkschaften oder Berufsverbänden oder in Selbsthilfeeinrichtungen der Beamten.

Eine nicht genehmigungspflichtige Nebentätigkeit ist ganz oder teilweise zu untersagen, wenn der Beamte bei ihrer Ausübung dienstliche Pflichten verletzt. Der Beamte ist insoweit auf Verlangen der Dienstbehörde verpflichtet, über Art und Umfang der Nebentätigkeit Auskunft zu geben. § 52 des Hochschulrahmengesetzes bleibt unberührt.

(2) Die Genehmigung ist zu versagen, wenn zu besorgen ist, daß durch die Nebentätigkeit dienstliche Interessen beeinträchtigt werden. Ein solcher Versagungsgrund liegt insbesondere vor, wenn die Nebentätigkeit

1. nach Art und Umfang die Arbeitskraft des Beamten so stark in Anspruch nimmt, daß die ordnungsgemäße Erfüllung seiner dienstlichen Pflichten behindert werden kann,
2. den Beamten in einen Widerstreit mit seinen dienstlichen Pflichten bringen kann,
3. in einer Angelegenheit ausgeübt wird, in der die Behörde, der der Beamte angehört, tätig wird oder tätig werden kann,
4. die Unparteilichkeit oder Unbefangenheit des Beamten beeinflussen kann,
5. zu einer wesentlichen Einschränkung der künftigen dienstlichen Verwendbarkeit des Beamten führen kann,
6. dem Ansehen der öffentlichen Verwaltung abträglich sein kann.

Die Voraussetzung des Satzes 2 Nr. 1 gilt in der Regel als erfüllt, wenn die zeitliche Beanspruchung durch eine oder mehrere Nebentätigkeiten in der Woche ein Fünftel der regelmäßigen wöchentlichen Arbeitszeit überschreitet. Ergibt sich eine Beeinträchtigung dienstlicher Interessen nach Erteilung der Genehmigung, so ist diese zu widerrufen.

(3) Nebentätigkeiten, die der Beamte nicht auf Verlangen, Vorschlag oder Veranlassung seines Dienstvorgesetzten übernommen hat oder bei denen der Dienstvorgesetzte ein dienstliches Interesse an der Übernahme der Nebentätigkeit durch den Beamten nicht anerkannt hat, darf er nur außerhalb der Arbeitszeit ausüben. Ausnahmen dürfen nur in besonders begründeten Fällen, insbesondere im öffentlichen Interesse, zugelassen werden, wenn dienstliche Gründe nicht entgegenstehen und die versäumte Arbeitszeit nachgeleistet wird.

(4) Der Beamte darf bei der Ausübung von Nebentätigkeiten Einrichtungen, Personal oder Material des Dienstherrn nur bei Vorliegen eines öffentlichen oder wissenschaftlichen Interesses mit dessen Genehmigung und gegen Entrichtung eines angemessenen Entgelts in Anspruch nehmen. Das Entgelt hat sich nach den dem Dienstherrn entstehenden Kosten zu richten und muß den besonderen Vorteil berücksichtigen, der dem Beamten durch die Inanspruchnahme entsteht.

(5) Anträge auf Erteilung einer Genehmigung (Absatz 1 Satz 1) oder auf Zulassung einer Ausnahme (Absatz 3 Satz 2) und Entscheidungen über diese Anträge, das Verlangen auf Übernahme einer Nebentätigkeit sowie die Auskunftserteilung nach Absatz 1 Satz 5 bedürfen der Schriftform. Der Beamte hat die für die Entscheidung erforderlichen Nachweise über Art und Umfang der Nebentätigkeit zu führen. Das dienstliche Interesse (Absatz 3 Satz 1) ist aktenkundig zu machen.

§ 42a

(1) Ein Ruhestandsbeamter oder früherer Beamter mit Versorgungsbezügen, der nach Beendigung des Beamtenverhältnisses innerhalb eines Zeitraums von fünf Jahren oder, wenn der Beamte mit dem Ende des Monats in den Ruhestand tritt, in dem er das fünfundsechzigste Lebensjahr vollendet, innerhalb eines Zeitraums von drei Jahren außerhalb des öffentlichen Dienstes eine Beschäftigung oder Erwerbstätigkeit aufnimmt, die mit seiner dienstlichen Tätigkeit in den letzten fünf Jahren vor Beendigung des Beamtenverhältnisses im Zusammenhang steht und durch die dienstliche Interessen beeinträchtigt werden können, hat die Beschäftigung oder Erwerbstätigkeit der letzten obersten Dienstbehörde anzuzeigen.

(2) Die Beschäftigung oder Erwerbstätigkeit ist zu untersagen, wenn zu besorgen ist, daß durch sie dienstliche Interessen beeinträchtigt werden.

(3) Das Verbot wird durch die letzte oberste Dienstbehörde ausgesprochen; es endet spätestens mit Ablauf von fünf Jahren nach Beendigung des Beamtenverhältnisses. Die oberste Dienstbehörde kann ihre Befugnisse auf nachgeordnete Behörden übertragen.

§ 43

Der Beamte darf, auch nach Beendigung des Beamtenverhältnisses, Belohnungen oder Geschenke in bezug auf sein Amt nur mit Zustimmung seines gegenwärtigen oder letzten Dienstherrn annehmen.

§ 44

Der Beamte ist verpflichtet, ohne Vergütung über die regelmäßige Arbeitszeit hinaus Dienst zu tun, wenn zwingende dienstliche Verhältnisse es erfordern. Wird er durch eine dienstlich angeordnete oder genehmigte Mehrarbeit mehr als fünf Stunden im Monat über die regelmäßige Arbeitszeit hinaus beansprucht, so ist ihm innerhalb von drei Monaten für die über die regelmäßige Arbeitszeit hinaus geleistete Mehrarbeit entsprechende Dienstbefreiung zu gewähren. Durch Gesetz kann bestimmt werden, daß an ihrer Stelle Beamte in Besoldungsgruppen mit aufsteigenden Gehältern für einen Zeitraum bis zu vierzig Stunden im Monat eine Vergütung erhalten, wenn die Dienstbefreiung aus zwingenden dienstlichen Gründen nicht möglich ist. In einer durch andere Maßnahmen nicht zu beseitigenden Ausnahmesituation im Zusammenhang mit der Vereinigung der beiden deutschen Staaten kann mit Zustimmung der obersten Dienstbehörde und des Ministers (Senators) der Finanzen in den Fällen des Satzes 3 darüber hinaus Mehrarbeitsvergütung für eine Tätigkeit außerhalb des Beitrittsgebiets wie folgt gezahlt werden:

Vom 1. Januar 1991 bis 31. Dezember 1991
bis höchstens 80 Stunden im Monat,

vom 1. Januar 1992 bis 31. Dezember 1992
bis höchstens 70 Stunden im Monat,

vom 1. Januar 1993 bis 31. Dezember 1993
bis höchstens 60 Stunden im Monat,

vom 1. Januar 1994 bis 31. Dezember 1994
bis höchstens 50 Stunden im Monat.

§ 44a

(1) Durch Gesetz kann bestimmt werden, daß Beamten mit Dienstbezügen in Bereichen, in denen wegen der Arbeitsmarktsituation ein außergewöhnlicher Bewerberüberhang besteht und deshalb ein dringendes öffentliches Interesse daran gegeben ist, verstärkt Bewerber im öffentlichen Dienst zu beschäftigen,

1. auf Antrag Teilzeitbeschäftigung bis zur Hälfte der regelmäßigen Arbeitszeit bis zur Dauer von insgesamt 15 Jahren,

2. nach Vollendung des fünfundfünfzigsten Lebensjahres auf Antrag, der sich auf die Zeit bis zum Beginn des Ruhestandes erstrecken muß, Teilzeitbeschäftigung bis zur Hälfte der regelmäßigen Arbeitszeit,
3. auf Antrag Urlaub ohne Dienstbezüge bis zur Dauer von insgesamt sechs Jahren,
4. nach einer Vollzeitbeschäftigung im öffentlichen Dienst von mindestens 20 Jahren oder einer Vollzeitbeschäftigung und Teilzeitbeschäftigung, die insgesamt dem Umfang einer Vollzeitbeschäftigung von 20 Jahren entsprechen, und nach Vollendung des fünfundfünfzigsten Lebensjahres auf Antrag, der sich auf die Zeit bis zum Beginn des Ruhestandes erstrecken muß, Urlaub ohne Dienstbezüge

bewilligt werden kann, wenn dienstliche Belange nicht entgegenstehen. Abweichend von Satz 1 Nr. 1 kann bis zu einer Dauer von insgesamt 20 Jahren Teilzeitbeschäftigung bewilligt werden, wenn während des Bewilligungszeitraumes durchschnittlich drei Viertel der regelmäßigen Arbeitszeit nicht unterschritten werden.

(2) Dem Antrag nach Absatz 1 darf nur entsprochen werden, wenn der Beamte erklärt, während der Dauer des Bewilligungszeitraumes auf die Ausübung entgeltlicher Nebentätigkeiten zu verzichten und entgeltliche Tätigkeiten nach § 42 Abs. 1 Satz 3 nur in dem Umfang auszuüben, wie er sie bei Vollzeitbeschäftigung ohne Verletzung dienstlicher Pflichten ausüben könnte. Wird diese Verpflichtung schuldhaft verletzt, ist die Bewilligung zu widerrufen. Die zuständige Dienstbehörde darf trotz der Erklärung des Beamten nach Satz 1 Nebentätigkeiten genehmigen, soweit sie dem Zweck der Bewilligung der Teilzeitbeschäftigung oder des Urlaubs nicht zuwiderlaufen. Eine Änderung des Umfangs der Teilzeitbeschäftigung oder ein Übergang zur Vollzeitbeschäftigung oder zur Teilzeitbeschäftigung während der Dauer des Bewilligungszeitraumes ist nur mit Zustimmung der zuständigen Behörde zulässig. Die zuständige Dienstbehörde kann in besonderen Härtefällen eine Rückkehr aus dem Urlaub zulassen, wenn dem Beamten die Fortsetzung des Urlaubs nicht zugemutet werden kann.

(3) Teilzeitbeschäftigung und Urlaub nach Absatz 1 Satz 1 Nr. 1, 3 und 4 dürfen zusammen eine Dauer von 15 Jahren nicht überschreiten. Urlaub allein darf eine Dauer von zwölf Jahren nicht überschreiten. Teilzeitbeschäftigung im Sinne des Absatzes 1 Satz 2 und Urlaub nach Absatz 1 Satz 1 Nr. 3 und 4 dürfen zusammen eine Dauer von 20 Jahren nicht überschreiten. Bei Beamten im Schul- und Hochschuldienst kann der Bewilligungszeitraum bis zum Ende des laufenden Schulhalbjahres oder Semesters ausgedehnt werden.

(4) Teilzeitbeschäftigung und Urlaub nach Absatz 1 Satz 1 Nr. 1, 3 und 4 sowie Teilzeitbeschäftigung nach § 44b oder Teilzeitbeschäftigung nach Absatz 1 Satz 1 Nr. 1 sowie Teilzeitbeschäftigung nach § 44b dürfen zusammen die Dauer von 15 Jahren nicht überschreiten. Bei Teilzeitbeschäftigung im Sinne des Absatzes 1 Satz 2 oder

im Sinne des § 44b Abs. 1 Satz 2 gilt Satz 1 mit der Maßgabe, daß an die Stelle der Dauer von 15 Jahren die Dauer von 20 Jahren tritt. Urlaub nach Absatz 1 Satz 1 Nr. 3 und 4 sowie Urlaub nach § 48a dürfen zusammen eine Dauer von zwölf Jahren nicht überschreiten. Absatz 3 Satz 4 gilt entsprechend.

(5) Abweichend von den Voraussetzungen des Absatzes 1 kann Beamten mit Dienstbezügen nach einer Teilzeitbeschäftigung im öffentlichen Dienst von mindestens 15 Jahren und nach Vollendung des fünfzigsten Lebensjahres auf Antrag Teilzeitbeschäftigung bis zur Hälfte der regelmäßigen Arbeitszeit bewilligt werden, wenn die Höchstdauer der Teilzeitbeschäftigung nach den Absätzen 3 und 4 oder § 44b Abs. 1 erreicht ist, die Voraussetzungen des § 48a nicht vorliegen und es dem Beamten nicht mehr zuzumuten ist, zur Vollzeitbeschäftigung zurückzukehren.

§ 44b

(1) Durch Gesetz kann bestimmt werden, daß in Bereichen, in denen auf Grund der Arbeitsmarktsituation ein außergewöhnlicher Bewerbermangel besteht und deshalb zur Aufrechterhaltung der Funktionsfähigkeit der öffentlichen Verwaltung ein dringendes Bedürfnis zur Gewinnung von Teilzeitkräften gegeben ist, Beamten mit Dienstbezügen auf Antrag Teilzeitbeschäftigung bis zur Hälfte der regelmäßigen Arbeitszeit bis zur Dauer von insgesamt 15 Jahren bewilligt werden kann. § 44a Abs. 1 Satz 2 gilt entsprechend.

(2) Für die Übernahme von Nebentätigkeiten gilt § 42. § 42 Abs. 2 Satz 3 gilt mit der Maßgabe, daß von der regelmäßigen wöchentlichen Arbeitszeit ohne Rücksicht auf die Bewilligung von Teilzeitbeschäftigung auszugehen ist.

(3) § 44a Abs. 2 Satz 4 gilt entsprechend.

(4) Teilzeitbeschäftigung nach Absatz 1 Satz 1 sowie Teilzeitbeschäftigung und Urlaub nach § 44a Abs. 1 Satz 1 Nr. 1, 3 und 4 dürfen zusammen die Dauer von 15 Jahren nicht überschreiten. Bei Teilzeitbeschäftigung im Sinne des Absatzes 1 Satz 2 oder im Sinne des § 44a Abs. 1 Satz 2 gilt Satz 1 mit der Maßgabe, daß an die Stelle der Dauer von 15 Jahren die Dauer von 20 Jahren tritt.

§ 44c

Wird eine Reduzierung der Arbeitszeit oder eine langfristige Beurlaubung beantragt, sind die Dienstkräfte auf die Folgen reduzierter Arbeitszeit oder langfristiger Beurlaubungen hinzuweisen, insbesondere auf die Folgen für Ansprüche auf Grund beamtenrechtlicher Regelungen.

2. Titel
Folgen der Nichterfüllung von Pflichten

§ 45

(1) Der Beamte begeht ein Dienstvergehen, wenn er schuldhaft die ihm obliegenden Pflichten verletzt. Ein Verhalten des Beamten außerhalb des Dienstes ist ein Dienstvergehen, wenn es nach den Umständen des Einzelfalles in besonderem Maße geeignet ist, Achtung und Vertrauen in einer für sein Amt oder das Ansehen des Beamtentums bedeutsamen Weise zu beeinträchtigen.

(2) Bei einem Ruhestandsbeamten oder früheren Beamten mit Versorgungsbezügen gilt es als Dienstvergehen, wenn er sich gegen die freiheitliche demokratische Grundordnung im Sinne des Grundgesetzes betätigt oder an Bestrebungen teilnimmt, die darauf abzielen, den Bestand oder die Sicherheit der Bundesrepublik zu beeinträchtigen, oder wenn er gegen die in § 26 Abs. 4 letzter Satz, § 39 Abs. 1 und Abs. 2 Satz 1, § 42a und § 43 bestimmten Pflichten verstößt. Im übrigen ist durch Gesetz zu bestimmen, welche Handlungen bei einem Ruhestandsbeamten oder früheren Beamten mit Versorgungsbezügen als Dienstvergehen gelten.

(3) Das Nähere über die Verfolgung von Dienstvergehen regeln die Disziplinargesetze.

§ 46

(1) Verletzt ein Beamter vorsätzlich oder grob fahrlässig die ihm obliegenden Pflichten, so hat er dem Dienstherrn, dessen Aufgaben er wahrgenommen hat, den daraus entstehenden Schaden zu ersetzen. Haben mehrere Beamte gemeinsam den Schaden verursacht, so haften sie als Gesamtschuldner.

(2) Ansprüche nach Absatz 1 verjähren in drei Jahren von dem Zeitpunkt an, in dem der Dienstherr von dem Schaden und der Person des Ersatzpflichtigen Kenntnis erlangt hat, ohne Rücksicht auf diese Kenntnis in zehn Jahren von der Begehung der Handlung an. Hat der Dienstherr einem Dritten Schadenersatz geleistet, so tritt an die Stelle des Zeitpunktes, in dem der Dienstherr von dem Schaden Kenntnis erlangt, der Zeitpunkt, in dem der Ersatzanspruch des Dritten diesem gegenüber vom Dienstherrn anerkannt oder dem Dienstherrn gegenüber rechtskräftig festgestellt wird.

(3) Leistet der Beamte dem Dienstherrn Ersatz und hat dieser einen Ersatzanspruch gegen einen Dritten, so geht der Ersatzanspruch auf den Beamten über.

§ 47

Durch Gesetz kann bestimmt werden, daß der Beamte seine Dienstbezüge verliert, solange er dem Dienst ohne Genehmigung schuldhaft fernbleibt.

3. Titel
Rechte des Beamten

§ 48

Der Dienstherr hat im Rahmen des Dienst- und Treueverhältnisses für das Wohl des Beamten und seiner Familie, auch für die Zeit nach Beendigung des Beamtenverhältnisses, zu sorgen. Er schützt ihn bei seiner amtlichen Tätigkeit und in seiner Stellung als Beamter.

§ 48a

(1) Einem Beamten mit Dienstbezügen ist auf Antrag, wenn zwingende dienstliche Belange nicht entgegenstehen,
1. die Arbeitszeit bis auf die Hälfte der regelmäßigen Arbeitszeit zu ermäßigen,
2. ein Urlaub ohne Dienstbezüge bis zur Dauer von drei Jahren mit der Möglichkeit der Verlängerung zu gewähren,

wenn er

a) mindestens ein Kind unter 18 Jahren oder

b) einen pflegebedürftigen sonstigen Angehörigen

tatsächlich betreut oder pflegt.

(2) Die Dauer des Urlaubs im Sinne des Absatzes 1 darf auch in Verbindung mit Urlaub nach § 44a Abs. 1 zwölf Jahre nicht überschreiten. § 44a Abs. 2 Satz 4 und 5 sowie Abs. 3 Satz 4 gilt entsprechend.

(3) § 44a Abs. 3 Satz 4 gilt auch beim Wegfall der tatbestandlichen Voraussetzungen des Absatzes 1 entsprechend.

(4) § 44c gilt entsprechend.

§ 49 Benachteiligungsverbot bei ermäßigter Arbeitszeit

Die Ermäßigung der Arbeitszeit nach den §§ 44a und 48a darf das berufliche Fortkommen nicht beeinträchtigen; eine unterschiedliche Behandlung von Beamten mit ermäßigter Arbeitszeit gegenüber Beamten mit regelmäßiger Arbeitszeit ist nur zulässig, wenn zwingende sachliche Gründe sie rechtfertigen.

§ 49a (weggefallen)

§ 50

(1) Die Dienst- und Versorgungsbezüge sowie die allgemeine Einreihung der Ämter in die Gruppen der Besoldungsordnungen sind gesetzlich zu regeln; sie können nur durch Gesetz geändert werden.

(2) Zusicherungen, Vereinbarungen und Vergleiche, die dem Beamten eine höhere als nach dem Besoldungsrecht zulässige Besoldung

oder eine über dieses Gesetz hinausgehende Versorgung verschaffen sollen, sind unwirksam. Das gleiche gilt für Versicherungsverträge, die zu diesem Zweck abgeschlossen werden.

§ 51

(1) Ansprüche auf Dienst- oder Versorgungsbezüge können, wenn bundesgesetzlich nichts anderes bestimmt ist, nur insoweit abgetreten oder verpfändet werden, als sie der Pfändung unterliegen.

(2) Der Dienstherr kann ein Aufrechnungs- oder Zurückbehaltungsrecht gegenüber Ansprüchen auf Dienst- oder Versorgungsbezüge nur insoweit geltend machen, als sie pfändbar sind. Diese Einschränkung gilt nicht, soweit gegen den Empfänger ein Anspruch auf Schadenersatz wegen vorsätzlicher unerlaubter Handlung besteht.

§ 52

Wird ein Beamter oder Versorgungsberechtigter oder einer ihrer Angehörigen körperlich verletzt oder getötet, so geht ein gesetzlicher Schadenersatzanspruch, der diesen Personen infolge der Körperverletzung oder der Tötung gegen einen Dritten zusteht, insoweit auf den Dienstherrn über, als dieser während einer auf der Körperverletzung beruhenden Aufhebung der Dienstfähigkeit oder infolge der Körperverletzung oder der Tötung zur Gewährung von Leistungen verpflichtet ist. Ist eine Versorgungskasse zur Gewährung der Versorgung verpflichtet, so geht der Anspruch auf sie über. Der Übergang des Anspruchs kann nicht zum Nachteil des Verletzten oder der Hinterbliebenen geltend gemacht werden.

§ 53

(1) Werden Beamte oder Versorgungsberechtigte durch eine auf § 50 Abs. 1 beruhende Änderung ihrer Bezüge oder ihrer Einreihung in die Gruppen der Besoldungsordnungen mit rückwirkender Kraft schlechter gestellt, so sind die Unterschiedsbeträge nicht zu erstatten.

(2) Im übrigen regelt sich die Rückforderung zuviel gezahlter Dienst- oder Versorgungsbezüge nach den Vorschriften des Bürgerlichen Gesetzbuches über die Herausgabe einer ungerechtfertigten Bereicherung. Der Kenntnis des Mangels des rechtlichen Grundes der Zahlung steht es gleich, wenn der Mangel so offensichtlich war, daß der Empfänger ihn hätte erkennen müssen. Von der Rückforderung kann aus Billigkeitsgründen ganz oder teilweise abgesehen werden.

§ 54 (weggefallen)

§ 55

Dem Beamten steht alljährlich ein Erholungsurlaub unter Fortgewährung der Dienstbezüge zu.

§ 55a

(1) Rechtsvorschriften zum Jugendarbeitsschutzgesetz für Beamte unter 18 Jahren sind nach Maßgabe der folgenden Absätze zu erlassen.

(2) Bei der Festlegung der täglichen und wöchentlichen Arbeitszeit, der Freistellung an Berufsschultagen, der Regelung der Pausen, der Schichtzeit, der täglichen Freizeit, der Nachtruhe, der Fünf-Tage-Woche sowie der Samstags-, Sonntags- und Feiertagsruhe ist das besondere Schutzbedürfnis der Beamten unter 18 Jahren (jugendliche Beamte) zu berücksichtigen.

(3) Die Dauer des Erholungsurlaubs jugendlicher Beamter ist unter Berücksichtigung ihres Alters und ihres besonderen Erholungsbedürfnisses zu regeln.

(4) Jugendliche Beamte dürfen nicht mit Dienstgeschäften beauftragt werden, bei denen Leben, Gesundheit oder die körperliche oder seelisch-geistige Entwicklung gefährdet werden. Dies gilt nicht für die Beschäftigung jugendlicher Beamter über 16 Jahre, soweit dies zur Erreichung ihres Ausbildungszieles erforderlich ist und der Schutz der Jugendlichen durch die Aufsicht eines Fachkundigen sichergestellt ist. Die zuständige Dienstbehörde hat bei der Einrichtung und der Unterhaltung der Dienststellen einschließlich der Maschinen, Werkzeuge und Geräte und bei der Regelung der Beschäftigung die erforderlichen Vorkehrungen und Maßnahmen zum Schutze der Jugendlichen gegen Gefahren für Leben und Gesundheit sowie zur Vermeidung einer Beeinträchtigung der körperlichen oder seelisch-geistigen Entwicklung zu treffen.

(5) Es sind ärztliche Untersuchungen (Erstuntersuchungen und Nachuntersuchungen) vorzusehen, die sich auf den Gesundheits- und Entwicklungsstand, die körperliche Beschaffenheit und auf die Auswirkungen der Berufsarbeit auf die Gesundheit oder Entwicklung des jugendlichen Beamten erstrecken.

(6) Soweit die Eigenart des Polizeivollzugsdienstes und die Belange der inneren Sicherheit es erfordern, können für jugendliche Polizeivollzugsbeamte Ausnahmen von den für jugendliche Beamte geltenden Vorschriften des Jugendarbeitsschutzgesetzes bestimmt werden.

§ 56

(1) Über jeden Beamten ist eine Personalakte zu führen; sie ist vertraulich zu behandeln und vor unbefugter Einsicht zu schützen. Zur Personalakte gehören alle Unterlagen einschließlich der in Dateien gespeicherten, die den Beamten betreffen, soweit sie mit seinem

Dienstverhältnis in einem unmittelbaren inneren Zusammenhang stehen (Personalaktendaten); andere Unterlagen dürfen in die Personalakte nicht aufgenommen werden. Personalaktendaten dürfen nur für Zwecke der Personalverwaltung oder Personalwirtschaft verwendet werden, es sei denn, der Beamte willigt in die anderweitige Verwendung ein. Nicht Bestandteil der Personalakte sind Unterlagen, die besonderen, von der Person und dem Dienstverhältnis sachlich zu trennenden Zwecken dienen, insbesondere Prüfungs-, Sicherheits- und Kindergeldakten. Kindergeldakten können mit Besoldungs- und Versorgungsakten verbunden geführt werden, wenn diese von der übrigen Personalakte getrennt sind und von einer von der Personalverwaltung getrennten Organisationseinheit bearbeitet werden; § 35 des Ersten Buches Sozialgesetzbuch und die §§ 67 bis 78 des Zehnten Buches Sozialgesetzbuch bleiben unberührt.

(2) Die Personalakte kann nach sachlichen Gesichtspunkten in Grundakte und Teilakten gegliedert werden. Teilakten können bei der für den betreffenden Aufgabenbereich zuständigen Behörde geführt werden. Nebenakten (Unterlagen, die sich auch in der Grundakte oder in Teilakten befinden) dürfen nur geführt werden, wenn die personalverwaltende Behörde nicht zugleich Beschäftigungsbehörde ist oder wenn mehrere personalverwaltende Behörden für den Beamten zuständig sind; sie dürfen nur solche Unterlagen enthalten, deren Kenntnis zur rechtmäßigen Aufgabenerledigung der betreffenden Behörde erforderlich ist. In die Grundakte ist ein vollständiges Verzeichnis aller Teil- und Nebenakten aufzunehmen.

(3) Zugang zur Personalakte dürfen nur Beschäftigte haben, die im Rahmen der Personalverwaltung mit der Bearbeitung von Personalangelegenheiten beauftragt sind, und nur soweit dies zu Zwecken der Personalverwaltung oder der Personalwirtschaft erforderlich ist; dies gilt auch für den Zugang im automatisierten Abrufverfahren.

(4) Der Dienstherr darf personenbezogene Daten über Bewerber, Beamte und ehemalige Beamte nur erheben, soweit dies zur Begründung, Durchführung, Beendigung oder Abwicklung des Dienstverhältnisses oder zur Durchführung organisatorischer, personeller und sozialer Maßnahmen, insbesondere auch zu Zwecken der Personalplanung und des Personaleinsatzes, erforderlich ist oder eine Rechtsvorschrift dies erlaubt. Fragebogen, mit denen solche personenbezogenen Daten erhoben werden, bedürfen vom 1. Januar 1994 an der Genehmigung durch die zuständige oberste Dienstbehörde.

§ 56a

Unterlagen über Beihilfen sind stets als Teilakte zu führen. Diese ist von der übrigen Personalakte getrennt aufzubewahren. Sie soll in einer von der übrigen Personalverwaltung getrennten Organisationseinheit bearbeitet werden; Zugang sollen nur Beschäftigte dieser Organisationseinheit haben. Die Beihilfeakte darf für andere als für

Beihilfezwecke nur verwendet oder weitergegeben werden, wenn der Beihilfeberechtigte und der bei der Beihilfegewährung berücksichtigte Angehörige im Einzelfall einwilligen, die Einleitung oder Durchführung eines im Zusammenhang mit einem Beihilfeantrag stehenden behördlichen oder gerichtlichen Verfahrens dies erfordert oder soweit es zur Abwehr erheblicher Nachteile für das Gemeinwohl, einer sonst unmittelbar drohenden Gefahr für die öffentliche Sicherheit oder einer schwerwiegenden Beeinträchtigung der Rechte einer anderen Person erforderlich ist. Die Sätze 1 bis 4 gelten entsprechend für Unterlagen über Heilfürsorge und Heilverfahren.

§ 56b

Der Beamte ist zu Beschwerden, Behauptungen und Bewertungen, die für ihn ungünstig sind oder ihm nachteilig werden können, vor deren Aufnahme in die Personalakte zu hören, soweit die Anhörung nicht nach anderen Rechtsvorschriften erfolgt. Die Äußerung des Beamten ist zur Personalakte zu nehmen.

§ 56c

(1) Der Beamte hat, auch nach Beendigung des Beamtenverhältnisses, ein Recht auf Einsicht in seine vollständige Personalakte.

(2) Einem Bevollmächtigten des Beamten ist Einsicht zu gewähren, soweit dienstliche Gründe nicht entgegenstehen. Dies gilt auch für Hinterbliebene, wenn ein berechtigtes Interesse glaubhaft gemacht wird, und deren Bevollmächtigte. Für Auskünfte aus der Personalakte gelten die Sätze 1 und 2 entsprechend.

(3) Die personalaktenführende Behörde bestimmt, wo die Einsicht gewährt wird. Soweit dienstliche Gründe nicht entgegenstehen, können Auszüge, Abschriften, Ablichtungen oder Ausdrucke gefertigt werden; dem Beamten ist auf Verlangen ein Ausdruck der zu seiner Person automatisiert gespeicherten Personalaktendaten zu überlassen.

(4) Der Beamte hat ein Recht auf Einsicht auch in andere Akten, die personenbezogene Daten über ihn enthalten und für sein Dienstverhältnis verarbeitet oder genutzt werden, soweit gesetzlich nichts anderes bestimmt ist; dies gilt nicht für Sicherheitsakten. Die Einsichtnahme ist unzulässig, wenn die Daten des Betroffenen mit Daten Dritter oder geheimhaltungsbedürftigen nicht-personenbezogenen Daten derart verbunden sind, daß ihre Trennung nicht oder nur mit unverhältnismäßig großem Aufwand möglich ist. In diesem Fall ist dem Beamten Auskunft zu erteilen.

§ 56d

(1) Ohne Einwilligung des Beamten ist es zulässig, die Personalakte für Zwecke der Personalverwaltung oder Personalwirtschaft der

obersten Dienstbehörde oder einer im Rahmen der Dienstaufsicht weisungsbefugten Behörde vorzulegen. Das gleiche gilt für Behörden desselben Geschäftsbereichs, soweit die Vorlage zur Vorbereitung oder Durchführung einer Personalentscheidung notwendig ist, sowie für Behörden eines anderen Geschäftsbereichs desselben Dienstherrn, soweit diese an einer Personalentscheidung mitzuwirken haben. Ärzten, die im Auftrag der personalverwaltenden Behörde ein medizinisches Gutachten erstellen, darf die Personalakte ebenfalls ohne Einwilligung vorgelegt werden. Für Auskünfte aus der Personalakte gelten die Sätze 1 bis 3 entsprechend. Soweit eine Auskunft ausreicht, ist von einer Vorlage abzusehen.

(2) Auskünfte an Dritte dürfen nur mit Einwilligung des Beamten erteilt werden, es sei denn, daß die Abwehr einer erheblichen Beeinträchtigung des Gemeinwohls oder der Schutz berechtigter, höherrangiger Interessen des Dritten die Auskunftserteilung zwingend erfordert. Inhalt und Empfänger der Auskunft sind dem Beamten schriftlich mitzuteilen.

(3) Vorlage und Auskunft sind auf den jeweils erforderlichen Umfang zu beschränken.

§ 56e

(1) Unterlagen über Beschwerden, Behauptungen und Bewertungen, auf die die Tilgungsvorschriften des Disziplinarrechts keine Anwendung finden, sind

1. falls sie sich als unbegründet oder falsch erwiesen haben, mit Zustimmung des Beamten unverzüglich aus der Personalakte zu entfernen und zu vernichten,
2. falls sie für den Beamten ungünstig sind oder ihm nachteilig werden können, auf Antrag des Beamten nach drei Jahren zu entfernen und zu vernichten; dies gilt nicht für dienstliche Beurteilungen.

Die Frist nach Satz 1 Nr. 2 wird durch erneute Sachverhalte im Sinne dieser Vorschrift oder durch die Einleitung eines Straf- oder Disziplinarverfahrens unterbrochen. Stellt sich der erneute Vorwurf als unbegründet oder falsch heraus, gilt die Frist als nicht unterbrochen.

(2) Mitteilungen in Strafsachen, soweit sie nicht Bestandteil einer Disziplinarakte sind, sowie Auskünfte aus dem Bundeszentralregister sind mit Zustimmung des Beamten nach drei Jahren zu entfernen und zu vernichten. Absatz 1 Satz 2 und 3 gilt entsprechend.

§ 56f

(1) Personalaktendaten dürfen in Dateien nur für Zwecke der Personalverwaltung oder der Personalwirtschaft verarbeitet und genutzt werden. Ihre Übermittlung ist nur nach Maßgabe des § 56d zulässig. Ein automatisierter Datenabruf durch andere Behörden ist unzuläs-

sig, soweit durch besondere Rechtsvorschrift nichts anderes bestimmt ist.

(2) Personalaktendaten im Sinne des § 56a dürfen automatisiert nur im Rahmen ihrer Zweckbestimmung und nur von den übrigen Personaldateien technisch und organisatorisch getrennt verarbeitet und genutzt werden.

(3) Von den Unterlagen über medizinische oder psychologische Untersuchungen und Tests dürfen im Rahmen der Personalverwaltung nur die Ergebnisse automatisiert verarbeitet oder genutzt werden, soweit sie die Eignung betreffen und ihre Verarbeitung oder Nutzung dem Schutz des Beamten dient.

(4) Beamtenrechtliche Entscheidungen dürfen nicht ausschließlich auf Informationen und Erkenntnisse gestützt werden, die unmittelbar durch automatisierte Verarbeitung personenbezogener Daten gewonnen werden.

(5) Bei erstmaliger Speicherung ist dem Betroffenen die Art der über ihn gemäß Absatz 1 gespeicherten Daten mitzuteilen, bei wesentlichen Änderungen ist er zu benachrichtigen. Ferner sind die Verarbeitungs- und Nutzungsformen automatisierter Personalverwaltungsverfahren zu dokumentieren und einschließlich des jeweiligen Verwendungszweckes sowie der regelmäßigen Empfänger und des Inhalts automatisierter Datenübermittlung allgemein bekanntzugeben.

§ 57

Die Beamten haben das Recht, sich in Gewerkschaften oder Berufsverbänden zusammenzuschließen. Sie können ihre Gewerkschaften oder Berufsverbände mit ihrer Vertretung beauftragen, soweit gesetzlich nichts anderes bestimmt ist. Der Beamte darf wegen Betätigung für seine Gewerkschaft oder seinen Berufsverband nicht dienstlich gemaßregelt oder benachteiligt werden.

§ 58

Bei der Vorbereitung gesetzlicher Regelungen der beamtenrechtlichen Verhältnisse durch die obersten Landesbehörden sind die Spitzenorganisationen der zuständigen Gewerkschaften und Berufsverbände zu beteiligen.

4. Titel
Schutz der rechtlichen Stellung

§ 59

Die rechtliche Stellung des Beamten kann unter anderen Voraussetzungen oder in anderen Formen als denen, die in diesem Gesetz bestimmt oder zugelassen sind, nicht verändert werden.

§ 60

Bei Anträgen und Beschwerden des Beamten darf der Beschwerdeweg zu seiner obersten Dienstbehörde nicht ausgeschlossen werden.

Abschnitt III
Personalwesen

§ 61

(1) Im Bereich eines jeden Landes ist eine unabhängige, an Weisungen nicht gebundene Stelle gesetzlich zu bestimmen. Sie hat in den in diesem Gesetz vorgesehenen Fällen Ausnahmen zuzulassen und die Befähigung von anderen Bewerbern (§ 16) festzustellen.

(2) Durch Gesetz oder auf Grund eines Gesetzes können der unabhängigen Stelle weitere Aufgaben zugewiesen werden.

§ 62

(1) Die Mitglieder der Stelle sind unabhängig und nur dem Gesetz unterworfen. Sie üben ihre Tätigkeit innerhalb dieser Schranken in eigener Verantwortung aus.

(2) Die Mitglieder dürfen wegen ihrer Tätigkeit dienstlich nicht gemaßregelt oder benachteiligt werden. Die Voraussetzungen, unter denen ihre Mitgliedschaft endet, sind gesetzlich zu regeln.

Abschnitt IV
(weggefallen)

Abschnitt V
Besondere Beamtengruppen

1. Titel
Beamte auf Zeit

§ 95

(1) Die Fälle und die Voraussetzungen der Ernennung von Beamten auf Zeit sind gesetzlich zu bestimmen. Durch Gesetz kann bestimmt werden, daß bei Beamten auf Zeit, bei denen die Verleihung des Amtes auf einer Wahl durch das Volk beruht, das Beamtenverhältnis anders als durch Ernennung begründet wird. Durch Gesetz kann

ferner bestimmt werden, daß § 25 auf die in Satz 2 bezeichneten Beamten keine Anwendung findet.

(2) Für Beamte auf Zeit gelten die Vorschriften für Beamte auf Lebenszeit entsprechend, soweit in diesem Gesetz nichts anderes bestimmt ist. Die Vorschriften dieses Gesetzes über die Laufbahnen und die Probezeit finden keine Anwendung.

(3) Durch Gesetz kann bestimmt werden, daß der Eintritt in den Ruhestand wegen Dienstunfähigkeit aus anderen als den in § 27 Abs. 1 genannten Gründen eine Wartezeit von mehr als fünf Jahren voraussetzt; sie darf zehn Jahre nicht übersteigen.

§ 96

(1) Durch Gesetz kann bestimmt werden, daß der Beamte auf Zeit mit Ablauf der Amtszeit in den Ruhestand tritt.

(2) Tritt der Beamte mit Ablauf der Amtszeit nicht in den Ruhestand, so ist er mit diesem Zeitpunkt entlassen, sofern er nicht im Anschluß an seine Amtszeit erneut in dasselbe Amt für eine weitere Amtszeit berufen wird.

(3) Die Leiter von Hochschulen und die hauptberuflichen Mitglieder von Leitungsgremien, die in dieser Eigenschaft zu Beamten auf Zeit ernannt sind, treten nach Ablauf ihrer Amtszeit oder mit Erreichen der Altersgrenze nur dann in den Ruhestand, wenn sie eine Dienstzeit von mindestens zehn Jahren in einem Beamtenverhältnis mit Dienstbezügen zurückgelegt haben oder aus einem Beamtenverhältnis auf Lebenszeit zu Beamten auf Zeit ernannt worden waren.

§ 97

Durch Gesetz kann bestimmt werden, daß der Beamte auf Zeit zu entlassen ist, wenn er einer gesetzlichen Verpflichtung, auf Verlangen des Dienstherrn das Amt nach Ablauf der Amtszeit weiterzuführen, nicht nachkommt.

§ 98

Durch Gesetz kann bestimmt werden, daß ein Beamter auf Zeit mit seiner Ernennung aus einem anderen Beamtenverhältnis zu demselben Dienstherrn entlassen ist. Durch Gesetz kann ferner bestimmt werden, daß der einstweilige Ruhestand eines Beamten auf Zeit endet, wenn die Amtszeit abgelaufen ist.

2. Titel
Polizeivollzugsbeamte

§ 99

(1) Auf Polizeivollzugsbeamte finden die für Beamte allgemein geltenden Vorschriften Anwendung, soweit nachfolgend nichts anderes bestimmt ist.

(2) Welche Beamtengruppen zum Polizeivollzugsdienst gehören, ist durch Rechtsvorschrift zu bestimmen.

§ 100

Die Laufbahnen der Polizeivollzugsbeamten können abweichend von den Vorschriften der §§ 11 bis 15 geregelt werden.

§ 101

(1) Der Polizeivollzugsbeamte ist dienstunfähig (§ 26 Abs. 1), wenn er den besonderen gesundheitlichen Anforderungen für den Polizeivollzugsdienst nicht mehr genügt und nicht zu erwarten ist, daß er seine volle Verwendungsfähigkeit innerhalb zweier Jahre wiedererlangt (Polizeidienstunfähigkeit).

(2) Die Polizeidienstunfähigkeit wird auf Grund des Gutachtens eines Amtsarztes oder eines beamteten Arztes festgestellt.

(3) (weggefallen)

§ 102

Durch Gesetz kann bestimmt werden, daß der Polizeivollzugsbeamte ohne seine Zustimmung in ein anderes Amt des Polizeivollzugsdienstes, auch bei einem anderen Dienstherrn, versetzt werden kann, wenn die sonstigen Voraussetzungen des § 18 erfüllt sind.

§§ 103, 103a, 104 (weggefallen)

3. Titel
Beamtete Professoren, Hochschuldozenten, Oberassistenten, Oberingenieure, wissenschaftliche und künstlerische Assistenten

§ 105

Für beamtete Professoren, Hochschuldozenten, Oberassistenten, Oberingenieure, wissenschaftliche und künstlerische Assistenten gelten die Vorschriften dieses Gesetzes, soweit nicht das Hochschulrahmengesetz etwas anderes bestimmt.

§§ 106–114 (weggefallen)

4. Titel
Ehrenbeamte

§ 115

(1) Die Rechtsverhältnisse der Ehrenbeamten können durch Gesetz abweichend von den für Beamte allgemein geltenden Vorschriften

dieses Kapitels geregelt werden, soweit es die besondere Rechtsstellung der Ehrenbeamten erfordert.

(2) Ehrenbeamte dürfen keine Dienstbezüge und keine Versorgung erhalten. § 68 des Beamtenversorgungsgesetzes bleibt unberührt.

(3) Ein Ehrenbeamtenverhältnis kann nicht in ein Beamtenverhältnis anderer Art, ein solches Beamtenverhältnis nicht in ein Ehrenbeamtenverhältnis umgewandelt werden.

Abschnitt VI
Sonstige Vorschriften

§ 116

Durch Gesetz kann bestimmt werden, daß mit der Berufung in das Beamtenverhältnis ein privatrechtliches Arbeitsverhältnis zum Dienstherrn erlischt.

§ 117

Eine Amtsbezeichnung, die herkömmlich für ein Amt verwendet wird, das eine bestimmte Befähigung voraussetzt und einen bestimmten Aufgabenkreis umfaßt, darf nur einem Beamten verliehen werden, der ein solches Amt bekleidet.

§ 118

Für das Land Berlin bleibt die Regelung in § 64 Abs. 1 Nr. 2 des Landesbeamtengesetzes in der Fassung der Bekanntmachung vom 1. Januar 1972 (Gesetz- und Verordnungsblatt für Berlin S. 287) unberührt.

§ 119 (weggefallen)

§ 120 (weggefallen)

KAPITEL II
Vorschriften, die einheitlich und unmittelbar gelten

Abschnitt I
Allgemeines

§ 121

Das Recht, Beamte zu haben, besitzen außer dem Bund

1. die Länder, die Gemeinden und die Gemeindeverbände,
2. sonstige Körperschaften, Anstalten und Stiftungen des öffentlichen Rechts, die dieses Recht im Zeitpunkt des Inkrafttretens

dieses Gesetzes besitzen oder denen es nach diesem Zeitpunkt durch Gesetz, Rechtsverordnung oder Satzung verliehen wird; derartige Satzungen bedürfen der Genehmigung durch eine gesetzlich hierzu ermächtigte Stelle.

§ 122

(1) Die Zulassung zum Vorbereitungsdienst einer Laufbahn darf nicht deshalb abgelehnt werden, weil der Bewerber die für seine Laufbahn vorgeschriebene Vorbildung (§ 13) im Bereich eines anderen Dienstherrn erworben hat.

(2) Wer unter den Voraussetzungen der §§ 13, 14, 14a und 14b die Befähigung für seine Laufbahn erworben hat, besitzt die Befähigung für entsprechende Laufbahnen bei allen Dienstherren im Geltungsbereich dieses Gesetzes.

§ 123

(1) Der Beamte kann nach Maßgabe der §§ 17 und 18 auch über den Bereich des Bundes oder eines Landes hinaus zu einem anderen Dienstherrn im Geltungsbereich dieses Gesetzes abgeordnet oder versetzt werden.

(2) Die Abordnung oder Versetzung wird von dem abgebenden im Einverständnis mit dem aufnehmenden Dienstherrn verfügt; das Einverständnis ist schriftlich zu erklären. In der Verfügung ist zum Ausdruck zu bringen, daß das Einverständnis vorliegt.

§ 123a

(1) Dem Beamten kann im dienstlichen oder öffentlichen Interesse mit seiner Zustimmung vorübergehend eine seinem Amt entsprechende Tätigkeit bei einer öffentlichen Einrichtung außerhalb des Anwendungsbereichs dieses Gesetzes zugewiesen werden. Die Zuweisung einer Tätigkeit bei einer anderen Einrichtung ist zulässig, wenn dringende öffentliche Interessen dies erfordern; die Entscheidung trifft die oberste Dienstbehörde.

(2) Die Rechtsstellung des Beamten bleibt unberührt. Für Bezüge, die der Beamte aus der Verwendung nach Absatz 1 erhält, gilt § 9a Abs. 2 des Bundesbesoldungsgesetzes.

§ 124

§ 39 findet auch insoweit Anwendung, als seine Voraussetzungen über den Bereich des Bundes oder eines Landes hinaus gegeben sind.

§ 125

(1) Der Beamte ist entlassen, wenn er zum Berufssoldaten, zum Soldaten auf Zeit, zum berufsmäßigen Angehörigen oder zum Angehö-

rigen auf Zeit des Zivilschutzkorps ernannt wird. Der Berufssoldat oder der Soldat auf Zeit ist entlassen, wenn er zum Beamten, zum berufsmäßigen Angehörigen oder zum Angehörigen auf Zeit des Zivilschutzkorps ernannt wird. Der berufsmäßige Angehörige oder der Angehörige auf Zeit des Zivilschutzkorps ist entlassen, wenn er zum Beamten, zum Berufssoldaten oder zum Soldaten auf Zeit ernannt wird. Die Entlassung gilt als Entlassung auf eigenen Antrag.

(2) Absatz 1 Satz 2 und 3 gilt nicht, wenn ein Soldat auf Zeit oder ein Angehöriger auf Zeit des Zivilschutzkorps zum Beamten auf Widerruf im Vorbereitungsdienst oder zum Zwecke der Ausbildung zum Polizeivollzugsbeamten oder zum Beamten des Einsatzdienstes der Berufsfeuerwehr ernannt wird. Absatz 1 Satz 2 gilt ferner nicht, wenn ein Berufssoldat oder Soldat auf Zeit als Professor, Hochschuldozent, Oberassistent, Oberingenieur, wissenschaftlicher oder künstlerischer Assistent an einer nach Landesrecht staatlich anerkannten oder genehmigten Hochschule, deren Personal im Dienste des Bundes steht, in ein Beamtenverhältnis auf Zeit berufen wird. Absatz 1 Satz 2 gilt auch nicht, wenn ein Berufssoldat oder Soldat auf Zeit in ein Beamtenverhältnis als Ehrenbeamter berufen wird. In diesen Fällen gilt § 124 sinngemäß. Satz 1 und 4 sowie Absatz 1 Satz 4 gelten nicht für einen Soldaten auf Zeit, der Inhaber eines Eingliederungsscheines ist.

§ 125a

(1) Bewirbt sich ein Polizeivollzugsbeamter auf Widerruf oder früherer Polizeivollzugsbeamter auf Widerruf, der ein Dienstverhältnis von nicht mehr als drei Jahren eingegangen ist und mindestens zwei Jahre Vollzugsdienst im Bundesgrenzschutz geleistet hat, bis zum Ablauf von sechs Monaten nach Beendigung des Dienstverhältnisses als Polizeivollzugsbeamter auf Widerruf um Einstellung als Beamter und wird er in den Vorbereitungsdienst eingestellt, so darf nach Erwerb der Befähigung für die Laufbahn die Anstellung nicht über den Zeitpunkt hinausgeschoben werden, zu dem der Beamte ohne Ableisten eines Vollzugsdienstes bis zur Dauer des Grundwehrdienstes zur Anstellung herangestanden hätte. Das Ableisten der vorgeschriebenen Probezeit wird dadurch nicht berührt. Die Sätze 1 und 2 gelten für Beförderungen sinngemäß, sofern die dienstlichen Leistungen eine Beförderung während der Probezeit rechtfertigen.

(2) Beginnt ein früherer Polizeivollzugsbeamter auf Widerruf, der ein Dienstverhältnis von nicht mehr als drei Jahren eingegangen war und mindestens zwei Jahre Vollzugsdienst im Bundesgrenzschutz geleistet hat, im Anschluß an den Vollzugsdienst im Bundesgrenzschutz eine für den künftigen Beruf als Beamter oder Richter vorgeschriebene Ausbildung (Hochschul-, Fachschul- oder praktische Ausbildung) oder wird diese durch den Vollzugsdienst im Bundesgrenzschutz unterbrochen, so gilt Absatz 1 entsprechend, wenn er sich bis zum Ablauf von sechs Monaten nach Abschluß der Ausbildung um Einstellung als Beamter oder Richter bewirbt und auf-

grund dieser Bewerbung eingestellt wird. Dienstzeiten, die Voraussetzung für eine Beförderung sind, beginnen für den unter den Voraussetzungen des Satzes 1 eingestellten Richter mit dem Zeitpunkt, zu dem er ohne Ableisten eines Vollzugsdienstes bis zur Dauer des Grundwehrdienstes zur Ernennung auf Lebenszeit herangestanden hätte.

(3) Die Absätze 1 und 2 gelten entsprechend für einen früheren Polizeivollzugsbeamten auf Widerruf, dessen Ausbildung für ein späteres Beamtenverhältnis durch eine festgesetzte mehrjährige Tätigkeit im Arbeitsverhältnis an Stelle des sonst vorgeschriebenen Vorbereitungsdienstes durchgeführt wird.

§ 125b

(1) Haben sich die Anforderungen an die fachliche Eignung für die Einstellung in den öffentlichen Dienst in der Zeit erhöht, in der sich die Bewerbung einer Frau um Einstellung nur infolge der Geburt eines Kindes verzögert hat, und hat sie sich innerhalb von vierundzwanzig Monaten nach der Geburt dieses Kindes oder sechs Monate nach Erfüllung der ausbildungsmäßigen Einstellungsvoraussetzungen beworben, so ist der Grad ihrer fachlichen Eignung nach den Anforderungen zu prüfen, die zu einem Zeitpunkt bestanden haben, zu dem sie sich ohne die Geburt des Kindes hätte bewerben können. Führt die Prüfung zu dem Ergebnis, daß eine Frau ohne diese Verzögerung eingestellt worden wäre, kann sie vor anderen Bewerbern eingestellt werden. Die Zahl der Stellen, die diesen Frauen in einem Einstellungstermin vorbehalten werden kann, bestimmt sich nach dem zahlenmäßigen Verhältnis der Bewerber mit Verzögerung zu denjenigen, bei denen eine solche nicht vorliegt; Bruchteile von Stellen sind zugunsten der betroffenen Frauen aufzurunden. Für die Berechnung des Zeitraums der Verzögerung sind die Fristen nach § 4 Abs. 1 Satz 1 und 2 des Bundeserziehungsgeldgesetzes sowie nach § 3 Abs. 2 des Mutterschutzgesetzes zugrunde zu legen.

(2) Verzögert sich die Bewerbung um Einstellung nur wegen der tatsächlichen Pflege eines nach ärztlichem Gutachten pflegebedürftigen sonstigen nahen Angehörigen im Sinne des § 12 Abs. 2, gilt Absatz 1 einschließlich des berücksichtigungsfähigen Zeitraums der Pflege für die Pflegeperson entsprechend.

Abschnitt II
Rechtsweg

§ 126

(1) Für alle Klagen der Beamten, Ruhestandsbeamten, früheren Beamten und der Hinterbliebenen aus dem Beamtenverhältnis ist der Verwaltungsrechtsweg gegeben.

(2) Für Klagen des Dienstherrn gilt das gleiche.

(3) Für Klagen nach Absatz 1, einschließlich der Leistungs- und Feststellungsklagen, gelten die Vorschriften des 8. Abschnitts der Verwaltungsgerichtsordnung mit folgenden Maßgaben:

1. Eines Vorverfahrens bedarf es auch dann, wenn der Verwaltungsakt von der obersten Dienstbehörde erlassen worden ist.
2. Den Widerspruchsbescheid erläßt die oberste Dienstbehörde. Sie kann die Entscheidungen für Fälle, in denen sie den Verwaltungsakt nicht selbst erlassen hat, durch allgemeine Anordnung auf andere Behörden übertragen; die Anordnung ist zu veröffentlichen.

§ 127

Für die Revision gegen das Urteil eines Oberverwaltungsgerichts über eine Klage aus dem Beamtenverhältnis gilt folgendes:

1. Die Revision ist außer in den Fällen des § 132 Abs. 2 der Verwaltungsgerichtsordnung zuzulassen, wenn das Urteil von der Entscheidung eines anderen Oberverwaltungsgerichts abweicht und auf dieser Abweichung beruht, solange eine Entscheidung des Bundesverwaltungsgerichts in der Rechtsfrage nicht ergangen ist.
2. Die Revision kann außer auf die Verletzung von Bundesrecht darauf gestützt werden, daß das angefochtene Urteil auf der Verletzung von Landesrecht beruhe.

Abschnitt III
Rechtsstellung der Beamten und Versorgungsempfänger bei der Umbildung von Körperschaften

§ 128

(1) Die Beamten einer Körperschaft, die vollständig in eine andere Körperschaft eingegliedert wird, treten mit der Umbildung kraft Gesetzes in den Dienst der aufnehmenden Körperschaft über.

(2) Die Beamten einer Körperschaft, die vollständig in mehrere andere Körperschaften eingegliedert wird, sind anteilig in den Dienst der aufnehmenden Körperschaften zu übernehmen. Die beteiligten Körperschaften haben innerhalb einer Frist von sechs Monaten nach dem Zeitpunkt, in dem die Umbildung vollzogen ist, im Einvernehmen miteinander zu bestimmen, von welchen Körperschaften die einzelnen Beamten zu übernehmen sind. Solange ein Beamter nicht übernommen ist, haften alle aufnehmenden Körperschaften für die ihm zustehenden Bezüge als Gesamtschuldner.

(3) Die Beamten einer Körperschaft, die teilweise in eine oder mehrere andere Körperschaften eingegliedert wird, sind zu einem ver-

hältnismäßigen Teil, bei mehreren Körperschaften anteilig, in den Dienst der aufnehmenden Körperschaft zu übernehmen. Absatz 2 Satz 2 findet Anwendung.

(4) Die Absätze 1 bis 3 gelten entsprechend, wenn eine Körperschaft mit einer oder mehreren anderen Körperschaften zu einer neuen Körperschaft zusammengeschlossen wird, wenn aus einer Körperschaft oder aus Teilen einer Körperschaft eine oder mehrere neue Körperschaften gebildet werden, oder wenn Aufgaben einer Körperschaft vollständig oder teilweise auf eine oder mehrere Körperschaften übergehen.

§ 129

(1) Tritt ein Beamter auf Grund des § 128 Abs. 1 kraft Gesetzes in den Dienst einer anderen Körperschaft über oder wird er auf Grund des § 128 Abs. 2 oder 3 von einer anderen Körperschaft übernommen, so gilt § 18 Abs. 2 Satz 2 entsprechend.

(2) Im Falle des § 128 Abs. 1 ist dem Beamten von der aufnehmenden oder neuen Körperschaft die Fortsetzung des Beamtenverhältnisses schriftlich zu bestätigen.

(3) In den Fällen des § 128 Abs. 2 und 3 wird die Übernahme von der Körperschaft verfügt, in deren Dienst der Beamte treten soll; die Verfügung wird mit der Zustellung an den Beamten wirksam. Der Beamte ist verpflichtet, der Übernahmeverfügung Folge zu leisten; kommt er der Verpflichtung nicht nach, so ist er zu entlassen.

(4) Die Absätze 1 bis 3 gelten entsprechend in den Fällen des § 128 Abs. 4.

§ 130

(1) Dem nach § 128 in den Dienst einer anderen Körperschaft kraft Gesetzes übergetretenen oder von ihr übernommenen Beamten soll ein seinem bisherigen Amt nach Bedeutung und Inhalt ohne Rücksicht auf Dienststellung und Dienstalter gleichzubewertendes Amt übertragen werden. Wenn eine dem bisherigen Amt entsprechende Verwendung nicht möglich ist, finden § 19 Satz 1 und § 23 Abs. 3 Nr. 3 entsprechende Anwendung. Bei Anwendung des § 19 darf der Beamte neben der neuen Amtsbezeichnung die des früheren Amtes mit dem Zusatz „außer Dienst" („a. D.") führen.

(2) Die aufnehmende oder neue Körperschaft kann, wenn die Zahl der bei ihr nach der Umbildung vorhandenen Beamten den tatsächlichen Bedarf übersteigt, innerhalb einer Frist von 6 Monaten die entbehrlichen Beamten auf Lebenszeit oder auf Zeit, deren Aufgabengebiet von der Umbildung berührt wurde, in den einstweiligen Ruhestand versetzen. Die Frist des Satzes 1 beginnt im Falle des § 128 Abs. 1 mit dem Übertritt, in den Fällen des § 128 Abs. 2 und 3 mit der Bestimmung derjenigen Beamten, zu deren Übernahme die

Körperschaft verpflichtet ist; Entsprechendes gilt in den Fällen des § 128 Abs. 4. § 20 Satz 3 findet Anwendung. Bei Beamten auf Zeit, die nach Satz 1 in den einstweiligen Ruhestand versetzt sind, endet der einstweilige Ruhestand mit Ablauf der Amtszeit; sie gelten in diesem Zeitpunkt als dauernd in den Ruhestand versetzt, wenn sie bei Verbleiben im Amt mit Ablauf der Amtszeit in den Ruhestand getreten wären.

§ 131

Ist innerhalb absehbarer Zeit mit einer Umbildung im Sinne des § 128 zu rechnen, so können die obersten Aufsichtsbehörden der beteiligten Körperschaften anordnen, daß Beamte, deren Aufgabengebiet von der Umbildung voraussichtlich berührt wird, nur mit ihrer Genehmigung ernannt werden dürfen. Die Anordnung darf höchstens für die Dauer eines Jahres ergehen. Sie ist den beteiligten Körperschaften zuzustellen. Die Genehmigung soll nur versagt werden, wenn durch derartige Ernennungen die Durchführung der nach den §§ 128 bis 130 erforderlichen Maßnahmen wesentlich erschwert würde.

§ 132

(1) Die Vorschriften des § 128 Abs. 1 und 2 und des § 129 gelten entsprechend für die im Zeitpunkt der Umbildung bei der abgebenden Körperschaft vorhandenen Versorgungsempfänger.

(2) In den Fällen des § 128 Abs. 3 bleiben die Ansprüche der im Zeitpunkt der Umbildung vorhandenen Versorgungsempfänger gegenüber der abgebenden Körperschaft bestehen.

(3) Die Absätze 1 und 2 gelten entsprechend in den Fällen des § 128 Abs. 4.

§ 133

Als Körperschaft im Sinne der Vorschriften dieses Abschnittes gelten alle juristischen Personen des öffentlichen Rechts mit Dienstherrnfähigkeit (§ 121).

Abschnitt IV
Sonderregelungen für den Spannungs- und Verteidigungsfall

§ 133a

Beschränkungen, Anordnungen und Verpflichtungen nach den §§ 133b bis 133e sind nur nach Maßgabe des Artikels 80a des Grundgesetzes zulässig. Sie finden keine Anwendung auf Personen im

Sinne des § 5 Abs. 1 des Arbeitssicherstellungsgesetzes vom 9. Juli 1968 (BGBl. I S. 787), zuletzt geändert durch Artikel 32 des Gesetzes vom 18. Dezember 1989 (BGBl. I S. 2261).

§ 133b

(1) Der Beamte kann für Zwecke der Verteidigung auch ohne seine Zustimmung zu einem anderen Dienstherrn abgeordnet oder zur Dienstleistung bei über- oder zwischenstaatlichen zivilen Dienststellen verpflichtet werden.

(2) Dem Beamten können für Zwecke der Verteidigung auch Aufgaben übertragen werden, die nicht seinem Amt oder seiner Laufbahnbefähigung entsprechen, sofern ihm die Übernahme nach seiner Vor- und Ausbildung und im Hinblick auf die Ausnahmesituation zumutbar ist. Aufgaben einer niedrigeren Laufbahngruppe dürfen ihm nur übertragen werden, wenn dies aus dienstlichen Gründen unabweisbar ist.

(3) Der Beamte hat bei der Erfüllung der ihm für Zwecke der Verteidigung übertragenen Aufgaben Gefahren und Erschwernisse auf sich zu nehmen, soweit diese ihm nach den Umständen und seinen persönlichen Verhältnissen zugemutet werden können.

(4) Der Beamte ist bei einer Verlegung der Behörde oder Dienststelle – auch außerhalb des Geltungsbereiches dieses Gesetzes – zur Dienstleistung am neuen Dienstort verpflichtet.

§ 133c

Die Entlassung eines Beamten auf seinen Antrag kann für Zwecke der Verteidigung hinausgeschoben werden, wenn dies im öffentlichen Interesse erforderlich ist und der Personalbedarf der öffentlichen Verwaltung im Bereich seines Dienstherrn auf freiwilliger Grundlage nicht gedeckt werden kann. Satz 1 gilt entsprechend für den Ablauf der Amtszeit bei Beamtenverhältnissen auf Zeit. Der Eintritt des Beamten in den Ruhestand nach Erreichen der Altersgrenze und die vorzeitige Versetzung in den Ruhestand auf Antrag ohne Nachweis der Dienstunfähigkeit können unter den Voraussetzungen des Satzes 1 bis zum Ende des Monats hinausgeschoben werden, in dem der Beamte das 65. Lebensjahr vollendet.

§ 133d

Ein Ruhestandsbeamter, der das 65. Lebensjahr noch nicht vollendet hat, kann für Zwecke der Verteidigung erneut in ein Beamtenverhältnis berufen werden, wenn dies im öffentlichen Interesse erforderlich ist und der Personalbedarf der öffentlichen Verwaltung im Bereich seines bisherigen Dienstherrn auf freiwilliger Grundlage nicht gedeckt werden kann. Das Beamtenverhältnis endet, wenn es nicht vorher beendet wird, mit dem Ende des Monats, in dem der Beamte das 65. Lebensjahr vollendet.

§ 133e

(1) Wenn dienstliche Gründe es erfordern, kann der Beamte für Zwecke der Verteidigung verpflichtet werden, vorübergehend in Gemeinschaftsunterkunft zu wohnen und an Gemeinschaftsverpflegung teilzunehmen.

(2) Der Beamte ist verpflichtet, für Zwecke der Verteidigung über die regelmäßige Arbeitszeit hinaus ohne besondere Vergütung Dienst zu tun. Für die Mehrbeanspruchung wird ein Freizeitausgleich nur gewährt, soweit es die dienstlichen Erfordernisse gestatten.

Kapitel III
Allgemeine Schlußvorschriften

§ 134

Durch Gesetz ist den Mitgliedern der obersten Rechnungsprüfungsbehörden der Länder die gleiche Unabhängigkeit zu gewährleisten, wie sie die Mitglieder des Bundesrechnungshofes besitzen; sie müssen Beamte auf Lebenszeit sein. Die Mitglieder, die vom Parlament gewählt werden, können in ein Beamtenverhältnis auf Zeit berufen werden; ihre Amtszeit beträgt zwölf Jahre.

§ 135

Dieses Gesetz gilt nicht für die öffentlich-rechtlichen Religionsgesellschaften und ihre Verbände. Diesen bleibt es überlassen, die Rechtsverhältnisse ihrer Beamten und Seelsorger diesem Gesetz entsprechend zu regeln und die Vorschriften des Kapitels II Abschnitt II für anwendbar zu erklären.

§ 136 (weggefallen)

§ 137 (Übergangsvorschriften)

§ 138

Im Falle des § 130 Abs. 2 Satz 1 tritt in den Ländern, in denen der einstweilige Ruhestand noch nicht eingeführt ist, bis zu dem Zeitpunkt, in dem das Landesrecht mit den Vorschriften dieses Gesetzes in Übereinstimmung gebracht worden ist, an die Stelle des einstweiligen Ruhestandes der Wartestand des bisherigen Rechts.

§§ 139 und 140 (Änderung von Rechtsvorschriften)

§ 141 (gegenstandslos)

§ 142 (Inkrafttreten)

Bundesbesoldungsgesetz (BBesG)

in der Neufassung
vom 21. September 1994 (BGBl. I S. 2646; ber. S. 3134, 3367)

(Anlagen hier nicht abgedruckt)

Inhaltsverzeichnis

1. Abschnitt
Allgemeine Vorschriften

§ 1 Geltungsbereich

(1) Dieses Gesetz regelt die Besoldung der
1. Bundesbeamten, der Beamten der Länder, der Gemeinden, der Gemeindeverbände sowie der sonstigen der Aufsicht eines Landes unterstehenden Körperschaften, Anstalten und Stiftungen des öffentlichen Rechts; ausgenommen sind die Ehrenbeamten und die Beamten auf Widerruf, die nebenbei verwendet werden,
2. Richter des Bundes und der Länder; ausgenommen sind die ehrenamtlichen Richter,
3. Berufssoldaten und Soldaten auf Zeit.

(2) Zur Besoldung gehören folgende Dienstbezüge:
1. Grundgehalt,
2. Zuschüsse zum Grundgehalt für Professoren an Hochschulen,
3. Ortszuschlag,
4. Zulagen,
5. Vergütungen,
6. Auslandsdienstbezüge.

(3) Zur Besoldung gehören ferner folgende sonstige Bezüge:
1. Anwärterbezüge,
2. jährliche Sonderzuwendungen,
3. vermögenswirksame Leistungen,
4. jährliches Urlaubsgeld.

(4) Die Länder können besoldungsrechtliche Vorschriften im Sinne der Absätze 1 bis 3 nur erlassen, soweit dies bundesgesetzlich ausdrücklich geregelt ist.

(5) Dieses Gesetz gilt nicht für die öffentlich-rechtlichen Religionsgesellschaften und ihre Verbände.

§ 2 Regelung durch Gesetz

(1) Die Besoldung der Beamten, Richter und Soldaten wird durch Gesetz geregelt.

(2) Zusicherungen, Vereinbarungen und Vergleiche, die dem Beamten, Richter oder Soldaten eine höhere als die ihm gesetzlich zustehende Besoldung verschaffen sollen, sind unwirksam. Das gleiche gilt für Versicherungsverträge, die zu diesem Zweck abgeschlossen werden.

(3) Der Beamte, Richter oder Soldat kann auf die ihm gesetzlich zustehende Besoldung weder ganz noch teilweise verzichten; ausgenommen sind die vermögenswirksamen Leistungen.

§ 3 Anspruch auf Besoldung

(1) Die Beamten, Richter und Soldaten haben Anspruch auf Besoldung. Der Anspruch entsteht mit dem Tag, an dem ihre Ernennung, Versetzung, Übernahme oder ihr Übertritt in den Dienst eines der in § 1 Abs. 1 genannten Dienstherren wirksam wird. Bedarf es zur Verleihung eines Amtes mit anderem Endgrundgehalt (Grundgehalt) keiner Ernennung oder wird der Beamte, Richter oder Soldat rückwirkend in eine Planstelle eingewiesen, so entsteht der Anspruch mit dem Tag, der in der Einweisungsverfügung bestimmt ist. Wird ein Amt auf Grund einer Regelung nach § 21 Abs. 2 Nr. 1 zweiter Halbsatz, § 22 Abs. 1 eingestuft, so entsteht der Anspruch mit der Maßnahme, die der Einweisungsverfügung entspricht.

(2) Bei Soldaten auf Zeit, die sich nicht für eine Dienstzeit von mindestens zwei Jahren verpflichtet haben, entsteht der Anspruch auf Besoldung frühestens mit dem Tag nach Ableistung des Grundwehrdienstes. Abweichend von Satz 1 entsteht der Anspruch auf Besoldung bei Soldaten auf Zeit, die sich mindestens für eine Dienstzeit von fünfzehn Monaten verpflichtet haben, frühestens mit Beginn des zehnten Dienstmonats, bei Soldaten auf Zeit, die sich mindestens für eine Dienstzeit von achtzehn Monaten verpflichtet haben, frühestens mit Beginn des siebten Dienstmonats.

(3) Der Anspruch auf Besoldung endet mit Ablauf des Tages, an dem der Beamte, Richter oder Soldat aus dem Dienstverhältnis ausscheidet, soweit gesetzlich nichts anderes bestimmt ist.

(4) Besteht der Anspruch auf Besoldung nicht für einen vollen Kalendermonat, so wird nur der Teil der Bezüge gezahlt, der auf den Anspruchszeitraum entfällt, soweit gesetzlich nichts anderes bestimmt ist.

(5) Die Dienstbezüge nach § 1 Abs. 2 Nr. 1 bis 3 und 6 werden monatlich im voraus gezahlt. Die anderen Bezüge werden monatlich im voraus gezahlt, soweit nichts anderes bestimmt ist.

(6) Werden Bezüge nach dem Tag der Fälligkeit gezahlt, so besteht kein Anspruch auf Verzugszinsen.

§ 3a [1]) Besoldungskürzung

(1) Der Anspruch auf monatliche Dienstbezüge wird um 0,5 vom Hundert eines vollen Monatsbezuges abgesenkt. Satz 1 gilt nicht für Beamte, Richter und Soldaten in Dienststellen in den Ländern, in denen die am 31. Dezember 1993 bestehende Anzahl der gesetzlichen landesweiten Feiertage um einen Feiertag, der stets auf einen Werktag fiel, vermindert worden ist.

---

[1]) § 3a wird gemäß Artikel 21 in Verbindung mit Artikel 68 Abs. 1 des Pflege-Versicherungsgesetzes vom 26. Mai 1994 (BGBl. I S. 1014) am 1. Januar 1995 eingefügt.

(2) Der Anspruch auf monatliche Dienstbezüge wird nach dem Inkrafttreten des § 43 des Elften Buches Sozialgesetzbuch um weitere 0,33 vom Hundert eines vollen Monatsbezuges abgesenkt. Dies gilt nicht für Beamte, Richter und Soldaten in Dienststellen in den Ländern, in denen die am 31. Dezember 1993 bestehende Anzahl der gesetzlichen landesweiten Feiertage um einen weiteren Feiertag, der stets auf einen Werktag fiel, vermindert worden ist. Die Sätze 1 und 2 gelten nur, wenn die Bundesregierung in der Rechtsverordnung nach Artikel 69 des Pflege-Versicherungsgesetzes festgestellt hat, daß die Aufhebung eines weiteren Feiertages, der stets auf einen Werktag fällt, notwendig ist.

(3) Die Aufhebung eines Feiertages wirkt für das gesamte Kalenderjahr. Handelt es sich um einen Feiertag, der im laufenden Kalenderjahr vor dem Zeitpunkt des Inkrafttretens der Regelung über die Streichung liegt, wirkt die Aufhebung erst im folgenden Kalenderjahr.

§ 4 Weitergewährung der Besoldung bei Versetzung in den einstweiligen Ruhestand oder bei Abwahl von Wahlbeamten auf Zeit

(1) Der in den einstweiligen Ruhestand versetzte Beamte, Richter oder Soldat erhält für den Monat, in dem ihm die Versetzung in den einstweiligen Ruhestand mitgeteilt worden ist, und für die folgenden drei Monate noch die Bezüge nach dem ihm verliehenen Amt. Aufwandsentschädigungen werden nur bis zum Beginn des einstweiligen Ruhestandes gezahlt.

(2) Bezieht der in den einstweiligen Ruhestand versetzte Beamte, Richter oder Soldat Einkünfte aus einer Verwendung im Dienst eines öffentlich-rechtlichen Dienstherrn (§ 29 Abs. 1) oder eines Verbandes, dessen Mitglieder öffentlich-rechtliche Dienstherren sind, so werden die Bezüge um den Betrag dieser Einkünfte verringert. Dem Dienst bei einem öffentlich-rechtlichen Dienstherrn steht gleich die Tätigkeit im Dienst einer zwischenstaatlichen oder überstaatlichen Einrichtung, an der ein öffentlich-rechtlicher Dienstherr oder ein Verband, dessen Mitglieder öffentlich-rechtliche Dienstherren sind, durch Zahlung von Beiträgen oder Zuschüssen oder in anderer Weise beteiligt ist. Die Entscheidung, ob die Voraussetzungen erfüllt sind, trifft der für das Besoldungsrecht zuständige Minister oder die von ihm bestimmte Stelle.

(3) Wird ein Wahlbeamter auf Zeit abgewählt, so gelten die Absätze 1 und 2 entsprechend; an die Stelle der Mitteilung über die Versetzung in den einstweiligen Ruhestand tritt die Mitteilung über die Abwahl oder der sonst bestimmte Beendigungszeitpunkt für das Beamtenverhältnis auf Zeit. Satz 1 gilt entsprechend für die Fälle des Eintritts in den einstweiligen Ruhestand kraft Gesetzes.

§ 5 Besoldung bei mehreren Hauptämtern

Hat der Beamte, Richter oder Soldat mit Genehmigung der obersten Dienstbehörde gleichzeitig mehrere besoldete Hauptämter inne, so wird die Besoldung aus dem Amt mit den höheren Dienstbezügen gewährt, soweit gesetzlich nichts anderes bestimmt ist. Sind für die Ämter Dienstbezüge in gleicher Höhe vorgesehen, so werden die Dienstbezüge aus dem ihm zuerst übertragenen Amt gezahlt, soweit gesetzlich nichts anderes bestimmt ist.

§ 6 Besoldung für teilzeitbeschäftigte Beamte und Richter

Ein Beamter, dessen regelmäßige Arbeitszeit nach § 72a Abs. 1 Satz 1 Nr. 1 oder 2, § 72b Abs. 1 Satz 1, § 79a Abs. 1 Nr. 1 oder § 89a Abs. 2 Nr. 1 des Bundesbeamtengesetzes oder entsprechendem Landesrecht ermäßigt worden ist, erhält im gleichen Verhältnis verringerte Dienstbezüge. Dies gilt auch für einen Richter, dessen Dienst nach § 48a Abs. 1 Nr. 1 des Deutschen Richtergesetzes oder entsprechendem Landesrecht ermäßigt worden ist.

§ 7 Kaufkraftausgleich

Hat der Beamte, Richter oder Soldat seinen dienstlichen Wohnsitz in einem fremden Währungsgebiet und muß er über die Bezüge in der Währung dieses Gebietes verfügen, so ist ein Unterschied zwischen der Kaufkraft der fremden Währung und der Kaufkraft der Deutschen Mark durch Zu- oder Abschläge auszugleichen (Kaufkraftausgleich). Der Kaufkraftausgleich wird vom Bundesminister des Innern im Benehmen mit dem Bundesminister der Finanzen geregelt; der Kaufkraftausgleich für Beamte, Richter und Soldaten im Ausland wird vom Auswärtigen Amt nach Maßgabe des § 54 geregelt.

§ 8 Kürzung der Besoldung bei Gewährung einer Versorgung durch eine zwischenstaatliche oder überstaatliche Einrichtung

(1) Erhält ein Beamter, Richter oder Soldat aus der Verwendung im öffentlichen Dienst einer zwischenstaatlichen oder überstaatlichen Einrichtung eine Versorgung, werden seine Dienstbezüge gekürzt. Die Kürzung beträgt 1,875 vom Hundert für jedes im zwischenstaatlichen oder überstaatlichen Dienst vollendete Jahr; ihm verbleiben jedoch mindestens vierzig vom Hundert seiner Dienstbezüge. Erhält er als Invaliditätspension die Höchstversorgung aus seinem Amt bei der zwischenstaatlichen oder überstaatlichen Einrichtung, werden die Dienstbezüge um sechzig vom Hundert gekürzt. Der Kürzungsbetrag darf die von der zwischenstaatlichen oder überstaatlichen Einrichtung gewährte Versorgung nicht übersteigen.

(2) Als Zeit im zwischenstaatlichen oder überstaatlichen Dienst wird auch die Zeit gerechnet, in welcher der Beamte, Richter oder Soldat ohne Ausübung eines Amtes bei einer zwischenstaatlichen oder

überstaatlichen Einrichtung einen Anspruch auf Vergütung oder sonstige Entschädigung hat und Ruhegehaltsansprüche erwirbt. Entsprechendes gilt für Zeiten nach dem Ausscheiden aus dem Dienst einer zwischenstaatlichen oder überstaatlichen Einrichtung, die dort bei der Berechnung des Ruhegehalts wie Dienstzeiten berücksichtigt werden.

(3) Dienstbezüge im Sinne des Absatzes 1 sind Grundgehalt, Ortszuschlag, Amtszulagen, ruhegehaltfähige Stellenzulagen und ruhegehaltfähige Zuschüsse zum Grundgehalt für Professoren an Hochschulen.

§ 9 Verlust der Besoldung bei schuldhaftem Fernbleiben vom Dienst

Bleibt der Beamte, Richter oder Soldat ohne Genehmigung schuldhaft dem Dienst fern, so verliert er für die Zeit des Fernbleibens seine Bezüge. Dies gilt auch bei einem Fernbleiben vom Dienst für Teile eines Tages. Der Verlust der Bezüge ist festzustellen.

§ 9a Anrechnung anderer Einkünfte auf die Besoldung

(1) Haben Beamte, Richter oder Soldaten Anspruch auf Besoldung für eine Zeit, in der sie nicht zur Dienstleistung verpflichtet waren, kann ein infolge der unterbliebenen Dienstleistung für diesen Zeitraum erzieltes anderes Einkommen auf die Besoldung angerechnet werden. Der Beamte, Richter oder Soldat ist zur Auskunft verpflichtet. In den Fällen einer vorläufigen Dienstenthebung auf Grund eines Disziplinarverfahrens gelten die besonderen Vorschriften des Disziplinarrechts.

(2) Erhält ein Beamter aus einer Verwendung nach § 123a des Beamtenrechtsrahmengesetzes anderweitig Bezüge, werden diese auf die Besoldung angerechnet. In besonderen Fällen kann die oberste Dienstbehörde im Einvernehmen mit dem für das Besoldungsrecht zuständigen Minister von der Anrechnung ganz oder teilweise absehen.

§ 10 Anrechnung von Sachbezügen auf die Besoldung

Erhält ein Beamter, Richter oder Soldat Sachbezüge, so werden diese unter Berücksichtigung ihres wirtschaftlichen Wertes mit einem angemessenen Betrag auf die Besoldung angerechnet, soweit nichts anderes bestimmt ist.

§ 11 Abtretung von Bezügen, Verpfändung, Aufrechnungs- und Zurückbehaltungsrecht

(1) Der Beamte, Richter oder Soldat kann, wenn bundesgesetzlich nichts anderes bestimmt ist, Ansprüche auf Bezüge nur abtreten oder verpfänden, soweit sie der Pfändung unterliegen.

(2) Gegenüber Ansprüchen auf Bezüge kann der Dienstherr ein Aufrechnungs- oder Zurückbehaltungsrecht nur in Höhe des pfändbaren Teils der Bezüge geltend machen. Dies gilt nicht, soweit gegen den Beamten, Richter oder Soldaten ein Anspruch auf Schadenersatz wegen vorsätzlicher unerlaubter Handlung besteht.

§ 12 Rückforderung von Bezügen

(1) Wird ein Beamter, Richter oder Soldat durch eine gesetzliche Änderung seiner Bezüge einschließlich der Einreihung seines Amtes in die Besoldungsgruppen der Besoldungsordnungen mit rückwirkender Kraft schlechter gestellt, so sind die Unterschiedsbeträge nicht zu erstatten.

(2) Im übrigen regelt sich die Rückforderung zuviel gezahlter Bezüge nach den Vorschriften des Bürgerlichen Gesetzbuches über die Herausgabe einer ungerechtfertigten Bereicherung, soweit gesetzlich nichts anderes bestimmt ist. Der Kenntnis des Mangels des rechtlichen Grundes der Zahlung steht es gleich, wenn der Mangel so offensichtlich war, daß der Empfänger ihn hätte erkennen müssen. Von der Rückforderung kann aus Billigkeitsgründen mit Zustimmung der obersten Dienstbehörde oder der von ihr bestimmten Stelle ganz oder teilweise abgesehen werden.

§ 13 Wahrung des Besitzstandes

(1) Ein Beamter, der in ein anderes Amt mit geringerem Endgrundgehalt (Grundgehalt) übertritt, übernommen oder versetzt wird, weil seine Körperschaft oder Behörde ganz oder teilweise aufgelöst, umgebildet oder mit einer anderen Körperschaft oder Behörde verschmolzen oder in eine andere Körperschaft oder Behörde eingegliedert wird (§§ 19, 128 des Beamtenrechtsrahmengesetzes, § 26 Abs. 2 des Bundesbeamtengesetzes oder entsprechende landesrechtliche Vorschriften), erhält eine ruhegehaltfähige Ausgleichszulage. Sie wird in Höhe des Unterschiedsbetrages zwischen dem jeweiligen Grundgehalt und Ortszuschlag des Beamten und dem jeweiligen Grundgehalt und Ortszuschlag, die ihm in seinem bisherigen Amt zugestanden hätten, gewährt; Änderungen der besoldungsmäßigen Zuordnung des bisherigen Amtes bleiben unberücksichtigt. Die Ausgleichszulage wird bei Beamten auf Zeit nur für die Dauer der restlichen Amtszeit gewährt. Richtet sich die Zuordnung des Amtes eines Beamten zu einer Besoldungsgruppe nach der Schülerzahl einer Schule und erfüllt der Beamte wegen zurückgehender Schülerzahlen die Voraussetzungen für die Zuordnung seines Amtes nicht mehr, gelten die Sätze 1 bis 3 sinngemäß; Absatz 3 bleibt unberührt.

(2) Absatz 1 gilt entsprechend, wenn ein Beamter zur Vermeidung der Versetzung in den Ruhestand in ein anderes Amt mit geringerem Endgrundgehalt versetzt wird, weil

a) für seine Laufbahn oder sein Amt durch Rechts- oder Verwaltungsvorschriften besondere gesundheitliche Anforderungen festgesetzt sind und

b) er nach Feststellung eines Amtsarztes, eines beamteten Arztes oder eines Vertrauensarztes diese besonderen gesundheitlichen Anforderungen nicht mehr erfüllt, ohne daß er dies zu vertreten hat.

(3) Scheidet ein Beamter in anderen Fällen aus einem Amt aus, um ein anderes Amt zu übernehmen, und verringert sich durch den Übertritt sein Grundgehalt, so erhält er eine ruhegehaltfähige Ausgleichszulage in Höhe des Unterschiedsbetrages zwischen seinem jeweiligen Grundgehalt und dem Grundgehalt, das ihm in seinem bisherigen Amt zuletzt zustand. Der Gesamtbetrag von Grundgehalt und Ausgleichszulage darf das Endgrundgehalt seines jeweiligen Amtes nicht übersteigen; dies gilt nicht beim Aufstieg in die nächsthöhere Laufbahngruppe. Steigt ein Beamter, dem eine Amtszulage oder ruhegehaltfähige Stellenzulage zusteht, in die nächsthöhere Laufbahn auf, wird die Ausgleichszulage entsprechend Absatz 1 Satz 2 gewährt. Die Ausgleichszulage wird nicht gewährt, wenn die Verringerung des Grundgehalts auf einer Disziplinarmaßnahme in einem disziplinargerichtlichen Verfahren beruht.

(4) Absatz 3 gilt entsprechend für Richter und Soldaten und wenn ein Ruhegehaltsempfänger erneut in ein Beamten-, Richter- oder Soldatenverhältnis berufen wird und sein neues Grundgehalt geringer ist als das Grundgehalt, nach dem das zuletzt bezogene Ruhegehalt bemessen war.

(5) Scheidet ein Beamter oder Soldat in den Fällen, in denen für die Ruhegehaltfähigkeit einer Stellenzulage eine mindestens zehnjährige zulageberechtigende Verwendung gefordert ist, nach Erfüllung dieser Voraussetzung aus dienstlichen Gründen aus der Verwendung aus, um eine andere Verwendung zu übernehmen, und verringert sich dadurch sein Grundgehalt, so erhält er eine Ausgleichszulage entsprechend Absatz 1 Satz 2.

(6) Zum Endgrundgehalt und Grundgehalt gehören außer Amtszulagen auch ruhegehaltfähige Stellenzulagen sowie ruhegehaltfähige Zuschüsse zum Grundgehalt für Professoren an Hochschulen. Nichtruhegehaltfähige Stellenzulagen, die in dem neuen Amt zustehen, werden auf die Ausgleichszulage angerechnet.

§ 14 Anpassung der Besoldung

Die Besoldung wird entsprechend der Entwicklung der allgemeinen wirtschaftlichen und finanziellen Verhältnisse und unter Berücksichtigung der mit den Dienstaufgaben verbundenen Verantwortung durch Bundesgesetz regelmäßig angepaßt.

§ 15 Dienstlicher Wohnsitz

(1) Dienstlicher Wohnsitz des Beamten oder Richters ist der Ort, an dem die Behörde oder ständige Dienststelle ihren Sitz hat. Dienstlicher Wohnsitz des Soldaten ist sein Standort.

(2) Die oberste Dienstbehörde kann als dienstlichen Wohnsitz anweisen:
1. den Ort, der Mittelpunkt der dienstlichen Tätigkeit des Beamten, Richters oder Soldaten ist,
2. den Ort, in dem der Beamte, Richter oder Soldat mit Zustimmung der vorgesetzten Dienststelle wohnt,
3. einen Ort im Inland, wenn der Beamte oder Soldat im Ausland an der deutschen Grenze beschäftigt ist.

Sie kann diese Befugnis auf nachgeordnete Stellen übertragen.

§ 16 Amt, Dienstgrad

Soweit in Vorschriften dieses Gesetzes auf das Amt verwiesen wird, steht dem Amt der Dienstgrad des Soldaten gleich.

§ 17 Aufwandsentschädigungen

Aufwandsentschädigungen dürfen nur gewährt werden, wenn aus dienstlicher Veranlassung Aufwendungen entstehen, deren Übernahme dem Beamten, Richter oder Soldaten nicht zugemutet werden kann, und der Haushaltsplan Mittel dafür zur Verfügung stellt.

§ 17a Zahlungsweise

Für die Zahlung der Besoldung nach § 1 Absätze 2 und 3 und von Aufwandsentschädigungen nach § 17 hat der Empfänger auf Verlangen der zuständigen Behörde ein Konto im Inland anzugeben oder einzurichten, auf das die Überweisung erfolgen kann. Die Übermittlungskosten mit Ausnahme der Kosten für die Gutschrift auf dem Konto des Empfängers trägt der Dienstherr, die Kontoeinrichtungs-, Kontoführungs- oder Buchungsgebühren trägt der Empfänger. Eine Auszahlung auf andere Weise kann nur zugestanden werden, wenn dem Empfänger die Einrichtung oder Benutzung eines Kontos aus wichtigem Grund nicht zugemutet werden kann.

2. Abschnitt
Grundgehalt, Zuschüsse zum Grundgehalt für Professoren an Hochschulen

1. Unterabschnitt
Allgemeine Grundsätze

§ 18 Grundsatz der funktionsgerechten Besoldung

Die Funktionen der Beamten, Richter und Soldaten sind nach den mit ihnen verbundenen Anforderungen sachgerecht zu bewerten und Ämtern zuzuordnen. Die Ämter sind nach ihrer Wertigkeit unter Berücksichtigung der gemeinsamen Belange aller Dienstherren den Besoldungsgruppen zuzuordnen.

§ 19 Bestimmung des Grundgehaltes nach dem Amt

(1) Das Grundgehalt des Beamten, Richters oder Soldaten bestimmt sich nach der Besoldungsgruppe des ihm verliehenen Amtes. Ist ein Amt noch nicht in einer Besoldungsordnung enthalten oder ist es mehreren Besoldungsgruppen zugeordnet, bestimmt sich das Grundgehalt nach der Besoldungsgruppe, die in der Einweisungsverfügung bestimmt ist; die Einweisung bedarf bei Körperschaften, Anstalten und Stiftungen des öffentlichen Rechts in den Fällen, in denen das Amt in einer Besoldungsordnung noch nicht enthalten ist, der Zustimmung der obersten Rechtsaufsichtsbehörde im Einvernehmen mit dem für das Besoldungsrecht zuständigen Minister. Ist dem Beamten oder Richter noch kein Amt verliehen worden, so bestimmt sich das Grundgehalt des Beamten nach der Besoldungsgruppe seines Eingangsamtes, das Grundgehalt des Richters und des Staatsanwalts nach der Besoldungsgruppe R 1; soweit die Einstellung in einem anderen als dem Eingangsamt erfolgt ist, bestimmt sich das Grundgehalt nach der entsprechenden Besoldungsgruppe.

(2) Ist einem Amt gesetzlich eine Funktion zugeordnet oder richtet sich die Zuordnung eines Amtes zu einer Besoldungsgruppe einschließlich der Gewährung von Amtszulagen nach einem gesetzlich festgelegten Bewertungsmaßstab, insbesondere nach der Zahl der Planstellen, nach der Einwohnerzahl einer Gemeinde oder eines Gemeindeverbandes oder nach der Schülerzahl einer Schule, so gibt die Erfüllung dieser Voraussetzungen allein keinen Anspruch auf die Besoldung aus diesem Amt.

§ 19a (weggefallen)

2. Unterabschnitt
Vorschriften für Beamte und Soldaten

§ 20 Besoldungsordnungen A und B

(1) Die Ämter der Beamten und Soldaten und ihre Besoldungsgruppen werden in Bundesbesoldungsordnungen oder in Landesbesoldungsordnungen geregelt. Die §§ 21 und 22 bleiben unberührt.

(2) Die Bundesbesoldungsordnung A – aufsteigende Gehälter – und die Bundesbesoldungsordnung B – feste Gehälter – sind Anlage I. Die Grundgehaltssätze der Besoldungsgruppen sind in der Anlage IV ausgewiesen. Die Bundesregierung wird ermächtigt, durch Rechtsverordnung mit Zustimmung des Bundesrates Funktionen den Ämtern in den Bundesbesoldungsordnungen zuzuordnen.

(3) In Landesbesoldungsordnungen dürfen Ämter nur aufgenommen werden, soweit dies in diesem Gesetz ausdrücklich vorgesehen ist oder wenn sie sich von den Ämtern in den Bundesbesoldungsordnungen nach dem Inhalt der zugeordneten Funktionen wesentlich unterscheiden. Die Landesbesoldungsordnungen müssen im Aufbau der Besoldungsgruppen den Bundesbesoldungsordnungen entsprechen. Die Grundgehaltssätze der Anlage IV gelten unmittelbar auch für die Landesbesoldungsordnungen.

§ 21 Hauptamtliche Wahlbeamte auf Zeit der Gemeinden, Samtgemeinden, Verbandsgemeinden, Ämter und Kreise

(1) Die Bundesregierung wird ermächtigt, durch Rechtsverordnung mit Zustimmung des Bundesrates für die Zuordnung der Ämter der hauptamtlichen Wahlbeamten auf Zeit der Gemeinden, Samtgemeinden, Verbandsgemeinden, Ämter und Kreise zu den Besoldungsgruppen der Besoldungsordnungen A und B der Länder Höchstgrenzen festzulegen. Die Höchstgrenzen sind insbesondere unter Berücksichtigung der Zahl der Einwohner zu bestimmen.

(2) Die Landesregierungen werden ermächtigt, durch Rechtsverordnung

1. die Ämter der in Absatz 1 aufgeführten Beamten den Besoldungsgruppen der Besoldungsordnungen A und B der Länder nach Maßgabe der Rechtsverordnung der Bundesregierung nach Absatz 1 zuzuordnen; dabei können bei den in Absatz 1 genannten Körperschaften einer Größenklasse höchstens zwei Besoldungsgruppen für ein Amt vorgesehen werden,
2. für die in Absatz 1 aufgeführten Beamten das Aufsteigen in den Dienstaltersstufen und die Festsetzung des Besoldungsdienstalters abweichend von § 27 Abs. 1 und § 28 Abs. 2 zu regeln.

Die Ermächtigung zum Erlaß der Rechtsverordnung kann auf den zuständigen Minister übertragen werden.

(3) Die Landesregierungen werden ermächtigt, durch Rechtsverordnung die Ämter der hauptamtlichen Wahlbeamten auf Zeit der regionalen Kommunalverbände und anderer überörtlicher kommunaler Einrichtungen unter Berücksichtigung des begrenzten Aufgabeninhalts im Vergleich zur Einstufung der entsprechenden Ämter der beteiligten Körperschaften im Sinne des Absatzes 1 den Besoldungsordnungen A und B der Länder zuzuordnen. Die Ermächtigung zum Erlaß der Rechtsverordnung kann auf den zuständigen Minister übertragen werden.

§ 22 Vorstandsmitglieder öffentlich-rechtlicher Sparkassen und Leiter kommunaler Versorgungs- und Verkehrsbetriebe

(1) Die Bundesregierung wird ermächtigt, durch Rechtsverordnung mit Zustimmung des Bundesrates die Ämter der hauptamtlichen Vorstandsmitglieder öffentlich-rechtlicher Sparkassen und der Lei-

ter der kommunalen Versorgungs- und Verkehrsbetriebe (Werkleiter) den Besoldungsgruppen der Bundesbesoldungsordnungen A und B zuzuordnen.

(2) Bemessungsgrundlage für die Zuordnung der Ämter der hauptamtlichen Vorstandsmitglieder öffentlich-rechtlicher Sparkassen ist die Summe aus der Bilanzsumme der Sparkasse, dem Kreditvolumen und dem Kurswert der Kundenwertpapiere nach einem bestimmten Stichtag. Grundlage für die Einstufung der Werkleiter ist bei Versorgungsbetrieben die nutzbare Abgabe, bei Verkehrsbetrieben die Zahl der beförderten Personen in einem bestimmten Wirtschaftsjahr.

§ 23 Eingangsämter für Beamte

(1) Die Eingangsämter für Beamte sind folgenden Besoldungsgruppen zuzuweisen:
1. in Laufbahnen des einfachen Dienstes der Besoldungsgruppe A 2, A 3 oder A 4,
2. in Laufbahnen des mittleren nichttechnischen Dienstes der Besoldungsgruppe A 5 oder A 6,
   in Laufbahnen des mittleren technischen Dienstes der Besoldungsgruppe A 6 oder A 7,
3. in Laufbahnen des gehobenen Dienstes der Besoldungsgruppe A 9,
4. in Laufbahnen des höheren Dienstes der Besoldungsgruppe A 13.

(2) In Laufbahnen des gehobenen Dienstes, in denen für die Befähigung der Abschluß einer Fachhochschule gefordert wird, ist das Eingangsamt für Beamte, die für die Befähigung den Fachhochschulabschluß nachweisen, der Besoldungsgruppe A 10 zuzuweisen.[1])

§ 24 Eingangsamt für Beamte in besonderen Laufbahnen

(1) Das Eingangsamt in Sonderlaufbahnen, bei denen
1. die Ausbildung mit einer gegenüber dem nichttechnischen oder technischen Verwaltungsdienst besonders gestalteten Prüfung abgeschlossen wird oder die Ablegung einer zusätzlichen Prüfung vorgeschrieben ist und
2. im Eingangsamt Anforderungen gestellt werden, die bei sachgerechter Bewertung zwingend die Zuweisung des Eingangsamtes zu einer anderen Besoldungsgruppe als nach § 23 erfordern,

kann der höheren Besoldungsgruppe zugewiesen werden, in die gleichwertige Ämter eingereiht sind. Die Festlegung als Eingangsamt ist in den Besoldungsordnungen zu kennzeichnen.

---

[1]) § 23 Abs. 2 ist nach Artikel 2 Nr. 1 des Haushaltsstrukturgesetzes vom 18. Dezember 1975 (BGBl. I S. 3091) nur auf Beamte des gehobenen technischen Dienstes anzuwenden; im übrigen ist die Geltung ausgesetzt.

(2) Das Eingangsamt in Laufbahnen des einfachen Dienstes kann, wenn die Voraussetzung des Absatzes 1 Satz 1 Nr. 2 erfüllt ist, der höheren Besoldungsgruppe zugewiesen werden, in die gleichwertige Ämter eingereiht sind.

§ 25 Beförderungsämter

Beförderungsämter dürfen, soweit bundesgesetzlich nichts anderes bestimmt ist, nur eingerichtet werden, wenn sie sich von den Ämtern der niedrigeren Besoldungsgruppe nach der Wertigkeit der zugeordneten Funktionen wesentlich abheben.

§ 26 Obergrenzen für Beförderungsämter

(1) Die Anteile der Beförderungsämter dürfen nach Maßgabe sachgerechter Bewertung folgende Obergrenzen nicht überschreiten:

im mittleren Dienst	
in der Besoldungsgruppe A 7	40 v.H.,
in der Besoldungsgruppe A 8	30 v.H.,
in der Besoldungsgruppe A 9	8 v.H.,
im gehobenen Dienst [1])	
in der Besoldungsgruppe A 11	30 v.H.,
in der Besoldungsgruppe A 12	16 v.H.,
in der Besoldungsgruppe A 13	6 v.H.,
im höheren Dienst	
in den Besoldungsgruppen A 15, A 16 und B 2 nach Einzelbewertung zusammen	40 v.H.,
in den Besoldungsgruppen A 16 und B 2 zusammen	10 v.H.

Die Vomhundertsätze beziehen sich auf die Gesamtzahl aller Planstellen bei einem Dienstherrn in der jeweiligen Laufbahngruppe, im höheren Dienst auf die Gesamtzahl der Planstellen in den Besoldungsgruppen A 13 bis A 16 und B 2.

(2) Absatz 1 gilt nicht

1. für die obersten Bundes- und Landesbehörden, die Hauptverwaltung des Bundeseisenbahnvermögens, das Direktorium und die Hauptverwaltungen der Deutschen Bundesbank,
2. für Lehrer und pädagogisches Hilfspersonal an öffentlichen Schulen und Hochschulen,
3. für Lehrkräfte an verwaltungsinternen Fachhochschulen,

---

[1]) Auf Artikel 10 § 5 Abs. 3 des Bundesbesoldungs- und -versorgungsanpassungsgesetzes 1991 vom 21. Februar 1992 (BGBl. I S. 266) wird hingewiesen.

4. für Laufbahnen, in denen auf Grund des § 24 Abs. 1 das Eingangsamt einer höheren Besoldungsgruppe zugewiesen worden ist.

(3) Bei Oberbehörden, wissenschaftlichen Anstalten und entsprechenden Einrichtungen des Bundes und der Länder sowie bei den Hauptstellen der Deutschen Bundesbank können die Obergrenzen des Absatzes 1 überschritten werden, soweit dies wegen der mit den Funktionen verbundenen Anforderungen erforderlich ist. Dies gilt auch bei einem Rechnungshof unmittelbar nachgeordneten Rechnungsprüfungsämtern.

(4) Die Bundesregierung wird ermächtigt, durch Rechtsverordnung mit Zustimmung des Bundesrates zur sachgerechten Bewertung der Funktionen

1. für Laufbahnen, in denen auf Grund des § 24 Abs. 1 das Eingangsamt einer höheren Besoldungsgruppe zugewiesen worden ist, Obergrenzen festzusetzen sowie in Laufbahnen, in denen in Beförderungsämtern höhere Anforderungen als in vergleichbaren Laufbahnen gestellt werden, höhere Obergrenzen als nach Absatz 1 festzulegen,
2. für bestimmte Funktionsgruppen höhere Obergrenzen als nach Absatz 1 oder nach Nummer 1 zuzulassen,
3. zu bestimmen, daß bei der Anwendung der Obergrenzen nach Absatz 1 oder nach Nummer 1 Funktionen in folgenden Fällen unberücksichtigt bleiben:
   a) Funktionen, für die nach Nummer 2 höhere Obergrenzen zugelassen sind,
   b) Funktionen, die nach § 20 Abs. 2 Satz 3 Ämtern zugeordnet sind,
4. besondere Funktionen zu bestimmen, die in Gemeinden, Gemeindeverbänden und sonstigen der Aufsicht des Landes unterstehenden Körperschaften, Anstalten und Stiftungen des öffentlichen Rechts sowie in den Stadtstaaten bei der Anwendung der Obergrenzen nach Absatz 1 oder nach Nummer 1 unberücksichtigt bleiben können.

(5) Die Landesregierungen werden ermächtigt, durch Rechtsverordnung zur sachgerechten Bewertung der Funktionen für die in Absatz 4 Nr. 4 aufgeführten Körperschaften, Anstalten und Stiftungen des öffentlichen Rechts

1. abweichend von Absatz 1 und Absatz 4 Nr. 1 und Nr. 2 andere Obergrenzen festzusetzen; für Gemeinden, Samtgemeinden, Verbandsgemeinden und Ämter dürfen höhere Obergrenzen nur festgesetzt werden, wenn sie weniger als 100 000 Einwohner haben,
2. innerhalb der nach Absatz 1 in Verbindung mit Absatz 4 Nr. 1 und Nr. 2 oder der nach Nummer 1 dieses Absatzes festgesetzten Obergrenzen Vorschriften über die höchstzulässigen Ämter

sowie über die Zahl und das Verhältnis der Beförderungsämter zueinander zu erlassen,

3. nach Maßgabe der Rechtsverordnung der Bundesregierung zu Absatz 4 Nr. 4 zu bestimmen, welche besonderen Funktionen unberücksichtigt bleiben,
4. abweichend von den Obergrenzen in Fußnote 3 zur Besoldungsgruppe A 9 und Fußnote 11 zur Besoldungsgruppe A 13 zu bestimmen, daß eine Planstelle der Besoldungsgruppe A 9 und eine Planstelle der Besoldungsgruppe A 13 mit der Amtszulage nach der entsprechenden Fußnote ausgestattet werden können.

Die Ermächtigung zum Erlaß der Rechtsverordnung kann auf den zuständigen Minister übertragen werden.

(6) Auf erste Beförderungsämter der Besoldungsgruppen A 6, A 10 und A 14 dürfen nach Maßgabe sachgerechter Bewertung höchstens fünfundsechzig vom Hundert der Gesamtzahl aller Planstellen bei einem Dienstherrn in den Besoldungsgruppen A 5 und A 6 des mittleren Dienstes, den Besoldungsgruppen A 9 und A 10 des gehobenen Dienstes sowie den Besoldungsgruppen A 13 und A 14 des höheren Dienstes entfallen. Zugrunde zu legen ist jeweils die Gesamtzahl der Planstellen, die nach Anwendung der Obergrenzen des Absatzes 1, der Rechtsverordnungen nach den Absätzen 4 und 5 sowie der Fußnote 9 zur Besoldungsgruppe A 15 für das Eingangsamt und das erste Beförderungsamt verbleibt. Für die in Absatz 2 Nr. 1 genannten Bereiche beträgt die Obergrenze für erste Beförderungsämter nach Satz 1 achtzig vom Hundert, für die durch Satz 1 und 2 nicht unmittelbar erfaßten Fälle des Absatzes 2 Nr. 2 sowie die Bereiche des Absatzes 2 Nr. 3 und des Absatzes 3 fünfundsechzig vom Hundert der Gesamtzahl der Planstellen, die in diesen Bereichen für das Eingangsamt und das erste Beförderungsamt verbleiben. In den Bereichen des Absatzes 3 kann die Obergrenze für erste Beförderungsämter überschritten werden, soweit dies zur sachgerechten Bewertung erforderlich ist.

§ 27 Bemessung des Grundgehaltes

(1) Das Grundgehalt wird, soweit die Besoldungsordnungen nicht feste Gehälter vorsehen, nach Dienstaltersstufen bemessen. Es steigt von zwei zu zwei Jahren bis zum Endgrundgehalt. Der Tag, von dem für das Aufsteigen in den Dienstaltersstufen auszugehen ist, bestimmt sich nach dem Besoldungsdienstalter.

(2) Die Berechnung und die Festsetzung des Besoldungsdienstalters sind dem Beamten oder Soldaten schriftlich mitzuteilen.

(3) Der Anspruch auf das Aufsteigen in den Dienstaltersstufen ruht, solange der Beamte oder Soldat vorläufig des Dienstes enthoben ist. Führt ein Disziplinarverfahren zur Entfernung aus dem Dienst oder endet das Dienstverhältnis durch Entlassung auf Antrag des Beamten oder Soldaten oder infolge strafgerichtlicher Verurteilung, so erlischt der Anspruch auch für die Zeit des Ruhens.

§ 28 Besoldungsdienstalter

(1) Das Besoldungsdienstalter beginnt am Ersten des Monats, in dem der Beamte oder Soldat das einundzwanzigste Lebensjahr vollendet hat.

(2) Der Beginn des Besoldungsdienstalters nach Absatz 1 wird um Zeiten nach Vollendung des einunddreißigsten Lebensjahres, in denen kein Anspruch auf Besoldung bestand, hinausgeschoben, und zwar um ein Viertel der Zeit bis zum vollendeten fünfunddreißigsten Lebensjahr und um die Hälfte der weiteren Zeit. Bei Beamten und Soldaten in Laufbahnen mit einem Eingangsamt der Besoldungsgruppe A 13 oder A 14 tritt an die Stelle des einunddreißigsten das fünfunddreißigste Lebensjahr. Die Zeiten werden auf volle Monate abgerundet. Der Besoldung im Sinne des Satzes 1 stehen Bezüge aus einer hauptberuflichen Tätigkeit im Dienst eines öffentlich-rechtlichen Dienstherrn (§ 29), im Dienst von öffentlich-rechtlichen Religionsgesellschaften und ihren Verbänden sowie in Dienst eines sonstigen Arbeitgebers, der die im öffentlichen Dienst geltenden Tarifverträge oder Tarifverträge wesentlich gleichen Inhalts anwendet und an dem die öffentliche Hand durch Zahlung von Beiträgen oder Zuschüssen oder in anderer Weise wesentlich beteiligt ist, gleich.

(3) Absatz 2 gilt nicht für Zeiten einer Kinderbetreuung bis zu drei Jahren für jedes Kind und für Zeiten einer Beurlaubung ohne Dienstbezüge, wenn die oberste Dienstbehörde oder die von ihr bestimmte Stelle schriftlich anerkannt hat, daß der Urlaub dienstlichen Interessen oder öffentlichen Belangen dient. Absatz 2 gilt auch nicht für Verfolgungszeiten nach dem Beruflichen Rehabilitierungsgesetz vom 23. Juni 1994 (BGBl. I S. 1311, 1314), soweit eine Erwerbstätigkeit, die einem Dienst bei einem öffentlich-rechtlichen Dienstherrn (§ 29) entspricht, nicht ausgeübt werden konnte.

(4) Hat der Beamte oder Soldat an dem Tage, von dem an er nach § 3 Dienstbezüge zu erhalten hat, das einundzwanzigste Lebensjahr noch nicht vollendet, erhält er das Anfangsgrundgehalt seiner Besoldungsgruppe.

§ 29 Öffentlich-rechtliche Dienstherren

(1) Öffentlich-rechtliche Dienstherren im Sinne dieses Gesetzes sind das Reich, der Bund, die Länder, die Gemeinden (Gemeindeverbände) und andere Körperschaften, Anstalten und Stiftungen des öffentlichen Rechts mit Ausnahme der öffentlich-rechtlichen Religionsgesellschaften und ihrer Verbände.

(2) Der Tätigkeit im Dienst eines öffentlich-rechtlichen Dienstherrn steht gleich

1. für Personen deutscher Staatsangehörigkeit oder Volkszugehörigkeit die bis zum 8. Mai 1945 ausgeübte gleichartige Tätigkeit im Dienst eines öffentlich-rechtlichen Dienstherrn in den Gebieten, die nach dem 31. Dezember 1937 dem Reich angegliedert waren,

2. für volksdeutsche Vertriebene und Umsiedler die gleichartige Tätigkeit im Dienst eines öffentlich-rechtlichen Dienstherrn im Herkunftsland.

§ 30 Nicht zu berücksichtigende Dienstzeiten

(1) Für die Gleichstellung von Bezügen nach § 28 Abs. 2 Satz 4 sind Zeiten einer Tätigkeit für das Ministerium für Staatssicherheit oder das Amt für Nationale Sicherheit nicht zu berücksichtigen. Dies gilt auch für Zeiten, die vor einer solchen Tätigkeit zurückgelegt worden sind. Satz 1 gilt auch für Zeiten einer Tätigkeit als Angehöriger der Grenztruppen der ehemaligen Deutschen Demokratischen Republik.

(2) Absatz 1 Satz 1 und 2 gilt auch für Zeiten einer Tätigkeit, die aufgrund einer besonderen persönlichen Nähe zum System der ehemaligen Deutschen Demokratischen Republik übertragen war. Das Vorliegen dieser Voraussetzung wird insbesondere widerlegbar vermutet, wenn der Beamte oder Soldat

1. vor oder bei Übertragung der Tätigkeit eine hauptamtliche oder hervorgehobene ehrenamtliche Funktion in der Sozialistischen Einheitspartei Deutschlands, dem Freien Deutschen Gewerkschaftsbund, der Freien Deutschen Jugend oder einer vergleichbaren systemunterstützenden Partei oder Organisation innehatte, oder
2. als mittlere oder obere Führungskraft in zentralen Staatsorganen, als obere Führungskraft beim Rat eines Bezirkes, als Vorsitzender des Rates eines Kreises oder einer kreisfreien Stadt oder in einer vergleichbaren Funktion tätig war, oder
3. hauptamtlich Lehrender an den Bildungseinrichtungen der staatstragenden Parteien oder einer Massen- oder gesellschaftlichen Organisation war oder
4. Absolvent der Akademie für Staat und Recht oder einer vergleichbaren Bildungseinrichtung war.

§ 31 (weggefallen)

3. Unterabschnitt
Vorschriften für Professoren, Hochschuldozenten, Oberassistenten, Oberingenieure, Künstlerische Assistenten und Wissenschaftliche Assistenten

§ 32 (weggefallen)

§ 33 Bundesbesoldungsordnung C

Die Ämter der Professoren an Hochschulen, Hochschuldozenten, Oberassistenten, Oberingenieure, Künstlerischen Assistenten und

Wissenschaftlichen Assistenten und ihre Besoldungsgruppen sind in der Bundesbesoldungsordnung C (Anlage II) geregelt. Die Grundgehaltssätze der Besoldungsgruppen sind in der Anlage IV ausgewiesen.

§ 34 Zuschüsse zum Grundgehalt

Professoren an Hochschulen können nach Maßgabe der Vorbemerkungen Nummern 1, 2 und 2a zur Bundesbesoldungsordnung C Zuschüsse zum Grundgehalt erhalten.

§ 35 Obergrenzen

(1) Die Planstellen der Professoren an wissenschaftlichen Hochschulen sind, unbeschadet der Regelungen in Absatz 3, nach Maßgabe sachgerechter Bewertung in den Besoldungsgruppen C 3 und C 4, an den künstlerisch-wissenschaftlichen Hochschulen und den Pädagogischen Hochschulen auch in der Besoldungsgruppe C 2, auszubringen. In einem Land und beim Bund darf die Zahl der Planstellen für Professoren

in der Besoldungsgruppe C 4 56,25 v.H.

der Gesamtzahl der Planstellen für Professoren an wissenschaftlichen Hochschulen in den Besoldungsgruppen C 3 und C 4 nicht überschreiten. Bei den künstlerisch-wissenschaftlichen Hochschulen und den Pädagogischen Hochschulen darf die Zahl der Planstellen

in den Besoldungsgruppen C 3 und C 4 80 v.H.

der Gesamtzahl der Planstellen für Professoren nicht überschreiten. Bei der Anwendung der Obergrenzen bleiben die Planstellen für Professoren an der Hochschule für Verwaltungswissenschaften Speyer außer Betracht.

(2) Die Planstellen der Professoren an Fachhochschulen sind nach Maßgabe sachgerechter Bewertung in den Besoldungsgruppen C 2 und C 3 auszubringen. In einem Land und beim Bund darf die Zahl der Planstellen für Professoren an Fachhochschulen

in der Besoldungsgruppe C 3 60 v.H.

der Gesamtzahl der Planstellen für Professoren an Fachhochschulen nicht überschreiten.

(3) Die Absätze 1 und 2 gelten für wissenschaftliche Hochschulen mit Fachhochschulstudiengängen entsprechend.

§ 36 Bemessung des Grundgehaltes, Besoldungsdienstalter

Für die Bemessung des Grundgehaltes und das Besoldungsdienstalter gelten die §§ 27, 28 und 30 mit der Maßgabe, daß in § 28 Abs. 2 an die Stelle des einunddreißigsten Lebensjahres das fünfunddreißigste Lebensjahr und für Professoren das vierzigste Lebensjahr tritt.

4. Unterabschnitt
Vorschriften für Richter und Staatsanwälte

§ 37 Besoldungsordnungen R

(1) Die Ämter der Richter und Staatsanwälte, mit Ausnahme der Ämter der Vertreter des öffentlichen Interesses bei den Gerichten der Verwaltungsgerichtsbarkeit, und ihre Besoldungsgruppen sind in der Bundesbesoldungsordnung R (Anlage III) geregelt. Die Grundgehaltssätze der Besoldungsgruppen sind in der Anlage IV ausgewiesen.

(2) In Landesbesoldungsordnungen R können geregelt werden:
1. die Ämter der Richter und Staatsanwälte am Bayerischen Obersten Landesgericht einschließlich des Präsidenten und seines ständigen Vertreters,
2. die Ämter der badischen Amtsnotare.

Der Aufbau der Besoldungsgruppen in den Landesbesoldungsordnungen R muß dem der Bundesbesoldungsordnung R entsprechen. Die Grundgehaltssätze der Anlage IV gelten auch für diese Landesbesoldungsordnungen.

§ 38 Bemessung des Grundgehaltes

(1) Das Grundgehalt wird, soweit die Besoldungsordnung nicht feste Gehälter vorsieht, nach Lebensaltersstufen bemessen. Der in der Lebensaltersstufe ausgewiesene Grundgehaltssatz steht vom Ersten des Monats an zu, in dem das maßgebende Lebensjahr vollendet wird.

(2) Wird der Richter oder Staatsanwalt nach Vollendung des fünfunddreißigsten Lebensjahres eingestellt, wird für die Berechnung des Grundgehaltes ein Lebensalter zugrunde gelegt, das um die Hälfte der vollen Lebensjahre vermindert ist, die der Richter oder Staatsanwalt seit Vollendung des fünfunddreißigsten Lebensjahres bis zu dem bei der Einstellung vollendeten Lebensjahr zurückgelegt hat. Bei einer Einstellung, die sich ohne erhebliche Unterbrechung an eine Tätigkeit im Sinne des § 10 Abs. 2 Satz 1 Nr. 1 bis 5 des Deutschen Richtergesetzes oder an eine Tätigkeit als Richter oder Staatsanwalt nach dem Recht der ehemaligen Deutschen Demokratischen Republik oder nach dem Einigungsvertrag Anlage I Kapitel III Sachgebiet A Abschnitt III Nr. 8 Buchstaben o und z anschließt, gilt als Tag der Einstellung der Tag, von dem an der Richter oder Staatsanwalt Tätigkeiten der genannten Art ununterbrochen ausgeübt hat. Bei der Wiedereinstellung eines Versorgungsempfängers wird der für das frühere Dienstverhältnis maßgebende Tag der Einstellung um die Zeit des Ruhestandes hinausgeschoben.

(3) Richter und Staatsanwälte, die das einunddreißigste Lebensjahr noch nicht vollendet haben, erhalten das Anfangsgrundgehalt ihrer

Besoldungsgruppe so lange, bis sie das für das Aufsteigen in den Lebensaltersstufen vorgesehene Lebensalter vollendet haben.

(4) Das Lebensalter wird, vorbehaltlich des Absatzes 2 Satz 2 und 3, um die Hälfte der Zeit nach Vollendung des fünfunddreißigsten Lebensjahres, in der kein Anspruch auf Besoldung bestand, hinausgeschoben. § 27 Abs. 3, § 28 Abs. 3 und § 30 gelten entsprechend.

3. Abschnitt
Ortszuschlag

§ 39 Grundlage des Ortszuschlages

(1) Der Ortszuschlag wird nach der Anlage V gewährt. Seine Höhe richtet sich nach der Tarifklasse, der die Besoldungsgruppe des Beamten, Richters oder Soldaten zugeteilt ist, und nach der Stufe, die den Familienverhältnissen des Beamten, Richters oder Soldaten entspricht.

(2) Ledige Beamte oder Soldaten, die auf Grund dienstlicher Verpflichtungen in Gemeinschaftsunterkunft wohnen und denen der Ortszuschlag der Stufe 1 zustehen würde, erhalten einen ermäßigten Ortszuschlag nach Anlage V. Steht ihnen Kindergeld nach dem Bundeskindergeldgesetz zu oder würde es ihnen ohne Berücksichtigung des § 3 oder § 8 des Bundeskindergeldgesetzes zustehen, so erhalten sie zusätzlich den Unterschiedsbetrag zwischen der Stufe 2 und der Stufe, die der Anzahl der Kinder entspricht. § 40 Abs. 6 gilt entsprechend.

§ 40 Stufen des Ortszuschlages

(1) Zur Stufe 1 gehören die ledigen und die geschiedenen Beamten, Richter und Soldaten sowie Beamte, Richter und Soldaten, deren Ehe aufgehoben oder für nichtig erklärt ist.

(2) Zur Stufe 2 gehören

1. verheiratete Beamte, Richter und Soldaten,
2. verwitwete Beamte, Richter und Soldaten,
3. geschiedene Beamte, Richter und Soldaten und Beamte, Richter und Soldaten, deren Ehe aufgehoben oder für nichtig erklärt ist, wenn sie aus der Ehe zum Unterhalt verpflichtet sind,
4. andere Beamte, Richter und Soldaten, die eine andere Person nicht nur vorübergehend in ihre Wohnung aufgenommen haben und ihr Unterhalt gewähren, weil sie gesetzlich oder sittlich dazu verpflichtet sind oder aus beruflichen oder gesundheitlichen Gründen ihrer Hilfe bedürfen. Dies gilt bei gesetzlicher oder sittlicher Verpflichtung zur Unterhaltsgewährung nicht, wenn für den Unterhalt der aufgenommenen Person Mittel zur Verfügung

stehen, die, bei einem Kind einschließlich des gewährten Kindergeldes und des kinderbezogenen Teils des Ortszuschlages, das Sechsfache des Unterschiedsbetrages zwischen der Stufe 1 und der Stufe 2 übersteigen. Als in die Wohnung aufgenommen gilt ein Kind auch dann, wenn der Beamte, Richter oder Soldat es auf seine Kosten anderweitig untergebracht hat, ohne daß dadurch die häusliche Verbindung mit ihm aufgehoben werden soll. Beanspruchen mehrere nach dieser Vorschrift oder nach § 62 Abs. 1 Nr. 3 Buchstabe b Anspruchsberechtigte, Angestellte im öffentlichen Dienst oder auf Grund einer Tätigkeit im öffentlichen Dienst Versorgungsberechtigte wegen der Aufnahme einer anderen Person oder mehrerer anderer Personen in die gemeinsam bewohnte Wohnung Ortszuschlag der Stufe 2, eine entsprechende Leistung oder einen Anwärterverheiratetenzuschlag, wird der Unterschiedsbetrag zwischen der Stufe 1 und der Stufe 2 des für den Beamten, Richter oder Soldaten maßgebenden Ortszuschlages nach der Zahl der Berechtigten anteilig gewährt.

(3) Zur Stufe 3 und den folgenden Stufen gehören die Beamten, Richter und Soldaten der Stufe 2, denen Kindergeld nach dem Bundeskindergeldgesetz zusteht oder ohne Berücksichtigung des § 3 oder § 8 des Bundeskindergeldgesetzes zustehen würde. Die Stufe richtet sich nach der Anzahl der berücksichtigungsfähigen Kinder.

(4) Beamte, Richter und Soldaten der Stufe 1, denen Kindergeld nach dem Bundeskindergeldgesetz zusteht oder ohne Berücksichtigung des § 3 oder § 8 des Bundeskindergeldgesetzes zustehen würde, erhalten zusätzlich zum Ortszuschlag der Stufe 1 den Unterschiedsbetrag zwischen Stufe 2 und der Stufe, die der Anzahl der berücksichtigungsfähigen Kinder entspricht. Absatz 6 gilt entsprechend.

(5) Steht der Ehegatte eines Beamten, Richters oder Soldaten als Beamter, Richter oder Soldat oder Angestellter im öffentlichen Dienst oder ist er auf Grund einer Tätigkeit im öffentlichen Dienst nach beamtenrechtlichen Grundsätzen versorgungsberechtigt und stünde ihm ebenfalls der Ortszuschlag der Stufe 2 oder einer der folgenden Stufen oder eine entsprechende Leistung in Höhe von mindestens der Hälfte des Unterschiedsbetrages zwischen der Stufe 1 und der Stufe 2 des Ortszuschlages der höchsten Tarifklasse zu, so erhält der Beamte, Richter oder Soldat den Unterschiedsbetrag zwischen der Stufe 1 und der Stufe 2 des für ihn maßgebenden Ortszuschlages zur Hälfte; dies gilt auch für die Zeit, für die der Ehegatte Mutterschaftsgeld bezieht. § 6 findet auf den Unterschiedsbetrag keine Anwendung, wenn einer der Ehegatten vollbeschäftigt oder nach beamtenrechtlichen Grundsätzen versorgungsberechtigt ist oder beide Ehegatten mit jeweils mindestens der Hälfte der regelmäßigen Arbeitszeit beschäftigt sind.

(6) Stünde neben dem Beamten, Richter oder Soldaten einer anderen Person, die im öffentlichen Dienst steht oder auf Grund einer Tätigkeit im öffentlichen Dienst nach beamtenrechtlichen Grundsät-

zen oder nach einer Ruhelohnordnung versorgungsberechtigt ist, der Ortszuschlag nach Stufe 3 oder einer der folgenden Stufen zu, so wird der auf das Kind entfallende Unterschiedsbetrag zwischen den Stufen des Ortszuschlags dem Beamten, Richter oder Soldaten gewährt, wenn und soweit ihm das Kindergeld nach dem Bundeskindergeldgesetz gewährt wird oder ohne Berücksichtigung des § 8 des Bundeskindergeldgesetzes vorrangig zu gewähren wäre; dem Ortszuschlag nach Stufe 3 oder einer der folgenden Stufen stehen der Sozialzuschlag nach den Tarifverträgen für Arbeiter des öffentlichen Dienstes, eine sonstige entsprechende Leistung oder das Mutterschaftsgeld gleich. Auf das Kind entfällt derjenige Unterschiedsbetrag, der sich aus der für die Anwendung des Bundeskindergeldgesetzes maßgebenden Reihenfolge der Kinder ergibt. § 6 findet auf den Unterschiedsbetrag keine Anwendung, wenn einer der Anspruchsberechtigten im Sinne des Satzes 1 vollbeschäftigt oder nach beamtenrechtlichen Grundsätzen versorgungsberechtigt ist oder mehrere Anspruchsberechtigte mit jeweils mindestens der Hälfte der regelmäßigen Arbeitszeit beschäftigt sind.

(7) Öffentlicher Dienst im Sinne der Absätze 2, 5 und 6 ist die Tätigkeit im Dienste des Bundes, eines Landes, einer Gemeinde oder anderer Körperschaften, Anstalten und Stiftungen des öffentlichen Rechts oder der Verbände von solchen; ausgenommen ist die Tätigkeit bei öffentlich-rechtlichen Religionsgesellschaften oder ihren Verbänden, sofern nicht bei organisatorisch selbständigen Einrichtungen, insbesondere bei Schulen, Hochschulen, Krankenhäusern, Kindergärten, Altersheimen, die Voraussetzungen des Satzes 3 erfüllt sind. Dem öffentlichen Dienst steht die Tätigkeit im Dienst einer zwischenstaatlichen oder überstaatlichen Einrichtung gleich, an der der Bund oder eine der in Satz 1 bezeichneten Körperschaften oder einer der dort bezeichneten Verbände durch Zahlung von Beiträgen oder Zuschüssen oder in anderer Weise beteiligt ist. Dem öffentlichen Dienst steht ferner gleich die Tätigkeit im Dienst eines sonstigen Arbeitgebers, der die für den öffentlichen Dienst geltenden Tarifverträge oder Tarifverträge wesentlich gleichen Inhaltes oder die darin oder in Besoldungsgesetzen über Ortszuschläge oder Sozialzuschläge getroffenen Regelungen oder vergleichbare Regelungen anwendet, wenn der Bund oder eine der in Satz 1 bezeichneten Körperschaften oder Verbände durch Zahlung von Beiträgen oder Zuschüssen oder in anderer Weise beteiligt ist. Die Entscheidung, ob die Voraussetzungen erfüllt sind, trifft der für das Besoldungsrecht zuständige Minister oder die von ihm bestimmte Stelle.

§ 41 Änderung des Ortszuschlages

(1) Der Ortszuschlag einer anderen Tarifklasse wird von demselben Tage an gezahlt wie das Grundgehalt der neuen Besoldungsgruppe.

(2) Der Ortszuschlag einer höheren Stufe wird vom Ersten des Monats an gezahlt, in den das für die Erhöhung maßgebende Ereignis fällt. Er wird nicht mehr gezahlt für den Monat, in dem die

Anspruchsvoraussetzungen an keinem Tage vorgelegen haben. Die Sätze 1 und 2 gelten entsprechend für die Zahlung von Unterschiedsbeträgen oder Teilen von Unterschiedsbeträgen zwischen den Stufen des Ortszuschlages.

4. Abschnitt
Zulagen, Vergütungen

§ 42 Amtszulagen und Stellenzulagen

(1) Für herausgehobene Funktionen können Amtszulagen und Stellenzulagen vorgesehen werden. Sie dürfen 75 vom Hundert des Unterschiedsbetrages zwischen dem Endgrundgehalt der Besoldungsgruppe des Beamten, Richters oder Soldaten und dem Endgrundgehalt der nächsthöheren Besoldungsgruppe nicht übersteigen, soweit bundesgesetzlich nichts anderes bestimmt ist.

(2) Die Amtszulagen sind unwiderruflich und ruhegehaltfähig. Sie gelten als Bestandteil des Grundgehaltes.

(3) Die Stellenzulagen dürfen nur für die Dauer der Wahrnehmung der herausgehobenen Funktionen gewährt werden. Wird dem Beamten, Richter oder Soldaten vorübergehend eine andere Funktion übertragen, die zur Herbeiführung eines im besonderen öffentlichen Interesse liegenden unaufschiebbaren und zeitgebundenen Ergebnisses im Inland wahrgenommen werden muß, wird für die Dauer ihrer Wahrnehmung die Stellenzulage weitergewährt; sie wird für höchstens drei Monate auch weiter gewährt, wenn die vorübergehende Übertragung einer anderen Funktion zur Sicherung der Funktionsfähigkeit des Behördenbereichs, in dem der Beamte, Richter oder Soldat eingesetzt wird, dringend erforderlich ist. Daneben wird eine Stellenzulage für diese andere Funktion nur in der Höhe des Mehrbetrages gewährt. Die Entscheidung, ob die Voraussetzungen des Satzes 2 vorliegen, trifft die oberste Dienstbehörde im Einvernehmen mit dem für das Besoldungsrecht zuständigen Minister.

(4) Die Stellenzulagen sind widerruflich und nur ruhegehaltfähig, wenn dies gesetzlich bestimmt ist.

(5) Für Ämter, die in den Bundesbesoldungsordnungen oder in der Rechtsverordnung nach § 21 Abs. 1 aufgeführt sind, dürfen die Länder Amtszulagen und Stellenzulagen nur vorsehen, wenn dies bundesgesetzlich bestimmt ist.

§ 43 Stellenzulagen für Beamte, Richter und Soldaten in der Hochschulleitung

Der Bundesminister des Innern wird ermächtigt, durch Rechtsverordnung mit Zustimmung des Bundesrates die Gewährung einer

Stellenzulage für Beamte, Richter und Soldaten zu regeln, die zusätzlich zu ihren sonstigen Aufgaben im Bereich einer Hochschule folgende Funktionen wahrnehmen:

1. Leiter von Hochschulen oder, wenn die Hochschule regional oder örtlich in Abteilungen gegliedert ist, von Abteilungen von Hochschulen sowie ständige Vertreter,
2. Vorsitzende von Hochschulleitungsgremien und ständige Vertreter,
3. Mitglieder von Hochschulleitungsgremien,
4. Leiter von zentralen Kollegialorganen,
5. Leiter von gemeinsamen Kommissionen,
6. Leiter von Fachbereichen.

Es kann bestimmt werden, inwieweit mit der Stellenzulage ein besonderer Aufwand des Beamten, Richters oder Soldaten mit abgegolten ist.

§ 44 Stellenzulage für hauptamtliche Lehrkräfte

(1) Die Bundesregierung wird ermächtigt, durch Rechtsverordnung, die nicht der Zustimmung des Bundesrates bedarf, die Gewährung einer Stellenzulage für Bundesbeamte des Verwaltungs- und Vollzugsdienstes sowie Richter und Staatsanwälte im Bundesdienst, die in ihrem Hauptamt mindestens zur Hälfte im Rahmen der Ausbildung und Fortbildung als Lehrkräfte tätig sind, zu regeln. Die Stellenzulage darf nur vorgesehen werden, soweit die Wahrnehmung dieser Funktion nicht bei der Einstufung berücksichtigt ist. Sie darf den Betrag nach Anlage IX nicht überschreiten. Mit der Stellenzulage sind die mit der Tätigkeit verbundenen Erschwernisse und ein Aufwand mit abgegolten.

(2) Die Bundesregierung wird ermächtigt, durch Rechtsverordnung mit Zustimmung des Bundesrates entsprechend Absatz 1 die Stellenzulage auch für den Bereich der Länder zu regeln.

(3) Die Landesregierungen werden ermächtigt, durch Rechtsverordnung entsprechend Absatz 1 die Stellenzulage jeweils für den Bereich ihres Landes zu regeln. Die Länder können von dieser Ermächtigung Gebrauch machen, sofern die Bundesregierung keine Regelung nach Absatz 2 getroffen hat.

§ 45 (weggefallen)

§ 46 Zulage für die Wahrnehmung eines höherwertigen Amtes

(1) Ein Beamter, dem auf Grund besonderer landesrechtlicher Rechtsvorschrift ein höherwertiges Amt mit zeitlicher Begrenzung übertragen worden ist, erhält für die Dauer der Wahrnehmung eine Zulage, wenn er das höherwertige Amt auf dem übertragenen

Dienstposten wegen der besonderen Rechtsvorschrift nicht im Wege der Beförderung erreichen kann.

(2) Die Zulage wird in Höhe des Unterschiedsbetrages zwischen dem Grundgehalt und dem Ortszuschlag seiner Besoldungsgruppe und dem Grundgehalt und dem Ortszuschlag der Besoldungsgruppe gewährt, der das höherwertige Amt zugeordnet ist. Auf die Zulage ist eine dem Beamten nach Nummer 27 der Vorbemerkungen zu den Bundesbesoldungsordnungen A und B zustehende Stellenzulage anzurechnen.

(3) Die Zulage gehört zu den ruhegehaltfähigen Dienstbezügen, wenn

1. sie länger als zehn Jahre ununterbrochen gewährt worden ist; hat der Beamte beim Eintritt in den Ruhestand ein Amt mit einem höheren Endgrundgehalt als bei Beendigung der zulageberechtigenden Verwendung inne, so wird die Zulage entsprechend verringert oder
2. der Beamte während der zulageberechtigenden Verwendung wegen Dienstunfähigkeit in den Ruhestand versetzt worden oder verstorben ist und die Zulage mindestens zwei Jahre bezogen hat oder infolge von Krankheit, Verwundung oder sonstiger Beschädigung, die er sich ohne grobes Verschulden bei Ausübung oder aus Veranlassung des Dienstes zugezogen hat, in den Ruhestand versetzt worden oder verstorben ist.

Liegen für mehrere Zulagen die Voraussetzungen nach Satz 1 vor, so gehört nur die Zulage aus dem höher eingestuften Amt, bei gleich eingestuften Ämtern die Zulage aus dem zuletzt übertragenen Amt zu den ruhegehaltfähigen Dienstbezügen.

§ 47 Zulagen für besondere Erschwernisse

Die Bundesregierung wird ermächtigt, durch Rechtsverordnung mit Zustimmung des Bundesrates die Gewährung von Zulagen zur Abgeltung besonderer, bei der Bewertung des Amtes oder bei der Regelung der Anwärterbezüge nicht berücksichtigter Erschwernisse (Erschwerniszulagen) zu regeln. Die Zulagen sind widerruflich und nicht ruhegehaltfähig. Es kann bestimmt werden, inwieweit mit der Gewährung von Erschwerniszulagen ein besonderer Aufwand des Beamten, Richters oder Soldaten mit abgegolten ist.

§ 48 Mehrarbeitsvergütung, Vergütung für die Teilnahme an Sitzungen kommunaler Vertretungskörperschaften und ihrer Ausschüsse

(1) Die Bundesregierung wird ermächtigt, durch Rechtsverordnung mit Zustimmung des Bundesrates die Gewährung einer Mehrarbeitsvergütung (§ 72 des Bundesbeamtengesetzes, § 44 des Beamtenrechtsrahmengesetzes und entsprechende landesrechtliche Vorschriften) für Beamte zu regeln, soweit die Mehrarbeit nicht durch

Dienstbefreiung ausgeglichen wird. Die Vergütung darf nur für Beamte in Bereichen vorgesehen werden, in denen nach Art der Dienstverrichtung eine Mehrarbeit meßbar ist. Die Höhe der Vergütung ist nach dem Umfang der tatsächlich geleisteten Mehrarbeit festzusetzen und unter Zusammenfassung von Besoldungsgruppen zu staffeln.

(2) Die Landesregierungen werden ermächtigt, durch Rechtsverordnung die Gewährung einer Vergütung für Beamte der Gemeinden und Gemeindeverbände mit weniger als 20 000 Einwohnern, soweit diesen Beamten Dienstbezüge nach der Besoldungsordnung A zustehen, zu regeln, wenn die Beamten als Protokollführer regelmäßig an Sitzungen kommunaler Vertretungskörperschaften oder ihrer Ausschüsse außerhalb der regelmäßigen Arbeitszeit teilnehmen. Die Sitzungsvergütung darf den Betrag nach Anlage IX nicht übersteigen. Sie darf nicht neben einer Aufwandsentschädigung gewährt werden; ein allgemein mit der Sitzungstätigkeit verbundener Aufwand wird mit abgegolten. Die Vergütung entfällt, wenn die Arbeitsleistung durch Dienstbefreiung ausgeglichen werden kann. Die Ermächtigung zum Erlaß der Rechtsverordnung kann auf den zuständigen Minister übertragen werden.

§ 49 Vergütung für Beamte im Vollstreckungsdienst

(1) Die Bundesregierung wird ermächtigt, durch Rechtsverordnung mit Zustimmung des Bundesrates die Gewährung einer Vergütung für Gerichtsvollzieher und andere im Vollstreckungsdienst tätige Beamte zu regeln. Maßstab für die Festsetzung der Vergütung sind die vereinnahmten Gebühren oder Beträge.

(2) Für die Vergütung können Höchstsätze für die einzelnen Vollstreckungsaufträge sowie für das Kalenderjahr festgesetzt werden. Ein Teil der Vergütung kann für ruhegehaltfähig erklärt werden. Es kann bestimmt werden, inwieweit mit der Vergütung ein besonderer Aufwand des Beamten mit abgegolten ist.

(3) Die Landesregierungen werden ermächtigt, durch Rechtsverordnung die Abgeltung der den Gerichtsvollziehern für die Verpflichtung zur Einrichtung und Unterhaltung eines Büros entstehenden Kosten zu regeln. Die Ermächtigung kann auf den zuständigen Minister übertragen werden.

§ 50 Lehrvergütung für Professoren

Soweit auf Grund der Prüfungs- und Studienordnungen der Lehrbedarf für ein Fach eine Lehrtätigkeit eines Professors erfordert, die die Regellehrverpflichtung seines Amtes überschreitet, wird dem Professor für die weitere Lehrtätigkeit eine Lehrvergütung gewährt. Die Regellehrverpflichtung und die Höhe der Lehrvergütung werden durch Rechtsverordnung des Bundesministers für Bildung und Wissenschaft bestimmt; die Rechtsverordnung bedarf des Einvernehmens des Bundesministers des Innern und der Zustimmung des Bundesrates. Die Regellehrverpflichtung ist nach Wochenstunden bezogen auf die einzelnen Unterrichtsveranstaltungen festzulegen und nach dem Umfang der Lehrtätigkeit zu staffeln. Die Lehrvergütung wird höchstens für vier Wochenstunden gewährt.

§ 50a Vergütung für Soldaten mit besonderer zeitlicher Belastung

Der Bundesminister des Innern wird ermächtigt, durch Rechtsverordnung im Einvernehmen mit dem Bundesminister der Verteidigung und dem Bundesminister der Finanzen die Gewährung einer Vergütung für Soldaten mit Dienstbezügen aus der Bundesbesoldungsordnung A zu regeln, die

a) mehr als 12 und höchstens 16 Stunden

b) mehr als 16 und höchstens 24 Stunden

zusammenhängenden Dienst leisten und denen dafür keine Freistellung vom Dienst gewährt werden kann. Die Bemessungsgrundlage für die Vergütung und die Freistellung vom Dienst ist die tägliche Rahmendienstzeit als Bestandteil einer wöchentlichen Rahmendienstzeit. Die Rechtsverordnung bedarf nicht der Zustimmung des Bundesrates. Die Vergütung wird frühestens für Dienste nach Ablauf von 6 Monaten seit dem Dienstantritt gewährt.

§ 51 Andere Zulagen und Vergütungen

Andere als die in diesem Abschnitt geregelten Zulagen und Vergütungen dürfen nur gewährt werden, soweit dies bundesgesetzlich bestimmt ist. Vergütungen für Nebentätigkeiten im öffentlichen Dienst bleiben unberührt.

5. Abschnitt
Auslandsdienstbezüge

§ 52 Auslandsdienstbezüge

(1) Beamte, Richter und Soldaten mit dienstlichem und tatsächlichem Wohnsitz im Ausland erhalten die Dienstbezüge, die ihnen bei einer Verwendung im Inland zustehen; beim Ortszuschlag sind auch Kinder zu berücksichtigen, für die Auslandskinderzuschlag gewährt wird. Zulagen und Vergütungen werden jedoch nur gewährt, soweit die jeweiligen besonderen Voraussetzungen auch bei Verwendung im Ausland vorliegen. Sie erhalten daneben folgende Auslandsdienstbezüge:

1. Auslandszuschlag,
2. Auslandskinderzuschlag,
3. Mietzuschuß.

(2) Beamte, Richter und Soldaten, denen für ihre Person das Grundgehalt einer höheren Besoldungsgruppe als der für ihr Amt im Ausland vorgesehenen zusteht, erhalten die Auslandsdienstbezüge nur nach der niedrigeren Besoldungsgruppe. Das Grundgehalt der niedrigeren Besoldungsgruppe und der entsprechende Ortszuschlag werden auch dem Kaufkraftausgleich zugrunde gelegt.

(3) Beamte, die wegen ihrer Tätigkeit im Grenzverkehr ihren dienstlichen Wohnsitz in einem ausländischen Ort in Grenznähe haben, erhalten zusätzlich zu ihren Inlandsdienstbezügen als Auslandsdienstbezüge zehn vom Hundert des Auslandszuschlages der Stufe 1 und den Mietzuschuß.

§ 53 Zahlung der Auslandsdienstbezüge

Die Auslandsdienstbezüge werden bei Versetzung zwischen dem Inland und dem Ausland vom Tage nach dem Eintreffen am ausländischen Dienstort bis zum Tage vor der Abreise aus diesem Ort gezahlt. Bei Versetzungen im Ausland werden sie bis zum Tage des Eintreffens am neuen Dienstort nach den für den bisherigen Dienstort maßgebenden Sätzen gezahlt. Bei Abordnungen vom Ausland in das Inland gilt Satz 1 entsprechend.

§ 54 Kaufkraftausgleich

(1) § 7 gilt mit der Maßgabe, daß der Kaufkraftausgleich vom Bundesminister des Auswärtigen im Einvernehmen mit dem Bundesminister des Innern und dem Bundesminister der Finanzen, hinsichtlich der Bundeswehrdienstorte im Ausland auch im Einvernehmen mit dem Bundesminister der Verteidigung, geregelt wird. Dem Kaufkraftausgleich werden sechzig vom Hundert der Dienstbezüge nach § 52 zugrunde gelegt; § 56 Abs. 1 Satz 3 bleibt unberührt. Beim Mietzuschuß wird ein Kaufkraftausgleich nicht vorgenommen.

(2) Abweichend von Absatz 1 Satz 2 Halbsatz 1 werden der Berechnung des Kaufkraftzuschlages von Beamten und Soldaten in den Besoldungsgruppen A 1 bis A 8 fünfundsechzig vom Hundert zugrunde gelegt. Ist der Kaufkraftzuschlag geringer als derjenige, den der Beamte oder Soldat in der nächstniedrigeren Besoldungsgruppe erhalten würde, wird der höhere Betrag gewährt.

(3) Abschläge werden nicht erhoben

1. auf den Zuschlag gemäß § 55 Abs. 7 sowie auf jährliche Sonderzuwendungen, vermögenswirksame Leistungen und Jubiläumszuwendungen,
2. während einer Reise ins Inland, zu der ein Fahrkostenzuschuß gewährt wird.

Der Bundesminister des Auswärtigen wird ermächtigt, das Nähere im Einvernehmen mit dem Bundesminister des Innern und dem Bundesminister der Finanzen zu regeln.

§ 55 Auslandszuschlag

(1) Der Auslandszuschlag wird nach den Aufstellungen in den Anlagen VIa bis VIh gewährt. Seine Höhe richtet sich nach den Voraussetzungen der Absätze 2 bis 5, der Besoldungsgruppe des Beamten, Richters oder Soldaten und nach der für den ausländischen Dienstort maßgebenden Stufe.

(2) Nach der Anlage VIa erhalten den Auslandszuschlag verheiratete Beamte, Richter und Soldaten, die mit ihrem Ehegatten am ausländischen Dienstort eine gemeinsame Wohnung haben. Stirbt der Ehegatte, so verbleibt es bei dieser Regelung bis zur Versetzung an einen anderen Dienstort. Stehen beide Ehegatten im Dienst eines öffentlich-rechtlichen Dienstherrn (§ 29 Abs. 1) oder eines Verbandes, dessen Mitglieder öffentlich-rechtliche Dienstherren sind, so erhält ein Ehegatte den Auslandszuschlag nach Tabelle VIa und der andere nach Tabelle VIc; den Auslandszuschlag nach Tabelle VIa erhält der Ehegatte, der Anspruch auf den höheren Auslandszuschlag hat. § 4 Abs. 2 Satz 2 und 3 ist anzuwenden. Ist die Arbeitszeit beider Ehegatten jeweils auf die Hälfte der regelmäßigen Arbeitszeit ermäßigt, erhält jeder Ehegatte Auslandszuschlag nach der Anlage VIa.

(3) Nach der Anlage VIb erhalten den Auslandszuschlag

1. Beamte, Richter und Soldaten, die auf Grund ihrer dienstlichen Stellung verpflichtet sind, am ausländischen Dienstort einen eigenen Hausstand zu führen,
2. Beamte, Richter und Soldaten, die das vierzigste Lebensjahr vollendet haben,
3. Beamte, Richter und Soldaten, die in ihrer Wohnung am ausländischen Dienstort einer anderen Person nicht nur vorübergehend Unterkunft und Unterhalt gewähren, weil sie gesetzlich oder sittlich dazu verpflichtet sind oder aus beruflichen oder gesundheitlichen Gründen ihrer Hilfe bedürfen,
4. verheiratete Beamte, Richter und Soldaten mit eigenem Hausstand, deren Ehegatten am ausländischen Dienstort noch keinen Wohnsitz begründet oder diesen wieder aufgegeben haben.

(4) Nach der Anlage VIc erhalten den Auslandszuschlag die übrigen Beamten, Richter und Soldaten. Bei dienstlicher Verpflichtung zum Wohnen in einer Gemeinschaftsunterkunft und zur Teilnahme an der Gemeinschaftsverpflegung wird der Auslandszuschlag nach der Anlage VId, wenn nur eine der beiden Voraussetzungen gegeben ist, nach der Anlage VIe gewährt. Dies gilt entsprechend, wenn Unterkunft und/oder Verpflegung unentgeltlich bereitgestellt oder hierfür entsprechende Geldleistungen gewährt werden.

(5) Beamte, für die das Gesetz über den Auswärtigen Dienst gilt, erhalten anstelle des Auslandszuschlags nach den Anlagen VIa bis VIc den Auslandszuschlag nach den Anlagen VIf bis VIh. Soweit die Voraussetzungen nach Absatz 4 Satz 2 oder 3 vorliegen, erhalten

sie den Auslandszuschlag nach Anlage VId oder VIe, der sich um die Differenz der Anlagen VIh und VIc erhöht. Gilt für beide Ehegatten das Gesetz über den Auswärtigen Dienst, so erhalten sie den Auslandszuschlag nach der Anlage VIg. Absatz 2 Satz 5 gilt entsprechend. Der Bundesminister des Auswärtigen wird ermächtigt, im Einvernehmen mit dem Bundesminister des Innern und dem Bundesminister der Finanzen durch Rechtsverordnung zu bestimmen, daß verheirateten Beamten zum Ausgleich der besonderen, mit dem Auswärtigen Dienst verbundenen Belastungen des Ehegatten (§ 29 des Gesetzes über den Auswärtigen Dienst) ein um bis zu 5 v. H. der Dienstbezüge im Ausland erhöhter Auslandszuschlag gewährt wird. Er kann dabei bestimmen, ob und inwieweit Erwerbseinkommen des Ehegatten berücksichtigt wird. Die Sätze 1 bis 5 gelten entsprechend für Beamte, die im Ausland unter Fortzahlung ihrer Dienstbezüge als Berater für polizeiliche Aufgaben oder als Rauschgiftverbindungsbeamte bei einer ausländischen Regierung, sowie für Soldaten, die im Ausland unter Fortzahlung ihrer Dienstbezüge in integrierten militärischen Stäben oder als Berater bei einer ausländischen Regierung verwendet werden.

(6) Die Bundesregierung wird ermächtigt, durch Rechtsverordnung die Dienstorte den Stufen des Auslandszuschlags zuzuteilen; dabei sind die aus den Besonderheiten des Dienstes und den Lebensbedingungen im Ausland folgenden besonderen materiellen und immateriellen Belastungen in der Lebensführung zu berücksichtigen. Die Rechtsverordnung bedarf nicht der Zustimmung des Bundesrats.

(7) Bei vorübergehenden außergewöhnlichen materiellen oder immateriellen Belastungen in der Lebensführung setzt das Auswärtige Amt im Einvernehmen mit dem Bundesminister des Innern und dem Bundesminister der Finanzen im Verwaltungswege einen zeitlich befristeten Zuschlag bis zur Höhe von 750 Deutsche Mark monatlich fest. Steht Bundesbeamten und Soldaten ein Auslandsverwendungszuschlag nach § 58a zu und erhalten andere Bundesbeamte und Soldaten an demselben ausländischen Dienstort Auslandsdienstbezüge nach den §§ 52 bis 58 und 59, wird für diese ein besonderer Zuschlag festgesetzt, wenn sie den gleichen Belastungen und erschwerenden Besonderheiten ausgesetzt sind. Er beträgt ein Drittel des nach § 58a festgesetzten Auslandsverwendungszuschlages und unterliegt nicht dem Kaufkraftausgleich. Ein Zuschlag nach Satz 1 wird angerechnet.

§ 56 Auslandskinderzuschlag

(1) Der Auslandskinderzuschlag wird für Kinder, die nach § 2 Abs. 1 bis 4 des Bundeskindergeldgesetzes bei dem Beamten, Richter oder Soldaten zu berücksichtigen wären und die sich nicht nur vorübergehend

1. im Ausland aufhalten, nach der für den Beamten, Richter oder Soldaten maßgebenden Stufe des Auslandszuschlages (Anlage VIi),

2. im Inland aufhalten, wenn im Inland kein Haushalt eines Elternteils besteht, der für das Kind bis zum Erreichen der Volljährigkeit sorgeberechtigt ist oder war, nach Anlage VIi

gewährt. § 3 des Bundeskindergeldgesetzes und § 40 Abs. 6 Satz 3 finden entsprechende Anwendung. Im Falle der Nummer 2 wird ein Kaufkraftausgleich nicht vorgenommen.

(2) Auslandskinderzuschlag nach Absatz 1 Satz 1 Nr. 1 wird abweichend von § 2 Abs. 2 des Bundeskindergeldgesetzes auch gewährt für Kinder in der Übergangszeit zwischen zwei Ausbildungsabschnitten, wenn und soweit sich der Beginn des nächsten Ausbildungsabschnitts durch die Auslandsverwendung des Beamten, Richters oder Soldaten verzögert hat, höchstens jedoch für ein Jahr.

(3) Der Auslandskinderzuschlag wird vom Beginn des Monats an gewährt, in dem die Anspruchsvoraussetzungen erfüllt sind; er wird bis zum Ende des Monats gewährt, in dem die Anspruchsvoraussetzungen wegfallen; § 53 bleibt unberührt.

§ 57 Mietzuschuß

(1) Der Mietzuschuß wird gewährt, wenn die Miete für den als notwendig anerkannten leeren Wohnraum achtzehn vom Hundert der Summe aus Grundgehalt, Ortszuschlag der Stufe 1 oder 2, Amts- und Stellenzulagen mit Ausnahme des Kaufkraftausgleichs übersteigt. Der Mietzuschuß beträgt neunzig vom Hundert des Mehrbetrages.

Beträgt die Mieteigenbelastung

1. bei Beamten und Soldaten in den Besoldungsgruppen A 1 bis A 8 mehr als zwanzig vom Hundert,
2. bei Beamten und Soldaten in den Besoldungsgruppen A 9 und höher sowie bei Richtern mehr als zweiundzwanzig vom Hundert

der Bezüge nach Satz 1, so wird der volle Mehrbetrag als Mietzuschuß erstattet.

(2) Erwirbt oder errichtet der Beamte, Richter oder Soldat oder eine beim Auslandszuschlag oder beim Auslandskinderzuschlag berücksichtigte Person ein Eigenheim oder eine Eigentumswohnung, so kann, wenn dienstliche Interessen nicht entgegenstehen, ein Zuschuß in sinngemäßer Anwendung des Absatzes 1 gewährt werden. Anstelle der Miete treten 0,65 vom Hundert des Kaufpreises, der auf den als notwendig anerkannten leeren Wohnraum entfällt. Der Zuschuß beträgt höchstens 0,3 vom Hundert des anerkannten Kaufpreises; er darf jedoch den Betrag des Mietzuschusses nach Absatz 1 bei Zugrundelegung einer Miete nach den ortsüblichen Sätzen für vergleichbare Objekte nicht übersteigen. Nebenkosten bleiben unberücksichtigt.

(3) Hat der Beamte, Richter oder Soldat mit seinem Ehegatten am ausländischen Dienstort eine gemeinsame Wohnung inne und erhält

der Ehegatte ebenfalls Auslandsdienstbezüge nach § 52 Abs. 1 oder 3 oder Arbeitsentgelt in entsprechender Anwendung des § 52 Abs. 1 oder 3, so wird nur ein Mietzuschuß gewährt. Der Berechnung des Vomhundertsatzes nach Absatz 1 Satz 1 sind die Dienstbezüge und das entsprechende Arbeitsentgelt beider Ehegatten zugrunde zu legen. Der Mietzuschuß wird nur dem Ehemann, auf Antrag eines Ehegatten jedem zur Hälfte gewährt; § 6 findet keine Anwendung.

(4) Inhaber von Dienstwohnungen im Ausland erhalten keinen Mietzuschuß.

§ 58 Auslandsdienstbezüge bei Abordnungen

(1) Ist der Beamte, Richter oder Soldat für einen Zeitraum von mehr als drei Monaten vom Inland in das Ausland oder im Ausland abgeordnet, gelten die §§ 52 bis 57 und § 59 Abs. 3 und 4 entsprechend. Der Abordnung kann eine Verwendung im Ausland nach § 123a des Beamtenrechtsrahmengesetzes gleichgestellt werden.

(2) Die oberste Dienstbehörde kann im Einvernehmen mit dem für das Besoldungsrecht zuständigen Minister in besonderen Fällen Ausnahmen von Absatz 1 zulassen.

§ 58a Auslandsverwendungszuschlag

(1) Das Bundesministerium des Innern wird ermächtigt, durch Rechtsverordnung im Einvernehmen mit dem Auswärtigen Amt, dem Bundesministerium der Finanzen und dem Bundesministerium der Verteidigung die Gewährung eines Auslandsverwendungszuschlages an Bundesbeamte und Soldaten zu regeln, die im Ausland im Rahmen von humanitären und unterstützenden Maßnahmen verwendet werden. Die Rechtsverordnung bedarf nicht der Zustimmung des Bundesrates.

(2) Der Auslandsverwendungszuschlag wird für eine besondere Verwendung gewährt, die auf Grund eines Übereinkommens, eines Vertrages oder einer Vereinbarung mit einer über- oder zwischenstaatlichen Einrichtung oder mit einem auswärtigen Staat auf Beschluß der Bundesregierung im Ausland oder außerhalb des deutschen Hoheitsgebietes auf Schiffen oder in Luftfahrzeugen stattfindet. Er gilt die mit der besonderen Verwendung verbundenen Belastungen ab. Ein Beschluß der Bundesregierung ist nicht erforderlich für Einsätze der Bundesanstalt Technisches Hilfswerk nach § 1 Abs. 2 des THW-Helferrechtsgesetzes, wenn Einvernehmen zwischen dem Bundesministerium des Innern und dem Auswärtigen Amt besteht.

(3) Der Auslandsverwendungszuschlag wird für jeden Tag der Verwendung gewährt und als einheitlicher Tagessatz für jede Verwendung festgesetzt. Die Belastungen und erschwerenden Besonderheiten der Verwendung sind durch unterschiedliche Stufen des Zuschlages zu berücksichtigen. Der Tagessatz der höchsten Stufe beträgt 150 Deutsche Mark.

(4) Der Auslandsverwendungszuschlag wird zusätzlich zu den bei Verwendungen im Inland zustehenden Bezügen gezahlt. Zulagen und Vergütungen werden jedoch nur gewährt, soweit die jeweiligen besonderen Voraussetzungen auch bei der besonderen Verwendung vorliegen. Die §§ 52 bis 58 finden keine Anwendung. Ein Kaufkraftausgleich nach § 7 wird nicht gewährt. Erhält ein Bundesbeamter oder Soldat für die Verwendung anderweitig Bezüge, mit denen Belastungen abgegolten werden, sind diese auf den Auslandsverwendungszuschlag anzurechnen. § 9a Abs. 2 ist nicht anzuwenden.

6. Abschnitt
Anwärterbezüge

§ 59 Anwärterbezüge

(1) Beamte auf Widerruf im Vorbereitungsdienst (Anwärter) erhalten Anwärterbezüge.

(2) Zu den Anwärterbezügen gehören der Anwärtergrundbetrag, der Anwärterverheiratetenzuschlag und die Anwärtersonderzuschläge. Daneben werden die jährliche Sonderzuwendung, die vermögenswirksamen Leistungen und das jährliche Urlaubsgeld gewährt. Zulagen und Vergütungen werden nur gewährt, wenn dies bundesgesetzlich besonders bestimmt ist.

(3) Anwärter mit dienstlichem Wohnsitz im Ausland erhalten zusätzlich Bezüge entsprechend den Auslandsdienstbezügen. Der Berechnung des Mietzuschusses sind der Anwärtergrundbetrag, der Anwärterverheiratetenzuschlag und der Anwärtersonderzuschlag zugrunde zu legen.

(4) Absatz 3 gilt nicht für Anwärter, die bei einer von ihnen selbst gewählten Stelle im Ausland ausgebildet werden. § 7 gilt mit der Maßgabe, daß mindestens die Bezüge nach Absatz 2 verbleiben.

(5) Für Anwärter, die im Rahmen ihres Vorbereitungsdienstes ein Studium ableisten, kann die Gewährung der Anwärterbezüge von der Erfüllung von Auflagen abhängig gemacht werden.

§ 60 Anwärterbezüge nach Ablegung der Laufbahnprüfung

Endet das Beamtenverhältnis eines Anwärters kraft Rechtsvorschrift oder allgemeiner Verwaltungsanordnung mit dem Bestehen oder endgültigen Nichtbestehen der Laufbahnprüfung, werden die Anwärterbezüge für die Zeit nach Ablegung der Prüfung bis zum Ende des laufenden Monats weitergewährt. Wird bereits vor diesem Zeitpunkt ein Anspruch auf Bezüge aus einer hauptberuflichen Tätigkeit bei einem öffentlich-rechtlichen Dienstherrn (§ 29 Abs. 1) oder bei einer Ersatzschule erworben, so werden die Anwärterbezüge nur bis zum Tage vor Beginn dieses Anspruchs belassen.

§ 61 Anwärtergrundbetrag

Der Anwärtergrundbetrag bemißt sich nach der Anlage VIII.

§ 62 Anwärterverheiratetenzuschlag

(1) Den Anwärterverheiratetenzuschlag nach der Anlage VIII erhalten

1. verheiratete Anwärter und verwitwete Anwärter,
2. Anwärter, deren Ehe geschieden, aufgehoben oder für nichtig erklärt worden ist, wenn sie aus der Ehe zum Unterhalt verpflichtet sind,
3. andere Anwärter,
   a) denen Kindergeld nach dem Bundeskindergeldgesetz zusteht oder ohne Berücksichtigung des § 3 oder § 8 des Bundeskindergeldgesetzes zustehen würde,
   b) die in ihrer Wohnung einer anderen Person nicht nur vorübergehend Unterkunft und Unterhalt gewähren, weil sie gesetzlich oder sittlich dazu verpflichtet sind oder aus gesundheitlichen Gründen ihrer Hilfe bedürfen. § 40 Abs. 2 Nr. 4 Satz 2 bis 4 gilt entsprechend.

(2) Erfüllt ein Anwärter in den Fällen des Absatzes 1 Nr. 3 Buchstabe a nicht außerdem die Voraussetzungen des Absatzes 1 Nr. 3 Buchstabe b, so erhält er für jedes Kind, für das ihm Kindergeld nach dem Bundeskindergeldgesetz zusteht oder ohne Berücksichtigung des § 3 oder § 8 des Bundeskindergeldgesetzes zustehen würde, einen Anwärterverheiratetenzuschlag nach Anlage VIII, jedoch insgesamt nicht mehr als den Betrag nach Absatz 1.

(3) Anwärter, deren Ehegatte ebenfalls Anwärter ist oder als Beamter, Richter oder Soldat mit Dienstbezügen oder als Angestellter oder Arbeiter mit mindestens der Hälfte der regelmäßigen Arbeitszeit im öffentlichen Dienst oder einer ihm gleichstehenden Tätigkeit (§ 40 Abs. 7) steht, in einem Ausbildungsverhältnis im öffentlichen Dienst steht und eine Leistung mindestens in Höhe der Anwärterbezüge erhält oder auf Grund einer Tätigkeit bei einem öffentlich-rechtlichen Dienstherrn nach beamtenrechtlichen Vorschriften oder Grundsätzen versorgungsberechtigt ist, erhalten die Hälfte des Anwärterverheiratetenzuschlages.

Dies gilt nicht für die Zeit, in der

1. der Ehegatte des Anwärters für mindestens einen Monat keine Bezüge erhält,
2. der Ehegatte des Anwärters Krankengeld nach der Reichsversicherungsordnung erhält,
3. die Ehefrau des Anwärters Mutterschaftsgeld erhält.

Die Sätze 1 und 2 gelten für Anwärter im Sinne des Absatzes 1 Nr. 2 und 3 Buchstabe a entsprechend mit der Maßgabe, daß an die Stelle des Ehegatten des Anwärters der frühere Ehegatte oder der andere Elternteil des Kindes tritt.

(4) Der Anwärterverheiratetenzuschlag wird vom Ersten des Monats an gezahlt, in den das für die Gewährung maßgebende Ereignis fällt. Er wird nicht mehr gezahlt für den Monat, in dem die Anspruchsvoraussetzungen an keinem Tage vorgelegen haben. Die Sätze 1 und 2 gelten entsprechend für die Zahlung des nach Absatz 3 Satz 1 verminderten Anwärterverheiratetenzuschlages.

§ 63 Anwärtersonderzuschläge

(1) Der Bundesminister des Innern wird ermächtigt, durch Rechtsverordnung mit Zustimmung des Bundesrates die Gewährung von Anwärtersonderzuschlägen zu regeln. Anwärtersonderzuschläge dürfen grundsätzlich nur vorgesehen werden für Anwärter solcher Laufbahnen, in denen außer der für die Laufbahngruppe allgemein vorgeschriebenen Vorbildung eine abgeschlossene Berufsausbildung oder eine berufsförderliche Ausbildung oder Tätigkeit oder sonstige besondere Einstellungsvoraussetzungen gefordert werden. Anwärtersonderzuschläge können auch dann gewährt werden, wenn neben einem durch Prüfung abgeschlossenen Vorbereitungsdienst ein zusätzlicher Vorbereitungsdienst gefordert wird.

(2) In der Rechtsverordnung kann die Gewährung der Anwärtersonderzuschläge von der Erfüllung von Auflagen abhängig gemacht werden.

(3) Die Anwärtersonderzuschläge dürfen zusammen mit dem Anwärtergrundbetrag und dem Anwärterverheiratetenzuschlag das Anfangsgehalt (Grundgehalt der ersten Dienstaltersstufe und Ortszuschlag) des Amtes nicht übersteigen, das dem Anwärter nach erfolgreichem Abschluß des Vorbereitungsdienstes und bestandener Prüfung auf Probe übertragen werden soll.

§ 64 Unterrichtsvergütung für Lehramtsanwärter

Der Bundesminister des Innern wird ermächtigt, durch Rechtsverordnung mit Zustimmung des Bundesrates die Gewährung einer Unterrichtsvergütung für Lehramtsanwärter zu regeln. Die Unterrichtsvergütung darf nur vorgesehen werden, soweit der Anwärter über zehn Wochenstunden Ausbildungsunterricht oder selbständigen Unterricht hinaus selbständig Unterricht erteilt. Die Unterrichtsvergütung darf zusammen mit dem Anwärtergrundbetrag und dem Anwärterverheiratetenzuschlag das Anfangsgehalt (Grundgehalt der ersten Dienstaltersstufe und Ortszuschlag) des Amtes nicht übersteigen, das dem Lehramtsanwärter nach erfolgreichem Abschluß des Vorbereitungsdienstes und bestandener Prüfung auf Probe übertragen werden soll.

§ 65 Anrechnung anderer Einkünfte

(1) Erhalten Anwärter ein Entgelt für eine Nebentätigkeit innerhalb oder für eine genehmigungspflichtige Nebentätigkeit außerhalb des öffentlichen Dienstes, so wird das Entgelt auf die Anwärterbezüge angerechnet, soweit es diese übersteigt. Als Anwärtergrundbetrag werden jedoch mindestens dreißig vom Hundert des Anfangsgrundgehalts der Eingangsbesoldungsgruppe der Laufbahn gewährt.

(2) Hat der Anwärter einen arbeitsrechtlichen Anspruch auf ein Entgelt für eine in den Ausbildungsrichtlinien vorgeschriebene Tätigkeit außerhalb des öffentlichen Dienstes, so wird das Entgelt auf die Anwärterbezüge angerechnet, soweit die Summe von Entgelt und Anwärterbezügen die Summe von Grundgehalt und Ortszuschlag übersteigt, die einem Beamten mit gleichem Familienstand im Eingangsamt der entsprechenden Laufbahn in der ersten Dienstaltersstufe zusteht.

(3) Übt ein Anwärter gleichzeitig eine hauptberufliche Tätigkeit im öffentlichen Dienst aus, gilt § 5 entsprechend.

§ 66 Kürzung der Anwärterbezüge

(1) Die oberste Dienstbehörde oder die von ihr bestimmte Stelle kann den Anwärtergrundbetrag bis auf dreißig vom Hundert des Grundgehaltes, das einem Beamten der entsprechenden Laufbahn in der ersten Dienstaltersstufe zusteht, herabsetzen, wenn der Anwärter die vorgeschriebene Laufbahnprüfung nicht bestanden hat oder sich die Ausbildung aus einem vom Anwärter zu vertretenden Grunde verzögert.

(2) Von der Kürzung ist abzusehen

1. bei Verlängerung des Vorbereitungsdienstes infolge genehmigten Fernbleibens oder Rücktritts von der Prüfung,
2. in besonderen Härtefällen.

(3) Wird eine Zwischenprüfung nicht bestanden oder ein sonstiger Leistungsnachweis nicht erbracht, so ist die Kürzung auf den sich daraus ergebenden Zeitraum der Verlängerung des Vorbereitungsdienstes zu beschränken.

7. Abschnitt
Jährliche Sonderzuwendung, vermögenswirksame Leistungen und jährliches Urlaubsgeld

§ 67 Jährliche Sonderzuwendung

Die Beamten, Richter und Soldaten erhalten eine Sonderzuwendung nach besonderer bundesgesetzlicher Regelung.

§ 68 Vermögenswirksame Leistungen

Die Beamten, Richter und Soldaten erhalten vermögenswirksame Leistungen nach besonderer bundesgesetzlicher Regelung.

§ 68a Jährliches Urlaubsgeld

Die Beamten, Richter und Soldaten erhalten ein Urlaubsgeld nach besonderer bundesgesetzlicher Regelung.

8. Abschnitt
Dienstbekleidung, Heilfürsorge, Unterkunft für Soldaten und Polizeivollzugsbeamte im Bundesgrenzschutz

§ 69 Dienstbekleidung, Heilfürsorge, Unterkunft für Soldaten

(1) Soldaten wird die Ausrüstung und die Dienstbekleidung unentgeltlich bereitgestellt. Abweichend hiervon werden Offizieren, deren Restdienstzeit am Tage ihrer Ernennung zum Offizier mehr als zwölf Monate beträgt, nur die Ausrüstung und die Dienstbekleidung, die zur Einsatz- und Arbeitsausstattung gehören, unentgeltlich bereitgestellt. Diesen Offizieren wird für die von ihnen zu beschaffende Dienstbekleidung ein einmaliger Bekleidungszuschuß und für deren besondere Abnutzung eine Entschädigung gewährt. Dieser Zuschuß kann ausgeschiedenen ehemaligen Offizieren beim Wiedereintritt in die Bundeswehr erneut gewährt werden. Berufsunteroffiziere und Unteroffiziere auf Zeit mit einer Verpflichtung auf mindestens acht Jahre, die noch mindestens vier Jahre im Dienst verbleiben, erhalten auf Antrag einen Zuschuß für die Beschaffung der Ausgehuniform; nach Ablauf von fünf Jahren kann der Zuschuß erneut gewährt werden.

(2) Den Soldaten wird unentgeltlich truppenärztliche Versorgung gewährt; dies gilt auch während der Zeit einer Beurlaubung nach § 28 Abs. 5 des Soldatengesetzes, sofern die Soldaten nicht Anspruch auf Familienhilfe nach § 10 des Fünften Buches Sozialgesetzbuch haben. Hierbei erhalten Soldaten, die eine Wehrdienstbeschädigung erlitten haben, Leistungen im Rahmen der Heilbehandlung nach dem Bundesversorgungsgesetz, wenn diese günstiger sind.

(3) Für Soldaten, die auf Grund dienstlicher Verpflichtung in Gemeinschaftsunterkunft wohnen, wird die Unterkunft unentgeltlich bereitgestellt.

(4) Die allgemeinen Verwaltungsvorschriften zu den Absätzen 1 bis 3 erläßt der Bundesminister der Verteidigung im Einvernehmen mit dem Bundesminister des Innern. In diesen Verwaltungsvorschriften soll bestimmt werden, daß die Zahlungen nach Absatz 1 Satz 3 und 4 an eine vom Bundesminister der Verteidigung errichtete Kleiderkasse geleistet werden.

§ 70 Dienstkleidung, Heilfürsorge, Unterkunft für Polizeivollzugsbeamte im Bundesgrenzschutz

(1) Für Beamte des mittleren Polizeivollzugsdienstes im Bundesgrenzschutz werden die Ausrüstung und die Dienstkleidung, für Beamte des gehobenen und des höheren Polizeivollzugsdienstes im Bundesgrenzschutz die Ausrüstung und die Dienstkleidung, soweit sie zur Einsatz- und Arbeitsausstattung gehören, unentgeltlich bereitgestellt. Den Beamten des gehobenen und des höheren Polizeivollzugsdienstes im Bundesgrenzschutz wird für die von ihnen zu beschaffende Dienstkleidung ein einmaliger Bekleidungszuschuß und für deren besondere Abnutzung eine Entschädigung gewährt. Die Sätze 1 und 2 gelten für Verwaltungsbeamte im Bundesgrenzschutz, soweit sie zum Tragen von Dienstkleidung verpflichtet werden können, entsprechend. Die Zahlungen nach den Sätzen 2 und 3 sollen an eine vom Bundesminister des Innern bestimmte Kleiderkasse geleistet werden.

(2) Den Polizeivollzugsbeamten im Bundesgrenzschutz wird Heilfürsorge gewährt; dies gilt auch während der Zeit einer Beurlaubung nach § 79a Abs. 1 Nr. 2 in Verbindung mit Abs. 2 Satz 1 des Bundesbeamtengesetzes, sofern die Beamten nicht Anspruch auf Familienhilfe nach § 10 des Fünften Buches Sozialgesetzbuch haben.

(3) Für Polizeivollzugsbeamte im Bundesgrenzschutz, die auf Grund dienstlicher Verpflichtung in Gemeinschaftsunterkunft wohnen, wird die Unterkunft unentgeltlich bereitgestellt.

9. Abschnitt
Übergangs- und Schlußvorschriften

§ 71 Allgemeine Verwaltungsvorschriften und Zuständigkeitsregelungen

(1) Die allgemeinen Verwaltungsvorschriften zu diesem Gesetz erläßt der Bundesminister des Innern mit Zustimmung des Bundesrates, wenn bundesgesetzlich nichts anderes bestimmt ist.

(2) Allgemeine Verwaltungsvorschriften, die sich nur auf den Bereich des Bundes erstrecken, erläßt der Bundesminister des Innern, wenn bundesgesetzlich nichts anderes bestimmt ist. Soweit die Besoldung der Richter und Staatsanwälte des Bundes oder der Soldaten berührt ist, erläßt sie der Bundesminister des Innern im Einvernehmen mit dem Bundesminister der Justiz oder dem Bundesminister der Verteidigung.

(3) Soweit nach diesem Gesetz die obersten Dienstbehörden Befugnisse auf andere Stellen übertragen können, sind auch die Landesregierungen befugt, diese Übertragung durch Rechtsverordnung vorzunehmen.

§ 72 Sonderzuschläge zur Sicherung der Funktions- und Wettbewerbsfähigkeit

Der Bundesminister des Innern wird ermächtigt, durch Rechtsverordnung mit Zustimmung des Bundesrates die Gewährung von Sonderzuschlägen zu regeln. Sonderzuschläge dürfen nur in Laufbahnen gewährt werden, in denen die Deckung des Personalbedarfs dies im konkreten Fall erfordert; dies gilt entsprechend für Soldaten. Der Sonderzuschlag darf den Gesamtbetrag von vier Steigerungsstufen oberhalb der Dienstaltersstufe der Besoldungsgruppe des Beamten nicht überschreiten. Erhöhungen des Grundgehalts infolge Aufrükkens in den Dienstaltersstufen sind anzurechnen. In der Verordnung ist eine Beschränkung der Ausgaben für die Sonderzuschläge vorzusehen. Regelungen auf Grund dieser Ermächtigung gelten bis zum 31. Dezember 1995.

§ 73 Überleitungsregelungen aus Anlaß der Herstellung der Einheit Deutschlands

Die Bundesregierung wird ermächtigt, durch Rechtsverordnungen, die bis zum 31. Dezember 1995 zu erlassen sind, mit Zustimmung des Bundesrates für die Besoldung im Sinne des § 1 und die hierzu erlassenen besonderen Rechtsvorschriften Übergangsregelungen zu bestimmen, die den besonderen Verhältnissen in dem in Artikel 3 des Einigungsvertrages genannten Gebiet Rechnung tragen. Diese Verordnungsermächtigung erstreckt sich insbesondere darauf, die Besoldung entsprechend den allgemeinen wirtschaftlichen und finanziellen Verhältnissen und ihrer Entwicklung in dem in Artikel 3 des Einigungsvertrages genannten Gebiet abweichend von diesem Gesetz festzusetzen und regelmäßig anzupassen; das gilt auch für andere Leistungen des Dienstherrn sowie für Besonderheiten der Ämtereinstufung und für die Angleichung der Ämter- und Laufbahnstrukturen. Die Übergangsregelungen sind zu befristen.

§ 73a Übergangsregelung bei Gewährung einer Versorgung durch eine zwischenstaatliche oder überstaatliche Einrichtung

Bei Zeiten im Sinne des § 8 Abs. 1 Satz 1, die bis zum 31. Dezember 1991 zurückgelegt sind, ist § 8 in der bis zu diesem Zeitpunkt geltenden Fassung anzuwenden.

§ 74 (weggefallen)

§ 75 Übergangszahlung

(1) Der Bundesminister des Innern wird ermächtigt, durch Rechtsverordnung mit Zustimmung des Bundesrates die Gewährung einer Übergangszahlung für Beamte des einfachen und mittleren Dienstes zu regeln, die im Dienst eines öffentlich-rechtlichen Dienstherrn (§ 29 Abs. 1) nach einer hauptberuflichen Tätigkeit von mindestens

einem Jahr vom Arbeitnehmerverhältnis in das Beamtenverhältnis übernommen worden sind und deren Nettobezüge danach geringer als die zuletzt im Arbeitnehmerverhältnis gewährten sind. Eine Übergangszahlung darf nur für Beamte in Laufbahnen vorgesehen werden, in denen der Nachwuchs in erheblichem Umfang aus dem Arbeitnehmerverhältnis gewonnen wird. Die Laufbahnen werden in der Rechtsverordnung festgelegt.

(2) Die Höhe der Übergangszahlung ist das Dreizehnfache des Betrages, um den die Nettobezüge nach der Übernahme in das Beamtenverhältnis geringer sind als die Nettobezüge, die zuletzt im Arbeitnehmerverhältnis gewährt worden sind, höchstens jedoch 3000 Deutsche Mark. Beträgt die Verringerung monatlich bis 10 Deutsche Mark, wird eine Übergangszahlung nicht gewährt. Es wird bestimmt, wie die Verringerung der Nettobezüge zu ermitteln ist, insbesondere in welchem Umfang Lohn- und Besoldungsbestandteile in den einzelnen Bereichen bei der Vergleichsberechnung zu berücksichtigen sind. Die Übergangszahlung ist zurückzuzahlen, wenn der Beamte vor Ablauf eines Jahres aus dem Beamtenverhältnis ausscheidet und er dies zu vertreten hat.

§ 76 Weiterverpflichtungsprämie für Soldaten auf Zeit

(1) Der Bundesminister des Innern wird ermächtigt, durch Rechtsverordnung im Einvernehmen mit dem Bundesminister der Verteidigung und dem Bundesminister der Finanzen die Gewährung von Weiterverpflichtungsprämien an Soldaten auf Zeit in den Laufbahnen der Unteroffiziere und der Mannschaften zu regeln. Der Anspruch auf eine Weiterverpflichtungsprämie kann vom Zeitpunkt der Verpflichtungserklärung abhängig gemacht werden. Die Höhe der Weiterverpflichtungsprämien richtet sich nach der Dauer der Verpflichtungszeit; für jedes Jahr der Verpflichtung darf höchstens ein Betrag von 1500 Deutsche Mark gewährt werden. Der Anspruch auf die Weiterverpflichtungsprämie entsteht mit der Festsetzung der Dienstzeit, frühestens nach einer Dienstzeit von sechs Monaten. Ein Kaufkraftausgleich nach § 7 wird nicht gewährt. Die Rechtsverordnung bedarf nicht der Zustimmung des Bundesrates.

(2) Die Weiterverpflichtungsprämie ist zurückzuzahlen, wenn das Dienstverhältnis vor Ablauf des für den Anspruch auf die Prämie maßgebenden Zeitraums nach § 54 Abs. 2 Nr. 2 oder 3 oder § 55 Abs. 1, 3 oder 5 des Soldatengesetzes oder durch Entlassung wegen Dienstunfähigkeit endet, die der Soldat absichtlich herbeigeführt hat. Die Rückzahlungsverpflichtung besteht auch bei einer Beurlaubung nach § 28 Abs. 5 des Soldatengesetzes sowie bei Inanspruchnahme von Erziehungsurlaub nach § 28 Abs. 7 des Soldatengesetzes. Hat der Soldat bereits eine Dienstzeit geleistet, die bei entsprechender Verpflichtung einen Anspruch auf eine Weiterverpflichtungsprämie begründet hätte, so ist ihm der Betrag zu belassen, der ihm bei einer solchen Verpflichtung als Prämie gezahlt worden wäre; dies

gilt entsprechend im Falle der Beurlaubungen nach Satz 2 auch, soweit eine Dienstzeit noch geleistet wird.

(3) Wird vor Zahlung der Weiterverpflichtungsprämie ein Verfahren eingeleitet, das voraussichtlich zur Beendigung des Dienstverhältnisses aus einem der in Absatz 2 Satz 1 aufgeführten Gründe führen wird, so ist die Zahlung bis zum Abschluß dieses Verfahrens auszusetzen.

(4) Weiterverpflichtungsprämien dürfen nur gewährt werden, wenn die Verpflichtungserklärung bis zum 31. Dezember 1991 abgegeben worden ist.

§ 77 Einmalzahlung beim Bundesamt für die Anerkennung ausländischer Flüchtlinge

(1) Beamte und Soldaten, denen in der Zeit vom 1. November 1992 bis 31. Oktober 1993 für mindestens sechs Monate im Wege der Abordnung oder einer mit Wechsel des Dienstortes verbundenen Umsetzung eine Tätigkeit beim Bundesamt für die Anerkennung ausländischer Flüchtlinge übertragen wird, erhalten für jeweils sechs Monate der Tätigkeit eine Einmalzahlung; sie beträgt für Beamte

— des einfachen Dienstes	4500 Deutsche Mark,
— des mittleren Dienstes	5000 Deutsche Mark,
— des gehobenen Dienstes	5500 Deutsche Mark,
— des höheren Dienstes	6000 Deutsche Mark.

Die Einmalzahlung wird im voraus gewährt. Sie wird nicht neben einer pauschalierten Aufwandsentschädigung für eine Tätigkeit im Beitrittsgebiet gewährt.

(2) Die Einmalzahlung ist in voller Höhe zurückzuzahlen, wenn der Beamte vor Ablauf des Tätigkeitszeitraumes aus der Verwendung ausscheidet; dies gilt nicht, wenn die Abordnung wegen Dienstunfähigkeit oder durch Tod endet. Von der Rückforderung kann im Einvernehmen mit dem Bundesminister des Innern und dem Bundesminister der Finanzen abgesehen werden, wenn die Abordnung aus zwingenden dienstlichen oder persönlichen Gründen aufgehoben worden ist.

(3) Die anspruchsbegründenden Regelungen des Absatzes 1 gelten bis zum 31. Oktober 1993.

§ 78 Zulage für Lehrkräfte mit besonderen Funktionen

Die Landesregierungen werden ermächtigt, durch Rechtsverordnung zu regeln, daß Lehrkräfte, deren Tätigkeit sich aus den ihrer Ausbildung entsprechenden Aufgaben durch eine der folgenden ständigen Funktionen heraushebt, eine Stellenzulage nach Anlage IX erhalten:

— ausschließlicher Unterricht an Sonderschulen, soweit es sich um Lehrkräfte der Besoldungsgruppe A 12 oder niedriger handelt,

— Leitung eines Schülerheimes,
— fachliche Koordinierung bei Schul- oder Modellversuchen oder neuen Schulformen,
— Aufgaben im Rahmen der Lehrerausbildung oder -fortbildung,
— Unterricht im Strafvollzugsdienst,
— Verwendung als Fachberater für Hör- und Sprachgeschädigte bei Gesundheitsämtern,
— Verwendung an staatlichen Berufsförderungswerken,
— schulfachliche Koordinierung an Gesamtschulen.

Eine Stellenzulage darf nur vorgesehen werden, wenn die Wahrnehmung der ständigen Funktionen nicht schon durch die Einstufung berücksichtigt ist.

§ 79 Einstufung besonderer Lehrämter

(1) In Ländern, in denen eine Realschule mit einer Grundschule, einer Grund- und Hauptschule oder einer Hauptschule verbunden ist, können die Rektoren, Konrektoren und Zweiten Konrektoren dieser Schulen durch Landesgesetz höchstens in die für Realschulrektoren, Realschulkonrektoren und Zweite Realschulkonrektoren maßgebenden Besoldungsgruppen eingestuft werden.

(2) Rektoren, Konrektoren und Zweite Konrektoren von Grund- und Hauptschulen sowie Hauptschulen – in Berlin auch Grundschulen – können in den Ländern Berlin und Hessen durch Landesgesetz in die für Rektoren, Konrektoren und Zweiten Konrektoren von Realschulen maßgebenden Besoldungsgruppen eingestuft werden; die Grundsätze sachgerechter Bewertung sind zu beachten. Die höchste Einstufung muß eine halbe Besoldungsgruppe unterhalb der Einstufung des Realschulrektors einer großen Schule liegen. Konrektoren von Grundschulen mit mehr als 180 bis zu 360 Schülern können in Bremen durch Landesgesetz höchstens in die Besoldungsgruppe A 13 ohne Amtszulage eingestuft werden. Leiter von Grund- und/oder Hauptschulen mit bis zu 80 Schülern und Konrektoren an Grund- und/oder Hauptschulen mit mehr als 180 bis zu 360 Schülern können in Hamburg durch Landesgesetz höchstens in die Besoldungsgruppe A 13 ohne Amtszulage eingestuft werden.

(3) Soweit Schulleiter und deren Vertreter durch ein Land einzustufen sind, entfallen bei den in der Anlage I festgesetzten Amtsbezeichnungen die in den Funktionszusätzen enthaltenen Hinweise auf die in den Absätzen 1 und 2 genannten Schulformen.

§ 80 Übergangsregelung für beihilfeberechtigte Polizeivollzugsbeamte im Bundesgrenzschutz

Polizeivollzugsbeamten im Bundesgrenzschutz, die am 1. Januar 1993 Beihilfe nach den Beihilfevorschriften des Bundes erhalten, wird diese weiterhin gewährt. Auf Antrag erhalten sie an Stelle der

Beihilfe Heilfürsorge nach § 70 Abs. 2. Der Antrag ist unwiderruflich.

§ 80a Allgemeine Flugsicherungszulage

(1) Beamte, die bei der Bundesanstalt für Flugsicherung verwendet werden, erhalten bis zum 31. Dezember 1994 eine Stellenzulage nach Anlage IX.

(2) Die Zulage nach Absatz 1 gehört zu den ruhegehaltfähigen Dienstbezügen, wenn der Beamte

a) mindestens zehn Jahre zulageberechtigend verwendet worden ist oder

b) während einer zulageberechtigenden Verwendung wegen Dienstunfähigkeit in den Ruhestand versetzt worden oder verstorben ist und diese Verwendung mindestens zwei Jahre gedauert hat oder infolge von Krankheit, Verwundung oder sonstiger Beschädigung, die er sich ohne grobes Verschulden bei Ausübung oder aus Veranlassung des Dienstes zugezogen hat, in den Ruhestand versetzt worden oder verstorben ist.

(3) Eine zusätzliche nichtruhegehaltfähige Stellenzulage nach Anlage IX erhalten Beamte in folgender Verwendung:

a) in der Zentralstelle, der Flugsicherungsschule und der Erprobungsstelle
   1. als Sachbearbeiter oder hauptamtliche Lehrer in Laufbahnen des gehobenen Flugverkehrskontrolldienstes, des gehobenen Flugdatenbearbeitungsdienstes und des gehobenen flugsicherungstechnischen Dienstes,
   2. als Bürosachbearbeiter in Laufbahnen des mittleren Flugdatenbearbeitungsdienstes und des mittleren flugsicherungstechnischen Dienstes,

b) in den übrigen Dienststellen der Bundesanstalt für Flugsicherung
   1. als Sachbearbeiter in Laufbahnen des gehobenen Flugverkehrskontrolldienstes, des gehobenen Flugdatenbearbeitungsdienstes und des gehobenen flugsicherungstechnischen Dienstes,
   2. als Bürosachbearbeiter in Laufbahnen des mittleren Flugdatenbearbeitungsdienstes und des mittleren flugsicherungstechnischen Dienstes.

(4) Für Beamte der Bundesanstalt für Flugsicherung, die zum Bundesminister für Verkehr abgeordnet sind, gelten die Absätze 1 bis 3 entsprechend. Die Stellenzulagen werden neben einer Stellenzulage nach Vorbemerkung Nummer 7 zu den Bundesbesoldungsordnungen A und B nur gewährt, soweit sie diese übersteigen. Die Zulage nach Absatz 1 gehört jedoch in voller Höhe zu den ruhegehaltfähigen Dienstbezügen.

§ 81 Reichsgebiet

Als Reichsgebiet im Sinne dieses Gesetzes gilt das Gebiet des Deutschen Reiches bis zum 31. Dezember 1937 in seinen jeweiligen Grenzen, nach diesem Zeitpunkt in den Grenzen vom 31. Dezember 1937.

§ 82 Berlin-Klausel

(gegenstandslos)

Bundesbesoldungsordnungen A und B

Vorbemerkungen

I. Allgemeine Vorbemerkungen

1. Amtsbezeichnungen

(1) Weibliche Beamte führen die Amtsbezeichnung soweit möglich in der weiblichen Form.

(2) Die in der Bundesbesoldungsordnung A gesperrt gedruckten Amtsbezeichnungen sind Grundamtsbezeichnungen. Den Grundamtsbezeichnungen können Zusätze, die

1. auf den Dienstherrn oder den Verwaltungsbereich,
2. auf die Laufbahn,
3. auf die Fachrichtung

hinweisen, beigefügt werden. Die Grundamtsbezeichnungen „Rat", „Oberrat", „Direktor" und „Leitender Direktor" dürfen nur in Verbindung mit einem Zusatz nach Satz 2 verliehen werden.

(3) Über die Beifügung der Zusätze zu den Grundamtsbezeichnungen entscheidet für den Bundesbereich der Bundesminister des Innern.

(4) Die Regelungen in der Bundesbesoldungsordnung A für Ämter des mittleren, gehobenen und höheren Polizeivollzugsdienstes – mit Ausnahme des kriminalpolizeilichen Vollzugsdienstes – gelten auch für die Polizeivollzugsbeamten im Bundesgrenzschutz und beim Deutschen Bundestag. Diese führen die Amtsbezeichnungen des Polizeivollzugsdienstes mit dem Zusatz „im Bundesgrenzschutz" oder „beim Deutschen Bundestag".

(5) Die Länder können bestimmen, daß in Ämtern der Laufbahn mit dem Eingangsamt „Studienrat – mit der Befähigung für das Lehramt der Sekundarstufe II bei entsprechender Verwendung –" abweichende, den Amtsinhalt kennzeichnende Amtsbezeichnungen geführt werden.

2. „Direktor und Professor" in den Besoldungsgruppen B 1, B 2 und B 3

(1) Die Ämter „Direktor und Professor" in den Besoldungsgruppen B 1, B 2 und B 3 dürfen nur an Beamte verliehen werden, denen in

wissenschaftlichen Forschungseinrichtungen oder in Dienststellen und Einrichtungen mit eigenen wissenschaftlichen Forschungsbereichen überwiegend wissenschaftliche Forschungsaufgaben obliegen. Dienststellen und Einrichtungen des Bundes mit eigenen wissenschaftlichen Forschungsbereichen sind:
Biologische Bundesanstalt für Land- und Forstwirtschaft
Bundesamt für Naturschutz
Bundesamt für Seeschiffahrt und Hydrographie
Bundesamt für Strahlenschutz
Bundesanstalt für Arbeitsmedizin
Bundesanstalt für Arbeitsschutz
Bundesanstalt für Geowissenschaften und Rohstoffe
Bundesanstalt für Materialforschung und -prüfung
Bundesanstalt für Straßenwesen
Bundesforschungsanstalt für Viruskrankheiten der Tiere
Bundesinstitut für Arzneimittel und Medizinprodukte
Bundesinstitut für chemisch-technische Untersuchungen
Bundesinstitut für gesundheitlichen Verbraucherschutz und Veterinärmedizin
Bundesinstitut für Sportwissenschaft
Bundeskriminalamt
Deutscher Wetterdienst
Fernmeldetechnisches Zentralamt
Forschungsanstalt der Bundeswehr für Wasserschall und Geophysik
Institut für Angewandte Geodäsie
Paul-Ehrlich-Institut – Bundesamt für Sera und Impfstoffe
Physikalisch-Technische Bundesanstalt
Robert-Koch-Institut
Umweltbundesamt.

Im Landesbereich werden Dienststellen und Einrichtungen mit eigenen wissenschaftlichen Forschungsbereichen im Sinne des Satzes 1 im Landesbesoldungsgesetz bestimmt.

(2) Ist in einer kollegial organisierten Forschungseinrichtung einem „Direktor und Professor“ in den Besoldungsgruppen B 2 oder B 3 zusätzlich zu seinen sonstigen Funktionen die Leitung der Forschungseinrichtung mit zeitlicher Begrenzung übertragen, so erhält er für die Dauer der Wahrnehmung dieser Funktionen eine Stellenzulage nach Anlage IX.

3. Zuordnung von Funktionen zu den Ämtern

Den Grundamtsbezeichnungen beigefügte Zusätze bezeichnen die Funktionen, die diesen Ämtern zugeordnet werden können, nicht abschließend.

II. Zulagen

3a. Ruhegehaltfähigkeit von Stellenzulagen

(1) Zulagen nach den Nummern 4, 4a, 5, 5a Abs. 1, den Nummern 6a, 8, 8a, 8b, 8c, 9, 9a, 10 und 12 dieses Abschnitts gehören zu den

ruhegehaltfähigen Dienstbezügen, wenn der Beamte, Richter oder Soldat

a) mindestens zehn Jahre zulageberechtigend verwendet worden ist oder

b) während einer zulageberechtigenden Verwendung wegen Dienstunfähigkeit in den Ruhestand versetzt worden oder verstorben ist und diese Verwendung mindestens zwei Jahre gedauert hat oder infolge Krankheit, Verwundung oder sonstiger Beschädigung, die er sich ohne grobes Verschulden bei der Ausübung oder aus Veranlassung des Dienstes zugezogen hat, in den Ruhestand versetzt worden oder verstorben ist.

Nummer 6 Abs. 4 bleibt unberührt. Der Betrag der ruhegehaltfähigen Zulage ergibt sich aus der im Zeitpunkt des Eintritts in den Ruhestand geltenden Anlage IX. Die Ausschlußregelungen bei den einzelnen Stellenzulagen gelten entsprechend auch bei den ruhegehaltfähigen Dienstbezügen.

(2) In den Fällen, in denen in diesem Gesetz für die Ruhegehaltfähigkeit einer Stellenzulage eine Mindestzeit zulageberechtigender Verwendung gefordert ist, werden auch Zeiten vor Inkrafttreten der jeweiligen Vorschrift berücksichtigt, in denen die Verwendung zulageberechtigend gewesen wäre. Als zulageberechtigende Zeiten werden auch solche Zeiträume berücksichtigt, während denen auf Grund von Konkurrenzvorschriften die Zulage nicht zustand.

4. Zulage für Soldaten als Führer oder Ausbilder im Außen- und Geländedienst

(1) Soldaten erhalten, wenn sie überwiegend als Führer oder Ausbilder im Außen- und Geländedienst verwendet werden, eine Stellenzulage nach Anlage IX. Die Stellenzulage wird frühestens nach Ablauf von 15 Monaten seit der Einstellung des Soldaten gewährt. Die Zulage wird neben einer Stellenzulage nach Nummer 5a, 6, 8, 9 oder 9a nur gewährt, soweit sie diese übersteigt.

(2) Die allgemeinen Verwaltungsvorschriften erläßt der Bundesminister der Verteidigung im Einvernehmen mit dem Bundesminister des Innern.

4a. Zulage für Soldaten als Kompaniefeldwebel

Soldaten der Besoldungsgruppen A 7 bis A 9 erhalten als Kompaniefeldwebel eine Stellenzulage nach Anlage IX.

5. Zulage für flugzeugtechnisches Personal, flugsicherungstechnisches Personal der militärischen Flugsicherung und technisches Personal des Radarführungs- und Tiefflugüberwachungsdienstes

(1) Soldaten und Beamte in einer Verwendung als

a) flugzeugtechnisches Personal

b) flugsicherungstechnisches Personal der militärischen Flugsicherung und als technisches Personal des Radarführungsdienstes sowie des Tiefflugüberwachungsdienstes

erhalten eine Stellenzulage nach Anlage IX.

(2) Die Stellenzulage wird Soldaten und Beamten gewährt, die als erster Spezialist oder in höherwertigen Funktionen verwendet werden.

(3) Die Stellenzulage wird neben einer Stellenzulage nach Nummer 4, 6, 6a oder 9a nur gewährt, soweit sie diese übersteigt.

5a. Zulage für Beamte und Soldaten im militärischen Flugsicherungsbetriebsdienst, im Radarführungsdienst oder Tiefflugüberwachungsdienst

(1) Beamte und Soldaten, die im militärischen Flugsicherungsbetriebsdienst, im Radarführungsdienst oder Tiefflugüberwachungsdienst

1. als Flugsicherungskontrollpersonal in Flugsicherungssektoren oder Flugsicherungsstellen sowie in einer Lehrtätigkeit an einer Schule,
2. als Flugabfertigungspersonal in Flugsicherungssektoren, Flugsicherungsstellen und in zentralen Stellen der Flugdatenbearbeitung sowie in einer Lehrtätigkeit an einer Schule,
3. als Radarleitpersonal mit oder ohne Radarleit-Jagdlizenz sowie in einer Lehrtätigkeit an einer Schule,
4. als Radarflugmelde-/Radartiefflugmeldepersonal im Einsatzdienst in den Luftverteidigungsanlagen, in einer Lehrtätigkeit an einer Schule oder im Einsatzdienst der militärischen Tiefflugüberwachungseinrichtungen,
5. in Stabs- und Truppenführerfunktionen – nicht jedoch bei einer obersten Bundesbehörde – sowie als Ausbildungspersonal der militärischen Flugsicherung, des Radarführungsdienstes sowie des Tiefflugüberwachungsdienstes

verwendet werden, erhalten eine nach Laufbahn- und Besoldungsgruppen gestaffelte Stellenzulage nach Anlage IX, und zwar

a) Beamte des mittleren Dienstes und Unteroffiziere der Besoldungsgruppen A 5 bis A 9,

b) Beamte des gehobenen Dienstes und Offiziere der Besoldungsgruppen A 9 bis A 12 sowie Offiziere des militärfachlichen Dienstes der Besoldungsgruppe A 13,

c) Beamte des höheren Dienstes und Offiziere der Besoldungsgruppe ab A 13, mit Ausnahme der Offiziere des militärfachlichen Dienstes der Besoldungsgruppe A 13.

(2) Eine zusätzliche nichtruhegehaltfähige Stellenzulage nach Anlage IX erhalten bei Verwendung

— als Flugsicherungskontrollpersonal

1. in Flugsicherungssektoren
   a) Beamte des mittleren Dienstes und Unteroffiziere der Besoldungsgruppen A 5 bis A 9,
   b) Beamte des gehobenen Dienstes und Offiziere der Besoldungsgruppen A 9 bis A 12 sowie Offiziere des militärfachlichen Dienstes der Besoldungsgruppe A 13,
2. in Flugsicherungsstellen
   a) Beamte des mittleren Dienstes und Unteroffiziere der Besoldungsgruppen A 5 bis A 9,
   b) Beamte des gehobenen Dienstes und Offiziere der Besoldungsgruppen A 9 bis A 12 sowie Offiziere des militärfachlichen Dienstes der Besoldungsgruppe A 13,
3. Beamte des gehobenen Dienstes und Offiziere der Besoldungsgruppen A 9 bis A 12 sowie Offiziere des militärfachlichen Dienstes der Besoldungsgruppe A 13 in einer Lehrtätigkeit an einer Schule,

— als Flugabfertigungspersonal

4. Beamte des mittleren Dienstes und Unteroffiziere der Besoldungsgruppen A 5 bis A 9 in Flugsicherungssektoren sowie in zentralen Stellen der Flugdatenbearbeitung,
5. Beamte des mittleren Dienstes und Unteroffiziere der Besoldungsgruppen A 5 bis A 9 in einer Lehrtätigkeit an einer Schule,

— als Radarleitpersonal

6. mit Radarleit-Jagdlizenz
   a) Beamte des mittleren Dienstes und Unteroffiziere der Besoldungsgruppen A 7 bis A 9,
   b) Beamte des gehobenen Dienstes und Offiziere der Besoldungsgruppen A 9 bis A 12,
7. ohne Radarleit-Jagdlizenz
   a) Beamte des mittleren Dienstes und Unteroffiziere der Besoldungsgruppen A 7 bis A 9,
   b) Beamte des gehobenen Dienstes und Offiziere der Besoldungsgruppen A 9 bis A 12,
8. in Lehrtätigkeit an einer Schule
   a) Beamte des mittleren Dienstes und Unteroffiziere der Besoldungsgruppen A 7 bis A 9,

b) Beamte des gehobenen Dienstes und Offiziere der Besoldungsgruppen A 9 bis A 12,

— als Radarflugmelde-/Radartiefflugmeldepersonal

9. Beamte des mittleren Dienstes und Unteroffiziere der Besoldungsgruppen A 5 bis A 9 im Einsatzdienst in den Luftverteidigungsanlagen sowie in einer Lehrtätigkeit an einer Schule.

(3) Die Stellenzulage nach Absatz 1 oder 2 wird neben einer Stellenzulage nach Nummer 6, 8, 9 oder 9a nur gewährt, soweit sie diese übersteigt.

(4) Die allgemeinen Verwaltungsvorschriften erläßt der Bundesminister der Verteidigung im Einvernehmen mit dem Bundesminister des Innern und dem Bundesminister der Finanzen.

6. Zulage für Soldaten und Beamte als fliegendes Personal

(1) Soldaten und Beamte der Besoldungsgruppen A 5 bis A 16 erhalten

a) als Luftfahrzeugführer mit der Erlaubnis zum Führen von ein- oder zweisitzigen strahlgetriebenen Kampf- oder Schulflugzeugen oder als Waffensystemoffizier mit der Erlaubnis zum Einsatz auf zweisitzigen strahlgetriebenen Kampf- oder Schulflugzeugen,

b) als Luftfahrzeugführer mit der Erlaubnis zum Führen von sonstigen Strahlflugzeugen oder von sonstigen Luftfahrzeugen oder als Luftfahrzeugoperationsoffizier,

c) als sonstige ständige Luftfahrzeugbesatzungsangehörige

eine Stellenzulage nach Anlage IX, wenn sie entsprechend verwendet werden.

(2) Die zuletzt gewährte Stellenzulage wird nach Beendigung der Verwendung, auch über die Besoldungsgruppe A 16 hinaus, für fünf Jahre weitergewährt, wenn der Soldat oder Beamte

a) mindestens fünf Jahre in einer Tätigkeit nach Absatz 1 verwendet worden ist oder

b) bei der Verwendung nach Absatz 1 einen Dienstunfall im Flugdienst oder eine durch die Besonderheiten dieser Verwendung bedingte gesundheitliche Schädigung erlitten hat, die die weitere Verwendung nach Absatz 1 ausschließen.

Der Fünfjahreszeitraum der Weitergewährung der Stellenzulage verlängert sich bei Soldaten, die zur Erhaltung ihres fliegerischen Könnens verpflichtet sind, um zwei Drittel des Verpflichtungszeitraumes, höchstens jedoch um drei Jahre. Danach verringert sich die Stellenzulage auf 50 v. H.

(3) Hat der Beamte oder Soldat einen Anspruch auf eine Stellenzulage nach Absatz 2 und wechselt er in eine weitere Verwendung über, mit der ein Anspruch auf eine geringere Stellenzulage nach Absatz 1 verbunden ist, so erhält er zusätzlich zu der geringeren

Stellenzulage den Unterschiedsbetrag zu der Stellenzulage nach Absatz 2. Nach Beendigung der weiteren Verwendung wird die Stellenzulage nach Absatz 2 Satz 1 und 2 nur weitergewährt, soweit sie noch nicht vor der weiteren Verwendung bezogen und auch nicht während der weiteren Verwendung durch den Unterschiedsbetrag zwischen der geringeren Stellenzulage und der Stellenzulage nach Absatz 2 abgegolten worden ist. Der Berechnung der Stellenzulage nach Absatz 2 Satz 3 wird die höhere Stellenzulage zugrunde gelegt.

(4) Die Stellenzulage gehört zu den ruhegehaltfähigen Dienstbezügen, wenn

a) der Soldat oder Beamte mindestens fünf Jahre in einer Tätigkeit nach Absatz 1 verwendet worden ist,

b) das Dienstverhältnis durch Tod oder Dienstunfähigkeit infolge eines durch die Verwendung erlittenen Dienstunfalls oder einer durch die Besonderheiten dieser Verwendung bedingten gesundheitlichen Schädigung beendet worden ist.

Sie gehört ohne Verringerung nach Absatz 2 unter den Voraussetzungen der Vorbemerkung Nummer 3a Abs. 1 zu den ruhegehaltfähigen Dienstbezügen. Zeiten der Weitergewährung der Stellenzulage nach Absatz 2, in denen der Soldat oder Beamte zur Erhaltung seines fliegerischen Könnens verpflichtet war, werden dabei als zulageberechtigende Verwendung voll berücksichtigt.

(5) Die Stellenzulage wird neben einer Stellenzulage nach Nummer 8 oder Nummer 23 nur gewährt, soweit sie diese übersteigt. Abweichend von Satz 1 wird die Stellenzulage nach Absatz 1 neben einer Stellenzulage nach Nummer 8 gewährt, soweit sie deren Hälfte übersteigt.

(6) Die allgemeinen Verwaltungsvorschriften erläßt, soweit es sich um Soldaten handelt, der Bundesminister der Verteidigung im Einvernehmen mit dem Bundesminister des Innern.

6a. Zulage für Beamte und Soldaten als Nachprüfer von Luftfahrtgerät

Beamte und Soldaten erhalten eine Stellenzulage nach Anlage IX, wenn sie die Nachprüferlaubnis besitzen und als Nachprüfer von Luftfahrtgerät verwendet werden. Die Zulage wird nicht gewährt, wenn eine andere Prüferlaubnis die Nachprüferlaubnis lediglich einschließt. Die Stellenzulage wird neben einer Stellenzulage nach Nummer 4, 5a oder 9a nur gewährt, soweit sie diese übersteigt.

7. Zulage für Beamte und Soldaten bei obersten Behörden sowie bei obersten Gerichtshöfen des Bundes

(1) Beamte und Soldaten erhalten, wenn sie bei obersten Bundesbehörden oder bei obersten Gerichtshöfen des Bundes verwendet werden, eine Stellenzulage nach Anlage IX.

(2) Die Stellenzulage wird nicht neben der bei der Deutschen Bundesbank gewährten Bankzulage und neben Auslandsdienstbezügen gewährt. Die Stellenzulage wird neben Stellenzulagen nach den Nummern 6, 6a, 8, 8a, 9 und 10 nur gewährt, soweit sie diese übersteigt.

(3) Die Länder können bestimmen, daß Beamte, wenn sie bei obersten Landesbehörden verwendet werden, eine Stellenzulage erhalten. Absatz 2 und die Zulagenregelung in der Anlage IX gelten entsprechend; der in Anlage IX festgelegte Vomhundertsatz darf nicht überschritten werden.

(4) Beamte und Soldaten erhalten während der Verwendung bei obersten Behörden eines Landes, das für die Beamten bei seinen obersten Behörden eine Regelung nach Absatz 3 getroffen hat, die Stellenzulage in der nach dem Besoldungsrecht dieses Landes bestimmten Höhe.

8. Zulage für Beamte und Soldaten bei Sicherheitsdiensten

(1) Beamte und Soldaten erhalten, wenn sie bei den Sicherheitsdiensten des Bundes oder der Länder verwendet werden, eine Stellenzulage (Sicherheitszulage) nach Anlage IX. Die Zulage erhalten unter den gleichen Voraussetzungen auch Beamte auf Widerruf, die Vorbereitungsdienst leisten.

(2) Sicherheitsdienste sind der Bundesnachrichtendienst, der Militärische Abschirmdienst, das Bundesamt für Verfassungsschutz sowie die Einrichtungen für Verfassungsschutz der Länder.

(3) Durch die Sicherheitszulage werden die mit dem Dienst bei Sicherheitsbehörden allgemein verbundenen Erschwernisse und Aufwendungen mit abgegolten.

8a. Zulage für Beamte der Bundeswehr und Soldaten in der Nachrichtengewinnung durch Fernmelde- und Elektronische Aufklärung

(1) Beamte der Bundeswehr und Soldaten erhalten, wenn sie in der Nachrichtengewinnung durch Fernmelde- und Elektronische Aufklärung verwendet werden und deshalb den Sicherheitsbestimmungen der Fernmeldeaufklärung unterliegen, eine Stellenzulage nach Anlage IX. Die Zulage erhalten unter den gleichen Voraussetzungen auch Beamte auf Widerruf, die Vorbereitungsdienst leisten.

(2) Durch die Stellenzulage werden die mit dem Dienst allgemein verbundenen Erschwernisse und Aufwendungen mit abgegolten.

(3) Die Stellenzulage wird neben einer Stellenzulage nach Nummer 5, 5a, 6, 6a oder 8 nur gewährt, soweit sie diese übersteigt.

8b. Zulage für Beamte bei dem Bundesamt für Sicherheit in der Informationstechnik

(1) Beamte erhalten, wenn sie bei dem Bundesamt für Sicherheit in der Informationstechnik verwendet werden, eine Stellenzulage nach Anlage IX. Die Zulage erhalten unter den gleichen Voraussetzungen auch Beamte auf Widerruf, die Vorbereitungsdienst leisten.

(2) Durch die Stellenzulage werden die mit dem Dienst allgemein verbundenen Erschwernisse und Aufwendungen mit abgegolten.

(3) Die Stellenzulage wird neben einer Stellenzulage nach Nummer 9 nur gewährt, soweit sie diese übersteigt.

8c. Zulage für Beamte bei dem Bundesausfuhramt

(1) Beamte erhalten, wenn sie bei dem Bundesausfuhramt verwendet werden, eine Stellenzulage nach Anlage IX.

(2) Durch die Stellenzulage werden die mit dem Dienst allgemein verbundenen Erschwernisse und Aufwendungen mit abgegolten.

8d. Zulage für Beamte mit Aufgaben nach dem Asylverfahrensgesetz

(1) Beamte erhalten, wenn sie bei dem Bundesamt für die Anerkennung ausländischer Flüchtlinge oder bei einer Aufnahmeeinrichtung für Asylbegehrende verwendet werden oder bei einer Ausländerbehörde überwiegend Aufgaben nach dem Asylverfahrensgesetz wahrnehmen, bis zum 31. Dezember 1994 eine Stellenzulage nach Anlage IX.

(2) Durch die Stellenzulage werden die mit dem Dienst allgemein verbundenen Erschwernisse und Aufwendungen mit abgegolten.

9. Zulage für Beamte und Soldaten mit vollzugspolizeilichen Aufgaben

(1) Die Polizeivollzugsbeamten des Bundes und der Länder, die hauptamtlichen Bahnpolizeibeamten, die Beamten des Fahndungsdienstes der Deutschen Bundesbahn, des Steuerfahndungsdienstes und des Zollfahndungsdienstes, die Beamten der Zollkommissariate, Grenzzollämter, Grenzkontrollstellen und Grenzabfertigungsstellen der Hauptzollämter der Zollverwaltung, der Hauptzollämter an Flughäfen sowie Soldaten der Feldjägertruppe der Bundeswehr, soweit ihnen Dienstbezüge nach der Bundesbesoldungsordnung A zustehen, erhalten eine Stellenzulage nach Anlage IX. Die Zulage erhalten unter den gleichen Voraussetzungen auch Beamte auf Widerruf, die Vorbereitungsdienst leisten.

(2) Die Stellenzulage wird nicht neben einer Stellenzulage nach Nummer 8 gewährt.

(3) Durch die Stellenzulage werden die Besonderheiten des jeweiligen Dienstes, insbesondere der mit dem Posten- und Streifendienst sowie dem Nachtdienst verbundene Aufwand sowie der Aufwand für Verzehr mit abgegolten.

9a. Zulage im Marinebereich

(1) Vom Beginn des 16. Dienstmonats an erhalten Soldaten und Beamte, die im Wege der Versetzung, Kommandierung oder Abordnung

a) an Bord in Dienst gestellter seegehender Schiffe oder Boote der Seestreitkräfte verwendet werden,

b) an Bord in Dienst gestellter U-Boote der Seestreitkräfte verwendet werden,

c) als Kampfschwimmer oder Minentaucher mit gültigem Kampfschwimmer- oder Minentaucherschein in Kampfschwimmer- oder Minentauchereinheiten auf einer Stelle des Stellenplans verwendet werden, die eine Kampfschwimmer- oder Minentaucherausbildung voraussetzt,

eine Stellenzulage nach Anlage IX. Bei gleichzeitigem Vorliegen der Voraussetzungen nach Buchstaben a, b oder c wird nur die höhere Zulage gewährt.

(2) Beamte und Soldaten mit einer Verwendung

a) an Bord anderer seegehender Schiffe oder Boote, die nach Auftrag oder Einsatz überwiegend zusammenhängend mehrstündig außerhalb der Grenze der Seefahrt verwendet werden,

b) als Taucher für den maritimen Einsatz

erhalten eine Zulage nach Anlage IX.

(3) Die Stellenzulage wird neben einer Stellenzulage nach Nummer 6 oder 8 nur gewährt, soweit sie diese übersteigt.

(4) Die allgemeinen Verwaltungsvorschriften erläßt die oberste Bundesbehörde im Einvernehmen mit dem Bundesminister des Innern und dem Bundesminister der Finanzen.

10. Zulage für Beamte der Feuerwehr

(1) Beamte der Bundesbesoldungsordnung A im Einsatzdienst der Feuerwehr in den Ländern sowie Beamte und Soldaten, die entsprechend verwendet werden, erhalten eine Stellenzulage nach Anlage IX. Die Zulage erhalten unter den gleichen Voraussetzungen auch Vollzugsbeamte im Beamtenverhältnis auf Widerruf, die Vorbereitungsdienst leisten.

(2) Durch die Stellenzulage werden die Besonderheiten des Einsatzdienstes der Feuerwehr insbesondere der mit dem Nachtdienst verbundene Aufwand sowie der Aufwand für Verzehr mit abgegolten.

11. Zulage für Beamte bei öffentlich-rechtlichen Sparkassen

(1) Beamte an öffentlich-rechtlichen Sparkassen erhalten eine widerrufliche nichtruhegehaltfähige Zulage nach Anlage IX.

(2) Durch die Zulage werden die mit dem Dienst bei öffentlich-rechtlichen Sparkassen allgemein verbundenen Erschwernisse und die mit dem Dienst verbundene Mehrarbeit mit abgegolten.

12. Zulage für Beamte bei Justizvollzugseinrichtungen und Psychiatrischen Krankenanstalten

Beamte in Ämtern der Bundesbesoldungsordnung A bei Justizvollzugseinrichtungen, in abgeschlossenen Vorführbereichen der Gerichte sowie in geschlossenen Abteilungen oder Stationen bei Psychiatrischen Krankenanstalten, die ausschließlich dem Vollzug von Maßregeln der Sicherung und Besserung dienen, erhalten eine Stellenzulage nach Anlage IX. Die Zulage erhalten unter den gleichen Voraussetzungen Beamte auf Widerruf, die Vorbereitungsdienst leisten.

13. Zulage für Beamte als Mitglieder von Verfassungsgerichtshöfen

Die Länder können bestimmen, daß Beamte, die Mitglieder von Verfassungsgerichtshöfen (Staatsgerichtshöfen) der Länder sind, eine Zulage erhalten. § 42 Abs. 1 Satz 2 ist nicht anzuwenden.

13a. Zulage für Beamte als Leiter von landwirtschaftlichen Behörden oder Dienststellen mit eingegliederter oder angegliederter landwirtschaftlicher Schule

Die Landesregierungen können durch Rechtsverordnung bestimmen, daß Beamte der Besoldungsgruppe A 15, die zum Leiter einer landwirtschaftlichen Behörde oder Dienststelle bestellt sind, eine Stellenzulage nach Anlage IX erhalten, wenn der Behörde oder Dienststelle eine landwirtschaftliche Schule ein- oder angegliedert ist. Die Stellenzulage darf nur vorgesehen werden, wenn die Wahrnehmung der Schulleiterfunktion nicht schon durch die Einstufung berücksichtigt worden ist; sie wird nicht neben einer Amtszulage oder einer anderen Stellenzulage gewährt.

13b. Zulage für Kanzler an großen Botschaften

Beamten des Auswärtigen Dienstes der Besoldungsgruppe A 13 wird während der Dauer ihrer Verwendung als Kanzler an Auslandsvertretungen, deren Leiter nach der Besoldungsgruppe B 9 eingestuft ist, oder wenn sie die Geschäfte des inneren Dienstes mehrerer Vertretungen leiten (Verwaltungsgemeinschaft), eine Zulage in Höhe von 15 vom Hundert des Auslandszuschlags der Stufe 5 für die Besoldungsgruppe A 13 gewährt.

III. Einstufung von Ämtern

14. (weggefallen)

15. Fachlehrer ohne Ingenieurprüfung oder Fachhochschulabschluß

Die nicht durch die Einstufung in die Besoldungsgruppen A 11 und A 12 erfaßten Fachlehrer werden landesrechtlich nach Maßgabe sachgerechter Bewertung auf Grund eines Vergleichs mit den Anforderungen an die in den Besoldungsgruppen A 11 und A 12 ausgewiesenen Fachlehrer mit Ingenieurprüfung oder Fachhochschulabschluß eingestuft. Dies gilt entsprechend für Lehrpersonal mit vergleichbaren Aufgaben.

16. Schulaufsichtsdienst in Stadtstaaten und in anderen Ländern ohne Mittelinstanz

Die Ämter des Schulaufsichtsdienstes in den Stadtstaaten und in den anderen Ländern ohne Mittelinstanz sind landesrechtlich nach Maßgabe sachgerechter Bewertung auf Grund eines Vergleichs mit den Anforderungen an die in den Besoldungsgruppen A 14, A 15 und A 16 ausgewiesenen Schulaufsichtsbeamten auf Kreis- und Bezirksebene einzustufen.

16a. Lehrer mit stufenbezogener Lehramtsbefähigung in Bremen und Hamburg

In Bremen und Hamburg dürfen landesgesetzlich Lehrer mit der Befähigung für das Lehramt der Primarstufe und Sekundarstufe I höchstens in die Besoldungsgruppe A 13 eingestuft werden.

16b. Lehrer mit Lehrbefähigung nach dem Recht der ehemaligen DDR

Lehrer mit einer Lehrbefähigung nach dem Recht der ehemaligen Deutschen Demokratischen Republik werden landesrechtlich eingestuft unter Berücksichtigung der Ämter für Lehrer, die in der Bundesbesoldungsordnung A und in den Landesbesoldungsordnungen A ausgewiesen sind.

17. Leiter von Gesamtschulen

Die Ämter der Leiter von Gesamtschulen sind landesrechtlich nach Maßgabe sachgerechter Bewertung auf Grund eines Vergleichs mit den Anforderungen an die in den Besoldungsgruppen A 15 und A 16 ausgewiesenen Leiter von Gymnasien einzustufen. Der Leiter einer Gesamtschule mit Oberstufe oder mit mehr als 1000 Schülern darf höchstens in die Besoldungsgruppe A 16 eingestuft werden. Die anderen Ämter mit besonderen Funktionen an Gesamtschulen sind landesrechtlich nach Maßgabe sachgerechter Bewertung auf Grund eines Vergleichs mit den Anforderungen an die in der Bundesbesoldungsordnung A ausgewiesenen Lehrkräfte mit entsprechenden Aufgaben einzustufen.

18. Lehrämter an Sonderschulen

Die Lehrämter an Sonderschulen und an entsprechenden Einrichtungen sind landesrechtlich nach Maßgabe sachgerechter Bewertung auf Grund eines Vergleichs mit den Anforderungen an die in der Bundesbesoldungsordnung A ausgebrachten Lehrämter einzustufen.

19. Gruppenleiter beim Deutschen Patentamt; Prüfer beim Deutschen Patentamt und beim Bundessortenamt

Gruppenleiter beim Deutschen Patentamt erhalten in der Besoldungsgruppe A 15 eine Amtszulage nach Anlage IX. Für bis zu 90 vom Hundert der Gesamtzahl der übrigen Prüfer beim Deutschen Patentamt und der Prüfer beim Bundessortenamt können Planstellen der Besoldungsgruppe A 15 ausgebracht werden.

20. Leiter von Hochschulen und Mitglieder der Leitungsgremien von Hochschulen

(1) Die hauptberuflichen Leiter von Hochschulen und die hauptberuflichen Mitglieder der Leitungsgremien von Hochschulen dürfen nach Maßgabe sachgerechter Bewertung höchstens in die aus der nachstehenden Übersicht für die jeweilige Meßzahl sich ergebende Besoldungsgruppe eingestuft werden. Meßzahl ist die Gesamtzahl der für die Hochschule im Haushaltsplan des jeweiligen Kalenderjahres oder in den Erläuterungen des Haushaltsplans ausgewiesenen Stellen für vollzeitbeschäftigte Bedienstete zuzüglich eines Drittels der Zahl der im vorangegangenen Sommersemester vollimmatrikulierten Studenten; bei im Aufbau befindlichen Hochschulen kann die staatliche Planung für die nächsten acht Jahre zugrunde gelegt werden.

An Hochschulen mit einer Meßzahl von	Leiter einer Hochschule oder hauptberufliches Vorsitzendes Mitglied des Leitungsgremiums einer Hochschule in BesGr.	Weitere hauptberufliche Mitglieder eines Leitungsgremiums einer Hochschule in BesGr.
bis 1 000	B 3	A 15
1 001 bis 2 000	B 4	A 16
2 001 bis 4 000	B 5	B 2
4 001 bis 6 000	B 6	B 3
6 001 bis 10 000	B 7	B 4
von mehr als 10 000	B 8	B 5

Für die Hochschule für Verwaltungswissenschaften Speyer gilt die Meßzahl 1 001 bis 2 000. Die Kanzler von Hochschulen dürfen höchstens wie die weiteren hauptberuflichen Mitglieder des Leitungsgremiums einer Hochschule eingestuft werden. Die Leiter der Personal- und Wirtschaftsverwaltung von medizinischen Einrichtungen im Hochschulbereich mit mindestens 3000 hauptberuflich Beschäftigten dürfen höchstens in die Besoldungsgruppe B 3 eingestuft werden, wenn sie gleichzeitig zum Beauftragten für den Haushalt bestellt sind und die Geschäftsführung der medizinischen Einrichtungen wahrnehmen; die Einstufung muß um mindestens eine Besoldungsgruppe unter der des Kanzlers der Hochschule liegen.

(2) Für Beamte, die bis zu ihrer Wahl zum Leiter oder hauptberuflichen Mitglied eines Leitungsgremiums einer Hochschule als Professor der Besoldungsgruppe C 4 ein höheres Grundgehalt zuzüglich des Ortszuschlages und der Zuschüsse im Sinne der Nummern 1 und 2 der Vorbemerkungen zu der Bundesbesoldungsordnung C bezogen haben, kann eine Ausgleichszulage in Höhe des Unterschiedsbetrages vorgesehen werden, die ruhegehaltfähig ist, soweit sie zum Ausgleich des Grundgehaltes, des Ortszuschlages oder eines ruhegehaltfähigen Zuschusses dient.

21. Leiter von unteren Verwaltungsbehörden und Leiter von allgemeinbildenden oder beruflichen Schulen

Die Ämter der Leiter von unteren Verwaltungsbehörden mit einem beim jeweiligen Dienstherrn örtlich begrenzten Zuständigkeitsbereich mit Ausnahme der Ämter der Polizeipräsidenten sowie die Ämter der Leiter von allgemeinbildenden oder beruflichen Schulen dürfen nur in Besoldungsgruppen der Besoldungsordnungen A eingestuft werden. Für die Leiter von besonders großen und besonders bedeutenden unteren Verwaltungsbehörden sowie die Leiter von Mittelbehörden oder Oberbehörden können nach Maßgabe des Haushalts Planstellen der Besoldungsgruppe A 16 mit einer Amtszulage nach Anlage IX ausgestattet werden. Bei der Anwendung der Obergrenzen des § 26 Abs. 1 auf die übrigen Leiter unterer Verwaltungsbehörden, Mittelbehörden oder Oberbehörden bleiben die mit einer Amtszulage ausgestatteten Planstellen der Besoldungsgruppe A 16 unberücksichtigt. Die Zahl der mit einer Amtszulage ausgestatteten Planstellen der Besoldungsgruppe A 16 darf 30 vom Hundert der Zahl der Planstellen der Besoldungsgruppe A 16 für Leiter unterer Verwaltungsbehörden, Mittelbehörden oder Oberbehörden nicht überschreiten.

22. Prüfungsgebietsleiter von Landesrechnungshöfen

Die Ämter der Prüfungsgebietsleiter von Landesrechnungshöfen sind nach Maßgabe sachgerechter Bewertung auf Grund eines Vergleichs mit den Anforderungen an die in die Besoldungsgruppe B 3 oder B 4 eingestuften Beamten der obersten Behörden des jeweiligen Landes in der Landesbesoldungsordnung auszubringen.

IV. Sonstige Stellenzulagen

23. Technische Dienste

(1) Beamte des mittleren technischen Dienstes, deren Eingangsamt den Besoldungsgruppen A 5 bis A 7 zugeordnet ist oder war, erhalten in den Laufbahnen

des Baudienstes,
des Eichdienstes,
des Feuerwehrdienstes,
des Fischereidienstes,
der Gewerbeaufsicht,
des Kartographendienstes,
des Landesplanungsdienstes,
des landwirtschaftlichen Dienstes,
der Lokomotivführer,
des Maschinendienstes,
des nautischen Dienstes,
des Restauratorendienstes,
des Schleusen- und Stromdienstes,
des Vermessungs- und Bergvermessungsdienstes,
der Werkführer,
der Zahntechniker

und in den Laufbahnen, in denen die Amtsbezeichnungen den Zusatz „Technischer" haben, eine ruhegehaltfähige Stellenzulage nach Anlage IX.

(2) Beamte des gehobenen technischen Dienstes, deren Eingangsamt der Besoldungsgruppe A 9 oder A 10 zugeordnet ist oder war, erhalten eine ruhegehaltfähige Stellenzulage nach Anlage IX, wenn

als Anstellungsvoraussetzung die Abschlußprüfung einer Fachhochschule oder einer Ingenieurschule gefordert wird oder wurde und sie die Prüfung bestanden haben; Voraussetzung ist ferner, daß während des Besuches der Fachhochschule oder der Ingenieurschule keine Dienstbezüge gezahlt wurden. Die Zulage erhalten auch Beamte des gehobenen technischen Dienstes, die die Aufstiegsprüfung für den gehobenen technischen Dienst bestanden haben, sowie Beamte des gehobenen technischen Dienstes, die ohne Abschlußprüfung einer Fachhochschule oder einer Ingenieurschule angestellt worden sind, wenn sie ein Amt bekleiden, für das nach geltenden Laufbahnvorschriften die Abschlußprüfung einer Fachhochschule oder einer Ingenieurschule vorgeschrieben ist. Beamte, die wegen Kriegswehrdienstes ohne die für die planmäßige Anstellung vorgeschriebene Prüfung zu außerplanmäßigen Beamten (K) ernannt worden waren und die nach der Entlassung aus dem Kriegswehrdienst während des Besuches der Ingenieurschule Dienstbezüge erhalten haben, erhalten unbeschadet des Satzes 1 zweiter Halbsatz die ruhegehaltfähige Stellenzulage nach Satz 1 erster Halbsatz. Satz 1 gilt für Berufssoldaten und Soldaten auf Zeit entsprechend.

(3) Die Stellenzulage wird nicht neben einer Stellenzulage nach Nummer 6a, 7 bis 10 oder der bei der Deutschen Bundesbank gewährten Bankzulage gewährt. Jedoch ist die Stellenzulage ruhegehaltfähig; dies gilt nicht, wenn ein Anspruch auf eine ruhegehaltfähige Stellenzulage nach Nummer 6a, 8, 8a, 9 oder 10 besteht.

24. Beamte und Soldaten im Programmierdienst

(1) Beamte des mittleren und des gehobenen Dienstes und Unteroffiziere sowie Offiziere bis Besoldungsgruppe A 12 erhalten für die Zeit ihrer überwiegenden Verwendung im Bereich der Ablaufplanung und Programmierung von Arbeitsverfahren unter Einsatz von elektronischen Datenverarbeitungsanlagen und Systemprogrammen eine Stellenzulage nach Anlage IX.

(2) Die Stellenzulage wird nicht neben einer Stellenzulage nach Nummer 7 bis 11 oder 23 oder der bei der Deutschen Bundesbank gewährten Bankzulage gewährt. Sie wird neben einer Stellenzulage nach Nummer 4, 5a oder 6 nur gewährt, soweit sie diese übersteigt.

25. Beamte mit Meisterprüfung oder Abschlußprüfung als staatlich geprüfter Techniker

Beamte in Laufbahnen des mittleren Dienstes, in denen die Meisterprüfung oder die Abschlußprüfung als staatlich geprüfter Techniker vorgeschrieben ist, erhalten, wenn sie die Prüfung bestanden haben, eine ruhegehaltfähige Stellenzulage nach Anlage IX.

26. Beamte der Steuerverwaltung und der Zollverwaltung

(1) Beamte des mittleren Dienstes und des gehobenen Dienstes in der Steuerverwaltung und der Zollverwaltung erhalten für die Zeit

ihrer überwiegenden Verwendung im Außendienst der Steuerprüfung oder der Zollfahndung eine ruhegehaltfähige Stellenzulage nach Anlage IX. Satz 1 gilt auch für die Prüfungsbeamten der Finanzgerichte, die überwiegend im Außendienst tätig sind.

(2) Die Stellenzulage wird nicht neben einer Stellenzulage nach Nummer 9 gewährt.

(3) Die allgemeinen Verwaltungsvorschriften zu Absatz 1 erläßt, soweit es sich um Bundesbeamte handelt, der Bundesminister der Finanzen im Einvernehmen mit dem Bundesminister des Innern, im Länderbereich der zuständige Fachminister im Einvernehmen mit dem für das Besoldungsrecht zuständigen Minister.

27. Allgemeine Stellenzulage

(1) Eine das Grundgehalt ergänzende ruhegehaltfähige Stellenzulage nach Anlage IX erhalten

a) Beamte des einfachen Dienstes sowie Soldaten der Besoldungsgruppen A 1 bis A 5,

b) Beamte des mittleren Dienstes in Laufbahnen, deren Eingangsamt der Besoldungsgruppe A 5 oder A 6 zugeordnet ist, des mittleren technischen Dienstes, des mittleren Krankenpflegedienstes, des mittleren allgemeinen Vollzugsdienstes bei den Justizvollzugsanstalten, des mittleren Feuerwehrdienstes, der Gerichtsvollzieherlaufbahn und des mittleren Polizeivollzugsdienstes sowie Unteroffiziere,

aa) in den Besoldungsgruppen A 5 bis A 8,

bb) in den Besoldungsgruppen A 9 und A 10,

c) Beamte des gehobenen Dienstes in Laufbahnen, deren Eingangsamt der Besoldungsgruppe A 9 oder nach § 23 Abs. 2 der Besoldungsgruppe A 10 zugeordnet ist, ihnen gleichgestellte Beamte sowie Offiziere in den Besoldungsgruppen A 9 bis A 13,

d) Beamte des höheren Verwaltungsdienstes einschließlich der Beamten besonderer Fachrichtungen, Studienräte, Militärpfarrer und Polizeivollzugsbeamte in der Besoldungsgruppe A 13; die Studienräte des Landes Bayern mit der Lehrbefähigung für Realschulen und die Studienräte an Volks- und Realschulen der Freien und Hansestadt Hamburg gelten nicht als Studienräte im Sinne dieser Vorschrift,

e) die übrigen Beamten und Offiziere mit Dienstbezügen.

(2) In den Fällen des § 46 Abs. 2 Satz 2 ist nur Absatz 1 Buchstaben b Doppelbuchstabe bb, Buchstabe c und d mit den in Anlage IX angegebenen Beträgen zu berücksichtigen.

28. (weggefallen)

29. (weggefallen)

30. Flugsicherungslotsen

(1) Beamte des gehobenen Dienstes in den Besoldungsgruppen A 9 bis A 11 und Soldaten in diesen Besoldungsgruppen erhalten im Flugsicherungskontrolldienst eine ruhegehaltfähige Stellenzulage nach Anlage IX.

(2) Die Stellenzulage wird nicht neben einer Stellenzulage nach Nummer 6a bis 10 oder der bei der Deutschen Bundesbank gewährten Bankzulage gewährt. Jedoch ist die Stellenzulage ruhegehaltfähig; dies gilt nicht, wenn ein Anspruch auf eine ruhegehaltfähige Stellenzulage nach Nummer 6, 6a, 8, 8a, 9 oder 10 besteht.

V. Vergütungen

31. Prüfungsvergütung für wissenschaftliche und künstlerische Mitarbeiter

Für beamtete wissenschaftliche und künstlerische Mitarbeiter an einer Hochschule gilt Nummer 4 der Vorbemerkungen zu der Bundesbesoldungsordnung C entsprechend.

Bundesbesoldungsordnung A

Besoldungsgruppe A 1

Grenadier, Flieger, Matrose [1] [2]

---

[1] In diese Besoldungsgruppe gehören auch alle Soldaten des untersten Mannschaftsdienstgrades, für die der Bundespräsident besondere Dienstgradbezeichnungen festgesetzt hat.
[2] In den ersten drei Monaten ihrer Dienstzeit.

Besoldungsgruppe A 2

Aufseher [1] [2]
Oberamtsgehilfe
Oberbetriebsgehilfe
Schaffner [1] [2]
Wachtmeister [1] [3]
Grenadier, Flieger, Matrose [4] [5]
Gefreiter [6]

---

[1] Erhält eine Amtszulage nach Anlage IX.
[2] Erhält als Führer von Kraftwagen eine Stellenzulage nach Anlage IX.
[3] Beamte in der Laufbahn des Justizwachtmeisterdienstes erhalten eine Amtszulage nach Anlage IX. Neben der Amtszulage steht eine Amtszulage nach der Fußnote 1 nicht zu.
[4] Nach Ablauf einer Dienstzeit von drei Monaten.
[5] In diese Besoldungsgruppe gehören auch alle Soldaten des untersten Mannschaftsdienstgrades, für die der Bundespräsident besondere Dienstgradbezeichnungen festgesetzt hat.
[6] Erhält eine Amtszulage nach Anlage IX.

Besoldungsgruppe A 3

Hauptamtsgehilfe [1] [4]
Hauptbetriebsgehilfe [4]
Oberaufseher [2] [4]
Oberschaffner [2] [4]
Oberwachtmeister [2] [3] [4] [5]
Obergefreiter

---

[1] Im Landesbereich auch als Eingangsamt, wenn der Amtsinhaber im Sitzungsdienst der Gerichte eingesetzt ist. Dieser Amtsinhaber erhält eine Amtszulage nach Anlage IX.
[2] Erhält eine Amtszulage nach Anlage IX.
[3] Im Justizdienst auch als Eingangsamt.
[4] Als Eingangsamt, wenn der Beamte nach Maßgabe der Laufbahnvorschriften die Laufbahnbefähigung in einer Laufbahnprüfung erworben hat oder eine abgeschlossene förderliche Berufsausbildung oder eine minde-

stens dreijährige Tätigkeit bei öffentlich-rechtlichen Dienstherren nachweist.

5) Beamte in der Laufbahn des Justizwachtmeisterdienstes erhalten eine Amtszulage nach Anlage IX. Neben der Amtszulage steht eine Amtszulage nach der Fußnote 2 nicht zu.

Besoldungsgruppe A 4

Amtsmeister [1])
Betriebsmeister
Hauptaufseher [2])
Hauptschaffner [2])
Hauptwachtmeister [2]) [4])
Oberwart [2]) [3])
Triebwagenführer [2])
Hauptgefreiter

---

1) Erhält im Landesbereich eine Amtszulage nach Anlage IX, wenn er im Sitzungsdienst der Gerichte eingesetzt ist.
2) Erhält eine Amtszulage nach Anlage IX.
3) Als Eingangsamt.
4) Beamte in der Laufbahn des Justizwachtmeisterdienstes erhalten eine Amtszulage nach Anlage IX. Neben der Amtszulage steht eine Amtszulage nach der Fußnote 2 nicht zu.

Besoldungsgruppe A 5

Assistent
Betriebsassistent [3]) [5])
Erster Hauptwachtmeister [3]) [5]) [6])
Hauptwart [3]) [5])
Justizvollstreckungsassistent
Kriminaloberwachtmeister [1])
Kriminalwachtmeister [1]) [2])
Oberamtsmeister [4]) [5])
Oberbetriebsmeister [5])
Obertriebwagenführer [3]) [5])
Polizeioberwachtmeister [1])
Polizeiwachtmeister [1]) [2])
Stabsgefreiter [8])
Unteroffizier
Maat
Fahnenjunker
Seekadett

---

1) Während der Ausbildung.
2) Erhält das Grundgehalt der 1. Dienstaltersstufe der Besoldungsgruppe A 4.

[3]) Erhält eine Amtszulage nach Anlage IX.
[4]) Erhält im Landesbereich eine Amtszulage nach Anlage IX, wenn er im Sitzungsdienst der Gerichte eingesetzt ist.
[5]) Soweit nicht in der Besoldungsgruppe A 6.
[6]) Beamte in der Laufbahn des Justizwachtmeisterdienstes erhalten eine Amtszulage nach Anlage IX. Neben der Amtszulage steht eine Amtszulage nach der Fußnote 3 nicht zu.
[7]) (weggefallen)
[8]) Die Gesamtzahl der Planstellen für Stabsgefreite beträgt bis zu 20 v. H. der in den Besoldungsgruppen A 4 und A 5 insgesamt für Mannschaftsdienstgrade ausgebrachten Planstellen.

Besoldungsgruppe A 6

Betriebsassistent [5])
Erster Hauptwachtmeister [5]) [6])
Hauptwart [5])
Justizvollstreckungssekretär
Lokomotivführer [1])
Oberamtsmeister [5])
Oberbetriebsmeister [5])
Obertriebwagenführer [5])
Sekretär [2])[3])[4])
Werkmeister [1])
Stabsunteroffizier
Obermaat

[1]) Als Eingangsamt.
[2]) Als Eingangsamt für nichttechnische Laufbahnen, in denen die Meisterprüfung vorgeschrieben ist, wenn der Beamte die Prüfung bestanden hat.
[3]) Als Eingangsamt für Laufbahnen des mittleren technischen Dienstes.
[4]) Als Eingangsamt für die Laufbahnen des mittleren allgemeinen Justizdienstes, des mittleren Dienstes der Steuerverwaltung, des mittleren Zolldienstes und des Lebensmittelkontrolldienstes.
[5]) Soweit nicht in der Besoldungsgruppe A 5. Für bis zu 20 v. H. der Gesamtzahl der Planstellen des einfachen Dienstes.
[6]) Beamte in der Laufbahn des Justizwachtmeisterdienstes erhalten eine Amtszulage nach Anlage IX.

Besoldungsgruppe A 7

Brandmeister [4])
Justizvollstreckungsobersekretär
Krankenpfleger [4])
Krankenschwester [4])
Kriminalmeister [4])
Oberlokomotivführer [1])
Obersekretär [6]) [7])
Oberwerkmeister [1]) [8])
Polizeimeister [4])

Stationspfleger [5])
Stationsschwester [5])
Feldwebel
Bootsmann
Fähnrich
Fähnrich zur See
Oberfeldwebel [2])
Oberbootsmann [2])

---

[1]) Auch als Eingangsamt.
[2]) Erhält eine Amtszulage nach Anlage IX.
[3]) (weggefallen)
[4]) Als Eingangsamt.
[5]) Erhält eine Amtszulage nach Anlage IX.
[6]) Auch als Eingangsamt für Laufbahnen des mittleren technischen Dienstes.
[7]) Als Eingangsamt für die Laufbahn des mittleren allgemeinen Vollzugsdienstes bei den Justizvollzugsanstalten.
[8]) Als Eingangsamt für die Laufbahn des Werkdienstes bei den Justizvollzugsanstalten.

Besoldungsgruppe A 8

Abteilungspfleger
Abteilungsschwester
Gerichtsvollzieher [1])
Hauptlokomotivführer
Hauptsekretär
Hauptwerkmeister
Justizvollstreckungshauptsekretär
Kriminalobermeister
Oberbrandmeister
Polizeiobermeister
Hauptfeldwebel [2])
Hauptbootsmann [2])
Oberfähnrich [2])
Oberfähnrich zur See [2])

---

[1]) Als Eingangsamt.
[2]) Erhält eine Amtszulage nach Anlage IX.

Besoldungsgruppe A 9

Amtsinspektor [3])
Betriebsinspektor [3])
Hauptbrandmeister [3])
Inspektor
Kapitän [1])

Konsulatssekretär
Kriminalhauptmeister [3]
Kriminalkommissar
Obergerichtsvollzieher [3]
Oberin [6] [7]
Oberpfleger [7]
Oberschwester [7]
Pflegevorsteher [6] [7]
Polizeihauptmeister [3]
Polizeikommissar
Stabsfeldwebel [4]
Stabsbootsmann [4]
Oberstabsfeldwebel [2] [4]
Oberstabsbootsmann [2] [4]
Leutnant
Leutnant zur See

---

1) Im Bundesbereich.
2) Für Funktionen, die sich von denen der Besoldungsgruppe A 9 abheben, nach Maßgabe sachgerechter Bewertung bis zu 30 v. H. der Stellen für Unteroffiziere der Besoldungsgruppe A 9; erhält eine Amtszulage nach Anlage IX.
3) Für Funktionen, die sich von denen der Besoldungsgruppe A 9 abheben, können nach Maßgabe sachgerechter Bewertung jeweils bis zu 30 v. H. der Stellen mit einer Amtszulage nach Anlage IX ausgestattet werden.
4) Die Gesamtzahl der Planstellen für Stabsfeldwebel/Stabsbootsmänner und Oberstabsfeldwebel/Oberstabsbootsmänner beträgt bis zu 35 v. H. der in den Besoldungsgruppen A 8 und A 9 insgesamt für Unteroffiziere ausgebrachten Planstellen.
5) (weggefallen)
6) Erhält eine Amtszulage nach Anlage IX.
7) Erhält bei Bestellung zum Mitglied der Krankenhausbetriebsleitung für die Dauer dieser Tätigkeit eine Stellenzulage nach Anlage IX.

Besoldungsgruppe A 10 [1] *)

Konsulatssekretär Erster Klasse
Kriminaloberkommissar
Oberinspektor
Polizeioberkommissar
Seekapitän [2]
Oberleutnant
Oberleutnant zur See

---

1) Als Eingangsbesoldungsgruppe für Laufbahnen, in denen für die Befähigung der Abschluß einer Fachhochschule gefordert wird, wenn der Beamte für die Befähigung einen Fachhochschulabschluß nachweist.
2) Im Bundesbereich.
*) Fußnote 1) ist nach Artikel 2 Nr. 1 des Haushaltsstrukturgesetzes vom 18. Dezember 1975 (BGBl. I S. 3091) nur auf Beamte des gehobenen technischen Dienstes anzuwenden.

Besoldungsgruppe A 11

Amtmann
Kanzler [2]
Kriminalhauptkommissar [1]
Polizeihauptkommissar [1]
Seeoberkapitän [3]

Fachlehrer
– mit abgeschlossener Ingenieur- oder Fachhochschulausbildung, wenn sie vorgeschrieben ist oder, beim Fehlen laufbahnrechtlicher Vorschriften, gefordert wird – [4]

Hauptmann [1]
Kapitänleutnant [1]

---

[1] Soweit nicht in der Besoldungsgruppe A 12.
[2] Im Auswärtigen Dienst.
[3] Im Bundesbereich.
[4] Als Eingangsamt.

Besoldungsgruppe A 12

Amtsanwalt [1]

Amtsrat
Kanzler Erster Klasse [3] [4]
Kriminalhauptkommissar [2]
Polizeihauptkommissar [2]
Rechnungsrat
– als Prüfungsbeamter bei einem Rechnungshof –

Seehauptkapitän [3] [5]

Fachlehrer
– mit abgeschlossener Ingenieur- oder Fachhochschulausbildung, wenn sie vorgeschrieben ist oder, beim Fehlen laufbahnrechtlicher Vorschriften, gefordert wird – [6]

Konrektor
– als der ständige Vertreter des Leiters einer Grundschule, Hauptschule oder Grund- und Hauptschule mit mehr als 180 bis zu 360 Schülern – [7]

Lehrer
– als Leiter einer Grundschule, Hauptschule oder Grund- und Hauptschule mit bis zu 80 Schülern – [8]
– an allgemeinbildenden Schulen, soweit nicht anderweitig eingereiht – [1]
– mit der Befähigung für das Lehramt der Primarstufe bei entsprechender Verwendung – [1]
– mit der Befähigung für das Lehramt der Sekundarstufe I bei entsprechender Verwendung – [1]

Zweiter Konrektor
- einer Grundschule, Hauptschule oder Grund- und Hauptschule mit mehr als 540 Schülern – [7])

Hauptmann [2]) [9])
Kapitänleutnant [2]) [9])

---

[1]) Als Eingangsamt.
[2]) Soweit nicht in der Besoldungsgruppe A 11.
[3]) Soweit nicht in der Besoldungsgruppe A 13.
[4]) Im Auswärtigen Dienst.
[5]) Im Bundesbereich.
[6]) In diese Besoldungsgruppe können nur Beamte eingestuft werden, die nach Abschluß der Ingenieur- oder Fachhochschulausbildung eine achtjährige Lehrtätigkeit oder eine dreijährige Dienstzeit seit Anstellung als Fachlehrer in der Besoldungsgruppe A 11 verbracht haben.
[7]) Erhält eine Amtszulage nach Anlage IX.
[8]) Erhält eine Amtszulage nach Anlage IX; diese wird nach zehnjährigem Bezug beim Verbleiben in dieser Besoldungsgruppe auch nach Beendigung der zulageberechtigenden Verwendung gewährt.
[9]) Für bis zu 10 v. H. der Gesamtzahl der für diese Ämter ausgebrachten Planstellen.

Besoldungsgruppe A 13 [11])

Akademischer Rat
- als wissenschaftlicher oder künstlerischer Mitarbeiter an einer Hochschule –

Arzt [1])
Erster Kriminalhauptkommissar
Erster Polizeihauptkommissar
Kanzler Erster Klasse [2]) [3])
Konservator
Konsul
Kustos
Landesanwalt [1])
Legationsrat
Oberamtsanwalt [12])
Oberamtsrat [13])
Oberrechnungsrat
- als Prüfungsbeamter bei einem Rechnungshof –

Pfarrer [1])
Rat
Seehauptkapitän [2]) [4])
Fachschuloberlehrer – im Bundesdienst – [5]) [6]) [10])
Hauptlehrer
- als Leiter einer Grundschule, Hauptschule oder Grund- und Hauptschule mit mehr als 80 bis zu 180 Schülern –

Konrektor
- als der ständige Vertreter des Leiters einer Grundschule, Hauptschule oder Grund- und Hauptschule mit mehr als 360 Schülern –
- als der ständige Vertreter des Leiters einer Hauptschule
  mit Realschul- oder Aufbauzug
  oder
  mit einer schulformunabhängigen Orientierungsstufe mit mehr als 180 Schülern – [7])

Lehrer
- mit fachwissenschaftlicher Ausbildung in zwei Fächern, wenn sich die Lehrbefähigung auf Haupt- und Realschulen oder Gymnasien erstreckt, bei einer dieser Befähigung entsprechenden Verwendung – [10])
- mit fachwissenschaftlicher Ausbildung von mindestens acht Semestern Dauer in zwei Fächern, wenn sich die Lehrbefähigung auf Grund-, Haupt- und Realschulen erstreckt, bei einer dieser Befähigung entsprechenden Verwendung – [8]) [10])
- mit der Befähigung für das Lehramt der Sekundarstufe I bei entsprechender Verwendung – [14])

Realschullehrer
- mit der Befähigung für das Lehramt an Realschulen bei einer dieser Befähigung entsprechenden Verwendung – [10])

Rektor
- einer Grundschule, Hauptschule oder Grund- und Hauptschule mit mehr als 180 bis zu 360 Schülern – [7])

Studienrat
- im höheren Dienst des Bundes – [9])
- mit der Befähigung für das Lehramt an Gymnasien oder an beruflichen Schulen bei einer der jeweiligen Befähigung entsprechenden Verwendung –
- mit der Befähigung für das Lehramt der Sekundarstufe II bei entsprechender Verwendung –

Stabshauptmann [15])
Stabskapitänleutnant [15])
Major
Korvettenkapitän
Stabsapotheker
Stabsarzt
Stabsveterinär

---

[1]) Soweit nicht in der Besoldungsgruppe A 14.
[2]) Soweit nicht in der Besoldungsgruppe A 12.
[3]) Im Auswärtigen Dienst.
[4]) Im Bundesbereich.
[5]) Mit der Befähigung für das Lehramt an Realschulen.
[6]) Erhält als der ständige Vertreter eines Fachschuldirektors oder als Fachvorsteher eine Amtszulage nach Anlage IX.
[7]) Erhält eine Amtszulage nach Anlage IX.
[8]) Gilt für Lehrer, deren Ausbildung vor dem 1. August 1973 geregelt war.

[9]) Mit der Befähigung für das Lehramt an Gymnasien oder beruflichen Schulen.

[10]) Als Eingangsamt.

[11]) Für Beamte des gehobenen technischen Dienstes können für Funktionen, die sich von denen der Besoldungsgruppe A 13 abheben, nach Maßgabe sachgerechter Bewertung bis zu 20 v. H. der für technische Beamte ausgebrachten Stellen der Besoldungsgruppe A 13 mit einer Amtszulage nach Anlage IX ausgestattet werden.

[12]) Für Funktionen eines Amtsanwalts bei einer Staatsanwaltschaft, die sich von denen der Besoldungsgruppe A 13 abheben, können nach Maßgabe sachgerechter Bewertung bis zu 20 v. H. der Stellen für Oberamtsanwälte mit einer Amtszulage nach Anlage IX ausgestattet werden.

[13]) Für Beamte der Rechtspflegerlaufbahn können für Funktionen der Rechtspfleger bei Gerichten, Notariaten und Staatsanwaltschaften, die sich von denen der Besoldungsgruppe A 13 abheben, nach Maßgabe sachgerechter Bewertung bis zu 20 v. H. der für Rechtspfleger ausgebrachten Stellen der Besoldungsgruppe A 13 mit einer Amtszulage nach Anlage IX ausgestattet werden.

[14]) Für dieses Amt dürfen höchstens 40 v. H. der Stellen für stufenbezogen ausgebildete planmäßige „Lehrer" in der Sekundarstufe I (Klassen 5 bis 10), davon an Hauptschulen höchstens 10 v. H. der für diese Beamten an Hauptschulen vorhandenen Stellen, ausgewiesen werden. Dem Amtsinhaber kann bei Übertragung der Funktion des Schulleiters, des ständigen Vertreters des Schulleiters oder des Zweiten Konrektors die entsprechende Amtsbezeichnung verliehen werden.

[15]) Für Funktionen in der Laufbahn des militärfachlichen Dienstes nach Maßgabe sachgerechter Bewertung für bis zu 2 v. H. der Gesamtzahl der für Hauptleute/Kapitänleutnante und für Stabshauptleute/Stabskapitänleutnante in dieser Laufbahn ausgebrachten Planstellen.

Besoldungsgruppe A 14

Akademischer Oberrat
- als wissenschaftlicher oder künstlerischer Mitarbeiter an einer Hochschule –

Arzt [1])
Chefarzt [2])
Konsul Erster Klasse
Landesanwalt [1])
Legationsrat Erster Klasse [3])
Oberarzt [4])
Oberkonservator
Oberkustos
Oberrat
Pfarrer [1])
Fachschuldirektor
- als Leiter einer Bundeswehrfachschule mit Lehrgängen, die zu einem Abschluß führen, der dem der Realschule entspricht – [5])

Fachschuloberlehrer
- als der ständige Vertreter des Direktors einer Fachschule als Leiter einer Fachschule des Bundes mit beruflichem Unterricht mit bis zu 360 Unterrichtsteilnehmern – [6]) [7])

Konrektor
- als der ständige Vertreter des Leiters einer selbständigen schulformunabhängigen Orientierungsstufe mit mehr als 180 bis zu 360 Schülern –
- als der ständige Vertreter des Leiters einer selbständigen schulformunabhängigen Orientierungsstufe mit mehr als 360 Schülern – [5])

Oberstudienrat
- im höheren Dienst des Bundes – [8])
- mit der Befähigung für das Lehramt an Gymnasien oder an beruflichen Schulen bei einer der jeweiligen Befähigung entsprechenden Verwendung –
- mit der Befähigung für das Lehramt der Sekundarstufe II bei entsprechender Verwendung –

Realschulkonrektor
- als der ständige Vertreter des Leiters einer Realschule mit mehr als 180 bis zu 360 Schülern –
- als der ständige Vertreter des Leiters einer Realschule mit mehr als 360 Schülern – [5])

Realschulrektor
- einer Realschule mit bis zu 180 Schülern –
- einer Realschule mit mehr als 180 bis zu 360 Schülern – [5])

Regierungsschulrat
- als Dezernent (Referent) in der Schulaufsicht auf Bezirksebene –
- im Schulaufsichtsdienst –

Rektor
- einer Grundschule, Hauptschule oder Grund- und Hauptschule mit mehr als 360 Schülern –
- einer Hauptschule
  mit Realschul- oder Aufbauzug
  oder
  mit einer schulformunabhängigen Orientierungsstufe mit mehr als 180 Schülern –
- einer selbständigen schulformunabhängigen Orientierungsstufe mit bis zu 180 Schülern –
- einer selbständigen schulformunabhängigen Orientierungsstufe mit mehr als 180 bis zu 360 Schülern – [5])

Schulrat
- als Schulaufsichtsbeamter auf Kreisebene – [5])

Zweiter Konrektor
- einer selbständigen schulformunabhängigen Orientierungsstufe mit mehr als 540 Schülern –

Zweiter Realschulkonrektor
- einer Realschule mit mehr als 540 Schülern –

Oberstleutnant [4])
Fregattenkapitän [4])
Oberstabsapotheker

Oberstabsarzt
Oberstabsveterinär

---

[1]) Soweit nicht in der Besoldungsgruppe A 13.
[2]) Soweit nicht in den Besoldungsgruppen A 15, A 16.
[3]) Führt während der Verwendung als Leiter einer Botschaft oder Gesandtschaft die Amtsbezeichnung „Botschafter" oder „Gesandter".
[4]) Soweit nicht in der Besoldungsgruppe A 15.
[5]) Erhält eine Amtszulage nach Anlage IX.
[6]) Mit der Befähigung für das Lehramt an Realschulen.
[7]) Bei Schulen mit Teilzeitunterricht rechnen 2,5 Unterrichtsteilnehmer mit Teilzeitunterricht als einer.
[8]) Mit der Befähigung für das Lehramt an Gymnasien oder beruflichen Schulen.

Besoldungsgruppe A 15

Akademischer Direktor
- als wissenschaftlicher oder künstlerischer Mitarbeiter an einer Hochschule –

Botschaftsrat [1])
Bundesbankdirektor [2])
Chefarzt [3])
Dekan [4])
Direktor
Generalkonsul [5])
Hauptkonservator
Hauptkustos
Museumsdirektor und Professor
Oberarzt [6])
Oberlandesanwalt [4])
Vortragender Legationsrat
Direktor einer Fachschule
- als Leiter einer Fachschule des Bundes mit beruflichem Unterricht mit bis zu 360 Unterrichtsteilnehmern – [7]) [8])

Realschulrektor
- einer Realschule mit mehr als 360 Schülern –

Regierungsschuldirektor
- als Dezernent (Referent) im Schulaufsichtsdienst des Bundes –
- als Dezernent (Referent) in der Schulaufsicht auf Bezirksebene –

Rektor
- einer selbständigen schulformunabhängigen Orientierungsstufe mit mehr als 360 Schülern –

Schulamtsdirektor
- als Schulaufsichtsbeamter auf Kreisebene –

Studiendirektor
- als Fachberater in der Schulaufsicht, als Fachleiter oder Seminarlehrer an Studienseminaren oder Seminarschulen oder zur Koordinierung schulfachlicher Aufgaben – [9])

- als der ständige Vertreter des Leiters
  einer beruflichen Schule mit mehr als 80 bis zu 360 Schülern, [8])
  einer beruflichen Schule mit mehr als 360 Schülern, [7]) [8])
  eines Gymnasiums im Aufbau mit
    mehr als 540 Schülern, wenn die oberste Jahrgangsstufe fehlt, [7])
    mehr als 670 Schülern, wenn die zwei oberen Jahrgangsstufen fehlen, [7])
    mehr als 800 Schülern, wenn die drei oberen Jahrgangsstufen fehlen, [7])
  eines nicht voll ausgebauten Gymnasiums,
  eines voll ausgebauten Gymnasiums mit bis zu 360 Schülern,
  eines voll ausgebauten Gymnasiums mit mehr als 360 Schülern, [7])
  eines voll ausgebauten Oberstufengymnasiums,
  eines zweizügig voll ausgebauten Oberstufengymnasiums
  oder eines Oberstufengymnasiums mit mindestens zwei Schultypen – [7])
- als Leiter
  einer beruflichen Schule mit bis zu 80 Schülern, [8])
  einer beruflichen Schule mit mehr als 80 bis zu 360 Schülern, [7]) [8])
  eines nicht voll ausgebauten Gymnasiums, [7])
  eines voll ausgebauten Gymnasiums mit bis zu 360 Schülern,[7])
  eines voll ausgebauten Oberstufengymnasiums – [7])
- im höheren Dienst des Bundes
  als der ständige Vertreter des Leiters einer Fachschule mit beruflichem Unterricht mit mehr als 360 Unterrichtsteilnehmern, [7]) [8])
  als Leiter einer Zivildienstschule,
  zur Koordinierung schulfachlicher Aufgaben – [9])

Oberstleutnant [6]) [10])
Fregattenkapitän [6]) [10])
Oberfeldapotheker
Flottillenapotheker
Oberfeldarzt
Flottillenarzt
Oberfeldveterinär

---

[1]) Führt während der Verwendung als Leiter einer Botschaft oder Gesandtschaft die Amtsbezeichnung „Botschafter" oder „Gesandter".
[2]) Soweit nicht in den Besoldungsgruppen A 16, B 3, B 5, B 6, B 9.
[3]) Soweit nicht in den Besoldungsgruppen A 14, A 16.
[4]) Soweit nicht in der Besoldungsgruppe A 16.
[5]) Soweit nicht in den Besoldungsgruppen A 16, B 3, B 6.
[6]) Soweit nicht in der Besoldungsgruppe A 14.
[7]) Erhält eine Amtszulage nach Anlage IX.
[8]) Bei Schulen mit Teilzeitunterricht rechnen 2,5 Unterrichtsteilnehmer mit Teilzeitunterricht als einer.
[9]) Höchstens 30 v. H. der Gesamtzahl der planmäßigen Beamten in der Laufbahn der Studienräte.
[10]) Auf herausgehobenen Dienstposten.

Besoldungsgruppe A 16

Abteilungsdirektor
Abteilungspräsident
Botschafter [1])
Botschaftsrat Erster Klasse
Bundesbankdirektor [2])
Chefarzt [3])
Dekan [4]) [5])
Direktor des Geheimen Staatsarchivs der Stiftung Preußischer Kulturbesitz
Direktor des Ibero-Amerikanischen Instituts der Stiftung Preußischer Kulturbesitz
Direktor des Staatlichen Instituts für Musikforschung der Stiftung Preußischer Kulturbesitz
Direktor einer Wehrtechnischen Dienststelle [6])
Finanzpräsident
- als Abteilungsleiter bei einer Oberfinanzdirektion – [7])

Generalkonsul [8])
Gesandter [9])
Landeskonservator

Leitender Akademischer Direktor
- als wissenschaftlicher oder künstlerischer Mitarbeiter an einer Hochschule – [10])

Leitender Direktor
Ministerialrat
- bei einer obersten Bundesbehörde und beim Bundeseisenbahnvermögen – [7])
- bei einer obersten Landesbehörde (ausgenommen Stadtstaaten) – [11])

Museumsdirektor und Professor
Oberlandesanwalt [5])
Oberstaatsanwalt beim Bundesverwaltungsgericht
Senatsrat
- in Berlin und Bremen bei einer obersten Landesbehörde – [11])

Vortragender Legationsrat Erster Klasse [7])
Kanzler einer Universität der Bundeswehr

Leitender Regierungsschuldirektor
- als Dezernent (Referent) im Schulaufsichtsdienst des Bundes –
- als Dezernent (Referent) in der Schulaufsicht auf Bezirksebene –

Leitender Schulamtsdirektor
- als leitender Schulaufsichtsbeamter auf Kreisebene, dem mindestens sechs weitere Schulaufsichtsbeamte unterstellt sind –
- als Schulaufsichtsbeamter auf Kreisebene, dem ausschließlich die Aufsicht über Gymnasien, Gesamtschulen mit Oberstufe oder berufliche Schulen obliegt –

Oberstudiendirektor
- als Leiter
  einer beruflichen Schule mit mehr als 360 Schülern, [12])
  eines Gymnasiums im Aufbau mit
    mehr als 540 Schülern, wenn die oberste Jahrgangsstufe fehlt,
    mehr als 670 Schülern, wenn die zwei oberen Jahrgangsstufen fehlen,
    mehr als 800 Schülern, wenn die drei oberen Jahrgangsstufen fehlen,
  eines voll ausgebauten Gymnasiums mit mehr als 360 Schülern,
  eines zweizügig voll ausgebauten Oberstufengymnasiums oder eines Oberstufengymnasiums mit mindestens zwei Schultypen –
- im höheren Dienst des Bundes
  als Leiter einer Fachschule mit beruflichem Unterricht mit mehr als 360 Unterrichtsteilnehmern – [12])

Oberst [7])
Kapitän zur See [7])
Oberstapotheker [7])
Flottenapotheker [7])
Oberstarzt [7])
Flottenarzt [7])
Oberstveterinär [7])

---

1) Soweit nicht in den Besoldungsgruppen B 3, B 6, B 9.
2) Soweit nicht in den Besoldungsgruppen A 15, B 3, B 5, B 6, B 9.
3) Soweit nicht in den Besoldungsgruppen A 14, A 15.
4) Im Bundesbereich.
5) Soweit nicht in der Besoldungsgruppe A 15.
6) Soweit nicht in den Besoldungsgruppen B 3, B 4.
7) Soweit nicht in der Besoldungsgruppe B 3.
8) Soweit nicht in den Besoldungsgruppen A 15, B 3, B 6.
9) Soweit nicht in den Besoldungsgruppen B 3, B 6.
10) Nur in Stellen von besonderer Bedeutung.
11) Soweit nicht in den Besoldungsgruppen B 2, B 3.
12) Bei Schulen mit Teilzeitunterricht rechnen 2,5 Unterrichtsteilnehmer mit Teilzeitunterricht als einer.

Bundesbesoldungsordnung B

Besoldungsgruppe B 1

Direktor und Professor

Besoldungsgruppe B 2

Abteilungsdirektor, Abteilungspräsident
- als Leiter einer großen und bedeutenden Abteilung
  bei einer Mittel- oder Oberbehörde des Bundes oder eines Landes,
  bei einer sonstigen Dienststelle oder Einrichtung, wenn deren Leiter mindestens in Besoldungsgruppe B 5 eingestuft ist – [5])
- als Leiter einer großen und bedeutenden Gruppe bei einer Oberfinanzdirektion, soweit er Vertreter des Finanzpräsidenten ist –
- beim Bundesinstitut für Berufsbildung
  als der ständige Vertreter eines Hauptabteilungsleiters und Leiter einer Abteilung,
  als Leiter einer großen und bedeutenden Abteilung, soweit nicht in eine Hauptabteilung eingegliedert –

Direktor bei der Fachhochschule des Bundes für öffentliche Verwaltung
- als Leiter eines großen Fachbereichs –

Direktor bei der Hauptstelle der Bundesanstalt für Arbeit
- als Leiter einer großen und bedeutenden Unterabteilung –

Direktor bei der Staatsbibliothek der Stiftung Preußischer Kulturbesitz
- als der ständige Vertreter des Generaldirektors und Leiter einer Abteilung –

Direktor bei einer Landesversicherungsanstalt
- als stellvertretender Geschäftsführer oder Mitglied der Geschäftsführung, wenn der Erste Direktor in Besoldungsgruppe B 3 eingestuft ist –

Direktor beim Bundesamt für Wehrtechnik und Beschaffung
- als Leiter einer großen und bedeutenden Unterabteilung –

Direktor beim Marinearsenal
- als Leiter eines Arsenalbetriebes –

Direktor der Bundesausführungsbehörde für Unfallversicherung
Direktor der Grenzschutzdirektion
Direktor und Professor
- als Leiter einer wissenschaftlichen Forschungseinrichtung – [1])
- bei einer wissenschaftlichen Forschungseinrichtung oder in einem wissenschaftlichen Forschungsbereich

als Leiter einer Abteilung, eines Fachbereichs, eines Instituts sowie einer großen oder bedeutenden Gruppe (Unterabteilung) oder eines großen oder bedeutenden Laboratoriums, soweit sein Leiter nicht einem Unterabteilungsleiter oder Gruppenleiter unmittelbar unterstellt ist –

Direktor und Professor des Wehrwissenschaftlichen Instituts für Materialuntersuchungen

Leitender Regierungsdirektor [2]) [3])
– in Hamburg bei einem Senatsamt oder einer Fachbehörde –

Ministerialrat [2]) [4])
– bei einer obersten Landesbehörde (ausgenommen Stadtstaaten) –

Senatsrat [2]) [6])
– in Berlin und Bremen bei einer obersten Landesbehörde –

Vizepräsident [7])
– als der ständige Vertreter eines durch Bundesrecht in Besoldungsgruppe B 5 eingestuften Leiters einer Dienststelle oder sonstigen Einrichtung –

---

[1]) Soweit die Funktion nicht einem in eine höhere oder niedrigere Besoldungsgruppe eingestuften Amt zugeordnet ist.

[2]) Soweit nicht in den Besoldungsgruppen A 16, B 3.

[3]) In Hamburg darf bei den genannten Behörden die Zahl der Planstellen für Leitende Regierungsdirektoren in den Besoldungsgruppen B 2 und B 3 zusammen 60 v. H. der Gesamtzahl der bei diesen Behörden für Leitende Regierungsdirektoren ausgebrachten Planstellen nicht überschreiten.

[4]) In einem Land darf die Zahl der Planstellen für Leitende Ministerialräte in der Besoldungsgruppe B 3 und für Ministerialräte in den Besoldungsgruppen B 2 und B 3 zusammen 60 v. H. der Gesamtzahl der für Leitende Ministerialräte in der Besoldungsgruppe B 3 und für Ministerialräte ausgebrachten Planstellen nicht überschreiten.

[5]) Führt als Leiter der Abteilung 1 (Vollzug) bei einem Grenzschutzpräsidium die Amtsbezeichnung „Abteilungspräsident" mit dem Zusatz „im Bundesgrenzschutz".

[6]) a) In Berlin darf die Zahl der Planstellen für Leitende Senatsräte in der Besoldungsgruppe B 3 und für Senatsräte in den Besoldungsgruppen B 2 und B 3 zusammen 60 v. H. der Gesamtzahl der für Leitende Senatsräte in der Besoldungsgruppe B 3 und für Senatsräte ausgebrachten Planstellen nicht überschreiten.

b) In Bremen darf die Zahl der Planstellen für Senatsräte in den Besoldungsgruppen B 2 und B 3 zusammen 60 v. H. der Gesamtzahl der für Senatsräte ausgebrachten Planstellen nicht überschreiten.

[7]) Der Amtsbezeichnung kann ein Zusatz beigefügt werden, der auf die Dienststelle oder sonstige Einrichtung hinweist, der der Amtsinhaber angehört. Der Zusatz „und Professor" darf beigefügt werden, wenn der Leiter der Dienststelle oder sonstigen Einrichtung diesen Zusatz in der Amtsbezeichnung führt.

Besoldungsgruppe B 3

Abteilungsdirektor bei der Bundesversicherungsanstalt für Angestellte
– als Leiter einer besonders großen und besonders bedeutenden Abteilung –

Botschafter [1])
Bundesbankdirektor [2])
Bundesbeauftragter für Asylangelegenheiten
Direktor bei der Bundesakademie für öffentliche Verwaltung
– als Leiter einer Lehrgruppe –

Direktor bei der Bundesmonopolverwaltung für Branntwein
– als Leiter des Bundesmonopolamtes für Branntwein –
– als Leiter der Verwertungsstelle der Bundesmonopolverwaltung für Branntwein –

Direktor bei der Bundesschuldenverwaltung

Direktor bei der Deutschen Bibliothek
– als der ständige Vertreter des Generaldirektors –

Direktor bei der Führungsakademie der Bundeswehr
– als Leiter einer Fachgruppe –

Direktor bei einer Landesversicherungsanstalt
– als stellvertretender Geschäftsführer oder Mitglied der Geschäftsführung, wenn der Erste Direktor in Besoldungsgruppe B 4 eingestuft ist –

Direktor beim/bei der . . . [3])
– als Leiter einer Hauptabteilung oder einer gleichzubewertenden, besonders großen und besonders bedeutenden Abteilung bei einer Bundesoberbehörde, wenn der Leiter mindestens in Besoldungsgruppe B 8 eingestuft ist –

Direktor beim Bundesamt für Wehrtechnik und Beschaffung
– als Leiter des Musterprüfwesens für Luftfahrtgerät der Bundeswehr –

Direktor beim Bundesinstitut für Berufsbildung
– als Leiter einer Hauptabteilung –

Direktor beim Bundesnachrichtendienst [4])
Direktor der Bundesstelle für Außenhandelsinformation
Direktor der Bundeszentrale für gesundheitliche Aufklärung
Direktor des Bildungszentrums der Bundesfinanzverwaltung in Münster [22])

Direktor des Bildungszentrums der Bundesfinanzverwaltung in Sigmaringen [23])
Direktor des Bundesinstituts für ostdeutsche Kultur und Geschichte
Direktor des Deutschen Instituts für medizinische Dokumentation und Information
Direktor des Luftfahrt-Bundesamtes
Direktor des Zentralamtes für Zulassungen im Fernmeldewesen
Direktor einer Wehrtechnischen Dienststelle [5])

Direktor im Bundesgrenzschutz
- im Bundesministerium des Innern – [21])
- als Leiter der Grenzschutzschule

Direktor und Professor
- als Leiter einer wissenschaftlichen Forschungseinrichtung – [6])
- bei einer wissenschaftlichen Forschungseinrichtung oder in einem wissenschaftlichen Forschungsbereich
  als Leiter einer großen Abteilung, eines großen Fachbereichs oder eines großen Instituts –

Direktor und Professor der Bundesanstalt für Gewässerkunde
Direktor und Professor der Bundesanstalt für Wasserbau
Direktor und Professor der Bundesforschungsanstalt für Landeskunde und Raumordnung
Direktor und Professor der Forschungsanstalt der Bundeswehr für Wasserschall und Geophysik
Direktor und Professor der Wehrwissenschaftlichen Dienststelle der Bundeswehr für ABC-Schutz
Direktor und Professor des Bundesinstituts für Arzneimittel und Medizinprodukte
Direktor und Professor des Bundesinstituts für Bevölkerungsforschung
- als Geschäftsführender Direktor –

Direktor und Professor des Bundesinstituts für chemisch-technische Untersuchungen
Direktor und Professor des Bundesinstituts für gesundheitlichen Verbraucherschutz und Veterinärmedizin
Direktor und Professor des Bundesinstituts für ostwissenschaftliche und internationale Studien
- als Geschäftsführender Direktor –

Direktor und Professor des Kunsthistorischen Instituts in Florenz

Direktor und Professor des Robert-Koch-Instituts

Erster Direktor einer Landesversicherungsanstalt
- als Geschäftsführer oder Vorsitzender der Geschäftsführung der Landesversicherungsanstalt Braunschweig, Niederbayern-Oberpfalz, Oldenburg-Bremen, Saarland, Schwaben, Unterfranken –

Finanzpräsident [7])
- als Abteilungsleiter bei einer Oberfinanzdirektion –

Generalkonsul [8])

Gesandter [9])

Leitender Ministerialrat [13])
- bei einer obersten Landesbehörde (ausgenommen Stadtstaaten)
  als Leiter einer Abteilung, [20])
  als Leiter einer Unterabteilung oder als Leiter einer auf Dauer eingerichteten Gruppe von Referaten, [20])
  als der ständige Vertreter eines Abteilungsleiters, soweit kein Unterabteilungsleiter oder Gruppenleiter vorhanden ist – [20])

Leitender Regierungsdirektor [10]) [11])
- in Hamburg bei einem Senatsamt oder einer Fachbehörde –

Leitender Senatsrat [16])
- in Berlin bei einer obersten Landesbehörde
  als Leiter einer Abteilung,[20])
  als Leiter einer Unterabteilung, [20])
  als der ständige Vertreter eines Abteilungsleiters, soweit kein Unterabteilungsleiter vorhanden ist – [20])

Ministerialrat
- bei einer obersten Bundesbehörde und beim Bundeseisenbahnvermögen – [7]) [12]) [14])
- bei einer obersten Landesbehörde (ausgenommen Stadtstaaten), soweit nicht einem in Besoldungsgruppe B 3 oder B 4 eingestuften Gruppenleiter unterstellt – [10]) [13])

Ministerialrat als Mitglied des Bundesrechnungshofes

Präsident eines Landesversorgungsamtes
- als Leiter eines Landesversorgungsamtes mit mehr als 100 000 bis 250 000 Versorgungsberechtigten –

Regierungsvizepräsident
- als der ständige Vertreter eines in Besoldungsgruppe B 7 eingestuften Regierungspräsidenten –

Senatsrat [10]) [16])
- in Berlin und Bremen bei einer obersten Landesbehörde, soweit nicht einem in Besoldungsgruppe B 3 oder B 4 eingestuften Gruppenleiter unterstellt –

Vizepräsident [17])
- als der ständige Vertreter eines durch Bundesrecht in Besoldungsgruppe B 6 oder B 7 eingestuften Leiters einer Dienststelle oder sonstigen Einrichtung –

Vizepräsident bei der Bundeszentrale für politische Bildung
Vizepräsident der Stiftung Preußischer Kulturbesitz
Vortragender Legationsrat Erster Klasse [7]) [18])
Oberst [7]) [19])
Kapitän zur See [7]) [19])
Oberstapotheker [7]) [19])
Flottenapotheker [7]) [19])
Oberstarzt [7]) [19])
Flottenarzt [7]) [19])
Oberstveterinär [7]) [19])

---

1) Soweit nicht in den Besoldungsgruppen A 16, B 6, B 9.
2) Soweit nicht in den Besoldungsgruppen A 15, A 16, B 5, B 6, B 9.
3) Der Amtsbezeichnung ist ein Zusatz beizufügen, der auf die Dienststelle oder sonstige Einrichtung hinweist, der der Amtsinhaber angehört; die Amtsinhaber beim Bundesamt für Verfassungsschutz sind berechtigt, die Amtsbezeichnung „Direktor" zu führen.
4) Die Amtsinhaber sind berechtigt, die Amtsbezeichnung „Direktor" zu führen.
5) Soweit nicht in den Besoldungsgruppen A 16, B 4.

[6]) Soweit die Funktion nicht einem in eine niedrigere Besoldungsgruppe eingestuften Amt zugeordnet ist.

[7]) Soweit nicht in der Besoldungsgruppe A 16.

[8]) Soweit nicht in den Besoldungsgruppen A 15, A 16, B 6.

[9]) Soweit nicht in den Besoldungsgruppen A 16, B 6.

[10]) Soweit nicht in den Besoldungsgruppen A 16, B 2.

[11]) In Hamburg darf bei den genannten Behörden die Zahl der Planstellen für Leitende Regierungsdirektoren in den Besoldungsgruppen B 2 und B 3 zusammen 60 v. H. der Gesamtzahl der bei diesen Behörden für Leitende Regierungsdirektoren ausgebrachten Planstellen nicht überschreiten.

[12]) Beim Bund darf die Zahl der Planstellen 75 v. H. der Gesamtzahl der für Ministerialräte ausgebrachten Planstellen nicht überschreiten.

[13]) In einem Land darf die Zahl der Planstellen für Leitende Ministerialräte in der Besoldungsgruppe B 3 und für Ministerialräte in den Besoldungsgruppen B 2 und B 3 zusammen 60 v. H. der Gesamtzahl der für Leitende Ministerialräte in der Besoldungsgruppe B 3 und für Ministerialräte ausgebrachten Planstellen nicht überschreiten.

[14]) Der Leiter des Präsidialbüros des Präsidenten des Deutschen Bundestages erhält eine Stellenzulage in Höhe des Unterschiedsbetrages zwischen dem Grundgehalt der Besoldungsgruppe B 3 und dem Grundgehalt der Besoldungsgruppe B 6.

[15]) (weggefallen)

[16]) a) In Berlin darf die Zahl der Planstellen für Leitende Senatsräte in der Besoldungsgruppe B 3 und für Senatsräte in den Besoldungsgruppen B 2 und B 3 zusammen 60 v. H. der Gesamtzahl der für Leitende Senatsräte in der Besoldungsgruppe B 3 und für Senatsräte ausgebrachten Planstellen nicht überschreiten.

b) In Bremen darf die Zahl der Planstellen für Senatsräte in den Besoldungsgruppen B 2 und B 3 zusammen 60 v. H. der Gesamtzahl der für Senatsräte ausgebrachten Planstellen nicht überschreiten.

[17]) Der Amtsbezeichnung kann ein Zusatz beigefügt werden, der auf die Dienststelle oder sonstige Einrichtung hinweist, der der Amtsinhaber angehört. Der Zusatz „und Professor" darf beigefügt werden, wenn der Leiter der Dienststelle oder sonstigen Einrichtung diesen Zusatz in der Amtsbezeichnung führt.

[18]) Höchstens 75 v. H. der Gesamtzahl der bei einer obersten Bundesbehörde für diese Ämter ausgebrachten Planstellen.

[19]) a) Im Ministerium höchstens 75 v. H. der Gesamtzahl der für diese Ämter ausgebrachten Planstellen,

b) außerhalb des Ministeriums höchstens 21 v. H. der Gesamtzahl der für diese Dienstgrade ausgebrachten Planstellen.

[20]) Soweit die Funktion nicht einem in eine höhere oder niedrigere Besoldungsgruppe eingestuften Amt zugeordnet ist.

[21]) Höchstens 75 v. H. der Gesamtzahl der im Bundesministerium des Innern für Leitende Polizeidirektoren im Bundesgrenzschutz und Direktoren im Bundesgrenzschutz ausgebrachten Planstellen.

[22]) Ab 1. Dezember 1991.

[23]) Bis zum 30. November 1991.

Besoldungsgruppe B 4

Direktor bei einer Landesversicherungsanstalt
– als stellvertretender Geschäftsführer oder Mitglied der Geschäftsführung, wenn der Erste Direktor in Besoldungsgruppe B 5 eingestuft ist –

Direktor des Bundesinstituts für Sportwissenschaft
– als Geschäftsführender Direktor –

Direktor des Bundesverbandes für den Selbstschutz
– als Geschäftsführendes Vorstandsmitglied –

Direktor einer Wehrtechnischen Dienststelle [1])

Direktor und Professor des Deutschen Historischen Instituts in Paris

Direktor und Professor des Deutschen Historischen Instituts in Rom

Erster Direktor beim Bundesamt für Wehrtechnik und Beschaffung

Erster Direktor beim Bundesinstitut für Berufsbildung
– als Leiter des Forschungsbereichs und als der ständige Vertreter des Präsidenten –

Erster Direktor beim Bundeskriminalamt
– als Leiter der beiden Hauptabteilungen –

Erster Direktor einer Landesversicherungsanstalt
– als Geschäftsführer oder Vorsitzender der Geschäftsführung der Landesversicherungsanstalt Berlin, Hamburg, Oberbayern, Oberfranken-Mittelfranken, Rheinland-Pfalz, Schleswig-Holstein –

Leitender Direktor des Marinearsenals

Leitender Ministerialrat
– bei einer obersten Landesbehörde (ausgenommen Stadtstaaten)
als Leiter einer Abteilung, [2])
als Leiter einer Unterabteilung oder als Leiter einer auf Dauer eingerichteten Gruppe von Referaten unter einem in Besoldungsgruppe B 7 eingestuften Beamten, [3])
als der ständige Vertreter eines in Besoldungsgruppe B 7 eingestuften Beamten, soweit kein Unterabteilungsleiter oder Gruppenleiter vorhanden ist – [3])

Leitender Senatsrat
– in Berlin bei einer obersten Landesbehörde
als Leiter einer Abteilung, [2])
als Leiter einer Unterabteilung unter einem in Besoldungsgruppe B 7 eingestuften Beamten, [3])
als der ständige Vertreter eines in Besoldungsgruppe B 7 eingestuften Beamten, soweit kein Unterabteilungsleiter vorhanden ist – [3])

Präsident der Bundesbaudirektion

Präsident des Bundessortenamtes

Präsident des Bundessprachenamtes

Präsident des Kraftfahrt-Bundesamtes

Präsident einer Universität der Bundeswehr

Präsident eines Landesversorgungsamtes
– als Leiter eines Landesversorgungsamtes mit mehr als 250 000 bis 500 000 Versorgungsberechtigten –

Präsident und Professor der Bundesforschungsanstalt für Viruskrankheiten der Tiere

Präsident und Professor des Paul-Ehrlich-Instituts

Regierungsvizepräsident
- als der ständige Vertreter eines in Besoldungsgruppe B 8 eingestuften Regierungspräsidenten –

Senatsdirektor
- in Bremen bei einer obersten Landesbehörde
  als Leiter einer bedeutenden Hauptabteilung – [5])
- in Hamburg bei einem Senatsamt oder einer Fachbehörde
  als Leiter einer bedeutenden Abteilung, die einem in Besoldungsgruppe B 7 eingestuften Leiter eines Amtes unmittelbar unterstellt ist, [3])
  als Leiter eines bedeutenden Amtes – [3])

Vizepräsident [4])
- als der ständige Vertreter eines durch Bundesrecht in Besoldungsgruppe B 8 eingestuften Leiters einer Dienststelle oder sonstigen Einrichtung –

Vizepräsident der Bundesschuldenverwaltung

---

[1]) Soweit nicht in den Besoldungsgruppen A 16, B 3.
[2]) Soweit die Funktion nicht einem in eine höhere oder niedrigere Besoldungsgruppe eingestuften Amt zugeordnet ist.
[3]) Soweit die Funktion nicht in einem in eine niedrigere Besoldungsgruppe eingestuften Amt zugeordnet ist.
[4]) Der Amtsbezeichnung kann ein Zusatz beigefügt werden, der auf die Dienststelle oder sonstige Einrichtung hinweist, der der Amtsinhaber angehört. Der Zusatz „und Professor" darf beigefügt werden, wenn der Leiter der Dienststelle oder sonstigen Einrichtung diesen Zusatz in der Amtsbezeichnung führt.
[5]) Soweit nicht in der Besoldungsgruppe B 5.

Besoldungsgruppe B 5

Bundesbankdirektor [1])

Direktor bei der Bundesknappschaft
- als stellvertretender Geschäftsführer oder Mitglied der Geschäftsführung –

Direktor bei einer Landesversicherungsanstalt
- als stellvertretender Geschäftsführer oder Mitglied der Geschäftsführung, wenn der Erste Direktor in Besoldungsgruppe B 6 eingestuft ist –

Erster Direktor beim Bundesamt für Wehrtechnik und Beschaffung [2])

Erster Direktor einer Landesversicherungsanstalt
- als Geschäftsführer oder Vorsitzender der Geschäftsführung der Landesversicherungsanstalt Baden, Hannover, Hessen, Württemberg –

Generaldirektor der Staatsbibliothek der Stiftung Preußischer Kulturbesitz

Generaldirektor und Professor der Staatlichen Museen der Stiftung Preußischer Kulturbesitz

Inspekteur der Bereitschaftspolizeien der Länder

Ministerialdirigent
– bei einer obersten Landesbehörde (ausgenommen Stadtstaaten) als Leiter einer Abteilung – [3])

Oberdirektor bei der Hauptstelle der Bundesanstalt für Arbeit

Oberdirektor und Professor bei der Hauptstelle der Bundesanstalt für Arbeit
– als Direktor des Instituts für Arbeitsmarkt- und Berufsforschung und Leiter einer Abteilung –

Präsident der Akademie für Führungskräfte der Deutschen Bundespost

Präsident der Akademie für zivile Verteidigung

Präsident der Bundesakademie für Wehrverwaltung und Wehrtechnik

Präsident der Bundesfinanzakademie

Präsident der Fachhochschule des Bundes für öffentliche Verwaltung

Präsident des Amtes für Wehrgeophysik

Präsident des Bundesamtes für den Zivildienst

Präsident des Bundesamtes für Naturschutz

Präsident des Bundesamtes zur Regelung offener Vermögensfragen

Präsident des Oberprüfungsamtes für die höheren technischen Verwaltungsbeamten

Präsident einer Wasser- und Schiffahrtsdirektion

Präsident eines Landesversorgungsamtes
– als Leiter eines Landesversorgungsamtes mit mehr als 500 000 Versorgungsberechtigten –

Präsident und Professor der Bundesanstalt für Arbeitsschutz

Präsident und Professor der Bundesanstalt für Straßenwesen

Präsident und Professor des Bundesamtes für Seeschiffahrt und Hydrographie

Präsident und Professor des Hauses der Geschichte der Bundesrepublik Deutschland

Präsident und Professor des Instituts für Angewandte Geodäsie

Senatsdirektor
– in Bremen bei einer obersten Landesbehörde als Leiter einer bedeutenden Hauptabteilung – [3])
– in Hamburg bei einem Senatsamt oder einer Fachbehörde als Leiter eines dem Behördenleiter unmittelbar unterstellten Amtes – [3])

Senatsdirigent
– in Berlin bei einer obersten Landesbehörde
als Leiter einer Abteilung – [3])

---

[1]) Soweit nicht in den Besoldungsgruppen A 15, A 16, B 3, B 6, B 9.
[2]) Nur für den Leiter des Projektsbereichs.
[3]) Soweit die Funktion nicht einem in eine niedrigere Besoldungsgruppe eingestuften Amt zugeordnet ist.

Besoldungsgruppe B 6

Botschafter [1])
Bundesanwalt beim Bundesverwaltungsgericht
Bundesbankdirektor [2])
Bundesbeauftragter für den Zivildienst
Bundesdisziplinaranwalt
Bundeswehrdisziplinaranwalt

Direktor beim Amt für den Militärischen Abschirmdienst
– als der ständige Vertreter des Amtschefs –

Direktor beim Bundesbeauftragten für den Datenschutz
– als der Leitende Beamte –

Direktor beim Bundesbeauftragten für die Unterlagen des Staatssicherheitsdienstes der ehemaligen Deutschen Demokratischen Republik
– als der leitende Beamte –

Direktor beim Bundesrechnungshof

Direktor beim Bundesverfassungsgericht

Erster Direktor beim Bundesnachrichtendienst [3])

Erster Direktor der Bundesknappschaft
– als Geschäftsführer oder Vorsitzender der Geschäftsführung –

Erster Direktor einer Landesversicherungsanstalt
– als Geschäftsführer oder Vorsitzender der Geschäftsführung der Landesversicherungsanstalt Rheinprovinz, Westfalen –

Generaldirektor der Deutschen Bibliothek

Generalkonsul [4])
Gesandter [5])

Militärgeneraldekan
Militärgeneralvikar

Ministerialdirigent
– bei einer obersten Bundesbehörde
als Leiter einer Abteilung, [6])
als Leiter einer Unterabteilung, [7])
als der ständige Vertreter eines in Besoldungsgruppe B 9 eingestuften Abteilungsleiters, soweit kein Unterabteilungsleiter vorhanden ist –[7])

– beim Bundespräsidialamt und beim Bundeskanzleramt
als Leiter einer auf Dauer eingerichteten Gruppe –
– bei einer obersten Landesbehörde (ausgenommen Stadtstaaten)
als Leiter einer großen oder bedeutenden Abteilung, [8])
als Leiter einer Hauptabteilung – [9])

Präsident der Bundesanstalt für Flugsicherung
Präsident der Bundesdruckerei
Präsident der Bundesmonopolverwaltung für Branntwein
Präsident der Bundeszentrale für politische Bildung
Präsident des Bundesamtes für Ernährung und Forstwirtschaft *)
Präsident des Bundesamtes für Güterverkehr
Präsident des Bundesamtes für Post und Telekommunikation
Präsident des Bundesamtes für Sicherheit in der Informationstechnik
Präsident des Bundesamtes für Wirtschaft
Präsident des Bundesamtes für Zivilschutz
Präsident des Bundeseisenbahnvermögens
Präsident des Bundesarchivs
Präsident des Bundesverwaltungsamtes
Präsident des Deutschen Wetterdienstes
Präsident des Eisenbahn-Bundesamtes
Präsident des Zollkriminalamtes
Präsident eines Grenzschutzpräsidiums
Präsident eines Landesarbeitsamtes [12])
Präsident und Professor der Biologischen Bundesanstalt für Land- und Forstwirtschaft
Präsident und Professor des Deutschen Archäologischen Instituts

Senatsdirektor
– in Hamburg bei einem Senatsamt oder einer Fachbehörde
als Leiter eines bedeutenden, dem Behördenleiter unmittelbar unterstellten Amtes – [9])

Senatsdirigent
– in Berlin bei einer obersten Landesbehörde
als Leiter einer bedeutenden Abteilung – [9])

Vizepräsident des Bundesamtes für Verfassungsschutz
Vizepräsident des Bundeskriminalamtes
Vizepräsident des Bundesnachrichtendienstes

Brigadegeneral
Flottillenadmiral
Generalapotheker
Generalarzt
Admiralarzt

---

[1]) Soweit nicht in den Besoldungsgruppen A 16, B 3, B 9.
[2]) Soweit nicht in den Besoldungsgruppen A 15, A 16, B 3, B 5, B 9.
[3]) Die Amtsinhaber sind berechtigt, die Amtsbezeichnung „Erster Direktor" zu führen.
[4]) Soweit nicht in den Besoldungsgruppen A 15, A 16, B 3.
[5]) Soweit nicht in den Besoldungsgruppen A 16, B 3.

[6]) Soweit die Funktion nicht dem Amt des Ministerialdirektors in Besoldungsgruppe B 9 zugeordnet ist.
[7]) Soweit die Funktion nicht dem Amt des Ministerialrats in Besoldungsgruppe B 3 zugeordnet ist.
[8]) Soweit nicht einem Hauptabteilungsleiter unterstellt, auch in Besoldungsgruppe B 7.
[9]) Soweit die Funktion nicht einem in Besoldungsgruppe B 7 eingestuften Amt zugeordnet ist.
[10]) (weggefallen)
[11]) (weggefallen)
[12]) Soweit nicht in der Besoldungsgruppe B 7.
*) Gestrichen ab 1. Januar 1995 gemäß Artikel 2 Abs. 1 Nr. 1 des Gesetzes vom 2. August 1994 (BGBl. I S. 2018).

Besoldungsgruppe B 7

Direktor bei der Bundesversicherungsanstalt für Angestellte
– als stellvertretender Geschäftsführer oder Mitglied der Geschäftsführung –
Inspekteur des Bundesgrenzschutzes
Ministerialdirigent
– bei einer obersten Bundesbehörde
als der ständige Vertreter des Leiters der Personalabteilung im Bundesministerium der Verteidigung –
– bei einer obersten Landesbehörde (ausgenommen Stadtstaaten)
als Leiter einer großen oder bedeutenden Abteilung, soweit nicht einem Hauptabteilungsleiter unterstellt, [1])
als Leiter einer Hauptabteilung – [1])
Oberfinanzpräsident
Präsident der Bundesakademie für öffentliche Verwaltung
Präsident der Bundesanstalt für Landwirtschaft und Ernährung *)
Präsident der Bundesschuldenverwaltung [2])
Präsident des Amtes für den Militärischen Abschirmdienst
Präsident des Bundesamtes für Finanzen
Präsident des Bundesamtes für Strahlenschutz
Präsident des Bundesaufsichtsamtes für das Kreditwesen
Präsident des Bundesaufsichtsamtes für das Versicherungswesen
Präsident des Bundesaufsichtsamtes für den Wertpapierhandel
Präsident des Bundesausfuhramtes
Präsident des Bundesausgleichsamtes
Präsident des Bundesinstituts für Berufsbildung
– als Generalsekretär –
Präsident des Bundeswehrverwaltungsamtes
Präsident einer Wehrbereichsverwaltung
Präsident eines Landesarbeitsamtes [4])
Präsident und Professor der Bundesanstalt für Geowissenschaften und Rohstoffe
Präsident und Professor der Bundesanstalt für Materialforschung und -prüfung
Regierungspräsident

Senatsdirektor
– in Hamburg bei einem Senatsamt oder einer Fachbehörde als Leiter eines bedeutenden, dem Behördenleiter unmittelbar unterstellten Amtes – [1])

Senatsdirigent
– in Berlin bei einer obersten Landesbehörde als Leiter einer bedeutenden Abteilung – [1])

Vizepräsident beim Bundesamt für Wehrtechnik und Beschaffung

Generalmajor

Konteradmiral

Generalstabsarzt

Admiralstabsarzt

---

[1]) Soweit die Funktion nicht einem in Besoldungsgruppe B 6 eingestuften Amt zugeordnet ist.

[2]) Der am 1. August 1992 im Amt befindliche Stelleninhaber erhält weiterhin Dienstbezüge aus der Besoldungsgruppe B 8.

[3]) (weggefallen)

[4]) Soweit nicht in der Besoldungsgruppe B 6.

*) Ab 1. Januar 1995 eingefügt gemäß Artikel 2 Abs. 1 Nr. 2 des Gesetzes vom 2. August 1994 (BGBl. I S. 2018).

Besoldungsgruppe B 8

Oberbundesanwalt beim Bundesverwaltungsgericht

Präsident der Bundesversicherungsanstalt für Angestellte
– als Geschäftsführer oder Vorsitzender der Geschäftsführung –

Präsident des Bundesamtes für die Anerkennung ausländischer Flüchtlinge

Präsident der Stiftung Preußischer Kulturbesitz

Präsident des Bundeskartellamtes

Präsident des Bundesversicherungsamtes

Präsident des Deutschen Patentamtes

Präsident des Statistischen Bundesamtes

Präsident des Umweltbundesamtes

Präsident und Professor der Physikalisch-Technischen Bundesanstalt

Regierungspräsident
– in einem Regierungsbezirk mit mehr als zwei Millionen Einwohnern –

Vizepräsident der Bundesanstalt für Arbeit

Besoldungsgruppe B 9

Botschafter [1])

Bundesbankdirektor [2])

Ministerialdirektor
– bei einer obersten Bundesbehörde als Leiter einer Abteilung – [4])

Präsident des Bundesamtes für Verfassungsschutz
Präsident des Bundesamtes für Wehrtechnik und Beschaffung
Präsident des Bundeskriminalamtes
Präsident des Bundesnachrichtendienstes [5])
Vizepräsident des Bundesrechnungshofes
Generalleutnant
Vizeadmiral
Generaloberstabsarzt
Admiraloberstabsarzt

---

[1]) Soweit nicht in den Besoldungsgruppen A 16, B 3, B 6.
[2]) Soweit nicht in den Besoldungsgruppen A 15, A 16, B 3, B 5, B 6.
[3]) (weggefallen)
[4]) Soweit die Funktion nicht dem Amt des Ministerialdirigenten in Besoldungsgruppe B 6 zugeordnet ist.
[5]) Der am 2. Oktober 1990 im Amt befindliche Stelleninhaber erhält eine ruhegehaltfähige Stellenzulage in Höhe des Unterschiedsbetrages zwischen dem Grundgehalt der Besoldungsgruppe B 9 und dem Grundgehalt der Besoldungsgruppe B 10.

Besoldungsgruppe B 10

Direktor beim Deutschen Bundestag
Direktor des Bundesrates
Ministerialdirektor
– als Stellvertretender Chef des Presse- und Informationsamtes der Bundesregierung –
– als Stellvertretender Sprecher der Bundesregierung –
Präsident der Bundesanstalt für Arbeit [1])
General [2])
Admiral [2])

---

[1]) Erhält eine Amtszulage nach Anlage IX.
[2]) Erhält als Generalinspekteur der Bundeswehr eine Amtszulage nach Anlage IX.

Besoldungsgruppe B 11

Präsident des Bundesrechnungshofes
Staatssekretär [1])

---

[1]) Im Bundesbereich.

Anlage II

Bundesbesoldungsordnung C

Vorbemerkungen

1. Zuschüsse zum Grundgehalt bei Berufungen oder Bleibeverhandlungen (Monatsbeträge)

(1) Professoren der Besoldungsgruppe C 4 können folgende nichtruhegehaltfähige Zuschüsse zum Grundgehalt bis zum Gesamtbetrag des Unterschiedes zwischen dem Endgrundgehalt der Besoldungsgruppe C 4 und dem Grundgehalt der Besoldungsgruppe B 7 erhalten:

1. bei der ersten Berufung in ein Amt der Besoldungsgruppe C 4, soweit die Dienstbezüge aus dem Amt als Professor hinter den Einkünften aus der bisherigen hauptberuflichen Tätigkeit zurückbleiben würden,

1a. bei der Berufung in ein Amt der Besoldungsgruppe C 4, wenn die Bezüge aus der bisherigen hauptberuflichen Tätigkeit bei einem von der öffentlichen Hand institutionell geförderten Zuwendungsempfänger auf der Grundlage der Besoldungsgruppe C 4 gewährt wurden,

2. bei der zweiten Berufung und den weiteren Berufungen in ein Amt der Besoldungsgruppe C 4,

3. bei Bleibeverhandlungen, die zur Abwendung einer zweiten oder weiteren Berufung in ein Amt der Besoldungsgruppe C 4 geführt haben,

4. bei Bleibeverhandlungen, die zur Abwendung einer Abwanderung in den Bereich außerhalb der Hochschulen im Geltungsbereich dieses Gesetzes geführt haben.

Zuschüsse nach Satz 1 Nr. 1 können unter der Voraussetzung gewährt werden, daß sie beim Aufsteigen in den Dienstaltersstufen um den Steigerungsbetrag des Grundgehalts gemindert werden.

(2) Bei der zweiten Berufung in ein Amt der Besoldungsgruppe C 4 und bei einer ersten Bleibeverhandlung, die zur Abwendung einer zweiten Berufung in ein Amt der Besoldungsgruppe C 4 geführt hat, darf der Zuschuß den Unterschiedsbetrag zwischen dem Endgrundgehalt der Besoldungsgruppe C 4 und dem Grundgehalt der Besoldungsgruppe B 5 nicht übersteigen; bei weiteren Berufungen in ein Amt der Besoldungsgruppe C 4 und bei weiteren Bleibeverhandlungen darf der Zuschuß den Unterschiedsbetrag zwischen den Grundgehältern der Besoldungsgruppen B 5 und B 7 nicht übersteigen. Nicht als zweite oder weitere Berufung gilt die Berufung in ein anderes Amt der Besoldungsgruppe C 4 an derselben Hochschule oder

eine weitere Berufung an eine andere Hochschule im Geltungsbereich dieses Gesetzes vor Ablauf von drei Jahren seit Gewährung eines Zuschusses. Die Sätze 1 und 2 gelten in den Fällen des Absatzes 1 Satz 1 Nr. 1a entsprechend.

2. Zuschüsse zum Grundgehalt in besonderen Fällen
(Monatsbeträge)

(1) Professoren der Besoldungsgruppe C 4 können unbeschadet der Nummer 1 in besonderen Fällen, insbesondere

a) wenn sie aus dem Ausland oder aus dem Bereich außerhalb der Hochschulen gewonnen werden sollen, oder

b) wenn ihre Abwanderung in den Bereich außerhalb der Hochschulen im Geltungsbereich dieses Gesetzes abgewendet werden soll,

Zuschüsse zum Grundgehalt bis zum Betrage des Unterschiedes zwischen den Grundgehältern der Besoldungsgruppen B 7 und B 10 erhalten (Sonderzuschüsse). Die Sonderzuschüsse können bis zum Gesamtbetrag für ruhegehaltfähig erklärt werden. Sonderzuschüsse können unter der Voraussetzung gewährt werden, daß sie beim Aufsteigen in den Dienstaltersstufen um den Steigerungsbetrag des Grundgehalts gemindert werden. Nicht als ruhegehaltfähig erklärte Sonderzuschüsse können auch befristet gewährt werden.

(2) Die Gesamtzahl der Professoren, die Sonderzuschüsse erhalten (Sonderzuschußplanstellen), darf in einem Land und beim Bund zwanzig vom Hundert der Gesamtzahl der ausgebrachten Planstellen für Professoren der Besoldungsgruppe C 4 nicht übersteigen. Der Gesamtbetrag der Sonderzuschüsse darf den Betrag nicht übersteigen, der sich aus der Vervielfältigung der Zahl der Sonderzuschußplanstellen mit dem Betrag der Hälfte des Unterschiedes zwischen den Grundgehältern der Besoldungsgruppen B 7 und B 10 ergibt. Bei der Anwendung der Sätze 1 und 2 bleiben die Sonderzuschußplanstellen für Professoren an der Hochschule für Verwaltungswissenschaften Speyer außer Betracht.

(3) Die allgemeinen Verwaltungsvorschriften erläßt der für das Hochschulwesen zuständige Minister im Einvernehmen mit dem für das Besoldungsrecht zuständigen Minister.

2a. Gesamtbetrag der Zuschüsse bei Bleibeverhandlungen

Bei Bleibeverhandlungen, die zur Abwendung einer zweiten oder weiteren Berufung in ein Amt der Besoldungsgruppe C 4 geführt haben, darf die Erhöhung der Dienstbezüge durch Gewährung von Zuschüssen nach den Nummern 1 und 2 75 vom Hundert des Betrages nicht übersteigen, um den sich die Dienstbezüge nach dem Berufungsangebot erhöhen sollen. Satz 1 gilt für andere Bleibeverhandlungen entsprechend.

2b. Allgemeine Stellenzulage

Eine das Grundgehalt ergänzende ruhegehaltfähige Stellenzulage nach Anlage IX erhalten

a) Beamte in der Besoldungsgruppe C 1,

b) Beamte ab Besoldungsgruppe C 2.

3. Zulage für Professoren, Hochschuldozenten, Oberassistenten, Oberingenieure, Künstlerische Assistenten und Wissenschaftliche Assistenten bei obersten Behörden sowie bei obersten Gerichtshöfen des Bundes

(1) Professoren, Hochschuldozenten, Oberassistenten, Oberingenieure, Künstlerische Assistenten und Wissenschaftliche Assistenten erhalten, wenn sie bei obersten Bundesbehörden oder bei obersten Gerichtshöfen des Bundes verwendet werden, eine Stellenzulage nach Anlage IX.

(2) Bei Professoren, denen bei ihrer Verwendung bei obersten Bundesbehörden oder bei obersten Gerichtshöfen des Bundes ein zweites Hauptamt als Beamter oder Richter übertragen worden ist, richtet sich die Stellenzulage nach dem zweiten Hauptamt. Die für das zweite Hauptamt maßgebende Besoldungsgruppe bestimmt sich nach der in Anlage IX für die Beamten, Richter und Soldaten bei obersten Behörden und obersten Gerichtshöfen des Bundes getroffenen Regelung.

(3) Die Stellenzulage wird nicht neben der bei der Deutschen Bundesbank gewährten Bankzulage und neben Auslandsdienstbezügen gewährt. Sie wird neben einer Zulage nach Nummer 8 der Vorbemerkungen zu den Bundesbesoldungsordnungen A und B nur gewährt, soweit sie diese übersteigt.

(4) Die Länder können bestimmen, daß Professoren, Hochschuldozenten, Oberassistenten, Oberingenieure, Künstlerische Assistenten und Wissenschaftliche Assistenten, wenn sie bei obersten Landesbehörden verwendet werden, eine Stellenzulage erhalten. Die Absätze 2 und 3 sowie die Zulagenregelung in der Anlage IX gelten entsprechend; der in Anlage IX festgelegte Vomhundertsatz darf nicht überschritten werden.

(5) Professoren, Hochschuldozenten, Oberassistenten, Oberingenieure, Künstlerische Assistenten und Wissenschaftliche Assistenten erhalten während der Verwendung bei obersten Behörden eines Landes, das für die Professoren, Hochschuldozenten, Oberassistenten, Oberingenieure, Künstlerische Assistenten und Wissenschaftliche Assistenten bei seinen obersten Behörden eine Regelung nach Absatz 4 getroffen hat, die Stellenzulage in der nach dem Besoldungsrecht dieses Landes bestimmten Höhe.

4. Prüfungsvergütung für Professoren, Hochschuldozenten, Oberassistenten und Oberingenieure

(1) Die Bundesregierung wird ermächtigt, für die Hochschulen, die nach Landesrecht die Eigenschaft einer staatlich anerkannten Hochschule erhalten haben und deren Personal im Dienst des Bundes steht, durch Rechtsverordnung, die nicht der Zustimmung des Bundesrates bedarf, die Gewährung einer Vergütung für Professoren, Hochschuldozenten, Oberassistenten und Oberingenieure zur Abgeltung zusätzlicher Belastungen zu regeln, die durch die Prüfungstätigkeit bei Hochschulprüfungen entstehen. Die Höhe der Vergütung ist nach der Schwierigkeit der Prüfungstätigkeit und dem Ausmaß der zusätzlichen Belastungen festzulegen.

(2) Hochschulprüfungen sind Prüfungen, mit denen ein Studiengang ganz oder teilweise abgeschlossen wird. Den Abschlußprüfungen gleichgestellt sind Promotionsprüfungen. Vor- und Zwischenprüfungen können gleichgestellt werden, wenn sie in ihrer verfahrensmäßigen Ausgestaltung Abschlußprüfungen entsprechen.

(3) Die Bundesregierung wird ermächtigt, durch Rechtsverordnung mit Zustimmung des Bundesrates entsprechend Absatz 1 die Vergütung auch für den Bereich der Länder zu regeln.

(4) Die Landesregierungen werden ermächtigt, durch Rechtsverordnung entsprechend Absatz 1 die Vergütung für Professoren, Hochschuldozenten, Oberassistenten und Oberingenieure für die Mitwirkung an Hochschulprüfungen nach Absatz 2 jeweils für den Bereich ihres Landes zu regeln. Die Landesregierungen können von dieser Ermächtigung Gebrauch machen, sofern die Bundesregierung keine Regelung nach Absatz 3 getroffen hat.

(5) Auf Staatsprüfungen finden die Absätze 1 bis 4 keine Anwendung. Die Gewährung einer Vergütung für Professoren, Hochschuldozenten, Oberassistenten und Oberingenieure, die an solchen Prüfungen mitwirken, bleibt landesrechtlicher Regelung vorbehalten.

5. Dienstbezüge für Professoren als Richter

Professoren an einer Hochschule, die zugleich das Amt eines Richters der Besoldungsgruppen R 1 oder R 2 ausüben, erhalten, solange sie beide Ämter bekleiden, die Dienstbezüge aus ihrem Amt als Professor und eine nichtruhegehaltfähige Zulage nach Anlage IX.

6. Zulage für Professoren als Mitglieder von Verfassungsgerichtshöfen

Die Länder können bestimmen, daß Professoren, die Mitglieder von Verfassungsgerichtshöfen (Staatsgerichtshöfen) der Länder sind, eine Zulage erhalten. § 42 Abs. 1 Satz 2 ist nicht anzuwenden.

7. Amtsbezeichnungen

Weibliche Beamte führen die Amtsbezeichnung in der weiblichen Form.

Besoldungsgruppe C 1

Künstlerischer Assistent
Wissenschaftlicher Assistent

Besoldungsgruppe C 2

Hochschuldozent [1])
Oberassistent [1])
Oberingenieur
Professor [2])
– an einer Fachhochschule –
– an einer wissenschaftlichen Hochschule mit Fachhochschulstudiengängen, soweit überwiegend in diesen tätig –

Professor an einer Kunsthochschule [3])
Professor an einer wissenschaftlichen Hochschule [3])
– an einer künstlerisch-wissenschaftlichen Hochschule –
– an einer Pädagogischen Hochschule –
– soweit überwiegend in Studiengängen tätig, in denen Aufgaben der wissenschaftlichen Hochschulen und der Fachhochschulen miteinander verbunden werden – [4])

Universitätsprofessor [3])
– an einer künstlerisch-wissenschaftlichen Hochschule – [5])

---

[1]) Erhält eine Stellenzulage nach Anlage IX, soweit als Oberarzt einer Hochschulklinik tätig.

[2]) Soweit nicht in der Besoldungsgruppe C 3.

[3]) Soweit nicht in der Besoldungsgruppe C 3 oder C 4.

[4]) Nur an einer wissenschaftlichen Hochschule, die nach Landesrecht weder Universität ist, noch einer Universität gleichgestellt ist.

[5]) Soweit die Hochschule das Recht zur Promotion und Habilitation besitzt.

Besoldungsgruppe C 3

Professor [1])
– an einer Fachhochschule –
– an einer wissenschaftlichen Hochschule mit Fachhochschulstudiengängen, soweit überwiegend in diesen tätig –

Professor an einer Kunsthochschule [2])
Professor an einer wissenschaftlichen Hochschule [2]) [3])
Universitätsprofessor [2]) [4])

---

[1]) Soweit nicht in der Besoldungsgruppe C 2.
[2]) Soweit nicht in der Besoldungsgruppe C 2 oder C 4.
[3]) Nur an einer wissenschaftlichen Hochschule, die nach Landesrecht weder Universität ist, noch einer Universität gleichgestellt ist.
[4]) Auch an einer künstlerisch-wissenschaftlichen Hochschule, soweit die Hochschule das Recht zur Promotion und Habilitation besitzt.

Besoldungsgruppe C 4

Professor an einer Kunsthochschule [1])
Professor an einer wissenschaftlichen Hochschule [1]) [2])
Universitätsprofessor [1]) [3])

---

[1]) Soweit nicht in den Besoldungsgruppen C 2, C 3.
[2]) Nur an einer wissenschaftlichen Hochschule, die nach Landesrecht weder Universität ist, noch einer Universität gleichgestellt ist.
[3]) Auch an einer künstlerisch-wissenschaftlichen Hochschule, soweit die Hochschule das Recht zur Promotion und Habilitation besitzt.

Anlage III

Bundesbesoldungsordnung R

Vorbemerkungen

1. Amtsbezeichnungen

Weibliche Richter und Staatsanwälte führen die Amtsbezeichnungen in der weiblichen Form.

1a. Allgemeine Stellenzulage

Richter und Staatsanwälte erhalten eine das Grundgehalt ergänzende ruhegehaltfähige Stellenzulage nach Anlage IX.

2. Zulage für Richter und Staatsanwälte bei obersten Gerichtshöfen des Bundes sowie bei obersten Behörden

(1) Richter und Staatsanwälte erhalten, wenn sie bei obersten Gerichtshöfen des Bundes oder obersten Bundesbehörden verwendet werden, eine Stellenzulage nach Anlage IX.

(2) Die Stellenzulage wird nicht neben der bei der Deutschen Bundesbank gewährten Bankzulage und neben Auslandsdienstbezügen gewährt. Sie wird neben einer Zulage nach Nummer 8 der Vorbemerkungen zu den Bundesbesoldungsordnungen A und B nur gewährt, soweit sie diese übersteigt.

(3) Die Länder können bestimmen, daß Richter und Staatsanwälte, wenn sie bei obersten Landesbehörden verwendet werden, eine Stellenzulage erhalten. Absatz 2 und die Zulagenregelung in der Anlage IX gelten entsprechend; der in Anlage IX festgelegte Vomhundertsatz darf nicht überschritten werden.

(4) Richter und Staatsanwälte erhalten während der Verwendung bei obersten Behörden eines Landes, das für die Richter und Staatsanwälte bei seinen obersten Behörden eine Regelung nach Absatz 3 getroffen hat, die Stellenzulage in der nach dem Besoldungsrecht dieses Landes bestimmten Höhe.

3. Zulage für Richter als Mitglieder von Verfassungsgerichtshöfen

(1) Die Länder können bestimmen, daß Richter, die Mitglieder von Verfassungsgerichtshöfen (Staatsgerichtshöfen) der Länder sind, eine Zulage erhalten. § 42 Abs. 1 Satz 2 ist nicht anzuwenden.

(2) Absatz 1 gilt entsprechend für Richter als Generalsekretär des Bayerischen Verfassungsgerichtshofes.

4. Zulage für Richter als Referenten für die freiwillige Gerichtsbarkeit in Baden-Württemberg

In Baden-Württemberg erhalten Richter am Landgericht und am Amtsgericht als Referenten für die freiwillige Gerichtsbarkeit eine ruhegehaltfähige Stellenzulage nach Anlage IX.

Besoldungsgruppe R 1

Richter am Amtsgericht
Richter am Arbeitsgericht
Richter am Bundesdisziplinargericht
Richter am Landgericht
Richter am Sozialgericht
Richter am Verwaltungsgericht
Direktor des Amtsgerichts [1])
Direktor des Arbeitsgerichts [1])
Direktor des Sozialgerichts [1])
Staatsanwalt [2])

---

[1]) An einem Gericht mit bis zu 3 Richterplanstellen; erhält eine Amtszulage nach Anlage IX.

[2]) Erhält als Gruppenleiter bei der Staatsanwaltschaft bei einem Landgericht mit 4 Planstellen und mehr für Staatsanwälte eine Amtszulage nach Anlage IX; anstatt einer Planstelle für einen Oberstaatsanwalt als Abteilungsleiter können bei einer Staatsanwaltschaft mit 4 und 5 Planstellen für Staatsanwälte eine Planstelle für einen Staatsanwalt als Gruppenleiter und bei einer Staatsanwaltschaft mit 6 und mehr Planstellen für Staatsanwälte 2 Planstellen für Staatsanwälte als Gruppenleiter ausgebracht werden.

Besoldungsgruppe R 2

Richter am Amtsgericht
– als weiterer aufsichtführender Richter – [1])
– als der ständige Vertreter eines Direktors – [2])
Richter am Arbeitsgericht
– als weiterer aufsichtführender Richter – [1])
– als der ständige Vertreter eines Direktors – [2])
Richter am Bundespatentgericht
Richter am Finanzgericht
Richter am Landessozialgericht
Richter am Oberlandesgericht (Kammergericht)
Richter am Oberverwaltungsgericht (Verwaltungsgerichtshof)
Richter am Sozialgericht
– als weiterer aufsichtführender Richter – [1])
– als der ständige Vertreter eines Direktors – [2])
Vorsitzender Richter am Bundesdisziplinargericht
Vorsitzender Richter am Landgericht

Vorsitzender Richter am Truppendienstgericht
Vorsitzender Richter am Verwaltungsgericht

Direktor des Amtsgerichts [3])
Direktor des Arbeitsgerichts [3])
Direktor des Sozialgerichts [3])

Vizepräsident des Amtsgerichts [4])
Vizepräsident des Arbeitsgerichts [4])
Vizepräsident des Bundesdisziplinargerichts [5])
Vizepräsident des Landgerichts [5])
Vizepräsident des Sozialgerichts [4])
Vizepräsident des Truppendienstgerichts [5])
Vizepräsident des Verwaltungsgerichts [5])

Oberstaatsanwalt
- als Abteilungsleiter bei einer Staatsanwaltschaft bei einem Landgericht – [6])
- als Hauptabteilungsleiter bei einer Staatsanwaltschaft bei einem Landgericht – [7])
- als Dezernent bei einer Staatsanwaltschaft bei einem Oberlandesgericht (Kammergericht) –
- als Leiter einer Amtsanwaltschaft – [8])
- als der ständige Vertreter des Leiters einer Amtsanwaltschaft – [9])

Leitender Oberstaatsanwalt
- als Leiter einer Staatsanwaltschaft bei einem Landgericht – [10])

---

[1]) An einem Gericht mit 15 und mehr Richterplanstellen. Bei 22 Richterplanstellen und auf je 7 weitere Richterplanstellen kann für weitere aufsichtführende Richter je eine Richterplanstelle der Besoldungsgruppe R 2 ausgebracht werden.

[2]) An einem Gericht mit 8 und mehr Richterplanstellen.

[3]) An einem Gericht mit 4 und mehr Richterplanstellen; erhält an einem Gericht mit 8 und mehr Richterplanstellen eine Amtszulage nach Anlage IX.

[4]) Als der ständige Vertreter eines Präsidenten der Besoldungsgruppe R 3 oder R 4; erhält an einem Gericht mit 16 und mehr Richterplanstellen eine Amtszulage nach Anlage IX.

[5]) Erhält als der ständige Vertreter eines Präsidenten der Besoldungsgruppe R 3 oder R 4 eine Amtszulage nach Anlage IX.

[6]) Auf je 4 Planstellen für Staatsanwälte kann eine Planstelle für einen Oberstaatsanwalt als Abteilungsleiter ausgebracht werden; erhält als der ständige Vertreter eines Leitenden Oberstaatsanwalts der Besoldungsgruppe R 3 oder R 4 eine Amtszulage nach Anlage IX.

[7]) Mit 101 und mehr Planstellen für Staatsanwälte, erhält eine Amtszulage nach Anlage IX.

[8]) Mit 11 und mehr Planstellen für Amtsanwälte; erhält bei einer Amtsanwaltschaft mit 26 und mehr Planstellen für Amtsanwälte eine Amtszulage nach Anlage IX.

[9]) Mit 26 und mehr Planstellen für Amtsanwälte.

[10]) Mit bis zu 10 Planstellen für Staatsanwälte; erhält eine Amtszulage nach Anlage IX.

Besoldungsgruppe R 3

Vorsitzender Richter am Bundespatentgericht
Vorsitzender Richter am Finanzgericht
Vorsitzender Richter am Landesarbeitsgericht
Vorsitzender Richter am Landessozialgericht
Vorsitzender Richter am Oberlandesgericht (Kammergericht)
Vorsitzender Richter am Oberverwaltungsgericht (Verwaltungsgerichtshof)

Präsident des Amtsgerichts [1])
Präsident des Arbeitsgerichts [1])
Präsident des Bundesdisziplinargerichts
Präsident des Landgerichts [1])
Präsident des Sozialgerichts [1])
Präsident des Truppendienstgerichts
Präsident des Verwaltungsgerichts [1])

Vizepräsident des Amtsgerichts [2])
Vizepräsident des Finanzgerichts [3])
Vizepräsident des Landesarbeitsgerichts [3])
Vizepräsident des Landessozialgerichts [3])
Vizepräsident des Landgerichts [2])
Vizepräsident des Oberlandesgerichts [3])
Vizepräsident des Oberverwaltungsgerichts (Verwaltungsgerichtshofs) [3])
Vizepräsident des Verwaltungsgerichts [2])

Oberstaatsanwalt beim Bundesgerichtshof

Leitender Oberstaatsanwalt
- als Leiter einer Staatsanwaltschaft bei einem Landgericht – [4])
- als Abteilungsleiter bei einer Staatsanwaltschaft bei einem Oberlandesgericht (Kammergericht) –

---

[1]) An einem Gericht mit bis zu 40 Richterplanstellen einschließlich der Richterplanstellen der Gerichte, über die der Präsident die Dienstaufsicht führt.

[2]) Als der ständige Vertreter des Präsidenten eines Gerichts mit 81 und mehr Richterplanstellen, einschließlich der Richterplanstellen der Gerichte, über die der Präsident die Dienstaufsicht führt.

[3]) Erhält als der ständige Vertreter eines Präsidenten der Besoldungsgruppe R 6 eine Amtszulage nach Anlage IX.

[4]) Mit 11 bis 40 Planstellen für Staatsanwälte.

Besoldungsgruppe R 4

Präsident des Amtsgerichts [1])
Präsident des Arbeitsgerichts [2])
Präsident des Landgerichts [1])
Präsident des Sozialgerichts [2])
Präsident des Verwaltungsgerichts [1])

Vizepräsident des Bundespatentgerichts
Vizepräsident des Landessozialgerichts [3])
Vizepräsident des Oberlandesgerichts (Kammergerichts) [3])
Vizepräsident des Oberverwaltungsgerichts
(Verwaltungsgerichtshofs) [3])

Leitender Oberstaatsanwalt
– als Leiter einer Staatsanwaltschaft bei einem Landgericht – [4])

---

[1]) An einem Gericht mit 41 bis 80 Richterplanstellen einschließlich der Richterplanstellen der Gerichte, über die der Präsident die Dienstaufsicht führt.

[2]) An einem Gericht mit 41 und mehr Richterplanstellen einschließlich der Richterplanstellen der Gerichte, über die der Präsident die Dienstaufsicht führt.

[3]) Als der ständige Vertreter eines Präsidenten der Besoldungsgruppe R 8.

[4]) Mit 41 und mehr Planstellen für Staatsanwälte. Der Leiter der Staatsanwaltschaft bei dem Landgericht Berlin führt die Amtsbezeichnung „Generalstaatsanwalt".

Besoldungsgruppe R 5

Präsident des Amtsgerichts [1])
Präsident des Finanzgerichts [2])
Präsident des Landesarbeitsgerichts [2])
Präsident des Landessozialgerichts [2])
Präsident des Landgerichts [1])
Präsident des Oberlandesgerichts [2])
Präsident des Oberverwaltungsgerichts [2])
Präsident des Verwaltungsgerichts [1])

Generalstaatsanwalt
– als Leiter einer Staatsanwaltschaft bei einem Oberlandesgericht – [3])

---

[1]) An einem Gericht mit 81 bis 150 Richterplanstellen einschließlich der Richterplanstellen der Gerichte, über die der Präsident die Dienstaufsicht führt.

[2]) An einem Gericht mit bis zu 25 Richterplanstellen im Bezirk.

[3]) Mit bis zu 100 Planstellen für Staatsanwälte im Bezirk.

Besoldungsgruppe R 6

Richter am Bundesarbeitsgericht
Richter am Bundesfinanzhof
Richter am Bundesgerichtshof
Richter am Bundessozialgericht
Richter am Bundesverwaltungsgericht

Präsident des Amtsgerichts [1])
Präsident des Finanzgerichts [2])

Präsident des Landesarbeitsgerichts [2])
Präsident des Landessozialgerichts [3])
Präsident des Landgerichts [1])
Präsident des Oberlandesgerichts [3])
Präsident des Oberverwaltungsgerichts (Verwaltungsgerichtshofs) [3])
Bundesanwalt beim Bundesgerichtshof
Generalstaatsanwalt
– als Leiter einer Staatsanwaltschaft bei einem Oberlandesgericht (Kammergericht) –[4])

---

[1]) An einem Gericht mit 151 und mehr Richterplanstellen einschließlich der Richterplanstellen der Gerichte, über die der Präsident die Dienstaufsicht führt.
[2]) An einem Gericht mit 26 und mehr Richterplanstellen im Bezirk.
[3]) An einem Gericht mit 26 bis 100 Richterplanstellen im Bezirk.
[4]) Mit 101 und mehr Planstellen für Staatsanwälte im Bezirk.

Besoldungsgruppe R 7

Bundesanwalt beim Bundesgerichtshof
– als Abteilungsleiter bei der Bundesanwaltschaft –

Besoldungsgruppe R 8

Vorsitzender Richter am Bundesarbeitsgericht
Vorsitzender Richter am Bundesfinanzhof
Vorsitzender Richter am Bundesgerichtshof
Vorsitzender Richter am Bundessozialgericht
Vorsitzender Richter am Bundesverwaltungsgericht
Präsident des Bundespatentgerichts
Präsident des Landessozialgerichts [1])
Präsident des Oberlandesgerichts (Kammergerichts) [1])
Präsident des Oberverwaltungsgerichts (Verwaltungsgerichtshofs) [1])
Vizepräsident des Bundesarbeitsgerichts [2])
Vizepräsident des Bundesfinanzhofs [2])
Vizepräsident des Bundesgerichtshofs [2])
Vizepräsident des Bundessozialgerichts [2])
Vizepräsident des Bundesverwaltungsgerichts [2])

---

[1]) An einem Gericht mit 101 und mehr Richterplanstellen im Bezirk.
[2]) Erhält eine Amtszulage nach Anlage IX.

Besoldungsgruppe R 9

Generalbundesanwalt beim Bundesgerichtshof

Besoldungsgruppe R 10

Präsident des Bundesarbeitsgerichts
Präsident des Bundesfinanzhofs
Präsident des Bundesgerichtshofs
Präsident des Bundessozialgerichts
Präsident des Bundesverwaltungsgerichts

Verordnung zu § 26 Abs. 4 Nr. 1 des Bundesbesoldungsgesetzes

in der Neufassung
vom 21. August 1992 (BGBl. I S. 1595)

geändert durch Art. 7 Nr. 1 BBVAnpG 92
vom 23. März 1993 (BGBl. I S. 342/347)

§ 1

Für die nachstehend aufgeführten Laufbahnen werden für die Anteile der Beförderungsämter folgende Obergrenzen festgesetzt:

1. mittlerer Polizeivollzugsdienst (Schutzpolizei)
   in den Besoldungsgruppen A 7/A 8 — 60 vom Hundert,
   in der Besoldungsgruppe A 9 — 40 vom Hundert;
2. mittlerer Polizeivollzugsdienst im Bundesgrenzschutz
   in den Besoldungsgruppen A 7/A 8 — 60 vom Hundert,
   in der Besoldungsgruppe A 9 — 40 vom Hundert;
   diese Obergrenzen gelten nur für die Planstellen, die Funktionen zugeordnet sind, in denen Polizeivollzugsbeamte im Bundesgrenzschutz bis zum Eintritt in den Ruhestand verwendet werden können;
3. mittlerer Polizeivollzugsdienst (Kriminalpolizei)
   in der Besoldungsgruppe A 8 — 30 vom Hundert,
   in der Besoldungsgruppe A 9 — 70 vom Hundert;
4. mittlerer Grenzzolldienst
   in den Besoldungsgruppen A 5/A 6/A 7 — 30 vom Hundert,
   in der Besoldungsgruppe A 8 — 35 vom Hundert,
   in der Besoldungsgruppe A 9 — 35 vom Hundert;
5. mittlerer allgemeiner Vollzugsdienst bei den Justizvollzugsanstalten
   in der Besoldungsgruppe A 7 — 50 vom Hundert,
   in der Besoldungsgruppe A 8 — 30 vom Hundert,
   in der Besoldungsgruppe A 9 — 20 vom Hundert;
6. mittlerer technischer Dienst
   in den Besoldungsgruppen A 6/A 7 — 50 vom Hundert,
   in der Besoldungsgruppe A 8 — 35 vom Hundert,
   in der Besoldungsgruppe A 9 — 15 vom Hundert;
7. Gerichtsvollzieherdienst
   in der Besoldungsgruppe A 8 — 30 vom Hundert,
   in der Besoldungsgruppe A 9 — 70 vom Hundert;

8. gehobener Polizeivollzugsdienst der Länder und im Bundesgrenzschutz

in den Besoldungsgruppen A 9/A 10	40 vom Hundert,
in der Besoldungsgruppe A 11	30 vom Hundert,
in der Besoldungsgruppe A 12	20 vom Hundert,
in der Besoldungsgruppe A 13	10 vom Hundert;

9. gehobener technischer Dienst

in den Besoldungsgruppen A 9/A 10	10 vom Hundert,
in der Besoldungsgruppe A 11	40 vom Hundert,
in der Besoldungsgruppe A 12	35 vom Hundert,
in der Besoldungsgruppe A 13	15 vom Hundert;

10. Amtsanwaltsdienst

in der Besoldungsgruppe A 12	40 vom Hundert,
in der Besoldungsgruppe A 13	60 vom Hundert;

11. gehobener Dienst der Steuerverwaltung [1])

in der Besoldungsgruppe A 11	30 vom Hundert,
in der Besoldungsgruppe A 12	20 vom Hundert,
in der Besoldungsgruppe A 13	8 vom Hundert;

12. höherer technischer Dienst [2])

in den Besoldungsgruppen A 15, A 16 und B 2 nach Einzelbewertung zusammen	45 vom Hundert,
in den Besoldungsgruppen A 16 und B 2 zusammen	10 vom Hundert;

die Vomhundertsätze beziehen sich auf die Gesamtzahl der Planstellen des höheren technischen Dienstes in den Besoldungsgruppen A 13 bis A 16 und B 2.

§ 2 (gegenstandslos)

§ 3 (Inkrafttreten)

---

[1]) Auf Artikel 10 § 5 Abs. 3 des Bundesbesoldungs- und -versorgungsanpassungsgesetzes 1991 vom 21. Februar 1992 (BGBl. I S. 266) wird hingewiesen.

[2]) Nummer 12 tritt gemäß Artikel 10 § 5 Abs. 2 Nr. 7 des Bundesbesoldungs- und -versorgungsanpassungsgesetzes 1991 vom 21. Februar 1992 (BGBl. I S. 266) am 1. Januar 1994 in Kraft.

Verordnung zu § 26 Abs. 4 Nr. 2 des Bundesbesoldungsgesetzes

§ 1

Eine Überschreitung der Obergrenzen des § 26 Abs. 1 des Bundesbesoldungsgesetzes und der Verordnung zu § 26 Abs. 4 Nr. 1 des Bundesbesoldungsgesetzes ist nach Maßgabe sachgerechter Stellenbewertung im Bereich des Bundes insoweit zulässig, als die Planstellen

1. a) für Beamte des gehobenen Zolldienstes, die überwiegend mit der Abfertigung im Bereich Zölle, Marktordnungen, Verbrauchsteuern und Monopole befaßt sind,

   mit einem Anteil von höchstens
   4,8 vom Hundert in der Besoldungsgruppe A 13,
   14,7 vom Hundert in der Besoldungsgruppe A 12,
   31,8 vom Hundert in der Besoldungsgruppe A 11,

   b) für Betriebsprüfer der Zollverwaltung, die überwiegend verbrauchsteuerpflichtige Großbetriebe mit einem Jahresumsatz von mehr als 40 Millionen DM oder Großbetriebe, die dem Zoll- oder Marktordnungsrecht, dem Recht des Außenwirtschaftsverkehrs *oder der innerdeutschen Wirtschaftsbeziehungen [1])* unterliegen, mit einem jährlichen Ein- und Ausfuhrwert von mehr als 20 Millionen DM prüfen, sowie Zollfahndungsbeamte im Ermittlungsdienst in gleichzubewertenden Funktionen

   mit einem Anteil von höchstens
   50 vom Hundert in der Besoldungsgruppe A 13
   und mit dem verbleibenden Anteil in der Besoldungsgruppe A 12,

   c) für Betriebsprüfer der Zollverwaltung, die überwiegend die in Nummer 1 Buchstabe b genannten Großbetriebe mit einem Jahresumsatz von mehr als 7,5 Millionen DM oder mit einem jährlichen Ein- und Ausfuhrwert von mehr als 2 Millionen DM prüfen, sowie Zollfahndungsbeamte im Ermittlungsdienst in gleichzubewertenden Funktionen

   mit einem Anteil von höchstens
   40 vom Hundert in der Besoldungsgruppe A 12
   und mit dem verbleibenden Anteil in der Besoldungsgruppe A 11,

   d) für Betriebsprüfer der Zollverwaltung, die überwiegend die übrigen Großbetriebe oder prüfungsmäßig schwierige Mittel-

---

[1]) *gegenstandslos*

betriebe prüfen, sowie Zollfahndungsbeamte im Ermittlungsdienst in gleichzubewertenden Funktionen

mit einem Anteil von höchstens
60 vom Hundert in der Besoldungsgruppe A 11
und mit dem verbleibenden Anteil in der Besoldungsgruppe A 10,

e) für Beamte des mittleren Zoll- und Verbrauchsteueraufsichtsdienstes

mit einem Anteil von höchstens
60 vom Hundert in der Besoldungsgruppe A 9
und mit dem verbleibenden Anteil in der Besoldungsgruppe A 8

f) für Sachgebietsleiter im Betriebsprüfungs- und Zollfahndungsdienst

mit einem Anteil von höchstens
65 vom Hundert in der Besoldungsgruppe A 13
und mit dem verbleibenden Anteil in der Besoldungsgruppe A 12

ausgebracht werden;

2. *(weggefallen)*

3. a) für hauptamtliche Sachverständige des Bundeseisenbahnvermögens und des Bundesministeriums für Post und Telekommunikation einschließlich der nachgeordneten Behörden,

b) für Prüfstatiker des Bundeseisenbahnvermögens

mit einem Anteil von höchstens
10 vom Hundert in der Besoldungsgruppe A 13,
30 vom Hundert in der Besoldungsgruppe A 12
und mit dem verbleibenden Anteil in der Besoldungsgruppe A 11

ausgebracht werden;

4. für die Bezirksbeamten der Deutsche Post AG, der Deutsche Postbank AG und der Deutsche Telekom AG sowie die technischen und nichttechnischen Kontrolleure des Bundeseisenbahnvermögens

mit einem Anteil von höchstens
40 vom Hundert in der Besoldungsgruppe A 13,
50 vom Hundert in der Besoldungsgruppe A 12
und mit dem verbleibenden Anteil in der Besoldungsgruppe A 11

ausgebracht werden;

5. für Beamte des gehobenen Dienstes des Bundeseisenbahnvermögens, die überwiegend leitende Aufgaben der betriebs- oder verkehrstechnischen Planung oder Lenkung in Betrieben der Deutsche Bahn-Aktiengesellschaft sowie der gemäß § 2 Abs. 1 und § 3 Abs. 3 des Deutsche Bahn Gründungsgesetzes vom 27. Dezember 1993 (BGBl. I S. 2378/2386 ausgegliederten

Gesellschaften) mit umfangreichen Einrichtungen der Eisenbahnbetriebs- oder Güterumschlagstechnik wahrnehmen,

mit einem Anteil von höchstens
10 vom Hundert in der Besoldungsgruppe A 13,
20 vom Hundert in der Besoldungsgruppe A 12,
40 vom Hundert in der Besoldungsgruppe A 11

ausgebracht werden;

6. für Beamte des gehobenen Dienstes der Deutsche Post AG, der Deutsche Postbank AG und der Deutsche Telekom AG, die überwiegend leitende Aufgaben der Planung oder der Lenkung des Betriebsablaufs in Dienststellen mit umfangreichen Einrichtungen der Postförder- und Verteiltechnik oder Fernmeldebetriebstechnik wahrnehmen oder post-, kraftfahr- oder hochbautechnische Aufgaben in einem solchen Umfang ausführen, daß dadurch ihre Gesamtaufgabe geprägt wird,

mit einem Anteil von höchstens
10 vom Hundert in der Besoldungsgruppe A 13,
20 vom Hundert in der Besoldungsgruppe A 12,
40 vom Hundert in der Besoldungsgruppe A 11

ausgebracht werden;

7. für Abnahmebeamte und technische Güteprüfer des mittleren Dienstes

mit einem Anteil von höchstens
40 vom Hundert in der Besoldungsgruppe A 9,
50 vom Hundert in der Besoldungsgruppe A 8

ausgebracht werden;

8. für Lokdienstleiter des Bundeseisenbahnvermögens

mit einem Anteil von höchstens
60 vom Hundert in der Besoldungsgruppe A 9 und
30 vom Hundert in der Besoldungsgruppe A 8

ausgebracht werden;

9. für Beamte des mittleren technischen Dienstes des Bundeseisenbahnvermögens und der Deutsche Post AG, der Deutsche Postbank AG, der Deutsche Telekom AG und des Bundesministeriums für Post und Telekommunikation einschließlich der nachgeordneten Behörden, die überwiegend mit der Bauaufsicht oder überwiegend mit der Prüfung von technischen Vorhaben befaßt sind,

mit einem Anteil von höchstens
40 vom Hundert in der Besoldungsgruppe A 9,
50 vom Hundert in der Besoldungsgruppe A 8
und mit dem verbleibenden Anteil in der Besoldungsgruppe A 7

ausgebracht werden;

10. für Beamte im schweren Triebfahrzeugdienst des Deutschen Bundeseisenbahnvermögens
    mit einem Anteil von höchstens
    30 vom Hundert in der Besoldungsgruppe A 9,
    40 vom Hundert in der Besoldungsgruppe A 8
    und mit dem verbleibenden Anteil in der Besoldungsgruppe A 7

    ausgebracht werden;
11. (weggefallen)
12. für Fahrdienstleiter des Bundeseisenbahnvermögens, die überwiegend in der Lenkung des Betriebsablaufs auf großen Stellwerken eingesetzt sind,
    mit einem Anteil von höchstens
    15 vom Hundert in der Besoldungsgruppe A 9,
    35 vom Hundert in der Besoldungsgruppe A 8,
    50 vom Hundert in der Besoldungsgruppe A 7

    ausgebracht werden;
13. für Beamte des mittleren Dienstes der Deutsche Post AG, der Deutsche Postbank AG, der Deutsche Telekom AG, die überwiegend Aufgaben der Aufsicht oder Kontrolle im Betriebsablauf in Dienststellen mit umfangreichen Einrichtungen der Postförder- und Verteiltechnik oder Fernmeldebetriebstechnik wahrnehmen oder post-, kraftfahr-, hochbau- oder fernmeldetechnische Aufgaben in einem solchen Umfang ausführen, daß dadurch ihre Gesamtaufgabe geprägt wird,
    mit einem Anteil von höchstens
    15 vom Hundert in der Besoldungsgruppe A 9,
    35 vom Hundert in der Besoldungsgruppe A 8,
    50 vom Hundert in der Besoldungsgruppe A 7

    ausgebracht werden.

§ 2

Eine Überschreitung im Sinne des § 1 ist nach Maßgabe sachgerechter Stellenbewertung im Bereich der Länder zulässig

1. in den Steuerverwaltungen insoweit, als die Planstellen
   a) für Betriebsprüfer, die überwiegend
      aa) Konzerne mit einem Außenumsatz von mehr als 20 Millionen DM, zu denen mindestens ein Großbetrieb im Sinne des Buchstabens b gehört,
      bb) Großbetriebe, und zwar
         — Handelsbetriebe mit einem Gesamtumsatz von mehr als 36 Millionen DM,
         — Fertigungsbetriebe und andere Leistungsbetriebe mit einem Gesamtumsatz von mehr als 33,3 Millionen DM,

— Kreditinstitute mit einem Aktivvermögen von mehr als 250 Millionen DM,

— Versicherungsunternehmen mit Jahresprämieneinnahmen von mehr als 48,75 Millionen DM,

prüfen, sowie Steuerfahndungsprüfer in gleichzubewertenden Funktionen,

mit einem Anteil von höchstens
50 vom Hundert in der Besoldungsgruppe A 13
und mit dem verbleibenden Anteil in der Besoldungsgruppe A 12,

b) für Betriebsprüfer, die überwiegend

aa) nicht unter Buchstabe a fallende Konzerne,

bb) nicht unter Buchstabe a fallende Großbetriebe, und zwar

— Handelsbetriebe mit einem Gesamtumsatz von mehr als 9 Millionen DM oder einem steuerlichen Gewinn von mehr als 300 000 DM,

— freie Berufe mit einem Gesamtumsatz von mehr als 5 Millionen DM oder einem steuerlichen Gewinn von mehr als 700 000 DM,

— andere Leistungsbetriebe mit einem Gesamtumsatz von mehr als 6 Millionen DM oder einem steuerlichen Gewinn von mehr als 300 000 DM,

— Kreditinstitute mit einem Aktivvermögen von mehr als 100 Millionen DM oder einem steuerlichen Gewinn von mehr als 600 000 DM,

— Versicherungsunternehmen mit Jahresprämieneinnahmen von mehr als 30 Millionen DM,

— land- und forstwirtschaftliche Betriebe mit einem Wirtschaftswert der selbstbewirtschafteten Flächen von mehr als 225 000 DM oder einem steuerlichen Gewinn von mehr als 120 000 DM,

cc) Fertigungsbetriebe mit einem Gesamtumsatz von mehr als 2,2 Millionen DM oder einem steuerlichen Gewinn von mehr als 120 000 DM

prüfen, sowie Steuerfahndungsprüfer in gleichzubewertenden Funktionen

mit einem Anteil von höchstens
40 vom Hundert in der Besoldungsgruppe A 12
und mit dem verbleibenden Anteil in der Besoldungsgruppe A 11,

c) für Betriebsprüfer, die überwiegend prüfungsmäßig schwierige und nicht unter Nummer 1 Buchstabe b Doppelbuchstabe cc fallende Mittelbetriebe prüfen, sowie Steuerfahndungsprüfer in gleichzubewertenden Funktionen

mit einem Anteil von höchstens
65 vom Hundert in der Besoldungsgruppe A 11
und mit dem verbleibenden Anteil in der Besoldungsgruppe A 10,

d) für Steuer-Außenprüfer
mit einem Anteil von höchstens
60 vom Hundert in der Besoldungsgruppe A 9
und mit dem verbleibenden Anteil in der Besoldungsgruppe A 8,

e) für Sachgebietsleiter im Betriebsprüfungs- und Steuerfahndungsdienst
mit einem Anteil von höchstens
65 vom Hundert in der Besoldungsgruppe A 13
und mit dem verbleibenden Anteil in der Besoldungsgruppe A 12

ausgebracht werden;

2. in den Justizverwaltungen insoweit, als die Planstellen für Rechtspfleger, die überwiegend in Zwangsversteigerungs-, Zwangsverwaltungs-, Konkurs-, Vergleichs-, Grundbuch-, Register-, Familienrechts- und Nachlaßsachen tätig sind,
mit einem Anteil von höchstens
5 vom Hundert in der Besoldungsgruppe A 13,
20 vom Hundert in der Besoldungsgruppe A 12,
45 vom Hundert in der Besoldungsgruppe A 11
ausgebracht werden;

3. in den Allgemeinen und Inneren Verwaltungen – zu Buchstabe c auch in den sonstigen Verwaltungen – insoweit, als die Planstellen für Beamte des gehobenen Dienstes, die
a) mit Körperschaftsaufsicht einschließlich der Rechnungsprüfung der Haushalte von Bund, Ländern, Gemeinden und Gemeindeverbänden oder
b) in Aufsichtsbehörden mit der Finanzierung und Prüfung von Maßnahmen des Bildungswesens oder
c) in Aufsichtsbehörden mit Aufgaben des Umweltschutzes oder
d) mit Standesamtsaufsicht

befaßt sind,
mit einem Anteil von höchstens
10 vom Hundert in der Besoldungsgruppe A 13,
30 vom Hundert in der Besoldungsgruppe A 12
und mit dem verbleibenden Anteil in der Besoldungsgruppe A 11
ausgebracht werden;

4. *(weggefallen)*

5. insoweit, als die Planstellen für Beamte des mittleren Dienstes, die in der Gewerbeaufsichtsverwaltung mit der selbständigen

Prüfung kleinerer Betriebe oder Handwerksbetriebe betraut sind,
mit einem Anteil von höchstens
25 vom Hundert in der Besoldungsgruppe A 9,
40 vom Hundert in der Besoldungsgruppe A 8,
25 vom Hundert in der Besoldungsgruppe A 7
ausgebracht werden;

6. insoweit, als die Planstellen für Beamte, die im Werkdienst bei den Justizvollzugsanstalten tätig sind,
mit einem Anteil von höchstens
25 vom Hundert in der Besoldungsgruppe A 9,
40 vom Hundert in der Besoldungsgruppe A 8,
35 vom Hundert in der Besoldungsgruppe A 7
ausgebracht werden;
7. insoweit, als die Planstellen für Beamte, die im Überwachungsdienst zum Schutz der Verbraucher (Lebensmittelkontrolldienst) eingesetzt sind,
mit einem Anteil von höchstens
15 vom Hundert in der Besoldungsgruppe A 9,
40 vom Hundert in der Besoldungsgruppe A 8,
30 vom Hundert in der Besoldungsgruppe A 7
ausgebracht werden.

§ 3

Eine Überschreitung im Sinne des § 1 ist nach Maßgabe sachgerechter Stellenbewertung in den Bereichen des Bundes und der Länder insoweit zulässig, als die Planstellen

1. für Beamte in den Vorprüfungsstellen
mit einem Anteil von höchstens
10 vom Hundert in der Besoldungsgruppe A 13,
30 vom Hundert in der Besoldungsgruppe A 12,
30 vom Hundert in der Besoldungsgruppe A 11
ausgebracht werden;
2. für die überwiegend im Bereich der Ablaufplanung und Programmierung von Arbeitsverfahren unter Einsatz von elektronischen Datenverarbeitungsmaschinen und Systemprogrammen verwendeten Beamten
   a) des gehobenen Dienstes
   mit einem Anteil von höchstens
   10 vom Hundert in der Besoldungsgruppe A 13,
   20 vom Hundert in der Besoldungsgruppe A 12,
   50 vom Hundert in der Besoldungsgruppe A 11,
   b) des mittleren Dienstes
   mit einem Anteil von höchstens
   20 vom Hundert in der Besoldungsgruppe A 9,
   50 vom Hundert in der Besoldungsgruppe A 8,
   20 vom Hundert in der Besoldungsgruppe A 7
ausgebracht werden;

3. für Beamte des mittleren nautischen Dienstes und des mittleren maschinentechnischen Dienstes auf Schiffen und schwimmenden Geräten,

   mit einem Anteil von höchstens
   20 vom Hundert in der Besoldungsgruppe A 9,
   40 vom Hundert in der Besoldungsgruppe A 8,
   30 vom Hundert in der Besoldungsgruppe A 7

   ausgebracht werden;
4. für Beamte des mittleren Dienstes, die überwiegend Sachbearbeiteraufgaben wahrnehmen, die dem Eingangsamt des gehobenen Dienstes zugewiesen waren, die aber seit dem 1. April 1957 dem Spitzenamt des mittleren Dienstes übertragen worden sind, ohne daß sich Inhalt und Wertigkeit der Aufgaben wesentlich geändert haben,

   mit einem Anteil von höchstens
   80 vom Hundert in der Besoldungsgruppe A 9
   und mit dem verbleibenden Anteil in der Besoldungsgruppe A 8

   ausgebracht werden.

§ 4

(1) Bei der Anwendung der Obergrenzen des § 26 Abs. 1 des Bundesbesoldungsgesetzes auf die nicht von den §§ 1 bis 3 erfaßten Beamten bleiben die Beamten der in dieser Verordnung genannten Funktionsgruppen unberücksichtigt.

(2) Soweit hierdurch Hebungen von Planstellen der von der Verordnung nicht erfaßten Beamten im Rahmen der Obergrenzen des § 26 Abs. 1 des Bundesbesoldungsgesetzes möglich werden, dürfen diese nach Maßgabe sachgerechter Bewertung nur für Beamte in gleichwertigen Funktionen vorgesehen werden.

§ 5 (weggefallen)

§ 6[1]

[1] Die ursprüngliche Verordnung vom 23. Dezember 1971 (BGBl. I S. 2162) trat am 1. Januar 1972 in Kraft. In der Neufassung 1992 wird zu § 2 Nr. 2 Besoldungsgruppe A 13 auf Artikel 2 § 1 Nr. 2 und Artikel 10 § 5 Abs. 3 BBVAnpG 91 hingewiesen.

Zweite Verordnung zu § 26 Abs. 4 Nr. 2 des Bundesbesoldungsgesetzes

vom 10. Juli 1981 (BGBl. I S. 650)

zuletzt geändert durch Änderungsverordnung vom 20. Dezember 1984 (BGBl. I S. 1678)

§ 1 (weggefallen)

§ 2 (weggefallen)

§ 3

Sind auf Grund der Zweiten Verordnung zu § 26 Abs. 4 Nr. 2 des Bundesbesoldungsgesetzes in der Fassung vom 9. November 1978 am 1. Januar 1981 die Obergrenzen des § 26 Abs. 1 des Bundesbesoldungsgesetzes oder der §§ 1 und 3 der Verordnung zu § 26 Abs. 4 Nr. 2 des Bundesbesoldungsgesetzes überschritten, so sind von diesem Zeitpunkt an bei Freiwerden jeder dritten Stelle die entsprechenden Umwandlungen durchzuführen, höchstens in jedem Jahr im Umfange von einem Viertel der am 1. Januar 1981 vorhandenen Überschreitungen. Entsprechende Umwandlungen sind durchzuführen

1. vom 1. Januar 1985 an hinsichtlich der Überschreitungen, die auf der Zweiten Verordnung zu § 26 Abs. 4 Nr. 2 des Bundesbesoldungsgesetzes in der Fassung vom 10. Juli 1981 beruhen,
2. vom 1. Januar 1991 an hinsichtlich der Überschreitungen, die auf der in Nummer 1 bezeichneten Verordnung in der Fassung vom 20. Dezember 1984 beruhen.

Werden im Rahmen des § 26 Abs. 1 des Bundesbesoldungsgesetzes oder der §§ 1 und 3 der Verordnung zu § 26 Abs. 4 Nr. 2 des Bundesbesoldungsgesetzes in den Beförderungsämtern Stellenvermehrungen vorgenommen, so sind diese auf die Überschreitungen anzurechnen.

§ 4 (gegenstandslos)

§ 5[1]

(1) Diese Verordnung tritt mit Wirkung vom 1. Januar 1981 in Kraft. Die Zweite Verordnung zu § 26 Abs. 4 Nr. 2 des Bundesbesoldungs-

---

[1]) Die ÄnderungsVO vom 20. Dezember 1984 trat am 31. Dezember 1984 in Kraft.

gesetzes vom 9. November 1978 (BGBl. I S. 1737) wird, soweit sie noch gilt, mit Wirkung vom 1. Januar 1981 aufgehoben.

(2) Die §§ 1, 2 dieser Verordnung treten mit Ablauf des 31. Dezember 1990 außer Kraft.

Verordnung über die Gewährung von Mehrarbeitsvergütung für Beamte (MVergV)

in der Fassung der Bekanntmachung vom 13. März 1992 (BGBl. I S. 528)

zuletzt geändert durch Art. 6 BBVAnpG 94 vom 24. August 1994 (BGBl. I S. 2229/2230; ber. 2440)

§ 1

Vergütungen für Mehrarbeit dürfen nur nach Maßgabe dieser Verordnung gezahlt werden.

§ 2

(1) Beamten mit Dienstbezügen in Besoldungsgruppen mit aufsteigenden Gehältern kann in folgenden Bereichen für Mehrarbeit eine Vergütung gewährt werden:

1. Im Arzt- und Pflegedienst der Krankenhäuser, Kliniken und Sanatorien;
2. im Betriebsdienst des Bundeseisenbahnvermögens, soweit dieser bei der Deutsche Bahn Aktiengesellschaft sowie einer gemäß § 2 Abs. 1 und § 3 Abs. 3 des Deutsche Bahn Gründungsgesetzes vom 27. Dezember 1993 (BGBl. I S. 2378/2386) ausgegliederten Gesellschaft geleistet wird, und der Deutschen Bundespost;
3. im Abfertigungsdienst der Zollverwaltung;
4. im polizeilichen Vollzugsdienst;
5. im Einsatzdienst der Berufsfeuerwehr;
6. im Schuldienst als Lehrer.

(2) Absatz 1 gilt entsprechend auch in anderen Bereichen, soweit Mehrarbeit geleistet wird im Rahmen eines

1. Dienstes in Bereitschaft;
2. Schichtdienstes;
3. allgemein geltenden besonderen Dienstplanes, wenn ihn die Eigenart des Dienstes erfordert;
4. Dienstes, der ausschließlich aus gleichartigen, im wesentlichen die gleiche Arbeitszeit erfordernden Arbeitsvorgängen besteht, für die der Dienstherr Richtwerte eingeführt hat;
5. Dienstes zur Herbeiführung eines im öffentlichen Interesse liegenden unaufschiebbaren und termingebundenen Ergebnisses.

(3) Eine Mehrarbeitsvergütung wird nicht gewährt neben

1. *(weggefallen)*
2. einem Auslandszuschlag (§ 52 Abs. 1, § 55 des Bundesbesoldungsgesetzes),
3. einer Zulage nach Nummer 7 der Vorbemerkungen zu den Bundesbesoldungsordnungen A und B des Bundesbesoldungsgesetzes oder nach entsprechendem Landesrecht,
4. einer Zulage nach Nummer 8 der Vorbemerkungen zu den Bundesbesoldungsordnungen A und B des Bundesbesoldungsgesetzes,

4a. einer Zulage nach Nummer 8b der Vorbemerkungen zu den Bundesbesoldungsordnungen A und B des Bundesbesoldungsgesetzes,

5. einer Zulage nach Nummer 11 der Vorbemerkungen zu den Bundesbesoldungsordnungen A und B des Bundesbesoldungsgesetzes oder Zulagen nach Vorschriften, die gemäß Artikel IX § 22 des Zweiten Gesetzes zur Vereinheitlichung und Neuregelung des Besoldungsrechts in Bund und Ländern in Kraft geblieben sind,
6. einer bei der Deutschen Bundesbank gezahlten Bankzulage.

Beamte des Observations- und Ermittlungsdienstes, die überwiegend im Außendienst eingesetzt sind, erhalten eine Mehrarbeitsvergütung neben der in Nummer 3 oder 4 genannten Zulage. Im übrigen erhalten Beamte der Besoldungsgruppen A 1 bis A 8 neben den in Nummer 3, 4 oder 4a genannten Zulagen eine Mehrarbeitsvergütung in Höhe des die Zulage übersteigenden Betrages. Die Sätze 1 und 3 finden keine Anwendung bei Mehrarbeit, die außerhalb des Beitrittsgebiets im Zusammenhang mit der Vereinigung der beiden deutschen Staaten im Rahmen des § 44 Satz 4 Beamtenrechtsrahmengesetz oder des § 72 Abs. 2 Satz 4 Bundesbeamtengesetz geleistet wird, wenn sie 40 Stunden im Monat übersteigt; dies gilt nicht in Fällen des Satzes 1 Nr. 3.

§ 3

(1) Die Vergütung wird nur gewährt, wenn die Mehrarbeit von einem Beamten geleistet wurde, der der Arbeitszeitregelung für Beamte unterliegt, und sie

1. schriftlich angeordnet oder genehmigt wurde,
2. die sich aus der regelmäßigen Arbeitszeit ergebende jeweilige monatliche Arbeitszeit oder, soweit der Beamte nur während eines Teils eines Kalendermonats Dienst leistet, die anteilige monatliche Arbeitszeit um mehr als fünf Stunden im Kalendermonat übersteigt und
3. aus zwingenden dienstlichen Gründen nicht durch Dienstbefreiung innerhalb von drei Monaten ausgeglichen werden kann.

(2) Die Vergütung wird höchstens bis zu 40 Mehrarbeitsstunden im Kalendermonat gewährt, es sei denn, daß auf Grund des § 72 Abs. 2 Satz 3 des Bundesbeamtengesetzes oder entsprechender landesrechtlicher Vorschriften eine Ausnahme zugelassen wird.

(3) Besteht keine feste tägliche Arbeitszeit, so daß eine Mehrarbeit nicht für den einzelnen Arbeitstag, sondern nur auf Grund der regelmäßigen wöchentlichen Arbeitszeit für eine volle Woche ermittelt werden kann, so ist Mehrarbeit innerhalb einer Kalenderwoche, wenn diese zum Teil auf den laufenden, zum Teil auf den folgenden Kalendermonat fällt, diesem zuzurechnen.

§ 4

(1) Die Vergütung beträgt je Stunde bei Beamten in den Besoldungsgruppen

A 1 bis A 4	16,42 Deutsche Mark,
A 5 bis A 8	19,40 Deutsche Mark,
A 9 bis A 12	26,63 Deutsche Mark,
A 13 bis A 16	36,71 Deutsche Mark.

(2) Diese Beträge gelten auch für Beamte vergleichbarer Besoldungsgruppen, die einer Besoldungsordnung H, AH, HS oder der Bundesbesoldungsordnung C angehören.

(3) Bei Mehrarbeit im Schuldienst beträgt die Vergütung abweichend von Absatz 1 je Unterrichtsstunde für Inhaber von Lehrämtern

1. des gehobenen Dienstes, soweit sie nicht unter die Nummern 2 und 3 fallen 24,79 Deutsche Mark,
2. des gehobenen Dienstes, deren Eingangsämter mindestens der Besoldungsgruppe A 12 zugeordnet sind, und des höheren Dienstes an Grund- und Hauptschulen 30,71 Deutsche Mark,
3. des gehobenen Dienstes, deren Eingangsämter der Besoldungsgruppe A 13 zugeordnet sind, und des höheren Dienstes an Sonderschulen und Realschulen 36,47 Deutsche Mark,
4. des höheren Dienstes an Gymnasien und an berufsbildenden Schulen 42,59 Deutsche Mark,
5. des höheren Dienstes an Fachhochschulen 42,59 Deutsche Mark.

Das gleiche gilt für Lehrer an Fachschulen des Bundes mit der Maßgabe, daß an Stelle des jeweiligen Lehramtes die entsprechende für den staatlichen Schuldienst erworbene Lehrbefähigung tritt.

(4) Die in den Absätzen 1 und 3 enthaltenen Vergütungssätze gelten nur für Mehrarbeit, die nach dem Inkrafttreten dieser Sätze geleistet wird.

§ 5

(1) Als Mehrarbeitsstunde im Sinne der §§ 3, 4 Abs. 1 und 2 gilt die volle Zeitstunde. Hiervon abweichend wird eine Stunde Dienst in

Bereitschaft nur entsprechend dem Umfang der erfahrungsgemäß bei der betreffenden Tätigkeit durchschnittlich anfallenden Inanspruchnahme berücksichtigt; dabei ist schon die Ableistung eines Dienstes in Bereitschaft als solche in jeweils angemessenem Umfang anzurechnen.

(2) Bei Mehrarbeit im Schuldienst gelten bei Anwendung

1. des § 3 Abs. 1 Nr. 2 drei Unterrichtsstunden als fünf Stunden,
2. des § 3 Abs. 2 24 Unterrichtsstunden als 40 Mehrarbeitsstunden.

(3) Ergibt sich bei der monatlichen Mehrarbeitsstundenberechnung ein Bruchteil einer Stunde, so werden 30 Minuten und mehr auf eine volle Stunde aufgerundet, weniger als 30 Minuten bleiben unberücksichtigt.

§ 6

Ist einem Beamten nach dieser Verordnung eine Mehrarbeitsvergütung zu gewähren und ist diese niedriger als die Vergütung, die sich unter Beachtung der §§ 3, 5 auf Grund einer bis zum 21. März 1971 erlassenen Regelung ergeben würde, so kann die so ermittelte höhere Vergütung gewährt werden. Eine nach diesem Tag vorgenommene Änderung der Regelung bleibt außer Betracht.

§ 7

(gegenstandslos)

§ 8 (Inkrafttreten)

Verordnung über die Gewährung von Erschwerniszulagen (Erschwerniszulagenverordnung – EZulV)

in der Fassung der Bekanntmachung vom 13. März 1992 (BGBl. I S. 519)

zuletzt geändert durch Art. 5 BBVAnpG 94 vom 24. August 1994 (BGBl. I S. 2229/2240; ber. 2440)

1. Abschnitt
Allgemeine Vorschriften

§ 1 Anwendungsbereich

Diese Verordnung regelt die Gewährung von Zulagen zur Abgeltung besonderer, bei der Bewertung des Amtes oder bei der Regelung der Anwärterbezüge nicht berücksichtigter Erschwernisse (Erschwerniszulagen) für Empfänger von Dienstbezügen und Anwärterbezügen.

§ 2 Allgemeine Ausschlußregelung

(1) Eine Erschwerniszulage wird nicht gewährt, wenn für die Erschwernis eine Aufwandsentschädigung nach § 17 des Bundesbesoldungsgesetzes oder entsprechenden Vorschriften der Länder oder eine sonstige Entschädigung oder Zuwendung gewährt wird.

(2) Eine Erschwerniszulage wird neben einer anderen Zulage nur gewährt, soweit die abzugeltende Erschwernis nicht durch die andere Zulage mit abgegolten wird.

(3) Durch eine Erschwerniszulage wird ein allgemeiner mit der Erschwernis verbundener Aufwand mit abgegolten.

2. Abschnitt
Einzelabzugeltende Erschwernisse

1. Titel
Zulage für Dienst zu ungünstigen Zeiten

§ 3 Allgemeine Voraussetzungen

(1) Empfänger von Dienstbezügen in Besoldungsgruppen mit aufsteigenden Gehältern und Empfänger von Anwärterbezügen erhal-

ten eine Zulage für Dienst zu ungünstigen Zeiten, wenn sie mit mehr als fünf Stunden im Kalendermonat zum Dienst zu ungünstigen Zeiten herangezogen werden.

(2) Dienst zu ungünstigen Zeiten ist der Dienst

1. an Sonntagen und gesetzlichen Wochenfeiertagen,
2. an Samstagen nach 13.00 Uhr,
3. an den Samstagen vor Ostern und Pfingsten nach 12.00 Uhr; dies gilt auch für den 24. und 31. Dezember jeden Jahres, wenn diese Tage nicht auf einen Sonntag fallen,
4. an den übrigen Tagen in der Zeit zwischen 20.00 Uhr und 6.00 Uhr.

(3) Zulagefähig sind nur Zeiten einer tatsächlichen Dienstausübung; Bereitschaftsdienst, der zu ungünstigen Zeiten geleistet wird, ist voll zu berücksichtigen. Wachdienst ist nur zulagefähig, wenn er mit mehr als 24 Stunden im Kalendermonat zu ungünstigen Zeiten geleistet wird.

(4) Zum Dienst zu ungünstigen Zeiten gehören nicht der Dienst während Übungen, der Dienst auf Feuerschiffen, Reisezeiten bei Dienstreisen und die Rufbereitschaft.

(5) Rufbereitschaft im Sinne von Absatz 4 ist das Bereithalten des hierzu Verpflichteten in seiner Häuslichkeit (Hausrufbereitschaft) oder das Bereithalten an einem von ihm anzuzeigenden und dienstlich genehmigten Ort seiner Wahl (Wahlrufbereitschaft), um bei Bedarf zu Dienstleistungen sofort abgerufen werden zu können. Beim Wohnen in einer Gemeinschaftsunterkunft gilt als Häuslichkeit die Gemeinschaftsunterkunft.

§ 4 Höhe und Berechnung der Zulage

(1) Die Zulage beträgt für Dienst

1. an Sonntagen und gesetzlichen Wochenfeiertagen, an den Samstagen vor Ostern und Pfingsten nach 12.00 Uhr sowie am 24. und 31. Dezember jeden Jahres nach 12.00 Uhr, wenn diese Tage nicht auf einen Sonntag fallen, 4,49 Deutsche Mark je Stunde,
2. a) an den übrigen Samstagen in der Zeit zwischen 13.00 Uhr und 20.00 Uhr 1,25 Deutsche Mark je Stunde sowie
   b) im übrigen in der Zeit zwischen 20.00 Uhr und 6.00 Uhr 2,50 Deutsche Mark je Stunde.

(2) In den Fällen des Absatzes 1 Nr. 2 Buchstabe a beträgt die Zulage

1. für Beamte und Soldaten nach den Nummern 9 und 10 der Vorbemerkungen zu den Bundesbesoldungsordnungen A und B des Bundesbesoldungsgesetzes sowie
2. für Beamte in Ämtern der Bundesbesoldungsordnung A,
   a) bei Justizvollzugsanstalten,
   b) beim Bundeseisenbahnvermögen, wenn sie im Wege der Zuweisung im Betriebs- und Verkehrsdienst der Deutsche

Bahn Aktiengesellschaft oder einer gemäß § 2 Abs. 1 und § 3 Abs. 3 des Deutsche Bahn Gründungsgesetzes vom 27. Dezember 1993 (BGBl. I S. 2378, 2386) ausgegliederten Gesellschaft eingesetzt sind, und

c) im Betriebsdienst der Deutschen Bundespost

1,50 Deutsche Mark je Stunde; dies gilt auch für entsprechende Beamte auf Widerruf im Vorbereitungsdienst.

(3) Für Dienst über volle Stunden hinaus wird die Zulage anteilig gewährt.

§ 5 Ausschluß der Zulage durch andere Zulagen

Die Zulage wird insbesondere nicht gewährt neben

1. (weggefallen)
2. einer Vergütung für Beamte im Vollstreckungsdienst (§ 49 des Bundesbesoldungsgesetzes),
3. einem Auslandszuschlag (§ 55 des Bundesbesoldungsgesetzes),
4. einer Zulage nach Nummer 7 der Vorbemerkungen zu den Bundesbesoldungsordnungen A und B des Bundesbesoldungsgesetzes oder nach entsprechendem Landesrecht; ausgenommen sind die Beamten und Soldaten der Besoldungsgruppen A 1 bis A 9, in den Lagezentren oder Leitstellen oberster Bundes- oder Landesbehörden sowie beim Deutschen Bundestag oder bei den Landtagen auch Polizeivollzugsbeamte der Besoldungsgruppen A 10 bis A 13,
5. einer Zulage nach Nummer 8 der Vorbemerkungen zu den Bundesbesoldungsordnungen A und B des Bundesbesoldungsgesetzes,

5a. einer Zulage nach Nummer 8b der Vorbemerkungen zu den Bundesbesoldungsordnungen A und B des Bundesbesoldungsgesetzes,

6. einer Zulage nach Nummer 11 der Vorbemerkungen zu den Bundesbesoldungsordnungen A und B des Bundesbesoldungsgesetzes oder Zulagen nach Vorschriften, die gemäß Artikel IX § 22 des Zweiten Gesetzes zur Vereinheitlichung und Neuregelung des Besoldungsrechts in Bund und Ländern in Kraft geblieben sind,
7. einer bei der Deutschen Bundesbank gezahlten Bankzulage,
8. Zulagen nach Vorschriften, die gemäß Artikel IX § 21 des Zweiten Gesetzes zur Vereinheitlichung und Neuregelung des Besoldungsrechts in Bund und Ländern in Kraft geblieben sind oder neu erlassen werden können.

§ 6 Sonstiger Ausschluß der Zulage

Abweichend von § 2 Abs. 1, 2 und 3 Satz 1 gilt folgendes:

Für Zeiträume, für die eine Bordzulage zusteht, wird die Zulage um die Hälfte gekürzt; im übrigen entfällt oder verringert sich die

Zulage, soweit der Dienst zu ungünstigen Zeiten durch eine Aufwandsentschädigung (§ 17 des Bundesbesoldungsgesetzes) oder auf andere Weise als mit abgegolten oder ausgeglichen gilt.

2. Titel
Zulage für Tauchertätigkeit

§ 7 Allgemeine Voraussetzungen

(1) Beamte und Soldaten erhalten eine Zulage für Tauchertätigkeit, wenn sie auf Grund dienstlicher Anordnung Taucherübungen oder Taucherarbeiten durchführen.

(2) Tauchertätigkeiten sind Übungen oder Arbeiten im Wasser
1. im Taucheranzug ohne Helm oder ohne Tauchgerät,
2. mit Helm oder Tauchgerät,
3. in Preßluft (Druckkammern).

§ 8 Höhe der Zulage

(1) Die Zulage für Tauchertätigkeit nach § 7 Abs. 2 Nr. 1 beträgt je Stunde 4,82 Deutsche Mark.

(2) Die Zulage für Tauchertätigkeit nach § 7 Abs. 2 Nr. 2 beträgt je Stunde Tauchzeit bei einer Tauchtiefe

bis zu 5 Metern	20,00 Deutsche Mark,
von mehr als 5 Metern	24,25 Deutsche Mark,
von mehr als 10 Metern	30,13 Deutsche Mark,
von mehr als 15 Metern	38,81 Deutsche Mark.

Bei Tauchtiefen von mehr als zwanzig Metern erhöht sich die Zulage für je fünf Meter weiterer Tauchtiefe um 8,68 Deutsche Mark je Stunde.

(3) Die Zulage nach Absatz 2 erhöht sich für Tauchertätigkeit
1. in Strömung mit Stromschutz gleich welcher Art um 15 vom Hundert,
2. in Strömung ohne Stromschutz um 30 vom Hundert,
3. in Seewasserstraßen oder auf offener See um 25 vom Hundert,
4. in Binnenwasserstraßen bei Lufttemperaturen von weniger als 3° C Wärme um 25 vom Hundert.

(4) Die Zulage für Tauchertätigkeit nach § 7 Abs. 2 Nr. 3 beträgt je Stunde ein Drittel der Sätze nach Absatz 2.

§ 9 Berechnung der Zulage

(1) Die Zulage wird nach Stunden berechnet. Die Zeiten sind für jeden Kalendertag zu ermitteln, und das Ergebnis ist zu runden.

Dabei bleiben Zeiten von weniger als zehn Minuten unberücksichtigt; Zeiten von zehn bis dreißig Minuten werden auf eine halbe Stunde, von mehr als dreißig Minuten auf eine volle Stunde aufgerundet.

(2) Als Tauchzeit gilt

1. für Helmtaucher die Zeit unter dem geschlossenen Taucherhelm,
2. für Schwimmtaucher die Zeit unter der Atemmaske,
3. bei Arbeiten in Druckkammern die Zeit von Beginn des Einschleusens bis zum Ende des Ausschleusens.

3. Titel
Zulagen für den Umgang mit Munition und Explosivstoffen

§ 10 Zulage für das Räumen und Vernichten von Munition und für besonders gefährliche Munitionserprobungen

(1) Soldaten mit Berechtigungsschein zum Vernichten von Munition oder mit abgeschlossener Ausbildung als Feuerwerker und Beamte mit Befähigungsschein F erhalten, wenn sie auf Truppenübungs- oder Schießplätzen, auf See, bei Erprobungsstellen der Bundeswehr oder gemäß dienstlicher Weisung an sonstigen Plätzen Blindgänger (Munition) räumen oder vernichten, eine Zulage. Die Tätigkeit muß zum ständigen Aufgabenbereich des Soldaten oder Beamten gehören und von ihm selbst ausgeübt werden. Die Zulage beträgt täglich 5 Deutsche Mark. Bei einem Einsatz von mehr als sechs Stunden täglich erhöht sich die Zulage für jede weitere volle Stunde um 1 Deutsche Mark, höchstens jedoch bis zu 10 Deutsche Mark.

(2) Beamte und Soldaten erhalten für das Laborieren, Delaborieren, Untersuchen von Munition und Munitionskomponenten mit besonders hohem Gefährlichkeitsgrad, insbesondere von unbekannter, beanstandeter oder belasteter Munition, eine Zulage nach Maßgabe des Absatzes 1.

§ 11 Zulage für die Beseitigung von sonstigen explosiblen Gegenständen

(1) Beamte und Soldaten, denen als Sprengstoffentschärfern oder -ermittlern die Beseitigung von insbesondere für Attentatszwecke verwendeten Sprengkörpern unkonventioneller Bauart oder ähnlichen Gegenständen, die den Verdacht rechtfertigen, explosionsgefährliche Stoffe zu enthalten, als ständige Aufgabe obliegt, erhalten für jeden Tag, an dem sie im unmittelbaren Gefahrenbereich tätig werden, eine Zulage (Einsatzzulage). Tätigkeit im unmittelbaren Gefahrenbereich ist das Prüfen, Entschärfen, Transportieren, Zerlegen oder Sprengen. Die Einsatzzulage beträgt für Sprengstoffentschärfer 50 Deutsche Mark und für Sprengstoffermittler 30 Deutsche

Mark. Beamte und Soldaten, die an einem Tag als Sprengstoffentschärfer und Sprengstoffermittler tätig werden, erhalten für diesen Tag die höhere Zulage.

(2) Besondere Schwierigkeiten bei dem Unschädlichmachen oder Delaborieren von Sprengkörpern oder ähnlichen Gegenständen, die explosionsgefährliche Stoffe enthalten, können im Einzelfall mit einer Erhöhung der Zulage auf bis zu 500 Deutsche Mark abgegolten werden (Sonderzulage). Besondere Schwierigkeiten liegen insbesondere vor beim Unschädlichmachen oder Delaborieren von Sprengkörpern mit elektrischer oder mechanischer Fern- oder Funkzündung.

(3) Die Einsatzzulage darf bei den Sprengstoffentschärfern den Betrag von 750 Deutsche Mark und bei den Sprengstoffermittlern den Betrag von 450 Deutsche Mark, Einsatzzulage und Sonderzulage dürfen den Betrag von 1600 Deutsche Mark im Monat nicht übersteigen.

4. Titel
Zulage für Tätigkeiten an Antennen und Antennenträgern, an Geräten und Geräteträgern des Wetterdienstes, des Vermessungsdienstes sowie an Windmasten des lufthygienischen Überwachungsdienstes

§ 12 Allgemeine Voraussetzungen

(1) Beamte und Soldaten erhalten eine Zulage für Tätigkeiten an Antennen oder Antennenträgern, wenn diese Tätigkeiten zu ihren regelmäßigen Aufgaben gehören.

(2) Tätigkeiten an Antennen oder Antennenträgern sind

1. das Besteigen von Antennenträgern über Leitern oder Sprossen,
2. die Arbeiten in einer Höhe von mindestens zwanzig Metern über dem Erdboden an und auf über Leitern oder Sprossen zu besteigenden Antennenträgern oder an Antennen, die sich auf Dächern und Plattformen ohne Randsicherung (oder ohne seitliche Abdeckung) oder an wegen ihrer schweren Zugänglichkeit ähnlich gefährlichen Stellen befinden.

§ 13 Höhe der Zulage

(1) Die Zulage für eine Tätigkeit nach § 12 Abs. 2 Nr. 1 beträgt für jeden Tag bei Überwindung eines Höhenunterschiedes

von mehr als 20 Metern	3 Deutsche Mark,
von mehr als 50 Metern	5 Deutsche Mark,
von mehr als 100 Metern	8 Deutsche Mark,
von mehr als 200 Metern	13 Deutsche Mark,
von mehr als 300 Metern	18 Deutsche Mark.

Diese Sätze erhöhen sich, wenn vom Erdboden bis zum Fußpunkt der Leitern oder Sprossen ein Höhenunterschied besteht

von mehr als 50 Metern	um 1 Deutsche Mark,
von mehr als 100 Metern	um 2 Deutsche Mark,
von mehr als 200 Metern	um 3 Deutsche Mark,
von mehr als 300 Metern	um 4 Deutsche Mark.

Sie erhöhen sich ferner, wenn die Tätigkeit in den Monaten November bis März durchgeführt wird, um jeweils 25 vom Hundert.

(2) Die Zulage für Tätigkeiten nach § 12 Abs. 2 Nr. 2 beträgt für jeden Tag bei

1. Inaugenscheinnahme aus besonderem Anlaß, Prüfgängen, Erkundigungen, Einweisungen oder Beaufsichtigungen	2 Deutsche Mark,
2. Instandhalten, Instandsetzen oder Abnehmen	3 Deutsche Mark,
3. Errichten oder Abbrechen	4 Deutsche Mark.

Die Sätze erhöhen sich, wenn die Tätigkeiten in den Monaten November bis März durchgeführt werden, um jeweils 25 vom Hundert.

§ 14 Berechnung der Zulage

Die Zulagen nach § 12 Abs. 2 Nr. 1 und 2 werden nebeneinander gewährt; jede Zulage wird für jeden Tag nur einmal, und zwar nach dem höchsten zustehenden Satz gewährt.

§ 15 Zulage für Tätigkeiten an Geräten und Geräteträgern des Wetterdienstes, des Vermessungsdienstes sowie an Windmasten des lufthygienischen Überwachungsdienstes

Die §§ 12 bis 14 gelten entsprechend für Tätigkeiten an Geräten und Geräteträgern des Wetterdienstes und an trigonometrischen Beobachtungseinrichtungen des Vermessungsdienstes sowie an Windmasten des lufthygienischen Überwachungsdienstes.

5. Titel
Zulage für Klimaerprobung

§ 16 Allgemeine Voraussetzungen und Höhe der Zulage

Beamte und Soldaten, die an einer Klimaerprobung im Freien bei extremen Kälte- oder Hitzeeinwirkungen teilnehmen, erhalten eine Zulage. Die Zulage beträgt bei einem „Wind-Chill-Faktor“ von mindestens 1400 oder bei einem Wet-Bulb-Globe-Temperature-Index von mindestens 20° C 4 Deutsche Mark täglich. Die Zulage erhöht sich bei einem „Wind-Chill-Faktor“ von mehr als 1600 oder bei einem Wet-Bulb-Globe-Temperature-Index von mehr als 30° C um 1 Deutsche Mark täglich.

6. Titel
Zulage beim Betrieb von Nebelschallsendern

§ 17 Allgemeine Voraussetzungen, Höhe und Berechnung der Zulage

(1) Beamte, die auf Feuerschiffen der Wasser- und Schiffahrtsverwaltung des Bundes tätig sind, erhalten für die Zeit, in der Luftnebelschallsender auf dem Feuerschiff in Betrieb sind, eine Zulage von 0,35 Deutsche Mark je Stunde.

(2) Für die Errechnung der Zulage werden die Betriebszeiten der Luftnebelschallsender während der ununterbrochenen Borddienstzeit zusammengerechnet. Dabei werden Zeiten von dreißig Minuten und mehr auf eine volle Stunde aufgerundet. Zeiten von weniger als dreißig Minuten bleiben unberücksichtigt.

7. Titel
Zulagen für den Umgang mit Leichen

§ 18 Allgemeine Voraussetzungen und Höhe der Zulagen

(1) Beamte und Soldaten erhalten eine Zulage, wenn sie nicht nur gelegentlich
1. in Leichenschauhäusern oder in Einrichtungen, die die Aufgaben von Leichenschauhäusern zu erfüllen haben, Leichen versorgen oder herrichten,
2. zur Hilfeleistung (Verrichtung zur Vorbereitung der Leichenöffnung und zur Unterstützung der Sekanten) bei einer Sektion herangezogen werden.

Satz 1 gilt nicht für Ärzte.

(2) Die Höhe der Zulagen ist nach dem Umfang der Tätigkeiten nach Absatz 1 zu bemessen. Der Gesamtbetrag der Zulagen darf für Tätigkeiten nach Absatz 1 Nr. 1 im Monat 25 Deutsche Mark und für Tätigkeiten nach Absatz 1 Nr. 2 im Monat 30 Deutsche Mark nicht überschreiten.

8. Titel
Zulage für Tätigkeiten auf Baustellen

§ 19 Allgemeine Voraussetzungen und Höhe der Zulage

(1) Beamten kann, wenn sie im Rahmen der Bauleitung auf Baustellen unter besonders ungünstigen Umständen tätig sind, und zwar nur

für Zeiten einer tatsächlichen Ausübung dieser Tätigkeit, eine Zulage bis zu 100 Deutsche Mark monatlich gewährt werden.

(2) Die Höhe der Zulage bemißt sich nach Art und Umfang der tatsächlich angefallenen Erschwernisse. Sie kann insbesondere nach den Arbeitstagen, die unter besonders ungünstigen Umständen im Kalendermonat anfallen, gestaffelt werden.

(3) Wird Schutzkleidung gestellt oder eine dafür bestimmte Entschädigung gezahlt, so darf die Zulage gewährt werden, wenn außer den für die Gestellung der Schutzkleidung maßgebenden Umständen weitere Umstände vorliegen, die für sich die Gewährung der Zulage rechtfertigen.

9. Titel
Zulage für die Pflege Schwerbrandverletzter

§ 19a Allgemeine Voraussetzungen und Höhe der Zulage

Beamte des mittleren Dienstes im Krankenpflegedienst und entsprechende Soldaten, die die Grund- und Behandlungspflege bei schwerbrandverletzten Patienten in Einheiten für Schwerbrandverletzte, denen Schwerbrandverletzte durch die Zentralstelle für die Vermittlung Schwerbrandverletzter in der Bundesrepublik Deutschland bei der Behörde für Arbeit, Gesundheit und Soziales der Freien und Hansestadt Hamburg vermittelt werden, ausüben, erhalten für jede volle Pflegestunde 2,14 Deutsche Mark.

3. Abschnitt
Zulagen in festen Monatsbeträgen

1. Titel
Zulage für technische Luftfahrzeugführer im Erprobungs- und Güteprüfdienst

§ 20 Allgemeine Voraussetzungen und Höhe der Zulage

(1) Beamte und Soldaten als Luftfahrzeugführer im Erprobungs- oder Güteprüfdienst, die im Besitz der erforderlichen Fluglaubnis (Berechtigung) sind, erhalten

1. als Erprobungsflieger mit abgeschlossener Ausbildung als Testpilot, die
   a) Erprobungsflüge mit noch nicht mustergeprüften Flugzeug-Neuentwicklungen zum Zwecke der Musterprüfung oder vorläufigen Zulassung durchführen oder

b) Flugerprobungsgruppen (Flugerprobungsprogramme) verantwortlich leiten und dabei entsprechende Erprobungsflüge durchzuführen haben, 300 Deutsche Mark,

2. als Luftfahrzeugführer im Erprobungs- oder Güteprüfflugdienst mit abgeschlossener Ausbildung als Testpilot und nach langjähriger Tätigkeit als Luftfahrzeugführer im Erprobungs- oder Güteprüfdienst auf mehreren Luftfahrzeugmustern 200 Deutsche Mark

monatlich als Zulage, wenn sie in überwiegendem Umfang entsprechend verwendet werden. Die abgeschlossene Ausbildung als Testpilot erfordert die erfolgreiche Teilnahme an einem Lehrgang einer anerkannten Testpilotenschule.

(2) Liegen die Voraussetzungen nach Absatz 1 Nr. 1 und 2 vor, so ist die höhere Zulage zu zahlen.

(3) Bei einer Unterbrechung der zulageberechtigenden Tätigkeit wird die Zulage nur weitergewährt im Falle

a) eines Erholungsurlaubs,
b) einer Erkrankung (einschließlich Heilkuren),
c) eines Sonderurlaubs unter Fortzahlung der Dienstbezüge,
d) einer Teilnahme an Fortbildungsveranstaltungen,
e) einer Dienstreise,

in den Fällen nach den Buchstaben b bis d nur bis zum Ende des auf den Eintritt der Unterbrechung folgenden Monats.

(4) Die Zulage erhalten auch diejenigen Beamten und Soldaten ohne abgeschlossene Ausbildung als Testpilot, die nach Absatz 1 Nr. 1 bereits am 31. Dezember 1968 oder nach Absatz 1 Nr. 2 bereits am 31. Dezember 1971 entsprechend verwendet worden sind.

2. Titel
Zulage für Ausbilder bei Einzelkämpferlehrgängen

§ 21 Allgemeine Voraussetzungen und Höhe der Zulage

(1) Soldaten, die überwiegend als Ausbilder bei Einzelkämpferlehrgängen verwendet werden und eine entsprechende zulageberechtigende Stelle innehaben, erhalten für die Dauer ihrer Verwendung (Versetzung, Kommandierung) eine Zulage. Die Zulage beträgt monatlich 120 Deutsche Mark.

(2) Die Zulage wird neben einer Zulage nach Nummer 4 der Vorbemerkungen zu den Bundesbesoldungsordnungen A und B des Bundesbesoldungsgesetzes oder einer Fallschirmspringerzulage von 45 Deutsche Mark nur in Höhe von 100 Deutsche Mark gewährt; sie entfällt neben einer Fallschirmspringerzulage in Höhe von 150 Deutsche Mark.

(3) § 20 Abs. 3 gilt entsprechend.

3. Titel
Zulagen für Wechselschicht und für Schichtdienst

§ 22 Allgemeine Voraussetzungen und Höhe der Zulagen

(1) Beamte und Soldaten erhalten eine Wechselschichtzulage von 200 Deutsche Mark monatlich, wenn sie ständig nach einem Schichtplan (Dienstplan) eingesetzt sind, der einen regelmäßigen Wechsel der täglichen Arbeitszeit in Wechselschichten (wechselnde Arbeitsschichten, in denen ununterbrochen bei Tag und Nacht, werktags, sonntags und feiertags gearbeitet wird) vorsieht, und sie dabei in je fünf Wochen durchschnittlich mindestens 40 Dienststunden in der dienstplanmäßigen oder betriebsüblichen Nachtschicht leisten.

(2) Beamte und Soldaten erhalten, wenn sie ständig Schichtdienst zu leisten haben (Dienst nach einem Schichtplan, der einen regelmäßigen Wechsel der täglichen Arbeitszeit in Zeitabschnitten von längstens einem Monat vorsieht),

a) eine Schichtzulage von 120 Deutschen Mark monatlich, wenn sie die Voraussetzungen für eine Wechselschichtzulage nach Absatz 1 nur deshalb nicht erfüllen, weil nach dem Schichtplan eine Unterbrechung des Dienstes am Wochenende von höchstens 48 Stunden vorgesehen ist oder sie durchschnittlich mindestens 40 Dienststunden in der dienstplanmäßigen oder betriebsüblichen Nachtschicht nur in je sieben Wochen leisten,
b) eine Schichtzulage von 90 Deutsche Mark monatlich, wenn der Schichtdienst innerhalb einer Zeitspanne von mindestens 18 Stunden,
c) eine Schichtzulage von 70 Deutschen Mark monatlich, wenn der Schichtdienst innerhalb einer Zeitspanne von mindestens 13 Stunden geleistet wird.

Zeitspanne ist die Zeit zwischen dem Beginn der frühesten und dem Ende der spätesten Schicht innerhalb von 24 Stunden. Die geforderte Stundenzahl muß im Durchschnitt an den im Schichtplan vorgesehenen Arbeitstagen erreicht werden. Sieht der Schichtplan mehr als fünf Arbeitstage wöchentlich vor, können, falls dies günstiger ist, der Berechnung des Durchschnitts fünf Arbeitstage wöchentlich zugrunde gelegt werden.

(3) Die Absätze 1 und 2 gelten entsprechend für Beamte und Soldaten nach Nummer 10 der Vorbemerkungen zu den Bundesbesoldungsordnungen A und B des Bundesbesoldungsgesetzes, wenn die Voraussetzungen für eine Wechselschichtzulage oder eine Schichtzulage ohne Berücksichtigung von Zeiten des Bereitschaftsdienstes erfüllt sind. Sie finden keine Anwendung auf Beamte auf Widerruf im Vorbereitungsdienst; abweichend hiervon erhalten Beamte im Vorbereitungsdienst für den Krankenpflegedienst 75 vom Hundert der entsprechenden Beträge. Sie finden ferner keine Anwendung auf Beamte und Soldaten, die als Pförtner oder Wächter tätig sind oder Auslandszuschlag (§ 55 des Bundesbesoldungsgesetzes) erhal-

ten, oder die auf Schiffen und schwimmenden Geräten tätig sind, wenn die dadurch bedingte besondere Dienstplangestaltung bereits anderweitig berücksichtigt ist. Satz 1 ist anzuwenden auch für den Haussicherungsdienst beim Bundeskriminalamt.

(4) Die Erschwerniszulagen nach Absatz 1 und 2 werden nur zur Hälfte gewährt, wenn für den gleichen Zeitraum Anspruch auf eine Stellenzulage nach § 80a Abs. 1 des Bundesbesoldungsgesetzes, den Nummern 5a, 8, 8a, 8b, 9, 10, 11 und 12 der Vorbemerkungen zu den Bundesbesoldungsordnungen A und B des Bundesbesoldungsgesetzes oder auf die bei der Deutschen Bundesbank gewährte Bankzulage besteht. Abweichend von Satz 1 erhalten Beamte im Krankenpflegedienst, die für den gleichen Zeitraum Anspruch auf eine Zulage nach Nummer 12 der Vorbemerkungen zu den Bundesbesoldungsordnungen A und B haben, die Erschwerniszulage nach Absatz 1 in Höhe von 150 Deutsche Mark monatlich und nach Absatz 2 in voller Höhe.

(5) Abweichend von den Absätzen 1 und 2 erhalten die der Deutsche Bahn Aktiengesellschaft sowie einer gemäß § 2 Abs. 1 und § 3 Abs. 3 des Deutsche Bahn Gründungsgesetzes vom 27. Dezember 1993 (BGBl. I S. 2378, 2386) ausgegliederten Gesellschaft zugewiesenen Beamten des Bundeseisenbahnvermögens und Beamte der Deutschen Bundespost eine Schichtzulage in folgenden Stufen:
für zwischen 20.00 Uhr und 6.00 Uhr geleistete Stunden im Monat

von	bis	Deutsche Mark
25	34	100,
35	44	110,
45	54	125,
55	64	140,
65	74	155,
75	84	170,
85	94	185,
95	104	200,
105	114	215,
115	124	230,
ab 125		240.

Die vorstehenden Sätze erhöhen sich für jede Schicht,
die nach 0.00 Uhr und vor 4.00 Uhr beendet wird, um 5 Deutsche Mark,
die nach 24.00 Uhr und vor 4.00 Uhr begonnen wird, um 10 Deutsche Mark.
Wenn keine Schichtzulage nach Satz 1 zusteht, erhalten sie

a) eine Schichtzulage von 60 Deutschen Mark monatlich, wenn der Schichtdienst innerhalb einer Zeitspanne von mindestens 18 Stunden,
b) eine Schichtzulage von 40 Deutschen Mark monatlich, wenn der Schichtdienst innerhalb einer Zeitspanne von mindestens 13 Stunden geleistet wird.

(6) Auf die Zahlung der Zulage sind die allgemeinen Verwaltungsvorschriften zu § 42 Abs. 3 des Bundesbesoldungsgesetzes entsprechend anzuwenden.

4. Titel
Zulagen im Krankenpflegedienst

§ 23 Allgemeine Voraussetzungen und Höhe der Zulagen für Krankenpflegedienst

(1) Beamte des mittleren Dienstes und entsprechende Soldaten im Krankenpflegedienst, die

1. in psychiatrischen Krankenhäusern, Kliniken, Abteilungen oder Stationen Patienten pflegen,
2. in neurologischen Kliniken, Abteilungen oder Stationen ständig geisteskranke Patienten pflegen,
3. in psychiatrischen oder neurologischen Krankenhäusern, Kliniken oder Abteilungen im Elektroencephalogramm-Dienst (EEG-Dienst) oder in der Röntgendiagnostik tätig sind und ständig mit geisteskranken Patienten umgehen,
4. zu arbeitstherapeutischen Zwecken ständig mit geisteskranken Patienten zusammenarbeiten oder sie bei der Arbeitstherapie beaufsichtigen,

erhalten eine Zulage von monatlich 30 Deutsche Mark.

(2) Beamte des mittleren Dienstes und entsprechende Soldaten im Krankenpflegedienst, die die Grund- und Behandlungspflege zeitlich überwiegend bei

1. an schweren Infektionskrankheiten erkrankten Patienten (z. B. Tuberkulose-Patienten), die wegen der Ansteckungsgefahr in besonderen Infektionsabteilungen oder Infektionsstationen untergebracht sind,
2. Kranken in geriatrischen Abteilungen oder Stationen,
3. gelähmten oder an multipler Sklerose erkrankten Patienten,
4. Patienten nach Transplantationen innerer Organe oder von Knochenmark,
5. an AIDS (Vollbild) erkrankten Patienten,
6. Patienten, bei denen Chemotherapien durchgeführt oder die mit Strahlen oder mit inkorporierten radioaktiven Stoffen behandelt werden,
7. Patienten in Einheiten für Intensivmedizin

ausüben, erhalten eine Zulage von monatlich 90 Deutsche Mark. Die Zulage erhalten auch Beamte und Soldaten, die unmittelbare Aufsichtsfunktionen im Krankenpflegedienst über die vorstehend genannten ihnen ständig unterstellten Beamten und Soldaten wahrnehmen; das gilt auch für deren ständige Vertreter. Auf die Zulage wird eine für denselben Kalendermonat zustehende Zulage nach § 19a angerechnet.

(3) Beamte des mittleren Dienstes im Krankenpflegedienst, die

1. zeitlich überwiegend Kranke in geschlossenen oder halbgeschlossenen (Opendoor-system) psychiatrischen Abteilungen oder Stationen oder als Beamte des Justizvollzugsdienstes ständig Kranke in psychiatrischen Abteilungen und Stationen pflegen,
2. ständig in Abteilungen für zwangsasylierte asoziale Tuberkulosekranke tätig sind,
3. als Beamte des Justizvollzugsdienstes die Voraussetzungen einer Zulage nach Absatz 2 erfüllen,

erhalten eine Zulage von monatlich 120 Deutsche Mark.

(4) Eine Zulage wird jeweils nur einmal gewährt. Sind die Voraussetzungen für eine Zulage nach Absatz 1 und Absatz 2 erfüllt, so werden beide Zulagen nebeneinander gewährt. Eine Zulage nach Nummer 12 der Vorbemerkungen zu den Bundesbesoldungsordnungen A und B des Bundesbesoldungsgesetzes ist mit dem Betrag von 90 Deutsche Mark anzurechnen.

(5) § 22 Abs. 6 gilt entsprechend.

5. Titel
Zulage für Polizeivollzugsbeamte für besondere polizeiliche Einsätze

§ 23a Allgemeine Voraussetzungen und Höhe der Zulage

(1) Polizeivollzugsbeamte, die in einem Verband des Bundesgrenzschutzes oder in einem Polizeiverband der Länder für besondere polizeiliche Einsätze oder regelmäßig als Verdeckte Ermittler verwendet werden, erhalten eine Zulage in Höhe von 200 Deutsche Mark monatlich.

(2) Die Zulage wird nicht neben einer Stellenzulage nach den Vorbemerkungen Nr. 6 und 8 zu den Bundesbesoldungsordnungen A und B des Bundesbesoldungsgesetzes gewährt. Neben einer Stellenzulage nach der Vorbemerkung Nr. 7 zu den Bundesbesoldungsordnungen A und B des Bundesbesoldungsgesetzes wird die Zulage nur gewährt, soweit sie unter Hinzurechnung der Stellenzulage nach der Vorbemerkung Nr. 9 den Betrag der Stellenzulage nach der Vorbemerkung Nr. 7 zu den Bundesbesoldungsordnungen A und B des Bundesbesoldungsgesetzes übersteigt.

(3) § 22 Abs. 6 gilt entsprechend.

6. Titel
Zulagen im Marinebereich der Bundeswehr

§ 23b (weggefallen)

7. Titel
Zulage für Beseitigung von Kampfstoffmunition aus den Weltkriegen

§ 23c Allgemeine Voraussetzungen und Höhe der Zulage

Beamte und Soldaten erhalten, wenn sie als Räumgruppenleiter bei besonderen Entgiftungsarbeiten eingesetzt werden, eine Zulage. Die Zulage beträgt monatlich 1024,13 Deutsche Mark, wenn die Beamten oder Soldaten einhundertzwanzig oder mehr Stunden im Kalendermonat im unmittelbaren Gefahrenbereich tätig sind. Die Zulage verringert sich für jede Stunde, die an einhundertzwanzig Stunden fehlt, um $1/120$.

8. Titel

§ 23d Zulage im Seuchenbetrieb der Bundesforschungsanstalt für Viruskrankheiten der Tiere

(1) Beamte der Bundesforschungsanstalt für Viruskrankheiten der Tiere, die ständig im Seuchenbetrieb tätig sind, erhalten eine Zulage von monatlich 100 Deutsche Mark.

(2) § 22 Abs. 6 gilt entsprechend.

9. Titel

§ 23e Zulage für Tätigkeit in der unterirdischen Anlage Marienthal

(1) Beamte der Besoldungsgruppen A 1 bis A 12, die in der unterirdischen Anlage Marienthal ständig tätig sind, erhalten eine Zulage von monatlich 60 Deutsche Mark.

(2) § 22 Abs. 6 gilt entsprechend.

4. Abschnitt
Übergangs- und Schlußvorschriften

§ 24 Fortgeltung von einzelnen Zulagenregelungen

(1) Folgende Zulagen, die bisher als Erschwerniszulagen (§ 19 Abs. 1 der Erschwerniszulagenverordnung vom 19. Dezember 1973 –

BGBl. I S. 1947) gewährt wurden und die nicht in den vorstehenden Vorschriften geregelt sind, können bis zu einer anderweitigen Regelung unter Beachtung des § 2 weitergewährt werden; die Regelungen dürfen nicht zugunsten der Zulagenempfänger geändert werden:

1. Zulage für besondere Erprobungs- und Versuchsarbeiten im Bereich des Bundesministers der Verteidigung (Erlaß des Bundesministers der Verteidigung in der Fassung der Neubekanntmachung vom 12. Dezember 1975 – Verschlußsache –),
2. Zulage für besondere Erschwernisse bei der Landzustellung der Deutschen Bundespost (Amtsblatt des Bundesministers für das Post- und Fernmeldewesen 1975 S. 952),
3. Zulagen für tierärztlichen Dienst in den Ländern,
4. Zulagen für besonders gefährliche oder gesundheitsschädliche Arbeiten im Bereich des Bundeskanzleramtes (Regelung vom 8. August 1967 – Verschlußsache –), in den Ländern Bayern (Bekanntmachung des Bayerischen Staatsministeriums der Finanzen vom 7. November 1975 – Staatsanzeiger Nr. 46 S. 3), Berlin (Dienstblatt des Senats von Berlin Teil I 1971 S. 173) und Hamburg (Mitteilungen für die Verwaltung 1962 S. 146),
5. (weggefallen)
6. Zulage für die in der Virusabteilung des Landesveterinäruntersuchungsamtes Rheinland-Pfalz tätigen Bediensteten (Ministerialblatt der Landesregierung von Rheinland-Pfalz 1975 Spalte 489),
7. Zulage für den leitenden Arzt des Krankenhauses der Justizvollzugsanstalt Kassel (Gesetz über die Feststellung des Haushaltsplans des Landes Hessen für die Haushaltsjahre 1973 und 1974 vom 18. Dezember 1972 – Gesetz- und Verordnungsblatt für das Land Hessen Teil I S. 427),
8. Zulage für gemeindliche Vollzugsbeamte im Lande Rheinland-Pfalz (Ministerialblatt der Landesregierung von Rheinland-Pfalz 1975 Spalte 1068),
9. Zulage für beamtete Kammermusiker der Stadt Köln (Ministerialblatt für das Land Nordrhein-Westfalen 1975 S. 886),
10. Zulage für beamtete Wissenschaftler der Kernforschungsanlage der Universität Mainz (Amtsblatt des Kultusministeriums von Rheinland-Pfalz 1975 S. 217),
11. Sprachenzulagen im Bereich des Bundeskanzleramtes (Regelung vom 4. April 1966 – Verschlußsache –), des Auswärtigen Amtes (Mitteilungsblatt des Auswärtigen Amtes vom 24. Februar 1976 S. 15), des Bundesministers der Verteidigung (Ministerialblatt des Bundesministers der Verteidigung 1965 S. 98), des Bundesministers für Wirtschaft und anderer Bundesressorts (Gemeinsames Ministerialblatt 1976 S. 47),
12. Zulage für Berufsoffiziere des Sanitätsdienstes und Medizinalbeamte der Bundeswehr, für Sanitätsoffiziere des Bundesgrenzschutzes, für Medizinalbeamte im Bundesnachrichtendienst, für

Ärzte bei der Bundesknappschaft, für die übrigen hauptamtlichen Anstaltsärzte bei den hessischen Justizvollzugsanstalten und für Gewerbeärzte mit folgenden Maßgaben:

a) die Zulage wird nicht gewährt
an Angehörige der Bundesbesoldungsordnung B oder nach entsprechendem Landesrecht,
an Tierärzte und Apotheker im Bundesdienst,
neben einer Stellenzulage nach Nummer 7 der Vorbemerkungen zu den Bundesbesoldungsordnungen A und B des Bundesbesoldungsgesetzes oder nach entsprechendem Landesrecht,
neben einer Stellenzulage nach Nummer 8 der Vorbemerkungen zu den Bundesbesoldungsordnungen A und B des Bundesbesoldungsgesetzes,
bei jährlichen Nebeneinnahmen von über 10 000 Deutsche Mark aus einer Nebentätigkeit in Diensträumen;
b) (gegenstandslose Übergangsvorschrift)
c) (gegenstandslose Übergangsvorschrift)
d) die Zulage beträgt ab dem dritten Jahr nach Inkrafttreten dieser Verordnung:
in den Besoldungsgruppen A 13/14 monatlich 200 Deutsche Mark,
in der Besoldungsgruppe A 15 monatlich 100 Deutsche Mark,
in der Besoldungsgruppe A 16 monatlich 50 Deutsche Mark.

Durch diese Maßgaben dürfen der bisherige Empfängerkreis der Zulagen nicht erweitert und deren Höhe nicht überschritten werden. Die Zulage wird neben einer Stellenzulage nach Nummer 9 der Vorbemerkungen zu den Bundesbesoldungsordnungen A und B des Bundesbesoldungsgesetzes nur gewährt, soweit sie diese übersteigt.

13. (gegenstandslose Übergangsvorschrift)
14. Zulage für Arbeiten in Preßluft (Druckluft) – Druckkammerzulage – in der Freien und Hansestadt Hamburg (Mitteilungen für die Verwaltung 1976 S. 79).

(2) Die Vorschriften des § 17 Abs. 1 bis 3 der in Absatz 1 genannten Verordnung gelten bis auf weiteres fort.

§ 25 Wegfall von Zulagen, Ausgleichszulagen

(1) Zulagen, die bisher nach § 19 der Erschwerniszulagenverordnung 1973 als Erschwerniszulagen weitergewährt werden konnten, deren Weitergewährung in dieser Verordnung jedoch nicht zugelassen ist, entfallen mit dem Inkrafttreten der Verordnung.

(2) Empfänger von Dienstbezügen, deren bisher in festen Monatsbeträgen gewährte Zulage nach Absatz 1 wegfällt, erhalten für die

Dauer des Fortbestehens der Anspruchsvoraussetzungen eine Ausgleichszulage in Höhe der weggefallenen Zulage. Die Ausgleichszulage verringert sich um jeweils die Hälfte des Betrages, um den sich die Dienstbezüge (ohne Erschwerniszulagen und Vergütungen) auf Grund einer allgemeinen Besoldungsverbesserung erhöhen. Sie verringert sich ferner um jede sonstige Erhöhung der Dienstbezüge (ohne Erschwerniszulagen und Vergütungen). Beim Zusammentreffen mit anderen Ausgleichszulagen werden die Ausgleichszulagen anteilig verringert, höchstens insgesamt um den in Satz 2 genannten Betrag, soweit durch Gesetz nichts anderes bestimmt ist. Die Sätze 1 bis 4 gelten sinngemäß für die Empfänger von Anwärterbezügen.

(3) Empfänger von Dienstbezügen, deren Zulage nach § 24 Abs. 1 Nr. 12 Buchstabe a wegfällt, erhalten die Ausgleichszulage mit der Maßgabe, daß diese nicht höher sein darf als die jeweilige Zulage, die dem Empfänger der Ausgleichszulage bei Anwendung der Buchstaben b bis d dieser Vorschrift zustehen würde. Bei der Bemessung der Ausgleichszulage sind Angehörige der Besoldungsordnung B wie Angehörige der Besoldungsgruppe A 16 zu behandeln.

§ 26 Berlin-Klausel

(gegenstandslos)

§ 27 Inkrafttreten

(1) (Inkrafttreten; außer Kraft getretene Vorschriften)

(2) (Inkrafttreten; außer Kraft getretene Vorschriften)

(3) Die Verordnung zur vorläufigen Regelung von Erschwerniszulagen in besonderen Fällen vom 22. März 1974 (BGBl. I S. 774) bleibt von dieser Verordnung unberührt.

Verordnung über die Gewährung von Anwärtersonderzuschlägen an Beamte auf Widerruf im Vorbereitungsdienst (Anwärtersonderzuschlags-Verordnung – AnwSZV)

in der Fassung der Bekanntmachung vom 11. Juni 1990 (BGBl. I S. 1033)

§ 1 Personenkreis

(1) Anwärtersonderzuschläge können gewährt werden

1. Anwärtern des allgemeinen Vollzugsdienstes und Werkdienstes in Justizvollzugsanstalten,
2. Feuerwehrmannanwärtern,
3. Anwärtern des mittleren Gewerbeaufsichtsdienstes und des mittleren eichtechnischen Dienstes,
4. Anwärtern des mittleren Polizeivollzugsdienstes
   a) der Länder,
   b) des Bundesgrenzschutzes, die mindestens eine Realschule erfolgreich besucht oder einen entsprechenden Bildungsstand nachgewiesen haben,
5. Anwärtern für den gehobenen und höheren Bankdienst, die eine abgeschlossene kaufmännische Berufsausbildung oder eine gleichwertige Tätigkeit nachgewiesen haben,
6. Anwärtern für den gehobenen und höheren technischen Dienst,
7. Anwärtern für den gehobenen Flugverkehrskontrolldienst,
8. Anwärtern für den gehobenen Polizeivollzugsdienst und den gehobenen nichttechnischen Zolldienst des Bundes, die
   a) eine mit der Prüfung zum Kapitän auf großer Fahrt abgeschlossene nautische Ausbildung,
   b) den Besitz des Befähigungszeugnisses zum Kapitän auf großer Fahrt (Patent AG oder A 6) und
   c) den Besitz eines allgemeinen Sprechfunkzeugnisses für den Seefunkdienst oder eines gültigen allgemeinen Seefunksprechzeugnisses

   nachgewiesen haben und die deshalb bevorzugt eingestellt worden sind,
9. Anwärtern für den gehobenen Post- und Fernmeldedienst, die den Titel eines Diplom-Betriebswirtes oder Diplom-Verwal-

tungswirtes in einem externen Hochschul- oder Fachhochschulstudium erworben haben und die bis zum 30. Juni 1994 eingestellt worden sind,

10. Anwärtern für das Lehramt des höheren Dienstes an beruflichen Schulen mit mindestens einem berufsbezogenen Fach in den Berufsfeldern Wirtschaft und Verwaltung, Metalltechnik, Bautechnik, Elektrotechnik, Maschinentechnik, Drucktechnik oder Holztechnik, die bis zum 30. Juni 1994 eingestellt worden sind.

(2) Anwärtersonderzuschläge können ferner Anwärtern des höheren Auswärtigen Dienstes gewährt werden, die

1. die Befähigung zum Richteramt haben,
2. neben einer abgeschlossenen Hochschulausbildung eine abgeschlossene kaufmännische Berufsausbildung oder eine gleichwertige Tätigkeit nachgewiesen haben,
3. die Befähigung für eine andere Laufbahn des höheren Dienstes mit einem durch Prüfung abgeschlossenen Vorbereitungsdienst erworben haben.

(3) Anwärtersonderzuschläge dürfen in den in den Absätzen 1 und 2 genannten Fällen nur gezahlt werden, wenn ein erheblicher Mangel an qualifizierten Bewerbern besteht.

§ 2 Höhe des Anwärtersonderzuschlages

Der Anwärtersonderzuschlag beträgt:

1. für Anwärter nach § 1 Abs. 1 Nr. 2 bis 10 fünfunddreißig vom Hundert,
2. für Anwärter nach § 1 Abs. 1 Nr. 1 und Abs. 2 Nr. 2 und 3 fünfzig vom Hundert,
3. für Anwärter nach § 1 Abs. 2 Nr. 1 hundert vom Hundert

des vor Vollendung des 26. Lebensjahres zustehenden Anwärtergrundbetrages, jedoch nicht mehr als nach § 63 Abs. 3 des Bundesbesoldungsgesetzes zulässig.

§ 3 Auflagen

Der Anwärtersonderzuschlag wird mit der Auflage gewährt, daß der Anwärter nicht vor dem Abschluß des Vorbereitungsdienstes oder wegen schuldhaften Nichtbestehens der Laufbahnprüfung ausscheidet und nach Bestehen der Laufbahnprüfung mindestens fünf Jahre als Beamter im öffentlichen Dienst (§ 29 Abs. 1 des Bundesbesoldungsgesetzes) in der Laufbahn (Fachrichtung) verbleibt, für die er die Befähigung erworben hat, oder, wenn das Beamtenverhältnis nach Bestehen der Laufbahnprüfung endet, in derselben Laufbahn (Fachrichtung) in ein neues Beamtenverhältnis im öffentlichen Dienst (§ 29 Abs. 1 des Bundesbesoldungsgesetzes) für mindestens die gleiche Zeit eintritt.

§ 4 Rückzahlung

(1) Werden die in § 3 genannten Auflagen aus Gründen, die der Beamte zu vertreten hat, nicht erfüllt, ist der Anwärtersonderzuschlag in voller Höhe zurückzuzahlen. Der Rückzahlungsbetrag vermindert sich für jedes nach Bestehen der Laufbahnprüfung abgeleistete Dienstjahr um jeweils ein Fünftel.

(2) Die oberste Dienstbehörde oder die von ihr bestimmte Stelle kann aus Billigkeitsgründen von der Rückforderung ganz oder teilweise absehen.

§ 5 Sonderregelung

Die Straßen- und Flußmeisteranwärter des mittleren Dienstes in Baden-Württemberg und Bayern können einen Anwärtersonderzuschlag erhalten. Er beträgt fünfunddreißig vom Hundert des für Anwärter vor Vollendung des 26. Lebensjahres festgesetzten Anwärtergrundbetrages. Die §§ 3 und 4 gelten entsprechend.

§ 6 (Besitzstandswahrung)

§ 7 Berlin-Klausel

(gegenstandslos)

§ 8 (Inkrafttreten) [1]

[1]) Das Gesetz in der vorstehenden Fassung ist am 1. Juni 1990 in Kraft getreten.

Gesetz über die Gewährung einer jährlichen Sonderzuwendung

in der Fassung der Bekanntmachung vom 23. Mai 1975 (BGBl. I S. 1173/1238)

zuletzt geändert durch Art. 3 des Gesetzes vom 21. Februar 1992 (BGBl. I S. 266)

§ 1 Geltungsbereich

(1) Eine jährliche Sonderzuwendung erhalten nach diesem Gesetz

1. Bundesbeamte, Beamte der Länder, der Gemeinden, der Gemeindeverbände sowie der sonstigen der Aufsicht eines Landes unterstehenden Körperschaften, Anstalten und Stiftungen des öffentlichen Rechts; ausgenommen sind die Ehrenbeamten,
2. Richter des Bundes und der Länder; ausgenommen sind die ehrenamtlichen Richter,
3. Berufssoldaten und Soldaten auf Zeit mit Anspruch auf Besoldung oder Ausbildungsgeld (§ 30 Abs. 2 Soldatengesetz),
4. Versorgungsempfänger, denen laufende Versorgungsbezüge zustehen, die der Bund, ein Land, eine Gemeinde, ein Gemeindeverband oder eine der sonstigen der Aufsicht des Bundes oder eines Landes unterstehenden Körperschaften, Anstalten oder Stiftungen des öffentlichen Rechts oder eine Einrichtung nach § 61 des Gesetzes zur Regelung der Rechtsverhältnisse der unter Artikel 131 des Grundgesetztes fallenden Personen zu tragen hat.

(2) Dieses Gesetz gilt nicht für öffentlich-rechtlichen Religionsgesellschaften und ihre Verbände.

§ 2 Zusammensetzung der Zuwendung

(1) Die Zuwendung besteht aus einem Grundbetrag für jeden Berechtigten und einem Sonderbetrag für Kinder.

(2) Gehört der dienstliche Wohnsitz eines Berechtigten zu einem anderen Währungsgebiet als dem der Deutschen Mark, so finden die §§ 7 und 54 des Bundesbesoldungsgesetzes entsprechende Anwendung.

§ 3 Anspruchsvoraussetzungen für Beamte, Richter und Soldaten

(1) Voraussetzung für den Anspruch ist, daß die Berechtigten

1. am 1. Dezember in einem der in § 1 Abs. 1 Nr. 1 bis 3 bezeichneten Rechtsverhältnisse stehen,
2. seit dem ersten nicht allgemein freien Tag des Monats Oktober ununterbrochen oder im laufenden Kalenderjahr insgesamt

sechs Monate bei einem öffentlich-rechtlichen Dienstherrn (§ 29 Abs. 1 des Bundesbesoldungsgesetzes) in einem hauptberuflichen Dienst- oder Arbeitsverhältis oder einem Ausbildungsverhältnis stehen oder gestanden haben und

3. mindestens bis einschließlich 31. März des folgenden Jahres im Dienst dieses Dienstherrn verbleiben, es sei denn, daß sie ein früheres Ausscheiden nicht selbst zu vertreten haben.

(2) Als Dienstverhältnis nach Abs. 1 Nr. 2 gilt auch das Dienstverhältnis eines teilzeitbeschäftigten Beamten oder Richters (§ 6 des Bundesbesoldungsgesetzes).

(3) Fällt der erste nicht allgemein freie Tag des Monats Oktober in die Schulferien, so gilt die Voraussetzung des Absatzes 1 Nr. 2 bei Lehrkräften als erfüllt, wenn sie am ersten Schultag nach den Ferien eingestellt worden sind.

(4) Auf die nach Absatz 1 Nr. 2 im Monat Oktober beginnende Wartezeit wird angerechnet:

1. die Zeit, für die dem Berechtigten Versorgungsbezüge im Sinne des § 4 Abs. 2 zugestanden haben,
2. die Zeit, während der der Berechtigte den Wehrdienst oder Zivildienst abgeleistet hat.

(5) Die Voraussetzungen des Absatzes 1 Nr. 3 gelten auch als erfüllt, wenn

1. ein Berechtigter vor dem 31. März des folgenden Jahres in den Dienst eines anderen öffentlich-rechtlichen Dienstherrn übertritt,
2. eine Berechtigte vor dem 31. März des folgenden Jahres wegen Schwangerschaft oder Niederkunft ausscheidet,
3. ein Berechtigter vor dem 31. März des folgenden Jahres mit Versorgungsbezügen ausscheidet.

(6) Ist die Zuwendung gezahlt worden, obwohl sie nach Absatz 1 Nr. 3 nicht zustand, so ist sie in voller Höhe zurückzuzahlen.

§ 4 Anspruchsvoraussetzungen für Versorgungsempfänger

(1) Voraussetzung für den Anspruch auf die Zuwendung der in § 1 Nr. 4 genannten Berechtigten ist, daß

1. ihnenfür den ganzen Monat Dezember laufende Versorgungsbezüge zustehen oder nur deshalb nicht zustehen, weil sie zur Ableistung des Wehrdienstes oder des Zivildienstes einberufen sind.
2. die Ansprüche auf Versorgungsbezüge mindestens bis 31. März des folgenden Jahres bestehen bleiben, es sei denn, daß die Berechtigten diese Ansprüche nicht aus eigenem Verschulden verlieren.

Die Voraussetzungen des Satzes 1 Nr. 1 gelten auch dann als erfüllt, wenn der Anspruch eines Berechtigten auf Übergangsgebührnisse wegen Ablaufs des Bezugszeitraumes im Monat Dezember erlischt.

(2) Versorgungsbezüge im Sinne des Absatzes 1 sind

1. Ruhegehalt, Witwengeld, Witwergeld, Waisengeld, Unterhaltsbeitrag,
2. Übergangsgebührnisse nach § 17 des Bundespolizeibeamtengesetzes und § 11 des Soldatenversorgungsgesetzes sowie Ausgleichsbezüge nach § 11a des Soldatenversorgungsgesetzes,
3. Ruhevergütung und Ruhelohn nach dem Gesetz zu Artikel 131 des Grundgesetzes,
4. Übergangsgehalt und Übergangsbezüge (Übergangsvergütung, Übergangslohn) nach Artikel II § 11 Abs. 2 des Dritten Gesetzes zur Änderung des Gesetzes zu Artikel 131 des Grundgesetzes und Übergangsbezüge (Übergangsvergütung, Übergangslohn) nach §§ 52a, 52b des Gesetzes zu Artikel 131 des Grundgesetzes,
5. Bezüge nach den §§ 37b, 37c, 37d und 51 Abs. 1 des Gesetzes zu Artikel 131 des Grundgesetzes sowie Bezüge, die nach dem in § 64 Abs. 3 Satz 1 des Gesetzes zu Artikel 131 des Grundgesetzes bezeichneten Gesetz bemessen werden,
6. Bezüge nach den §§ 11a, 21a und 31d des Gesetzes zur Regelung der Wiedergutmachung nationalsozialistischen Unrechts für Angehörige des öffentlichen Dienstes.
7. Unterhaltsgeld nach §§ 71h und 71k des Gesetzes zu Artikel 131 des Grundgesetzes.

(3) Ist die Zuwendung gezahlt worden, obwohl sie nach Absatz 1 Nr. 2 nicht zustand, so ist sie in voller Höhe zurückzuzahlen.

§ 5 Ausschlußtatbestände

(1) Die Zuwendung erhalten nicht

1. Versorgungsempfänger, deren Bezüge für den Monat Dezember nach § 159 des Budnesbeamtengesetzes der entsprechenden Vorschriften ruhen,
2. Versorgungsempfänger, die für den Monat Dezember einen Unterhaltsbeitrag durch Gnadenerweis oder Disziplinarentscheidung erhalten,
3. im Land Nordrhein-Westfalen Personen, die im Monat Dezember Ruhegehalt auf Grund einer Entscheidung im Dienstordnungsverfahren (§ 5 Abs. 1 Nr. 5 in Verbindung mit § 8 des Dienstordnungsgesetzes (DOG) vom 20. März 1950 – GV NW S. 52 –) erhalten.

(2) Personen, deren Bezüge für den Monat Dezember auf Grund einer Disziplinarmaßnahme teilweise einbehalten werden oder kraft Gesetzes in voller Höhe als einbehalten gelten, erhalten die Zuwendung nur, wenn die einbehaltenen Bezüge nachzuzahlen sind.

(3) Personen, bei denen die Zahlung der Bezüge auf Grund eines Verwaltungsaktes eingestellt worden ist, erhalten die Zuwendung nicht, solange ihnen Bezüge für den Monat Dezember nur infolge der Aussetzung einer sofortigen Vollziehung oder der völligen oder teilweisen Wiederherstellung der aufschiebenden Wirkung eines Rechtsbehelfes auszuzahlen sind.

§ 6 Grundbetrag für Beamte, Richter und Soldaten

(1) Der Grundbetrag wird in Höhe der nach dem Besoldungsrecht für den Monat Dezember [1]) maßgebenden Bezüge gewährt, und zwar auch dann, wenn dem Berechtigten die Bezüge für diesen Monat nur teilweise zustehen oder in den Fällen einer Beurlaubung ohne Dienstbezüge nicht zustehen. Bezüge im Sinne des Satzes 1 sind unter Berücksichtigung des § 6 des Bundesbesoldungsgesetzes

1. bei Empfängern von Dienstbezügen das Grundgehalt, der Ortszuschlag, der örtliche Sonderzuschlag, Amts-, Stellen-, Ausgleichs- und Überleitungszulagen, Zuschüsse zum Grundgehalt für Professoren an Hochschulen, Zulagen nach §§ 71e bis g und § 71k des Gesetzes zur Regelung der Rechtsverhältnisse der unter Artikel 131 des Grundgesetzes fallenden Personen,
2. bei Empfängern von Anwärterbezügen der Anwärtergrundbetrag, der Anwärterverheiratetenzuschlag, der Anwärtersonderzuschlag, der örtliche Sonderzuschlag, Stellenzulagen und Ausgleichszulagen,
3. bei Empfängern von Ausbildungsgeld für Sanitätsoffizier-Anwärter der Grundbetrag und der Familienzuschlag,
4. Zulagen für Professoren an wissenschaftlichen Hochschulen als Richter gem. Vorbemerkung Nr. 5 zur Bundesbesoldungsordnung C, Zulagen für die Wahrnehmung eines höherwertigen Amtes nach § 46 des Bundesbesoldungsgesetzes, Zulagen für Richter als Mitglieder der Verfassungsgerichtshöfe, sowie der ruhegehaltfähige Teil der Vergütung für Beamte im Vollstreckungsdienst.

(2) Hat der Berechtigte nicht während des gesamten Kalenderjahres auf Grund einer hauptberuflichen Tätigkeit oder einer Ausbildung im Dienst eines öffentlich-rechtlichen Dienstherrn (§ 29 Abs. 1 des Bundesbesoldungsgesetzes) Bezüge oder aus einem öffentlich-rechtlichen Dienstverhältnis Versorgungsbezüge (§ 4 Abs. 2) erhalten, so vermindert sich der Grundbetrag für die Zeiten, für die ihm keine Bezüge zugestanden haben. Die Minderung beträgt für jeden vollen Monat ein Zwölftel. Dabei werden mehrere Zeiträume zusammengezählt und in diesem Falle der Monat zu dreißig Tagen gerechnet. Die Verminderung unterbleibt für die Monate des Entlassungsjah-

---

[1]) In den Kalenderjahren 1994, 1995 und 1996 werden die für den Monat Dezember 1993 geltenden Bezüge zugrunde gelegt (vgl. Art. 4 des BBVAnpG 94 vom 24. August 1994, BGBl. I S. 2229).

res, in denen Grundwehrdienst oder Zivildienst geleistet wird, wenn der Berechtigte vor dem 1. Dezember entlassen worden ist und unverzüglich in den öffentlichen Dienst zurückkehrt. Der Zahlung von Dienstbezügen steht die Zahlung von Mutterschaftsgeld nach dem Mutterschutzgesetz oder die Zeit der Gewährung eines Erziehungsurlaubs bis zur Vollendung des zwölften Lebensmonats des Kindes während eines Dienst- oder Arbeitsverhältnisses zu einem öffentlich-rechtlichen Dienstherrn gleich. Zeiten, für die ein Berechtigter eine Zuwendung nach § 1 Abs. 2 des Tarifvertrages über eine Zuwendung an Angestellte vom 12. Oktober 1973 oder entsprechenden Vorschriften erhalten hat, bleiben unberücksichtigt. Als hauptberufliche Tätigkeit gilt auch die Tätigkeit eines teilzeitbeschäftigten Beamten oder Richters (§ 6 des Bundesbesoldungsgesetzes).

§ 7 Grundbetrag für Versorgungsempfänger

Der Grundbetrag wird in Höhe der dem Berechtigten für den Monat Dezember[1]) vor Anwendung von Ruhens- und Anrechnungsvorschriften zustehenden laufenden Versorgungsbezüge (§ 4 Abs. 2 zuzüglich des Unterschiedsbetrages nach § 156 Abs. 1 des Bundesbeamtengesetzes oder entsprechenden Vorschriften) gewährt. Der Kindererziehungszuschlag nach dem Kindererziehungszuschlagsgesetz bleibt unberücksichtigt.

§ 8 Sonderbetrag für Kinder

(1) Neben dem Grundbetrag wird dem Berechtigten für jedes Kind, für das ihm im Monat Dezember Kindergeld zusteht oder ohne Berücksichtigung des § 3 oder § 8 des Bundeskindergeldgesetzes zustehen würde, ein Sonderbetrag von fünfzig Deutsche Mark gewährt. § 40 Abs. 6 des Bundesbesoldungsgesetzes findet entsprechende Anwendung. Satz 1 gilt entsprechend, wenn ein Ausgleichsbetrag nach § 50 Abs. 3 des Beamtenversorgungsgesetzes oder entsprechenden Vorschriften gewährt wird oder deshalb nicht gewährt wird, weil in der Person der Waise oder einer anderen Person Ausschlußgründe nach § 8 des Bundeskindergeldgesetzes vorliegen, eine Person vorhanden ist, die nach § 1 Abs. 1 des Bundeskindergeldgesetzes anspruchsberechtigt ist oder die Waise Anspruch auf Kindergeld nach § 1 Abs. 2 des Bundeskindergeldgesetzes hat; dies gilt nicht, wenn die Waise bereits bei anderen Personen nach Satz 1 zu berücksichtigen ist.

(2) Ist ein Sonderbetrag für ein Kind im laufenden Kalenderjahr bereits auf Grund eines Tarifvertrages oder entsprechender Vorschriften gezahlt worden, entfällt der Sonderbetrag für dasselbe Kind nach diesem Gesetz.

---

[1]) In den Kalenderjahren 1994, 1995 und 1996 werden die für den Monat Dezember 1993 geltenden Bezüge zugrunde gelegt (vgl. Art. 4 des BBVAnpG 94 vom 24. August 1994, BGBl. I S. 2229).

§ 9 Anwendung von Ruhens- und Anrechnungsvorschriften

Die Zuwendungen nach diesem Gesetz und entsprechende Zuwendungen aus einer Verwendung im öffentlichen Dienst sind bei der Anwendung von Ruhens- und Anrechnungsvorschriften im Monat Dezember zu berücksichtigen. Die bei der Anwendung von Ruhensvorschriften maßgebenden Höchstgrenzen sind für die Gewährung der Zuwendung für den Monat Dezember zu verdoppeln [1]) und um den Sonderbetrag nach § 8 zu erhöhen. Der Sonderbetrag oder ein entsprechender Betrag wird für jeden Berechtigten nur einmal gewährt.

§ 10 Stichtag

Für die Gewährung und Bemessung der Zuwendung sind die rechtlichen und tatsächlichen Verhältnisse am 1. Dezember des jeweiligen Kalenderjahres maßgebend, soweit in diesem Gesetz keine anderen Regelungen getroffen sind.

§ 11 Zahlungsweise

Die Zuwendung ist mit den laufenden Bezügen für den Monat Dezember zu zahlen.

§ 12 Zuwendungen an Empfänger von Amtsbezügen

Dieses Gesetz gilt auch für die Empfänger von Amtsbezügen des Bundes und für die Empfänger laufender Versorgungsbezüge aus diesem Personenkreis. Bei den Empfängern von Amtsbezügen des Bundes richtet sich der Grundbetrag nach dem Amtsgehalt. Für die Empfänger laufender Versorgungsbezüge aus diesem Personenkreis ist Versorgungsbezug auch das Übergangsgeld.

§ 13 Übergangsregelung

(1) Für 1964 bleiben die Rechte, die durch das Gesetz über die Gewährung von Weihnachtszuwendungen vom 16. April 1964 (Bundesgesetzbl. I S. 278) und die Verordnung zu diesem Gesetz vom 16. April 1964 (Bundesgesetzbl. I S. 281) oder durch entsprechendes Landesrecht begründet worden sind, in voller Höhe gewahrt. Zahlungen, die für 1964 auf Grund der vorgenannten Rechtsvorschriften geleistet worden sind, werden in voller Höhe auf Zahlungen nach diesem Gesetz angerechnet.

---

[1]) In den Kalenderjahren 1994, 1995 und 1996 werden im Monat Dezember die maßgebenden Höchstgrenzen nicht verdoppelt, sondern um den Betrag der Zuwendung erhöht (vgl. Art. 4 des BBVAnpG 94 vom 24. August 1994, BGBl. I S. 2229).

(2) Vom Jahre 1965 an tritt bei Versorgungsempfängern, für die Absatz 1 Satz 1 gilt, an die Stelle der Beträge nach den §§ 7 und 8 ein Betrag nach Maßgabe des § 2 des in Absatz 1 genannten Gesetzes oder des entsprechenden Landesrechts, wenn er höher ist.

§ 14 Berlin-Klausel

(gegenstandslos)

Gesetz über die Versorgung der Beamten und Richter in Bund und Ländern (Beamtenversorgungsgesetz – BeamtVG) [1]

in der Fassung der Bekanntmachung vom 24. Oktober 1990 (BGBl. I S. 2298)

zuletzt geändert durch Art. 1 BeamtVGÄndG 1993 vom 20. September 1994 (BGBl. I S. 2442)

Inhaltsübersicht

[1] Das **Beamtenversorgungsgesetz** tritt nach Anlage I Kap. XIX Sachgebiet A Abschnitt III Nr. 9 des Einigungsvertrages vom 31. August 1990 (BGBl. II 1990 S. 885/1142) in den neuen Ländern der Bundesrepublik Deutschland mit folgenden Maßgaben in Kraft:

a) Das Gesetz findet in der ab 1. Januar 1992 geltenden Fassung Anwendung.

b) Die Wartezeit des § 4 Abs. 1 kann nur durch die darin bezeichneten Zeiten ab Wirksamwerden des Beitritts erfüllt werden. Diese Übergangsregelung endet fünf Jahre nach Wirksamwerden des Beitritts.

c) §§ 69, 69a, 77 bis 82, 84 bis 106, 108 und 109 finden keine Anwendung.

Abschnitt I
Allgemeine Vorschriften

§ 1 Geltungsbereich

(1) Dieses Gesetz regelt die Versorgung der Bundesbeamten, der Beamten der Länder, der Gemeinden, der Gemeindeverbände sowie der sonstigen der Aufsicht eines Landes unterstehenden Körperschaften, Anstalten und Stiftungen des öffentlichen Rechts.

(2) Dieses Gesetz gilt nach Maßgabe des Deutschen Richtergesetzes entsprechend für die Versorgung der Richter des Bundes und der Länder.

(3) Dieses Gesetz gilt nicht für die öffentlich-rechtlichen Religionsgesellschaften und ihre Verbände.

§ 2 Arten der Versorgung

(1) Versorgungsbezüge sind

1. Ruhegehalt oder Unterhaltsbeitrag,
2. Hinterbliebenenversorgung,
3. Bezüge bei Verschollenheit,
4. Unfallfürsorge,
5. Übergangsgeld,
6. Ausgleich bei besonderen Altersgrenzen,
7. Erhöhungsbetrag nach § 14 Abs. 2,
8. Erhöhungsbetrag nach § 14 Abs. 4 Satz 3 Halbsatz 1,
9. Unterschiedsbetrag nach § 50 Abs. 1 Satz 2,
10. Ausgleichsbetrag nach § 50 Abs. 3,
11. Anpassungszuschlag nach § 71.

(2) Zur Versorgung gehören ferner die jährliche Sonderzuwendung und der Kindererziehungszuschlag.

§ 3 Regelung durch Gesetz

(1) Die Versorgung der Beamten und ihrer Hinterbliebenen wird durch Gesetz geregelt.

(2) Zusicherungen, Vereinbarungen und Vergleiche, die dem Beamten eine höhere als die ihm gesetzlich zustehende Versorgung verschaffen sollen, sind unwirksam. Das gleiche gilt für Versicherungsverträge, die zu diesem Zweck abgeschlossen werden.

(3) Auf die gesetzlich zustehende Versorgung kann weder ganz noch teilweise verzichtet werden.

Abschnitt II
Ruhegehalt, Unterhaltsbeitrag

§ 4 Entstehen und Berechnung des Ruhegehaltes

(1) Ein Ruhegehalt wird nur gewährt, wenn der Beamte

1. eine Dienstzeit von mindestens fünf Jahren abgeleistet hat oder
2. infolge Krankheit, Verwundung oder sonstiger Beschädigung, die er sich ohne grobes Verschulden bei Ausübung oder aus Veranlassung des Dienstes zugezogen hat, dienstunfähig geworden ist oder
3. in den einstweiligen Ruhestand versetzt worden ist oder als in den einstweiligen Ruhestand versetzter Beamter als dauernd in den Ruhestand versetzt gilt.

Die Dienstzeit wird vom Zeitpunkt der ersten Berufung in das Beamtenverhältnis ab gerechnet und nur berücksichtigt, soweit sie ruhegehaltfähig ist. Zeiten, die kraft gesetzlicher Vorschrift als ruhegehaltfähig gelten oder nach § 10 als ruhegehaltfähige Dienstzeit berücksichtigt werden, sind einzurechnen; die Einschränkung des § 10 Abs. 2 gilt nicht. Satz 3 gilt nicht für Zeiten, die der Beamte vor dem 3. Oktober 1990 im Beitrittsgebiet zurückgelegt hat.

(2) Der Anspruch auf Ruhegehalt entsteht mit dem Beginn des Ruhestandes, in den Fällen des § 4 des Bundesbesoldungsgesetzes nach Ablauf der Zeit, für die Dienstbezüge gewährt werden.

(3) Das Ruhegehalt wird auf der Grundlage der ruhegehaltfähigen Dienstbezüge und der ruhegehaltfähigen Dienstzeit berechnet.

§ 5 Ruhegehaltfähige Dienstbezüge

(1) Ruhegehaltfähige Dienstbezüge sind

1. das Grundgehalt, das dem Beamten nach dem Besoldungsrecht zuletzt zugestanden hat, oder die diesem entsprechenden Dienstbezüge,
2. der Ortszuschlag (§ 50 Abs. 1) bis zur Stufe 2,
3. sonstige Dienstbezüge, die im Besoldungsrecht als ruhegehaltfähig bezeichnet sind.

Bei einer Teilzeitbeschäftigung nach § 72 a oder § 72b des Bundesbeamtengesetzes oder einer Ermäßigung der Arbeitszeit nach § 79 a Abs. 1 Nr. 1, § 89 a Abs. 2 Nr. 1 des Bundesbeamtengesetzes oder dem entsprechenden Landesrecht gelten als ruhegehaltfähige Dienstbezüge die dem letzten Amt entsprechenden vollen ruhegehaltfähigen Dienstbezüge.

(2) Ist der Beamte wegen Dienstunfähigkeit in den Ruhestand getreten, so ist das Grundgehalt der nach Absatz 1 Satz 1 Nr. 1, Absatz 3 oder Absatz 5 maßgebenden Besoldungsgruppe nach der Dienstal-

tersstufe zugrunde zu legen, die er bis zum Eintritt in den Ruhestand wegen Erreichens der Altersgrenze hätte erreichen können.

(3) Ist ein Beamter aus einem Amt in den Ruhestand getreten, das nicht der Eingangsbesoldungsgruppe seiner Laufbahn angehört, und hat er die Dienstbezüge dieses Amtes vor dem Eintritt in den Ruhestand [1]) nicht mindestens zwei Jahre erhalten, so sind ruhegehaltfähig nur die Bezüge des vorher bekleideten Amtes. Hat der Beamte vorher ein Amt nicht bekleidet, so setzt die oberste Dienstbehörde im Einvernehmen mit dem für das Beamtenversorgungsrecht zuständigen Minister oder mit der von diesem bestimmten Behörde die ruhegehaltfähigen Dienstbezüge bis zur Höhe der ruhegehaltfähigen Dienstbezüge der nächstniedrigeren Besoldungsgruppe fest; die Länder können andere Zuständigkeiten bestimmen. Zeiten, in denen der Beamte ein seinem letzten Amt mindestens gleichwertiges Amt bei einem öffentlich-rechtlichen Dienstherrn im Reichsgebiet bekleidet hat, sind in die Zweijahresfrist einzurechnen. Das gleiche gilt für die Zeit, in der der Beamte vor der Amtsübertragung die höherwertigen Funktionen des ihm erst später übertragenen Amtes tatsächlich wahrgenommen hat, und für die Zeit einer innerhalb der Zweijahresfrist liegenden Beurlaubung ohne Dienstbezüge, soweit sie als ruhegehaltfähig berücksichtigt worden ist.

(4) Absatz 3 gilt nicht, wenn der Beamte vor Ablauf der Frist infolge von Krankheit, Verwundung oder sonstiger Beschädigung, die er sich ohne grobes Verschulden bei Ausübung oder aus Veranlassung des Dienstes zugezogen hat, in den Ruhestand getreten ist. Absatz 3 gilt auch nicht, wenn der Beamte infolge der Schaffung eines neuen Beförderungsamtes durch Gesetz in eine dafür neu ausgebrachte oder gehobene, erstmals besetzbare Planstelle eingewiesen worden ist.

(5) Das Ruhegehalt eines Beamten, der früher ein mit höheren Dienstbezügen verbundenes Amt bekleidet und diese Bezüge mindestens zwei Jahre erhalten hat, wird, sofern der Beamte in ein mit geringeren Dienstbezügen verbundenes Amt nicht lediglich auf seinen im eigenen Interesse gestellten Antrag übergetreten ist, nach den höheren ruhegehaltfähigen Dienstbezügen des früheren Amtes und der gesamten ruhegehaltfähigen Dienstzeit berechnet. Absatz 3 Satz 4 und Absatz 4 gelten entsprechend. Das Ruhegehalt darf jedoch die ruhegehaltfähigen Dienstbezüge des letzten Amtes nicht übersteigen.

§ 6 Regelmäßige ruhegehaltfähige Dienstzeit

(1) Ruhegehaltfähig ist die Dienstzeit, die der Beamte vom Tage seiner ersten Berufung in das Beamtenverhältnis an im Dienst eines

---

[1]) *Die Änderung gilt nicht für die am 1. Januar 1986 vorhandenen Versorgungsempfänger (Art. 5 Abs. 4 des Vierten Gesetzes zur Änderung besoldungsrechtlicher Vorschriften).*

öffentlich-rechtlichen Dienstherrn im Reichsgebiet im Beamtenverhältnis zurückgelegt hat. Dies gilt nicht für die Zeit

1. vor Vollendung des siebzehnten Lebensjahres,
2. in einem Amt, das die Arbeitskraft des Beamten nur nebenbei beansprucht,
3. einer Tätigkeit als Beamter, der ohne Ruhegehaltsberechtigung nur Gebühren bezieht, soweit sie nicht nach § 11 Abs. 1 Nr. 1 Buchstabe a berücksichtigt wird,
4. einer ehrenamtlichen Tätigkeit,
5. einer Beurlaubung ohne Dienstbezüge; die Zeit einer Beurlaubung ohne Dienstbezüge kann berücksichtigt werden, wenn spätestens bei Beendigung des Urlaubs schriftlich zugestanden worden ist, daß dieser öffentlichen Belangen oder dienstlichen Interessen dient,
6. eines schuldhaften Fernbleibens vom Dienst unter Verlust der Dienstbezüge,
7. für die eine Abfindung aus öffentlichen Mitteln gewährt ist.

Dienstzeiten nach § 72 a, § 72b, § 79 a Abs. 1 Nr. 1, § 89 a Abs. 2 Nr. 1 des Bundesbeamtengesetzes oder dem entsprechenden Landesrecht sind nur zu dem Teil ruhegehaltfähig, der dem Verhältnis der ermäßigten zur regelmäßigen Arbeitszeit entspricht.

(2) Nicht ruhegehaltfähig sind Dienstzeiten

1. in einem Beamtenverhältnis, das durch eine Entscheidung der in § 48 des Bundesbeamtengesetzes bezeichneten Art oder durch Disziplinarurteil beendet worden ist,
2. in einem Beamtenverhältnis auf Probe oder auf Widerruf, wenn der Beamte entlassen worden ist, weil er eine Handlung begangen hat, die bei einem Beamten auf Lebenszeit eine Disziplinarmaßnahme zur Folge hätte, die nur im förmlichen Disziplinarverfahren verhängt werden kann,
3. in einem Beamtenverhältnis, das durch Entlassung auf Antrag des Beamten beendet worden ist,
   a) wenn ihm ein Verfahren mit der Folge des Verlustes der Beamtenrechte oder der Entfernung aus dem Dienst drohte oder
   b) wenn der Beamte den Antrag gestellt hat, um einer drohenden Entlassung nach Nummer 2 zuvorzukommen.

Die oberste Dienstbehörde kann Ausnahmen zulassen; die Länder können andere Zuständigkeiten bestimmen.

(3) Der im Beamtenverhältnis zurückgelegten Dienstzeit stehen gleich

1. die im Richterverhältnis zurückgelegte Dienstzeit,
2. die nach dem 8. Mai 1945 zurückgelegte Zeit als Mitglied der Bundesregierung oder einer Landesregierung,

3. die Zeit der Bekleidung des Amtes eines parlamentarischen Staatssekretärs bei einem Mitglied der Bundesregierung nach dem 14. Dezember 1972 oder bei einem Mitglied einer Landesregierung, soweit entsprechende Voraussetzungen vorliegen,
4. die im öffentlichen Dienst einer zwischenstaatlichen oder überstaatlichen Einrichtung zurückgelegte Dienstzeit; Absatz 1 Satz 2 Nr. 7 findet keine Anwendung.

§ 7 Erhöhung der ruhegehaltfähigen Dienstzeit

Die ruhegehaltfähige Dienstzeit nach § 6 erhöht sich um die Zeit, die

1. ein Ruhestandsbeamter
   a) in einer seine Arbeitskraft voll beanspruchenden entgeltlichen Beschäftigung als Beamter, Richter, Berufssoldat oder in einem Amt im Sinne des § 6 Abs. 3 Nr. 2 und 3 zurückgelegt hat, ohne einen neuen Versorgungsanspruch zu erlangen,
   b) in einer Tätigkeit im Sinne des § 6 Abs. 3 Nr. 4 zurückgelegt hat,
2. im einstweiligen Ruhestand zurückgelegt worden ist, bis zu fünf Jahren.
3. (aufgehoben)

§ 6 Abs. 1 Satz 2 Nr. 5 und 6 und Abs. 2 gilt entsprechend, für die Anwendung des Satzes 1 Nr. 1 Buchstabe a außerdem § 6 Abs. 1 Satz 2 Nr. 7.

§ 8 Berufsmäßiger Wehrdienst und vergleichbare Zeiten

(1) Als ruhegehaltfähig gilt die Dienstzeit, in der ein Beamter nach Vollendung des siebzehnten Lebensjahres vor der Berufung in das Beamtenverhältnis

1. berufsmäßig im Dienst der Bundeswehr, der Nationalen Volksarmee der ehemaligen Deutschen Demokratischen Republik, der früheren Wehrmacht, im früheren Reichsarbeitsdienst oder im Vollzugsdienst der Polizei gestanden hat oder
2. als Inhaber eines Versorgungsscheins oder als Militäranwärter oder als Anwärter des früheren Reichsarbeitsdienstes im Dienst eines öffentlich-rechtlichen Dienstherrn im Reichsgebiet voll beschäftigt gewesen ist.

(2) § 6 Abs. 1 Satz 2 Nr. 5 bis 7 und Abs. 2 gelten entsprechend.

§ 9 Nichtberufsmäßiger Wehrdienst, Kriegsgefangenschaft und vergleichbare Zeiten

(1) Als ruhegehaltfähig gilt die Zeit, während der ein Beamter nach Vollendung des siebzehnten Lebensjahres vor der Berufung in das Beamtenverhältnis

1. nichtberufsmäßigen Wehrdienst, Reichsarbeitsdienst oder Polizeivollzugsdienst geleistet hat oder

2. sich in Kriegsgefangenschaft oder sich in ursächlichem Zusammenhang mit den Kriegsereignissen mindestens bis zum 31. Dezember 1947 in einer Internierung oder sich insgesamt länger als drei Monate in einem Gewahrsam (§ 1 Abs. 1 Nr. 1 in Verbindung mit § 9 des Häftlingshilfegesetzes in der bis zum 28. Dezember 1991 geltenden Fassung) befunden hat oder
3. sich auf Grund einer Krankheit oder Verwundung als Folge eines Dienstes im Sinne des § 8 Abs. 1 Nr. 1 oder der vorstehenden Nummer 1 oder einer Kriegsgefangenschaft, einer Internierung oder eines Gewahrsams (Nummer 2) im Anschluß an die Entlassung arbeitsunfähig in einer Heilbehandlung befunden hat.

(2) Die Zeit, während der ein Beamter sich nach Vollendung des siebzehnten Lebensjahres vor der Berufung in das Beamtenverhältnis auf Grund einer Krankheit oder Verwundung als Folge eines kriegsbedingten Notdienstes ohne Begründung eines einem Arbeitsvertrag entsprechenden Beschäftigungsverhältnisses im Anschluß an die Entlassung länger als sechs Monate arbeitsunfähig in einer Heilbehandlung befunden hat, kann als ruhegehaltfähige Dienstzeit berücksichtigt werden.

(3) § 6 Abs. 1 Satz 2 Nr. 2, 5 bis 7 und Abs. 2 gelten entsprechend.

§ 10 Zeiten im privatrechtlichen Arbeitsverhältnis im öffentlichen Dienst

Als ruhegehaltfähig sollen auch folgende Zeiten berücksichtigt werden, in denen ein Beamter nach Vollendung des siebzehnten Lebensjahres vor der Berufung in das Beamtenverhältnis im privatrechtlichen Arbeitsverhältnis im Dienst eines öffentlich-rechtlichen Dienstherrn im Reichsgebiet ohne von dem Beamten zu vertretende Unterbrechung tätig war, sofern diese Tätigkeit zu seiner Ernennung geführt hat:

1. Zeiten einer hauptberuflichen in der Regel einem Beamten obliegenden oder später einem Beamten übertragenen entgeltlichen Beschäftigung oder
2. Zeiten einer für die Laufbahn des Beamten förderlichen oder nach Annahme für die Laufbahn ausgeübten handwerksmäßigen, technischen oder sonstigen fachlichen Tätigkeit.

Der Tätigkeit im Dienst eines öffentlich-rechtlichen Dienstherrn steht die Tätigkeit im Dienst von Einrichtungen gleich, die von mehreren der im Satz 1 bezeichneten Dienstherren durch Staatsvertrag oder Verwaltungsabkommen zur Erfüllung oder Koordinierung ihnen obliegender hoheitsrechtlicher Aufgaben geschaffen worden sind. Zeiten mit einer geringeren als der regelmäßigen Arbeitszeit dürfen nur zu dem Teil als ruhegehaltfähig berücksichtigt werden, der dem Verhältnis der tatsächlichen zur regelmäßigen Arbeitszeit entspricht.

§ 11 Sonstige Zeiten

(1) Die Zeit, während der ein Beamter nach Vollendung des siebzehnten Lebensjahres vor der Berufung in das Beamtenverhältnis

1. a) als Rechtsanwalt oder Verwaltungsrechtsrat oder als Beamter oder Notar, der ohne Ruhegehaltsberechtigung nur Gebühren bezieht, oder
   b) hauptberuflich im Dienst öffentlich-rechtlicher Religionsgesellschaften oder ihrer Verbände (Artikel 140 des Grundgesetzes) oder im öffentlichen oder nichtöffentlichen Schuldienst oder
   c) hauptberuflich im Dienst der Fraktionen des Bundestages oder der Landtage oder kommunaler Vertretungskörperschaften oder
   d) hauptberuflich im Dienst von kommunalen Spitzenverbänden oder ihren Landesverbänden sowie von Spitzenverbänden der Sozialversicherung oder ihren Landesverbänden

   tätig gewesen ist oder
2. hauptberuflich im ausländischen öffentlichen Dienst gestanden hat oder
3. a) auf wissenschaftlichem, künstlerischem, technischem oder wirtschaftlichem Gebiet besondere Fachkenntnisse erworben hat, die die notwendige Voraussetzung für die Wahrnehmung seines Amtes bilden, oder
   b) als Entwicklungshelfer im Sinne des Entwicklungshelfergesetzes tätig gewesen ist,

kann als ruhegehaltfähige Dienstzeit berücksichtigt werden, die Zeit nach Nummer 1 Buchstabe a und Nummer 3 jedoch höchstens bis zur Hälfte und in der Regel nicht über zehn Jahre hinaus.

(2) (aufgehoben)

§ 12 Ausbildungszeiten

(1) Die nach Vollendung des siebzehnten Lebensjahres verbrachte Mindestzeit

1. der außer der allgemeinen Schulbildung vorgeschriebenen Ausbildung (Fachschul-, Hochschul- und praktische Ausbildung, Vorbereitungsdienst, übliche Prüfungszeit),
2. einer praktischen hauptberuflichen Tätigkeit, die für die Übernahme in das Beamtenverhältnis vorgeschrieben ist,

kann als ruhegehaltfähige Dienstzeit berücksichtigt werden. Wird die allgemeine Schulbildung durch eine andere Art der Ausbildung ersetzt, so steht diese der Schulbildung gleich.

(2) Für Beamte des Vollzugsdienstes und des Einsatzdienstes der Feuerwehr können Zeiten einer praktischen Ausbildung und einer praktischen hauptberuflichen Tätigkeit anstelle einer Berücksichti-

gung nach Absatz 1 bis zu einer Gesamtzeit von fünf Jahren als ruhegehaltfähige Dienstzeit berücksichtigt werden, wenn sie für die Wahrnehmung des Amtes förderlich sind. Absatz 1 Satz 2 gilt entsprechend.

(3) Hat der Beamte sein Studium nach der Festsetzung von Regelstudienzeiten in dem jeweiligen Studiengang begonnen, kann die tatsächliche Studiendauer nur insoweit berücksichtigt werden, als die Regelstudienzeit einschließlich der Prüfungszeit nicht überschritten ist.

(4) Bei anderen als Laufbahnbewerbern können Zeiten nach Absatz 1 als ruhegehaltfähig berücksichtigt werden, wenn und soweit sie für Laufbahnbewerber vorgeschrieben sind. Ist eine Laufbahn der Fachrichtung des Beamten bei einem Dienstherrn noch nicht gestaltet, so gilt das gleiche für solche Zeiten, die bei Gestaltung der Laufbahn mindestens vorgeschrieben werden müssen.

§ 12a Nicht zu berücksichtigende Zeiten

Zeiten, die nach § 30 des Bundesbesoldungsgesetzes für das Besoldungsdienstalter nicht berücksichtigt werden, sind nicht ruhegehaltfähig.

§ 12b Zeiten im Beitrittsgebiet

(1) Wehrdienstzeiten und vergleichbare Zeiten nach §§ 8 und 9, Beschäftigungszeiten nach § 10 und sonstige Zeiten nach §§ 11, 66 Abs. 7 und § 67 Abs. 2, die der Beamte vor dem 3. Oktober 1990 im Beitrittsgebiet zurückgelegt hat, werden nicht als ruhegehaltfähige Dienstzeit berücksichtigt, sofern die allgemeine Wartezeit für die gesetzliche Rentenversicherung erfüllt ist und diese Zeiten als rentenrechtliche Zeiten berücksichtigungsfähig sind; Ausbildungszeiten nach §§ 12, 66 Abs. 7 sind nicht ruhegehaltfähig, soweit die allgemeine Wartezeit für die gesetzliche Rentenversicherung erfüllt ist. Rentenrechtliche Zeiten sind auch solche im Sinne des Artikels 2 des Renten-Überleitungsgesetzes.

(2) Sofern die allgemeine Wartezeit für die gesetzliche Rentenversicherung nicht erfüllt ist, können die in Absatz 1 genannten Zeiten im Rahmen der dort genannten Vorschriften insgesamt höchstens bis zu fünf Jahren als ruhegehaltfähig berücksichtigt werden.

§ 13 Zurechnungszeit und Zeit gesundheitsschädigender Verwendung

(1) Ist der Beamte vor Vollendung des sechzigsten Lebensjahres wegen Dienstunfähigkeit in den Ruhestand getreten, wird die Zeit vom Eintritt in den Ruhestand bis zum Ablauf des Monats der Vollendung des sechzigsten Lebensjahres, soweit diese nicht nach anderen Vorschriften als ruhegehaltfähig berücksichtigt wird, für die

Berechnung des Ruhegehaltes der ruhegehaltfähigen Dienstzeit zu zwei Dritteln hinzugerechnet (Zurechnungszeit). Ist der Beamte nach § 45 des Bundesbeamtengesetzes oder dem entsprechenden Landesrecht erneut in das Beamtenverhältnis berufen worden, so wird eine der Berechnung des früheren Ruhegehaltes zugrunde gelegene Zurechnungszeit insoweit berücksichtigt, als die Zahl der dem neuen Ruhegehalt zugrunde liegenden Dienstjahre hinter der Zahl der dem früheren Ruhegehalt zugrunde gelegenen Dienstjahre zurückbleibt.

(2) Die Zeit der Verwendung eines Beamten in Ländern, in denen er gesundheitsschädigenden klimatischen Einflüssen ausgesetzt ist, kann, soweit sie nach Vollendung des siebzehnten Lebensjahres liegt, bis zum Doppelten als ruhegehaltfähige Dienstzeit berücksichtigt werden, wenn sie ununterbrochen mindestens ein Jahr gedauert hat. Entsprechendes gilt für einen beurlaubten Beamten, dessen Tätigkeit in den in Satz 1 genannten Gebieten öffentlichen Belangen oder dienstlichen Interessen diente, wenn dies spätestens bei Beendigung des Urlaubs anerkannt worden ist.

(3) Sind sowohl die Voraussetzungen des Absatzes 1 als auch die Voraussetzungen des Absatzes 2 erfüllt, findet nur die für den Beamten günstigere Vorschrift Anwendung.

§ 14 Höhe des Ruhegehaltes

(1) Das Ruhegehalt beträgt für jedes Jahr ruhegehaltfähiger Dienstzeit 1,875 vom Hundert der ruhegehaltfähigen Dienstbezüge (§ 5), insgesamt jedoch höchstens fünfundsiebzig vom Hundert. Der Ruhegehaltssatz ist auf zwei Dezimalstellen auszurechnen, wobei die zweite Stelle um eins zu erhöhen ist, wenn in der dritten Stelle ein Rest verbleibt. Zur Ermittlung der gesamten ruhegehaltfähigen Dienstjahre sind etwa anfallende Tage unter Benutzung des Nenners dreihundertfünfundsechzig umzurechnen; Satz 2 gilt entsprechend.

(2) Das Ruhegehalt erhöht sich um 17,30 Deutsche Mark, wenn seiner Berechnung ein Ortszuschlag der Stufe 2 zugrunde liegt; § 40 Abs. 5 des Bundesbesoldungsgesetzes gilt entsprechend.

(3) Das Ruhegehalt vermindert sich um 3,6 vom Hundert für jedes Jahr, um das der Beamte vor der Vollendung des fünfundsechzigsten Lebensjahres nach § 42 Abs. 4 Satz 1 Nr. 2 des Bundesbeamtengesetzes oder entsprechenden landesrechtlichen Vorschriften in den Ruhestand versetzt wird. Absatz 1 Satz 2 und 3 gilt entsprechend.

(4) Das Ruhegehalt beträgt mindestens fünfunddreißig vom Hundert der ruhegehaltfähigen Dienstbezüge (§ 5) zuzüglich eines Betrages nach Absatz 2. An die Stelle des Ruhegehaltes nach Satz 1 treten, wenn dies günstiger ist, fünfundsechzig vom Hundert der jeweils ruhegehaltfähigen Dienstbezüge aus der Endstufe der Besoldungsgruppe A 4 zuzüglich eines Betrages nach Absatz 2. Die Mindestversorgung nach Satz 2 erhöht sich um sechzig Deutsche Mark für den

Ruhestandsbeamten und die Witwe; der Erhöhungsbetrag bleibt bei einer Kürzung nach § 25 außer Betracht.

(5) Übersteigt beim Zusammentreffen von Mindestversorgung mit einer Rente nach Anwendung des § 55 die Versorgung das nach Absatz 1 erdiente Ruhegehalt, so ruht die Versorgung bis zur Höhe des Unterschieds zwischen dem erdienten Ruhegehalt und der Mindestversorgung; in den von § 85 erfaßten Fällen gilt das nach dieser Vorschrift maßgebliche Ruhegehalt als erdient. Erhöhungsbeträge nach Absatz 2 und Absatz 4 Satz 3 sowie der Unterschiedsbetrag nach § 50 Abs. 1 bleiben bei der Berechnung außer Betracht. Die Summe aus Versorgung und Rente darf nicht hinter dem Betrag der Mindestversorgung zuzüglich des Unterschiedsbetrages nach § 50 Abs. 1 zurückbleiben. Zahlbar bleibt mindestens das erdiente Ruhegehalt zuzüglich des Unterschiedsbetrages nach § 50 Abs. 1. Die Sätze 1 bis 4 gelten entsprechend für Witwen und Waisen.

(6) Bei einem in den einstweiligen Ruhestand versetzten Beamten beträgt das Ruhegehalt während der ersten fünf Jahre des einstweiligen Ruhestandes fünfundsiebzig vom Hundert der ruhegehaltfähigen Dienstbezüge aus der Endstufe der Besoldungsgruppe, in der sich der Beamte zur Zeit seiner Versetzung in den einstweiligen Ruhestand befunden hat, zuzüglich eines Betrages nach Absatz 2. Das Ruhegehalt darf die Dienstbezüge, die dem Beamten in diesem Zeitpunkt zustanden, nicht übersteigen.

§ 14a Vorübergehende Erhöhung des Ruhegehaltssatzes

(1) Der nach den sonstigen Vorschriften berechnete Ruhegehaltssatz erhöht sich vorübergehend, wenn der Beamte vor der Vollendung des fünfundsechzigsten Lebensjahres in den Ruhestand getreten ist und er

1. bis zum Beginn des Ruhestandes die Wartezeit von sechzig Kalendermonaten für eine Rente der gesetzlichen Rentenversicherung erfüllt hat,
2. a) dienstunfähig im Sinne des § 42 Abs. 1 des Bundesbeamtengesetzes oder entsprechendem Landesrecht ist oder
   b) wegen Erreichens einer besonderen Altersgrenze in den Ruhestand getreten ist und das sechzigste Lebensjahr vollendet hat,
3. einen Ruhegehaltssatz von siebzig vom Hundert noch nicht erreicht hat und
4. keine Einkünfte im Sinne des § 53a Abs. 6 bezieht. Die Einkünfte bleiben außer Betracht, soweit sie durchschnittlich im Monat den Betrag in Höhe eines Siebtels der monatlichen Bezugsgröße (§ 18 des Vierten Buches Sozialgesetzbuch) nicht überschreiten.

(2) Die Erhöhung des Ruhegehaltssatzes beträgt eins vom Hundert der ruhegehaltfähigen Dienstbezüge für je zwölf Kalendermonate

der für die Erfüllung der Wartezeit (Absatz 1 Nr. 1) anrechnungsfähigen Pflichtversicherungszeiten, soweit sie nach Vollendung des siebzehnten Lebensjahres bis zum Beginn des Ruhestandes zurückgelegt wurden und nicht als ruhegehaltfähig berücksichtigt sind. Der hiernach berechnete Ruhegehaltssatz darf siebzig vom Hundert nicht überschreiten. In den Fällen des § 14 Abs. 3 ist das Ruhegehalt, das sich nach Anwendung der Sätze 1 und 2 ergibt, entsprechend zu vermindern.

(3) Die Erhöhung fällt spätestens mit Ablauf des Monats weg, in dem der Ruhestandsbeamte das fünfundsechzigste Lebensjahr vollendet. Sie endet vorher, wenn der Ruhestandsbeamte

1. eine Versichertenrente der gesetzlichen Rentenversicherung bezieht, mit Ablauf des Tages vor dem Beginn der Rente, oder
2. in den Fällen des Absatzes 1 Nr. 2 Buchstabe a nicht mehr dienstunfähig ist, mit Ablauf des Monats, in dem ihm der Wegfall der Erhöhung mitgeteilt wird, oder
3. ein Erwerbseinkommen bezieht, mit Ablauf des Tages vor dem Beginn der Erwerbstätigkeit.

§ 35 Abs. 3 Satz 2 gilt sinngemäß.

(4) Die Erhöhung des Ruhegehaltssatzes wird auf Antrag vorgenommen. Wird der Antrag nach dem Eintritt des Beamten in den Ruhestand gestellt, so tritt die Erhöhung vom Beginn des Antragsmonats an ein.

§ 15 Unterhaltsbeitrag für entlassene Beamte auf Lebenszeit und auf Probe

(1) Einem Beamten auf Lebenszeit, der vor Ableistung einer Dienstzeit von fünf Jahren (§ 4 Abs. 1 Nr. 1) wegen Dienstunfähigkeit oder Erreichens der Altersgrenze nach § 35 Satz 2 des Bundesbeamtengesetzes oder entsprechendem Landesbeamtenrecht entlassen ist, kann ein Unterhaltsbeitrag bis zur Höhe des Ruhegehaltes bewilligt werden.

(2) Das gleiche gilt für einen Beamten auf Probe, der wegen Dienstunfähigkeit oder wegen Erreichens der Altersgrenze entlassen ist (§ 31 Abs. 1 Nr. 3, Abs. 5 des Bundesbeamtengesetzes oder entsprechendes Landesrecht).

Abschnitt III
Hinterbliebenenversorgung

§ 16 Allgemeines

Die Hinterbliebenenversorgung (§§ 17 bis 28) umfaßt

1. Bezüge für den Sterbemonat,
2. Sterbegeld,

3. Witwengeld,
4. Witwenabfindung,
5. Waisengeld,
6. Unterhaltsbeiträge,
7. Witwerversorgung.

§ 17 Bezüge für den Sterbemonat

(1) Den Erben eines verstorbenen Beamten, Ruhestandsbeamten oder entlassenen Beamten verbleiben für den Sterbemonat die Bezüge des Verstorbenen. Dies gilt auch für eine für den Sterbemonat gewährte Aufwandsentschädigung.

(2) Die an den Verstorbenen noch nicht gezahlten Teile der Bezüge für den Sterbemonat können statt an die Erben auch an die in § 18 Abs. 1 bezeichneten Hinterbliebenen gezahlt werden.

§ 18 Sterbegeld

(1) Beim Tode eines Beamten mit Dienstbezügen oder eines Beamten auf Widerruf im Vorbereitungsdienst erhalten der überlebende Ehegatte und die Abkömmlinge des Beamten Sterbegeld. Das Sterbegeld ist in Höhe des Zweifachen der Dienstbezüge oder der Anwärterbezüge des Verstorbenen ausschließlich der Auslandskinderzuschläge und der Vergütungen in einer Summe zu zahlen; § 5 Abs. 1 Satz 2 gilt entsprechend. Die Sätze 1 und 2 gelten entsprechend beim Tode eines Ruhestandsbeamten oder eines entlassenen Beamten, der im Sterbemonat einen Unterhaltsbeitrag erhalten hat; an die Stelle der Dienstbezüge tritt das Ruhegehalt oder der Unterhaltsbeitrag zuzüglich des Unterschiedsbetrages nach § 50 Abs. 1.

(2) Sind Anspruchsberechtigte im Sinne des Absatzes 1 nicht vorhanden, so ist Sterbegeld auf Antrag zu gewähren
1. Verwandten der aufsteigenden Linie, Geschwistern, Geschwisterkindern sowie Stiefkindern, wenn sie zur Zeit des Todes des Beamten mit diesem in häuslicher Gemeinschaft gelebt haben oder wenn der Verstorbene ganz oder überwiegend ihr Ernährer gewesen ist,
2. sonstigen Personen, die die Kosten der letzten Krankheit oder der Bestattung getragen haben, bis zur Höhe ihrer Aufwendungen.

(3) Stirbt eine Witwe oder eine frühere Ehefrau eines Beamten, der im Zeitpunkt des Todes Witwengeld oder ein Unterhaltsbeitrag zustand, so erhalten die in Absatz 1 genannten Kinder Sterbegeld, wenn sie berechtigt sind, Waisengeld oder einen Unterhaltsbeitrag zu beziehen und wenn sie zur Zeit des Todes zur häuslichen Gemeinschaft der Verstorbenen gehört haben. Absatz 1 Satz 2 erster Halbsatz gilt entsprechend mit der Maßgabe, daß an die Stelle der Dienstbezüge das Witwengeld oder der Unterhaltsbeitrag tritt.

(4) Sind mehrere gleichberechtigte Personen vorhanden, so ist für die Bestimmung des Zahlungsempfängers die Reihenfolge der Aufzählung in den Absätzen 1 und 2 maßgebend; bei Vorliegen eines wichtigen Grundes kann von dieser Reihenfolge abgewichen oder das Sterbegeld aufgeteilt werden.

§ 19 Witwengeld

(1) Die Witwe eines Beamten auf Lebenszeit oder eines Ruhestandsbeamten erhält Witwengeld. Dies gilt nicht, wenn

1. die Ehe mit dem Verstorbenen weniger als 3 Monate gedauert hat, es sei denn, daß nach den besonderen Umständen des Falles die Annahme nicht gerechtfertigt ist, daß es der alleinige oder überwiegende Zweck der Heirat war, der Witwe eine Versorgung zu verschaffen, oder
2. die Ehe erst nach dem Eintritt des Beamten in den Ruhestand geschlossen worden ist und der Ruhestandsbeamte zur Zeit der Eheschließung das fünfundsechzigste Lebensjahr bereits vollendet hatte.

(2) Absatz 1 gilt auch für die Witwe eines Beamten auf Probe, der an den Folgen einer Dienstbeschädigung (§ 46 Abs. 1 des Bundesbeamtengesetzes oder entsprechendes Landesrecht) verstorben ist oder dem die Entscheidung nach § 46 Abs. 2 des Bundesbeamtengesetzes oder dem entsprechenden Landesrecht zugestellt war.

§ 20 Höhe des Witwengeldes

(1) Das Witwengeld beträgt sechzig vom Hundert des Ruhegehaltes, das der Verstorbene erhalten hat oder hätte erhalten können, wenn er am Todestage in den Ruhestand getreten wäre. § 14 Abs. 5 und § 14a finden keine Anwendung. Änderungen des Mindestruhegehaltes (§ 14 Abs. 4) sind zu berücksichtigen.

(2) War die Witwe mehr als zwanzig Jahre jünger als der Verstorbene und ist aus der Ehe ein Kind nicht hervorgegangen, so wird das Witwengeld (Absatz 1) für jedes angefangene Jahr des Altersunterschiedes über zwanzig Jahre um fünf vom Hundert gekürzt, jedoch höchstens um fünfzig vom Hundert. Nach fünfjähriger Dauer der Ehe werden für jedes angefangene Jahr ihrer weiteren Dauer dem gekürzten Betrag fünf vom Hundert des Witwengeldes hinzugesetzt, bis der volle Betrag wieder erreicht ist. Das nach Satz 1 errechnete Witwengeld darf nicht hinter dem Mindestwitwengeld (Absatz 1 in Verbindung mit § 14 Abs. 4) zurückbleiben.

(3) Von dem nach Absatz 2 gekürzten Witwengeld ist auch bei der Anwendung des § 25 auszugehen.

§ 21 Witwenabfindung

(1) Eine Witwe, die Anspruch auf Witwengeld oder auf einen Unterhaltsbeitrag hat, erhält im Falle einer Wiederverheiratung eine Witwenabfindung.

(2) Die Witwenabfindung beträgt das Vierundzwanzigfache des für den Monat, in dem sich die Witwe wiederverheiratet, nach Anwendung der Anrechnungs-, Kürzungs- und Ruhensvorschriften zu zahlenden Betrages des Witwengeldes oder Unterhaltsbeitrages; eine Kürzung nach § 25 und die Anwendung der §§ 53 und 54 Abs. 1 Nr. 3 bleiben jedoch außer Betracht. Die Abfindung ist in einer Summe zu zahlen.

(3) Lebt der Anspruch auf Witwengeld oder auf Unterhaltsbeitrag nach § 61 Abs. 3 wieder auf, so ist die Witwenabfindung, soweit sie für eine Zeit berechnet ist, die nach dem Wiederaufleben des Anspruchs auf Witwengeld oder Unterhaltsbeitrag liegt, in angemessenen monatlichen Teilbeträgen einzubehalten.

§ 22 Unterhaltsbeitrag für nicht witwengeldberechtigte Witwen und frühere Ehefrauen

(1) In den Fällen des § 19 Abs. 1 Satz 2 Nr. 2 ist, sofern die besonderen Umstände des Falles keine volle oder teilweise Versagung rechtfertigen, ein Unterhaltsbeitrag in Höhe des Witwengeldes zu gewähren. Erwerbseinkommen und Erwerbsersatzeinkommen sind in angemessenem Umfang anzurechnen.

(2) Der geschiedenen Ehefrau eines verstorbenen Beamten oder Ruhestandsbeamten, die im Falle des Fortbestehens der Ehe Witwengeld erhalten hätte, ist auf Antrag ein Unterhaltsbeitrag insoweit zu gewähren, als sie im Zeitpunkt des Todes des Beamten oder Ruhestandsbeamten gegen diesen einen Anspruch auf schuldrechtlichen Versorgungsausgleich nach § 1587f Nr. 2 des Bürgerlichen Gesetzbuchs wegen einer Anwartschaft oder eines Anspruchs nach § 1587a Abs. 2 Nr. 1 des Bürgerlichen Gesetzbuchs hatte. Der Unterhaltsbeitrag wird jedoch nur gewährt,

1. solange die geschiedene Ehefrau berufs- oder erwerbsunfähig im Sinne des Sechsten Buches Sozialgesetzbuch ist oder mindestens ein waisengeldberechtigtes Kind erzieht oder
2. wenn sie das sechzigste Lebensjahr vollendet hat.

Der Erziehung eines waisengeldberechtigten Kindes steht die Sorge für ein waisengeldberechtigtes Kind mit körperlichen oder geistigen Gebrechen gleich. Der nach Satz 1 festgestellte Betrag ist in einem Hundertsatz des Witwengeldes festzusetzen; der Unterhaltsbeitrag darf fünf Sechstel des entsprechend § 57 gekürzten Witwengeldes nicht übersteigen. § 21 gilt entsprechend.

(3) Absatz 2 gilt entsprechend für die frühere Ehefrau eines verstorbenen Beamten oder Ruhestandsbeamten, deren Ehe mit diesem aufgehoben oder für nichtig erklärt war.

§ 23 Waisengeld

(1) Die Kinder eines verstorbenen Beamten auf Lebenszeit, eines verstorbenen Ruhestandsbeamten oder eines verstorbenen Beamten

auf Probe, der an den Folgen einer Dienstbeschädigung (§ 46 Abs. 1 des Bundesbeamtengesetzes oder entsprechendes Landesrecht) verstorben ist oder dem die Entscheidung nach § 46 Abs. 2 des Bundesbeamtengesetzes oder dem entsprechenden Landesrecht zugestellt war, erhalten Waisengeld.

(2) Kein Waisengeld erhalten die Kinder eines verstorbenen Ruhestandsbeamten, wenn das Kindschaftsverhältnis durch Annahme als Kind begründet wurde und der Ruhestandsbeamte in diesem Zeitpunkt bereits im Ruhestand war und das fünfundsechzigste Lebensjahr vollendet hatte. Es kann ihnen jedoch ein Unterhaltsbeitrag bis zur Höhe des Waisengeldes bewilligt werden.

§ 24 Höhe des Waisengeldes

(1) Das Waisengeld beträgt für die Halbwaise zwölf vom Hundert und für die Vollwaise zwanzig vom Hundert des Ruhegehaltes, das der Verstorbene erhalten hat oder hätte erhalten können, wenn er am Todestag in den Ruhestand getreten wäre. § 14 Abs. 5 und § 14a finden keine Anwendung. Änderungen des Mindestruhegehaltes (§ 14 Abs. 4) sind zu berücksichtigen.

(2) Wenn die Mutter des Kindes des Verstorbenen nicht zum Bezuge von Witwengeld berechtigt ist und auch keinen Unterhaltsbeitrag in Höhe des Witwengeldes erhält, wird das Waisengeld nach dem Satz für Vollwaisen gezahlt; es darf zuzüglich des Unterhaltsbeitrages den Betrag des Witwengeldes und des Waisengeldes nach dem Satz für Halbwaisen nicht übersteigen.

(3) Ergeben sich für eine Waise Waisengeldansprüche aus Beamtenverhältnissen mehrerer Personen, wird nur das höchste Waisengeld gezahlt.

§ 25 Zusammentreffen von Witwengeld, Waisengeld und Unterhaltsbeiträgen

(1) Witwen- und Waisengeld dürfen weder einzeln noch zusammen den Betrag des ihrer Berechnung zugrunde zu legenden Ruhegehaltes übersteigen. Ergibt sich an Witwen- und Waisengeld zusammen ein höherer Betrag, so werden die einzelnen Bezüge im gleichen Verhältnis gekürzt.

(2) Nach dem Ausscheiden eines Witwen- oder Waisengeldberechtigten erhöht sich das Witwen- oder Waisengeld der verbleibenden Berechtigten vom Beginn des folgenden Monats an insoweit, als sie nach Absatz 1 noch nicht den vollen Betrag nach § 20 oder § 24 erhalten.

(3) Die Absätze 1 und 2 gelten entsprechend, wenn neben Witwen- oder Waisengeld ein Unterhaltsbeitrag nach § 22 Abs. 2 oder 3 gewährt wird.

(4) Unterhaltsbeiträge nach § 22 Abs. 1 gelten für die Anwendung der Absätze 1 bis 3 als Witwengeld. Unterhaltsbeiträge nach § 23

Abs. 2 dürfen nur insoweit bewilligt werden, als sie allein oder zusammen mit gesetzlichen Hinterbliebenenbezügen die in Absatz 1 Satz 1 bezeichnete Höchstgrenze nicht übersteigen.

§ 26 Unterhaltsbeitrag für Hinterbliebene von Beamten auf Lebenszeit und auf Probe

(1) Der Witwe, der geschiedenen Ehefrau (§ 22 Abs. 2 und 3) und den Kindern eines Beamten, dem nach § 15 ein Unterhaltsbeitrag bewilligt worden ist oder hätte bewilligt werden können, kann die in den §§ 19, 20 und 22 bis 25 vorgesehene Versorgung bis zu der dort bezeichneten Höhe als Unterhaltsbeitrag bewilligt werden.

(2) § 21 gilt entsprechend.

§ 27 Beginn der Zahlungen

(1) Die Zahlung des Witwen- und Waisengeldes sowie eines Unterhaltsbeitrages nach § 22 Abs. 1 oder § 23 Abs. 2 beginnt mit dem Ablauf des Sterbemonats. Kinder, die nach diesem Zeitpunkt geboren werden, erhalten Waisengeld vom Ersten des Geburtsmonats ab.

(2) Die Zahlung eines Unterhaltsbeitrages nach § 22 Abs. 2 oder 3 beginnt mit dem Ersten des Monats, in dem eine der in § 22 Abs. 2 Satz 2 genannten Voraussetzungen eintritt, frühestens jedoch mit Ablauf des Sterbemonats.

(3) Die Absätze 1 und 2 gelten entsprechend für die Zahlung eines Unterhaltsbeitrages nach § 26.

§ 28 Witwerversorgung

Die §§ 19 bis 27 gelten entsprechend für den Witwer oder den geschiedenen Ehemann (§ 22 Abs. 2 und 3) einer verstorbenen Beamtin oder Ruhestandsbeamtin. An die Stelle des Witwengeldes im Sinne der Vorschriften des Gesetzes tritt das Witwergeld, an die Stelle der Witwe der Witwer.

Abschnitt IV
Bezüge bei Verschollenheit

§ 29 Zahlung der Bezüge

(1) Ein verschollener Beamter, Ruhestandsbeamter oder sonstiger Versorgungsempfänger erhält die ihm zustehenden Bezüge bis zum Ablauf des Monats, in dem die oberste Dienstbehörde oder die von ihr bestimmte Stelle feststellt, daß sein Ableben mit Wahrscheinlichkeit anzunehmen ist.

(2) Vom Ersten des Monats ab, der dem in Absatz 1 bezeichneten Zeitpunkt folgt, erhalten die Personen, die im Falle des Todes des Verschollenen Witwen- oder Waisengeld erhalten würden oder einen Unterhaltsbeitrag erhalten könnten, diese Bezüge. Die §§ 17 und 18 gelten nicht.

(3) Kehrt der Verschollene zurück, so lebt sein Anspruch auf Bezüge, soweit nicht besondere gesetzliche Gründe entgegenstehen, wieder auf. Nachzahlungen sind längstens für die Dauer eines Jahres zu leisten; die nach Absatz 2 für den gleichen Zeitraum gewährten Bezüge sind anzurechnen.

(4) Ergibt sich, daß bei einem Beamten die Voraussetzungen des § 9 des Bundesbesoldungsgesetzes vorliegen, so können die nach Absatz 2 gezahlten Bezüge von ihm zurückgefordert werden.

(5) Wird der Verschollene für tot erklärt oder die Todeszeit gerichtlich festgestellt oder eine Sterbeurkunde über den Tod des Verschollenen ausgestellt, so ist die Hinterbliebenenversorgung von dem Ersten des auf die Rechtskraft der gerichtlichen Entscheidung oder die Ausstellung der Sterbeurkunde folgenden Monats ab unter Berücksichtigung des festgestellten Todeszeitpunktes neu festzusetzen.

Abschnitt V
Unfallfürsorge

§ 30 Allgemeines

(1) Wird ein Beamter durch einen Dienstunfall verletzt, so wird ihm und seinen Hinterbliebenen Unfallfürsorge gewährt.

(2) Die Unfallfürsorge umfaßt

1. Erstattung von Sachschäden und besonderen Aufwendungen (§ 32),
2. Heilverfahren (§§ 33, 34),
3. Unfallausgleich (§ 35),
4. Unfallruhegehalt oder Unterhaltsbeitrag (§§ 36 bis 38),
5. Unfall-Hinterbliebenenversorgung (§§ 39 bis 42),
6. einmalige Unfallentschädigung (§ 43).

(3) Im übrigen gelten die allgemeinen Vorschriften.

§ 31 Dienstunfall

(1) Dienstunfall ist ein auf äußerer Einwirkung beruhendes, plötzliches, örtlich und zeitlich bestimmbares, einen Körperschaden verursachendes Ereignis, das in Ausübung oder infolge des Dienstes eingetreten ist. Zum Dienst gehören auch

1. Dienstreisen, Dienstgänge und die dienstliche Tätigkeit am Bestimmungsort,
2. die Teilnahme an dienstlichen Veranstaltungen.

(2) Als Dienst gilt auch

1. das Zurücklegen des mit dem Dienst zusammenhängenden Weges nach und von der Dienststelle; hat der Beamte wegen der Entfernung seiner ständigen Familienwohnung vom Dienstort an diesem oder in dessen Nähe eine Unterkunft, so gilt Halbsatz 1 auch für den Weg von und nach der Familienwohnung; der Zusammenhang mit dem Dienst gilt als nicht unterbrochen, wenn der Beamte von dem unmittelbaren Wege zwischen der Wohnung und der Dienststelle in vertretbarem Umfang abweicht, weil sein Kind (§ 2 des Bundeskindergeldgesetzes), das mit ihm in einem Haushalt lebt, wegen seiner oder seines Ehegatten beruflichen Tätigkeit fremder Obhut anvertraut wird oder weil er mit anderen berufstätigen oder in der gesetzlichen Unfallversicherung versicherten Personen gemeinsam ein Fahrzeug für den Weg nach und von der Dienststelle benutzt;
2. das Abheben eines Geldbetrages bei einem Geldinstitut, an das der Dienstherr die Dienstbezüge des Beamten zu dessen Gunsten überweist oder zahlt, wenn der Beamte erstmalig nach Überweisung der Dienstbezüge das Geldinstitut persönlich aufsucht.

Ein Unfall, den der Verletzte bei Durchführung des Heilverfahrens (§ 33) oder auf einem hierzu notwendigen Wege erleidet, gilt als Folge eines Dienstunfalles.

(3) Erkrankt ein Beamter, der nach der Art seiner dienstlichen Verrichtung der Gefahr der Erkrankung an bestimmten Krankheiten besonders ausgesetzt ist, an einer solchen Krankheit, so gilt dies als Dienstunfall, es sei denn, daß der Beamte sich die Krankheit außerhalb des Dienstes zugezogen hat. Die Erkrankung an einer solchen Krankheit gilt jedoch stets als Dienstunfall, wenn sie durch gesundheitsschädigende Verhältnisse verursacht worden ist, denen der Beamte am Ort seines dienstlich angeordneten Aufenthaltes im Ausland besonders ausgesetzt war. Die in Betracht kommenden Krankheiten bestimmt die Bundesregierung durch Rechtsverordnung mit Zustimmung des Bundesrates.

(4) Dem durch Dienstunfall verursachten Körperschaden ist ein Körperschaden gleichzusetzen, den ein Beamter außerhalb seines Dienstes erleidet, wenn er im Hinblick auf sein pflichtgemäßes dienstliches Verhalten oder wegen seiner Eigenschaft als Beamter angegriffen wird. Gleichzuachten ist ferner ein Körperschaden, den ein Beamter im Ausland erleidet, wenn er bei Kriegshandlungen, Aufruhr oder Unruhen, denen er am Ort seines dienstlich angeordneten Aufenthaltes im Ausland besonders ausgesetzt war, angegriffen wird.

(5) Unfallfürsorge kann auch einem Beamten gewährt werden, der zur Wahrnehmung einer Tätigkeit, die öffentlichen Belangen oder

dienstlichen Interessen dient, beurlaubt worden ist und in Ausübung oder infolge dieser Tätigkeit einen Körperschaden erleidet.

§ 31a Erkrankungen und Unfälle im Ausland

Dem Beamten wird Unfallfürsorge wie bei einem Dienstunfall auch dann gewährt, wenn eine Erkrankung oder deren Folgen auf gesundheitsschädigende oder sonst vom Inland wesentlich abweichende Verhältnisse zurückzuführen sind, denen der Beamte während einer besonderen Verwendung im Sinne des § 58a Abs. 1 und 2 des Bundesbesoldungsgesetzes besonders ausgesetzt war. Das gleiche gilt für einen Unfall infolge derartiger Verhältnisse. Die Unfallfürsorge ist ausgeschlossen, wenn sich der Beamte grob fahrlässig der Gefährdung ausgesetzt hat, es sei denn, daß der Ausschluß für ihn eine unbillige Härte wäre.

§ 32 Erstattung von Sachschäden und besonderen Aufwendungen

Sind bei einem Dienstunfall Kleidungsstücke oder sonstige Gegenstände, die der Beamte mit sich geführt hat, beschädigt oder zerstört worden oder abhanden gekommen, so kann dafür Ersatz geleistet werden. Sind durch die erste Hilfeleistung nach dem Unfall besondere Kosten entstanden, so ist dem Beamten der nachweisbar notwendige Aufwand zu ersetzen.

§ 33 Heilverfahren

(1) Das Heilverfahren umfaßt

1. die notwendige ärztliche Behandlung,
2. die notwendige Versorgung mit Arznei- und anderen Heilmitteln, Ausstattung mit Körperersatzstücken, orthopädischen und anderen Hilfsmitteln, die den Erfolg der Heilbehandlung sichern oder die Unfallfolgen erleichtern sollen,
3. die notwendige Pflege (§ 34).

(2) An Stelle der ärztlichen Behandlung sowie der Versorgung mit Arznei- und anderen Heilmitteln kann Krankenhausbehandlung oder Heilanstaltspflege gewährt werden. Der Verletzte ist verpflichtet, sich einer Krankenhausbehandlung oder Heilanstaltspflege zu unterziehen, wenn sie nach amtsärztlichem Gutachten zur Sicherung des Heilerfolges notwendig ist.

(3) Der Verletzte ist verpflichtet, sich einer ärztlichen Behandlung zu unterziehen, es sei denn, daß sie mit einer erheblichen Gefahr für Leben oder Gesundheit des Verletzten verbunden ist. Das gleiche gilt für eine Operation dann, wenn sie keinen erheblichen Eingriff in die körperliche Unversehrtheit bedeutet.

(4) Verursachen die Folgen des Dienstunfalles außergewöhnliche Kosten für Kleider- und Wäscheverschleiß, so sind diese in angemessenem Umfang zu ersetzen. Ist der Verletzte an den Folgen des

Dienstunfalles verstorben, so können auch die Kosten für die Überführung und die Bestattung in angemessener Höhe erstattet werden.

(5) Die Durchführung regelt die Bundesregierung durch Rechtsverordnung mit Zustimmung des Bundesrates.

§ 34 Pflegekosten und Hilflosigkeitszuschlag

(1) Ist der Verletzte infolge des Dienstunfalles so hilflos, daß er nicht ohne fremde Wartung und Pflege auskommen kann, so sind ihm die Kosten einer notwendigen Pflege in angemessenem Umfang zu erstatten. Die Dienstbehörde kann jedoch selbst für die Pflege Sorge tragen.

(2) Nach dem Beginn des Ruhestandes ist dem Verletzten auf Antrag für die Dauer der Hilflosigkeit ein Zuschlag zu dem Unfallruhegehalt bis zum Erreichen der ruhegehaltfähigen Dienstbezüge zu gewähren; die Kostenerstattung nach Absatz 1 entfällt.

§ 35 Unfallausgleich

(1) Ist der Verletzte infolge des Dienstunfalles in seiner Erwerbsfähigkeit länger als sechs Monate wesentlich beschränkt, so erhält er, solange dieser Zustand andauert, neben den Dienstbezügen, den Anwärterbezügen oder dem Ruhegehalt einen Unfallausgleich. Dieser wird in Höhe der Grundrente nach § 31 Abs. 1 bis 4 des Bundesversorgungsgesetzes gewährt.

(2) Die Minderung der Erwerbsfähigkeit ist nach der körperlichen Beeinträchtigung im allgemeinen Erwerbsleben zu beurteilen. Hat bei Eintritt des Dienstunfalles eine abschätzbare Minderung der Erwerbsfähigkeit bereits bestanden, so ist für die Berechnung des Unfallausgleichs von der individuellen Erwerbsfähigkeit des Verletzten, die unmittelbar vor dem Eintritt des Dienstunfalles bestand, auszugehen und zu ermitteln, welcher Teil dieser individuellen Erwerbsfähigkeit durch den Dienstunfall gemindert wurde. Beruht die frühere Erwerbsminderung auf einem Dienstunfall, so kann ein einheitlicher Unfallausgleich festgesetzt werden. Für äußere Körperschäden können Mindesthundertsätze festgelegt werden.

(3) Der Unfallausgleich wird neu festgestellt, wenn in den Verhältnissen, die für die Feststellung maßgebend gewesen sind, eine wesentliche Änderung eingetreten ist. Zu diesem Zweck ist der Beamte verpflichtet, sich auf Anordnung der obersten Dienstbehörde amtsärztlich untersuchen zu lassen; die oberste Dienstbehörde kann diese Befugnis auf andere Stellen übertragen.

(4) Der Unfallausgleich wird auch während einer Beurlaubung ohne Dienstbezüge gewährt.

§ 36 Unfallruhegehalt

(1) Ist der Beamte infolge des Dienstunfalles dienstunfähig geworden und in den Ruhestand getreten, so erhält er Unfallruhegehalt.

(2) Für die Berechnung des Unfallruhegehaltes eines vor Vollendung des sechzigsten Lebensjahres in den Ruhestand getretenen Beamten wird der ruhegehaltfähigen Dienstzeit nur die Hälfte der Zurechnungszeit nach § 13 Abs. 1 hinzugerechnet; § 13 Abs. 3 gilt entsprechend.

(3) Der Ruhegehaltssatz nach § 14 Abs. 1 erhöht sich um zwanzig vom Hundert. Das Unfallruhegehalt beträgt mindestens sechsundsechzigzweidrittel vom Hundert der ruhegehaltfähigen Dienstbezüge zuzüglich eines Betrages nach § 14 Abs. 2 und darf fünfundsiebzig vom Hundert der ruhegehaltfähigen Dienstbezüge zuzüglich eines Betrages nach § 14 Abs. 2 nicht übersteigen. Es darf nicht hinter fünfundsiebzig vom Hundert der jeweils ruhegehaltfähigen Dienstbezüge aus der Endstufe der Besoldungsgruppe A 4 zuzüglich eines Betrages nach § 14 Abs. 2 zurückbleiben; § 14 Abs. 4 Satz 3 gilt entsprechend.

§ 37 Erhöhtes Unfallruhegehalt

(1) Setzt ein Beamter bei Ausübung einer Diensthandlung, mit der für ihn eine besondere Lebensgefahr verbunden ist, sein Leben ein und erleidet er infolge dieser Gefährdung einen Dienstunfall, so sind bei der Bemessung des Unfallruhegehaltes achtzig vom Hundert der ruhegehaltfähigen Dienstbezüge aus der Endstufe der nächsthöheren Besoldungsgruppe zugrunde zu legen, wenn er infolge dieses Dienstunfalles dienstunfähig geworden und in den Ruhestand getreten und im Zeitpunkt des Eintritts in den Ruhestand infolge des Dienstunfalles in seiner Erwerbsfähigkeit um mindestens fünfzig vom Hundert beschränkt ist. Satz 1 gilt mit der Maßgabe, daß sich für Beamte der Laufbahngruppe des einfachen Dienstes die ruhegehaltfähigen Dienstbezüge mindestens nach der Besoldungsgruppe A 6, für Beamte der Laufbahngruppe des mittleren Dienstes mindestens nach der Besoldungsgruppe A 9, für Beamte der Laufbahngruppe des gehobenen Dienstes mindestens nach der Besoldungsgruppe A 12 und für Beamte der Laufbahngruppe des höheren Dienstes mindestens nach der Besoldungsgruppe A 16 bemessen; die Einteilung in Laufbahngruppen gilt für die Polizeivollzugsbeamten, die sonstigen Beamten des Vollzugsdienstes und die Beamten des Einsatzdienstes der Berufsfeuerwehr im Bereich der Länder entsprechend.

(2) Unfallruhegehalt nach Absatz 1 wird auch gewährt, wenn der Beamte

1. in Ausübung des Dienstes durch einen rechtswidrigen Angriff oder
2. außerhalb seines Dienstes durch einen Angriff im Sinne des § 31 Abs. 4

einen Dienstunfall mit den in Absatz 1 genannten Folgen erleidet.

(3) Unfallruhegehalt nach Absatz 1 wird bei einem kurzfristigen besonderen Einsatz im Ausland oder im dienstlichen Zusammen-

hang damit gewährt, wenn der Unfall auf sonst vom Inland wesentlich abweichende Verhältnisse mit gesteigerter Gefährdungslage zurückzuführen ist, ohne daß für den Bundesbeamten die sonstigen Voraussetzungen des § 31a vorliegen. Die Entscheidung über wesentlich abweichende Verhältnisse mit gesteigerter Gefährdungslage trifft das Bundesministerium des Innern.

(4) Bei einer vorübergehenden Dienstunfähigkeit von Beamten des Vollzugsdienstes und des Einsatzdienstes der Feuerwehr infolge eines Unfalles im Sinne der Absätze 1 bis 3 erstreckt sich die Weitergewährung der Dienstbezüge auf die Zulage für Dienst zu ungünstigen Zeiten nach der Erschwerniszulagenverordnung. Dies gilt auch, wenn der Beamte sich des Lebenseinsatzes im Sinne des Absatzes 1 bei Ausübung der Diensthandlung nicht bewußt war. Bemessungsgrundlage für die Zahlung der Erschwerniszulage ist der Durchschnitt der Zulage der letzten drei Monate vor Beginn des Monats, in dem die vorübergehende Dienstunfähigkeit eingetreten ist.

§ 38 Unterhaltsbeitrag für frühere Beamte und frühere Ruhestandsbeamte

(1) Ein durch Dienstunfall verletzter früherer Beamter, dessen Beamtenverhältnis nicht durch Eintritt in den Ruhestand geendet hat, erhält neben dem Heilverfahren (§§ 33, 34) für die Dauer einer durch den Dienstunfall verursachten Erwerbsbeschränkung einen Unterhaltsbeitrag.

(2) Der Unterhaltsbeitrag beträgt

1. bei völliger Erwerbsunfähigkeit sechsundsechzigzweidrittel vom Hundert der ruhegehaltfähigen Dienstbezüge nach Absatz 4 zuzüglich eines Betrages nach § 14 Abs. 2,
2. bei Minderung der Erwerbsfähigkeit um wenigstens zwanzig vom Hundert den der Minderung entsprechenden Teil des Unterhaltsbeitrages nach Nummer 1.

(3) Im Falle des Absatzes 2 Nr. 2 kann der Unterhaltsbeitrag, solange der Verletzte aus Anlaß des Unfalles unverschuldet arbeitslos ist, bis auf den Betrag nach Nummer 1 erhöht werden. Bei Hilflosigkeit des Verletzten gilt § 34 entsprechend.

(4) Die ruhegehaltfähigen Dienstbezüge bestimmen sich nach § 5 Abs. 1. Bei einem früheren Beamten auf Widerruf im Vorbereitungsdienst sind die Dienstbezüge zugrunde zu legen, die er bei der Ernennung zum Beamten auf Probe zuerst erhalten hätte; das gleiche gilt bei einem früheren Polizeivollzugsbeamten auf Widerruf mit Dienstbezügen. Ist der Beamte wegen Dienstunfähigkeit infolge des Dienstunfalles entlassen worden, gilt § 5 Abs. 2 entsprechend. Der Unterhaltsbeitrag für einen früheren Beamten auf Widerruf, der ein Amt bekleidete, das seine Arbeitskraft nur nebenbei beanspruchte, ist nach billigem Ermessen festzusetzen.

(5) Ist der Beamte wegen Dienstunfähigkeit infolge des Dienstunfalles entlassen worden, darf der Unterhaltsbeitrag nach Absatz 2 Nr. 1

nicht hinter dem Mindestunfallruhegehalt (§ 36 Abs. 3 Satz 3) zurückbleiben. Ist der Beamte wegen Dienstunfähigkeit infolge eines Dienstunfalles der in § 37 bezeichneten Art entlassen worden und war er im Zeitpunkt der Entlassung infolge des Dienstunfalles in seiner Erwerbstätigkeit um mindestens fünfzig vom Hundert beschränkt, treten an die Stelle des Mindestunfallruhegehaltes achtzig vom Hundert der ruhegehaltfähigen Dienstbezüge aus der Endstufe der Besoldungsgruppe, die sich bei sinngemäßer Anwendung des § 37 ergibt, zuzüglich eines Betrages nach § 14 Abs. 2. Absatz 4 Satz 4 gilt entsprechend.

(6) Die Minderung der Erwerbsfähigkeit ist nach der körperlichen Beeinträchtigung im allgemeinen Erwerbsleben zu beurteilen. Zum Zwecke der Nachprüfung des Grades der Minderung der Erwerbsfähigkeit ist der frühere Beamte verpflichtet, sich auf Anordnung der obersten Dienstbehörde amtsärztlich untersuchen zu lassen; die oberste Dienstbehörde kann diese Befugnis auf andere Stellen übertragen.

(7) Die Absätze 1 bis 6 gelten entsprechend für einen durch Dienstunfall verletzten früheren Ruhestandsbeamten, der seine Rechte als Ruhestandsbeamter verloren hat oder dem das Ruhegehalt aberkannt worden ist.

§ 39 Unfall-Hinterbliebenenversorgung

(1) Ist ein Beamter, der Unfallruhegehalt erhalten hätte, oder ein Ruhestandsbeamter, der Unfallruhegehalt bezog, an den Folgen des Dienstunfalles verstorben, so erhalten seine Hinterbliebenen Unfall-Hinterbliebenenversorgung. Für diese gelten folgende besondere Vorschriften:

1. Das Witwengeld beträgt sechzig vom Hundert des Unfallruhegehaltes (§§ 36, 37).
2. Das Waisengeld beträgt für jedes waisengeldberechtigte Kind (§ 23) dreißig vom Hundert des Unfallruhegehaltes. Es wird auch elternlosen Enkeln gewährt, deren Unterhalt zur Zeit des Dienstunfalles ganz oder überwiegend durch den Verstorbenen bestritten wurde.

(2) Ist ein Ruhestandsbeamter, der Unfallruhegehalt bezog, nicht an den Folgen des Dienstunfalles verstorben, so steht den Hinterbliebenen nur Versorgung nach Abschnitt III (§§ 16 bis 28) zu; diese Bezüge sind aber unter Zugrundelegung des Unfallruhegehaltes zu berechnen.

§ 40 Unterhaltsbeitrag für Verwandte der aufsteigenden Linie

Verwandten der aufsteigenden Linie, deren Unterhalt zur Zeit des Dienstunfalles ganz oder überwiegend durch den Verstorbenen (§ 39 Abs. 1) bestritten wurde, ist für die Dauer der Bedürftigkeit ein Unterhaltsbeitrag von zusammen dreißig vom Hundert des Unfallruhegehaltes zu gewähren, mindestens jedoch vierzig vom Hundert des in § 36 Abs. 3 Satz 3 genannten Betrages. Sind mehrere Personen dieser Art vorhanden, so wird der Unterhaltsbeitrag den Eltern vor den Großeltern gewährt; an die Stelle eines verstorbenen Elternteils treten dessen Eltern.

§ 41 Unterhaltsbeitrag für Hinterbliebene

(1) Ist in den Fällen des § 38 der frühere Beamte oder der frühere Ruhestandsbeamte an den Folgen des Dienstunfalles verstorben, so erhalten seine Hinterbliebenen einen Unterhaltsbeitrag in Höhe des Witwen- und Waisengeldes, das sich nach den allgemeinen Vorschriften unter Zugrundelegung des Unterhaltsbeitrages nach § 38 Abs. 2 Nr. 1 ergibt.

(2) Ist der frühere Beamte oder der frühere Ruhestandsbeamte nicht an den Folgen des Dienstunfalles verstorben, so kann seinen Hinterbliebenen ein Unterhaltsbeitrag bis zur Höhe des Witwen- und Waisengeldes bewilligt werden, das sich nach den allgemeinen Vorschriften unter Zugrundelegung des Unterhaltsbeitrages ergibt, den der Verstorbene im Zeitpunkt seines Todes bezogen hat.

(3) Für die Hinterbliebenen eines an den Unfallfolgen verstorbenen Beamten gilt Absatz 1 entsprechend, wenn nicht Unfall-Hinterbliebenenversorgung nach § 39 zusteht.

(4) § 21 gilt entsprechend.

§ 42 Höchstgrenzen der Hinterbliebenenversorgung

Die Unfallversorgung der Hinterbliebenen (§§ 39 bis 41) darf insgesamt die Bezüge (Unfallruhegehalt oder Unterhaltsbeitrag) nicht übersteigen, die der Verstorbene erhalten hat oder hätte erhalten können. Abweichend von Satz 1 sind in den Fällen des § 37 als Höchstgrenze mindestens die ruhegehaltfähigen Dienstbezüge aus der Endstufe der nächsthöheren als der von dem Verstorbenen tatsächlich erreichten Besoldungsgruppe zugrunde zu legen. § 25 ist entsprechend anzuwenden. Der Unfallausgleich (§ 35) sowie der Zuschlag bei Hilflosigkeit (§ 34 Abs. 2) oder bei Arbeitslosigkeit (§ 38 Abs. 3 Satz 1) bleiben sowohl bei der Berechnung des Unterhaltsbeitrages nach § 41 als auch bei der vergleichenden Berechnung nach § 25 außer Betracht.

§ 43 Einmalige Unfallentschädigung

(1) Ein Beamter, der einen Dienstunfall der in § 37 bezeichneten Art erleidet, erhält neben einer beamtenrechtlichen Versorgung bei Beendigung des Dienstverhältnisses eine einmalige Unfallentschädigung von einhunderttausend Deutsche Mark, wenn er infolge des Unfalles in seiner Erwerbsfähigkeit in diesem Zeitpunkt um wenigstens achtzig vom Hundert beeinträchtigt ist.

(2) Ist ein Beamter an den Folgen eines Dienstunfalles der in § 37 bezeichneten Art verstorben, wird seinen Hinterbliebenen eine einmalige Unfallentschädigung nach Maßgabe der folgenden Bestimmungen gewährt:

1. Die Witwe sowie die versorgungsberechtigten Kinder erhalten eine Entschädigung in Höhe von insgesamt fünfzigtausend Deutsche Mark.
2. Sind Anspruchsberechtigte im Sinne der Nummer 1 nicht vorhanden, so erhalten die Eltern und die in Nummer 1 bezeichneten, nicht versorgungsberechtigten Kinder eine Entschädigung in Höhe von insgesamt fünfundzwanzigtausend Deutsche Mark.
3. Sind Anspruchsberechtigte im Sinne der Nummern 1 und 2 nicht vorhanden, so erhalten die Großeltern und Enkel eine Entschädigung in Höhe von insgesamt zwölftausendfünfhundert Deutsche Mark.

(3) Die Absätze 1 und 2 gelten entsprechend, wenn ein Beamter, der

1. als Angehöriger des besonders gefährdeten fliegenden Personals während des Flugdienstes,
2. als Helm- oder Schwimmtaucher während des besonders gefährlichen Tauchdienstes,
3. im Bergrettungsdienst während des Einsatzes und der Ausbildung oder
4. als Angehöriger des besonders gefährdeten Munitionsuntersuchungspersonals während des dienstlichen Umgangs mit Munition oder
5. als Angehöriger eines Verbandes des Bundesgrenzschutzes für besondere polizeiliche Einsätze oder eines entsprechenden Polizeiverbandes der Länder bei einer besonders gefährlichen Diensthandlung im Einsatz oder in der Ausbildung dazu oder
6. im Einsatz beim Ein- oder Aushängen von Außenlasten bei einem Drehflügelflugzeug

einen Unfall erleidet, der nur auf die eigentümlichen Verhältnisse des Dienstes nach den Nummern 1 bis 6 zurückzuführen ist. Die Bundesregierung bestimmt durch Rechtsverordnung mit Zustimmung des Bundesrates den Personenkreis des Satzes 1 und die zum Dienst im Sinne des Satzes 1 gehörenden dienstlichen Verrichtungen. Die Sätze 1 und 2 gelten entsprechend für andere Angehörige des öffentlichen Dienstes, zu deren Dienstobliegenheiten Tätigkeiten der in Satz 1 Nr. 1 bis 6 bezeichneten Art gehören.

(4) Im Falle einer besonderen Verwendung im Sinne des § 58a Abs. 1 und 2 des Bundesbesoldungsgesetzes wird die einmalige Unfallentschädigung nach den Absätzen 1 bis 3 um fünfzig vom Hundert erhöht. Erhalten Bundesbeamte einen Zuschlag nach § 55 Abs. 7 des Bundesbesoldungsgesetzes, so gilt Satz 1 entsprechend, sofern sie an ihrem Auslandsdienstort denselben ursächlichen Gefahren ausgesetzt sind wie die dort im Sinne des § 58a Abs. 1

und 2 des Bundesbesoldungsgesetzes besonders verwendeten Bundesbeamten oder Soldaten.

(5) In sinngemäßer Anwendung der Absätze 1, 2 und 4 wird eine einmalige Entschädigung gewährt, wenn der Unfall Folge von Kriegshandlungen, kriegerischen Ereignissen, Aufruhr, Unruhen oder Naturkatastrophen ist, denen der Beamte während einer besonderen Verwendung im Sinne des § 58a Abs. 1 und 2 des Bundesbesoldungsgesetzes besonders ausgesetzt war. Die einmalige Entschädigung ist ausgeschlossen, wenn sich der Beamte grob fahrlässig der Gefährdung ausgesetzt hat, es sei denn, daß der Ausschluß für ihn eine unbillige Härte wäre.

(6) Im Falle einer besonderen Verwendung im Sinne des § 58a Abs. 1 und 2 des Bundesbesoldungsgesetzes gelten die Absätze 1 und 2 sowie 4 und 5 entsprechend für andere Angehörige des öffentlichen Dienstes des Bundes.

(7) Besteht auf Grund derselben Ursache Anspruch sowohl auf eine einmalige Unfallentschädigung nach den Absätzen 1 bis 3 als auch auf eine einmalige Entschädigung nach den Absätzen 4 bis 6, wird nur die Leistung mit dem höheren Betrag gewährt; sind die Beträge gleich hoch, wird nur die einmalige Unfallentschädigung gewährt.

§ 43a Schadensausgleich in besonderen Fällen

(1) Schäden, die einem Beamten während einer besonderen Verwendung im Sinne des § 58a Abs. 1 und 2 des Bundesbesoldungsgesetzes infolge von besonderen, vom Inland wesentlich abweichenden Verhältnissen, insbesondere infolge von Kriegshandlungen, kriegerischen Ereignissen, Aufruhr, Unruhen oder Naturkatastrophen entstehen, werden ihm in angemessenem Umfang ersetzt. Gleiches gilt für Schäden des Beamten durch einen Gewaltakt gegen staatliche Amtsträger, Einrichtungen oder Maßnahmen, wenn der Beamte von dem Gewaltakt in Ausübung des Dienstes oder wegen seiner Eigenschaft als Beamter betroffen ist.

(2) Im Falle einer besonderen Verwendung im Sinne des § 58a Abs. 1 und 2 des Bundesbesoldungsgesetzes wird ein angemessener Ausgleich auch für Schäden infolge von Maßnahmen einer ausländischen Regierung, die sich gegen die Bundesrepublik Deutschland richten, gewährt.

(3) Ist ein Beamter an den Folgen des schädigenden Ereignisses der in Absatz 1 und 2 bezeichneten Art verstorben, wird ein angemessener Ausgleich gewährt

1. an die Witwe sowie die versorgungsberechtigten Kinder,
2. an die Eltern sowie die nicht versorgungsberechtigten Kinder, wenn Hinterbliebene der in Nummer 1 bezeichneten Art nicht vorhanden sind.

(4) Der Schadensausgleich nach den Absätzen 1 bis 3 wird nur einmal gewährt. Wird der Schadensausgleich auf Grund derselben

Ursache nach § 63b des Soldatenversorgungsgesetzes vorgenommen, so finden die Absätze 1 bis 3 keine Anwendung.

(5) Im Falle einer besonderen Verwendung im Sinne des § 58a Abs. 1 und 2 des Bundesbesoldungsgesetzes gelten die Absätze 1 bis 4 entsprechend für Schäden, die anderen Angehörigen des öffentlichen Dienstes des Bundes entstehen.

§ 44 Nichtgewährung von Unfallfürsorge

(1) Unfallfürsorge wird nicht gewährt, wenn der Verletzte den Dienstunfall vorsätzlich herbeigeführt hat.

(2) Hat der Verletzte eine die Heilbehandlung betreffende Anordnung ohne gesetzlichen oder sonstigen wichtigen Grund nicht befolgt und wird dadurch seine Dienst- oder Erwerbsfähigkeit ungünstig beeinflußt, so kann ihm die oberste Dienstbehörde oder die von ihr bestimmte Stelle die Unfallfürsorge insoweit versagen. Der Verletzte ist auf diese Folgen schriftlich hinzuweisen.

(3) Hinterbliebenenversorgung nach den Unfallfürsorgevorschriften wird im Falle des § 22 Abs. 1 nicht gewährt.

§ 45 Meldung und Untersuchungsverfahren

(1) Unfälle, aus denen Unfallfürsorgeansprüche nach diesem Gesetz entstehen können, sind innerhalb einer Ausschlußfrist von zwei Jahren nach dem Eintritt des Unfalles bei dem Dienstvorgesetzten des Verletzten zu melden. Die Frist gilt auch dann als gewahrt, wenn der Unfall bei der für den Wohnort des Berechtigten zuständigen unteren Verwaltungsbehörde gemeldet worden ist.

(2) Nach Ablauf der Ausschlußfrist wird Unfallfürsorge nur gewährt, wenn seit dem Unfall noch nicht zehn Jahre vergangen sind und gleichzeitig glaubhaft gemacht wird, daß eine den Anspruch auf Unfallfürsorge begründende Folge des Unfalles erst später bemerkbar geworden ist oder daß der Berechtigte durch außerhalb seines Willens liegende Umstände gehindert worden ist, den Unfall zu melden. Die Meldung muß, nachdem eine Unfallfolge bemerkbar geworden oder das Hindernis für die Meldung weggefallen ist, innerhalb dreier Monate erfolgen. Die Unfallfürsorge wird in diesen Fällen vom Tage der Meldung an gewährt; zur Vermeidung von Härten kann sie auch von einem früheren Zeitpunkt ab gewährt werden.

(3) Der Dienstvorgesetzte hat jeden Unfall, der ihm von Amts wegen oder durch Meldung der Beteiligten bekannt wird, sofort zu untersuchen. Die oberste Dienstbehörde oder die von ihr bestimmte Stelle entscheidet, ob ein Dienstunfall vorliegt und ob der Verletzte den Unfall vorsätzlich herbeigeführt hat. Die Entscheidung ist dem Verletzten oder seinen Hinterbliebenen bekanntzugeben.

§ 46 Begrenzung der Unfallfürsorgeansprüche

(1) Der verletzte Beamte und seine Hinterbliebenen haben aus Anlaß eines Dienstunfalles gegen den Dienstherrn nur die in §§ 30 bis 43 geregelten Ansprüche. Ist der Beamte nach dem Dienstunfall in den Dienstbereich eines anderen öffentlich-rechtlichen Dienstherrn versetzt worden, so richten sich die Ansprüche gegen diesen; das gleiche gilt in den Fällen des gesetzlichen Übertritts oder der Übernahme bei der Umbildung von Körperschaften.

(2) Weitergehende Ansprüche auf Grund allgemeiner gesetzlicher Vorschriften können gegen einen öffentlich-rechtlichen Dienstherrn im Geltungsbereich dieses Gesetzes oder gegen die in seinem Dienst stehenden Personen nur dann geltend gemacht werden, wenn der Dienstunfall durch eine vorsätzliche unerlaubte Handlung einer solchen Person verursacht worden ist. Jedoch findet das Gesetz über die erweiterte Zulassung von Schadenersatzansprüchen bei Dienst- und Arbeitsunfällen vom 7. Dezember 1943 (Reichsgesetzbl. I S. 674) Anwendung.

(3) Ersatzansprüche gegen andere Personen bleiben unberührt.

(4) Auf laufende und einmalige Geldleistungen, die nach diesem Gesetz wegen eines Körper-, Sach- oder Vermögensschadens im Rahmen einer besonderen Verwendung im Sinne des § 58a Abs. 1 und 2 des Bundesbesoldungsgesetzes gewährt werden, sind solche Geldleistungen anzurechnen, die wegen desselben Schadens von anderer Seite erbracht werden. Hierzu gehören insbesondere Geldleistungen, die von Drittstaaten oder von zwischenstaatlichen oder überstaatlichen Einrichtungen gewährt oder veranlaßt werden; ausgeschlossen ist die Anrechnung der Leistungen privater Schadensversicherungen, die auf Beiträgen der Beamten beruhen.

Abschnitt VI
Übergangsgeld, Ausgleich

§ 47 Übergangsgeld

(1) Ein Beamter mit Dienstbezügen, der nicht auf eigenen Antrag entlassen wird, erhält als Übergangsgeld nach vollendeter einjähriger Beschäftigungszeit das Einfache und bei längerer Beschäftigungszeit für jedes weitere volle Jahr ihrer Dauer die Hälfte, insgesamt höchstens das Sechsfache der Dienstbezüge (§ 1 Abs. 2 Nr. 1 bis 4 des Bundesbesoldungsgesetzes) des letzten Monats. § 5 Abs. 1 Satz 2 gilt entsprechend. Das Übergangsgeld wird auch dann gewährt, wenn der Beamte im Zeitpunkt der Entlassung ohne Dienstbezüge beurlaubt war. Maßgebend sind die Dienstbezüge, die der Beamte im Zeitpunkt der Entlassung erhalten hätte.

(2) Als Beschäftigungszeit gilt die Zeit ununterbrochener hauptberuflicher entgeltlicher Tätigkeit im Dienste desselben Dienstherrn

oder der Verwaltung, deren Aufgaben der Dienstherr übernommen hat, sowie im Falle der Versetzung die entsprechende Zeit im Dienste des früheren Dienstherrn; die vor einer Beurlaubung ohne Dienstbezüge liegende Beschäftigungszeit wird mit berücksichtigt. Zeiten mit einer Ermäßigung der regelmäßigen Arbeitszeit sind nur zu dem Teil anzurechnen, der dem Verhältnis der ermäßigten zur regelmäßigen Arbeitszeit entspricht.

(3) Das Übergangsgeld wird nicht gewährt, wenn

1. der Beamte wegen eines Verhaltens im Sinne der §§ 28, 29 und 31 Abs. 1 Nr. 1 des Bundesbeamtengesetzes oder des entsprechenden Landesrechts oder des § 33 Abs. 2 des Beamtenrechtsrahmengesetzes entlassen wird oder
2. ein Unterhaltsbeitrag nach § 15 bewilligt wird oder
3. die Beschäftigungszeit als ruhegehaltfähige Dienstzeit angerechnet wird oder
4. der Beamte mit der Berufung in ein Richterverhältnis oder mit der Ernennung zum Beamten auf Zeit entlassen wird oder
5. ein anderes hauptberufliches öffentlich-rechtliches Dienstverhältnis oder privatrechtliches Arbeitsverhältnis im öffentlichen Dienst bestehen bleibt oder
6. die während einer Beurlaubung (Absatz 1 Satz 3) ausgeübte Tätigkeit zu einem neuen Beschäftigungsverhältnis geführt hat.

(4) Das Übergangsgeld wird in Monatsbeträgen für die der Entlassung folgende Zeit wie die Dienstbezüge gezahlt. Es ist längstens bis zum Ende des Monats zu zahlen, in dem der Beamte die für sein Beamtenverhältnis bestimmte gesetzliche Altersgrenze erreicht hat. Beim Tode des Empfängers ist der noch nicht ausgezahlte Betrag den Hinterbliebenen in einer Summe zu zahlen.

(5) Hat der Entlassene während des Bezuges des Übergangsgeldes ein neues öffentlich-rechtliches Dienstverhältnis oder ein privatrechtliches Arbeitsverhältnis im öffentlichen Dienst begründet, wird für dessen Dauer die Zahlung des Übergangsgeldes unterbrochen.

§ 48 Ausgleich bei besonderen Altersgrenzen

(1) Beamte des Vollzugsdienstes, Beamte des Einsatzdienstes der Feuerwehr und Beamte im Flugverkehrskontrolldienst, die vor Vollendung des fünfundsechzigsten Lebensjahres wegen Erreichens der Altersgrenze in den Ruhestand treten, erhalten neben dem Ruhegehalt einen Ausgleich in Höhe des Fünffachen der Dienstbezüge (§ 1 Abs. 2 Nr. 1, 3 und 4 des Bundesbesoldungsgesetzes) des letzten Monats, jedoch nicht über achttausend Deutsche Mark. Dieser Betrag verringert sich um jeweils ein Fünftel für jedes Jahr, das über das vollendete sechzigste Lebensjahr hinaus abgeleistet wird. § 5 Abs. 1 Satz 2 gilt entsprechend. Der Ausgleich ist bei Eintritt in den Ruhestand in einer Summe zu zahlen. Der Ausgleich wird nicht neben einer Unfallentschädigung (§ 43) gewährt.

(2) Schwebt im Zeitpunkt des Eintritts in den Ruhestand gegen den Beamten ein Verfahren auf Rücknahme der Ernennung, ein förmliches Disziplinarverfahren oder ein Verfahren, das nach § 48 des Bundesbeamtengesetzes oder dem entsprechenden Landesrecht zum Verlust der Beamtenrechte führen könnte, so darf der Ausgleich erst nach dem rechtskräftigen Abschluß des Verfahrens und nur gewährt werden, wenn kein Verlust der Versorgungsbezüge eingetreten ist. Die disziplinarrechtlichen Vorschriften bleiben im übrigen unberührt.

(3) Der Ausgleich wird im Fall der Bewilligung von Urlaub bis zum Eintritt in den Ruhestand nach § 72 a Abs. 1 Satz 1 Nr. 4 des Bundesbeamtengesetzes oder entsprechendem Landesrecht nicht gewährt.

Abschnitt VII
Gemeinsame Vorschriften

§ 49 Zahlung der Versorgungsbezüge

(1) Die oberste Dienstbehörde setzt die Versorgungsbezüge fest, bestimmt die Person des Zahlungsempfängers und entscheidet über die Berücksichtigung von Zeiten als ruhegehaltfähige Dienstzeit sowie über die Bewilligung von Versorgungsbezügen auf Grund von Kannvorschriften. Sie kann diese Befugnisse, für Beamte des Bundes und der Länder im Einvernehmen mit dem für das Versorgungsrecht zuständigen Minister, auf andere Stellen übertragen. Die Länder können andere Zuständigkeiten bestimmen.

(2) Entscheidungen über die Bewilligung von Versorgungsbezügen auf Grund von Kannvorschriften dürfen erst beim Eintritt des Versorgungsfalles getroffen werden; vorherige Zusicherungen sind unwirksam. Ob Zeiten auf Grund der §§ 10 bis 12 als ruhegehaltfähige Dienstzeit zu berücksichtigen sind, soll in der Regel bei der Berufung in das Beamtenverhältnis entschieden werden; diese Entscheidungen stehen unter dem Vorbehalt eines Gleichbleibens der Rechtslage, die ihnen zugrunde liegt.

(3) Entscheidungen in versorgungsrechtlichen Angelegenheiten, die eine grundsätzliche, über den Einzelfall hinausgehende Bedeutung haben, sind von dem für das Versorgungsrecht zuständigen Minister zu treffen; Absatz 1 Satz 3 gilt entsprechend.

(4) Die Versorgungsbezüge sind, soweit nichts anderes bestimmt ist, für die gleichen Zeiträume und im gleichen Zeitpunkt zu zahlen wie die Dienstbezüge der Beamten.

(5) Werden Versorgungsbezüge nach dem Tag der Fälligkeit gezahlt, so besteht kein Anspruch auf Verzugszinsen.

(6) Hat ein Versorgungsberechtigter seinen Wohnsitz oder dauernden Aufenthalt außerhalb des Geltungsbereichs dieses Gesetzes, so kann die oberste Dienstbehörde oder die von ihr bestimmte Stelle die Zahlung der Versorgungsbezüge von der Bestellung eines Empfangsbevollmächtigten im Geltungsbereich dieses Gesetzes abhängig machen.

(7) Für die Zahlung der Versorgungsbezüge hat der Empfänger auf Verlangen der zuständigen Behörde ein Konto anzugeben oder einzurichten, auf das die Überweisung erfolgen kann. Die Übermittlungskosten mit Ausnahme der Kosten für die Gutschrift auf dem Konto des Empfängers trägt die die Versorgungsbezüge zahlende Stelle; bei einer Überweisung der Versorgungsbezüge auf ein im Ausland geführtes Konto trägt der Versorgungsempfänger die Kosten und die Gefahr der Übermittlung der Versorgungsbezüge sowie die Kosten einer Meldung nach § 59 der Außenwirtschaftsverordnung in der jeweils geltenden Fassung. Die Kontoeinrichtungs-, Kontoführungs- oder Buchungsgebühren trägt der Empfänger.

Eine Auszahlung auf andere Weise kann nur zugestanden werden, wenn dem Empfänger die Einrichtung oder Benutzung eines Kontos aus wichtigem Grund nicht zugemutet werden kann.

(8) Beträge von weniger als fünf Deutsche Mark sind nur auf Verlangen des Empfangsberechtigten auszuzahlen.

§ 50 Ortszuschlag, Ausgleichsbetrag, jährliche Sonderzuwendung

(1) Auf den Ortszuschlag (§ 5 Abs. 1 Satz 1 Nr. 2) finden die für die Beamten geltenden Vorschriften des Besoldungsrechts Anwendung. Der Unterschiedsbetrag zwischen der Stufe 2 und der nach dem Besoldungsrecht in Betracht kommenden Stufe des Ortszuschlages wird neben dem Ruhegehalt gezahlt. Er wird unter Berücksichtigung der nach den Verhältnissen des Beamten oder Ruhestandsbeamten für die Stufen des Ortszuschlages in Betracht kommenden Kinder neben dem Witwengeld gezahlt, soweit die Witwe Anspruch auf Kindergeld für diese Kinder hat oder ohne Berücksichtigung des § 3 oder des § 8 des Bundeskindergeldgesetzes haben würde; soweit hiernach ein Anspruch auf den Unterschiedsbetrag nicht besteht, wird er neben dem Waisengeld gezahlt, wenn die Waise bei den Stufen des Ortszuschlages zu berücksichtigen ist oder zu berücksichtigen wäre, wenn der Beamte oder Ruhestandsbeamte noch lebte. Sind mehrere Anspruchsberechtigte vorhanden, wird der Unterschiedsbetrag auf die Anspruchsberechtigten nach der Zahl der auf sie entfallenden Kinder zu gleichen Teilen aufgeteilt.

(2) (weggefallen)

(3) Neben dem Waisengeld wird ein Ausgleichsbetrag gezahlt, der dem Betrag für das erste Kind nach § 10 des Bundeskindergeldgesetzes entspricht, wenn in der Person der Waise die Voraussetzungen des § 2 des Bundeskindergeldgesetzes erfüllt sind, Ausschlußgründe nach § 8 des Bundeskindergeldgesetzes nicht vorliegen, keine Person

vorhanden ist, die nach § 1 des Bundeskindergeldgesetzes anspruchsberechtigt ist, und die Waise keinen Anspruch auf Kindergeld nach § 1 Abs. 2 des Bundeskindergeldgesetzes hat. Der Ausgleichsbetrag gilt für die Anwendung der §§ 53 und 54 nicht als Versorgungsbezug. Im Falle des § 54 wird er nur zu den neuen Versorgungsbezügen gezahlt.

(4) Die Versorgungsberechtigten erhalten eine Sonderzuwendung nach besonderer bundesgesetzlicher Regelung.

§ 51 Abtretung, Verpfändung, Aufrechnungs- und Zurückbehaltungsrecht

(1) Ansprüche auf Versorgungsbezüge können, wenn bundesgesetzlich nichts anderes bestimmt ist, nur insoweit abgetreten oder verpfändet werden, als sie der Pfändung unterliegen.

(2) Gegenüber Ansprüchen auf Versorgungsbezüge kann der Dienstherr ein Aufrechnungs- oder Zurückbehaltungsrecht nur in Höhe des pfändbaren Teils der Versorgungsbezüge geltend machen. Dies gilt nicht, soweit gegen den Versorgungsberechtigten ein Anspruch auf Schadenersatz wegen vorsätzlicher unerlaubter Handlung besteht.

(3) Ansprüche auf Sterbegeld (§ 18), auf Erstattung der Kosten des Heilverfahrens (§ 33) und der Pflege (§ 34), auf Unfallausgleich (§ 35) sowie auf eine einmalige Unfallentschädigung (§ 43) können weder gepfändet noch abgetreten noch verpfändet werden. Forderungen des Dienstherrn gegen den Verstorbenen aus Vorschuß- oder Darlehnsgewährungen sowie aus Überzahlungen von Dienst- oder Versorgungsbezügen können auf das Sterbegeld angerechnet werden.

§ 52 Rückforderung von Versorgungsbezügen

(1) Wird ein Versorgungsberechtigter durch eine gesetzliche Änderung seiner Versorgungsbezüge mit rückwirkender Kraft schlechter gestellt, so sind die Unterschiedsbeträge nicht zu erstatten.

(2) Im übrigen regelt sich die Rückforderung zuviel gezahlter Versorgungsbezüge nach den Vorschriften des Bürgerlichen Gesetzbuchs über die Herausgabe einer ungerechtfertigten Bereicherung, soweit gesetzlich nichts anderes bestimmt ist. Der Kenntnis des Mangels des rechtlichen Grundes der Zahlung steht es gleich, wenn der Mangel so offensichtlich war, daß der Empfänger ihn hätte erkennen müssen. Von der Rückforderung kann aus Billigkeitsgründen mit Zustimmung der obersten Dienstbehörde oder der von ihr bestimmten Stelle ganz oder teilweise abgesehen werden.

(3) Die Rückforderung von Beträgen von weniger als fünf Deutsche Mark unterbleibt. Treffen mehrere Einzelbeträge zusammen, gilt die Grenze für die Gesamtrückforderung.

§ 53 Zusammentreffen von Versorgungsbezügen mit Verwendungseinkommen

(1) Bezieht ein Versorgungsberechtigter aus einer Verwendung im öffentlichen Dienst ein Einkommen, so erhält er daneben seine Versorgungsbezüge nur bis zum Erreichen der in Absatz 2 bezeichneten Höchstgrenze.

(2) Als Höchstgrenze gelten

1. für Ruhestandsbeamte und Witwen die ruhegehaltfähigen Dienstbezüge aus der Endstufe der Besoldungsgruppe, aus der sich das Ruhegehalt berechnet, mindestens ein Betrag in Höhe des Eineinviertelfachen der jeweils ruhegehaltfähigen Dienstbezüge aus der Endstufe der Besoldungsgruppe A 4, zuzüglich des jeweils zustehenden Unterschiedsbetrages nach § 50 Abs. 1,
2. für Waisen vierzig vom Hundert des Betrages, der sich nach Nummer 1 unter Berücksichtigung des ihnen zustehenden Unterschiedsbetrages nach § 50 Abs. 1 ergibt.

Witwen und Waisen ist mindestens ein Betrag in Höhe von zwanzig vom Hundert ihres Versorgungsbezuges zu belassen.

(3) Bei der Ruhensberechnung nach den Absätzen 1 und 2 sind Unfallausgleich (§ 35) und Aufwandsentschädigungen außer Betracht zu lassen.

(4) Bei der Ruhensberechnung für einen früheren Beamten oder früheren Ruhestandsbeamten, der Anspruch auf Versorgung nach § 38 hat, ist mindestens ein Betrag als Versorgung zu belassen, der unter Berücksichtigung seiner Minderung der Erwerbsfähigkeit infolge des Dienstunfalles dem Unfallausgleich entspricht.

(5) Verwendung im öffentlichen Dienst im Sinne des Absatzes 1 ist jede Beschäftigung im Dienst von Körperschaften, Anstalten und Stiftungen des öffentlichen Rechts im Reichsgebiet oder ihrer Verbände; ausgenommen ist die Beschäftigung bei öffentlich-rechtlichen Religionsgesellschaften oder ihren Verbänden. Der Verwendung im öffentlichen Dienst steht die Verwendung im öffentlichen Dienst einer zwischenstaatlichen oder überstaatlichen Einrichtung gleich, an der eine Körperschaft oder ein Verband im Sinne des Satzes 1 durch Zahlung von Beiträgen oder Zuschüssen oder in anderer Weise beteiligt ist. Ob die Voraussetzungen zutreffen, entscheidet auf Antrag der zuständigen Stelle oder des Versorgungsberechtigten der für das Versorgungsrecht zuständige Minister oder die von ihm bestimmte Stelle.

§ 53a Zusammentreffen von Versorgungsbezügen mit sonstigem Erwerbseinkommen

(1) Erwerbseinkommen aus einer Beschäftigung oder Tätigkeit, die nicht von § 53 Abs. 5 erfaßt ist, wird auf das Ruhegehalt bis zur Höhe des Betrages angerechnet, um den das Ruhegehalt, das sich vor Anwendung von Ruhens-, Kürzungs- oder Anrechnungsvor-

schriften ergibt, den Betrag überschreitet, der sich als Ruhegehalt ergäbe, wenn dienstunfallbedingte Erhöhungen und die Regelungen der § 5 Abs. 2, § 7 Satz 1 Nr. 2, § 13 Abs. 1, § 14 Abs. 4 und 6, § 14a sowie § 66 Abs. 2 Satz 2 und Abs. 6 unberücksichtigt bleiben. Die Zuwendung nach dem Gesetz über die Gewährung einer jährlichen Sonderzuwendung steht dem Ruhegehalt nach Satz 1 gleich. Die Anrechnung endet mit Ablauf des Monats, in dem das fünfundsechzigste Lebensjahr vollendet wird.

(2) Bei Anwendung des Absatzes 1 wird das Erwerbseinkommen nur insoweit berücksichtigt, als es zusammen mit dem Ruhegehalt die ruhegehaltfähigen Dienstbezüge aus der Endstufe der Besoldungsgruppe, aus der sich das Ruhegehalt berechnet, mindestens einen Betrag in Höhe des Eineinviertelfachen der jeweils ruhegehaltfähigen Dienstbezüge aus der Endstufe der Besoldungsgruppe A 4, zuzüglich des Unterschiedsbetrages nach § 50 Abs. 1 überschreitet. Ein Unfallausgleich (§ 35) und Aufwandsentschädigungen sind außer Betracht zu lassen.

(3) Auf einen Unterhaltsbeitrag nach § 38 wird im Rahmen des Absatzes 1 Erwerbseinkommen in Höhe des Versorgungsbezuges angerechnet, jedoch ist mindestens ein Betrag als Versorgung zu belassen, der unter Berücksichtigung der Minderung der Erwerbsfähigkeit infolge des Dienstunfalles dem Unfallausgleich entspricht.

(4) Eine dem Urlaubsgeld nach dem Urlaubsgeldgesetz entsprechende Leistung aus der Beschäftigung oder Tätigkeit ist bei Anwendung des Absatzes 2 Satz 1 im Monat Juli zu berücksichtigen. Die ruhegehaltfähigen Dienstbezüge nach Absatz 2 Satz 1 sind für den Monat Juli um den Betrag des Urlaubsgeldes nach § 4 des Urlaubsgeldgesetzes zu erhöhen.

(5) Die Zuwendung nach dem Gesetz über die Gewährung einer jährlichen Sonderzuwendung und eine entsprechende Zuwendung aus der Beschäftigung oder Tätigkeit sind bei Anwendung des Absatzes 2 Satz 1 im Monat Dezember zu berücksichtigen. Die ruhegehaltfähigen Dienstbezüge nach Absatz 2 Satz 1 sind für den Monat Dezember zu verdoppeln und um den Sonderbetrag nach § 8 des Gesetzes über die Gewährung einer jährlichen Sonderzuwendung zu erhöhen.

(6) Erwerbseinkommen im Sinne der Absätze 1 bis 3 sind Einkünfte aus selbständiger und nichtselbständiger Arbeit, aus Gewerbebetrieb und aus Land- und Forstwirtschaft. Anzusetzen ist bei den Einkünften aus nichtselbständiger Arbeit das monatliche Erwerbseinkommen, bei den anderen Einkunftsarten das Erwerbseinkommen des Kalenderjahres geteilt durch zwölf Kalendermonate.

(7) (aufgehoben)

§ 54 Zusammentreffen mehrerer Versorgungsbezüge

(1) Erhalten aus einer Verwendung im öffentlichen Dienst (§ 53 Abs. 5 Satz 1) an neuen Versorgungsbezügen

1. ein Ruhestandsbeamter

   Ruhegehalt oder eine ähnliche Versorgung,

2. eine Witwe oder Waise aus der Verwendung des verstorbenen Beamten oder Ruhestandsbeamten

   Witwengeld, Waisengeld oder eine ähnliche Versorgung,

3. eine Witwe

   Ruhegehalt oder eine ähnliche Versorgung,

so sind neben den neuen Versorgungsbezügen die früheren Versorgungsbezüge nur bis zum Erreichen der in Absatz 2 bezeichneten Höchstgrenze zu zahlen.

(2) Als Höchstgrenze gelten

1. für Ruhestandsbeamte (Absatz 1 Nr. 1)

   das Ruhegehalt, das sich unter Zugrundelegung der gesamten ruhegehaltfähigen Dienstzeit und der ruhegehaltfähigen Dienstbezüge aus der Endstufe der Besoldungsgruppe, aus der sich das frühere Ruhegehalt berechnet, ergibt, zuzüglich des Unterschiedsbetrages nach § 50 Abs. 1,

2. für Witwen und Waisen (Absatz 1 Nr. 2)

   das Witwen- oder Waisengeld, das sich aus dem Ruhegehalt nach Nummer 1 ergibt, zuzüglich des Unterschiedsbetrages nach § 50 Abs. 1,

3. für Witwen (Absatz 1 Nr. 3)

   fünfundsiebzig vom Hundert, in den Fällen des § 37 achtzig vom Hundert, der ruhegehaltfähigen Dienstbezüge aus der Endstufe der Besoldungsgruppe, aus der sich das dem Witwengeld zugrunde liegende Ruhegehalt bemißt, zuzüglich des Unterschiedsbetrages nach § 50 Abs. 1 und des Betrages nach § 14 Abs. 2.

Ist bei einem an der Ruhensregelung nach Satz 1 Nr. 1 oder 2 beteiligten Versorgungsbezug das Ruhegehalt nach § 14 Abs. 3 gemindert, ist das für die Höchstgrenze maßgebende Ruhegehalt in sinngemäßer Anwendung dieser Vorschrift festzusetzen. Ist bei der Ruhensregelung nach Satz 1 Nr. 3 das dem Witwengeld zugrundeliegende Ruhegehalt nach § 14 Abs. 3 gemindert, ist die Höchstgrenze entsprechend dieser Vorschrift zu berechnen, wobei dem zu vermindernden Ruhegehalt mindestens ein Ruhegehaltssatz von fünfundsiebzig vom Hundert zugrunde zu legen ist. Ist bei einem an der Ruhensregelung nach Satz 1 Nr. 1 oder 2 beteiligten Versorgungsbezug der Ruhegehaltssatz nach § 14 Abs. 1 Satz 1 Halbsatz 2 oder 3 dieses Gesetzes in der bis zum 31. Dezember 1991 geltenden Fassung gemindert, ist der für die Höchstgrenze maßgebende Ruhegehaltssatz in sinngemäßer Anwendung dieser Vorschrift festzusetzen. Ist bei der Ruhensregelung nach Satz 1 Nr. 3 der Ruhegehaltssatz des dem Witwengeld zugrundeliegenden Ruhegehaltes nach § 14 Abs. 1 Satz 1 Halbsatz 2 oder 3 dieses Gesetzes in der bis zum 31. Dezember 1991 geltenden Fassung gemindert, ist die Höchstgrenze entsprechend dieser Vorschrift zu berechnen, wobei der zu vermindernde Ruhegehaltssatz mindestens fünfundsiebzig vom Hundert beträgt.

(3) Im Falle des Absatzes 1 Nr. 3 ist neben dem neuen Versorgungsbezug mindestens ein Betrag in Höhe von zwanzig vom Hundert des früheren Versorgungsbezuges zu belassen.

(4) Erwirbt ein Ruhestandsbeamter einen Anspruch auf Witwengeld oder eine ähnliche Versorgung, so erhält er daneben sein Ruhegehalt zuzüglich des Unterschiedsbetrages nach § 50 Abs. 1 nur bis zum Erreichen der in Absatz 2 Satz 1 Nr. 3 sowie Satz 3 und 5 bezeichneten Höchstgrenze. Die Gesamtbezüge dürfen nicht hinter seinem Ruhegehalt zuzüglich des Unterschiedsbetrages nach § 50 Abs. 1 sowie eines Betrages in Höhe von zwanzig vom Hundert des neuen Versorgungsbezuges zurückbleiben.

(5) § 53 Abs. 4 gilt entsprechend.

§ 55 Zusammentreffen von Versorgungsbezügen mit Renten

(1) Versorgungsbezüge werden neben Renten nur bis zum Erreichen der in Absatz 2 bezeichneten Höchstgrenze gezahlt. Als Renten gelten

1. Renten aus den gesetzlichen Rentenversicherungen,
2. Renten aus einer zusätzlichen Alters- oder Hinterbliebenenversorgung für Angehörige des öffentlichen Dienstes,
3. Leistungen aus einer berufsständischen Versorgungseinrichtung oder aus einer befreienden Lebensversicherung, zu denen der Arbeitgeber auf Grund eines Beschäftigungsverhältnisses im öffentlichen Dienst mindestens die Hälfte der Beiträge oder Zuschüsse in dieser Höhe geleistet hat.

Wird eine Rente im Sinne des Satzes 2 nicht beantragt oder auf sie verzichtet oder wird an deren Stelle eine Kapitalleistung oder Abfindung gezahlt, so tritt an die Stelle der Rente der Betrag, der vom Leistungsträger ansonsten zu zahlen wäre. Zu den Renten und den Leistungen nach Nummer 3 rechnet nicht der Kinderzuschuß. Renten, Rentenerhöhungen und Rentenminderungen, die auf § 1587b des Bürgerlichen Gesetzbuchs beruhen, bleiben unberücksichtigt.

(2) Als Höchstgrenze gelten

1. für Ruhestandsbeamte

   der Betrag, der sich als Ruhegehalt zuzüglich des Unterschiedsbetrages nach § 50 Abs. 1 ergeben würde, wenn der Berechnung zugrunde gelegt werden

   a) bei den ruhegehaltfähigen Dienstbezügen

      die Endstufe der Besoldungsgruppe, aus der sich das Ruhegehalt berechnet,

   b) als ruhegehaltfähige Dienstzeit

      die Zeit vom vollendeten siebzehnten Lebensjahr bis zum Eintritt des Versorgungsfalles zuzüglich der Zeiten, um die sich die ruhegehaltfähige Dienstzeit erhöht, und der bei der Rente berücksichtigten Zeiten einer rentenversicherungspflichtigen Beschäftigung oder Tätigkeit nach Eintritt des Versorgungsfalles abzüglich von Zeiten nach § 12a,

2. für Witwen

   der Betrag, der sich als Witwengeld zuzüglich des Unterschiedsbetrages nach § 50 Abs. 1,

   für Waisen

   der Betrag, der sich als Waisengeld zuzüglich des Unterschiedsbetrages nach § 50 Abs. 1, wenn dieser neben dem Waisengeld gezahlt wird,

   aus dem Ruhegehalt nach Nummer 1 ergeben würde.

Ist bei einem an der Ruhensregelung beteiligten Versorgungsbezug das Ruhegehalt nach § 14 Abs. 3 gemindert, ist das für die Höchstgrenze maßgebende Ruhegehalt in sinngemäßer Anwendung dieser Vorschrift festzusetzen. Ist bei einem an der Ruhensregelung beteiligten Versorgungsbezug der Ruhegehaltssatz nach § 14 Abs. 1 Satz 1 Halbsatz 2 oder 3 dieses Gesetzes in der bis zum 31. Dezember 1991 geltenden Fassung gemindert, ist der für die Höchstgrenze maßgebende Ruhegehaltssatz in sinngemäßer Anwendung dieser Vorschrift festzusetzen.

(3) Als Renten im Sinne des Absatzes 1 gelten nicht

1. bei Ruhestandsbeamten (Absatz 2 Nr. 1)

   Hinterbliebenenrenten aus einer Beschäftigung oder Tätigkeit des Ehegatten,

2. bei Witwen und Waisen (Absatz 2 Nr. 2)

   Renten auf Grund einer eigenen Beschäftigung oder Tätigkeit.

(4) Bei Anwendung der Absätze 1 und 2 bleibt außer Ansatz der Teil der Rente (Absatz 1), der

1. dem Verhältnis der Versicherungsjahre auf Grund freiwilliger Weiterversicherung oder Selbstversicherung zu den gesamten Versicherungsjahren oder, wenn sich die Rente nach Werteinheiten berechnet, dem Verhältnis der Werteinheiten für freiwillige Beiträge zu der Summe der Werteinheiten für freiwillige Beiträge, Pflichtbeiträge, Ersatzzeiten und Ausfallzeiten oder, wenn sich die Rente nach Entgeltpunkten berechnet, dem Verhältnis der Entgeltpunkte für freiwillige Beiträge zu der Summe der Entgeltpunkte für freiwillige Beiträge, Pflichtbeiträge, Ersatzzeiten, Zurechnungszeiten und Anrechnungszeiten entspricht,
2. auf einer Höherversicherung beruht.

Dies gilt nicht, soweit der Arbeitgeber mindestens die Hälfte der Beiträge oder Zuschüsse in dieser Höhe geleistet hat.

(5) Bei Anwendung der §§ 53, 53a ist von der nach Anwendung der Absätze 1 bis 4 verbleibenden Gesamtversorgung auszugehen.

(6) Beim Zusammentreffen von zwei Versorgungsbezügen mit einer Rente ist zunächst der neuere Versorgungsbezug nach den Absätzen 1 bis 4 und danach der frühere Versorgungsbezug unter Berücksichtigung des gekürzten neueren Versorgungsbezugs nach § 54 zu regeln. Der hiernach gekürzte frühere Versorgungsbezug ist unter Berücksichtigung des gekürzten neueren Versorgungsbezugs nach den Absätzen 1 bis 4 zu regeln; für die Berechnung der Höchstgrenze nach Absatz 2 ist hierbei die Zeit bis zum Eintritt des neueren Versorgungsfalls zu berücksichtigen.

(7) § 53 Abs. 4 gilt entsprechend.

(8) Den in Absatz 1 bezeichneten Renten stehen entsprechende wiederkehrende Geldleistungen gleich, die auf Grund der Zugehörigkeit zu Zusatz- oder Sonderversorgungssystemen der ehemaligen Deutschen Demokratischen Republik geleistet werden oder die von einem ausländischen Versicherungsträger nach einem für die Bundesrepublik Deutschland wirksamen zwischen- oder überstaatlichen Abkommen gewährt werden.

§ 56 Zusammentreffen von Versorgungsbezügen mit Versorgung aus zwischenstaatlicher und überstaatlicher Verwendung

(1) Erhält ein Ruhestandsbeamter aus der Verwendung im öffentlichen Dienst einer zwischenstaatlichen oder überstaatlichen Einrichtung eine Versorgung, ruht sein deutsches Ruhegehalt in Höhe des Betrages, um den die Summe aus der genannten Versorgung und dem deutschen Ruhegehalt die in Absatz 2 genannte Höchstgrenze übersteigt, mindestens jedoch in Höhe des Betrages, der einer Minderung des Hundertsatzes von 1,875 für jedes im zwischenstaatlichen oder überstaatlichen Dienst vollendete Jahr entspricht; der Unterschiedsbetrag nach § 50 Abs. 1 ruht in Höhe von 2,5 vom Hundert für jedes im zwischenstaatlichen oder überstaatlichen Dienst vollendete Jahr. Die Versorgungsbezüge ruhen in voller Höhe, wenn der Ruhestandsbeamte als Invaliditätspension die Höchstversorgung aus seinem Amt bei der zwischenstaatlichen oder überstaatlichen Einrichtung erhält. Der Ruhensbetrag darf die von der zwischenstaatlichen oder überstaatlichen Einrichtung gewährte Versorgung nicht übersteigen. Bei der Anwendung des Satzes 1 wird die Zeit, in welcher der Beamte, ohne ein Amt bei einer zwischenstaatlichen oder überstaatlichen Einrichtung auszuüben, dort einen Anspruch auf Vergütung oder sonstige Entschädigung hat und Ruhegehaltsansprüche erwirbt, als Zeit im zwischenstaatlichen oder überstaatlichen Dienst gerechnet; Entsprechendes gilt für Zeiten nach dem Ausscheiden aus dem Dienst einer zwischenstaatlichen oder überstaatlichen Einrichtung, die dort bei der Berechnung des Ruhegehaltes wie Dienstzeiten berücksichtigt werden.

(2) Als Höchstgrenze gelten die in § 54 Abs. 2 bezeichneten Höchstgrenzen sinngemäß, wobei diese im Monat Dezember nicht zu verdoppeln sind; dabei ist als Ruhegehalt dasjenige deutsche Ruhege-

halt zugrunde zu legen, das sich unter Einbeziehung der Zeiten einer Verwendung im öffentlichen Dienst einer zwischenstaatlichen oder überstaatlichen Einrichtung als ruhegehaltfähige Dienstzeit und auf der Grundlage der ruhegehaltfähigen Dienstbezüge aus der Endstufe der nächsthöheren Besoldungsgruppe ergibt.

(3) Verzichtet der Beamte oder Ruhestandsbeamte bei seinem Ausscheiden aus dem öffentlichen Dienst einer zwischenstaatlichen oder überstaatlichen Einrichtung auf eine Versorgung oder wird an deren Stelle eine Abfindung, Beitragserstattung oder ein sonstiger Kapitalbetrag gezahlt, so findet Absatz 1 mit der Maßgabe Anwendung, daß an die Stelle der Versorgung der Betrag tritt, der vom Leistungsträger ansonsten zu zahlen wäre; erfolgt die Zahlung eines Kapitalbetrages, weil kein Anspruch auf laufende Versorgung besteht, so ist der sich bei einer Verrentung des Kapitalbetrages ergebende Betrag zugrunde zu legen. Satz 1 gilt nicht, wenn der Beamte oder Ruhestandsbeamte innerhalb eines Jahres nach Beendigung der Verwendung oder der Berufung in das Beamtenverhältnis den Kapitalbetrag zuzüglich der hierauf gewährten Zinsen an seinen Dienstherrn abführt.

(4) Hat der Beamte oder Ruhestandsbeamte schon vor seinem Ausscheiden aus dem zwischenstaatlichen oder überstaatlichen öffentlichen Dienst unmittelbar oder mittelbar Zahlungen aus dem Kapitalbetrag erhalten oder hat die zwischenstaatliche oder überstaatliche Einrichtung diesen durch Aufrechnung oder in anderer Form verringert, ist die Zahlung nach Absatz 3 in Höhe des ungekürzten Kapitalbetrages zu leisten.

(5) Erhalten die Witwe oder die Waisen eines Beamten oder Ruhestandsbeamten Hinterbliebenenbezüge von der zwischenstaatlichen oder überstaatlichen Einrichtung, ruht ihr deutsches Witwengeld und Waisengeld in Höhe des Betrages, der sich unter Anwendung der Absätze 1 und 2 nach dem entsprechenden Anteilsatz ergibt. Absatz 1 Satz 1 zweiter Halbsatz, Absatz 3 und 4 finden entsprechende Anwendung.

(6) § 53 Abs. 4 gilt entsprechend.

§ 57 Kürzung der Versorgungsbezüge nach der Ehescheidung

(1) Sind Anwartschaften in einer gesetzlichen Rentenversicherung nach § 1587 b Abs. 2 des Bürgerlichen Gesetzbuchs durch Entscheidung des Familiengerichts begründet worden, werden nach Wirksamkeit dieser Entscheidung die Versorgungsbezüge des verpflichteten Ehegatten und seiner Hinterbliebenen nach Anwendung von Ruhens-, Kürzungs- und Anrechnungsvorschriften um den nach Absatz 2 oder 3 berechneten Betrag gekürzt. Das Ruhegehalt, das der verpflichtete Ehegatte im Zeitpunkt der Wirksamkeit der Entscheidung des Familiengerichts über den Versorgungsausgleich erhält, wird erst gekürzt, wenn aus der Versicherung des berechtigten Ehegatten eine Rente zu gewähren ist. Das einer Vollwaise zu

gewährende Waisengeld wird nicht gekürzt, wenn nach dem Recht der gesetzlichen Rentenversicherungen die Voraussetzungen für die Gewährung einer Waisenrente aus der Versicherung des berechtigten Ehegatten nicht erfüllt sind.

(2) Der Kürzungsbetrag für das Ruhegehalt berechnet sich aus dem Monatsbetrag der durch die Entscheidung des Familiengerichts begründeten Anwartschaften. Dieser Monatsbetrag erhöht oder vermindert sich bei einem Beamten um die Hundertsätze der nach dem Ende der Ehezeit bis zum Zeitpunkt des Eintritts in den Ruhestand eingetretenen Erhöhungen oder Verminderungen der beamtenrechtlichen Versorgungsbezüge, die in festen Beträgen festgesetzt sind. Vom Zeitpunkt des Eintritts in den Ruhestand an, bei einem Ruhestandsbeamten vom Tag nach dem Ende der Ehezeit an, erhöht oder vermindert sich der Kürzungsbetrag in dem Verhältnis, in dem sich das Ruhegehalt vor Anwendung von Ruhens-, Kürzungs- und Anrechnungsvorschriften durch Anpassung der Versorgungsbezüge erhöht oder vermindert.

(3) Der Kürzungsbetrag für das Witwen- und Waisengeld berechnet sich aus dem Kürzungsbetrag nach Absatz 2 für das Ruhegehalt, das der Beamte erhalten hat oder hätte erhalten können, wenn er am Todestag in den Ruhestand getreten wäre, nach den Anteilssätzen des Witwen- oder Waisengeldes.

(4) Ein Unterhaltsbeitrag nach § 22 Abs. 2 oder 3 oder nach entsprechendem bisherigen Recht und eine Abfindungsrente nach bisherigem Recht (§ 153 des Bundesbeamtengesetzes und entsprechende Vorschriften) werden nicht gekürzt.

§ 58 Abwendung der Kürzung der Versorgungsbezüge

(1) Die Kürzung der Versorgungsbezüge nach § 57 kann von dem Beamten oder Ruhestandsbeamten ganz oder teilweise durch Zahlung eines Kapitalbetrages an den Dienstherrn abgewendet werden.

(2) Als voller Kapitalbetrag wird der Betrag angesetzt, der auf Grund der Entscheidung des Familiengerichts nach § 1587 b Abs. 2 des Bürgerlichen Gesetzbuchs zur Begründung der Anwartschaft auf die bestimmte Rente zu leisten gewesen wäre, erhöht oder vermindert um die Hundertsätze der nach dem Tage, an dem die Entscheidung des Familiengerichts ergangen ist, bis zum Tag der Zahlung des Kapitalbetrages eingetretenen Erhöhungen oder Verminderungen der beamtenrechtlichen Versorgungsbezüge, die in festen Beträgen festgesetzt sind. Von dem Zeitpunkt des Eintritts in den Ruhestand an, bei einem Ruhestandsbeamten von dem Tage, an dem die Entscheidung des Familiengerichts ergangen ist, erhöht oder vermindert sich der Kapitalbetrag in dem Verhältnis, in dem sich das Ruhegehalt vor Anwendung von Ruhens-, Kürzungs- und Anrechnungsvorschriften durch Anpassung der Versorgungsbezüge erhöht oder vermindert.

(3) Bei teilweiser Zahlung vermindert sich die Kürzung der Versorgungsbezüge in dem entsprechenden Verhältnis; der Betrag der teilweisen Zahlung soll den Monatsbetrag der Dienstbezüge des Beamten oder des Ruhegehaltes des Ruhestandsbeamten nicht unterschreiten.

§ 59 Erlöschen der Versorgungsbezüge wegen Verurteilung

(1) Ein Ruhestandsbeamter,

1. gegen den wegen einer vor Beendigung des Beamtenverhältnisses begangenen Tat eine Entscheidung ergangen ist, die nach § 48 des Bundesbeamtengesetzes oder entsprechendem Landesrecht zum Verlust der Beamtenrechte geführt hätte, oder
2. der wegen einer nach Beendigung des Beamtenverhältnisses begangenen Tat durch ein deutsches Gericht im Geltungsbereich dieses Gesetzes im ordentlichen Strafverfahren
   a) wegen einer vorsätzlichen Tat zu Freiheitsstrafe von mindestens zwei Jahren oder
   b) wegen einer vorsätzlichen Tat, die nach den Vorschriften über Friedensverrat, Hochverrat, Gefährdung des demokratischen Rechtsstaates oder Landesverrat und Gefährdung der äußeren Sicherheit strafbar ist, zu Freiheitsstrafe von mindestens sechs Monaten

   verurteilt worden ist,

verliert mit der Rechtskraft der Entscheidung seine Rechte als Ruhestandsbeamter. Entsprechendes gilt, wenn der Ruhestandsbeamte auf Grund einer Entscheidung des Bundesverfassungsgerichts gemäß Artikel 18 des Grundgesetzes ein Grundrecht verwirkt hat.

(2) Die §§ 50 und 51 des Bundesbeamtengesetzes oder das entsprechende Landesrecht finden entsprechende Anwendung.

§ 60 Erlöschen der Versorgungsbezüge bei Ablehnung einer erneuten Berufung

Kommt ein Ruhestandsbeamter entgegen den Vorschriften der §§ 39 und 45 Abs. 1 des Bundesbeamtengesetzes oder des entsprechenden Landesrechts einer erneuten Berufung in das Beamtenverhältnis schuldhaft nicht nach, obwohl er auf die Folgen eines solchen Verhaltens schriftlich hingewiesen worden ist, so verliert er für diese Zeit seine Versorgungsbezüge. Die oberste Dienstbehörde stellt den Verlust der Versorgungsbezüge fest. Eine disziplinarrechtliche Verfolgung wird dadurch nicht ausgeschlossen.

§ 61 Erlöschen der Witwen- und Waisenversorgung

(1) Der Anspruch der Witwen und Waisen auf Versorgungsbezüge erlischt

1. für jeden Berechtigten mit dem Ende des Monats, in dem er stirbt,
2. für jede Witwe außerdem mit dem Ende des Monats, in dem sie sich verheiratet,

3. für jede Waise außerdem mit dem Ende des Monats, in dem sie das achtzehnte Lebensjahr vollendet,
4. für jeden Berechtigten, der durch ein deutsches Gericht im Geltungsbereich dieses Gesetzes im ordentlichen Strafverfahren wegen eines Verbrechens zu Freiheitsstrafe von mindestens zwei Jahren oder wegen einer vorsätzlichen Tat, die nach den Vorschriften über Friedensverrat, Hochverrat, Gefährdung des demokratischen Rechtsstaates oder Landesverrat und Gefährdung der äußeren Sicherheit strafbar ist, zu Freiheitsstrafe von mindestens sechs Monaten verurteilt worden ist, mit der Rechtskraft des Urteils.

Entsprechendes gilt, wenn der Berechtigte auf Grund einer Entscheidung des Bundesverfassungsgerichts gemäß Artikel 18 des Grundgesetzes ein Grundrecht verwirkt hat. In den Fällen des Satzes 1 Nr. 4 und des Satzes 2 gilt § 41 sinngemäß. Die §§ 50 und 51 des Bundesbeamtengesetzes oder das entsprechende Landesrecht finden entsprechende Anwendung.

(2) Das Waisengeld wird nach Vollendung des achtzehnten Lebensjahres auf Antrag gewährt, solange die in § 2 Abs. 2 Satz 1, 5 und 6, Abs. 3 oder § 14 Abs. 1 Satz 4 des Bundeskindergeldgesetzes genannten Voraussetzungen gegeben sind. Im Falle einer körperlichen, geistigen oder seelischen Behinderung im Sinne des § 2 Abs. 2 Satz 1 Nr. 3 des Bundeskindergeldgesetzes wird das Waisengeld ungeachtet der Höhe eines eigenen Einkommens dem Grunde nach gewährt; soweit ein eigenes Einkommen der Waise das Zweifache des Mindestvollwaisengeldes (§ 14 Abs. 4 Satz 2 in Verbindung mit § 24 Abs. 1) übersteigt, wird es zur Hälfte auf das Waisengeld zuzüglich des Unterschiedsbetrages nach § 50 Abs. 1 angerechnet. Das Waisengeld nach Satz 2 wird über das siebenundzwanzigste Lebensjahr hinaus nur gewährt, wenn

1. die Behinderung bei Vollendung des siebenundzwanzigsten Lebensjahres bestanden hat oder bis zu dem sich nach § 2 Abs. 3 Satz 2 Nr. 1 bis 3 des Bundeskindergeldgesetzes ergebenden Zeitpunkt eingetreten ist, wenn die Waise sich in verzögerter Schul- oder Berufsausbildung befunden hat,

   und

2. die Waise ledig oder verwitwet ist oder ihr Ehegatte oder früherer Ehegatte ihr keinen ausreichenden Unterhalt leisten kann oder dem Grunde nach nicht unterhaltspflichtig ist und sie nicht unterhält.

(3) Hat eine Witwe sich wieder verheiratet und wird die Ehe aufgelöst, so lebt der Anspruch auf Witwengeld wieder auf; ein von der Witwe infolge Auflösung der Ehe erworbener neuer Versorgungs-, Unterhalts- oder Rentenanspruch ist auf das Witwengeld und den Unterschiedsbetrag nach § 50 Abs. 1 anzurechnen. Der Auflösung der Ehe steht die Nichtigerklärung gleich.

§ 62 Anzeigepflicht

(1) Die Beschäftigungsstelle (§ 47 Abs. 5, §§ 53, 54) hat der die Versorgungsbezüge anweisenden Stelle (Regelungsbehörde) oder der die Versorgungsbezüge zahlenden Kasse jede Verwendung eines Versorgungsberechtigten unter Angabe der gewährten Bezüge, ebenso jede spätere Änderung der Bezüge oder die Zahlungseinstellung sowie die Gewährung einer Versorgung unverzüglich anzuzeigen.

(2) Der Versorgungsberechtigte ist verpflichtet, der Regelungsbehörde oder der die Versorgungsbezüge zahlenden Kasse

1. die Verlegung des Wohnsitzes,
2. den Bezug und jede Änderung von Einkünften nach den §§ 10, 14 Abs. 5 und § 22 Abs. 1 Satz 2 sowie den §§ 53 bis 56 und 61 Abs. 2,
3. die Witwe auch die Verheiratung (§ 61 Abs. 1 Satz 1 Nr. 2) sowie im Falle der Auflösung der neuen Ehe den Erwerb und jede Änderung eines neuen Versorgungs-, Unterhalts- oder Rentenanspruchs (§ 61 Abs. 3 Satz 1 zweiter Halbsatz),
4. die Begründung eines neuen öffentlich-rechtlichen Dienstverhältnisses oder eines privatrechtlichen Arbeitsverhältnisses im öffentlichen Dienst in den Fällen des § 47 Abs. 5,
5. die Erfüllung der allgemeinen Wartezeit nach dem Sechsten Buch Sozialgesetzbuch in den Fällen des § 12b sowie im Rahmen des Kindererziehungszuschlagsgesetzes

unverzüglich anzuzeigen.

Auf Verlangen der Regelungsbehörde ist der Versorgungsberechtigte verpflichtet, der Erteilung erforderlicher Auskünfte, die für die Versorgungsbezüge erheblich sind, durch Dritte zuzustimmen.

(3) Kommt ein Versorgungsberechtigter der ihm nach Absatz 2 Nr. 2 und 3 auferlegten Verpflichtung schuldhaft nicht nach, so kann ihm die Versorgung ganz oder teilweise auf Zeit oder Dauer entzogen werden. Beim Vorliegen besonderer Verhältnisse kann die Versorgung ganz oder teilweise wieder zuerkannt werden. Die Entscheidung trifft die oberste Dienstbehörde oder die von ihr bestimmte Stelle.

§ 63 Anwendungsbereich

Für die Anwendung des Abschnitts VII gelten

1. ein Unterhaltsbeitrag nach § 15 als Ruhegehalt,
2. ein Unterhaltsbeitrag nach § 38 als Ruhegehalt, außer für die Anwendung des § 59,
3. ein Unterhaltsbeitrag nach § 26 als Witwen- oder Waisengeld,
4. ein Unterhaltsbeitrag nach den §§ 41 und 61 Abs. 1 Satz 3 als Witwen- oder Waisengeld, außer für die Anwendung des § 61 Abs. 1 Satz 1 Nr. 4, Satz 2,

5. ein Unterhaltsbeitrag nach § 22 Abs. 1 und § 40 als Witwengeld,
6. ein Unterhaltsbeitrag nach § 22 Abs. 2 oder 3 als Witwengeld, außer für die Anwendung des § 57,
7. ein Unterhaltsbeitrag nach § 23 Abs. 2 als Waisengeld,
8. ein Unterhaltsbeitrag nach § 50 des Bundesbeamtengesetzes und entsprechendem Landesrecht, den §§ 59 und 61 Abs. 1 Satz 4 und § 68 als Ruhegehalt, Witwen- oder Waisengeld,
9. die Bezüge der nach § 32 des Deutschen Richtergesetzes oder einer entsprechenden gesetzlichen Vorschrift nicht im Amt befindlichen Richter und Mitglieder einer obersten Rechnungsprüfungsbehörde als Ruhegehalt,
10. die Bezüge, die entsprechend § 4 Abs. 1 Satz 1 des Bundesbesoldungsgesetzes in anderen als den dort genannten Fällen gewährt werden, als Ruhegehalt;

die Empfänger dieser Versorgungsbezüge gelten als Ruhestandsbeamte, Witwen oder Waisen.

Abschnitt VIII
Sondervorschriften

§ 64 Entzug von Hinterbliebenenversorgung

(1) Die oberste Dienstbehörde kann Empfängern von Hinterbliebenenversorgung die Versorgungsbezüge auf Zeit teilweise oder ganz entziehen, wenn sie sich gegen die freiheitliche demokratische Grundordnung im Sinne des Grundgesetzes betätigt haben; § 41 gilt sinngemäß. Die diese Maßnahmen rechtfertigenden Tatsachen sind in einem Untersuchungsverfahren festzustellen, in dem die eidliche Vernehmung von Zeugen und Sachverständigen zulässig und der Versorgungsberechtigte zu hören ist. Die Länder können andere Zuständigkeiten bestimmen.

(2) § 61 Abs. 1 Satz 1 Nr. 4 und Satz 2 bleibt unberührt.

§ 65 Nichtberücksichtigung der Versorgungsbezüge

Werden Versorgungsberechtigte im öffentlichen Dienst (§ 53 Abs. 5) verwendet, so sind ihre Bezüge aus dieser Beschäftigung ohne Rücksicht auf die Versorgungsbezüge zu bemessen. Das gleiche gilt für eine auf Grund der Beschäftigung zu gewährende Versorgung.

Abschnitt IX
Versorgung besonderer Beamtengruppen

§ 66 Beamte auf Zeit

(1) Für die Versorgung der Beamten auf Zeit und ihrer Hinterbliebenen gelten die Vorschriften für die Versorgung der Beamten auf

Lebenszeit und ihrer Hinterbliebenen entsprechend, soweit in diesem Gesetz nichts anderes bestimmt ist.

(2) Für Beamte auf Zeit, die eine ruhegehaltfähige Dienstzeit von zehn Jahren zurückgelegt haben, beträgt das Ruhegehalt, wenn es für sie günstiger ist, nach einer Amtszeit von acht Jahren als Beamter auf Zeit fünfunddreißig vom Hundert der ruhegehaltfähigen Dienstbezüge zuzüglich eines Betrages nach § 14 Satz 2 und steigt mit jedem weiteren vollen Amtsjahr als Beamter auf Zeit um zwei vom Hundert der ruhegehaltfähigen Dienstbezüge bis zum Höchstruhegehaltssatz von fünfundsiebzig vom Hundert. Als Amtszeit rechnet hierbei auch die Zeit bis zur Dauer von fünf Jahren, die ein Beamter auf Zeit im einstweiligen Ruhestand zurückgelegt hat. § 14 Abs. 3 findet Anwendung. Die Sätze 1 bis 3 finden auf zu Beamten auf Zeit ernannte Militärgeistliche keine Anwendung.

(3) Ein Übergangsgeld nach § 47 wird nicht gewährt, wenn der Beamte auf Zeit einer gesetzlichen Verpflichtung, sein Amt nach Ablauf der Amtszeit unter erneuter Berufung in das Beamtenverhältnis weiterzuführen, nicht nachkommt.

(4) Führt der Beamte auf Zeit nach Ablauf seiner Amtszeit sein bisheriges Amt unter erneuter Berufung als Beamter auf Zeit oder durch Wiederwahl für die folgende Amtszeit weiter, gilt für die Anwendung dieses Gesetzes das Beamtenverhältnis als nicht unterbrochen. Satz 1 gilt entsprechend für Beamte auf Zeit, die aus ihrem bisherigen Amt ohne Unterbrechung in ein vergleichbares **„oder höherwertiges“** Amt unter erneuter Berufung als Beamter auf Zeit gewählt werden.

(5) Wird ein Beamter auf Zeit wegen Dienstunfähigkeit entlassen, gelten die §§ 15 und 26 entsprechend.

(6) Wird ein Wahlbeamter auf Zeit abgewählt, erhält er bis zum Ablauf seiner Amtszeit, bei einem vorherigen Eintritt in den Ruhestand oder der Entlassung längstens bis zu diesem Zeitpunkt, Versorgung wie ein in den einstweiligen Ruhestand versetzter Beamter. § 7 Satz 1 Nr. 2 gilt entsprechend; das Höchstruhegehalt nach Absatz 2 darf nicht überschritten werden.

(7) Zeiten, während der ein Wahlbeamter auf Zeit nach Vollendung des siebzehnten Lebensjahres durch eine hauptberufliche Tätigkeit oder eine Ausbildung außerhalb der allgemeinen Schulbildung Fachkenntnisse erworben hat, die für die Wahrnehmung des Amtes förderlich sind, können bis zu einer Gesamtzeit von vier Jahren als ruhegehaltfähig berücksichtigt werden.

§ 67 Professoren an Hochschulen, Hochschuldozenten, Oberassistenten, Oberingenieure, Wissenschaftliche und Künstlerische Assistenten

(1) Für die Versorgung der zu Beamten ernannten Professoren an Hochschulen, Hochschuldozenten, Oberassistenten, Oberingenieure,

Wissenschaftlichen und Künstlerischen Assistenten und ihrer Hinterbliebenen gelten die Vorschriften dieses Gesetzes, soweit nachfolgend nichts anderes bestimmt ist.

(2) Ruhegehaltfähig ist auch die Zeit, in der die Professoren, Hochschuldozenten, Oberassistenten, Oberingenieure, Wissenschaftlichen und Künstlerischen Assistenten nach der Habilitation dem Lehrkörper einer Hochschule angehört haben. Als ruhegehaltfähig gilt auch die zur Vorbereitung für die Promotion benötigte Zeit bis zu zwei Jahren. Die nach erfolgreichem Abschluß eines Hochschulstudiums vor der Ernennung zum Professor, Hochschuldozenten, Oberassistenten, Oberingenieur, Wissenschaftlichen oder Künstlerischen Assistenten liegende Zeit einer hauptberuflichen Tätigkeit, in der besondere Fachkenntnisse erworben wurden, die für die Wahrnehmung des Amtes förderlich sind, soll im Falle des § 44 Abs. 1 Nr. 4 Buchstabe b des Hochschulrahmengesetzes als ruhegehaltfähig berücksichtigt werden; im übrigen kann sie bis zu fünf Jahren in vollem Umfang, darüber hinaus bis zur Hälfte als ruhegehaltfähig berücksichtigt werden.

(3) Über die Ruhegehaltfähigkeit von Zeiten nach Absatz 2 sowie auf Grund der §§ 10 bis 12 soll in der Regel bei der Berufung in das Beamtenverhältnis entschieden werden. Diese Entscheidungen stehen unter dem Vorbehalt eines Gleichbleibens der Rechtslage, die ihnen zugrunde liegt.

(4) Für Hochschuldozenten, Oberassistenten, Oberingenieure, Wissenschaftliche und Künstlerische Assistenten beträgt das Übergangsgeld abweichend von § 47 Abs. 1 Satz 1 für ein Jahr Dienstzeit das Einfache, insgesamt höchstens das Sechsfache der Dienstbezüge (§ 1 Abs. 2 Nr. 1 bis 4 des Bundesbesoldungsgesetzes) des letzten Monats.

§ 68 Ehrenbeamte

Erleidet der Ehrenbeamte einen Dienstunfall (§ 31), so hat er Anspruch auf ein Heilverfahren (§ 33). Außerdem kann ihm Ersatz von Sachschäden (§ 32) und von der obersten Dienstbehörde oder der von ihr bestimmten Stelle, für Ehrenbeamte des Bundes und der Länder im Einvernehmen mit dem für das Versorgungsrecht zuständigen Minister oder der von ihm bestimmten Stelle, ein nach billigem Ermessen festzusetzender Unterhaltsbeitrag bewilligt werden. Das gleiche gilt für seine Hinterbliebenen.

Abschnitt X
Vorhandene Versorgungsempfänger

§ 69 Anwendung bisherigen und neuen Rechts für am 1. Januar 1977 vorhandene Versorgungsempfänger

(1) Die Rechtsverhältnisse der am 1. Januar 1992 vorhandenen Ruhestandsbeamten, entpflichteten Hochschullehrer, Witwen, Wai-

sen und sonstigen Versorgungsempfänger regeln sich, sofern der Versorgungsfall oder die Entpflichtung vor dem 1. Januar 1977 eingetreten oder wirksam geworden ist, nach dem bis zum 31. Dezember 1976 geltenden Recht mit folgenden Maßgaben:

1. Die Witwenabfindung richtet sich nach diesem Gesetz.
2. Die §§ 3, 9 Abs. 2, § 10 Abs. 2, § 14 Abs. 2, § 22 Abs. 1 Satz 2, die §§ 33, 34 und 42 Satz 2 sowie die §§ 49 bis 54, § 55 Abs. 2 bis 8; §§ 57 bis 65 und 70, 71 dieses Gesetzes finden Anwendung; § 6 Abs. 1 Satz 5, §§ 14a, 55 Abs. 1 und § 56 finden in der bis zum 31. Dezember 1991 geltenden Fassung Anwendung. In den Fällen des § 141a des Bundesbeamtengesetzes oder des entsprechenden bisherigen Landesrechts richten sich die ruhegehaltfähigen Dienstbezüge und der maßgebende Ruhegehaltssatz nach § 37 dieses Gesetzes. Vorschriften über die Nichtgewährung eines Unfallausgleichs während einer Krankenhausbehandlung sind nicht mehr anzuwenden. Ist in den Fällen der §§ 53 und 54 dieses Gesetzes die Ruhensregelung nach dem bis zum 31. Dezember 1976 geltenden Recht für den Versorgungsempfänger günstiger, verbleibt es dabei, solange ein über den 31. Dezember 1976 hinaus bestehendes Beschäftigungsverhältnis andauert oder eine weitere Versorgung besteht. Ist in den Fällen des § 53 die Ruhensregelung nach dem bis zum 31. Dezember 1991 geltenden Recht günstiger, verbleibt es dabei, solange ein über den 31. Dezember 1991 hinaus bestehendes Beschäftigungsverhältnis andauert. Bei der Anwendung des § 53a treten an die Stelle der in § 53a Abs. 1 Satz 1 genannten Vorschriften die entsprechenden Vorschriften des bis zum 31. Dezember 1976 geltenden Rechts. § 53a gilt nicht, solange eine am 31. Dezember 1991 über diesen Zeitpunkt hinaus bestehende Beschäftigung oder Tätigkeit eines Ruhestandsbeamten andauert.
3. Die Mindestversorgungsbezüge (§ 14 Abs. 4 Satz 2 und 3) und die Mindestunfallversorgungsbezüge bestimmen sich nach diesem Gesetz.
4. Als Ruhegehalt im Sinne der §§ 53 bis 58, 62 und 65 gelten auch die Bezüge der entpflichteten beamteten Hochschullehrer; die Empfänger dieser Bezüge gelten als Ruhestandsbeamte. Die Bezüge der entpflichteten beamteten Hochschullehrer gelten unter Hinzurechnung des dem Entpflichteten zustehenden, mindestens des zuletzt zugesicherten Vorlesungsgeldes (Kolleggeldpauschale) als Höchstgrenze im Sinne des § 53 Abs. 2 Nr. 1 und als ruhegehaltfähige Dienstbezüge im Sinne des § 53a Abs. 2 dieses Gesetzes. § 65 gilt nicht für entpflichtete Hochschullehrer, die die Aufgaben der von ihnen bis zur Entpflichtung innegehabten Stelle vertretungsweise wahrnehmen.
5. Die Rechtsverhältnisse der Hinterbliebenen eines Ruhestandsbeamten, der nach dem 31. Dezember 1976 und vor dem 1. Januar 1992 verstorben ist, richten sich nach diesem Gesetz in der bis zum 31. Dezember 1991 geltenden Fassung, jedoch unter Zugrundelegung des bisherigen Ruhegehaltes; § 22 Abs. 1 Satz 2,

§§ 53 und 55 Abs. 4 finden in der ab 1. Januar 1992 geltenden Fassung dieses Gesetzes Anwendung. Nummer 2 Satz 5 gilt entsprechend. § 26 dieses Gesetzes ist auch auf Hinterbliebene eines früheren Beamten auf Lebenszeit oder auf Widerruf anwendbar, dem nach dem bis zum 31. Dezember 1976 geltenden Recht ein Unterhaltsbeitrag bewilligt war oder hätte bewilligt werden können. Für die Hinterbliebenen eines entpflichteten Hochschullehrers, der nach dem 31. Dezember 1976 und vor dem 1. Januar 1992 verstorben ist, gilt § 91 Abs. 2 Nr. 3 in der bis zum 31. Dezember 1991 geltenden Fassung entsprechend.

6. Die Rechtsverhältnisse der Hinterbliebenen eines Ruhestandsbeamten, der nach dem 31. Dezember 1991 verstorben ist, regeln sich nach diesem Gesetz, jedoch unter Zugrundelegung des bisherigen Ruhegehaltes; § 56 findet in der bis zum 31. Dezember 1991 geltenden Fassung Anwendung. Für die Hinterbliebenen eines entpflichteten Hochschullehrers, der nach dem 31. Dezember 1991 verstorben ist, gilt § 91 Abs. 2 Nr. 3 entsprechend.

(2) Für die am 1. Januar 1977 vorhandenen früheren Beamten, früheren Ruhestandsbeamten und ihre Hinterbliebenen gelten die §§ 38, 41 und 61 Abs. 1 Satz 3; § 82 findet in der bis zum 31. Dezember 1991 geltenden Fassung Anwendung. Für eine sich danach ergebende Versorgung gelten die Vorschriften des Absatzes 1, wobei § 38 Abs. 4 Satz 3 und § 38 Abs. 5 anzuwenden sind.

(3) Haben nach bisherigem Recht Versorgungsbezüge nicht zugestanden, werden Zahlungen nur auf Antrag gewährt, und zwar vom Ersten des Monats, in dem der Antrag gestellt worden ist. Anträge, die bis zum 31. Dezember 1977 gestellt werden, gelten als am 1. Januar 1977 gestellt.

§ 69a Anwendung bisherigen und neuen Rechts für am 1. Januar 1992 vorhandene Versorgungsempfänger

Die Rechtsverhältnisse der am 1. Januar 1992 vorhandenen Ruhestandsbeamten, entpflichteten Hochschullehrer, Witwen, Waisen und sonstigen Versorgungsempfänger regeln sich, sofern der Versorgungsfall oder die Entpflichtung nach dem 31. Dezember 1976 eingetreten oder wirksam geworden ist, nach dem bis zum 31. Dezember 1991 geltenden Recht mit folgenden Maßgaben:

1. § 22 Abs. 1 Satz 2 sowie die §§ 53, 54 und 55 Abs. 2 bis 8 finden in der vom 1. Januar 1992 an geltenden Fassung Anwendung. Ist in den Fällen des § 53 die Ruhensregelung nach dem bis zum 31. Dezember 1991 geltenden Recht günstiger, verbleibt es dabei, solange ein über den 31. Dezember 1991 hinaus bestehendes Beschäftigungsverhältnis andauert.
2. § 53a findet Anwendung. Hierbei treten an die Stelle der in § 53a Abs. 1 Satz 1 genannten Vorschriften die entsprechenden Vorschriften des vor dem 1. Januar 1992 geltenden Rechts. § 53a gilt nicht, solange eine am 31. Dezember 1991 über diesen Zeitpunkt

hinaus bestehende Beschäftigung oder Tätigkeit eines Ruhestandsbeamten andauert.

3. Die Rechtsverhältnisse der Hinterbliebenen eines Ruhestandsbeamten, der nach dem 31. Dezember 1991 verstorben ist, regeln sich nach den ab dem 1. Januar 1992 geltenden Vorschriften, jedoch unter Zugrundelegung des bisherigen Ruhegehaltes. § 56 findet in der bis zum 31. Dezember 1991 geltenden Fassung Anwendung. Für die Hinterbliebenen eines entpflichteten Hochschullehrers, der nach dem 31. Dezember 1991 verstorben ist, gilt § 91 Abs. 2 Nr. 3 entsprechend.
4. § 69 Abs. 1 Nr. 3 gilt entsprechend.

Abschnitt XI
Anpassung der Versorgungsbezüge

§ 70 Allgemeine Anpassung

(1) Werden die Dienstbezüge der Besoldungsberechtigten allgemein erhöht oder vermindert, sind von demselben Zeitpunkt an die Versorgungsbezüge durch Bundesgesetz entsprechend zu regeln.

(2) Als allgemeine Änderung der Dienstbezüge im Sinne des Absatzes 1 gelten auch die Neufassung der Grundgehaltstabelle mit unterschiedlicher Änderung der Grundgehaltssätze und die allgemeine Erhöhung oder Verminderung der Dienstbezüge um feste Beträge.

§ 71 Anpassungszuschlag

(1) Verändert sich der durchschnittliche Besoldungsaufwand des Bundes (ohne Sondervermögen) und der Länder im früheren Bundesgebiet innerhalb eines Feststellungszeitraumes von zwölf Monaten durch strukturelle Maßnahmen, wird den Versorgungsempfängern ab 1. Januar 1993 insoweit ein Anpassungszuschlag gewährt. Dies gilt nicht für Empfänger von Übergangsgebührnissen.

(2) Feststellungszeitraum ist die Zeit vom 1. Juli des Vorjahres bis zum 1. Juli des nachfolgenden Jahres (Feststellungsjahr). Die Erfassung des durchschnittlichen Besoldungsaufwands beginnt erstmals am 1. Juli 1991 für die zu diesem Zeitpunkt vorhandenen Beamten, Richter und Berufssoldaten.

(3) Der Anpassungszuschlag wird auf der Grundlage der nicht auf allgemeinen Besoldungserhöhungen beruhenden Steigerung des durchschnittlichen Besoldungsaufwands im Feststellungsjahr ermittelt. Der sich hieraus ergebende Vomhundertsatz der Steigerung wird in Höhe von siebzig vom Hundert als Anpassungszuschlag festgesetzt. Er wird zu den ruhegehaltfähigen Dienstbezügen, höchstens auf der Grundlage der Endstufe der Besoldungsgruppe A 16, den am 30. Juni des Vorjahres vorhandenen Versorgungsempfängern

vom 1. Januar des auf das Feststellungsjahr folgenden Jahres an gewährt.

(4) Das Nähere zur Berechnung, Feststellung und Zahlung des Anpassungszuschlages und zu dessen sonstigen versorgungsrechtlichen Auswirkungen regelt die Bundesregierung mit Zustimmung des Bundesrates durch Rechtsverordnung. Die Berechnung des Anpassungszuschlages ist entsprechend der datenmäßigen Erfassung des Besoldungsaufwands fortzuentwickeln und spätestens bis zum 31. Oktober 1996 zu überprüfen.

§§ 72 bis 76 (weggefallen)

Abschnitt XII
Übergangsvorschriften aus bisherigem Recht

§ 77 Zeiten eines Wartestandes

Die Zeit, in der ein Beamter sich vor Inkrafttreten des Bundesbeamtengesetzes oder des nach Kapitel I des Beamtenrechtsrahmengesetzes ergangenen Landesrechts ohne Verwendung im öffentlichen Dienst im Wartestand (einstweiliger Ruhestand) befunden hat, ist ruhegehaltfähig, jedoch nur zur Hälfte, soweit sie zwischen dem 31. Dezember 1923 und dem 1. Juli 1937 liegt.

§ 78 Frühere ruhegehaltfähige Dienstzeit, Dienstbezüge und Ruhegehaltssätze

(1) Die Vorschriften des § 4 Abs. 1 und des § 93 Abs. 1 Nr. 2 gelten nicht für Beamte der Länder, der Gemeinden, der Gemeindeverbände sowie der sonstigen der Aufsicht eines Landes unterstehenden Körperschaften, Anstalten und Stiftungen des öffentlichen Rechts und für Richter der Länder, deren Dienstverhältnis vor Inkrafttreten dieses Gesetzes begründet worden ist.

(2) § 5 Abs. 3 ist nicht anzuwenden, wenn der Beamte aus einem Amt in den Ruhestand tritt, das nicht der Eingangsbesoldungsgruppe seiner Laufbahn angehört, und er die Dienstbezüge seines zuletzt bekleideten Amtes bereits vor dem 1. Januar 1976 erhalten hat.

§ 79 Beamte der früheren Verwaltung des Vereinigten Wirtschaftsgebietes

(1) Für die von der früheren Verwaltung des Vereinigten Wirtschaftsgebietes in den Bundesdienst übernommenen Beamten auf Lebenszeit gelten hinsichtlich der Anrechnung der Rente aus der Rentenversicherung und aus Zusatzversorgungseinrichtungen auf

die Versorgungsbezüge sowie der Berücksichtigung der rentenversicherungspflichtigen Beschäftigungszeit als ruhegehaltfähige Dienstzeit die §§ 7 und 8 des Gesetzes über Maßnahmen auf besoldungsrechtlichem und versorgungsrechtlichem Gebiet vom 22. August 1949 (Gesetzblatt der Verwaltung des Vereinigten Wirtschaftsgebietes S. 259) mit der Maßgabe, daß an die Stelle des siebenundzwanzigsten Lebensjahres das siebzehnte Lebensjahr tritt. Zu den Renten aus der Rentenversicherung rechnet nicht der Kinderzuschuß.

(2) Leistungen auf Grund von Vereinbarungen, die in Dienstverträgen nach § 8 des Übergangsgesetzes über die Rechtsstellung der Verwaltungsangehörigen der Verwaltung des Vereinigten Wirtschaftsgebietes vom 23. Juni 1948 (Gesetzblatt der Verwaltung des Vereinigten Wirtschaftsgebietes S. 54) getroffen worden sind, werden in voller Höhe auf den Versorgungsanspruch angerechnet.

§ 80 Dienst in ehemals angegliederten Gebieten und im Herkunftsland

Dem Dienst bei einem öffentlich-rechtlichen Dienstherrn im Reichsgebiet im Sinne der §§ 6, 8 bis 10 und 81 Abs. 1 stehen gleich

1. für Personen deutscher Staatsangehörigkeit oder Volkszugehörigkeit der bis zum 8. Mai 1945 geleistete gleichartige Dienst bei einem öffentlich-rechtlichen Dienstherrn in den Gebieten, die nach dem 31. Dezember 1937 dem Deutschen Reiche angegliedert waren,
2. für volksdeutsche Vertriebene und Umsiedler der gleichartige Dienst bei einem öffentlich-rechtlichen Dienstherrn im Herkunftsland; § 12b findet entsprechende Anwendung.

§ 81 Amtlose und andere Zeiten

(1) Hat ein Beamter, der am 8. Mai 1945 im Dienst eines öffentlich-rechtlichen Dienstherrn im Reichsgebiet stand, nach diesem Zeitpunkt aus anderen als beamtenrechtlichen Gründen kein Amt bekleidet, so ist die Zeit ruhegehaltfähig, während der er im öffentlichen Dienst als Angestellter oder Arbeiter tätig gewesen ist oder sich in Kriegsgefangenschaft, Internierung, Gewahrsam oder Heilbehandlung im Sinne des § 9 befunden hat. Auch ohne eine solche Tätigkeit oder eine Kriegsgefangenschaft, eine Internierung, einen Gewahrsam oder eine Heilbehandlung im Sinne des § 9 wird die Zeit zwischen dem 8. Mai 1945 und dem 31. März 1951 als ruhegehaltfähige Dienstzeit berücksichtigt. Für die Zeit einer nach dem 31. März 1951 außerhalb des öffentlichen Dienstes ausgeübten Tätigkeit findet § 73 des Gesetzes zur Regelung der Rechtsverhältnisse der unter Artikel 131 des Grundgesetzes fallenden Personen entsprechende Anwendung; § 11 dieses Gesetzes bleibt unberührt. Entsprechendes gilt für einen Beamten, der am 8. Mai 1945 berufsmäßig im Dienst der früheren Wehrmacht oder im früheren Reichsarbeitsdienst gestanden hat.

(2) Für Beamte des Landes Berlin und des Saarlandes tritt bei der Anwendung des Absatzes 1 an die Stelle des 31. März 1951 der nach bisherigem Recht maßgebende Zeitpunkt.

(3) Die in der Zeit vom 30. Januar 1933 bis zum 8. Mai 1945 bei Dienststellen der früheren Geheimen Staatspolizei abgeleistete Dienstzeit ist nur in Ausnahmefällen ruhegehaltfähig, wenn ihre Anrechnung nach dem beruflichen Werdegang, der Tätigkeit und der persönlichen Haltung des Beamten gerechtfertigt erscheint; die Entscheidung trifft die oberste Dienstbehörde. Die Länder können andere Zuständigkeiten bestimmen.

(4) Eine Schädigung im Sinne des § 181 a Abs. 6 Satz 1 und § 181 b Abs. 2 des Bundesbeamtengesetzes gilt auch als Beschädigung im Sinne des § 4 Abs. 1 Nr. 2 und des § 5 Abs. 4.

§ 82 Kriegsunfall, Unfall in Kriegsgefangenschaft und Gewahrsam

(1) Die §§ 181a und 181b des Bundesbeamtengesetzes und die nach den §§ 92a und 92b des Beamtenrechtsrahmengesetzes erlassenen landesrechtlichen Vorschriften gelten mit folgenden Maßgaben als Bundesrecht weiter:

1. Für die Berechnung des Ruhegehaltes eines vor Vollendung des sechzigsten Lebensjahres in den Ruhestand getretenen Beamten wird der ruhegehaltfähigen Dienstzeit nur die Hälfte der Zurechnungszeit nach § 13 Abs. 1 hinzugerechnet; § 13 Abs. 3 gilt entsprechend.
2. Der Ruhegehaltssatz (§ 14 Abs. 1) erhöht sich um zwanzig vom Hundert bis zum Höchstsatz von fünfundsiebzig vom Hundert.
3. Der Hundertsatz des Mindestruhegehaltes (§ 14 Abs. 4 Satz 2) beträgt fünfundsiebzig vom Hundert.

(2) Der Unterhaltsbeitrag für Verwandte der aufsteigenden Linie beträgt mindestens vierzig vom Hundert des in Absatz 1 Nr. 3 genannten Betrages.

§ 83 Gebietsbestimmung

(1) Als Reichsgebiet im Sinne dieses Gesetzes gilt das Gebiet des Deutschen Reiches bis zum 31. Dezember 1937 in seinen jeweiligen Grenzen, nach diesem Zeitpunkt in den Grenzen vom 31. Dezember 1937.

(2) Früheres Bundesgebiet ist das Gebiet der Bundesrepublik Deutschland vor dem 3. Oktober 1990.

(3) Beitrittsgebiet ist das in Artikel 3 des Einigungsvertrages vom 31. August 1990 genannte Gebiet.

Abschnitt XIII
Übergangsvorschriften neuen Rechts

§ 84 Ruhegehaltfähige Dienstzeit

Für am 1. Januar 1977 vorhandene Beamte können zum Ausgleich von Härten Zeiten, die nach dem bis zum 31. Dezember 1976 geltenden Recht ruhegehaltfähig waren, als ruhegehaltfähig galten oder als ruhegehaltfähig berücksichtigt werden konnten und vor dem 1. Januar 1977 zurückgelegt worden sind, im Anwendungsbereich des bis zum 31. Dezember 1976 geltenden Rechts als ruhegehaltfähig berücksichtigt werden. Die Entscheidung trifft der für das Versorgungsrecht zuständige Minister oder die von ihm bestimmte Stelle.

§ 85 Ruhegehaltssatz für am 31. Dezember 1991 vorhandene Beamte

(1) Hat das Beamtenverhältnis, aus dem der Beamte in den Ruhestand tritt, oder ein unmittelbar vorangehendes anderes öffentlich-rechtliches Dienstverhältnis bereits am 31. Dezember 1991 bestanden, bleibt der zu diesem Zeitpunkt erreichte Ruhegehaltssatz gewahrt. Dabei richtet sich die Berechnung der ruhegehaltfähigen Dienstzeit und des Ruhegehaltssatzes nach dem bis zum 31. Dezember 1991 geltenden Recht; § 14 Abs. 1 Satz 1 Halbsatz 2 und 3 findet hierbei keine Anwendung. Der sich nach den Sätzen 1 und 2 ergebende Ruhegehaltssatz steigt mit jedem Jahr, das vom 1. Januar 1992 an nach dem von diesem Zeitpunkt an geltenden Recht als ruhegehaltfähige Dienstzeit zurückgelegt wird, um eins vom Hundert der ruhegehaltfähigen Dienstbezüge bis zum Höchstsatz von fünfundsiebzig vom Hundert; insoweit gilt § 14 Abs. 1 Satz 2 und 3 entsprechend. Bei der Anwendung von Satz 3 bleiben Zeiten bis zur Vollendung einer zehnjährigen ruhegehaltfähigen Dienstzeit außer Betracht; § 13 Abs. 1 findet in der bis zum 31. Dezember 1991 geltenden Fassung Anwendung. § 14 Abs. 3 findet Anwendung.

(2) Für die Beamten auf Zeit, deren Beamtenverhältnis über den 31. Dezember 1991 hinaus fortbesteht, ist § 66 Abs. 2, 4 und 6 in der bis zum 31. Dezember 1991 geltenden Fassung anzuwenden.

(3) Hat das Beamtenverhältnis, aus dem der Beamte in den Ruhestand tritt, oder ein unmittelbar vorangehendes anderes öffentlich-rechtliches Dienstverhältnis bereits am 31. Dezember 1991 bestanden und erreicht der Beamte vor dem 1. Januar 2002 die für ihn jeweils maßgebende gesetzliche Altersgrenze, so richtet sich die Berechnung der ruhegehaltfähigen Dienstzeit und des Ruhegehaltssatzes nach dem bis zum 31. Dezember 1991 geltenden Recht. Satz 1 gilt entsprechend, wenn ein von dieser Vorschrift erfaßter Beamter vor dem Zeitpunkt des Erreichens der jeweils maßgebenden gesetzlichen Altersgrenze wegen Dienstunfähigkeit oder auf Antrag in den Ruhestand versetzt wird oder verstirbt.

(4) Der sich nach Absatz 1, 2 oder 3 ergebende Ruhegehaltssatz wird der Berechnung des Ruhegehaltes zugrunde gelegt, wenn er höher ist als der Ruhegehaltssatz, der sich nach diesem Gesetz für die gesamte ruhegehaltfähige Dienstzeit ergibt. Der sich nach Absatz 1 ergebende Ruhegehaltssatz darf den Ruhegehaltssatz, der sich nach dem bis zum 31. Dezember 1991 geltenden Recht ergäbe, nicht übersteigen.

(5) Hat das Beamtenverhältnis, aus dem der Beamte in den Ruhestand tritt, oder ein unmittelbar vorangehendes anderes öffentlich-rechtliches Dienstverhältnis bereits am 31. Dezember 1991 bestanden, ist § 14 Abs. 3 mit folgenden Maßgaben anzuwenden:

Bei Erreichen der Altersgrenze nach § 42 Abs. 4 Satz 1 Nr. 2 des Bundesbeamtengesetzes oder entsprechendem Landesrecht	beträgt der Vomhundertsatz der Minderung für jedes Jahr
vor dem 1. Januar 2002	0,0,
nach dem 31. Dezember 2001	0,6,
nach dem 31. Dezember 2002	1,2,
nach dem 31. Dezember 2003	1,8,
nach dem 31. Dezember 2004	2,4,
nach dem 31. Dezember 2005	3,0,
nach dem 31. Dezember 2006	3,6.

(6) Errechnet sich der Ruhegehaltssatz nach Absatz 1 in Verbindung mit Absatz 4 Satz 2, Absatz 2 oder 3, ist entsprechend diesen Vorschriften auch der Ruhegehaltssatz für die Höchstgrenze nach § 54 Abs. 2 und § 55 Abs. 2 zu berechnen. Bei Zeiten im Sinne des § 56 Abs. 1, die bis zum 31. Dezember 1991 zurückgelegt sind, ist § 56 in der bis zu diesem Zeitpunkt geltenden Fassung anzuwenden; soweit Zeiten im Sinne des § 56 Abs. 1 nach diesem Zeitpunkt zurückgelegt sind, ist § 56 in der vom 1. Januar 1992 an geltenden Fassung mit der Maßgabe anzuwenden, daß an die Stelle des Hundertsatzes von 1,875 der Satz von 1,0 und an die Stelle des Hundertsatzes von 2,5 der Satz von 1,33 tritt. Errechnet sich der Versorgungsbezug nach Absatz 2 oder 3, ist § 56 in der bis zum 31. Dezember 1991 geltenden Fassung anzuwenden.

(7) Die Berücksichtigung der Zeit einer Kindererziehung für ein vor dem 1. Januar 1992 geborenes Kind richtet sich nach § 6 Abs. 1 Satz 4 und 5 in der bis zum 31. Dezember 1991 geltenden Fassung. Für nach dem 31. Dezember 1991 innerhalb des Beamtenverhältnisses geborene Kinder gilt hinsichtlich der Kindererziehungszeit § 1 des Kindererziehungszuschlagsgesetzes auch dann, wenn die Berechnung des Ruhegehaltssatzes nach dem bis zum 31. Dezember 1991 geltenden Recht vorzunehmen ist.

(8) Auf die am 31. Dezember 1991 vorhandenen Beamten, denen auf Grund eines bis zu diesem Zeitpunkt erlittenen Dienstunfalles ein Unfallausgleich gewährt wird, findet § 35 in der bis zum 31. Dezember 1991 geltenden Fassung Anwendung.

(9) Bei der Anwendung der Absätze 1 und 3 bleibt der am 31. Dezember 1991 erreichte Ruhegehaltssatz auch dann gewahrt, wenn dem Beamtenverhältnis, aus dem der Beamte in den Ruhestand tritt, mehrere öffentlich-rechtliche Dienstverhältnisse in unmittelbarem zeitlichen Zusammenhang mit dem am 31. Dezember 1991 bestehenden öffentlich-rechtlichen Dienstverhältnis vorangegangen sind.

(10) Einem öffentlich-rechtlichen Dienstverhältnis steht ein Beschäftigungsverhältnis im Sinne von § 5 Abs. 1 Nr. 2 und § 6 Abs. 1 Nr. 2 des Sechsten Buches Sozialgesetzbuch gleich.

§ 85a Erneute Berufung in das Beamtenverhältnis nach dem 31. Dezember 1991

Bei einem nach dem 31. Dezember 1991 nach § 39 oder § 45 des Bundesbeamtengesetzes oder dem entsprechenden Landesrecht erneut in das Beamtenverhältnis berufenen Beamten bleibt der nach § 69a oder nach § 85 dem früheren Ruhegehalt zugrunde gelegte Ruhegehaltssatz gewahrt, wenn der Ruhegehaltssatz für das neue Ruhegehalt hinter dem Ruhegehaltssatz für das frühere Ruhegehalt zurückbleibt; § 13 Abs. 1 Satz 2 bleibt unberührt.

§ 86 Hinterbliebenenversorgung

(1) Die Gewährung von Unterhaltsbeiträgen an geschiedene Ehegatten (§ 22 Abs. 2, 3) richtet sich nach den bis zum 31. Dezember 1976 geltenden beamtenrechtlichen Vorschriften, wenn die Ehe vor dem 1. Juli 1977 geschieden, aufgehoben oder für nichtig erklärt worden ist.

(2) Die Vorschrift des § 19 Abs. 1 Satz 2 Nr. 2 über den Ausschluß von Witwengeld findet keine Anwendung, wenn die Ehe am 1. Januar 1977 bestanden und das bis zu diesem Zeitpunkt geltende Landesrecht den Ausschlußgrund nicht enthalten hat. An die Stelle des fünfundsechzigsten Lebensjahres in § 19 Abs. 1 Satz 2 Nr. 2 tritt ein in der bis zum 31. Dezember 1976 geltenden landesrechtlichen Vorschrift vorgesehenes höheres Lebensalter, wenn die Ehe am 1. Januar 1977 bestanden hat.

(3) Die Vorschriften über die Kürzung des Witwengeldes bei großem Altersunterschied der Ehegatten (§ 20 Abs. 2) finden keine Anwendung, wenn die Ehe am 1. Januar 1977 bestanden und das bis zu diesem Zeitpunkt für die Beamten oder Ruhestandsbeamten geltende Landesrecht entsprechende Kürzungsvorschriften nicht enthalten hat.

(4) Die Vorschrift des § 22 Abs. 2 in der bis zum 31. Juli 1989 geltenden Fassung findet Anwendung, wenn ein Scheidungsverfahren bis zum 31. Juli 1989 rechtshängig geworden ist oder die Parteien bis zum 31. Juli 1989 eine Vereinbarung nach § 1587o des Bürgerlichen Gesetzbuchs getroffen haben.

§ 87 Unfallfürsorge

(1) Für die am 1. Januar 1977 vorhandenen Beamten steht ein vor diesem Zeitpunkt erlittener Dienstunfall im Sinne des bisherigen Bundes- oder Landesrechts dem Dienstunfall im Sinne dieses Gesetzes gleich.

(2) Bis zum Erlaß der Rechtsverordnungen nach § 31 Abs. 3, § 33 Abs. 5 und § 43 Abs. 3 gelten die bisherigen Verordnungen des Bundes und der Länder weiter, soweit dieses Gesetz dem nicht entgegensteht.

(3) Eine Entschädigung aus einer Unfallversicherung, für die der Dienstherr die Beiträge gezahlt hat, ist auf die Unfallentschädigung nach § 43 Abs. 3 anzurechnen.

§ 88 Abfindung

(1) Bei der Entlassung einer verheirateten Beamtin bis zum 31. August 1977 finden die bisherigen Vorschriften über die Abfindung nach § 152 des Bundesbeamtengesetzes oder dem entsprechenden bisherigen Landesrecht weiter Anwendung.

(2) Eine erneut in das Beamtenverhältnis berufene Beamtin kann eine früher erhaltene Abfindung an ihren neuen Dienstherrn zurückzahlen. Hierbei sind anstelle der Dienstbezüge, die der Abfindung zugrunde lagen, die Dienstbezüge nach § 1 Abs. 2 Nr. 1 bis 4 des Bundesbesoldungsgesetzes nach der Besoldungsgruppe des vor der Abfindung innegehabten Amtes zugrunde zu legen, die sich ergeben würden, wenn die im Zeitpunkt der erneuten Berufung in das Beamtenverhältnis maßgebenden Grundgehalts- und Ortszuschlagssätze im Monat vor der Entlassung gegolten hätten. Der Antrag auf Rückzahlung ist innerhalb einer Ausschlußfrist von zwei Jahren nach Inkrafttreten dieses Gesetzes, bei erneuter Berufung in das Beamtenverhältnis auf Lebenszeit nach dem Inkrafttreten dieses Gesetzes innerhalb einer Ausschlußfrist von zwei Jahren nach der Berufung in das Beamtenverhältnis auf Lebenszeit zu stellen. Eine teilweise Rückzahlung der Abfindung ist nicht zulässig. Nach der Rückzahlung werden die Zeiten vor der Entlassung aus dem früheren Dienstverhältnis besoldungs- und versorgungsrechtlich so behandelt, als wäre eine Abfindung nicht gewährt worden. Satz 5 gilt entsprechend, wenn eine Beamtin bei erneuter Berufung in das Beamtenverhältnis innerhalb der Ausschlußfrist nach Satz 3 auf eine zugesicherte aber noch nicht gezahlte Abfindungsrente verzichtet.

§ 89 Übergangsgeld

(1) Bei Entlassungen innerhalb eines Jahres nach Inkrafttreten dieses Gesetzes finden die bisherigen Vorschriften über das Übergangsgeld Anwendung, wenn es für den Entlassenen günstiger ist.

(2) Auf Beamte auf Zeit, die mit dem Ende der beim Inkrafttreten dieses Gesetzes laufenden Amtszeit entlassen sind, finden die bishe-

rigen Vorschriften über das Übergangsgeld Anwendung, wenn es für den Entlassenen günstiger ist.

§ 90 Zusammentreffen von Versorgungsbezügen mit Versorgung aus zwischenstaatlicher und überstaatlicher Verwendung

(1) Bei der Anwendung des § 56 Abs. 1 bleibt die Zeit, die ein Beamter oder Ruhestandsbeamter vor dem 1. Juli 1968 im Dienst einer zwischenstaatlichen oder überstaatlichen Einrichtung tätig war, bis zu sechs Jahren außer Betracht.

(2) Auf die am 1. Juli 1968 vorhandenen Versorgungsempfänger findet § 56 Abs. 1 Satz 2 mit der Maßgabe Anwendung, daß ihnen zwölf vom Hundert der ruhegehaltfähigen Dienstbezüge als Versorgung verbleiben.

(3) Hat ein Beamter oder Versorgungsempfänger vor dem 1. Juli 1968 bei seinem Ausscheiden aus dem öffentlichen Dienst einer zwischenstaatlichen oder überstaatlichen Einrichtung anstelle einer Versorgung einen Kapitalbetrag als Abfindung oder Zahlung aus einem Versorgungsfonds erhalten, finden Absatz 1 und § 56 Abs. 2 Anwendung.

§ 91 Hochschullehrer, wissenschaftliche Assistenten und Lektoren

(1) Auf die Versorgung der Hochschullehrer, wissenschaftlichen Assistenten und Lektoren im Sinne des Kapitels I, Abschnitt V, 3. Titel des Beamtenrechtsrahmengesetzes in der vor dem Inkrafttreten des Hochschulrahmengesetzes geltenden Fassung, die nicht als Professoren oder als Hochschulassistenten übernommen worden sind, und ihrer Hinterbliebenen finden die für Beamte auf Lebenszeit, auf Probe oder auf Widerruf geltenden Vorschriften dieses Gesetzes nach Maßgabe der bis zum 31. Dezember 1976 geltenden landesrechtlichen Vorschriften Anwendung. § 67 Abs. 2 Satz 1 gilt entsprechend.

(2) Für Professoren, die nach dem 31. Dezember 1976 von ihren amtlichen Pflichten entbunden werden (Entpflichtung), und ihre Hinterbliebenen gilt folgendes:

1. §§ 53 bis 58, 62 und 65 finden Anwendung; hierbei gelten die Bezüge der entpflichteten Professoren als Ruhegehalt, die Empfänger als Ruhestandsbeamte. § 65 gilt nicht für entpflichtete Hochschullehrer, die die Aufgaben der von ihnen bis zur Entpflichtung innegehabten Stelle vertretungsweise wahrnehmen.
2. Die Bezüge der entpflichteten Professoren gelten unter Hinzurechnung des dem Entpflichteten zustehenden, mindestens des zuletzt vor einer Überleitung nach dem nach § 72 des Hochschulrahmengesetzes erlassenen Landesgesetz zugesicherten Vorlesungsgeldes (Kolleggeldpauschale) als Höchstgrenze im Sinne des § 53 Abs. 2 Nr. 1, sowie als ruhegehaltfähige Dienstbezüge im Sinne des § 53a Abs. 2.

3. Für die Versorgung der Hinterbliebenen eines entpflichteten Hochschullehrers gilt dieses Gesetz mit der Maßgabe, daß sich die Bemessung des den Hinterbliebenenbezügen zugrunde zu legenden Ruhegehaltes sowie die Bemessung des Sterbe-, Witwen- und Waisengeldes der Hinterbliebenen nach dem vor dem 1. Januar 1977 geltenden Landesrecht bestimmt. Für die Anwendung des § 19 Abs. 1 Satz 2 Nr. 2 und des § 23 Abs. 2 gelten die entpflichteten Professoren als Ruhestandsbeamte.
4. Für Professoren, die unter § 76 Abs. 4 des Hochschulrahmengesetzes fallen, wird abweichend von Nummer 2 das Vorlesungsgeld (Kolleggeldpauschale), das ihnen beim Fortbestand ihres letzten Beamtenverhältnisses als Professor im Landesdienst vor der Annahme des Beamtenverhältnisses an einer Hochschule der Bundeswehr zuletzt zugesichert worden wäre, der Höchstgrenze im Sinne des § 53 Abs. 2 Nr. 1 sowie den ruhegehaltfähigen Dienstbezügen im Sinne des § 53a Abs. 2 hinzugerechnet. Für ihre Hinterbliebenen gilt in den Fällen der Nummer 3 das Landesrecht, das für das Beamtenverhältnis als Professor im Landesdienst maßgebend war.

(3) Die Versorgung der Hinterbliebenen eines nach dem nach § 72 des Hochschulrahmengesetzes erlassenen Landesgesetz übergeleiteten Professors, der einen Antrag nach § 76 Abs. 2 des Hochschulrahmengesetzes nicht gestellt hat, regelt sich nach § 67 dieses Gesetzes, wenn der Professor vor der Entpflichtung verstorben ist.

Abschnitt XIV
Änderung von Bundesrecht [1])

§ 92 Änderung des Bundesbeamtengesetzes

§ 93 Änderung des Beamtenrechtsrahmengesetzes

§ 94 Änderung des Bundespolizeibeamtengesetzes

§ 95 Änderung des Deutschen Richtergesetzes

§ 96 Änderung des Gesetzes über das Bundesverfassungsgericht

§ 97 Änderung der Bundesdisziplinarordnung

§ 98 Änderung des Soldatengesetzes

§ 99 Änderung des Soldatenversorgungsgesetzes

[1]) Die Änderungen wurden, soweit die Gesetze Bestandteil dieser Sammlung sind, dort eingearbeitet.

§ 100 Änderung des Zivildienstgesetzes

§ 101 Änderung des Gesetzes zu Artikel 131 des Grundgesetzes

§ 102 Änderung des Gesetzes für die Bundesanstalt für Flugsicherung

§ 103 Änderung des Gesetzes zur Änderung beamtenversorgungsrechtlicher Vorschriften

§ 104 Änderung des Haushaltsstrukturgesetzes

Abschnitt XV
Schlußvorschriften

§ 105 Außerkrafttreten

Soweit Rechtsvorschriften den Vorschriften dieses Gesetzes entsprechen oder widersprechen, treten sie mit dem Inkrafttreten dieses Gesetzes außer Kraft. Dies gilt nicht für die nachstehenden Vorschriften in der beim Inkrafttreten dieses Gesetzes geltenden Fassung:

1. § 27 Abs. 2 des Landesbesoldungsgesetzes Baden-Württemberg,
2. Artikel 77 Abs. 2, Artikel 77 a, 123 des Gesetzes über kommunale Wahlbeamte des Landes Bayern,
3. § 191 des Landesbeamtengesetzes Berlin,
4. § 209 des Hamburgischen Beamtengesetzes,
5. Landesgesetze und Verwaltungsvereinbarungen über die Anwendung der Ruhensvorschriften bei Verwendung im Dienst öffentlich-rechtlicher Religionsgesellschaften und ihrer Verbände oder bei Ersatzschulen,
6. Vorschriften über die Rechtsstellung der in den Bundestag oder den Landtag gewählten Beamten und Richter; solche Vorschriften können auch nach Inkrafttreten dieses Gesetzes noch erlassen werden.

§ 106 Verweisung auf aufgehobene Vorschriften

Soweit in Gesetzen und Verordnungen auf Vorschriften oder Bezeichnungen verwiesen wird, die durch dieses Gesetz außer Kraft treten oder aufgehoben werden, treten an ihre Stelle die entsprechenden Vorschriften oder die Bezeichnungen dieses Gesetzes.

§ 107 Ermächtigung zum Erlaß von Verwaltungsvorschriften und Zuständigkeitsregelungen

(1) Die zur Durchführung dieses Gesetzes erforderlichen allgemeinen Verwaltungsvorschriften erläßt der Bundesminister des Innern mit Zustimmung des Bundesrates.

(2) Die Landesregierungen können durch Rechtsverordnung die nach diesem Gesetz den obersten Dienstbehörden zugewiesenen Befugnisse auf andere Stellen übertragen.

§ 107a Überleitungsregelungen aus Anlaß der Herstellung der Einheit Deutschlands

(1) Die Bundesregierung wird ermächtigt, durch Rechtsverordnung, die bis zum 31. Dezember 1995 zu erlassen ist, mit Zustimmung des Bundesrates für die Beamtenversorgung Übergangsregelungen zu bestimmen, die den besonderen Verhältnissen in dem in Artikel 3 des Einigungsvertrages genannten Gebiet Rechnung tragen. Diese Verordnungsermächtigung erstreckt sich insbesondere auf Berechnungsgrundlagen, Höhe von Versorgungsleistungen und Ruhensregelungen abweichend von diesem Gesetz.

(2) Die Landesregierungen in dem in Artikel 3 des Einigungsvertrages genannten Gebiet werden ermächtigt, durch Rechtsverordnung zu bestimmen, daß hinsichtlich der Voraussetzungen einer zweijährigen Amtszeit und des Alters im Sinne von § 2 Nr. 1 der Beamtenversorgungs-Übergangsverordnung auf das reguläre Ende der Kommunalwahlperiode abzustellen ist, wenn das Amt auf Grund landesrechtlicher Vorschriften vorzeitig entfällt.

§ 107b Verteilung der Versorgungslasten

(1) Wird ein Beamter oder Richter eines Dienstherrn in den Dienst eines anderen Dienstherrn übernommen und stimmen beide Dienstherren der Übernahme vorher zu, so tragen der aufnehmende Dienstherr und der abgebende Dienstherr bei Eintritt des Versorgungsfalles die Versorgungsbezüge anteilig nach Maßgabe der Absätze 2 bis 5, sofern der Beamte oder Richter im Zeitpunkt der Übernahme das fünfundvierzigste Lebensjahr bereits vollendet hatte; dies gilt nicht für Beamte auf Zeit sowie für Beamte, die beim aufnehmenden Dienstherrn in ein Beamtenverhältnis auf Zeit berufen werden.

(2) Versorgungsbezüge im Sinne des Absatzes 1 sind alle regelmäßig wiederkehrenden Leistungen aus dem Beamten- oder Richterverhältnis, die mit oder nach Eintritt des Versorgungsfalles fällig werden. Ist dem Beamten oder Richter aus Anlaß oder nach der Übernahme vom aufnehmenden Dienstherrn ein höherwertiges Amt verliehen worden, so bemißt sich der Anteil des abgebenden Dienstherrn so, wie wenn der Beamte oder Richter in dem beim abgebenden Dienstherrn zuletzt bekleideten Amt verblieben wäre. Entsprechendes gilt für Berufungsgewinne im Hochschulbereich und für Zulagen für die Wahrnehmung einer höherwertigen Funktion.

(3) Wird der übernommene Beamte oder Richter vom aufnehmenden Dienstherrn in den einstweiligen Ruhestand versetzt, beginnt die Versorgungslastenbeteiligung des abgebenden Dienstherrn erst

mit der Antragsaltersgrenze (§ 26 Abs. 3 des Beamtenrechtsrahmengesetzes) des Beamten oder Richters, spätestens jedoch mit Einsetzen der Hinterbliebenenversorgung.

(4) Die Versorgungsbezüge werden in dem Verhältnis der beim abgebenden Dienstherrn abgeleisteten ruhegehaltfähigen Dienstzeiten zu den beim aufnehmenden Dienstherrn abgeleisteten ruhegehaltfähigen Dienstzeiten aufgeteilt; dabei bleiben Ausbildungszeiten (z. B. Studium, Vorbereitungsdienst) unberücksichtigt; Zeiten einer Beurlaubung, für die der beurlaubende Dienstherr die Ruhegehaltfähigkeit anerkannt oder zugesichert hat, stehen den bei ihm abgeleisteten ruhegehaltfähigen Dienstzeiten gleich. Im Falle des Absatzes 3 wird die Zeit im einstweiligen Ruhestand, soweit sie nach § 7 Satz 1 Nr. 2 ruhegehaltfähig ist, zu Lasten des aufnehmenden Dienstherrn berücksichtigt. Zeiten, für die der Beamte oder Richter vor der Übernahme bereits zum aufnehmenden Dienstherrn abgeordnet war, gelten als beim abgebenden Dienstherrn abgeleistete Dienstzeiten.

(5) Der aufnehmende Dienstherr hat die vollen Versorgungsbezüge auszuzahlen. Ihm steht gegen den abgebenden Dienstherrn ein Anspruch auf die in den Absätzen 2 und 4 genannten Versorgungsanteile zu. Zahlt an Stelle des aufnehmenden Dienstherrn eine Versorgungskasse die Versorgungsbezüge aus, hat der aufnehmende Dienstherr den ihm nach Satz 2 erstatteten Betrag an die Versorgungskasse abzuführen.

§ 107c Verteilung der Versorgungslasten bei erneuter Berufung von Ruhestandsbeamten oder Richtern im Ruhestand in ein öffentlich-rechtliches Dienstverhältnis im Beitrittsgebiet

Erwirbt ein Ruhestandsbeamter oder Richter im Ruhestand eines Dienstherrn im bisherigen Bundesgebiet auf Grund einer zwischen dem 3. Oktober 1990 und dem 31. Dezember 1995 erfolgten Berufung in ein öffentlich-rechtliches Dienstverhältnis bei einem Dienstherrn im Beitrittsgebiet gegen diesen einen weiteren Versorgungsanspruch, so erstattet der frühere Dienstherr dem neuen Dienstherrn die Versorgungsbezüge in dem Umfang, in dem die beim früheren Dienstherrn entstandenen Versorgungsansprüche infolge der Ruhensvorschrift des § 54 nicht zur Auszahlung gelangen, sofern der Ruhestandsbeamte oder Richter im Ruhestand im Zeitpunkt der Berufung in das neue öffentlich-rechtliche Dienstverhältnis das fünfzigste Lebensjahr vollendet hatte.

§ 108 (weggefallen)

§ 109 Inkrafttreten